秦漢文字的整理與研究

黃文傑 著

社會科學文獻出版社
SOCIAL SCIENCES ACADEMIC PRESS (CHINA)

序

　　秦漢文字在漢字發展史上有着特殊而重要的地位。秦處宗周故地，秦文字既是商周文字的直接傳承，也是先秦古代文字之終結；漢在武帝以前雖然繼續沿用秦代保留篆意的古隸，之後便逐漸出現完全失去篆意的今隸，它標志着古今漢字已從過渡期正式進入今文字的時期。所以，秦漢文字是處於古今漢字大變動和大融合的特殊階段，其特點是：古、籀、篆、隸、楷、草、行各種字體兼容并蓄，一應俱全。這就是漢字之所以爲漢字的道理所在。其中，古籀是前代文字的遺存，篆隸是介乎篆書與漢隸之間的一種過渡形態，是研究漢字由篆變隸的絕好材料，至於隸變之後相繼出現的今隸即漢隸以及草書、楷書和行書，則以其明顯的書寫優勢而逐漸發展成爲應用文字的主體，且一直沿用至今。可見秦漢文字在漢字發展史上具有獨特的、無可代替的重要價值。

　　中山大學素有研究秦漢文字的傳統。1931 年和 1935 年，容庚先生撰集的《秦漢金文錄》和《金文續編》先後問世，奠定了秦漢金文著錄和研究的基礎，其編纂體例和方法，成爲後來編纂此類金文資料的不二法門，可稱是秦漢金文著錄和研究史上的里程碑。1938 年，商承祚先生即着手《石刻篆文編》的編撰工作，直至 1957 年才出版發行，該書所錄之秦漢石刻篆文尤多。1983 年，商先生又出版了《說文中之古文考》。這兩部著作在學術界有着廣泛的影響，成爲後代研究秦漢古文和篆文的重要依據。商先生還對新出土的秦漢簡帛文字有深入的研究，并率先手書《商承祚篆隸册》（1981 年）和《商承祚秦隸册》（1983 年）行世，成爲我國書法藝術的一大亮點。

　　20 世紀 70 年代以來，大批戰國、秦漢時期的文字資料陸續重見天日，受到學術界的極大關注。新的發現帶來新的學問，學術界分別從歷史、文獻、語言、文字、民俗、法律等方面進行探討，取得了令人矚目的成績。

1974 年初夏，筆者有幸隨商承祚先生到北京紅樓參加 “秦漢簡帛整理小組” 的工作，有機會接觸到這些新出土的簡帛資料，對銀雀山漢簡、睡虎地秦簡和馬王堆帛書有一定程度的了解。1976 年回校後又參加由商承祚先生主持的《戰國楚竹簡匯編》的整理工作。筆者利用新出秦簡《日書》中的 “秦楚月名對照表” 寫成《楚月名初探》一文，考釋出望山楚簡中反復出現的 “習屎”、“爨月”、“獻馬” 三個代月名所指代的具體月份，使望山楚簡的相關簡文得以排定其先後序列，凸顯秦簡《日書》的學術價值。1981 年秋至 1983 年冬，筆者應香港中文大學之聘，與饒宗頤先生共同完成楚地出土文獻三種研究，《雲夢秦簡日書研究》就是其中的一種。1984 年回校後按照組織的安排，開始與黃君文傑建立了傳、幫、帶的 “師徒關係”，并聯名向中山大學高等學術研究中心申報 “睡虎地秦簡文字編” 的立項課題，共同着手編纂，并一起到湖北省博物館核對過原簡，後因照片問題未能出版。此後文傑君在職攻讀學位，其碩士學位論文和博士學位論文皆與秦漢文字有關，均由本人擔任導師。畢業后他仍繼續以戰國秦漢文字爲主攻方向，在教學和科研工作上不斷有新的收穫。

新世紀之初，許多老一輩的資深教授相繼從教學第一線上退了下來，過去由本人開設和主講的 “秦漢文字研究” 專題課組織上安排由文傑君來接棒。打從接棒之日起，文傑君即有意識將教學和科研結合起來，計劃在過去完成學位論文的基礎上，進一步加以拓展和補充，充分吸收前輩的教學經驗和學術界已有的研究成果，逐步編寫講稿。隨着新出土的秦漢文字材料越來越多，新發表的研究成果越來越豐富，他希望能够建立起新的教學内容和體系，并在教學實踐中不斷修改和充實。經過多年的不斷努力，終於編出了一部比較完整和充實的 “秦漢文字研究” 講義。從 2006 年起，文傑君又在 “秦漢文字研究” 講義的基礎上，不斷修訂和補充，努力完成廣東省哲學社科規劃項目 “秦漢文字的整理與研究” 這一課題。至 2012 年該項目結項時，被專家組評爲 “優秀” 等級。要之，該書稿《秦漢文字的整理與研究》是在原 “秦漢文字研究” 講義的基礎上，經過廣東省哲學社科規劃項目立項，不斷加以拓展和深化的一項學術成果。其創新表現，約有如下數端：

一是全面收集和系統整理秦漢文字資料。秦漢文字有簡帛文、金文、石刻文字、印章文字、陶文、《說文解字》小篆等，形體複雜，材料分散，收集和整理實屬不易。文傑君却知難而上，他不厭其煩地對這些資料進行了全面收集和系統整理，爲此書的深入研究打下了堅實的基礎。書中系統詳實的文獻著録和研究現狀綜述，以及對大量典型個案的分析和具體資料的説明，對學界從事進一步研究將大有裨益。

二是在對相關資料的大量字形進行普查的基礎上，具體而微地描述和分析了秦漢文字形體變異的現象和規律。通過幾百個比較典型字例的層層剖析和歸納，指出簡化與繁化、異化與同化不但是先秦文字變異的規律，也同樣是秦漢文字變異的規律。書中分別就筆畫簡化和偏旁簡省、音近聲旁通用和義近形旁通用，以及和變異相對的類化現象與規律進行了有益的探討，全面而深入地揭示了漢字發展的内部規律，在理論和實踐上頗有啓迪的作用。

三是對秦漢文字若干重要問題作了專題探討。如將秦漢文字從體系内部進行比較，與先秦文字和魏晉以後的文字進行比較，闡發秦漢文字中篆書、隸書（篆隸和漢隸）、草書、楷書和行書各自的特點及其相互關係；考究秦漢古體字與《説文》古文和籀文以及出土古文之間的淵源關係，闡明秦漢文字的性質；對秦漢文字中的七百餘組異構字進行詳細的分析研究，進而指出異構字大量增加是秦漢文字的特點之一，等等。充分展現并深刻揭示了秦漢文字的演化過程，十分精彩。

四是在充分吸收學術界已有成果的基礎上，考釋了一批疑難字詞。本書專注於秦漢文字的本體研究，對文本釋讀中的某些疑難字詞儘可能加以考釋和疏通。如第十四章對秦漢文字的考釋，可謂異彩紛呈，其中對 "離倉" "收" "鋻足" "未來" "銛" "登" "賽" "武" "朋" "集" "趙舍儿" "左充" 等的考釋尤具卓識，構成本書的一大特色。

總而言之，本書是第一部全面整理和系統研究秦漢文字的學術專著，也是這一領域的一項可喜的新成果，它不但對進一步研究秦漢文字具有珍貴的文獻價值，對於今後加強漢字發展史的研究，也有不容忽視的作用。鑒於本人與文傑君長期建立的友生情誼，值此文傑君新著行將付梓之際，本人固樂觀其成，爰綴數語以爲祝賀！

曾憲通

甲午清明於珠江南岸康樂園之晴翠居

contents 目録

第一章　緒論

第一節　秦漢文字的研究現狀及趨勢

秦漢文字是指秦代和漢代這段歷史時期內曾使用過的漢字。目前所見的秦漢文字可分兩個系統：一是見於秦漢時代各類實物上的文字，即文物上的秦漢文字；二是魏晉以後世代所傳下來的文字，即文獻上的秦漢文字。文物上的秦漢文字，按書寫或銘刻文字材料的性質來劃分，可歸納爲兩類，即書寫文字類和銘刻文字類。① 文獻上的秦漢文字，主要有《説文解字》中的小篆等。書寫文字類主要有簡帛文字和少量的紙文、壁文和陶文等，銘刻文字類包括金文、石刻文、陶文、印文等。②

前賢時俊對秦漢文字做了大量的整理和研究工作，主要有羅振玉、王國維、容庚、商承祚、唐蘭、張政烺、朱德熙、饒宗頤、陳直、陳夢家、羅福頤、裘

---

① 有的學者還把"銘刻文字"分爲"刻銘文字"（石刻文字）和"鑄銘文字"（鏡銘文字），如侯學書《漢鏡銘與漢書法史》，《中國書法》2002 年第 2 期。

② 秦漢銘刻文字是指通過刻、鑄、鑿、嵌而成的文字，也即除書寫以外的以其他方法形成的文字。秦漢銘刻文字主要有金文、石刻文、陶文（包括磚瓦文字）、印文（包括封泥文字）等。這幾類銘刻文字的性質是有所不同的。金文、石刻文、陶文是根據其質地分別是金、石、陶而命名的，而印文的命名有所不同。先秦秦漢印章多數爲銅製，也有少量玉、銀製品，當時的印章是鈐於封泥、陶器之上，後使用時蓋於紙上。所以先秦印章上的"壐"字，本作"厼"，或加偏旁"金"作"鈢（鉨）"，表明其爲銅製；或加偏旁"土"作"坴（坺）"，表明印章抑於封泥之上。"爾"下加"玉"作"壐"，大約始於漢代。這樣看來，印文如根據其質地本應分屬金文、陶文、石刻。此外，貨幣文是金屬鑄幣上的文字，貨幣的質地是金屬，其文字本亦應歸於金文。但一般把印文和貨幣文分別單列作專門研究，與金文、石刻文、陶文等并列齊觀。秦統一中國後衹有皇帝的印稱"壐"，一般人的印衹稱印。漢代皇后、諸侯王、王太后的印亦可稱壐。

錫圭、李學勤、曾憲通、王寧、林劍鳴、陳槃、馬先醒、袁仲一、劉慶柱、孫慰祖、趙超、陸錫興、王輝、趙平安、劉樂賢、王貴元、劉釗、李均明、何雙全、劉信芳、徐正考、張顯成、毛遠明、詹鄞鑫、劉昭瑞、施謝捷、高文、陳昭容、林素清、徐莉莉、陳淑梅、劉志生、申雲艷等先生。

目前，從語言文字方面對秦漢文字材料進行研究的成果較豐富，但還沒有一部全面反映秦漢文字材料和研究成果的學術著作。趙平安先生撰寫的《〈説文〉小篆研究》等一類專著和裘錫圭先生撰寫的《文字學概要》等一類概論性的著作，以及學術界有關研究秦漢文字的論文，或是從某一方面對秦漢文字作論述，或是在其中某些章節對秦漢文字作簡明的討論，讀者難見秦漢文字之全貌。秦漢時期是漢字形體劇烈變化的時期，文字品類多，數量大，字體複雜，材料瑣碎，亟待系統整理；研究論著眾多，著錄形式不一，讀者難觀其全。本書擬對秦漢文字各種材料和各家研究成果儘可能進行全面收集和分類系統整理，以展示秦漢文字的概貌，揭示秦漢文字形體的特點，探討秦漢文字形體演化規律，校讀文本，辨析形近字，考釋疑難字，使學術界能較全面系統地掌握秦漢文字的新資料和新成果。

秦漢文字的整理和研究方興未艾，隨着大量秦漢文字資料的陸續公布和研究成果的不斷發表，對秦漢文字的研究將會更加全面、深入，理論的探討也勢所必然。

第二節　研究秦漢文字的價值

秦漢文字的研究具有獨特的、無可代替的價值。首先，秦漢文字在漢字發展史上具有承上啓下的重要作用。漢字隸變大約從戰國中期開始，結束於東漢隸書定型之時。秦漢文字正是處在漢字隸變過程中的文字，其中的古隸是一種介乎篆隸之間的字體，對研究漢字由篆變隸的過程十分重要。其次，秦漢時期是各種今文字字體形成和發展變化的時期，漢字隸楷階段的各種字體如漢隸已形成，草書、楷書和行書應時而生，因此，秦漢文字又是研究漢字隸變以後漢隸、草書、楷書和行書産生、形成和發展變化的豐富資料，頗爲重要。再次，秦漢文字與先秦文字一脈相承，它們由先秦文字演變而來，因此，秦漢文字可爲釋讀先秦文字提供新的綫索，是研究先秦文字的重要參考資料。最後，秦漢文字與魏晉以後文字也存在着千絲萬縷的關係，許多魏晉以後的文字研究應當上溯到秦漢文字，因此秦漢文字的研究對魏晉以後文字的溯源研究十分重要。總之，秦漢文字在漢字發展史上具有重要的地位。本書對秦漢文字形體特點、演化規律的探討，對秦漢古體字、異構字的專題研究，對豐富漢字發展史、漢字形體學的理論有積極的意義；從語言文字學的角度對秦漢文字進行校讀、辨析和考釋，對解決秦漢文字的釋讀問題具有重要參考價值，也有助於秦漢出土文獻的充分利用。

在中國古文字學領域裏，甲骨文研究、金文研究、戰國文字研究均有通論性的著作問世，[①] 唯獨秦漢文字研究（古文字學中的 "秦漢文字研究" 祇研究小篆和古隸這一部分）闕如。秦漢文字的整理和研究，其成果可彌補這方面的不足，這無疑是很有意義的。

第三節　本書的基本内容和預計突破的難題

一　本書的基本内容

本書試圖通過對秦漢文字全面深入的整理和研究，撰寫一部全面反映秦漢文字材料和研究成果的學術著作。基本内容有四方面：

1. 整理材料，綜述成果：對秦漢文字材料進行全面收集和系統整理，掌握其出土、著録、内容和年代等情況；對學術界有關研究成果加以匯集和綜合，以期對目前的研究狀況有一個較爲全面的認識，并在此基礎上進行綜述。

2. 探討規律：探討漢字演化規律在秦漢文字中的表現，揭示其自身發展變化的現象和規律，如簡化與繁化規律、同化與異化規律、隸變規律等；研究秦漢文字在漢字發展史上承上啓下的重要作用。

3. 專題研究：分爲簡帛文、金文、石刻文、陶文、印文和《説文》小

---

① 例如陳煒湛先生的《甲骨文簡論》（上海古籍出版社，1987），張桂光先生的《商周銅器銘文通論》（國家社科基金 2006 年項目，中華書局，待刊），葉正渤、李永延先生的《商周青銅器銘文簡論》（中國礦業大學出版社，1998），何琳儀先生的《戰國文字通論》（訂補）（江蘇教育出版社，2003）。

篆等文字材料進行研究，揭示各類材料的主要内容，儘可能對各種具體的材料進行斷代；將秦漢文字從體系内部進行比較，與先秦文字及魏晋以後的文字進行比較，揭示秦漢文字中篆書、隸書（古隸和漢隸）、草書、楷書和行書字體的特點。對秦漢文字中的古體字進行研究，追溯其與《説文》古文和籀文、出土古文的淵源關係。對秦漢文字中的異構字進行詳細的分析研究，探討異構字研究對釋讀秦漢文獻和漢字理論研究的重要意義。

4. 考釋文字：對秦漢文字有關文本進行校讀，運用考釋古文字的方法和本課題所揭示的有關現象和規律，對形近字進行辨析，對疑難字進行考釋，并對他人已釋而有爭議的字詞加以評述和判斷，提出新的看法。

二 預計突破的難題

1. 對秦漢文字資料全面收集、系統整理和合理分類研究。秦漢文字種類多樣、形體多變、字體複雜，加之材料分散，難以尋找，資料出版時間有先後，出版的形式多種多樣，内容的詮釋程度也不同，所以，對秦漢文字資料全面收集、系統整理和合理分類有一定的困難。本書儘可能地對秦漢文字各種材料和各家研究成果進行全面收集和分類系統整理，使學術界能較全面系統地掌握秦漢文字的新資料和新成果。

2. 弄清楚秦漢文字的演化規律，對秦漢文字的各種現象和規律進行全面、深入的探討。如形聲字音近聲旁通用現象、形聲字義近形旁通用現象、同形删簡現象、類化現象、簡化現象、混訛現象，等等，可以歸結爲"簡化與繁化"以及"異化與同化"兩方面。本書運用歷時與共時分析、定量與定性分析相結合的方法，以期全面深入地揭示漢字發展的内部規律。

3. 充分吸收學術界的已有成果，考釋一些過去不識的疑難字詞。考釋文字要在系統考察基礎上總結歸納，力求論證嚴謹，論據充分，有説服力。不但要掌握和運用古文字學釋讀方法釋讀秦漢文字，而且要根據秦漢文字篆、隸、草、楷、行等多種字體并存的特殊性，研究秦漢文字行之有效的釋讀方法，如"同中辨異"的方法就比較適合辨別形體有細微差别的秦漢文字。

總之，本書將是一部系統研究秦漢文字的學術著作。它將爲學術界提供一份詳細、系統的秦漢文字資料；對秦漢文字中篆書、隸書（古隸和漢隸）、草書、楷書和行書等各種字體的特點進行揭示；對秦漢文字演化規律進行詳細、深入的探討；對秦漢文字中的古體字、異構字等進行專題研究；辨析一批形近字，釋讀一批疑難字，在綜述學術界已有研究成果的基礎上提出己見。

第四節 本書的研究思路和方法

本書將對上述四個方面的內容，即綜述現狀、探討規律、專題研究、考釋文字依次進行研究。

本書的研究方法包括采用宏觀的理論探討與微觀的考釋實踐相結合的方法，共時描寫分析與歷時比較研究相結合的方法，材料介紹與理論分析相結合的方法，定量與定性分析相結合的方法，以及考釋古文字的方法如形體分析法、假借讀破法、辭例推勘法、歷史比較法、文獻比較法等。

本書主體部分采取比較法，既有秦漢文字內部體系的比較，也有與不同時期文字的比較。通過比較分辨共性、個性，顯現特徵和規律，歸納類型範疇和進行理論總結。

本書行文力求深入淺出，在進行深入理論分析的基礎上，兼顧實用性和可讀性。

第二章　秦漢簡帛文字

第一節　秦漢簡帛文字概述

簡帛是古代的書寫材料。簡包括竹簡、木簡、竹牘、木牘等，帛則指絹帛等絲織品。據研究，殷商時代已經使用簡牘。簡牘延用到魏晉時期，纔逐漸爲紙所替代，延續使用的時間至少有兩千年。出土簡牘中，南方材質多爲竹質，而北方多爲木質。已經發現的簡牘形制大致可分爲簡、牘、觚、檢、楬五種。《說文》：“簡，牒也。”簡用竹或木製成。牘比簡寬，實際上已成版狀，所以《說文》解釋爲“書版也”，其長度與普通簡相同，多爲木質。觚是一種多棱形的木棍，斷面多呈三角形或方形，可分三面或四面書寫，也有多至七面的。檢是傳遞文書信札和財物時所用的封檢。楬是一種短而寬的木牌，有的首端作半圓形，中間有一小孔，有的首端兩側各刻一凹口，皆作繫繩之用，多繫於簿册或器物之上，題寫名稱，猶如標簽。除以上五種形式的簡牘之外，還有很多從舊簡上削下來的帶字的薄片，稱爲“削衣”。

簡牘書籍的發現，自古有之，文獻中有記載。漢景帝末年魯恭王拆毀孔子舊宅所得“壁中書”以及西晉武帝太康二年（281年）時汲郡人盜掘魏襄王冢所得“汲冢竹書”，就是古代簡牘書籍的兩次重大發現。20世紀以來，我國陸續出土了大量的簡牘帛書，時間跨越戰國秦漢魏晉各個歷史時期，地域分布廣闊。迄今已發現的簡帛，除内容未詳、性質未定的之外，主要有文獻和文書兩類。

研究秦漢簡帛文字的材料主要包括兩種：一是出土的原始材料；二是有關研究論著及各種字典、字編等。出土文獻中可基本確定書寫年代（或墓葬年代）的簡牘和帛書文字材料，是本書研究的主要依據，年代不詳的其他文本也是本書重要的和不可或缺的參考。秦漢簡帛文字材料主要有 50 批，現大體按文字材料的書寫年代或墓葬年代先後略作介紹。

第二節　秦簡牘文字材料介紹

所謂秦簡牘，是指戰國秦國和秦代的簡牘，包括秦統一中國前後的簡牘。秦簡牘有其特點，自成體系。

1. 四川青川秦牘

1979 年，四川青川縣郝家坪 50 號戰國秦墓出土木牘兩枚，其中 1 枚字迹模糊，另 1 枚正反兩面均有墨書古隸，全部 146 個字（不包括殘文 5 個字），其內容爲田律，記叙秦武王二年丞相戊（茂）、內史堰更修田律的有關內容。年代爲秦武王二年（前 309 年）。青川木牘文字字體是迄今所知的最早古隸，這一發現的最重要意義在於用實物證據確認隸書的形成年代至遲在戰國後期。[①]

2. 甘肅天水放馬灘秦簡牘

1986 年，甘肅天水放馬灘 1 號秦墓出土竹簡 461 枚。簡文均以古隸書寫，圖版漫漶不清，內容有《日書》甲種、《日書》乙種、《志怪故事》。還有木版地圖、紙本地圖殘片。

《日書》甲種 73 枚，內容有《月建》表、《建除》、《亡盜》、《吉凶》、《禹須臾》、《人日》、《生子》、《禁忌》共 8 章。《日書》乙種 381 枚，內容有《月建》《建除》《置室門》《門忌》《方位吉時》《地支時辰吉凶》《吏聽》《亡盜》《晝夜長短》《臽日長短》《五行相生及三合局》《行》《衣良日》《牝牡月日》《人日》《四廢日》《行忌》《五音日》《死忌》《作事》《六甲孤虛》《生子》《衣忌》《井忌》《畜忌》《卜忌》《六十甲子》《占候》《五種忌》《禹步》《正月占風》《星度》《納音五行》《律書》《五音占》《音律貞卜》《雜忌》《問病》及其他，共 39 章。《志怪故事》7 枚，260 餘字，記

---

① 四川省博物館、青川縣文化館：《青川縣出土秦更修田律木牘——四川青川縣戰國墓發掘簡報》，《文物》1982 年第 1 期。圖版照片見文化部文物局、故宮博物院《全國出土文物珍品選（1976～1984）》，文物出版社，1987。

述了一位名叫丹的人死而復生的故事，原定名爲《墓主記》。《志怪故事》被譽爲"我國最早的志怪小説"。

放馬灘秦墓的時代早至戰國中期，晚至秦始皇統一前，其中 1 號墓的下葬時代約在"秦始皇八年"（前 239 年）以後，墓葬年代略早於睡虎地秦簡。《日書》甲種是一種較早的本子，而《日書》乙種是墓主人抄於甲種後形成的一種抄本，其時代當在墓主生前時期，即公元前 239 年以前。[①]

放馬灘秦簡《日書》内容与睡虎地秦簡《日書》内容大致相同，但各具南北特色。從《日書》思想傾嚮看，放馬灘《日書》帶有强烈的政治特徵，雖然都是選擇日子，但所涉及的事件都與當時的社會現實相關聯，并没有關於鬼神的長篇大論。而睡虎地《日書》則涉及社會政治的内容較少，通篇充满了鬼神觀。[②]

木版地圖 4 塊 7 幅，繪成時間早於墓葬時代，應在公元前 239 年之前，屬戰國中期的作品，是迄今所見的最早的地圖實物。另外，5 號墓所出紙本地圖殘片，或稱之爲"放馬灘紙"，是目前所知時代最早的紙張實物。

3. 湖北江陵王家臺秦簡牘

1993 年，湖北江陵荆州鎮郢北村王家臺 15 號秦墓出土竹簡 800 餘枚和木牘 1 枚。簡文多爲墨書古隸，字迹大部分可以釋讀。内容包括《歸藏》《效律》《日書》《灾異占》《政事之常》等。

《歸藏》共存 394 簡，4000 餘字。在這批竹簡中，共有 70 組卦畫，其中 16 組相同，除去相同數，不同的卦畫有 54 種。卦畫皆以"—"表示陽爻，以"⌒"表示陰爻。卦名有 76 個，其中重複者 23 個，實際卦名 53 個。此外，卦辭也有一部分重複。秦簡《歸藏》的卦畫皆可與今本《周易》對應起來，卦名也與傳本《歸藏》、帛書《周易》大部分相同。秦簡《歸藏》的出土具有重要的意義。它證實了傳本《歸藏》不是僞書，傳世文獻對《歸藏》的有關記載并非無稽之談，而且可以校勘傳本《歸藏》的訛誤。通過對《歸藏》體例的分析，有助於瞭解先秦筮法。通過《周易》與《歸

---

① 甘肅省文物考古研究所、天水市北道區文化館：《甘肅天水放馬灘戰國秦漢墓群的發掘》，《文物》1989 年第 2 期。甘肅省文物考古研究所：《天水放馬灘秦簡》，中華書局，2009。

② 何雙全：《天水放馬灘秦簡甲種〈日書〉考述》，載甘肅省文物考古研究所編《秦漢簡牘論文集》，甘肅人民出版社，1989。

藏》的比較分析，有助於《周易》的進一步研究。《歸藏》所記史實爲三代史的研究提供了可信的材料。

《效律》與睡虎地秦簡《效律》基本相同，只是排列順序有差異，文字也略有不同。《效律》是核驗縣、都官物資賬目的制度，對因瀆職造成的各類物資損壞的懲罰措施作了明確的規定，同時對度量衡的誤差也作了最低的限定。它對研究秦代的法律制度有重要的意義。《日書》數量多，内容豐富，大部分與睡虎地秦簡《日書》相同，二者可以互爲校正和補充。《灾異占》不見於放馬灘、睡虎地秦簡，多談天變灾異與人間禍福，尤其是國家存亡之間的關係，與《漢書·五行志》頗爲相似。《灾異占》的出土，爲探索漢代盛行的"五行占"及其源流提供了一定的綫索。《政事之常》正文分四圈書寫，第二圈與睡虎地秦簡《爲吏之道》之"處如資、言如盟"至"不時怒民將姚去"一段相同，但文字及順序有差異，而其外圈是對這段文字的解釋和説明。《政事之常》可與睡虎地秦簡《爲吏之道》互校，《爲吏之道》的一些難解之謎，在《政事之常》出土之後可迎刃而解。《政事之常》的出土還有助於探索秦代的政治思想及其與傳統觀念的關係。

王家臺秦簡内容豐富，有的爲首次發現，對於秦代的法律、數術、易學的研究都有重要的價值。該墓的相對年代上限不早於公元前 278 年（秦拔郢），下限不晚於秦代。[1]

王家臺秦簡使用的文字有三種。《歸藏》形體最古，接近楚簡文字，應爲戰國末年的抄本；而《灾異占》爲小篆，可能是秦始皇"書同文字"之後通行的篆書；《日書》《效律》《政事之常》爲古隸，與睡虎地秦簡文字風格一致。

4. 湖北江陵揚家山秦簡

1990 年，湖北江陵揚家山 135 號秦墓出土竹簡 75 枚，簡文爲墨書古隸，内容爲遣册。墓葬年代屬秦，上限不會超過公元前 278 年（秦拔郢），下限在西漢前期。[2]

---

[1] 荆州地區博物館：《江陵王家臺 15 號秦墓》，《文物》1995 年第 1 期。王明欽：《王家臺秦墓竹簡概述》，載《新出簡帛研究——新出簡帛國際學術研討會文集》，文物出版社，2004。

[2] 湖北省荆州地區博物館：《江陵揚家山 135 號秦墓發掘簡報》，《文物》1993 年第 8 期。

有學者認爲，仔細比較此墓中出土的銅、陶、漆器，與雲夢睡虎地 11 號秦墓仍有一些差別，其年代定爲秦漢之際至西漢初年或較爲妥當；且簡文内容爲遣册，通觀目前已發現的秦代簡牘均無此類内容，很可能與秦人葬俗有關；而西漢時期内容爲遣册的簡牘已是常見，也應與當時的葬俗有關。因此，江陵揚家山秦簡的年代應是西漢。①

5. 湖北雲夢睡虎地秦簡牘

1975 年，湖北雲夢睡虎地 11 號墓出土竹簡 1167 枚，部分竹簡正反兩面書寫，總計近 3.8 萬字，單字近 1800 個。睡虎地秦簡内容十分豐富，大致有如下四個方面：第一方面是大事記和年譜一類，有《編年記》一種，記述了從秦昭王元年（前 306 年）到秦始皇三十年（前 217 年）間的軍政大事及墓主"喜"的生平，其中的編年可用來校正《史記·六國年表》的訛誤；第二方面是訓戒官吏的教令，有《語書》和《爲吏之道》兩種，《語書》是秦的南郡郡守騰發給郡内各縣、道嗇夫的文書，《爲吏之道》是講做官從政的一些準則；第三方面是法律文書，有《秦律十八種》《效律》《秦律雜抄》《法律答問》《封診式》五種，前三種是秦時法律令，《法律答問》是解釋律文的問答，《封診式》是治獄案例；第四方面是卜筮書籍，有《日書》甲、乙兩種，日書是規定人們行事宜忌、預測人事休咎以及教人如何避凶趨吉的古代數術書，其内容涉及當時日常生活的各個方面，可藉以瞭解古代社會的各種情況。睡虎地秦簡文字抄寫時間，其上限約在秦昭王五十一年（前 256 年），下限爲秦始皇三十年（前 217 年），是研究戰國末期秦國至秦代文字最完備的材料。②

1975 年，湖北雲夢睡虎地 4 號墓出土木牘 2 枚，墨書古隸，正背面都寫字，計 527 字。木牘内容記載的是在前綫的士兵黑夫和警兄弟倆寫給家裏叫中（衷）的人的兩封家信，是中國書信的最早實物。木牘記載了有關秦統一六國戰爭的情況。例如 11 號木牘記有"直佐淮陽，攻反城"，6 號木牘記有"以驚居反城中故"，并談到秦在統一六國戰爭中的軍需問題，爲史書所未載。兩枚木牘均記有向家裏要布、衣服和錢的事情，反映了秦軍士兵

① 陳振裕：《湖北秦漢簡牘概述》，載《新出簡帛研究》，文物出版社，2004，第 56 頁。
② 孝感地區第二期亦工亦農文物考古訓練班：《湖北雲夢睡虎地十一號秦墓發掘簡報》，《文物》1976 年第 6 期。睡虎地秦墓竹簡整理小組：《睡虎地秦墓竹簡》，文物出版社，1990。

需自備衣服和費用的情況。這兩枚木牘是秦始皇二十四年（前 223 年）時物。①

6. 湖北雲夢龍崗秦簡牘

1989 年，湖北雲夢龍崗 6 號秦墓出土竹簡 293 枚，另有 138 枚殘片，約有 3000 字，是相當成熟的隸書。其內容爲有關禁苑、馳道、馬牛羊、田贏等律文。木牘 1 枚，正反兩面書寫，計 38 字。龍崗簡的年代在秦始皇二十七年（前 220 年）至秦二世三年（前 207 年）14 年間，墓葬年代爲秦代末年。②

7. 湖北荆州關沮周家臺秦簡牘

1993 年，湖北荆州市沙市區關沮鄉清河村周家臺 30 號秦墓出土竹簡 381 枚，木牘 1 枚。內容爲《曆譜》《日書》《病方及其它》。《曆譜》竹簡 130 枚，木牘 1 枚，其內容爲秦始皇三十四年的全年日干支和秦始皇三十六年、三十七年月朔日干支及月大小等。木牘正、背兩面分別書有秦二世元年月朔日干支及月大小、該年十二月的日干支等。周家臺木牘曆譜，爲秦牘中首次所見，也是我國目前年代最早的曆譜。《日書》竹簡 78 枚，其內容有二十八宿占、五時段占、戎磨日占及五行占等。《病方及其它》竹簡 73 枚，其內容有醫藥病方、祝由術、擇吉避凶占卜及農事等。這批簡牘對於進一步考察秦代的曆法制度、探討秦末漢初的占卜習俗及社會狀況、發掘祖國醫學遺産，具有重要的意義。周家臺 30 號秦墓的下葬年代在秦代末年。③

8. 湖南湘西里耶秦簡牘

2002 年，湖南湘西土家族苗族自治州龍山縣里耶鎮 1 號井出土 38000 餘枚簡牘。簡牘均墨書，多爲古隸，也有篆書，絕大多數爲木質。內容多爲行政管理和刑事訴訟文檔，包括政令、各級政府之間的往來文書、司法文書、吏員簿、物資登記和轉運、里程書等，涉及經濟、軍事、刑法、算

---

① 湖北孝感地區第二期亦工亦農文物考古訓練班：《湖北雲夢睡虎地十一座秦墓發掘簡報》，《文物》1976 年第 9 期。《雲夢睡虎地秦墓》編寫組：《雲夢睡虎地秦墓》，文物出版社，1981。《中國書法》2009 年第 3 期刊發的《睡虎地秦墓黑夫家信木牘》彩色照片很清晰。

② 湖北省文物考古研究所、孝感地區博物館、雲夢縣博物館：《雲夢龍崗秦漢墓地第一次發掘簡報》，《江漢考古》1990 年第 3 期。中國文物研究所、湖北省文物考古研究所：《龍崗秦簡》，中華書局，2001。

③ 湖北省荆州市周梁玉橋遺址博物館：《關沮秦漢墓簡牘》，中華書局，2001。

術、記事等，對於研究秦代社會具有重要的史學價值，被學術界稱爲近百
年來秦代考古的重大發現之一。簡文中的紀年，有秦始皇二十五年至三十
七年和秦二世元年、二年，因此這批簡牘的成書年代當在秦始皇二十五年
（前 222 年）至秦二世二年（前 208 年），包括整個秦代。有學者估計這批
簡牘有 20 餘萬字，其數量相當於此前各地出土秦簡總數的十倍。從已發表
的部分里耶簡牘圖版看，其風格與睡虎地秦簡和馬王堆帛書大體相同。由
於這些秦簡牘故地均爲楚地，所以里耶簡牘也保留着一些楚文字的結構和
書寫特徵，在結字、用筆上與馬王堆帛書《春秋事語》、《戰國縱橫家書》、
《老子》甲本最爲相近。2005 年 12 月北護城壕 11 號坑又出土了 51 枚
簡牘。①

9. 北京大學藏秦簡牘

2010 年 10 月 24 日，北京大學在英傑學術交流中心召開座談會，宣布
了入藏一批秦簡牘的消息。這批簡牘由馮燊均國學基金會捐贈，包括竹簡
763 枚（其中近 300 枚爲兩面書寫）、木簡 21 枚、木牘 6 枚、竹牘 4 枚以及
不規則木觚 1 枚。此外，在簡牘中還雜有竹笥殘片、竹製算籌、盛裝算籌的
竹製圓筒等物品，另有有字木骰一枚。簡牘內容包括《質日》、《爲吏之
道》、《交通里程書》、算數書、數術方技書、《製衣書》、文學類佚書等七個
方面，涉及古代政治、地理、社會經濟、數學、醫學、文學、曆法、方術、
民間信仰等諸多領域。簡牘字體是古隸，抄寫年代下限在秦始皇後期。其
歸入《質日》的簡文有兩種，年代爲秦始皇三十一年（前 216 年）和三十
三年（前 214 年）。②

10. 湖南大學嶽麓書院藏秦簡

2002 年 12 月和 2008 年 8 月，這批竹簡先後分兩次從香港購回，入藏於
湖南大學嶽麓書院。第一批竹簡 2098 枚，第二批竹簡 76 枚，共 2174 枚。
這批竹簡包括《質日》、《爲吏治官及黔首》、《占夢書》、《數》書、《奏讞書》、

① 湖南省文物考古研究所、湘西土家族苗族自治州文物處、龍山縣文物管理所：《湖南龍山
里耶戰國——秦代古城一號井發掘簡報》，《文物》2003 年第 1 期。湖南省文物考古研究
所：《里耶發掘報告》，嶽麓書社，2007。湖南省文物考古研究所：《里耶秦簡［壹］》，文
物出版社，2012。

② 《北京大學新獲秦簡牘概述》《北京大學新獲秦簡牘清理保護工作簡介》，均載《北京大學
出土文獻研究所工作簡報》總第 3 期，2010，第 1 ~ 11 頁。

《秦律雜抄》、《秦令雜抄》。其歸入《質日》的簡文有三種，年代爲秦始皇二十七年（前 220 年）、三十四年（前 213 年）、三十五年（前 212 年），其年代下限當在秦始皇三十五年。這批秦簡是繼 1975 年睡虎地秦簡和 2002 年湘西里耶秦簡之後的又一重大發現，對於秦代歷史，特別是秦代的法律、數學以及秦代的字體等方面的研究具有非常重要的意義。①

11. 湖北江陵嶽山秦牘

1986 年，湖北江陵嶽山 36 號秦墓出土木牘兩枚，内容屬日書，主要是"良日"一類，與日常生活關係較爲密切，部分内容爲同類材料中所未見。發掘簡報公布了兩枚木牘的照片和釋文。②

截至 2010 年初北京大學獲捐的秦簡，所見秦簡牘已有 11 批，内容主要是律令、司法與行政文書、簿籍，日書、曆日、算術、病方等數術方技類書籍，以及地圖、信函等。到目前爲止，秦簡中尚没有發現遣册。

第三節　漢簡帛文字材料介紹

一　西漢早期簡帛文字材料

兩漢時代，簡帛（主要是竹木簡）是主要書寫材料。東漢中期蔡倫改進造紙方法之後，紙開始成爲書寫材料。不過一直到南北朝時代，紙纔代替簡帛成爲主要的書寫材料。本部分主要介紹西漢早期的簡帛文字材料。

12. 廣州市南越國漢簡

2004～2005 年，廣州市南越國公署遺址南越古井 J264 出土 100 餘枚西漢南越國木簡。文字皆墨書隸體，個别字體含一定的篆意。簡文内容主要是簿籍和法律文書。木簡的年代，據簡 91 "廿六年"的紀年，可確定爲西漢南越國早期。南越國自漢高祖四年（前 203 年）立國到武帝元鼎六年

① 陳松長：《嶽麓書院所藏秦簡綜述》，《文物》2009 年第 3 期。朱漢民、陳松長：《嶽麓書院藏秦簡（壹）》，上海辭書出版社，2010。朱漢民、陳松長：《嶽麓書院藏秦簡（貳）》，上海辭書出版社，2011。李零：《秦簡的定名與分類》，載《簡帛》第 6 輯，上海古籍出版社，2011。

② 湖北省江陵縣文物局、荆州地區博物館：《江陵嶽山秦漢墓》，《考古學報》2000 年第 4 期。

（前 111 年）滅亡，計 93 年，傳五主，除趙佗在位 67 年外，其餘四主在位最長 16 年，所以簡 91 的"廿六年"紀年，當爲南越國趙佗紀年。西漢南越國木簡的發現，不僅填補了廣東地區簡牘發現的空白，同時也是南越國考古的重大突破，彌補了南越國史料記載的不足，具有非常重要的學術價值。[①]

13. 湖北隨州孔家坡漢簡牘

2000 年，湖北隨州市孔家坡 8 號漢墓出土竹簡近 800 枚，木牘 4 枚（其中有字 1 枚）。竹簡内容爲《日書》和《曆譜》。《日書》簡 703 枚，墨書隸體，其内容如建除、叢辰、星、盜日已見於睡虎地秦簡《日書》及放馬灘秦簡《日書》，字數在 10000 字以上。孔家坡《日書》簡的出土對於研究《日書》的内容、流傳、性質、原貌、所反映的社會生活以及中國數術史都具有重要的價值。《曆譜》簡 78 枚，係漢景帝後元二年（前 142 年）的曆日，約 120 字，每簡分爲三欄，首端書寫干支，中欄書寫節氣，下欄書寫月大小，多數簡只記干支。有字紀年木牘 1 枚，内容爲告地册。木牘中"二年正月壬子朔甲辰"記載的應是墓葬的下葬時間。

孔家坡 8 號漢墓年代可定爲漢景帝後元二年（前 142 年）。陳炫瑋《孔家坡漢簡年代下限的考訂》通過對李學勤、武家璧兩位先生關於孔家坡漢墓的年代分歧的分析，肯定了武家璧的觀點，認爲墓葬的下葬年代爲漢景帝後元二年是正確的，并通過對《日書》中避諱現象的分析認爲該墓《日書》的抄本寫成的年代下限當爲漢高祖十二年（前 195 年）。《隨州孔家坡漢墓簡牘》一書公布了該墓出土的全部簡牘的圖版、釋文和注釋及孔家坡漢墓發掘報告。[②]

14. 香港中文大學文物館藏簡牘

1989 ～ 1994 年，香港中文大學文物館歷年收購入藏簡牘 259 枚，其中戰國簡 10 枚，西漢《日書》簡 109 枚、遣册簡 11 枚、奴婢廩食粟出入簿簡

---

① 廣州市文物考古研究所、中國社會科學院考古研究所、南越王宮博物館籌建處：《廣州市南越國宮署遺址西漢木簡發掘簡報》，《考古》2006 年第 3 期。

② 湖北省文物考古研究所、隨州市文物局：《隨州市孔家坡墓地 M8 發掘簡報》，《文物》2001 年第 9 期。湖北省文物考古研究所、隨州市考古隊：《隨州孔家坡漢墓簡牘》，文物出版社，2006。張昌平：《隨州孔家坡墓地出土簡牘概述》，載《新出簡帛研究》，文物出版社，2004。

牘 69 枚、“河堤”簡 26 枚，東漢“序寧”簡 14 枚，東晉“松人”解除木牘 1 枚，另有殘簡 8 枚，空白簡 11 枚。

　　《日書》簡是這批簡牘中的大宗，內容與睡虎地秦簡《日書》、孔家坡漢簡《日書》多可對應，簡文中有“孝惠三年”紀年簡，可知該《日書》爲惠帝時物。“奴婢廩食粟出入簿”簡詳細記録了“壽”“根”“貝”等人給家奴廩食出入的情况和家奴每月食粟的多少。簡文中有“元鳳二年”字樣。“序寧”簡約成書於東漢章帝建初四年，內容爲禱祀先祖神靈，以安慰死者和保佑活着的人，所禱神靈有炊、造（竈）、外家、社、田社、官社、郭貴人、殤君、水上、大父母丈人田社、男殤女殤司命、命君等。“河堤”簡內容是有關江河堤壩的規劃，記有諸鄉河堤的長度、寬度，尤其如積、率、畸、實等專門術語的出現，皆可與《九章算術》相印證。東晉“松人”解除木牘是迄今所見唯一一塊既有圖像又有長篇文字的解除文，爲認識流行於東漢以後的鎮墓文、解除文提供了新資料。《香港中文大學文物館藏簡牘》一書公布了這批簡牘的全部圖版、釋文，并對其內容和價值作了考證和解説。[①]

15. 湖北江陵高臺木牘

　　1990 年，湖北江陵高臺 18 號漢墓出土木牘 4 枚，墓主爲“燕”。關於木牘的內容，黃盛璋先生認爲：甲、乙、丙木牘爲“江陵丞告安都丞”的“告地册”，甲木牘爲“檢”，即如公文的封套，丙木牘應爲正文，乙木牘爲附件，丁木牘爲遣册。木牘丙有“七年十月丙子朔庚子”的記載，這當爲墓主“燕”下葬的確切日期，所以該墓的年代是西漢文帝前元七年（前 173 年）。[②] 木牘的文字內容對分析漢初的算賦政策、人口遷徙等問題具有較大意義。

16. 湖南長沙馬王堆帛書和簡牘

　　1973 年底，湖南長沙馬王堆 3 號漢墓出土了大量帛書，共 44 種，10 多萬字，[③] 依《漢書·藝文志》的分類法可分爲六類：（1）六藝類：《周易·易經·六十四卦》《周易·易傳·二三子問》《周易·易傳·繫辭》《周易·易

---

① 陳松長：《香港中文大學文物館藏簡牘》，香港中文大學文物館，2001。陳松長：《香港中文大學文物館藏簡牘的內容與價值》，載《新出簡帛研究》，文物出版社，2004。

② 湖北省荆州地區博物館：《江陵高臺 18 號墓發掘簡報》，《文物》1993 年第 8 期。湖北省荆州博物館：《荆州高臺秦漢墓》，科學出版社，2000。黃盛璋：《江陵高臺漢墓新出“告地策”、遣策與相關制度發復》，《江漢考古》1994 年第 2 期。

③ 陳松長：《馬王堆簡帛文字編·前言》，文物出版社，2001。

傳·易之義》《周易·易傳·要》《周易·易傳·繆和》《周易·易傳·昭力》
《春秋事語》《戰國縱橫家書》；（2）諸子類：《老子》甲本、《五行》、《九
主》、《明君》、《德聖》、《經法》、《十六經》、《稱》、《道原》、《老子》乙本；
（3）兵書類：《刑德》甲、乙、丙；（4）數術類：《陰陽五行》甲篇、《陰陽
五行》乙篇、《五星占》、《天文氣象雜占》、《出行占》、《木人占》、《相馬經》；
（5）方術類：《足臂十一脈灸經》、《陰陽十一脈灸經》甲本、《陰陽十一脈
灸經》乙本、《脈法》、《陰陽脈死候》、《五十二病方》、《胎產書》、《養生方》、
《雜療方》、《却穀食氣》、《導引圖》；（6）地圖類：《長沙國南部圖》和《駐
軍圖》。① 馬王堆帛書内容涉及西漢初期政治、哲學、思想、文化、軍事、
天文、地理、醫學等各個方面。同時出土的一枚有紀年的木牘上面寫着
“十二年二月乙巳朔戊辰”之語，“十二年”乃是漢文帝前元十二年，據此
可以確定該墓的年代是漢文帝前元十二年（前168年）。② 以《老子》甲本、
《春秋事語》、《戰國縱橫家書》、《五十二病方》等爲代表的作品成書年代約在
戰國後期至秦代。以《老子》乙本，《刑德》甲、乙、丙，《五星占》等爲代
表的作品成書年代爲西漢前期。《長沙國南部圖》是目前所能見到的最早的地
圖。《足臂十一脈灸經》《陰陽十一脈灸經》《導引圖》《胎產書》等講經脈、
導引、養胎的書和《五十二病方》等，是目前所能見到的最早的一批醫書。
《五星占》是現存最早的一部天文書，在天文史研究方面具有重要價值。

　　馬王堆漢墓中的簡帛醫藥書字數有23000餘字，占馬王堆漢墓全部出土
簡帛書的六分之一左右。這些醫藥古書分別屬於14種著作以及1種別本，
它們分別出自不同時代和作者之手。内容可分四類：有關預防醫學思想，
有關醫學理論，有關醫療方法，性醫學、方術厭禁、祝由方等。

　　1972年，馬王堆1號墓出土了312枚竹簡，48枚木簡。1973年，馬王
堆2號和3號墓出土了610枚竹簡，10枚木簡。兩者共有9000餘字。竹簡

---

① 李學勤：《古文字學初階》，中華書局，1985，第59～60頁。
② 國家文物局古文獻研究室：《馬王堆漢墓帛書［壹］》，文物出版社，1980。馬王堆漢墓帛
　書整理小組：《馬王堆漢墓帛書［叁］》，文物出版社，1983。馬王堆漢墓帛書整理小組：
　《馬王堆漢墓帛書［肆］》，文物出版社，1985。傅舉有、陳松長：《馬王堆漢墓文物》，湖
　南出版社，1992。陳松長：《馬王堆帛書藝術》，上海書店出版社，1996。《馬王堆漢墓帛
　書》整理小組：《馬王堆漢墓帛書［壹］》（綫裝本），文物出版社，1974。《馬王堆漢墓帛
　書》整理小組：《馬王堆漢墓帛書［叁］》（綫裝本），文物出版社，1978。

内容主要是遣册。1 號墓遣册所記錄的隨葬品及其順序是：副食品、調料、酒類、糧食、漆器、土器、化妝品、衣服，然後是樂器、竹製品、木製和土製的隨葬專用器物等。3 號墓遣册所記錄的内容與 1 號墓有些不同，有車騎、樂舞、童僕以及兵器、儀仗、樂器等。3 號墓有 4 篇簡書與帛書同出，是與醫藥有關的佚書。其中 3 篇是竹簡書，書名是《十問》《合陰陽》《天下至道談》；1 篇是木簡書，書名是《雜禁方》。1 號墓還出土了 49 枚木牌，有墨書文字，上有竹笥所盛物品的名稱，如"衣笥""梨笥""錦繡笥""帛繒笥""熬爵笥"等。馬王堆 1 號和 2 號漢墓的年代當在文景之際。①

17. 廣西貴縣羅泊灣簡牘

1976 年，廣西貴縣羅泊灣 1 號墓出土木牘 5 枚（保存墨書文字的僅 3 枚），殘木簡 10 枚。其中有一塊自題爲"從器志"的木牘。此木牘正背面都有墨書古隸，有 372 字及 19 個符號。内容包括衣、食、用、玩、兵器等項。其餘兩塊木牘内容爲農具記錄，其中牘 3 自題"東陽田器志"，是農具出入的登記簿。墓葬年代是西漢初期，上限到秦末，下限不會晚於文景時期，大體與江陵鳳凰山漢墓和長沙馬王堆年代相近，或者比它們稍早。②

18. 安徽阜陽雙古堆漢簡牘

1977 年，安徽阜陽雙古堆 1 號漢墓出土木簡 1000 多枚，木牘 3 枚，墓主是"汝陰侯"，據推斷爲漢初功臣夏侯嬰之子夏侯竈，卒於漢文帝前元十五年（前 165 年），比馬王堆 3 號墓只晚 3 年。内容包括《詩經》《蒼頡篇》《刑德》《周易》《萬物》《日書》《年表》《行氣》《辭賦》《相狗經》《大事記》《作務員程》《雜方》等十幾種書。《蒼頡篇》是目前所能見到的最早字書，共有 541 字。《詩經》計有殘簡 170 餘枚。《萬物》是類似本草性質的書。雙古堆漢簡大多書寫於西漢初期，有的可能早到秦代。③

---

① 湖南省博物館、中國科學院考古研究所：《長沙馬王堆一號漢墓》，文物出版社，1973。湖南省博物館、中國科學院考古研究所：《長沙馬王堆二、三號漢墓發掘簡報》，《文物》1974 年第 7 期。馬王堆漢墓帛書整理小組：《馬王堆漢墓帛書［肆］》，文物出版社，1985。

② 廣西壯族自治區文物工作隊：《廣西貴縣羅泊灣一號墓發掘簡報》，《文物》1978 年第 9 期。廣西壯族自治區博物館：《廣西貴縣羅泊灣漢墓》，文物出版社，1988。

③ 安徽省文物工作隊、阜陽地區博物館、阜陽縣文化局：《阜陽雙古堆西漢汝陰侯墓發掘簡報》，《文物》1978 年第 8 期。文物局古文獻研究室、安徽省阜陽地區博物館阜陽漢簡整理組：《阜陽漢簡簡介》，《文物》1983 年第 2 期。

19. 湖北江陵張家山漢簡

1983～1984 年，湖北江陵張家山 247 號、249 號、258 號三座西漢前期墓葬出土了大量竹簡（1600 餘枚）。247 號墓出土竹簡 1236 枚，簡文內容包括《二年律令》《奏讞書》《蓋廬》《脈書》《引書》《算數書》、曆譜、遣冊，涉及春秋到西漢初年的政治、軍事、法律、經濟、文化、醫學、數學、曆法等方面。睡虎地秦簡內容以秦律爲主，張家山漢簡內容則以漢律爲主。247 號墓墓主下葬的年代約在呂后時期（前 187 年～前 180 年）或其後不久。

《二年律令》簡 526 枚，是呂后二年施行的法律，簡文包含了漢律的主要部分，內容涉及西漢社會、政治、軍事、經濟、地理等方面。《奏讞書》簡 228 枚，屬法律文書，爲春秋至漢初議罪案例的匯編，是供官吏工作參考或學吏者閱讀應用的文書，共有案例 22 個。《脈書》簡 66 枚，屬醫書，內容分作兩部分：一是各種疾病名稱共 60 餘種，依據從頭到足次第排列；二是敘述人體經脈走嚮及所主病症，內容基本同於馬王堆帛書《陰陽十一脈灸經》《脈法》《陰陽脈死候》。《算數書》簡 190 枚，是目前所能見到的最早的算術書，是一部數學問題集，比較集中地反映了戰國晚期至西漢初期數學發展的水平，在中國數學史上占有十分重要的地位，書中保存了一些不見於《九章算術》的數學史資料，彌足珍貴。《蓋廬》簡 55 枚，爲年代較早的兵家著作，全書爲問答形式，共 9 章，每章均以蓋廬的提問開始，然後是申胥（伍子胥）的回答，以回答內容爲主體。《引書》簡 112 枚，是專門講導引、養生和治病的著作。此書可算是馬王堆帛書《導引圖》的解說。全書分三部分：第一部分是闡述四季的養生之道；第二部分是記載導引術式及導引術治療疾病的方法；第三部分着重説明導引養生的理論。"曆譜"簡 18 枚，記載漢高祖五年（前 202 年）四月至呂后二年（前 186 年）後九月間各月朔日干支，是目前已知年代最早的西漢初年的實用曆譜。"遣冊"簡 41 枚，記載各種隨葬品。①

張家山 249 號墓發現竹簡約 400 枚，保存較差，出土時已散亂。簡文內容與睡虎地秦簡《日書》大體相同。②

---

① 張家山二四七號漢墓竹簡整理小組：《張家山漢墓竹簡（二四七號墓）》，文物出版社，2001。

② 荊州地區博物館：《江陵張家山三座漢墓出土大批竹簡》，《文物》1985 年第 1 期。張家山漢墓竹簡整理小組：《江陵張家山漢簡概述》，《文物》1985 年第 1 期。

張家山 258 號墓出土竹簡 58 枚，分散在淤泥中，無一定排列順序，均殘斷。簡文内容爲曆譜，是迄今考古發現較早的曆譜之一。①

1985 年，張家山 127 號墓出土漢簡 300 餘枚，内容爲日書。②

1986 年，張家山 136 號墓出土漢簡 829 枚，有《功令》、《却穀食氣》、《盗跖》、《宴享》、《七年質日》、律令 15 種、遣册。③

20. 湖北荆州謝家橋簡牘

2007 年，湖北荆州市沙市區關沮鄉清河村謝家橋出土竹簡 208 枚，竹牘 3 枚，字迹清晰，竹簡内容爲遣册，竹牘爲告地書。出土竹牘記載，該墓下葬年代爲“五年十一月癸卯朔庚午”，爲西漢吕后五年（前 183 年）十一月二十八日。④

21. 湖北雲夢大墳頭木牘

1972 年，湖北雲夢縣大墳頭 1 號西漢墓出土木牘 1 枚，正背面均有用墨書寫的文字，共 222 字，字體爲古隸，内容爲遣册。這座墓的年代係西漢早期。⑤

22. 湖北江陵鳳凰山簡牘

1973 年，湖北江陵鳳凰山 8 號墓出土竹簡 176 枚，9 號墓出土竹簡 80 枚，木牘 3 枚。8 號墓和 9 號墓竹簡的内容均爲遣册。10 號墓出土竹簡 170 枚，木牘 6 枚。據裘錫圭先生的研究，絶大部分簡牘的内容是鄉里行政機構的文書，墓主名“偃”，大概是江陵西鄉的有秩或嗇夫。1975 年，湖北江陵鳳凰山 167 號墓出土竹簡 74 枚，内容爲遣册；168 號墓出土竹簡 66 枚、木牘 1 枚，内容爲告地册。江陵鳳凰山 8、9、10、167 和 168 號墓年代均爲西

① 荆州地區博物館：《江陵張家山三座漢墓出土大批竹簡》，《文物》1985 年第 1 期。張家山漢墓竹簡整理小組：《江陵張家山漢簡概述》，《文物》1985 年第 1 期。

② 荆州地區博物館：《江陵張家山兩座漢墓出土大批竹簡》，《文物》1992 年第 9 期。

③ 荆州地區博物館：《江陵張家山兩座漢墓出土大批竹簡》，《文物》1992 年第 9 期。

④ 王明欽、楊开勇：《湖北荆州謝家橋 1 號漢墓考古發掘取得重要收獲》，《中國文物報》2008 年 1 月 30 日第 2 版。荆州博物館：《湖北荆州謝家橋一號漢墓發掘簡報》，《文物》2009 年第 4 期。荆州博物館：《荆州重要考古發現》，文物出版社，2009。

⑤ 湖北省博物館、孝感地區文教局、雲夢縣文化館漢墓發掘組：《湖北雲夢西漢墓發掘簡報》，《文物》1973 年第 9 期。湖北省博物館：《雲夢大墳頭一號漢墓》，載《文物資料叢刊》第 4 輯，文物出版社，1981。

漢文帝至景帝時期，簡牘字數共約 4400 字。①

23. 湖北江陵毛家園簡牘

1986 年，湖北江陵縣毛家園 1 號墓出土竹簡 74 枚，木牘 1 枚，墨書漢隸文字，字迹清晰，内容爲遣册。木牘自名"牒書"，係告地册。毛家園 1 號漢墓的下葬年代爲漢文帝十二年（前 168 年）八月。②

24. 湖北沙市蕭家草場漢簡

1992 年，湖北荆州市沙市區關沮鄉蕭家草場 26 號漢墓出土漢簡 35 枚，簡文墨書，字迹不够清晰，共 139 字，内容爲遣册。蕭家草場 26 號漢墓的下葬年代爲西漢早期，其上限爲西漢初年，下限不晚於文景時期。③

25. 湖南沅陵虎溪山漢簡

1999 年，湖南沅陵縣虎溪山 1 號漢墓出土竹簡殘段 1336 枚（段），推測原有完整簡約 800 枚，計 3 萬餘字。内容主要有"黄簿""日書""美食方"三類。"黄簿"共 241 枚（段），其中整簡 120 枚，記載西漢初年沅陵侯國的行政設置、吏員人數、户口人民、田畝賦税等。"日書"整簡約 500 枚，有隸書與行書兩種字體，與以往出土的日書不同，其中有許多關於秦漢時期歷史事件和任務的記載。"美食方"約 300 段，内容主要是記録食物的烹調製作方法。墓主人吴陽，係長沙王吴臣之子，爲第一代沅陵侯，高后元年（前 187 年）受封，死於文帝後元二年（前 162 年）。文帝後元二年即虎溪山 1 號漢墓的墓葬年代。虎溪山漢簡對研究漢代的户籍檔案制度、飲食文化以及數術方技有重要參考價值。④

---

① 金立：《江陵鳳凰山八號漢墓竹簡試釋》，《文物》1976 年第 6 期。長江流域第二期文物考古工作人員訓練班：《湖北江陵鳳凰山西漢墓發掘簡報》，《文物》1974 年第 6 期。裘錫圭：《湖北江陵鳳凰山十號漢墓出土簡牘考釋》，《文物》1974 年第 7 期。鳳凰山一六七號漢墓發掘整理小組：《江陵鳳凰山一六七號漢墓發掘簡報》，《文物》1976 年第 10 期。紀南城鳳凰山一六八號漢墓發掘整理組：《湖北江陵鳳凰山一六八號漢墓發掘簡報》，《文物》1975 年第 9 期。

② 楊定愛：《江陵縣毛家園 1 號西漢墓》，載《中國考古學年鑒·1987》，文物出版社，1988。下葬年代參看《蕭家草場 26 號漢墓發掘報告》，載《關沮秦漢墓簡牘》，中華書局，2001。《中國書法》2009 年第 3 期刊發的《毛家園木牘》彩色照片很清晰。

③ 《蕭家草場 26 號漢墓發掘報告》，載《關沮秦漢墓簡牘》，中華書局，2001。

④ 湖南省文物考古研究所、懷化市文物處、沅陵縣博物館：《沅陵虎溪山一號漢墓發掘簡報》，《文物》2003 年第 1 期。

26. 湖北雲夢睡虎地漢簡牘

2006 年，湖北雲夢睡虎地 77 號西漢墓出土簡牘 2137 枚。簡文均爲隸書。内容分 "質日" "日書" "書籍" "算術" "法律" 五類。"質日" 每枚簡自上而下分爲六欄，首枚簡的背面多題有 "某年質日"。"日書" 簡有大量日書類内容。"書籍" 簡 205 枚，簡文中提到許多歷史人物，如商紂、仲尼、越王勾踐、伍子胥等。"算術" 簡 216 枚，是一部數學問題集，部分算題見於張家山漢簡《算數書》，但是文字内容有一些差異。"法律" 簡 850 枚，有盗、告、具、捕、亡律和金布、户、田、工作課、祠、葬律等 40 種律名，這些律名多見於張家山漢簡《二年律令》和睡虎地秦簡法律文獻，但也有少數律名爲首次出現，如《葬律》等。木牘和竹牘 128 枚，内容是司法文書和簿籍。簡牘文中未見喪葬時間的記載，但簿籍類牘文中多見 "五年" "六年" "七年" 等，據此推知墓主下葬年代上限在文帝後元七年（前 157 年），墓葬年代約在文景時期。①

27. 湖北荆州印臺簡牘

2000 ~ 2004 年，湖北荆州印臺墓地 9 座（M59、M60、M61、M62、M63、M83、M97、M112、M115）西漢墓出土竹木簡 2300 枚、木牘 60 餘枚，内容包括文書、卒簿、曆譜、編年記、日書、律令以及遣册、器籍、告地書等。"文書" 中有景帝前元二年（前 155 年）臨江國丞相申屠嘉下達文書的記録。"卒簿" 記載了當時適齡丁卒的數量、服役、力田等狀況。"曆譜" 分上下欄書寫，干支之下多有節氣及某人行迹。"編年記" 所見有秦昭王、始皇帝和西漢初年的編年、史實。"日書" 内容與睡虎地秦墓所出有類似之處。"告地册" 記載了墓主下葬的絶對年代。《印臺墓地出土大批西漢簡牘》一文詳細介紹了印臺漢墓簡牘的出土情况，并公布了其中 24 枚漢簡的圖版。②

28. 山東臨沂銀雀山漢簡牘

1972 年，山東臨沂銀雀山 1 號漢墓出土竹簡 4942 枚。其内容有兵書

---

① 湖北省文物考古研究所、雲夢縣博物館：《湖北雲夢睡虎地 M77 發掘簡報》，《江漢考古》2008 年第 4 期。

② 鄭忠華：《印臺墓地出土大批西漢簡牘》，載荆州博物館《荆州重要考古發現》，文物出版社，2009。

《六韜》《孫子兵法》《孫臏兵法》《尉繚子》和子書《管子》《晏子》《墨子》，還有《相狗經》《曹氏陰陽》《風角占》《灾異占》《雜占》等。2 號漢墓出土簡牘 32 枚，有《元光元年曆譜》1 種，是最早最完整的古代曆譜。1 號漢墓還出土殘碎篇題木牘 2 塊。銀雀山漢簡字體比馬王堆帛書和雙古堆竹簡略晚一些，也屬早期隸書，估計是文景至武帝初期這段時間內抄成的。墓葬的年代，根據同出錢幣、陶器等考察，當爲漢武帝前期，上限爲漢武帝元光元年（前 134 年），下限爲元狩五年（前 118 年）。①

《漢書·藝文志》："《吳孫子兵法》八十二篇，圖九卷；《齊孫子》八十九篇，圖四卷。"《吳孫子兵法》即《孫子兵法》的別一種版本，是孫武的兵法書。《齊孫子》一般認爲是孫臏傳世的兵書。自唐至近代，《齊孫子》這部書一直湮沒不載。學者懷疑孫臏是否確有其人，《齊孫子》和《吳孫子兵法》是否爲同一部書。由於銀雀山漢簡中兼有這兩種書而揭開了這個千年之疑案，證實了《史記》記述的正確性，即孫武是吳孫子，孫臏是齊孫子，分別是春秋和戰國人，孫臏乃孫武之後世子孫，各有兵法傳世，《孫子兵法》和《孫臏兵法》是兩部內容不同的書。

29. 湖北荆州紀南松柏簡牘

2004 年，湖北荆州市紀南鎮松柏村漢墓 M1 出土木簡 10 枚，木牘 63 枚（6 枚無字）。木牘 31 枚單面墨書文字，26 枚雙面墨書文字，有漢武帝建元、元光年間曆譜。木牘的內容主要有遣册、各類簿册、葉（牒）書、令、曆譜、"周偃"的功勞記録、公文抄件。木簡單面墨書文字，內容與木牘有關，應爲放置於各類木牘後面的標題，如"右方四年功書""右方除書""右方遣書"等。松柏漢墓位於楚故都紀南城東南部，墓主人爲"周偃"，官職爲"江陵西鄉有秩嗇夫"，爵位爲"公乘"（漢爵第四級）。松柏簡牘爲研究西漢時期南郡和江陵的政治、經濟、文化等提供了重要資料，具有

① 山東省博物館、臨沂文物組：《山東臨沂西漢墓發現〈孫子兵法〉和〈孫臏兵法〉等竹簡簡報》，《文物》1974 年第 2 期。銀雀山漢墓竹簡整理小組：《銀雀山漢墓竹簡 [壹]》，文物出版社，1985。銀雀山漢墓竹簡整理小組：《銀雀山漢墓竹簡 [貳]》，文物出版社，2010。銀雀山漢簡由文物出版社分三輯出版：第一輯爲《孫子兵法》《孫臏兵法》《六韜》《尉繚子》《管子》《晏子》《守法守令等十三篇》；第二輯爲《佚書叢殘》；第三輯包括全部散碎竹簡、篇題木牘及《元光元年曆譜》。目前第一、二輯均已出版。

較高的學術研究價值。松柏漢墓 M1 的年代爲漢武帝早期。①

30. 湖南長沙走馬樓漢簡牘

2003 年，湖南長沙走馬樓出土西漢簡牘萬餘枚，有文字者爲 2100 餘枚。根據簡牘上的曆朔和字體判斷，這批簡的年代爲西漢武帝早期，初步考證是西漢武帝長沙國劉發之子劉庸（前 128 年～前 101 年）在位時的行政文書，大部分屬於司法文書，涉及漢代當時的訴訟制度、法制改革、上計制度、交通郵驛制度及長沙國的歷史、法律、職官、郡縣、疆域等諸方面。這是繼湖北荆州張家山漢簡之後的漢代司法簡書的又一重大發現。②

2010 年，長沙走馬樓發現上萬枚東漢簡牘。③

31. 安徽天長西漢木牘

2004 年，安徽天長市安樂鎮紀莊村西漢墓 M19 出土木牘 34 枚，約 2500 字，字體爲古隸，内容有户口名簿、算簿、書信、木刺、藥方、禮單等，爲研究漢代的户籍、賦税、醫藥等提供了重要的文獻資料。該墓葬地當屬漢代臨淮郡東陽縣。墓主人叫“謝孟”，是東陽縣掌握一定權力的官吏。墓葬年代爲西漢中期偏早。④

32. 山東日照海曲漢簡

2002 年，山東日照市西郊西十里堡村西南出土竹簡等重要文物。竹簡 39 枚，字迹清晰，有漢武帝“天漢二年”和“城陽十一年”的明確紀年。這批簡應爲漢武帝後元二年視日簡，内容可能與曆譜有關。該墓葬年代約在漢武帝末年或昭帝時期。⑤

33. 北京大學藏西漢竹書

2009 年，北京大學接受捐贈，獲得了一批從海外回歸的西漢竹簡。這

---

① 荆州博物館：《湖北荆州紀南松柏漢墓發掘簡報》，《文物》2008 年第 4 期。朱江松：《罕見的松柏漢代木牘》，載《荆州重要考古發現》，文物出版社，2009。

② 長沙簡牘博物館、長沙市文物考古研究所聯合發掘組：《2003 年長沙走馬樓西漢簡牘重大考古發現》，載《出土文獻研究》第 7 輯，上海古籍出版社，2005。

③ 田芳等：《長沙走馬樓出土萬枚東漢簡牘》，載《長沙晚報》2010 年 6 月 24 日第 A08 版。

④ 天長市文物管理所、天長市博物館：《安徽天長西漢墓發掘簡報》，《文物》2006 年第 11 期。楊以平、喬國榮：《天長西漢木牘述略》，載《簡帛研究》（2006），廣西師範大學出版社，2008。

⑤ 山東省文物考古研究所：《山東日照海曲西漢墓（M106）發掘簡報》，《文物》2010 年第 1 期。

批簡完整簡約 1600 枚，殘斷簡 1700 餘枚，估計原有整簡數在 2300 枚以上。文字抄寫工整，書法精美。這批竹簡全部屬於古代書籍，內容極爲豐富，含有近 20 種古代文獻，基本涵蓋了《漢書·藝文志》所劃分的"六藝""諸子""詩賦""兵書""數術""方技"六大門類，是迄今所發現的戰國秦漢古書類簡牘中數量最大的一批。

《蒼頡篇》有 86 枚竹簡，約 1300 字，是迄今所見存字最多、保存狀況最好的西漢《蒼頡篇》傳本，而且較多地保留着秦本原貌。西漢前期講述秦末重要史事的古佚書《趙正書》竹簡 51 枚，約 1500 字。篇章結構最爲完整的《老子》古本竹簡 280 枚，保存近 5300 字（含重文）。《漢書·藝文志》"諸子略"曾經著録久已失傳的道家著作《周馴》竹簡 220 餘枚，約 5000 字。《妄稽》竹簡 107 枚，2700 字，講述了西漢時代一個士人家庭中男主人"周春"與其妻"妄稽"及其妾"虞士"之間發生的故事，是迄今已發現的我國年代最早、篇幅最長的"古小説"，情節曲折，語言生動，具有很高的文學價值。其他子書竹簡約 31 枚，含形制和字體不盡相同的多個篇章。"七"體漢賦《反淫》竹簡 59 枚，1200 餘字。數術書竹簡約 1600 枚，包括《日書》《日忌》《日約》《揕（堪）輿》《雨書》《六博》《荆決》《節》幾種書。數術類文獻極爲豐富，是已知同類出土文獻中數量最大的一批。《日書》中的不少圖表和文字內容前所未見，《日約》《荆決》《揕輿》等書的篇題和內容組合也均爲首次發現。醫書，存竹簡 710 多枚，包含 180 餘種古代醫方，記載內科、外科、五官科、婦産科和兒科等多個科目疾病的治療方法，內容包括病名、症狀、用藥種類、劑量、炮製方法、服用方法和禁忌，可與馬王堆帛書《五十二病方》對勘并補充其不足。這批西漢竹書，在歷史學、文獻學、考古學、古文字學以及文學和書法藝術等方面，都具有非常重要的價值。各篇竹書文字的書法與書體特徵不盡相同，抄寫年代可能略有早晚，但大體上可以認爲已近於成熟的漢隸。推測這批竹簡的抄寫年代多數當在漢武帝時期，可能主要在武帝後期，下限亦應不晚於宣帝。以往發現的漢代簡牘主要集中在西漢早期和晚期，而北大竹書的抄寫約在西漢中期，恰好彌補了這一年代的缺環。西漢中期是隸書走嚮成熟定型的階段，北大西漢竹書正處於這個階段，對研究隸書的演化和漢字發展史具有重要價值。①

34. 陝西西安杜陵漢牘

2001 年，陝西西安杜陵一座漢代墓葬中出土木牘 1 枚。木牘文字 8 行，共約 177 字。内容爲《日書》，有始田良日、禾良日及粟、豆、麥、稻良日等，與睡虎地簡《日書》"農事篇"相近。字體爲古隸。②

二　西漢中期之後的漢代簡帛文字材料

西漢中期之後的漢代簡牘、帛書多爲西北漢簡帛。西北漢簡帛多出自駐守邊疆的中下層官吏與將士之手，以粗獷、率真爲主要特徵。下文就西漢中期之後的漢代簡牘、帛書文字材料進行介紹。

35. 甘肅玉門花海漢簡

1977 年，甘肅玉門市花海漢代烽燧遺址獲簡 91 枚，内容有武帝遺詔、字書《蒼頡篇》等。成書年代在漢昭帝元平元年（前 74 年）至漢元帝初元年間（前 48 年 ~ 前 44 年）。形式包括木簡、削衣和木觚等。字體兼及古隸、分書和章草。③

36. 青海大通上孫家寨漢簡

1978 年，青海大通縣上孫家寨 115 號西漢晚期墓出土木簡近 400 枚，殘斷嚴重，約爲漢宣帝時遺迹。内容多與軍事有關，主要是軍法、軍令，其中數量最多的是關於斬首捕虜論功拜爵的條文。簡文用筆剛勁有力，體態橫扁，具有典型的西北漢簡特徵。④

---

① 北京大學出土文獻研究所：《北京大學藏西漢竹書概説》，《文物》2011 年第 6 期。北京大學出土文獻研究所：《北京大學新獲"西漢竹書"概述》，載《國際漢學研究通訊》第 1 輯，中華書局，2010。北京大學出土文獻研究所：《北京大學藏西漢竹書［貳］》（《老子》卷），上海古籍出版社，2012。

② 張銘洽、王育能：《西安杜陵漢牘〈日書〉"農事篇"考辨》，載《陝西歷史博物館館刊》第 9 輯，三秦出版社，2002。

③ 嘉峪關市文物保管所：《玉門花海漢代烽燧遺址出土的簡牘》，載《漢簡研究文集》，甘肅人民出版社，1984。這批簡文也收入《敦煌漢簡》一書。

④ 青海省文物考古工作隊：《青海大通縣上孫家寨 115 號漢墓》，《文物》1981 年第 2 期。國家文物局古文獻研究室、大通上孫家寨漢簡整理小組：《大通上孫家寨漢簡釋文》，《文物》1981 年第 2 期。李均明、何雙全：《散見簡牘合輯》，文物出版社，1990。

37. 河北定縣八角廊漢簡

1973 年，河北定縣八角廊村 40 號漢墓出土了大批竹簡，内容有《論語》《儒家者言》《哀公問五義》《保傅傳》《太公》《文子》《六安王朝五鳳二年正月起居記》《日書》等八種。墓主爲漢中山王劉修，年代爲漢宣帝五鳳三年（前 55 年）。這批簡爲考訂先秦古籍和校勘儒家經典增添了新的材料。字體接近東漢成熟的八分書，體態扁平，横嬝開張，近《曹全碑》《史晨碑》。《文子》有 277 枚簡，計 2790 字。《文子》的出土，證實了這部古籍的存在，對天道、仁義、功德、教化的闡述頗具特色，爲古代思想史的研究提供了新材料。《論語》爲殘簡，共有 7576 字，不足今本的一半。這部《論語》雖然是殘本，但因中山王劉修死於漢宣帝五鳳三年（前 55 年），所以它是公元前 55 年以前的本子，爲《論語》研究提供了新材料。《儒家者言》計有殘簡 100 多枚。①

38. 甘肅武都趙坪村漢簡

2000 年，甘肅武都縣琵琶鄉趙坪村出土木簡 12 枚。其中簡 10 是一枚完整的簡，同時也是一枚紀年簡，簡文中有“陽朔元年十一月丙午”字樣，紀年明確。《陝西歷史博物館藏武都漢簡》一文對簡文進行了釋文、考釋，并公布了這批木簡的圖版。②

39. 江蘇連雲港尹灣簡牘

1993 年，江蘇連雲港市東海縣温泉鎮尹灣村 1～6 號 6 座漢墓出土了大量漢簡牘。其中，6 號墓出土竹簡 133 枚，木牘 23 枚，字數近 4 萬；2 號墓出土木牘 1 枚。墓主人爲東海郡功曹史師饒，字君兄。内容包括《集簿》《東海郡屬縣鄉吏員定簿》《東海郡下轄長吏名籍》《東海郡下轄長吏不在署未到官者名籍》《東海郡屬吏設置簿》《武庫永始四年兵車器集簿》《贈錢名籍》《神龜占》《六甲占雨》《博局占》《元延元年曆譜》《借貸書》《元延三年五月曆譜》《君兄衣物疏》《君兄繒方緹中物疏》《君兄節司小物疏》《名謁》《元延二年視事日記》《刑德行時》《行道吉凶》《無名氏衣物疏》

---

① 河北省文物研究所：《河北定縣 40 號漢墓發掘簡報》，《文物》1981 年第 8 期。國家文物局古文獻研究室、河北省博物館、河北省文物研究所定縣漢墓竹簡整理組：《定縣 40 號漢墓出土竹簡簡介》，《文物》1981 年第 8 期。

② 王子今、申秦雁：《陝西歷史博物館藏武都漢簡》，《文物》2003 年第 4 期。

《神烏傅（賦）》等 22 種文獻（6 號墓 21 種，2 號墓 1 種），① 反映了西漢末年政治、經濟、軍事及社會生活的各個方面，具有珍貴的史料價值，特別是爲地方行政制度史的研究，提供了較史籍所記具體得多的第一手資料。6 號墓所出木牘中有名謁木牘 10 件，記有“永始”和“元延”年號，可知其爲西漢晚期成帝時之物，墓中簡牘抄寫時間應不晚於成帝末年（前 8 年）。尹灣簡牘對歷史學、語言學、文學、文獻學、書法學、民俗學、文書檔案學、軍事學的研究，具有重要的價值。整理報告《尹灣漢墓簡牘》內容包括簡牘圖版、釋文及發掘報告等材料，是尹灣漢簡研究的重要材料和依據。②

40. 湖北光化五座墳漢簡牘

1973 年，湖北光化縣五座墳西漢墓發掘出土簡牘約 30 枚，已成殘片，僅有 5 枚可見墨迹，筆畫模糊，內容似屬遣册。③

41. 甘肅敦煌漢簡帛

敦煌漢簡帛是甘肅敦煌、玉門、酒泉等地漢代烽燧遺址出土的簡牘、帛書，年代約自西漢武帝末年（前 1 世紀）至東漢中期（1 世紀），其中以西漢中晚期及東漢早期居多。從 20 世紀初至今，共出土了約 26000 枚，字體有小篆、隸書、草書、行書等四種。

1907 年，英籍匈牙利人斯坦因在第二次中亞考察中，發掘敦煌縣西北的漢代烽燧遺址，獲竹木簡 705 枚。④

1914 年，斯坦因在第三次中亞考察中，在敦煌漢代遺址中獲木簡 168 枚。⑤

1920 年，在敦煌西北古玉門關城外沙灘中出土漢簡 17 枚，內容爲屯戍

---

① 22 種文獻的具體內容介紹可參見張顯成、周群麗《尹灣漢墓簡牘校理》，天津古籍出版社，2011。

② 連雲港市博物館、東海縣博物館、中國社會科學院簡帛研究中心、中國文物研究所：《尹灣漢墓簡牘》，中華書局，1997。

③ 湖北省博物館：《光化五座墳西漢墓》，《考古學報》1976 年第 2 期。

④ 斯坦因：《西域考古記》。沙畹：《斯坦因在東土耳其斯坦所獲漢文文獻》，牛津大學出版社，1913。羅振玉、王國維：《流沙墜簡》，日本京都東山學社，1914。

⑤ 斯坦因：《亞洲腹地、中亞、甘肅和伊朗東部考古記》。馬伯樂：《斯坦因第三次中亞考察所獲漢文文書》，1953。張鳳：《漢晉西陲木簡匯編》，上海有正書局，1931。

之事。這批簡收入《敦煌漢簡》一書。

1944 年，夏鼐在敦煌小方盤城等地獲簡 48 枚。[①]

1979 年，敦煌縣馬圈灣漢代烽燧遺址出土簡牘 1217 枚（絕大多數爲木簡，竹簡極少），帛書 1 件。馬圈灣漢代烽燧遺址的發掘，是近數十年來，在敦煌首次嚴格按照科學要求進行的烽燧遺址發掘，其收獲遠遠超過了新中國成立前所取得的成果，而且在層位、斷代上有了更確切的科學依據。[②]

1981 年，在敦煌縣酥油土漢代烽燧遺址獲木簡 76 枚，内容爲詔書、律令、檄書、屯戍簿册、字書、軍令、兵書、曆書、私人書信以及其他雜簡。[③]

1986～1988 年，敦煌市在文物普查中獲漢簡 137 枚，包括後坑墩 17 枚、馬圈灣墩 4 枚、小方盤城 2 枚、臭墩子墩 2 枚、小方盤城南第一烽燧 5 枚、小方盤城南第二烽燧 12 枚、鹽池灣墩 11 枚、小月牙湖東墩 19 枚、漢代效穀泉遺址 64 枚、大坡墩 1 枚。[④]

1990 年，敦煌市黄渠鄉清水溝漢代烽燧遺址出土漢簡一册（27 枚），散簡 14 枚，無字素簡一捆（21 枚）。敦煌市博物館也采集到漢簡數枚，内容爲曆譜、符、爰書、品約、簿籍等。[⑤]

1990～1992 年，敦煌懸泉置遺址出土漢代簡牘 35000 餘枚，其中有字者 23000 餘枚。簡牘文字的字體有隸書、草書和草隸。此外還有習字者所書的小篆和楷書等。敦煌懸泉置遺址有明確紀年的年號簡 1900 枚。早期主要是西漢武帝時期的紀年，有"元鼎六年""太始三年""徵和元年"等。西漢昭帝以後至東漢光武帝建武初的簡牘數量最多，可基本連續。簡牘紀年

① 夏鼐：《新獲之敦煌漢簡》，載《考古學論文集》，科學出版社，1961。

② 甘肅省博物館、敦煌縣文化館：《敦煌馬圈灣漢代烽燧遺址發掘簡報》，《文物》1981 年第 10 期。這批簡的材料已收入《敦煌漢簡》。

③ 敦煌縣文化館：《敦煌酥油土漢代烽燧遺址出土的木簡》，載《漢簡研究文集》，甘肅人民出版社，1984。這批簡文材料還收入《敦煌漢簡》。

④ 甘肅省文物考古研究所：《敦煌漢簡》，中華書局，1991。吴礽驤、李永良、馬建華：《敦煌漢簡釋文》，甘肅人民出版社，1991。羅振玉、王國維：《流沙墜簡》，中華書局，1993。張鳳：《漢晉西陲木簡匯編》，上海有正書局，1931。林梅村、李均明：《疏勒河流域出土漢簡》，文物出版社，1984。

⑤ 敦煌市博物館：《敦煌清水溝漢代烽燧遺址出土文物調查及漢簡考釋》，載《簡帛研究》第 2 輯，法律出版社，1996。

最早爲西漢武帝元鼎六年（前 111 年），最晚爲東漢安帝永初元年（107 年）。内容包括詔書、律令、科品、檄記、簿籍、爰書、劾狀、符傳、曆譜、術數、醫方等。這批材料對於研究兩漢時期的政治、經濟、軍事、外交、交通、郵驛、民族、文化等至爲重要。① 在發掘中還獲得了帛書 10 件與紙文書 10 件。這些帛書和紙文書的發現，證明西漢時期竹、木、帛、紙四種材料作爲書寫材質并存。

2010 年，敦煌一棵樹漢代烽燧遺址出土簡牘 16 枚。②

敦煌漢簡帛中官、私文書居多。官文書有詔書律令、司法文書、品約、符、傳、例行公文及各式簿籍，私文書有買賣契約、書信等。

42. 甘肅和内蒙古居延漢簡

居延漢簡發現於甘肅和内蒙古兩地的額濟納河流域。這些地方在漢代屬張掖郡的肩水和居延兩都尉管轄，一般把這些地方出土的漢簡統稱爲居延漢簡。已發現的邊塞漢簡絕大部分是居延簡。漢武帝時，曾派人出張掖築居延塞（在今内蒙古額濟納旗），大量移民并實行屯田。居延漢簡年代自西漢武帝末年（前 1 世紀）至東漢中期（1 世紀），其中以西漢中晚期及東漢早期居多。

1927～1930 年，前西北科學考察團在額濟納河流域古居延舊地的烽燧遺址中發現了 1 萬餘枚漢簡。其中，黄文弼 1927 年 10 月在額濟納河畔獲木簡 3 枚，1930 年 2 月在吐魯番城西獲少量蒙古文木簡；1930 年，瑞典人貝格曼在額濟納河流域的古居延舊地，發掘獲 11000 餘枚漢簡。因爲這批漢簡的出土地點位於漢代張掖郡居延縣，所以名之爲"居延漢簡"，現藏臺北。著録公布這批漢簡内容的著作有多部，如《居延漢簡甲乙編》等。謝桂華等著《居延漢簡釋文合校》則對上書進行了校釋。③

1972～1976 年，我國考古工作者又在額濟納河以南原居延漢簡出土地發掘近 2 萬枚簡牘。其中，1972～1974 年，在漢肩水金關、甲渠候官

① 甘肅省文物考古研究所：《甘肅敦煌漢代悬泉置遺址發掘簡報》《敦煌悬泉漢簡内容概述》《敦煌悬泉漢簡釋文選》，均載《文物》2000 年第 5 期。

② 楊俊：《敦煌一棵樹漢代烽燧遺址出土的簡牘》，《敦煌研究》2010 年第 4 期。

③ 中國科學院考古研究所：《居延漢簡甲編》，科學出版社，1959。中國社會科學院考古研究所：《居延漢簡乙編》，中華書局，1980。馬先醒：《居延漢簡新編》，臺灣簡牘學會，1979。謝桂華、李均明、朱國炤：《居延漢簡釋文合校》，文物出版社，1987。

（破城子）、甲渠塞第四燧三處遺址出土 19400 枚；1976 年，在今額濟納
旗布肯託尼以北地區獲 173 枚；1982 年，在甲渠候官遺址又獲 22 枚。全
部簡牘現藏於甘肅省博物館。著錄有《居延新簡——甲渠候官》，收 8409
枚竹簡，爲中華書局所出 8 開精裝本，繁體字豎排，附有圖版和遺址地
圖。肩水金關遺址的 11000 枚簡牘，擬分五卷出版，每卷三册，上册爲彩
色圖版，中册爲紅外綫圖版，下册爲釋文。《肩水金關漢簡》第一卷和第
二卷已出版，第一卷收錄簡牘 2351 枚，第二卷收錄漢簡 2334 枚。《居延
新簡——甲渠候官與第四燧》爲文物出版社所出 32 開平裝本，簡體字横
排，無圖版。①

　　1999 年、2000 年、2002 年，額濟納地區先後出土了 500 餘枚漢簡。
這幾次新獲漢簡，以"額濟納漢簡"爲書題出版發行。額濟納漢簡是繼
1927～1930 年及 1972～1976 年發現的兩批居延漢簡之後的第三批居延漢
簡。年代以西漢中期至東漢早期者居多，最早的紀年是漢宣帝神爵三年
（前 59 年），晚者見東漢光武帝建武四年（28 年），少見東漢中期遺物。
内容大體與以往出土的居延漢簡同，以行政文書居多，涉及政治、經濟、
軍事諸領域，亦不乏新史料，如王莽登基詔書、分封單于詔書、行政條例
等皆屬首見；涉及歷史地理的從涇陽至高平的驛置里程簿可與前此所出居
延漢簡驛置里程相比對；有關名籍、債券契約等亦多異於舊簡；此外，尚
見《晏子》、《田章》、《倉頡》、醫方、日書等殘簡，爲研究邊塞戍卒文化生
活提供了寶貴資料。②

　　居延漢簡牘絶大多數是木質。内容包括詔書、律令、科別、品約、牒
書、推辟書、爰書、劾狀、各類簿籍，此外，還有《九九術》、干支表、

---

① 甘肅省文物考古研究所、甘肅省博物館、文化部古文獻研究室、中國社會科學院歷史研究
　　所：《居延新簡——甲渠候官與第四燧》，文物出版社，1990。甘肅省文物考古研究所、甘
　　肅省博物館、中國文物研究所、中國社會科學院歷史研究所：《居延新簡——甲渠候官》，
　　中華書局，1994。甘肅省文物考古研究所編《居延漢簡釋粹》，薛英群、何雙全、李永良
　　注，蘭州大學出版社，1988。甘肅簡牘保護研究中心、甘肅省文物考古研究所、甘肅省博
　　物館、中國文化遺産研究院古文獻研究室、中國社會科學院簡帛研究中心編《肩水金關漢
　　簡（壹）》，中西書局，2011。甘肅簡牘保護研究中心、甘肅省文物考古研究所、甘肅省博
　　物館、中國文化遺産研究院古文獻研究室、中國社會科學院簡帛研究中心編《肩水金關漢
　　簡（貳）》，中西書局，2012。
② 内蒙古自治區文物考古研究所等：《額濟納漢簡》，廣西師範大學出版社，2005。

各種形式的曆譜、醫藥方和《蒼頡篇》、《急就篇》等殘簡，爲研究漢代的政治、軍事、經濟、文化、科技、法律、文字、書法等，提供了珍貴的資料。

居延漢簡字體有古隸、八分、章草、行書。其中章草最具特色，如《誤死馬駒》册和《甲渠候官粟君所責寇恩事》册最有代表性，爲研究漢隸與章草的遞變和發展提供了第一手資料。

43. 新疆羅布泊漢簡

1930 年，西北科學考察團團員黃文弼在新疆羅布泊北岸，發掘木簡 71 枚，其年代爲公元前 49 年至公元前 8 年。羅布淖爾即羅布泊，亦叫鹽澤，又名蒲昌海。① 這批簡的出土地點接近所謂樓蘭遺址，所以也有人稱之爲樓蘭漢簡。這種簡數量不多。②

上述敦煌漢簡帛、居延漢簡和羅布泊漢簡通常是在漢代邊塞地區的官署和烽燧的遺址中發現的，大都是屯戍吏卒遺留下來的文書、簿籍和私人書信等。其年代自西漢武帝晚期至東漢晚期。邊塞漢簡中沒有早於武帝晚期的簡，而墓葬裏發現的漢簡，多數是書籍和遣册，許多屬於西漢早期，即武帝初年以前。

44. 江蘇儀徵胥浦簡牘

1984 年，江蘇揚州市儀徵縣胥浦 101 號漢墓出土竹簡 17 枚、木牘 2 枚和木觚 1 枚，内容爲 "先令券書"、何賀山錢、賻贈記録、衣物券等，乃墓主臨終前的遺囑、記錢物賬簿。胥浦 101 號漢墓爲西漢平帝元始五年（5 年）紀年墓，這批簡牘即寫於西漢末期。③

45. 甘肅武威旱灘坡醫簡

1972 年，甘肅武威旱灘坡東漢墓出土醫藥木簡 78 枚，其中完整的約 60 枚，木牘 14 枚，約 4000 字，字體多爲章草，内容均爲關於醫學的記載，有醫方、藥物名稱、製藥方法等。醫簡一般先寫藥方名稱，次寫病名及症狀，再寫藥物名、分量、治療方法、服藥方法、服藥時注意事項等。比較完整

---

① 黃文弼：《羅布淖爾考古記》，中國西北科學考察團叢刊之一，北平研究院史學研究所、中國西北科學考察團印行，1948。

② 林梅村：《樓蘭尼雅出土文書》，文物出版社，1985。

③ 揚州博物館：《江蘇儀徵胥浦 101 號西漢墓》，《文物》1987 年第 1 期。

的醫方有 30 餘個。處方中所列的藥物近百種。還記録有用針灸治療的方法。這些醫藥簡是研究漢代臨床醫學、藥物學和針灸學的重要資料。墓葬年代在東漢早期，大約在光武帝或稍後的明帝和章帝時期。①

1989 年，甘肅武威旱灘坡東漢墓出土木簡 16 枚，有王杖令，關於盗、蟲灾之律令。②

46. 甘肅武威磨咀子漢簡

1959 年，甘肅武威磨咀子 6 號東漢墓出土 3 個《儀禮》寫本，共 9 篇，1 篇寫於竹簡，8 篇寫於木簡。木簡有甲本"士相見之禮""服傳""特牲""少牢""有司""燕禮""泰射" 7 篇，乙本"服傳" 1 篇；竹簡有丙本"喪服" 1 篇。竹木簡共 469 枚，約 27332 字。内容爲古代《儀禮》的一部分，墓葬年代屬東漢時期。③ 同年在磨咀子 18 號墓出土木簡 10 枚，即著名的"王杖十簡"，内容爲關於王杖授受之律令，墓葬年代屬東漢前期。《儀禮》簡是迄今爲止所見《儀禮》一書的最早寫本，在經學研究和版本校勘方面有較高的價值。1981 年又徵集 26 枚簡，據説亦出土於磨咀子 18 號漢墓，爲"王杖詔令書"兩册。④

47. 甘肅永昌水泉子漢簡

2008 年，甘肅金昌市永昌縣水泉子漢墓 M5 出土相對完整的木簡 700 多枚（片），連同殘損嚴重的殘片共有 1400 餘枚（片）。内容有七言本《倉頡篇》字書和《日書》等，另外還發現"本始二年"簡 1 枚。《倉頡篇》字體是由篆到隸的一種過渡字體。《日書》簡文字爲標準的漢隸。水泉子 M5 年代爲東漢中期以後。⑤

---

① 甘肅省博物館、甘肅省武威縣文化館：《武威旱灘坡漢墓發掘簡報——出土大批醫藥簡牘》，《文物》1973 年第 12 期。甘肅省博物館、武威縣文化館：《武威漢代醫簡》，文物出版社，1975。

② 武威地區博物館：《甘肅武威旱灘坡東漢墓》，《文物》1993 年第 10 期。

③ 甘肅省博物館：《甘肅武威磨咀子 6 號漢墓》，《考古》1960 年第 5 期。甘肅省博物館、中國科學院考古研究所：《武威漢簡》，文物出版社，1994；中華書局，2005。

④ 甘肅省博物館：《甘肅武威磨咀子漢墓發掘》，《考古》1960 年第 9 期。甘肅省博物館、中國科學院考古研究所：《武威漢簡》，中華書局，2005。武威縣博物館：《武威新出土王杖詔令册》，載《漢簡研究文集》，甘肅人民出版社，1984。

⑤ 甘肅省文物考古研究所：《甘肅永昌水泉子漢墓發掘簡報》，《文物》2009 年第 10 期。張存良、吳荭：《水泉子漢簡初識》，《文物》2009 年第 10 期。

48. 甘肅甘谷漢簡

1971 年，甘肅天水市甘谷縣劉家岔漢墓出土木簡 23 枚，內容爲東漢桓帝劉志延熹元年（158 年）至二年宗正府卿劉櫃關於宗室不斷受侵而上報皇帝的奏章和皇帝頒發的詔書。簡文書體奔放飄逸，波磔分明，酷似《曹全碑》。具體釋文參見《甘谷漢簡考釋》一文。①

49. 湖南長沙東牌樓漢簡牘

2004 年，湖南長沙東牌樓 7 號古井出土東漢簡牘 426 枚，其中有字木簡牘 218 枚，可分爲木簡、木牘、封檢、名刺、簽牌以及異形簡等六類。這批簡牘有靈帝建寧、熹平、光和、中平等四個紀年，最早爲建寧四年（171 年），最晚爲中平三年（186 年）。這批簡牘的年代當爲東漢靈帝時期。簡牘主要是長沙郡和臨湘郡通過郵亭收發的公私文書，大致可分爲公文、私信、雜文書（事目，户籍，名刺，券書，簽牌，雜賬）、習字等類。就字體而言，篆、隸、草、行、正等書體各具形態。在以往發現的漢簡中，東漢末期簡牘極爲少見，東牌樓簡牘可以説填補了這一空白。《長沙東牌樓東漢簡牘》一書全面系統地發表了長沙東牌樓東漢簡牘的照片、釋文；書中所收《長沙東牌樓七號古井發掘報告》詳細介紹了這批簡牘的發現與出土情況，所收《長沙東牌樓東漢簡牘概述》《長沙東牌樓東漢簡牘的書體、書法與書寫者》，就簡牘的內容、形制、年代及其價值進行了解説。②

50. 湖南張家界古人堤漢簡牘

1987 年，湖南張家界古人堤遺址出土木簡牘 90 枚，年代爲漢代。簡牘破損比較嚴重，主要內容分六類：漢律、醫方、官府文書、書信及禮物謁、曆日表和九九乘法表等，對於研究漢代政治、經濟、法律等，有重要意義。③

以上 50 批爲秦漢簡帛文字主要材料，此外還有一些材料（以下按出土時間先後介紹）：

---

① 張學正：《甘谷漢簡考釋》，載《漢簡研究文集》，甘肅人民出版社，1984。
② 長沙市文物考古研究所：《長沙東牌樓 7 號古井（J7）發掘簡報》，《文物》2005 年第 12 期。
　 長沙市文物考古研究所、中國文物研究所：《長沙東牌樓東漢簡牘》，文物出版社，2006。
③ 湖南省文物考古研究所、中國文物研究所：《湖南張家界古人堤遺址與出土簡牘概述》，《中國歷史文物》2003 年第 2 期。

1951～1952 年，湖南長沙 203 號西漢晚期墓發掘木簡 9 枚。①

1951～1952 年，湖南長沙楊家大山 401 號墓發掘木簡 1 枚。②

1956 年，河南陝縣劉家渠 23 號東漢墓出土木簡 2 枚，但字迹不清。③

1963 年，江蘇鹽城三羊墩漢墓出土木簡 1 枚。④

1973 年，江蘇連雲港市海州區網疃莊西漢晚期霍賀墓出土木簡 7 枚。⑤

1973 年，江蘇連雲港市海州區網疃莊西漢晚期侍其繇墓出土木簡 1 枚。⑥

1974 年，江蘇盱眙縣東陽 7 號漢墓出土木簡 1 枚。⑦

1975 年，陝西咸陽市馬泉西漢墓發現殘竹簡三截，分屬三簡，上面有墨書，字迹不清。⑧

1978 年，江蘇連雲港市花果山雲臺磚廠墓出土木簡 30 枚，其中 13 枚字迹可辨認。⑨

1980 年，江蘇揚州邗江縣胡場村出土木牘 13 枚。⑩

1983 年，江蘇揚州市平山養殖場 3 號漢墓出土木楬 3 枚，內容爲遣册。該墓年代爲西漢中晚期。⑪

1984 年，甘肅武威市韓佐鄉五壩山 3 號漢墓出土木牘 1 枚，內容爲墓主人私事文告。⑫

① 中國科學院考古研究所：《長沙發掘報告》，科學出版社，1957。

② 中國科學院考古研究所：《長沙發掘報告》，科學出版社，1957。

③ 黄河水庫考古工作隊：《一九五六年河南陝縣劉家渠漢唐墓葬發掘簡報》，《考古通訊》1957 年第 4 期。

④ 江蘇省文物管理委員會、南京博物院：《江蘇鹽城三羊墩漢墓清理報告》，《考古》1964 年第 8 期。

⑤ 南京博物院、連雲港市博物館：《海州西漢霍賀墓清理簡報》，《考古》1974 年第 3 期。

⑥ 南波：《江蘇連雲港市海州西漢侍其繇墓》，《考古》1975 年第 3 期。

⑦ 南京博物院：《江蘇盱眙東陽漢墓》，《考古》1979 年第 5 期。

⑧ 咸陽市博物館：《陝西咸陽馬泉西漢墓》，《考古》1979 年第 2 期。

⑨ 李洪甫：《江蘇連雲港市花果山出土漢代簡牘》，《考古》1982 年第 5 期。

⑩ 揚州博物館、邗江縣圖書館：《江蘇邗江胡場五號漢墓》，《文物》1981 年第 11 期。

⑪ 印志華：《揚州平山養殖場漢墓清理簡報》，《文物》1987 年第 1 期。

⑫ 甘肅省文物考古研究所：《甘肅省文物考古工作十年》，載《文物考古工作十年（1979～1989）》，文物出版社，1990。

1980～1989 年，漢長安未央宮前殿 A 區遺址發現 115 枚漢代簡牘。①

1993 年，湖南長沙望城坡西漢漁陽墓出土木楬、木簽牌、封泥匣等 100 餘件，其中字迹較爲清晰者有 8 件木楬、2 件簽牌和 1 件封泥匣。木楬、木簽牌字體爲古隸，封泥匣字體爲篆書。漁陽墓的年代上限約在文帝時期，下限可至景帝初年。②

2002 年，江蘇連雲港海州區雙龍村西漢晚期墓葬出土一批木簡。③

2002 年，江蘇泗陽縣大青墩漢墓出土木牘 10 枚。④

2002 年，重慶雲陽舊縣坪的漢朐忍縣城址出土簡牘 20 餘枚。⑤

2003 年，甘肅安西九墩灣漢代烽燧遺址出土木簡 33 枚，竹簡 2 枚。⑥

2007 年，雲南廣南牡宜東漢墓出土書寫工整的漢字竹簡殘片共 5 枚，係雲南省首次發現。⑦

2008 年，湖北宜都市陸城鎮中筆村西漢墓出土木遣册 1 枚，竪書漢隸，共 154 字，已辨認 48 字，這是鄂西地區簡牘的首次發現。⑧

第四節　小結

秦漢簡帛中，秦簡牘都是墓葬所出。漢簡帛則有墓葬所出和邊塞遺址所出。墓葬所出基本上是竹簡，邊塞遺址所出基本上是木簡。木牘則是墓葬和邊塞遺址都有出土。

新中國成立前所出土的簡帛，絶大部分是由外國探險隊單獨或者中外

---

① 中國社會科學院考古研究所：《漢長安城未央宫——1980～1989 年考古發掘報告》，中國大百科全書出版社，1996。

② 長沙市文物考古研究所、長沙簡牘博物館：《湖南長沙望城坡西漢漁陽墓發掘簡報》，《文物》2010 年第 4 期。

③ 《新華每日电訊》2002 年 7 月 23 日。

④ 《中國考古學年鑒（2003）》，文物出版社，2004。

⑤ 《中國文物報》2002 年 8 月 16 日。

⑥ 《中國考古學年鑒（2004）》，文物出版社，2005。

⑦ 雲南省文物考古研究所等：《雲南邊境地區（文山州和紅河州）考古調查報告》，雲南科技出版社，2008。

⑧ 《湖北宜都中筆墓地一號墓發掘收獲》，《中國文物報》2008 年 8 月 29 日第 5 版。

合組的考察團共同發現的，有很大一部分流落至異國他鄉。新中國成立後所出土的簡帛，則全部是由我國文物考古工作者獨立發掘的，均保存在國內。與新中國成立前相比，新中國成立後所發現簡帛的地區更廣，涉及的歷史更長，其數量之多，內容之豐富，學術價值之高，也都大大超過了以往。20 世紀 30 年代，尤其是 20 世紀 70 年代以來，我國簡帛大量出土。從新中國成立前後簡帛出土的情況看，具有如下特點：

第一，就發現簡帛的地區而言，新中國成立前出土的簡帛，包括敦煌漢簡、居延漢簡、羅布淖爾以及尼雅的漢晉木簡和紙文書，均局限於甘肅、內蒙古、新疆等地的烽燧和古城遺址。而新中國成立後一方面在上述地區繼續多次出土大宗簡牘，如敦煌馬圈灣漢簡、敦煌懸泉漢簡、居延新簡等，數量超過以往總和，內容也更加豐富；另一方面新中國成立前從未發現簡帛的內地，諸如湖南、湖北、河南、河北、四川、安徽、江蘇、江西、廣西、北京、陝西、山東、青海等省市，也有大量的簡牘和帛書出土。

第二，就出土簡帛所屬的歷史時期而言，新中國成立前所出土的簡帛，除楚帛書外，其餘均屬漢晉時期，而新中國成立後所出土的簡帛則屬戰國、秦、兩漢、魏晉時期。如新中國成立前從未發現過的戰國和秦代簡牘，新中國成立後先後出土了仰天湖、長臺關、九店、包山、郭店、慈利、上海博物館藏等十幾批戰國楚簡，秦簡也有放馬灘、睡虎地、王家臺、湘西里耶等十幾批。再如漢代簡帛，除馬王堆帛書外，還有銀雀山漢簡、武威漢簡、武威漢代醫簡、定縣漢簡、鳳凰山漢簡、阜陽漢簡、大通漢簡、張家山漢簡、敦煌懸泉漢簡、尹灣漢簡、虎溪山漢簡等。

第三，就出土簡帛的數量而言，新中國成立前所發現的簡帛總數僅有 1 萬餘枚，而新中國成立後發現的簡帛，據不完全統計，總數已有 20 餘萬枚。

第四，就出土簡帛的主要內容而言，大體上可以分為文書和文獻兩大類。新中國成立前發現的簡帛，除楚帛書外，其餘絕大多數簡屬於行政文書。而新中國成立後所發現的簡帛，既有數量巨大的行政文書簡，如睡虎地秦簡、龍崗秦簡、孔家坡漢簡、張家山漢簡、鳳凰山漢簡、尹灣漢簡、大通漢簡、敦煌馬圈灣及懸泉漢簡、居延新簡、武威王杖簡等，也有為數不少的文獻簡帛，如張家山漢簡、銀雀山漢簡、阜陽漢簡、定縣漢簡、武威漢簡、馬王堆帛書等。

第五，對 20 世紀 70 年代以來發現的各批資料的整理和注釋工作取得很大成績，簡帛整理碩果累累，如出版了《天水放馬灘秦簡》《睡虎地秦墓竹簡》《關沮秦漢墓簡牘》《龍崗秦簡》《嶽麓書院藏秦簡〔壹〕》《嶽麓書院藏秦簡〔貳〕》《隨州孔家坡漢墓簡牘》《馬王堆漢墓帛書〔壹〕》《馬王堆漢墓帛書〔叁〕》《馬王堆漢墓帛書〔肆〕》《張家山漢墓竹簡（二四七號墓）》《銀雀山漢墓竹簡〔壹〕》《銀雀山漢墓竹簡〔貳〕》《北京大學藏西漢竹書〔貳〕》《定州漢墓竹簡·論語》《尹灣漢墓簡牘》《敦煌漢簡》《居延新簡——甲渠候官》《肩水金關漢簡（壹）》《肩水金關漢簡（貳）》《額濟納漢簡》《樓蘭尼雅出土文書》《武威漢簡》《武威漢代醫簡》等專書。

據學者粗略統計，20 世紀初至今這百餘年來出土的簡帛總共有 20 萬枚（件）左右，總字數有 600 萬～700 萬。①

現把以上所述 50 批簡帛的名稱、出土時間、數量、字數、材料來源等按簡帛的書寫或墓葬年代先後順序概括如表 2 - 1（材料來源一欄的論著用簡稱，可參考本書《秦漢文字之書名、篇名簡稱表》）：

表 2 - 1　秦漢簡帛文字材料情況表

序號	簡帛名稱	出土時間（年）	數量（枚）（簡/牘）	字數（字）	材料來源
1	四川青川木牘	1979	/1	146	《文物》1982.1，《珍品選》1987
2	甘肅天水放馬灘秦簡牘	1986	461/4	未詳	《放簡》2009
3	湖北江陵王家臺秦簡牘	1993	800 餘/1	未詳②	《新出簡帛研究》2004
4	湖北江陵揚家山秦簡	1990	75	約 750	《文物》1993.8
5	湖北雲夢睡虎地秦簡牘	1975	1167/2	近 3.8 萬/527	《睡簡》1990，《雲夢》1981
6	湖北雲夢龍崗秦簡牘	1989	293/1	約 3000/38	《龍簡》2001
7	湖北荊州關沮周家臺秦簡牘	1993	381/1	未詳	《關簡》2001
8	湖南湘西里耶秦簡牘	2002	3.8 萬餘	約 20 餘萬	《里簡（壹）》2012 等
9	北京大學藏秦簡牘	2010	784/10	未詳	《北京大學出土文獻研究所工作簡報》2010

①　張顯成：《簡帛文獻學通論》，中華書局，2004，第 54 頁。

②　其中《歸藏》4000 餘字。

續表

序號	簡帛名稱	出土時間（年）	數量（枚）（簡/牘）	字數（字）	材料來源
10	湖南大學嶽麓書院藏秦簡	2002、2008	2174	未詳	《嶽麓簡》2010、2011
11	湖北江陵嶽山秦牘	1986	/2	未詳	《考古學報》2000.4
12	廣州市南越國漢簡	2004~2005	100 餘	未詳	《考古》2006.3
13	湖北隨州孔家坡漢簡牘	2000	近 800/1	10120 以上	《孔簡》2006
14	香港中文大學文物館藏簡牘	1989~1994	259	未詳	《香簡》2001
15	湖北江陵高臺木牘	1990	/4	142	《文物》1993.8
16	湖南長沙馬王堆帛書	1973	44 種	10 多萬	《馬帛 [壹]》1980 等
	湖南長沙馬王堆簡牘	1972~1973	/980	9000 餘	《馬簡》1973
17	廣西貴縣羅泊灣簡牘	1976	10/5	372	《羅泊灣》1988
18	安徽阜陽雙古堆漢簡牘	1977	1000 餘/3	未詳①	《文物》1978.8
19	湖北江陵張家山漢簡	1983~1984	約 2800	3.5 萬以上	《張簡》2001 等
20	湖北荆州謝家橋簡牘	2007	208/3	未詳	《文物》2009.4
21	湖北雲夢大墳頭木牘	1972	/1	222	《文物》1973.9
22	湖北江陵鳳凰山簡牘	1973~1975	566/10	4000 餘	《文物》1974.6 等
23	湖北江陵毛家園簡牘	1986	74/1	未詳	《中國考古學年鑒·1987》1988
24	湖北沙市蕭家草場漢簡	1992	35	139	《關簡》2001
25	湖南沅陵虎溪山漢簡	1999	約 800	3 萬餘	《文物》2003.1
26	湖北雲夢睡虎地漢簡牘	2006	2137	未詳	《江漢考古》2008.4
27	湖北荆州印臺簡牘	2000~2004	2300/60 餘	未詳	《荆州重要考古發現》2009
28	山東臨沂銀雀山漢簡牘	1972	4942	約 7 萬	《銀簡 [壹]》1985 等
29	湖北荆州紀南松柏簡牘	2004	10/57	未詳	《荆州重要考古發現》2009
30	湖南長沙走馬樓漢簡牘	2003	2100 餘	未詳	《出土文獻研究》7 等
31	安徽天長西漢木牘	2004	/34	約 2500	《文物》2006.11

---

① 其中《蒼頡篇》541 字。

序號	簡帛名稱	出土時間（年）	數量（枚）（簡/牘）	字數（字）	材料來源
32	山東日照海曲漢簡	2002	39	未詳	《文物》2010.1
33	北京大學藏西漢竹書	2009	約2300	未詳	《文物》2011.6
34	陝西西安杜陵漢牘	2001	/1	約177	《陝西歷史博物館館刊》9
35	甘肅玉門花海漢簡	1977	91	未詳	《敦煌漢簡》1991
36	青海大通上孫家寨漢簡	1978	近400	未詳	《文物》1981.2
37	河北定縣八角廊漢簡	1973	一批	未詳①	《文物》1981.8
38	甘肅武都趙坪村漢簡	2000	12	未詳	《文物》2003.4
39	江蘇連雲港尹灣簡牘	1993	133/24	約4萬	《尹灣漢墓簡牘》1997
40	湖北光化五座墳漢簡牘	1973	5	未詳	《考古學報》1976.2
41	甘肅敦煌漢簡帛	1907～2010	約2.6萬	未詳	《敦煌漢簡》1991 等
42	甘肅和內蒙古居延漢簡	1927～1930	1萬餘	未詳	《居甲乙編》1980 等
	甘肅和內蒙古居延漢簡	1972～1976	近2萬	未詳	《甲渠候官》1990 等
	甘肅和內蒙古居延漢簡	1999、2000、2002	500餘	未詳	《額濟納漢簡》2005
43	新疆羅布泊漢簡	1930	71	未詳	《樓蘭尼雅出土文書》1985
44	江蘇儀徵胥浦簡牘	1984	17/3	未詳	《文物》1987.1
45	甘肅武威旱灘坡醫簡	1972	78/14	約4000	《武醫》1975 等
46	甘肅武威磨咀子漢簡	1959	505	27332以上	《武威》1964 等
47	甘肅永昌水泉子漢簡	2008	700多	未詳	《文物》2009.10
48	甘肅甘谷漢簡	1971	23	未詳	《漢簡研究文集》1984
49	湖南長沙東牌樓漢簡牘	2004	218	未詳	《長沙東牌樓東漢簡牘》2006
50	湖南張家界古人堤漢簡牘	1987	90	未詳	《中國歷史文物》2003.2

　　現把上述50批材料的年代作一個大致的排列，如表2-2所示（書寫年代簡稱"書"，墓葬年代簡稱"墓"）：

---

① 　其中《文子》2790字，《論語》7576字。

表 2－2 秦漢簡帛文字材料年代表

序號	簡帛名稱	書寫或墓葬年代
1	青川木牘	戰國秦武王二年（前 309 年，書）
2	放馬灘簡牘	戰國晚期至秦始皇三十年（前 217 年，書）
3	王家臺秦簡	戰國晚期（前 278 年）至秦（墓）
4	揚家山秦簡	戰國晚期（前 278 年）至西漢前期（墓）
5	睡虎地秦簡	秦昭王五十一年至秦始皇三十年（前 256～前 217 年，書）
	睡虎地木牘	秦始皇二十四年（前 223 年，書）
6	龍崗秦簡牘	秦始皇二十七年至秦二世三年（前 220～前 207 年，書）
7	周家臺秦簡牘	秦代末年（墓）
8	里耶秦簡牘	秦始皇二十五年至秦二世二年（前 222～前 208 年，書）
9	北大秦簡牘	秦始皇後期（書）
10	嶽麓書院秦簡	秦始皇二十七年至三十五年（前 220～前 212 年，書）
11	嶽山秦牘	秦代（書）
12	南越國木簡	漢高祖四年至武帝元鼎六年（前 203～前 111 年，書）
13	孔家坡漢簡	漢高祖十二年（前 195 年，書）
14	香港中大簡牘	其中《日書》簡爲西漢惠帝（前 194 年）時物。戰國、西漢、東漢、東晉（書）
15	高臺木牘	西漢文帝前元七年（前 173 年，墓）
16	馬王堆帛書	戰國晚期至漢文帝前元十二年（前 168 年，墓）
	馬王堆漢簡	漢文帝至景帝（前 179～前 141 年，墓）
17	羅泊灣簡牘	秦末至漢文景（墓）
18	雙古堆漢簡牘	秦至西漢初期（前 165 年，書）
19	張家山漢簡	約在呂后二年（前 186 年）或其後不久（墓）
20	謝家橋簡牘	呂后五年（前 183 年，墓）
21	大墳頭木牘	西漢早期（墓）
22	鳳凰山漢簡	漢文帝至景帝（前 179～前 141 年，墓）
23	毛家園簡牘	漢文帝十二年（前 168 年，墓）
24	蕭家草場漢簡	西漢早期，上限爲西漢初年，下限不晚於文景時期（墓）
25	虎溪山簡	漢文帝後元二年（前 162 年，墓）
26	睡虎地漢簡牘	漢文帝後元七年（前 157 年，墓）
27	印臺漢簡牘	景帝前元二年（前 155 年，書）
28	銀雀山漢簡牘	漢武帝元光元年至元狩五年（前 134～前 118 年，墓）

序號	簡帛名稱	書寫或墓葬年代
29	松柏漢簡牘	西漢武帝早期（墓）
30	走馬樓漢簡牘	西漢武帝早期（書）
31	天長木牘	西漢中期偏早（墓）
32	海曲漢簡	漢武後元二年（書）
33	北大漢簡	西漢中期（書）
34	杜陵漢牘	漢代（墓）
35	玉門漢簡	漢昭帝元平元年（前74年）至漢元帝初元年間（前48～前44年，書）
36	大通漢簡	西漢晚期（約爲漢宣帝時，書）
37	定縣漢簡	漢中山王劉修，漢宣帝五鳳三年（前55年，墓）
38	武都漢簡	成帝陽朔元年（前24年，書）
39	尹灣簡牘	不晚於西漢成帝末年（前8年，書）
40	光化簡牘	西漢（書）
41	敦煌漢簡帛	西漢武帝晚期至東漢中期（前1世紀～1世紀，書）
42	居延漢簡	西漢武帝晚期至東漢中期（前1世紀～1世紀，書）
43	羅布泊漢簡	前49～前8年（書）
44	胥浦簡牘	西漢末期（書）
45	武威醫簡	東漢早期，約在光武帝或稍後的明章時期（墓）
46	武威漢簡	東漢時期（墓）
47	水泉子木簡	東漢中期以後（墓）
48	甘谷漢簡	東漢桓帝延熹元年至二年（158～159年，書）
49	東牌樓簡牘	東漢靈帝時期（171～186年，書）
50	古人堤漢簡牘	漢代（書）

第三章　秦漢金文

第一節　秦漢金文概説

金文，即青銅器銘文，是我國古代鑄或刻在青銅器上的文字。據研究，我國銅器起源於原始社會新石器時代末期，距今約五千年。[①] 商代後期盤庚至康丁時開始出現少部分有銘器，但多爲一字或數字，後來開始有了少量十幾字乃至四十幾字的較長的銘文。西周金文明顯加長，百字左右的銘文比比皆是，甚至有近五百字的長銘，内容十分豐富。東周金文開始擺脱西周金文篇幅長、内容豐富的風格。春秋金文日趨簡短，戰國題銘更短，内容通常是所謂 "物勒工名" 之類。據中國社會科學院考古研究所《殷周金文集成》編輯組的統計，殷周金文中已經著録和未曾發表的銘文拓片已超過萬件。

一　秦代金文

公元前 221 年，秦始皇統一中國。秦代國祚短促，只有 15 年。秦代金文主要包括兩部分：一是秦詔版與秦詔權量銘文；二是虎符、貨幣、印章銘文。除詔令、符節上的文字稍多外，"物勒工名" 成爲這一時期金文的特徵。秦代金文表現了自己時代的重要特點，刻於詔版、權量、虎符、貨幣、印章和其他器物上的文字，大都使用小篆，與秦代陶器銘文一起，展現了秦代常用通行文字的主要面目，既與民間俗體古隷不同，也與秦始皇東巡石刻標準的小篆不同，展示了秦代文字的真實面貌。

秦始皇統一度量衡，向全國頒發詔書。這篇詔書製成刻有銘文的一片

---

①　陳煒湛、唐鈺明：《古文字學綱要》（第二版），中山大學出版社，2009，第 59 頁。

片薄薄的"詔版"，頒發各地，嵌在合格的權量上，謂之"秦詔版"；或直接鑿刻在權量上，或鑄於新造的權量上，謂之"秦詔權量銘文"。秦二世登位後，又增刻二世詔書。這樣秦詔版與秦詔權量銘文便成了字數最多的秦金文。考古發現的秦詔版與秦詔權量銘文數量很多，但很難找到兩篇完全相同的，説明這些銘文不是出自一人之手。相傳秦詔銘文爲李斯所書。這麽多的秦詔銘文不可能都是李斯所書。這大概是指秦詔銘文最初由李斯所書寫，後其中大量作品由他人來完成。秦詔銘文除少數比較工整外，大多數比較潦草，字形大小不一，但錯落有致，生動自然。或缺筆少畫，或任意簡化，許多作品表現出率真的意味。由於多數秦詔銘文爲鑿刻而成，轉角方折，筆道瘦硬，不像傳統金文有圓轉的筆勢，從而形成了秦詔銘文自己的風格。這種風格與戰國《秦封宗邑瓦書》一脈相承，對漢代金文產生了很大的影響。

秦權以銅權爲多，也有鐵權。全國已發表的秦詔鐵權有 10 多處，山西左雲、江蘇盱眙、山東文登、遼寧敖漢旗、陝西臨潼、河北圍場、遼寧赤峰、山西榆次、山東臨沂、南京博物院、咸陽博物館等均有秦詔鐵權，内容爲"二十六年詔書"。[①]

秦代金文除秦詔銘文外，還有虎符、貨幣文、印章銘文。《陽陵虎符》是秦統一中國後的虎符，字體爲標準的小篆，與秦統一中國前的《新郪虎符》一脈相承。《陽陵虎符》銘文爲縱嚮排列，共 24 字。王國維《秦陽陵虎符跋》説，此符"文字謹嚴寬博，骨勁肉豐，與泰山、琅琊臺刻石大小雖異而體勢正同，非漢人所能仿佛"。又説："此符乃秦重器，必相斯所書。而二十四字，字字清晰，謹嚴渾厚。徑不過數分，而有尋丈之勢，當爲秦書之冠。"[②] 王國維對《陽陵虎符》藝術上的評價十分恰當，但説其"必相斯所書"似缺乏根據。此符原爲羅振玉所藏，現藏中國國家博物館。

秦代以圓形方孔的半兩圜錢作爲法定的貨幣，承續戰國秦國圜錢。秦錢幣上的"半兩"二字，風格接近秦詔銘文。這種方整的銘文，在秦代的印章上形成了明顯的風格。秦印開始使用摹印篆，多以"日"字格、"田"字格作爲界欄。摹印篆外形趨方，方整中寓流動舒展，既與大篆意趣相異，

---

① 參見張延峰《咸陽博物館收藏的一件秦鐵權》，《文物》2002 年第 1 期。

② 王國維：《觀堂集林》卷十八，中華書局，1959。

又與以後的漢印渾厚質樸的趣味有別。秦印銘文既體現了小篆的典雅、俊秀，又表現了獨特的鑄刻之美。

秦代的金文，還散見於秦代出土的兵器。秦兵器銘文風格大抵同於秦詔權量銘文。由於秦代國祚短促，較之其他時代，秦代金文無論是數量還是風格變化，都是有限的。

二　漢代金文

漢代共存 426 年，包括西漢（前 206～公元 8 年）214 年、新莽（8～25年）17 年、東漢（25～220 年）195 年。漢代社會穩定，經濟發展，銅器製作規模頗爲可觀。據徐正考先生統計，截至 1998 年底，漢代有銘銅器有1282 件，漢代金文有 1282 篇。① 目前，漢代有銘銅器約有 1400 件。

漢代銅器可分爲兵器（戈、戟、刀、劍、弩機等）、食器（鼎、甗、甑、瓿、卣、觥、缶等）、盥水器（盤、匜等）、樂器（鎛、鐘等）、生活雜器（鐙、爐、焦斗、洗、帶鉤、銷、鏡等）、度量衡器（尺、量、衡等）。其中度量衡器銘可以說是漢代承續戰國秦發展較爲突出的。

漢代金文內容延續戰國金文內容的風格，一篇銘文中往往只有記名和記重，比較完整的則一篇銘文中包含記名、紀年、記重及容量、監造工名等。記事、紀年、吉語之辭多見。有的還記有數量和序號。漢洗和漢鏡的銘文比較特殊。漢洗銘有紀年及鑄作地、僅記製作者、僅鑄吉語三種。漢鏡銘內容較爲豐富，有表現相思之情的，有祈求富貴高官、子孫蕃昌、長生不死等願望的，還有讚美銅質及銅器製作佳好的。漢代金文銘文長者如《新嘉量》多達 81 字。漢代金文有鑄有刻，鑄者柔韌渾厚，刻者勁挺爽利。

漢代金文字體少量的是小篆，大量的是繆篆、古隸和漢隸（八分書）。其中繆篆多受隸書的影響。漢代金文多將篆書改圓爲方，刪繁就簡。漢代鏡銘還有草書、簡體字、花體字等，豐富多樣。鏡銘文字一方面表現爲受隸變的影響，由篆變隸；另一方面又表現了刻意追求的裝飾美。漢鏡銘的通假、錯訛、省減和反書常見，掉字漏句的現象亦屢見不鮮。②

---

① 徐正考：《漢代銅器銘文研究》，吉林教育出版社，1999，第 44、211 頁。

② 王士倫：《談談中國古代銅鏡銘文》，《中國書法》2007 年第 1 期。

第二節　秦漢金文的著錄和研究

　　宋代的吉金書籍中已見秦漢金文，如吕大臨的《考古圖》、薛尚功的《歷代鐘鼎彝器款識法帖》等。宋代金石學著錄和研究取得了一些成績，但缺乏深度和廣度。

　　元明時代，出現收錄漢代金文的字編，如元代楊鉤的《增廣鐘鼎篆韻》、明代釋道泰的《集鐘鼎古文韻選》，但元明時期僅此二書而已。

　　清代，有不少金石學書籍，如梁詩正《西清古鑒》40 卷，著錄漢代有銘銅器 18 件；阮元《積古齋鐘鼎彝器款識》10 卷，著錄漢代金文 89 篇。與宋元相比，清代金石學著錄的漢代金文的數量有明顯增加，對提高漢代金文研究的水平也有所幫助。

　　民國時期，秦漢金文的著錄和研究有了很大的發展，出現了專門著錄秦漢金文的專書《秦漢金文錄》和專門收錄秦漢金文的字編《金文續編》。

　　1931 年，容庚先生撰集的《秦漢金文錄》問世。此書是收集秦漢金文的集大成者，前有自序，正文包括《秦金文錄》一卷和《漢金文錄》七卷。《秦金文錄》收秦代金文拓本 86 篇，包括秦器權 44 器、量 16 器、詔版 21 器、兵符 2 器、附錄 3 器。未收器目 6 器（權 5，詔版 1）。卷末有釋文。《漢金文錄》收漢代金文拓本、摹本 749 篇。《漢金文錄》七卷依次是：一，鼎 111器；二，鍾 54 器、鈁 19 器、壺 26 器；三，權度量（權、纍、尺、斗、量、合、升、斛、勺）28 器、鐙（鐙、定、錠、錠槃、燭盤、燭豆）73 器、樂器（鐘、鉦、管、錞于、鐸、鈴）25 器；四，雜器（銷、盤、盆、洗、匜、鬲、甗、甗鍑、釦鏤、鐎、斗、斜、銚、盉、卣、缶、釜、鑒、鑊、酒器、扁、區、奩蓋、奩、盧、鑪、杯、飯幘、鑰、車飾、帳構銅、泉範等）127 器；五，洗 154 器；六，鈎 35 器、兵器（戈、戟、矛、斧、刀、機）60 器；七，補遺（鼎、鍾、壺、鐙、鐘、熨斗、卣、甔、洗）37 器。每卷卷末有釋文。每卷卷首有目錄，器名排列以器銘中的年號爲序，無年號者以銘文字數多寡爲次列於有年號器之後，器名下注明字數、諸家著錄情況、本書著錄所采用之本及雜記、頁數。拓本按原始大小影印。書後還附有“漢金文錄未收器目”174 器（鼎 14、鍾 3、壺 9、權度 6、鐙 12、樂器 16、雜器 26、洗 17、鈎 39、兵器 32）。此書作爲專門著録秦漢金文的著作，不但有開創之功，而且收録的秦漢金文數量多，甄別嚴謹可靠，著録體例完善，可謂漢代金文著録之範本。《秦漢金文録》自序曰："欲求兩京文字轉變之迹，未有勝於器物銘者，即欲考鑄銅之官、産銅之地、製器之數、度量權衡之制，以及當時通行之吉語，皆可求之於此。"這一段話不但說出了秦漢金文的價值，而且還爲後人的研究指明了方嚮。自序陳述編撰此書三難事，即搜集、鑒別和整理之艱辛。向十多位金石學家廣事搜集、商借秦漢金文拓片，又經過鑒別和整理，編成《秦漢金文録》的過程，十分詳細、感人。

1935 年，容庚先生撰集的《金文續編》出版。此書是專門收録秦漢金文的文字編，原擬作爲《金文編》的下編。書前有自序。正編分 14 卷，以《説文》爲序，共收 951 字，重文 6084 字，附録收 33 字，重文 14 字，是據秦器 86 件、漢器 749 件上的銘刻文字，摹寫編纂而成的。所收之字如有假借，皆予説明，如假是爲氏、假羊爲祥等。書末附有"采用秦漢器銘文"一卷，收録全部所有器銘的釋文。凡《金文續編》中采用的字用大字，未采用的字用小字，見於附録者字旁加點，可見作者考慮之精細。最後附有檢字一卷。此文字編不但所收字數大大超出元明字書所收録的漢代金文數量，而且編排科學，在秦漢金文研究史上堪稱里程碑。序言中就漢代金文字形論及漢字隸變和字形簡化。序言寫道："文字變遷，由繁而簡，秦漢二代，其篆隸嬗變之時乎。""第此繁重之字體，已爲識者所指疵，愚者所毀棄，有蛻變而爲簡字之趨勢矣。""試思四足之鳥，兩腳之犬，方形之日，白水之泉，像何形狀？奉秦奏泰春之首皆從夫，奚冥具樊莫之足皆從大，能區別之者有幾何人？"這揭示了秦漢文字隸變和漢字簡化的現象和規律，具有非常重要的意義。

民國時期專門著録金文的專書還有：吳大澂的《愙齋集古録》，收録漢代金文 76 篇；鄧實的《簠齋吉金録》，收録漢代金文 54 篇，等等。

民國時期也有少量研究秦漢金文的論文。如：容庚的《漢代服御器考略》，[①] 將漢代銅器（包括有自名者和無自名者）分爲 10 類共 23 種，器名下説明該器種的形制特點與作用，在漢代銅器的分類上有一定參考價值。顧廷龍的《讀漢金文小記》，[②] 序言對漢代金文收集著録歷史作了簡單回顧；

---

① 容庚：《漢代服御器考略》，《燕京學報》1928 年第 3 期。

② 顧廷龍：《讀漢金文小記》，《史學年報》1938 年第 5 期。

正文對73篇銘文進行了注釋，所釋大都是人名、地名、侯國、官名等，有一定參考價值。

新中國成立後，一批批有銘銅器先後出土。出土地域遍及全國各地，包括北京、河北、山西、内蒙古、江蘇、安徽、福建、江西、山東、河南、湖北、湖南、廣東、廣西、四川、貴州、陝西、甘肅、寧夏等。韓國也有出土。據徐正考先生統計，新中國成立後至1998年底，報刊和專書中新公布的漢代有銘銅器超過600件。① 從1998年至今，新公布的漢代有銘銅器超過100件。

隨着大量有銘銅器的出土、公布，一批對秦漢金文及相關問題有專門研究的學者相繼出現，如容庚、陳直、裘錫圭、李學勤、林劍鳴、汪寧生、孫慰祖、徐谷甫、羅福頤、袁仲一、馬國權、李仲操、王輝、林素清、徐正考、李新城、施謝捷、王卉等，他們的研究成果引人注目。下文對相關研究秦漢文字的專家及其主要成果略作介紹。

陳直先生在漢代金文研究方面取得很多成果，研究十分深入，撰寫了《兩漢經濟史料論叢》《文史考古論叢》《史記新證》《漢書新證》《三輔黃圖校證》《關中秦漢陶錄》《居延漢簡研究》等專著和論文集。其成就主要表現在：一是以漢代金文及其他材料解釋、印證、校正、補充傳世文獻；二是對某些特定問題做專門研究；三是銘文綜合考釋。

李學勤先生對漢代金文有重要研究，如《漢代青銅器的幾個問題——滿城、茂陵所出金文的分析》一文對漢代青銅器的製造、贈予以及器物的編號等問題進行了詳細分析、深入研究，見解獨到，研究方法科學。② 李先生關於漢代金文的相關研究論文還有《齊王墓器物坑銘文試析》《阿富汗席巴爾甘出土的一面漢鏡》《古鏡因緣》《韓國金海出土的西漢銅鼎》等。③

裘錫圭先生對秦漢金文有詳細深入的研究。如：《文字學概要》第五章指

---

① 徐正考：《漢代銅器銘文研究》，吉林教育出版社，1999，第8頁。

② 李學勤：《漢代青銅器的幾個問題——滿城、茂陵所出金文的分析》，《文物研究》第2期，1986；載《李學勤集》，黑龍江教育出版社，1989；又以《漢代金文》爲題收入李紹雲編《李學勤學术文化隨筆》，中國青年出版社，1999。

③ 李學勤：《齊王墓器物坑銘文試析》，《海岱考古》第1輯，山東大學出版社，1989。《阿富汗席巴爾甘出土的一面漢鏡》，《文博》1992年第5期。《古鏡因緣》，載《走出疑古時代》，遼寧大學出版社，1997。《韓國金海出土的西漢銅鼎》，《中國文物報》1994年2月27日第3版；收入《走出疑古時代》，遼寧大學出版社，1997。

出"西漢銅器上所刻的銘文有一部分是隸書,對於研究西漢隸書的演化很有參考價值"。該書圖版 70 收《右糟鍾》《陽信家鋗鏤》,圖版 71 收《雒陽武庫鍾》《苦宮燭錠》《陽泉使者熏爐》等銘文拓本。① 《從馬王堆一號漢墓"遣册"談關於古隸的一些問題》一文對漢代金文字體特點及其與遣册中的隸書的關係作了深入研究,"注(16)"對記有武帝前期年號的諸銅器進行了辨僞。② 《〈秦漢魏晉篆隸字形表〉讀後記》一文對金文的考釋精彩紛呈,如對"鉀"與相關諸字及"漯"與"濕"二字關係的考證。《秦漢魏晉篆隸字形表》1012 頁字頭"鉀",旁注"見《方言》",下收《于蘭家銅鉀》一例,裘先生指出:"《方言》'鉀鏣'是箭名,《于蘭家銅鉀》之'鉀'爲容器名,亦作'柙',實即'椢'之異體,與《方言》'鉀'字形同實異。"《秦漢魏晉篆隸字形表》816 頁有"漯"字條,字頭之旁注"見《玉篇》",所出之字出《郙閣頌》"又醳(釋)散關之嶄漯,從朝陽之平燥"句。裘先生指出:"這個'漯'字是'濕'的訛體,《玉篇》'漯'下也説《説文》亦作濕,所以應該附入 783~784 頁的'濕'字條。此條中欄所收《濕倉平斛》一例,只要把右旁上部的'曰'變爲'田',就成爲'漯'了。"③ 《考古發現的秦漢文字資料對於校讀古籍的重要性》一文指出《干章漏壺》原報告中"千"乃"干"之誤釋。《漢書·地理志》西河郡有千章縣。1976 年内蒙古自治區伊克昭盟杭錦旗發現西漢銅漏壺,壺身刻銘文一行:"干章銅漏一,重三十二斤,河平二年四月造。"壺内底鑄"干章"二字,銅壺鑄銘"干"字作篆體,頂上分叉,顯然是"干"而非"千",可證《漢書·地理志》千章爲干章之誤。④ 《昭明鏡銘文中的"忽穆"》一文對"穆"字的考釋中,解釋"心忽穆"大概是心意深微的意思。⑤ 《讀考古發掘所得文字資料筆記(二

---

① 裘錫圭:《文字學概要》,商務印書館,1988,第 77 頁。

② 裘錫圭:《從馬王堆一號漢墓"遣册"談關於古隸的一些問題》,《考古》1974 年第 1 期;收入《古代文史研究新探》,江蘇古籍出版社,1992。

③ 裘錫圭:《〈秦漢魏晉篆隸字形表〉讀後記》,載《古文字論集》,中華書局,1992,第 503、512 頁。

④ 裘錫圭:《考古發現的秦漢文字資料对於校讀古籍的重要性》,《中國社會科學》1980 年第 5 期;收入《古代文史研究新探》,江蘇古籍出版社,1992;收入《裘錫圭自選集》,河南教育出版社,1994。

⑤ 裘錫圭:《昭明鏡銘文中的"忽穆"》,載《文史》第 12 輯,中華書局,1981;收入《古文字論集》,中華書局,1992。

則)》一文對滿城陵山二號墓中的"宮中行樂錢"銘文文句進行了準確的疏釋。① 裘先生關於秦漢文字的相關研究論文還有《嗇夫初探》《漆"面罩"的名稱問題》《鐙與樏梐》《説鉈、枱、椑榹》等。②

1992 年，丘光明先生編著的《中國歷代度量衡考》出版。該書用大量的漢代度量衡器及記容、記重上的有關資料并結合實測結果考訂漢代的度量衡值，資料可靠、豐富。③ 丘光明先生刊發出版了不少關於歷代度量衡研究的論著，關於秦漢文字方面的還有《略談新莽銅環權》等。④

1997 年，孫慰祖、徐谷甫先生編著的《秦漢金文匯編》問世。此書上編《秦漢金文匯編圖版》和下編《秦漢金文字匯》，體例仿效《秦漢金文錄》和《金文續編》。《秦漢金文匯編圖版》收器銘 585 件，分秦、漢晉兩部分，同時代銘文以器物類歸，分食器、酒器、水器、樂器、度量衡及雜器等類別，同類器物而有紀年者，以年代爲序排列，餘按文字風格推定先後。所收器銘均予釋文。《秦漢金文字匯》十五卷，共收入單字 782 字，重文 5862 字，以《説文》爲序排列，《説文》所無之字，按部首列於各卷之末。每字下均注明所在之器。所附檢字表以筆畫爲序。該書收錄了一部分新中國成立後出土的秦漢金文，有一定的參考價值。此書序言《秦漢金文概述》對秦漢金文特點的揭示和風格類型的分析以及秦漢金文辨僞方法的研究都有可借鑒之處。⑤

1999 年，徐正考先生的博士論文《漢代銅器銘文研究》出版。該書以傳世與出土的漢代金文爲材料，結合有關文獻記載，在前人與時賢研究成果的基礎上，對漢代金文進行了綜合研究。本書研究的主要範圍是："物勒工名"制度，紀年與斷代，器類、器名與製作地、製作機構，器物製作數

---

①　裘錫圭：《讀考古發掘所得文字資料筆記（二則）》，《人文雜志》1981 年第 6 期；收入《古文字論集》，中華書局，1992。

②　裘錫圭：《嗇夫初探》，載《雲夢秦簡研究》，中華書局，1981；《漆"面罩"的名稱問題》，《文物》1987 年第 7 期；《鐙與樏梐》，《文物》1987 年第 9 期；《説鉈、枱、椑榹》，《中國歷史博物館館刊》1989 年第 13～14 期。以上均收入《古代文史研究新探》，江蘇古籍出版社，1992。

③　丘光明：《中國歷代度量衡考》，科學出版社，1992。

④　丘光明：《略談新莽銅環權》，《文物》1982 年第 8 期。

⑤　孫慰祖、徐谷甫：《秦漢金文匯編》，上海書店出版社，1997。

量與器物編號，度量衡問題（附：數量詞），器物的轉送與買賣，器銘所見
宮觀、共厨、國邑，文字問題。本書研究所依據的材料是：新中國成立前
爲容庚先生《漢金文録》《金文續編》及《漢金文録》之後出版的十五種
專書所收録的漢代金文資料，新中國成立後的材料則爲作者盡力搜集到的
專書與報刊中的有關發掘報告和研究成果中公布、介紹、使用的漢代金文。
作者收集了新中國成立後至 1998 年底出土的漢代金文的新資料 600 餘篇。
本書對漢代銅器及銘文材料收集得相當詳細，分析問題相當透徹，結論可
信，但對漢代金文語言文字問題的研究着墨不多。[①]

2005 年，徐正考先生的《漢代銅器銘文文字編》出版。作者在收集的漢代金
文 1302 篇中選取字迹相對清晰的拓本 972 篇作爲該字編的選字對象。每個字形下
列出所出之器名。篇後附有筆畫檢字表、本篇所采用的漢代金文釋文及其出處。[②]

2007 年，徐先生又出版了《漢代銅器銘文綜合研究》和《漢代銅器銘文
選釋》兩部著作。《漢代銅器銘文綜合研究》由兩部分組成：第一部分以傳世
與出土的漢代銅器銘文爲材料，結合有關文獻記載，充分吸收前人時賢研究
成果，對漢代銅器銘文進行綜合研究；第二部分對漢代銅器銘文中的簡化問
題、繁化問題、文字通假現象、訛誤現象等進行描寫分析，然後根據漢代銅
器銘文中字迹相對清楚的拓本 972 篇編出字編。該書在《漢代銅器銘文研究》
和《漢代銅器銘文文字編》基礎上進行修改和補充，增加了漢代金文的圖
版，更加完善。《漢代銅器銘文選釋》從全部已知的 1302 篇漢代銅器銘文
中選取字迹清晰的拓本 755 篇，寫出每一篇的釋文，并加注釋。[③]

第三節　20 世紀後半葉以來公布的秦漢金文

一　20 世紀後半葉公布的秦漢金文

新中國成立後新出土、公布了一些有銘銅器，其中有幾批有銘漢代銅

---

① 徐正考：《漢代銅器銘文研究》，吉林教育出版社，1999。
② 徐正考：《漢代銅器銘文文字編》，吉林大學出版社，2005。
③ 徐正考：《漢代銅器銘文綜合研究》，作家出版社，2007。《漢代銅器銘文選釋》，作家出版社，2007。

器。主要有：

1961 年，山西太原東太堡出土漢代有銘銅器 8 件（鍾 2、鈁 1、洗 1、鏡 4）。墓葬年代爲武帝太始二年（前 95 年）至昭帝時期（前 86 年~前 74 年）。①

1961 年，陝西西安三橋鎮高窑村上林苑遺址出土有銘銅器 21 件，出土“上林”諸器。墓葬年代爲西漢成帝時期。②

1968 年，河北滿城陵山 1 號漢墓出土有銘銅器 48 件（壺 4、鍾 1、鈁 2、鼎 1、鑊 1、鋗 2、盆 3、鐙 13、弩機 13、虎形器座 5、鏡 1、甋 1 套、銅帳鈎 1 套），二號墓出土有銘銅器 3 件（鋗 2、鐙 1），宮中行樂錢 40 枚，銅骰 1 枚。兩座漢墓并出土“中山内府”諸器。墓葬年代爲西漢中期。部分銅器有“卅四年”“卅六年”等紀年，當是中山靖王劉勝的紀年。③ 據《漢書·諸侯王表》，靖王爲景帝子，武帝庶兄，立於景帝三年（前 154 年），在位 42 年而薨（前 113 年）。

1972 年，江蘇銅山小龜山西漢崖洞墓出土有銘銅器 7 件（鼎 2，壺、盆、臼、杵、量各 1）。墓葬年代爲武帝元狩五年（前 118 年）至宣帝地節元年（前 69 年）。④

1976 年，廣西貴縣羅泊灣 1 號墓出土有銘銅器 13 件，墓葬年代屬西漢初期。⑤

1980 年，江蘇邗江甘泉 2 號墓出土雁足鐙 1 件。陰刻篆體銘文 17 字：“山陽邸銅雁足長鐙，建武廿八年造，比十二”。“建武廿八年”爲雁足鐙的刻寫年代。⑥

1981 年，陝西興平茂陵 1 號無名冢 1 號從葬坑出土有銘銅器 18 件（熏

① 山西省文物管理工作委員會、山西省考古研究所：《太原東太堡出土的漢代銅器》，《文物》1962 年第 4、5 期合刊。

② 西安市文物管理委員會：《西安三橋鎮高窑村出土的西漢銅器群》，《考古》1963 年第 2 期。黃展岳：《西安三橋高窑村西漢銅器群銘文補釋》，《考古》1963 年第 4 期。陳直：《關於西安三橋高窑村西漢銅器銘文的幾點意見》，《考古》1963 年第 8 期。

③ 中國社會科學院考古研究所、河北省文物管理處：《滿城漢墓發掘報告》，文物出版社，1980。中國科學院考古研究所滿城發掘隊：《滿城漢墓發掘紀要》，《考古》1972 年第 1 期。

④ 南京博物院：《銅山小龜山西漢崖洞墓》，《文物》1973 年第 4 期。

⑤ 廣西壯族自治區文物工作隊：《廣西貴縣羅泊灣一號墓發掘簡報》，《文物》1978 年第 9 期。廣西壯族自治區博物館編《廣西貴縣羅泊灣漢墓》，文物出版社，1988。

⑥ 南京博物院：《江蘇邗江甘泉二號漢墓》，《文物》1981 年第 11 期。

爐1、鍾1、提鏈爐1、温手爐1、温手爐承盤2、鐙1、甗1、釜1、甑1、盆1、鼎1、爐2、耳杯1、温酒尊1、斗1、銚1)。員安志先生認爲，這批銅器主要是西漢武帝時期的器物。① 銅器多屬"陽信家"。關於"陽信"爲何人的問題，學術界有不同看法。有學者指出"陽信"指陽信長公主，爲景帝女，武帝姊，先嫁平陽侯曹壽，武帝元朔二年（前127年）後改嫁長平侯衛青。元封五年（前106年）衛青卒，與公主合葬，陪葬茂陵。滿城與茂陵兩批青銅器器主關係密切，年代也相近。②

1978～1980年，山東淄博市臨淄區大武鄉窩托村南西漢齊王墓隨葬器物坑出土有銘銅器52件。隨葬器物坑的年代推定爲西漢初年。③

1980年，陝西咸陽市武功縣公布有銘銅器7件。④

1982年，江蘇徐州市石橋漢墓出土有銘銅器14件。石橋漢墓出土的大批珍貴宮廷用品中，"明光宮"銅器是首次出土。墓葬年代大致在宣帝時期前後。⑤

1983年，廣東廣州西漢南越王墓出土有銘銅器23件（壺1、匜1、鼎11、勾鑃8、戈1、虎節1）。墓葬年代爲武帝前期。句鑃有"文帝九年"等之語。⑥ 虎節銘文"王命命車𦈛"末尾一字，或認爲應隸定作"𦈛"，謂右旁"杢"是《説文》"社"字古文"袿"的右旁，即"牡"字的異體，"車牡"指"車馬"；或認爲應隸定作"𦈛"，謂右旁"杢"是"杜"字的重疊寫法，"𦈛"假借爲"徒"。李家浩先生指出"𦈛"字應釋爲"駩"，讀爲"馹"，"馹"指傳車，於是虎節銘文可讀通。作者并考證車馹虎節的國别、年代可能是戰國中期楚國鑄造的。⑦

① 咸陽地區文管會、茂陵博物館：《陝西茂陵一號無名冢一號從葬坑的發掘》，《文物》1982年第9期。員安志：《談"陽信家"銅器》，《文物》1982年第9期。

② 李緒雲：《李學勤學术文化隨筆》，中國青年出版社，1999，第295頁。

③ 山東省淄博市博物館：《西漢齊王墓隨葬器物坑》，《考古學報》1985年第2期。

④ 吳鎮烽、羅英傑：《記武功縣出土的漢代銅器》，《考古與文物》1980年第2期。

⑤ 徐州博物館：《徐州石橋漢墓清理報告》，《文物》1984年第11期。

⑥ 廣州市文物管理委員會等：《西漢南越王墓》，文物出版社，1991。（"文帝九年樂府工造"銅勾鑃8件，"蕃""蕃禺"銅鼎6件，銅匜和銅壺各1件，"少内"銅鼎5件，"王命＝車𦈛"銅節1件，"王四年相邦［張］義"銅戈1件）

⑦ 參見李家浩：《南越王墓車馹虎節銘文考釋——戰國符節銘文研究之四》，載《容庚先生百年誕辰紀念文集》，廣東人民出版社，1998；收入黃德寬主編《安徽大學漢語言文字研究叢書·李家浩卷》，安徽大學出版社，2013。

1955～1988 年，福建崇安城村等地先後出土“河内工官”弩機 9 件，均爲漢武帝元封元年（前 110 年）以前之物。[1]

1991 年，河北獲鹿縣新城鄉高莊村出土西漢常山國有銘銅器 10 件（鼎 1、執爐 5、匜 2、鍾 2）。墓葬年代爲西漢中期，墓主常山憲王舜卒於武帝元鼎三年（前 114 年）。[2]

1992 年，甘肅平涼市紅峰廠家屬院出土銅燈 1 件，銅燈由託盤和帶柄三足燈組成。託盤口沿上有銘文 17 字：“朝陽，永始二年四月造銅鐙二枚，重九斤半。”永始二年即公元前 15 年。[3]

1994 年，陝西西安市文物中心公布所藏有銘銅器 9 件。[4]

二　新世紀公布的秦漢金文

1976 年，甘肅鎮原縣城關鎮富坪村出土 1 件秦二十六年銅詔版，其上陰刻秦始皇二十六年統一度量衡的詔書：“廿六年，皇帝盡并兼天下諸侯，黔首大安，立號爲皇帝，乃詔丞相狀、綰，法度量則不壹歉疑者，皆明壹之。”共 5 行 40 字。字爲秦篆，字迹清晰，綫條纖細。目前我國出土的刻有秦始皇詔文的遺物有銅楕量和銅權等，而像這樣把詔文刻到銅版上的較少見。[5]

1976 年，四川邛崍羊安鎮漢墓出土 1 件三段式神仙銅鏡，銘文爲古隸，共 28 字，爲“余造明鏡，九子作，上刻神聖，西母東王，央賜妻元女，天下泰平，禾穀孰（熟）成”。國内外收藏或出土的三段式神仙銅鏡數量較少。[6]

1978 年，安徽阜陽市郊區萬莊大隊劉莊生産隊出土一件銘文銅鏡。有一圈銘文“長宜子孫”，另一圈銘文爲“劉氏去，王氏持，天下安寧樂可喜，井田平，貧廣其志”。該鏡銘文歌頌井田制，可推測其鑄造年代當在始

①　楊琮：《“河内工官”的設置及其弩機生産年代考》，《文物》1994 年第 5 期。

②　石家莊市文物保管所、獲鹿縣文物保管所：《河北獲鹿高莊出土西漢常山國文物》，《考古》1994 年第 4 期。

③　李永平：《甘肅省博物館系統所藏青銅器選介》，《文物》2000 年第 12 期。

④　王長啓：《西安市文物中心藏戰國秦漢時期的青銅器》，《考古與文物》1994 年第 4 期。

⑤　王博文：《甘肅鎮原縣富坪出土秦二十六年銅詔版》，《考古》2005 年第 12 期。

⑥　蘇奎：《四川邛崍發現的三段式神仙銅鏡》，《文物》2008 年第 7 期。

建國元年至四年（9～12 年）之間。①

　　1986 年，湖北十堰市發現 1 件漢代變形四葉紋銅鏡，内圈爲銘文帶，其銘文爲“光和四年四月十三日□□廣漢西蜀造作尚方明鏡，幽涑三商，周得無極，世得光明，天王日月，位至三公，長樂未央，富且昌，君宜侯王，主（生）如金石，大吉”。銘文共 59 字，書體清秀。此鏡中“光和”是靈帝劉宏的年號，“光和四年”是其在位的第 16 年（181 年）。②

　　1987 年，廣東樂昌市河南鄉大拱坪村對面山漢墓出土銘文鏡 2 件。1 件日光鏡銘文爲“見日之光，天下大明”；另 1 件昭明鏡銘文爲“内清以昭明，光象日月，不已”。墓葬年代爲西漢後期。③

　　1988 年，江蘇邗江縣甘泉鄉姚莊村 102 號漢墓出土銅鏡 3 件，其中銘文鏡 2 件，在外區銘文帶各有銘文 35 字。墓葬年代爲西漢晚期和新莽始建國元年以後。④

　　1989 年，山東昌樂縣謝家埠遺址 M52 出土銅鏡 2 件，其中 1 件有“常宜富貴”4 字，另 1 件字迹不清，字與字之間用“市”字相間。M52 年代在西漢宣平時期。⑤

　　1991 年，湖南邵陽市城步縣花橋鄉東漢墓出土銅鏡 2 件，銘文爲“真大好，上有仙人不知老，渴飲玉泉飢食棗”。該墓葬大致可定爲東漢早期。⑥

　　1991 年，廣西貴港市深釘嶺漢墓出土昭明鏡 5 件。M2：18 銘文爲“内清以昭明，光輝象夫日月，心忽揚忠塞不泄”。M12：27 銘文爲“内清質以昭明，光象夫日月，心忽忠然難塞不泄”。M43：67 銘文爲“内清以昭明，光象夫日月，心忽忠不泄”。M43：63 銘文爲“内清□以昭明，光象日月”。M2 年代爲西漢中期晚段，M12、M43 爲西漢晚期。⑦

---

① 董波：《阜陽市博物館收藏的一件漢代銘文銅鏡》，《文物》2011 年第 1 期。

② 祝恒富：《湖北十堰市發現一枚漢代銅鏡》，《考古》2004 年第 7 期。

③ 廣東省文物考古研究所、樂昌市博物館、韶關市博物館：《廣東樂昌市對面山東周秦漢墓》，《考古》2000 年第 6 期。

④ 揚州博物館：《江蘇邗江縣姚莊 102 號漢墓》，《考古》2000 年第 4 期。

⑤ 濰坊市文物管理委員會辦公室、昌樂縣文物管理所：《山東昌樂縣謝家埠遺址的發掘》，《考古》2005 年第 5 期。

⑥ 申小娟：《湖南邵陽市城步花橋鄉發現一座東漢墓》，《考古》2007 年第 10 期。

⑦ 廣西壯族自治區文物工作隊、貴港市文物管理所：《廣西貴港深釘嶺漢墓發掘報告》，《考古學報》2006 年第 1 期。

1993、2004 年，洛陽市出土、第二文物工作隊收藏有 3 件漢代博局鏡。其中，四神博局鏡 1 件，銘文爲"……真大□，巧工刻□成文章，左龍右虎辟不羊，朱鳥玄武順陰陽，子孫備具居中央，長保二親樂富昌，如……"。尚方四神博局鏡 1 件，銘文爲"尚方御竟大毋傷，涷治銀錫清且明，巧工刻之成文章，左龍右虎辟不羊，朱鳥玄武順陰陽，子孫備具居中央，長保二親樂富昌，壽敝金石如侯王"。尚方四神博局鏡 1 件，銘文爲"尚方佳竟真大巧，上有仙人不知老，渴飲玉泉飢食棗，浮浮天下敖四海"。①

1994 年，湖北宜昌縣土城鄉三岔口村出土一組青銅器，其中鑒 4 件，1 件底下鑄有"宜□王"銘文，另 1 件鑒底下鑄有"富貴昌宜侯"5 字銘文。青銅鑒爲兩漢之物。②

1994 年，廣西貴港市孔屋嶺東漢墓出土銅鏡 2 件，其中 1 件外圈有銘文"吕氏作鏡自有紀，日□樂，宜子孫，壽如玉，樂未央，浮游天下遨四海，渴飲玉泉不知老"。該墓的年代爲東漢晚期偏早階段。③

1990 ～ 1996 年，貴州安順市寧谷鎮跑馬地東漢墓出土銅釜 3 件，其中 2 件底內鑄有"官"字。④

1990 ～ 1996 年，廣西合浦縣母豬嶺漢墓出土銅鏡 5 件，其中有昭明鏡 1 件，銘文爲"内清以昭明，光象夫日月，□□見□□，□□内不泄"。日光鏡 1 件，銘文爲"見日之光，天下大明"。該墓年代從西漢晚期延續到東漢後期。⑤

1996 年，四川綿陽市朱家梁子東漢崖墓 1 號墓出土 1 件青羊神獸鏡，隸書"青羊"二字。崖墓年代爲東漢章帝元和二年（85 年）。⑥

① 褚衛紅、朱鄭慧：《洛陽發現的漢代博局鏡》，《文物》2008 年第 9 期。

② 盧德佩：《湖北宜昌縣土城青銅器窖藏坑》，《考古》2002 年第 5 期。

③ 廣西壯族自治區文物工作隊、貴港市文物管理所：《廣西貴港市孔屋嶺東漢墓》，《考古》2005 年第 11 期。

④ 貴州省文物考古研究所：《貴州安順市寧谷漢代遺址與墓葬的發掘》，《考古》2004 年第 6 期。

⑤ 廣西合浦縣博物館：《廣西合浦縣母豬嶺漢墓的發掘》，《考古》2007 年第 2 期。

⑥ 綿陽博物館、綿陽市文物稽查勘探隊：《四川綿陽市朱家梁子東漢崖墓》，《考古》2003 年第 9 期。

1996～1997 年，廣西貴港市馬鞍嶺東漢墓出土 2 件博局紋鏡。1 件座外框内有十二地支銘文，外區邊緣有一圈銘文："尚方 [作] 竟真 [如] 巧，上有仙人不知老，渴飲玉泉飢食棗。"另 1 件僅見 "渴飲玉泉飢食棗孚由"等幾字。又出土長宜子孫鏡 1 件，有 "長宜子孫" 4 字銘文。墓葬年代爲東漢時期。①

1997 年，廣州市橫枝崗西漢墓出土銅鏡 1 件，外區有銘文 "内清質以昭……" 等字。墓葬年代爲西漢中期。②

1997 年，湖北巴東縣茅寨子灣遺址 M5 出土銅鏡 1 件，有 "□□三公""□王□公" 銘文。M5 的年代爲漢末至六朝初年。③

1998 年，江蘇銅山縣鳳凰山西漢墓出土昭明連弧紋銅鏡 1 件，銘文爲 "内清以昭明，光象夫日月，不泄兮"。墓葬年代在王莽時期。④

1998～1999 年，徐州市拖龍山西漢墓出土銅鏡 5 件。M3 重圈 "昭明" 鏡，内圈銘文爲 "内清……不泄"，外圈銘文爲 "絜精白而事君，志驩之合時辰……"。M3 昭明連弧紋鏡，有 "以昭明" 等字。M4 日光鏡，銘文爲 "……之光，天下大明"。拖龍山西漢墓群的年代大致爲西漢中期後段至西漢晚期前段，即漢宣帝至漢成帝早期階段。⑤

1999 年，西安北郊譚家鄉出土金餅 219 枚，其中共有 182 枚打戳記。鈐蓋戳印的現象比戳記更爲普遍，共有 208 枚。鈐蓋中央主印的有 185 枚，印文有 "租""黄""千""且""全" 等；鈐蓋边側輔印的有 91 枚，印文有 "禾""貝""市""馬" 等。字體多爲陽文小篆，部分介於篆隸之間。譚家鄉金餅屬西漢遺物，其鑄造年代的上限可至文景帝時期，埋藏下限可能晚到新莽末年。⑥

1999 年，徐州市金山橋開發區石橋村南面碧螺山 5 號墓出土銅鏡 3 件。

① 廣西壯族自治區文物工作隊：《廣西貴港市馬鞍嶺東漢墓》，《考古》2002 年第 3 期。

② 廣東省文物考古研究所：《廣州市橫枝崗西漢墓的清理》，《考古》2003 年第 5 期。

③ 國家文物局三峽文物保護領導小組湖北工作站、廈門大學歷史系考古教研室：《湖北巴東茅寨子灣遺址發掘報告》，《考古學報》2001 年第 3 期。

④ 徐州博物館：《江蘇銅山縣鳳凰山西漢墓》，《考古》2004 年第 5 期。

⑤ 徐州博物館：《徐州拖龍山五座西漢墓的發掘》，《考古學報》2010 年第 1 期。

⑥ 陝西省文物局文物鑒定組：《記西安北郊譚家鄉出土的漢代金餅》，《文物》2000 年第 6 期。

其中，日光鏡銘文爲"見日之光，長勿相忘"。昭明鏡鏡面有兩圈銘文，内圈爲"内清質以昭明，光輝象夫日月，心忽揚而愿，然雍塞而不泄"。外圈爲"如皎光而耀美，挾佳都而無間，□□而性寧，志存神而不遷，得并觀而不棄，精昭折而伴君"。另一星雲紋鏡無字。碧螺山 5 號墓的下葬年代爲西漢中期偏晚，大致在昭宣時期。①

1999 年，貴州興仁縣交樂 19 號漢墓出土 1 件高浮雕龍虎鏡，鑄隸書"青蓋"陽文二字銘文。墓葬年代大約在東漢晚期。②

1999 年，河南南陽市安居新村漢畫像石墓出土昭明連弧紋鏡 1 件，銘文爲"内清質以昭明，光夫象日月，不□泄"，每字之間有一"而"字。該墓年代在新莽時期，或可遲至東漢初期。③

1999 年，寧夏固原城西漢墓 1 號墓出土昭明連弧紋銅鏡 1 件，銘文爲"内清質以昭明，光象夫日月，心忽揚忠然平" 17 字。3 號墓出土銅鍵 4 件，其中 1 件正面上端竪排鑄有隸書"千金氏"三字，結構規整，書體蒼勁有力。4 號墓出土日光連弧紋銅鏡 1 件，銘文爲"見日之光，長毋相忘"。5 號墓出土銅鍾 2 件，鍾的下腹部寬頻間各朱書一隸體"鍾"字，字迹筆畫清晰。1 號墓年代爲西漢後期，3 號墓大約在西漢中期偏早階段，4 號墓爲西漢後期至王莽時期，5 號墓在西漢中期稍後。④

1997、2000 年，山東青島市平度界山漢墓 1 號墓出土銅器 39 件（組）。有銘文者有：壺 1 件，肩部陰刻銘文"平望子家鍾容十升"；盆 1 件，口沿下陰刻篆書銘文"沃君孺容三斗重七斤二兩"及"君孺"；提梁壺 2 件，其中 1 件器蓋及壺身肩部陰刻篆書銘文，分别爲"沃君孺重一斤七兩"和"沃君孺□三升重四斤一兩"；銅鏡 19 件，銘文有"見日之光，天下大明""日有憙，長貴富，宜酒食，樂毋事"等。3 號墓出土銅器 20 件（組），銅洗殘片上有銘文"□□孺容二石重廿七斤"。M1、M3 的年代應爲西漢中期。⑤

---

① 徐州博物館：《徐州碧螺山五號西漢墓》，《文物》2005 年第 2 期。

② 貴州省文物考古研究所：《貴州興仁縣交樂十九號漢墓》，《考古》2004 年第 3 期。

③ 南陽市文物考古研究所：《河南南陽市安居新村漢畫像石墓》，《考古》2005 年第 8 期。

④ 固原博物館：《寧夏固原城西漢墓》，《考古學報》2004 年第 2 期。

⑤ 青島市文物局、平度市博物館：《山東青島市平度界山漢墓的發掘》，《考古》2005 年第 6 期。

2000 年，河南南陽市牛王廟村 1 號漢墓出土四神博局鏡 1 件，圓形，銘文分爲内中外三圈。内圈飾 12 乳釘，間有篆字"子、丑、寅、卯、辰、巳、午、未、申、酉、戌、亥"。中圈銘文爲"柰（七）言之紀，從鏡，蒼右左白虎，甫（博）局君宜官，長寶（保）二親大子（孫）子，竟"。外圈銘文爲"漢有善銅出丹陽，和用錫清且明，左龍右虎主四彭（方），八子九孫治中央，朱爵（雀）武順陰陽，千萬歲長樂未央，柰（七）言之紀"。①

2000 年，江蘇徐州市顧山西漢墓 M2 出土銅鏡 2 件，其中 1 件博局銘文鏡，有銘文"大樂貴富得□□千秋萬歲延年益壽"等 15 字。M2 的年代在西漢早期偏晚。②

2000 年，江蘇徐州市後樓山 8 號西漢墓出土銅器 22 件（組），其中銅斡 4 件，1 件一面刻"司樂府"3 字，1 件一面刻"一兩"2 字，1 件一面刻"重一兩三朱"5 字，1 件無字。該墓的年代在西漢初期。③

2000 年，西安北郊北康村漢墓 M3 出土銅鏡 1 件，爲日月光明鏡，有一圈篆體"日月光明"等文字。M3 年代大致在王莽時至東漢初。④

2001 年，西安東郊西漢竇氏墓（M3）出土銅器 93 件。其中一件銅鈁一面有銘文"竇氏容四斗十一斤十兩"10 字，古隸。一件銅燈燈盤外壁有銘文"竇氏重四斤十兩"7 字，古隸。M3 的年代爲西漢早期後段，即文帝初年這一時期。⑤

2001 年，安徽六安市九里溝 177 號墓出土銅鏡 1 件，内區正方形框内有 16 字銘文，僅可看清"大樂富貴"4 字。墓葬年代爲西漢早期。⑥

2001 年，廣西合浦縣九隻嶺東漢墓出土銅鏡 5 件。其中昭明鏡 2 件（M5 和 M6 各 1 件），均有銘文。M6 日光鏡 1 件，銘文爲"見日之光，天下

---

① 南陽市文物考古研究所：《河南南陽牛王廟村 1 號漢墓》，《文物》2005 年第 12 期。

② 徐州博物館：《江蘇徐州市顧山西漢墓》，《考古》2005 年第 12 期。

③ 徐州博物館：《江蘇徐州市後樓山八號西漢墓》，《考古》2006 年第 4 期。

④ 陝西省考古研究所：《西安北郊北康村漢墓清理簡報》，《考古與文物》2003 年第 4 期。

⑤ 西安市文物保護考古所：《西安東郊西漢竇氏墓（M3）發掘報告》，《文物》2004 年第 6 期。

⑥ 安徽省文物考古研究所、六安市文物管理所：《安徽六安市九里溝兩座西漢墓》，《考古》2002 年第 2 期。

大明"。M5 屬東漢前期墓，M6 屬東漢後期墓。①

2001 年，河南南陽市陳棚村漢代彩繪畫像石墓出土四神博局銅鏡 1 件，外區銘文爲 "作佳鏡哉真大好，上有仙人不知老，渴飲澧泉飢食棗，浮游天（？）"。此墓年代爲王莽時期，或已晚到東漢初年。②

1999～2002 年，山東章丘市洛莊漢墓陪葬坑 5 號坑出土銅器 90 餘件，種類有鼎、盆、匜、勺等，大多數銅器上均有 "齊" 字銘文。墓葬年代爲西漢早期。③

2002 年，洛陽市孟津縣南麻屯鄉薄姬嶺村西漢墓發現一件有銘銅鼎。在鼎蓋和腹部有三處篆刻銘文。鼎蓋接近口沿處橫刻 "趙夫人，二斗，王夫人" 8 字。鼎腹前部近口沿處竪刻 "王夫人，二斗" 5 字，後部橫刻 "趙夫人" 3 字。刻銘筆道清晰，帶有濃厚的隸書筆意，頗具西漢早期的篆書風格。此鼎屬西漢早期遺物。④

2002 年，洛陽火車站西漢墓（IM1779）出土銅鏡一件，銘文爲 "見日之光，長不相忘"。此墓的年代爲西漢中期或稍後（武帝之後昭宣之間）。⑤

2002 年，江蘇宿遷市泗陽縣三莊鄉陳墩漢墓出土銅器 19 件，其中銅鼎 2 件，蓋面靠近中部有銘文 "大張" 2 字。昭明鏡 1 件，內外圈之間鑄有銘文 "內清質以昭明，光輝象夫日月，心忽而願忠，然雍不泄"。陳墩漢墓的年代應爲西漢中後期，具體應在昭宣時期。⑥

2002 年，山東日照市西郊西十里堡村西南出土銅鏡和銅印章等。銅鏡有 4 件，其中 1 件日光昭明重圈銘文鏡，一圈銘文爲 "見日之光，長毋相忘"，一圈銘文爲 "內清質以昭明，輝象夫日月，心忽揚而願忠，然雍塞而不泄"。1 件日光鏡銘文爲 "見日之光，長毋相忘"。該墓葬年代約在漢武

①　廣西壯族自治區文物工作隊、合浦縣博物館：《廣西合浦縣九隻嶺東漢墓》，《考古》2003 年第 10 期。

②　蔣宏傑等：《河南南陽陳棚漢代彩繪畫像石墓》，《考古學報》2007 年第 2 期。

③　濟南市考古研究所、山東大學考古系、山東省文物考古研究所、章丘市博物館：《山東章丘市洛莊漢墓陪葬坑的清理》，《考古》2004 年第 8 期。

④　刁淑琴：《洛陽新發現一件西漢有銘銅鼎》，《文物》2003 年第 9 期。

⑤　洛陽市第二文物工作隊：《洛陽火車站西漢墓（IM1779）發掘簡報》，《文物》2004 年第 9 期。

⑥　江蘇泗陽三莊聯合考古隊：《江蘇泗陽陳墩漢墓》，《文物》2007 年第 7 期。

帝末年或昭帝時期。①

2002 年，安徽天長市城南鄉祝澗村三角圩 27 號墓出土銅器 7 件，其中昭明鏡 1 件，銘文爲 "内清以昭明，光象夫日月"，字間以 "而"字相隔。雙圈銘文鏡 1 件，内圈銘文爲 "見日之光，長毋相忘"，外圈銘文爲 "内清質以昭明，光輝象而夫日月，心忽揚而願忠，然雍塞而不泄"。27 號墓的年代爲西漢中期偏晚。②

2002 年，西安市西北大學校園漢墓發現銅鏡 1 件，有 "長宜子孫"四字銘文。該墓葬屬於東漢晚期。③

2002 年，河南南陽市陳棚村 68 號漢墓出土銅鏡 1 件，銘文爲 "鏡以此行，服者君卿，所言必當，千秋萬歲，長勿相忘"。墓葬年代爲西漢晚期。④

2002 年，陝西投資策劃服務公司漢墓出土銅鏡 17 件。其中方格銘文鏡 3 件。M31：11 銘文爲 "……長樂富貴"，M31：12 銘文爲 "吉金之清河"，M37：15 銘文爲 "光之王君，日如良居"。日光鏡 4 件。M29：9 銘文爲 "見日之光，長勿相忘"，M14：15 銘文爲 "見日之光，天下大"，有缺字。昭明連弧紋鏡 3 件。M17：17 銘文爲 "内清以昭明，象而夫兮日月"，M10：16 銘文爲 "内清以昭明，心勿忘，塞不泄"。M37 的年代爲西漢早期，M10、M29、M31 的年代爲西漢中期偏晚，M14、M17 的年代爲西漢晚期至王莽時期。⑤

2003 年，洛陽西漢張就墓（IM1835）出土銅鏡 1 件，有銘文 "見日之光，天下大明"，字間有 "の"或 "田"符號。張就墓的年代屬西漢晚期。⑥

---

① 山東省文物考古研究所：《山東日照海曲西漢墓（M106）發掘簡報》，《文物》2010 年第 1 期。

② 天長市文物管理所、天長市博物館：《安徽天長三角圩 27 號西漢墓發掘簡報》，《文物》2010 年第 12 期。

③ 王維坤等：《西安市西北大學校園發現一座漢墓》，《考古》2007 年第 5 期。

④ 河南南陽市文物考古研究所：《河南南陽市陳棚村 68 號漢墓》，《考古》2008 年第 10 期。

⑤ 陝西省考古研究所：《陝西投資策劃服務公司漢墓清理簡報》，《考古與文物》2006 年第 4 期。

⑥ 洛陽市第二文物工作隊：《洛陽西漢張就墓發掘簡報》，《文物》2005 年第 12 期。

　　2003 年，山東濟南市華信路新莽時期墓葬出土日光連弧紋鏡 1 件，銘文爲"見日之光，天天下明"，各字之間有一些符號，字體爲篆隸式變體。該墓的年代爲新莽時期。①

　　2003 年，江西南昌市蛟橋鎮東漢墓出土銅鏡 5 件。其中 1 件柿蒂之間有"君宜官王"4 字。1 件外有銘文一周，爲"尚方作竟真大巧，上有仙人不知老，渴飲玉泉飢食棗，浮由（游）天下□兮"。另 1 件外有銘文一周，爲"尚方作竟真大巧，上有山人不知老，渴飲玉泉飢食棗，兮□"。墓葬年代在東漢晚期。②

　　2003 年，江蘇徐州市翠屏山西漢劉治墓出土銅鏡 2 件。其中 1 件爲大樂貴富博局蟠螭紋鏡，銘文爲"大樂貴富，得所好，千秋萬歲，長樂未央"。另 1 件爲四葉蟠螭紋鏡，無字。該墓的年代大致在西漢文帝至武帝初年。③

　　2003 年，山東微山縣微山島漢代墓葬出土銅鏡 5 件。M31：7 爲博局紋鏡，銘文帶有 10 多個字，能辨析的有"尚方作鏡真大巧，上有仙人不知老"。M33G1：1 爲八連弧紋鏡，銘文爲"見日之光，天下大明"。M31 爲東漢早期墓葬，M33 爲西漢中期墓葬。④

　　2003 年，陝西咸陽二〇二所西漢墓出土銅鏡 6 件。其中日光鏡 2 件，M5：2 銘文爲"見日之光，長不相忘"。昭明鏡 M2：7 銘文爲"内清質以昭明，光輝象而夫乎日月，心忽而愿忠，雍塞而不泄"。清白連弧紋鏡 M9：1 銘文爲"潔精（清）白而事君，忘驩之合（弇）明，焕玄錫之澤而怨疏遠日忘，慎美之窮禮，承驩可説莫（慕）高之乎而毋絕毋忘"。M5、M9 的年代爲西漢中期，M2 的年代爲西漢晚期。⑤

　　2004 年，安徽天長市安樂鎮紀莊西漢墓 M19 出土銅器種類較多，其中銅壺 1 件，内外底部均有鑄造的陽文"廿二"銘文。該墓葬地當屬漢代臨淮郡東陽縣。墓主人叫"謝孟"，是東陽縣掌握一定權力的官吏。墓葬年代

①　濟南市考古研究所：《山東濟南華信路新莽時期墓葬發掘簡報》，《文物》2011 年第 3 期。

②　江西省文物考古研究所：《江西南昌蛟橋東漢墓發掘簡報》，《文物》2011 年第 4 期。

③　徐州博物館：《江蘇徐州市翠屏山西漢劉治墓發掘簡報》，《考古》2008 年第 9 期。

④　微山縣文物管理所：《山東微山縣微山島漢代墓葬》，《考古》2009 年第 10 期。

⑤　咸陽市文物考古研究所：《陝西咸陽二〇二所西漢墓葬發掘簡報》，《考古與文物》2006 年第 1 期。

爲西漢中期偏早。①

2004 年，河南洛陽市王城公園東漢墓出土昭明鏡和四神博局鏡。昭明鏡銘文爲 "而內而清而以而昭而明，而光而日而月而王"。四神博局鏡銘文爲 "尚方圭（佳）鏡眞大巧，上有山（仙）人不知老，渴飲玉泉飢食"。該墓年代在東漢早期，下限不晚於東漢中期。②

2004 年，江蘇徐州市大孤山 2 號漢墓出土銅器 17 件，其中 1 件銅鈁圈足底部有橫嚮銘文 "廟容四斗一升，重十七斤四兩。第九" 和竪嚮銘文 "重十七斤四兩"，銘文鍥刻較淺。大孤山二號墓的年代爲西漢中期。③

2005 年，湖南望城縣星城鎮銀星村風篷嶺漢墓出土銅器 28 件。其中鼎 2 件，M1：95 陰文篆書 "□一，□二，有蓋，并重十七斤八兩，長沙□□□"。壺 2 件，M1：96 陰文篆書 "銅橲④一，容五斗，有蓋，并重□□斤十二兩，長沙元年造。第七"。M1：99 銘文爲 "□壺一，容五斗，有蓋，并重廿六斤十三兩，長沙元年造。第八"。勺 2 件，M1：101－7 背面陰文篆書 "銅鈄一，重一斤九兩，長沙元年造"。燈 4 件，M1：90 陰文篆書 "銅燈一，高二尺，重廿二斤七兩，長沙元年造"。鏡 1 件，陽文篆書 "潔而清白而事君志而污而弇明而作而玄錫而涑而澤而志而日忘而毋絶"。墓葬年代爲東漢光武帝建武十三年（37 年）。⑤ 有學者推斷該墓葬的年代爲宣帝後期至公元 7 年之間。⑥

2006 年，洛陽大學文物館徵集到西漢有銘銅鼎 1 件。該鼎傳爲洛陽出土，具體情况不詳。蓋一側竪刻 "宜春，長平家，重二斤四兩" 4 行共 10 字。腹部近口沿竪刻 "宜春，長平家，容一斗，重九斤" 4 行共 11 字。鼎銘爲隸書略帶篆書風格，具有西漢銘刻的明顯特徵。鼎的形制與陽信家鼎⑦

---

① 天長市文物管理所、天長市博物館：《安徽天長西漢墓發掘簡報》，《文物》2006 年第 11 期。

② 洛陽市文物工作隊：《洛陽王城公園東漢墓》，《文物》2006 年第 3 期。

③ 徐州博物館：《江蘇徐州市大孤山二號漢墓》，《考古》2009 年第 4 期。

④ 此字左從木，右從壺，構形比較特殊。從異文可証 "橲" 是 "壺" 字增加構件木的異構字。

⑤ 長沙市文物考古研究所、望城縣文物管理局：《湖南望城風篷嶺漢墓發掘簡報》，《文物》2007 年第 12 期。

⑥ 何旭紅：《湖南望城風篷嶺漢墓年代及墓主考》，《文物》2007 年第 12 期。

⑦ 咸陽地區文管會、茂陵博物館：《陝西茂陵一號無名冢一號從葬坑的發掘》，《文物》1982 年第 9 期。

極爲相似，具有西漢中期銅器的顯著特徵，應爲漢武帝時期的器物。①

2006 年，河南偃師市吴家灣東漢封土墓出土銅器 9 件（組），其中銅鏡 1 件，已殘，鏡背中部内切方格一角殘存銘文“公”字。墓葬的年代爲東漢晚期。②

2007 年，陝西寶雞苟家嶺西漢墓出土隨葬器物 63 件，其中昭明鏡 1件，銘文爲“内清質以昭明，光日月心忽揚，而忠然塞雍而不泄”。年代爲西漢早期。③

2007 年，河南民權縣雙塔鄉牛牧崗遺址西漢墓出土日光鏡 1 件，銘文爲“見日之光，長毋忘”。墓葬年代爲西漢中期。④

2007 年，南京市東漢建安二十四年龍桃杖墓出土銅鏡 1 件，分内中外三區。中區銘文爲“東□作竟真大巧，上有山人不知老，渴飲玉泉飢食棗，壽如金石，浮浮天下敖四海”，内區銘文爲“樂未央富貴□□侯□”。墓葬年代爲建安二十四年（219 年）。⑤

2007 年，洛陽文物收藏會徵集到一件傳世的西漢初年有銘文銅燈。此器未見於相關著録。在燈座上刻有銘文 6 行共 23 字，其文爲“櫟陽高平宫金�豆，容大半升，重二斤七兩，名曰百五十一”。銘文爲隸書體，字體規整，運筆流暢，筆畫較粗，具有西漢早期隸書的鮮明特徵。此銅燈銘刻有西漢初年都城櫟陽及高平宫的名稱，説明它應是西漢初年鑄造的，專爲櫟陽城高平宫内使用的燈具。⑥

2007 年，河南禹州市新峰墓地 M10 出土銅器 29 件，其中銅鏡 2 件。1件有書體略顯方正的銘文帶：“内而清而以昭而明光而象夫日月□□而□。”

---

① 劉餘力：《西漢宜春鼎及其相關問題》，《文物》2008 年第 7 期。

② 洛陽市第二文物工作隊、偃師市文物局：《河南偃師市吴家灣東漢封土墓》，《考古》2010年第 9 期。

③ 陝西省考古研究院、寶雞市考古研究所：《陝西寶雞苟家嶺西漢墓葬發掘簡報》，《考古與文物》2012 年第 1 期。

④ 鄭州大學歷史學院考古系、商丘市文物局、民權縣文化局：《河南民權牛牧崗遺址戰國西漢墓葬發掘簡報》，《文物》2010 年第 12 期。

⑤ 南京市博物館：《南京市東漢建安二十四年龍桃杖墓》，《考古》2009 年第 1 期。

⑥ 趙曉軍、張應橋、蔡運章：《河南洛陽市發現一件西漢銘文銅燈》，《考古》2009 年第12 期。

M10 的年代大致在王莽及其稍後時期。①

2007 年，山東淄博市臨淄區國家村漢代墓葬 M4 出土銅器 98 件，其中昭明鏡 1 件，銘文爲 "内清以昭明，光夫象夫日月，泄"。M4 的年代爲西漢晚期。②

2009～2010 年，江西靖安縣高湖鎮老虎墩遺址合葬墓 M0 出土銅鏡 1 件，鏡銘爲 "尚方作竟（鏡）大毋（無）傷，□上有山（仙）人不知老，壬元"。M0 的年代推斷爲東漢中期早段。③

首都師範大學歷史博物館收藏了一件青銅匜。在青銅匜的外腹部有兩處銘文。一處銘文字體較大，内容爲 "代匜，容二斗，重三斤" 8 字，似爲鑄銘。另一處銘文爲 "今信成侯" 4 字。另外，還似有一 "容" 字。從這件青銅匜的形制特徵、銘文内容 "代匜" 及小篆字體等因素考察，它應爲漢代代國之器。④

咸陽博物館收藏有一件漢代帶尺銅熨斗，爲徵集品。熨斗的内底部中央鑄有一個正方形戳記，戳記内左側是豎排銘文，爲 "長宜子孫" 4 字，篆書，陽刻。該熨斗的尺度與 1970 年在咸陽底張灣發現的新莽 "始建國元年" 銅籥相似，由此推斷該熨斗爲始建國元年之物。⑤

山東即墨市博物館徵集到漢代出土銅鏡 10 多件，其中有銅華鏡 2 件，昭明鏡 2 件，銘文鏡 1 件，草葉紋鏡 2 件，四乳禽獸鏡 1 件，均有銘文，年代爲西漢到東漢早期。⑥

有學者近年提供了一件未經著録的青銅鈁，外底有銘文 "馬病以（已）家鈁，利" 6 字。"馬" 字正書，餘 5 字爲反書。字體爲篆隸混合的變體，年代爲西漢早期。⑦

---

① 許昌市文物工作隊：《河南禹州市新峰墓地 M10、M16 發掘簡報》，《考古》2010 年第 9 期。

② 山東淄博市臨淄區文物局：《山東淄博市臨淄區國家村戰國及漢代墓葬》，《考古》2010 年第 11 期。

③ 江西省文物考古研究所、廈門大學歷史系考古專業、靖安縣博物館：《江西靖安老虎墩東漢墓發掘簡報》，《文物》2011 年第 10 期。

④ 袁廣闊、馬保春：《首都師范大學博物館藏漢代銅匜》，《文物》2010 年第 8 期。

⑤ 王英：《咸陽博物館收藏的漢代帶尺銅熨斗》，《文物》2010 年第 8 期。

⑥ 姜保國：《山東即墨市出土漢代銅鏡》，《考古》2006 年第 12 期。

⑦ 田煒：《新見西漢馬病以家鈁銘文考釋》，載《古文字研究》第 28 輯，中華書局，2010。

第四節　漢代金文年代表（部分）

表 3-1　漢代金文年代表（部分）①

序號	器名	帝王	年代	著録
		西漢（前 206～公元 25）		
1	文帝九年勾鑃（一至八）	武帝	元光六年（南越國文帝九年）	《西漢南越王墓》② 第 303 頁
2	洛陽武庫鍾		元封二年	《漢金文録》③ 卷二
3	駘蕩宮壺		太初二年	《漢金文録》卷二
4	中私官銅鍾（一）		太初二年	《文物》1980.7
5	中私官銅鍾（二）		太初二年	《文物》1980.7
6	中私官銅鍾（三）		太初二年	《文物》1980.7
7	谷口鼎		太初四年	《漢金文録》卷一
8	駘蕩宮高行鐙		太初四年	《漢金文録》卷三
9	天梁宮高鐙		太初四年	《漢金文録》卷三
10	奇華宮銅燭爐		天漢二年	《考古與文物》1994.4
11	南宮鍾		天漢四年	《考古》1963.2
12	天梁宮熏爐	昭帝	元鳳五年	《考古與文物》1994.4
13	楊鼎	宣帝	地節三年七月	《漢金文録》卷一
14	河東鼎		元康元年	《漢金文録》卷一
15	元康高鐙		元康元年	《漢金文録》卷三
16	元康雁足鐙		元康元年	《漢金文録》卷三
17	橐泉鋗（一）		元康元年	《漢金文録》卷四
18	橐泉鋗（二）		元康元年	《漢金文録》卷四
19	黄山鋗		元康元年	《文物》1983.10
20	橐泉宮行鐙		元康二年	《漢金文録》卷三
21	内者高鐙		元康二年三月	《漢金文録》卷三

---

① 本表主要内容參考徐正考《漢代銅器銘文研究》，吉林教育出版社，1999，第 44～52 頁。

② 廣州市文物管理委員會等：《西漢南越王墓》，文物出版社，1991。

③ 容庚：《秦漢金文録》，中華書局，2012。

序號	器名	帝王	年代	著録
22	長安下領宮高鐙（一）		神爵元年	《漢金文録》卷三
23	長安下領宮高鐙（二）		神爵元年	《漢金文録》卷三
24	長安下領宮高鐙		神爵元年	《漢金文録》卷三
25	長安下領宮高雁足鐙		神爵元年	《海外中國銅器圖録》第一集①
26	上林宣曲宮鼎		神爵三年	《考古》1963.2
27	東阿宮鈁		神爵三年	《考古》1963.2
28	成山宮渠斗		神爵四年	《漢金文録》卷四
29	上林共府量		五鳳元年	《考古與文物》1994.4
30	五鳳熨斗		五鳳元年四月	《漢金文録》卷四
31	林華觀行鐙（身）		五鳳二年	《考古與文物》1998.1
32	成山宮行鐙		五鳳二年	《考古與文物》1987.6
33	孝文廟銅熏爐		五鳳二年九月	《文物》1987.7
34	蓮勺宮熏爐		五鳳三年正月己丑	《考古》1997.12
35	車宮錠盤		五鳳四年	《漢金文録》卷三
36	承安宮鼎（一）		甘露元年	《漢金文録》卷一
37	承安宮鼎（二）		甘露二年	《漢金文録》卷一
38	右丞宮鼎		甘露二年	《漢金文録》卷一
39	承安宮行鐙		甘露二年	《漢金文録》卷三
40	林華觀行鐙（盤）		甘露二年	《考古與文物》1980.1
41	弘農宮銅方爐		甘露二年	《文物》1973.5
42	泰山宮鼎		甘露三年	《考古》1963.2
43	池陽宮行鐙		甘露四年	《漢金文録》卷三
44	時文仲銅鑒		黃龍元年十月丙辰	《文物參考資料》1952.2
45	陽邑銅燭行錠	元帝	初元元年三月	《考古與文物》1980.1
46	敬武主家銚		初元五年五月	《漢金文録》卷四
47	永光四年鐙		永光四年	《岩窟吉金圖録》②卷下
48	博邑家鼎		永光五年二月	《漢金文録》卷一

① 陳夢家：《海外中國銅器圖録》第一集，民國三十五年，國立北平圖書館出版。

② 梁上椿：《岩窟吉金圖録》，民國三十三年，北平彩華印刷局。

續表

序號	器名	帝王	年代	著録
49	林光宮行鐙		建昭元年	《漢金文録》卷三
50	建昭行鐙		建昭三年	《漢金文録》卷三
51	建昭雁足鐙（一）		建昭三年	《漢金文録》卷三
52	建昭雁足鐙（二）		建昭三年	《考古與文物》1988.2
53	建昭銷		建昭四年三月	《痴庵藏金》① 圖三十一
54	中宮雁足鐙		竟寧元年	《漢金文録》卷三
55	桂宮雁足鐙		竟寧元年	《漢金文録》卷三
56	竟寧雁足鐙		竟寧元年	《漢金文録》卷三
57	建始元年鐙	成帝	建始元年	《考古與文物》1989.2
58	信都食官行鐙		建始二年六月	《漢金文録》卷三
59	中尚方鐎斗		建始二年六月十四日	《漢金文録》卷四
60	河平元年鋞		河平元年	《古代文史研究新探》②
61	萬年縣官斗		河平二年	《漢金文録》卷三
62	干章銅漏壺		河平二年四月	《考古》1978.5
63	中陵胡傅溫酒樽		河平三年	《文物》1963.11
64	勮陽陰城胡傅溫酒樽		河平三年	《文物》1963.11
65	平陽家高鐙		陽朔元年	《漢金文録》卷三
66	上林鼎（一）		陽朔元年六月庚辰	《漢金文録》卷一
67	上林銅鑒（七）		陽朔元年九月	《考古》1963.2
68	上林鼎（二）		陽朔二年三月	《漢金文録》卷一
69	上林鼎（三）		陽朔二年三月	《漢金文録》卷一
70	上林銅鑒（三）		陽朔四年五月	《考古》1963.2
71	上林銅鑒（四）		陽朔四年五月	《考古》1963.2
72	上林銅鑒（八）		陽朔四年五月	《考古》1963.2
73	上林鼎（四）		鴻嘉二年六月	《金文續編》③
74	上林銅鼎（一）		鴻嘉二年六月	《考古》1963.2
75	上林銅鼎（二）		鴻嘉二年六月	《考古》1963.2

① 李泰棻：《痴庵藏金》，民國二十九年，彩華印刷局。
② 裘錫圭：《古代文史研究新探》，江蘇古籍出版社，1992。
③ 容庚：《金文續編》，中華書局，2012。

序號	器名	帝王	年代	著録
76	上林銅鑒（五）		鴻嘉二年六月	《考古》1963.2
77	上林銅鑒（六）		鴻嘉二年六月	《考古》1963.2
78	上林銅鑒（一）		鴻嘉三年四月	《考古》1963.2
79	上林銅鑒（二）		鴻嘉三年四月	《考古》1963.2
80	杜陵東園壺		永始元年	《漢金文録》卷七
81	永始乘輿鼎（一）		永始二年	《漢金文録》卷一
82	永始乘輿鼎（二）		永始二年	《漢金文録》卷一
83	永始三年乘輿鼎		永始三年	《漢金文録》卷一
84	永始高鐙		永始三年	《漢金文録》卷三
85	長安銅		元延元年七月	《漢金文録》卷四
86	壽成室鼎（一）		元延二年	《漢金文録》卷一
87	壽成室鼎（二）		元延二年	《漢金文録》卷一
88	元延鈁		元延二年	《漢金文録》卷二
89	臨虞宮高鐙（一）		元延二年	《漢金文録》卷三
90	臨虞宮高鐙（二）		元延二年	《漢金文録》卷三
91	元延乘輿鼎（一）		元延三年	《漢金文録》卷一
92	元延乘輿鼎（二）		元延三年	《漢金文録》卷一
93	富平侯家温酒鐎		元延三年十二月辛未	《漢金文録》卷四
94	萬歲宮高鐙		元延四年	《漢金文録》卷三
95	臨虞宮高鐙（三）		元延四年	《漢金文録》卷三
96	臨虞宮高鐙（四）		元延四年正月	《漢金文録》卷三
97	延壽宮高鐙（三）		元延四年正月	《漢金文録》卷三
98	綏和雁足鐙		綏和元年	《漢金文録》卷三
99	綏和銅		綏和元年八月	《漢金文録》卷四
100	建平鈁	哀帝	建平二年	《漢金文録》卷二
101	建平鐘		建平二年	《漢金文録》卷七
102	嘉至搖鐘		建平二年	《漢金文録》卷三
103	南陵鍾		建平四年十一月	《漢金文録》卷二
104	元始鈁	平帝	元始四年	《漢金文録》卷二
105	上林銅斗鼎		元始四年九月	《文物》1995.8

續表

序號	器名	帝王	年代	著録
106	元始六年燈		元始六年	《考古與文物》1991.5
107	居攝鐘	孺子嬰	居攝元年	《漢金文録》卷三
108	新一斤十二兩權	新莽	始建國元年正月癸酉朔日	《漢金文録》卷三
109	新八兩權		始建國元年正月癸酉朔日	《漢金文録》卷三
110	新二斤權		始建國元年正月癸酉朔日	《漢金文録》卷三
111	新五斤權		始建國元年正月癸酉朔日	《漢金文録》卷三
112	新九斤權		始建國元年正月癸酉朔日	《漢金文録》卷三
113	新鈞權		始建國元年正月癸酉朔日	《漢金文録》卷三
114	新始建國權		始建國元年正月癸酉朔日	《漢金文録》卷三
115	新始建國尺（一）		始建國元年正月癸酉朔日	《漢金文録》卷三
116	新始建國尺（二）		始建國元年正月癸酉朔日	《漢金文録》卷三
117	新量斗		始建國元年正月癸酉朔日	《漢金文録》卷三
118	新無射律管		始建國元年正月癸酉朔日	《漢金文録》卷三
119	新承水盤		始建國元年正月癸酉朔日	《漢金文録》卷四
120	律量篇		始建國元年正月癸酉朔日	《考古》1973.3
121	始建國銅撮		始建國元年正月癸酉朔日	《考古》1957.4

續表

序號	器名	帝王	年代	著錄
122	新莽銅砝碼（一）		始建國元年正月癸酉朔日	《文物》1982.1
123	新莽銅砝碼（二）		始建國元年正月癸酉朔日	《文物》1982.1
124	新中尚方鍾		始建國四年七月	《漢金文録》卷二
125	天鳳元年銅篷		天鳳元年四月十九日	《古文字研究》第19輯
126	濕倉平斛		始建國天鳳元年三月	《文物》1963.11
127	新候騎鉦		始建國地皇上戊二年	《漢金文録》卷三
128	新常樂衛士飯幘		始建國地皇上戊二年二月	《漢金文録》卷四
東漢（25～220）				
129	建武泉範（一）	光武帝	建武二年三月丙申	《漢金文録》卷四
130	建武泉範（二）		建武二年三月丙申	《漢金文録》卷四
131	建武銅碟		建武十年三月丙申	《文博》1985.2
132	建武平合		建武十一年正月	《漢金文録》卷三
133	大司農平斛		建武十一年正月	《全國基本建設工程中出土文物展覽圖録》① 圖版一〇〇
134	漢建武鐮		建武十七年三月丙申	《雙劍誃古器物圖録》② 卷下
135	蜀西工銅斛		建武廿一年	《文物參考資料》1958.9
136	蜀郡西工造酒樽		建武廿三年	《文物》1995.10
137	山陽邸鐙		建武廿八年	《漢金文録》卷三
138	山陽邸雁足鐙		建武廿八年	《文物》1981.11
139	建武卅二年弩機		建武卅二年二月	《考古學報》1964.2
140	東海宮司空盤		建武中元二年七月十六日	《漢金文録》卷三
141	永平鈎	明帝	永平二年二月	《漢金文録》卷六

① 全國基本建設工程中出土文物展覽工作委員會編《全國基本建設工程中出土文物展覽圖録》，中國古典藝術出版社，1956。

② 于省吾：《雙劍誃古器物圖録》，民國二十九年，北京虎坊橋大業印刷局。

續表

序號	器名	帝王	年代	著錄
142	永平平合		永平三年三月	《漢金文錄》卷三
143	永平三年洗		永平三年四月	《漢金文錄》卷五
144	南武陽大司農平斗		永平五年閏月	《考古與文物》1996.1
145	汝南郡鼎		永平十三年	《漢金文錄》卷一
146	永平十八年機		永平十八年	《漢金文錄》卷六
147	建初元年機	章帝	建初元年	《漢金文錄》卷六
148	建初元年鈎		建初元年三月三日丙午	《海外中國銅器圖錄》第一集
149	建初四年朱提造作洗		建初四年	《四川文物》1988.4
150	建初五年機		建初五年	《漢金文錄》卷六
151	建初六年洗		建初六年	《漢金文錄》卷五
152	慮俿尺		建初六年八月十五日	《漢金文錄》卷三
153	建初鈎		建初七年五月五日	《漢金文錄》卷六
154	建初八年洗		建初八年	《漢金文錄》卷五
155	元和三年洗（一）		元和三年	《漢金文錄》卷五
156	元和三年洗（二）		元和三年	《金文續編》
157	元和四年洗		元和四年	《漢金文錄》卷五
158	元和四年壺		元和四年	《文物》1983.10
159	章和二年洗		章和二年	《漢金文錄》卷五
160	章和二年堂狼造作洗		章和二年	《漢金文錄》卷五
161	永元雁足鐙	和帝	永元二年	《漢金文錄》卷三
162	永元二年堂狼造洗		永元二年	《文物》1983.10
163	永元三年洗		永元三年	《漢金文錄》卷五
164	永元四年洗（一）		永元四年	《漢金文錄》卷五
165	永元四年洗（二）		永元四年	《漢金文錄》卷五
166	永元四年洗（三）		永元四年	《文物研究》總第五輯
167	永元五年弩機		永元五年	《考古與文物》1986.4
168	永元六年洗		永元六年	《漢金文錄》卷五
169	永元六年弩機（一）		永元六年	《文物》1975.11
170	永元六年弩機（二）		永元六年	《考古與文物》1989.6
171	永元六年機（一）		永元六年	《漢金文錄》卷六

序號	器名	帝王	年代	著錄
172	永元六年機（二）		永元六年	《漢金文錄》卷六
173	永元熨斗		永元六年閏月一日	《漢金文錄》卷四
174	永元七年機		永元七年	《漢金文錄》卷六
175	永元八年弩機		永元八年	《雙劍誃吉金圖錄》① 卷下
176	永元八年銅官弩機		永元八年	《安徽通志金石古物考稿》② 第十六冊
177	永元十二年洗（一）		永元十二年	《漢金文錄》卷五
178	永元十二年洗（二）		永元十二年	《文物》1995.7
179	永元十三年堂狼洗		永元十三年	《漢金文錄》卷五
180	永元十三年洗（一）		永元十三年三月廿四日	《漢金文錄》卷五
181	永元十三年洗（二）		永元十三年四月	《金文續編》
182	永元十三年五月丙午鈎		永元十三年五月丙午	《考古》1978.3
183	永元十三年鈎		永元十三年五月丙午	《中國文物報》1989.4.14
184	保身長生大吉利鈎		永元十四年五月丙午	《安徽通志金石古物考稿》 第十六冊
185	元興元年機		元興元年癸卯	《漢金文錄》卷六
186	延平元年堂狼造作鑒	殤帝	延平元年	《文物》1997.4
187	延平元年洗		延平元年	《金文續編》
188	延平元年堂狼造作洗		延平元年	《四川文物》1988.4
189	永初元年堂狼洗	安帝	永初元年	《漢金文錄》卷五
190	永初元年洗		永初元年	《漢金文錄》卷五
191	永初元年堂狼朱提洗		永初元年	《漢金文錄》卷五
192	永初元年堂狼造作洗（一）		永初元年	《漢金文錄》卷五
193	永初元年堂狼造作洗（二）		永初元年	《金文續編》
194	永初三年洗		永初三年	《漢金文錄》卷五
195	永初三年機		永初三年	《漢金文錄》卷六

---

① 于省吾：《雙劍誃吉金圖錄》，民國二十三年，北平琉璃廠來熏閣影印本。

② 徐乃昌：《安徽通志金石古物考稿》，民國二十五年，安徽通志館印。

序號	器名	帝王	年代	著錄
196	永初鍾		永初四年三月廿五日	《漢金文錄》卷二
197	永初七年洗		永初七年	《漢金文錄》卷五
198	元初二年機		元初二年四月	《漢金文錄》卷六
199	元初五年堂狼洗		元初五年七月	《金文續編》
200	謝著有壺		元初五年七月	《考古》1981.4
201	元初五年洗		元初五年七月	《考古》1981.4
202	元初七年洗		元初七年	《漢金文錄》卷五
203	上蔡侯熨斗		建光元年三月	《貞松堂集古遺文續編》①卷下
204	建光元年弩機		建光元年八月六日	《貞松堂集古遺文續編》卷下
205	延光三年洗		延光三年	《漢金文錄》卷五
206	延光四年機		延光四年	《漢金文錄》卷六
207	永建元年洗	順帝	永建元年	《漢金文錄》卷五
208	永建書刀		永建元年正月	《雙劍誃古器物圖錄》卷下
209	永建四年洗		永建四年	《漢金文錄》卷五
210	永建四年朱提洗		永建四年	《漢金文錄》卷五
211	永建五年洗		永建五年	《漢金文錄》卷五
212	永建五年朱提洗		永建五年	《漢金文錄》卷五
213	永建六年洗		永建六年	《漢金文錄》卷五
214	永建升		永建六年八月	《漢金文錄》卷三
215	陽嘉二年朱提洗		陽嘉二年	《漢金文錄》卷五
216	陳彤鍾		陽嘉二年十一月廿五日癸亥	《漢金文錄》卷二
217	扶侯鍾		陽嘉三年九月十八日	《漢金文錄》卷二
218	永和元年堂狼洗		永和元年	《漢金文錄》卷七
219	永和元年洗（一）		永和元年	《漢金文錄》卷五
220	永和元年洗（二）		永和元年	《四川文物》1993.4
221	永和二年洗		永和二年	《漢金文錄》卷七
222	永和二年機		永和二年五月	《漢金文錄》卷六
223	永和三年洗		永和三年	《漢金文錄》卷五
224	永和鍾		永和四年正月一日戊辰	《漢金文錄》卷二

①　羅振玉：《貞松堂集古遺文續編》，民國二十三年，蟬隱廬石印本。

序號	器名	帝王	年代	著録
225	永和四年洗		永和四年	《漢金文録》卷五
226	永和六年洗		永和六年	《漢金文録》卷五
227	漢安元年洗		漢安元年	《漢金文録》卷五
228	漢安元年弩機		漢安元年三月	《貞松堂集古遺文續編》卷下
229	漢安二年洗		漢安二年	《漢金文録》卷五
230	交阯釜		漢安二年十月十三日	《漢金文録》卷四
231	漢安三年洗		漢安三年	《漢金文録》卷五
232	漢安平陽侯洗		漢安（無具體年代）	《江漢考古》1994.2
233	尹績有盤	質帝	本初二年正月廿九日己卯	《漢金文録》卷四
234	建和二年鈎	桓帝	建和二年五月三日丙午	《中國文物報》1989.4.14
235	和平二年堂狼造斗		和平二年	《文物》1992.9
236	永興二年洗		永興二年	《漢金文録》卷五
237	永興鈎		永興二年五月丙午	《漢金文録》卷六
238	永壽二年機		永壽二年正月己卯	《漢金文録》卷六
239	延熹鍾		延熹元年	《漢金文録》卷二
240	延熹元年造作工洗		延熹元年	《考古》1983.1
241	延熹二年洗		延熹二年	《安徽通志金石古物考稿》第十六册
242	延熹五年機		延熹五年八月	《漢金文録》卷六
243	延熹刀		延熹五年九月丁丑	《癖庵藏金》圖七十
244	延熹六年鋗		延熹六年冬	《考古與文物》1992.3
245	建寧四年洗	靈帝	建寧四年	《漢金文録》卷五
246	熹平四年洗		熹平四年	《安徽通志金石古物考稿》第十六册
247	光和斛（一）		光和二年閏月廿三日	《漢金文録》卷三
248	光和斛（二）		光和二年閏月廿三日	《漢金文録》卷三
249	光和四年洗		光和四年	《漢金文録》卷七
250	光和七年洗		光和七年十月卅日	《漢金文録》卷五
251	中平三年洗		中平三年	《漢金文録》卷五
252	周君鑒		中平五年	《成都日報》1978.10.19

序號	器名	帝王	年代	著録
253	初平五年洗	獻帝	初平五年	《漢金文録》卷五
254	建安元年機		建安元年八月六日	《漢金文録》卷六
255	建安二年洗		建安二年八月	《漢金文録》卷五
256	建安四年洗		建安四年六月	《漢金文録》卷五

第四章 秦漢石刻文字

第一節 秦漢石刻文字概説

一 秦代石刻文字

最早的石刻文字標本可追溯到殷商時期，而西周時期石刻文字却難以見到。春秋到戰國時期有秦國的《石鼓文》，戰國時期有秦國的《詛楚文》等。我國正規刻石的出現當從《石鼓文》算起，經秦到漢代結束時，鐫刻在石頭上的石刻文數量已有數百種之多。

秦代石刻文字主要是秦始皇紀功刻石。秦滅六國之後，秦始皇曾有四次東巡，在東巡中爲了頌揚其功德并昭明天下，在多處刻石，計有嶧山、泰山、琅琊臺、東觀、碣石、會稽、之罘（2 處）共八石。[①] 這八石之中，現存的原刻，只有《泰山刻石》殘存 10 字和《琅琊臺刻石》殘存 86 字。現存傳世的宋以後的舊拓本和摹刻本，如明安國藏宋拓《泰山刻石》有 165 字。此外，南唐徐鉉摹、宋代鄭文寶刻的《嶧山刻石》，有 223 字，雖出自徐氏之手，但依然是能够體現秦代小篆風貌的重要作品。

秦始皇紀功刻石字體均是標準規範的小篆，呈長方形，上密下疏，大小劃一，行距相等，筆畫粗細一致，用筆瘦勁圓暢，委婉中見剛勁，具有端莊典雅之美。傳《泰山刻石》《琅琊臺刻石》爲李斯（前 284 年 ～ 前 208 年）所書。經學者考證，《泰山刻石》殘存 10 字和《琅琊臺刻石》殘存 86 字，其内容均爲二世詔，但風格上却有明顯差異，故秦東巡刻石并非出自一人之手，只是後世因其均爲標準小篆不辨差異，加在李斯一人身上而已。

---

① 司馬遷：《史記·秦始皇本紀》，中華書局，1959。

這些秦代標準小篆對後世影響深遠。

秦代石刻文字，并不限於秦始皇紀功刻石，據歷史記載，尚有《朐山碑》，又稱《贛榆刻石》（刻於始皇三十五年）、《廬山刻石》（刻於始皇三十六年）、《句曲山刻石》（刻於始皇三十七年）和《秦望山始皇碑》。這些石刻或早已漫滅，或至今未被發現。

秦代石刻開闢了銘刻文字的新紀元，就其石刻的種類來説，多爲摩崖刻石和碣類。《説文》："碣，特立之石。"秦代石刻文字與春秋戰國的《石鼓文》屬同種類型。

二　漢代石刻文字

漢代是我國石刻集中出現的時代。漢代石刻多集中於東漢中期之後，主要有碣石、碑刻、石闕石表、墳墓石刻、摩崖、石像和其他石刻等形態。漢代石刻文字字體除少量篆書外多是漢隸。漢代石刻文字較多，可分爲西漢至東漢初期、東漢中後期石刻文字兩部分。

（一）西漢至東漢初期石刻文字

西漢至新莽的刻石，屈指可數。

西漢的篆書刻石不多，有《群臣上醻刻石》《魯北陛刻石》《廣陵中殿刻石》《九龍山封門刻石》《東安漢里刻石》《居攝兩墳壇刻石》《郁平大尹馮孺久墓題記》等。[1] 西漢的隸書刻石亦不多，如《巴州民楊量買山地記》《五鳳二年刻石》《麃孝禹刻石》等。

新莽時代及東漢初期刻石，有《萊子侯刻石》（新莽）、《三老諱字忌日記》（東漢初期，以下同）、《鄐君開通褒斜道刻石》《大吉買山地記》《侍廷里父老僤買田約束石券》等。

上述西漢至東漢初期的隸書碑刻與以後精美的東漢隸書碑刻，均具有"原始美"的特徵，風格古拙渾穆。

（二）東漢中後期石刻文字

東漢中期以後，刻石銘辭風氣漸開。

---

① 　詳見本書第176～178頁"漢石刻文篆書"表。

1. 東漢中後期的篆書碑銘

東漢中後期的篆書碑銘有《袁安碑》《袁敞碑》《祀三公山碑》《開母廟石闕銘》《嵩山少室石闕銘》《延光殘碑》《魯王墓石人胸前題字刻石》《議郎等字殘石》等。

在東漢刻石中，碑額的篆書很有特色。碑額篆書字數不多，然其部位顯著，大多數刻寫精良。漢代篆書碑額可分兩類：一爲端莊方整者，如《景君碑》《袁博碑》《鮮于璜碑》《白石神君碑》《張遷碑》《韓仁銘》等的碑額；一爲舒展自如者，如《趙菿碑》《鄭固碑》《華山廟碑》《西狹頌》《王舍人碑》《孔宙碑》《鄭季宣碑陰》《趙掾碑》《尹宙碑》等的碑額。

2. 東漢中後期的隸書碑銘

東漢時代的碑刻文字，字體主要是成熟的漢隸——分書。現存東漢中後期的隸書碑刻非常多，分布地域甚廣，下面僅擇其有代表性者介紹。

（1）法度謹嚴、平正端莊的碑刻，如《子游殘碑》《乙瑛碑》《張景碑》《華山廟碑》《史晨碑》《韓仁銘》《熹平石經》《趙菿碑》《朝侯小子殘石》《鄭固碑》《趙寬碑》《袁博碑》等。（2）挺峻流麗、清勁秀逸的碑刻，如《禮器碑》《孔宙碑》《楊叔恭殘碑》《尹宙碑》《曹全碑》等。（3）質樸無華、雄沉渾厚的碑刻，如《幽州書佐秦君神道闕》《鮮于璜碑》《衡方碑》《張遷碑》《石門頌》《封龍山頌》《西狹頌》《郙閣頌》《楊淮表記》等。此外，還有一類簡率的作品，如《南陽楊官寺黃腸石題記》《河北定縣北莊漢墓黃腸石題記》《馬姜墓記》《陽三老食堂刻石》《文叔陽食堂畫像石題字》《蒼山畫像石題記》《薌他君祠堂刻石》《嘉祥畫像石題記》《武梁祠畫像題字》等。此類作品假借字、別字甚多，用刀簡率，少華飾，形構上與漢簡簡率一類的隸書相近。

第二節　秦漢石刻文字的著錄和研究

漢代人們已開始著錄、引用石刻了。《史記・秦始皇本紀》引錄了秦代嶧山、泰山、琅琊、之罘、之罘東觀、碣石、會稽刻石。《漢書・藝文志》："秦時大臣奏事，及刻石名山文也。"歷代著錄、研究石刻的學者和著作很多。北魏酈道元《水經注》是現存最早的石刻著錄之一，其中收錄漢代石刻共 100 多處。北魏楊衒之《洛陽伽藍記》引録了洛陽寺院中所存的碑石共 20 多件。唐代文人學者對石刻中的書法極爲重視。漢唐時期的相關成果爲後世金石研究奠定了基礎。

宋代是中國金石學著録、研究的第一個高峰。宋代社會城市經濟逐漸繁盛，商業發達，文化傳播手段得到發展。因此，宋代金石學極爲興盛。王黼《宣和博古圖》收録的宮中藏品上迄三代，下至秦漢，共有 1 萬餘件。吕大臨《考古圖》中記録的北宋私人收藏家有 60 人之多。接下来廣泛收藏的是編輯圖録、刻印圖譜，進而是研究考釋，形成了宋代金石研究的高潮。古代石刻著録和研究形成了專門的學科。歐陽修《集古録跋尾》以石刻題跋爲主，共收近 400 條。趙明誠《金石録》包括目録 10 卷，跋尾 20 卷，共收録石刻 1900 餘種，跋尾 502 篇，代表了當時金石著録研究的水平。值得一提的還有宋代的幾種字書，如劉球《隸韻》、婁機《漢隸字源》和洪適《隸釋》《隸續》。《隸釋》（27 卷）成書於南宋孝宗乾道二年（1166 年），與《隸續》（21 卷）共著録漢碑碑文及碑陰等 258 種，魏和西晉的碑刻 17 種，漢晉之間的銅器、鐵器銘文、磚文共 20 餘種，并收録了大量漢畫像石及碑式圖樣，還附録了《集古録目》《天下碑録》《水經注》《金石録》等書中的碑目。宋代金石學者及其著作流傳至今的，據容媛《金石書録目》載，有 22 人，著作 30 種。清代李遇孫《金石學録》中録有宋代金石學者 61 人。楊殿珣《宋代金石佚書目》中列出只知書名的宋代金石佚書 89 種。由此可見當時金石著作著録研究的盛況。

元明兩代，石刻材料的收録和研究水平大爲降低，與宋代不可同日而語。

清代考據學盛行，金石學興盛，是中國金石學著録、研究的又一個高峰。清代社會安定，有了一定的物質條件，因此文人可以專心漢學。清代涌現出大批有重大貢獻的金石學者，出版了大量水平較高的金石著作。乾隆以降，是金石學的鼎盛時期。據容媛《金石書録目》中的收録，現存自宋代至乾隆以前 700 餘年間的金石書僅有 67 種，而乾隆以後的金石著作却達 906 種之多。清代金石學者考證嚴謹，鑒別精湛，收集資料豐富，考釋文字水平較高，編撰了許多高水平的專書。單就石刻文字考釋而言，主要有顧藹吉《隸辨》8 卷，邢澍《金石文字辨異》12 卷，翟雲升《隸篇》15 卷、續 15 卷、再續 15 卷，趙之謙《六朝別字記》，楊紹廉《金石文字辨異補編》等。這些專書一般從金石銘刻中收集異體別字及古文、篆文等字體，分類編排。一般的體例是在字頭下面列出別體字形，注明出處，或適當加以説明。排列或按《説文》部首，或按古韻部。

清代末年，葉昌熾《語石》問世。《語石》全書共 10 卷，以分條舉證的形式闡述石刻的有關內容。該書論述了碑刻制度、書法演變、文字內容、摹拓技術、收藏源流、辨偽等。書中所涉及的問題遍及石刻研究和史學、金石學研究的各個領域。作者提出了很多頗有見地的看法，涉及了前人沒有注意的石刻材料。最重要的是，該書爲石刻初步擬定了一個嚴密的分科體系，總結了至清代爲止的石刻研究成果，形成了一定的研究理論。《語石》全面分析與概括了石刻學的學科體系，并總結了相關規律，使之初步成爲一門獨立的完整學科。《語石》是最早对古代石刻文字進行論述的通論性專著。

王昶《金石萃編》是清代金石學中集石刻著錄之大成的重要著作，是一部收錄完整的石刻資料超過千種的宏篇巨著。該書完成於嘉慶十年，在金石學史上具有劃時代意義。《金石萃編》所收以石刻爲主，所有器物依照刊刻年代先後順序排列，每件均在標題之下詳細記錄原器物的形制、尺寸、書體和所在地，然後錄寫原文。錄文將先秦、兩漢、魏晉南北朝時的篆、隸、古文字體均依照原樣摹寫出來，楷書和隋唐以下的隸書文字則改用宋體刻出，別字異體依原樣書寫，并且將額題、陰、側等有關文字錄全。錄文後面，分條列舉各家專著中的有關跋語、考證，最後加上王昶自己的按語，加以總結考訂。這種體例既詳盡明晰又易於查索，極便使用。

陸增祥《八瓊室金石補正》是繼《金石萃編》之後的另一部巨著。該書是在《金石萃編》的基礎上補充和訂正而成的，對有關內容均依據自己選取的較好拓本校正訛誤、補充不足，校訂認真詳細。該書還補充了《金石萃編》中沒有收入的許多材料，特別是造像、題名、墓誌等新發現的材料，總數達 2000 餘種。

民國時期，石刻研究的學者有羅振玉、王國維、馬衡、容庚等。羅振玉石刻研究的成果很多，秦漢石刻方面的如《漢熹平石經殘字集錄》《廣陵冢墓遺文》等。馬衡的《漢石經集存》是收集漢石經殘石最完備、研究最全面的專著。馬衡根據所見拓本互校，考定文字，并與文獻傳本對照，考證經文文本的流變過程，提出了一些重要觀點。容庚《漢武梁祠畫像錄》

是關於漢代畫像石圖録的著録。民國初期陸續影印了許多石刻圖録，如周進《居貞草堂漢晉石影》、容庚《古石刻零拾》、趙萬里《漢魏六朝冢墓遺文圖録》等。

新中國成立後，各地出土了一些古代碑石。較重要的有漢代的張景碑①、幽州書佐秦君石闕②、鮮于璜碑③、肥致碑④、熹平石經殘石⑤、王舍人碑⑥等。在各地發掘古代城市建築遺址與陵墓時，還出土了一批相關的石刻。例如在西安漢代禮制建築遺址中出土有工匠題記的石礎，⑦ 在河南芒碭山漢梁國王陵墓中出土了大量有文字標記的黄腸石。⑧

新中國成立後，石刻著録出版較多。如1991年北京圖書館金石組編的《北京圖書館藏中國歷代石刻拓本匯編》，收録自先秦至民國的石刻共2萬餘種，爲前所未有的巨型石刻圖録。石刻研究也有了長足的進展。發表在《文物》《考古》等學術刊物上的有關石刻的論文很多。綜合性研究方面，對石刻的概況、分類、形制、銘文、體例、紋飾等都有論及。如劉昭瑞《石刻文字的著録和分類》一文介紹了歷代石刻著録的情況和石刻分類的方法，將石刻分爲碑誌、刻經、造像記、詩文、題識、雜刻六類。趙超《中國古代石刻概論》是這方面的力作（下文將作介紹）。

秦漢刻石，現存的原石及拓本（即原石不存），總數在400種以上，其中絶大多數年代集中在東漢晚期。秦漢刻石主要分布在山東、四川、河南、陝西等省。

20世紀初以來研究秦漢石刻文字的學者主要有羅振玉、王國維、容庚、商承祚、郭沫若、周進、趙萬里、于豪亮、馬衡、劉節、趙超、高正、徐森玉、王壯弘、毛遠明、劉志生、劉昭瑞、陳淑梅、徐玉立、李檣、吕志峰等。

---

① 鄭傑祥：《南陽新出土的東漢張景造土牛碑》，《文物》1963年第11期。

② 邵茗生：《漢幽州書佐秦君石闕釋文》，《文物》1964年第11期。

③ 天津市文物管理處考古隊：《武清東漢鮮于璜墓》，《考古學報》1982年第3期。

④ 河南省偃師縣文物管理委員會：《偃師縣南蔡莊鄉漢肥致墓發掘簡報》，《文物》1992年第9期。

⑤ 中國社會科學院考古研究所洛陽工作隊：《漢魏洛陽故城太學遺址新出土的漢石經殘石》，《考古》1982年第4期。

⑥ 于書亭：《新出土的漢王舍人碑》，《中國文物報》1988年3月18日。

⑦ 考古研究所漢城發掘隊：《漢長安城南郊禮制建築遺址群發掘簡報》，《考古》1960年第7期。

⑧ 河南省文物考古研究所：《永城西漢梁國王陵與寢園》，中州古籍出版社，1996。

下文對新中國成立後出版的與石刻研究相關的幾種重要專書略作介紹。

《碑別字新編》，收録近 2000 碑刻，字頭 2228 字，收別字 12844 字，可謂集碑別字之大成。該書在羅振玉《增訂碑別字》等書的基礎上編撰而成，收録了一般在字書上很難查到的碑別字，對釋讀秦漢文字，查找歷代異體字有所裨益。①

《漢碑集釋》，是關於漢碑考釋的力作。作者積三十年之功，對 50 件漢代碑刻逐一進行注釋，對漢代的典章制度、假借字考釋尤爲精到。②

《隸辨》，是一部隸書字典。全書 8 卷，前 5 卷是采自漢碑之隸字，依宋《禮部韻略》分韻編次，每字之下均注出碑名，并引碑語；第 6 卷《偏旁》，按《説文》540 部進行分析；第 7、8 卷《碑考》，説明碑之存亡去處，以碑碣的年代先後爲序。該書編寫比較嚴謹，收録豐富，内容以漢代隸書石刻爲主，所收字形爲隸書，偶有篆書。摹寫字形清晰，但也有一些訛誤。該書對秦漢文字的釋讀有參考價值。③

《北京圖書館藏中國歷代石刻拓本匯編》，收録自先秦至清代民國的石刻共 2 萬餘種，首次提供了迄今最龐大、最能反映石刻面貌的歷代石刻精品圖録，爲石刻及有關學科研究提供了便利條件。該書以收録藏品中整幅拓片爲主，并加精選。僅收原石拓本，無原石拓本者以翻刻代之。該書據朝代分爲九大部分，各部分又以朝代、年號、年、月、日先後爲序排列，年、月、日相同者，以標題字順爲序。拓本年代的著録，一般根據刻石、立石年代，墓誌根據葬年，無葬年者根據卒年。④

《中國古代石刻概論》，是一部介紹石刻的概論性著作，主要内容包括中國古代石刻的主要類型及其演化、中國古代石刻的存留狀況、歷代石刻研究概況、石刻銘文的釋讀與常見體例、石刻及其拓本的辨偽鑒定與編目整理。該書對瞭解石刻的出土、著録、研究情況有重要參考價值。⑤

《古代石刻》，全面綜述了 20 世紀中國古代石刻的重要發現和研究成

---

① 秦公：《碑別字新編》，文物出版社，1985。

② 高文：《漢碑集釋》，河南大學出版社，1985。《漢碑集釋》（修訂本），河南大學出版社，1997。

③ 顧藹吉：《隸辨》，中華書局，1986。

④ 北京圖書館金石組編《北京圖書館藏中國歷代石刻拓本匯編》，中州古籍出版社，1989。

⑤ 趙超：《中國古代石刻概論》，文物出版社，1997。

果，探討了歷代碑石、出土墓誌、漢代畫像石和其他石刻材料（摩崖題記，漢代石闕、黃腸石與其他建築石刻，石窟造像記、佛經刻經等佛教石刻）的發現與研究狀況，圖文并茂，資料翔實，具有較高的學術價值和欣賞價值。①

《東漢碑隸構形系統研究》，以東漢碑刻隸書爲研究材料，利用電腦技術對東漢碑刻隸書的構形系統進行分析，對東漢碑刻隸書的總體面貌進行全面的測查和探討，對文字形體進行拆分，探索漢隸的構形單位、構形特徵，視角較新。主要内容包括東漢碑刻文字研究概述、東漢碑隸字形整理、東漢碑隸的構形系統、東漢碑隸系統的演化、東漢碑隸字形與字理的關係、東漢碑隸在漢字史上的地位、隸變規律的應用、東漢碑隸構形分析總表、東漢碑隸基礎構件及其變體分布表等。②

《石刻古文字》，包括石刻古文字的主要内容、石刻古文字的釋讀方法、常用工具書簡介、石刻釋例等。③

《漢魏六朝碑刻校注》，通過全面總結和分析比較以往各種碑刻文獻整理研究著作的得失利弊，在科學整理與研究碑刻文獻方面獨闢蹊徑：分時段全面收集碑碣 1400 通，製作成拓片圖録；據圖録準確釋文，并加上現代標點；廣集眾本，精心校勘；對碑銘中的疑難詞語簡要注釋和考辨，并輔以提要。該書從語言、文字、音韻、訓詁、歷史、地理等多方面對石刻進行校勘注釋，是目前爲止較爲全面的大型石刻校注資料。④

《碑刻文獻學通論》，是第一部全面系統研究碑刻文獻學的通論性著作。該書討論了碑刻的定義、碑刻文獻學研究的對象、内容和任務；追溯了我國各類碑刻文獻產生、發展的歷史，揭示了各歷史時期碑刻文獻的狀況和特徵；全面清理了各類碑刻的形制、體式，歸納了碑刻文獻的主要内容；介紹了碑刻文獻的保存方式、現存面貌以及歷代學者整理與研究碑刻文獻取得的成果和存在的問題，特別注意反映碑刻文獻的最新面貌和最新研究成果；具體闡述了今後碑刻文獻整理、碑刻文獻學學科建設的意見和利用

①　趙超：《古代石刻》，文物出版社，2001。
②　陳淑梅：《東漢碑隸構形系統研究》，上海教育出版社，2005。
③　趙超：《石刻古文字》，文物出版社，2006。
④　毛遠明：《漢魏六朝碑刻校注》，綫裝書局，2008。

碑刻文獻從事各學科研究的重要理論問題。該書點面結合，歷史與現實結合，材料介紹與理論分析結合，行文深入淺出，具有較強的理論性、實用性和可讀性。①

《漢魏六朝碑刻異體字研究》，對漢魏六朝碑刻異體字進行了全面而詳盡的研究。該書分析了碑刻異體字的成因、類別及基本特徵，闡釋了碑刻異體字龐大而繁雜的原因，歸納了碑刻異體字中的類化字、同形字、新生會意字、簡體字、訛混字、記號字等。該書的研究不僅對文字學、訓詁學、文獻整理、辭書編纂等學科具有重要意義，對於指導現代漢字的整理和改革也具有深刻的實踐價值。②

第三節　新世紀公布的秦漢石刻文字

一　銘刻類秦漢石刻文字

1972 年，山西呂梁地區離石縣下水村徵集畫像石 4 塊。其中石柱 1 塊，陰刻隸書銘文 "延熹四年" 4 字。該畫像石的年代屬東漢晚期。③

1980 年，山西呂梁地區離石縣交口鎮發現漢墓一座，出土畫像石 9 塊。其中石柱 1 塊，銘文陰刻繆篆 "漢河東椽丞西河平定長樂里吳執仲超萬世宅兆"。該畫像石的年代應屬東漢晚期。④

1981 年，四川長寧七個洞崖墓群發現漢畫像題記。1 號崖墓有 "熹平元年十月廿□作此冢宜子孫" 等內容相近紀年題記三處。2 號崖墓有 "熹平七年十月二日易" 題記。3 號崖墓有 "延光□年□月十一日作□（冢）……" 題記，"延光□年□月十一日作□（冢）用宜子孫萬世恩" 題記。4 號崖墓有 "趙是（氏）天門" 題記。6 號崖墓有 "石□氏" 三字。7 號崖墓有 "黃是（氏）作此冢一門□究苦知者謂我直（值）不知者奴"

① 毛遠明：《碑刻文獻學通論》，中華書局，2009。
② 毛遠明：《漢魏六朝碑刻異體字研究》，商務印書館，2012。
③ 呂梁地區文物局：《山西呂梁地區徵集的漢畫像石》，《文物》2008 年第 7 期。
④ 呂梁地區文物局：《山西呂梁地區徵集的漢畫像石》，《文物》2008 年第 7 期。

題記，還刻一"李"字。題記均是刻字。7 座墓的年代爲東漢中晚期。①

1982 年，江蘇徐州龜山漢墓出土"龜山楚襄王刻石"，全文 47 字，豎排 10 行，字數之多爲當時出土西漢諸刻石名作之冠。《龜山楚襄王刻石》刊刻於西漢漢武帝元鼎二年（前 115 年），是西漢早中期古隸的定型之作。②

1982～1983 年，山東青州市馬家冢子東漢墓出土玉璧 9 件。其中 1 件"宜子孫"玉璧，鐫刻篆書"宜子孫"三字，1 件"爲福"玉璧，鏤刻隸書"爲福"二字。馬家冢子墓屬東漢中晚期。③

1983 年，山西吕梁地區中陽縣道棠村發現畫像石 4 塊。其中石柱 1 塊，正面陰刻隸書"和平元年十月五日甲午故中郎將□集椽平定沐拊孫室舍"。該畫像石的年代應屬東漢晚期。④

1974、1984 年，江蘇泗洪縣曹廟鄉出土一批畫像石，其中一塊柱石左上邊緣刻有隸書 14 字，爲"此人馬禽狩雞犬皆食太倉飲大湖"。曹廟畫像石年代屬東漢晚期。⑤

1986 年，山東平陰縣東阿鎮孟莊村東漢畫像石 M1 墓，有畫像 135 幅。其中中室北側柱有榜題銘文 6 則，分別爲"小使也""韋君故吏""從吏""韋君""故吏""君故吏"。中室頂部、中西側室頂部多處刻隸書"尹多石"三字。孟莊 M1 的年代爲東漢晚期。⑥

1986 年，河南永城市僖山二號漢墓出土玉器一批，其中有 2 枚長條形玉衣片陰刻"甲十二"三字。僖山二號墓當是西漢晚期梁國某代王后的墓穴。⑦

1987 年，江蘇連雲港市連島鎮東連島村燈塔山羊窩頭北側海邊發現一

---

① 羅二虎：《長寧七個洞崖墓群漢畫像研究》，《考古學報》2005 年第 3 期。

② 劉學青：《試論〈龜山楚襄王刻石〉的書法價值——兼析西漢隸書的風格特點》，《中國書法》2002 年第 9 期。

③ 山東省青州市博物館：《山東青州市馬家冢子東漢墓的清理》，《考古》2007 年第 6 期。

④ 吕梁地區文物局：《山西吕梁地區徵集的漢畫像石》，《文物》2008 年第 7 期。

⑤ 尹增淮、江楓：《江蘇泗洪曹廟出土的東漢畫像石》，《文物》2010 年第 6 期。

⑥ 濟南市文化局文物處、平陰縣博物館：《山東平陰孟莊東漢畫像石墓》，《文物》2002 年第 2 期。

⑦ 永城市博物館：《河南永城僖山二號漢墓清理簡報》，《文物》2011 年第 2 期。

塊隸書刻石，稱"羊窩頭刻石"。這是西漢時期東海郡與琅琊郡的界域刻石。現存可辨認的約 40 餘字，字體爲隸書，帶有篆意。羊窩頭刻石的年代上限應爲秦末，最晚不過東漢光武帝建武六年（30 年）。1998 年，東連島村蘇馬灣海邊又發現另一塊刻石，稱"蘇馬灣刻石"。這是有確切紀年的新莽時期東海郡與琅琊郡的界域刻石。此石字迹較爲清晰，文 12 行，計 60 字，刻文爲陰刻竪書，字體爲隸書帶有篆意。蘇馬灣刻石明確刻着"始建國四年四月朔乙卯"之語，即公元 12 年夏曆三月初一。兩刻石内容完全一致，書體風格相同，應出自同一人之手。①

1989 年，開封市柘城縣西關魚塘挖出一件半兩錢石範。石範呈長方形，内有錢模，錢模内陰文篆書"半兩"二字，書體狹長，筆道淺而細。此範爲西漢早期半兩錢石範，較爲少見。②

1990 年，内蒙古包頭市南郊漢墓群觀音廟 M1 出土 1 件碑刻殘石，兩面刻，殘存 4 行，兩面共得完整者 17 字，另有殘字若干。年代在靈帝即位前後。報告和圖版、釋文刊載於《内蒙古中南部漢代墓葬》一書。③

1993 年，山東莒縣東莞鎮出土漢畫像石 10 塊，其中 1 號畫像石正面畫像自上而下分爲 7 層，第 2 層中間刻題記 8 行，每行 13 至 18 字不等，惜已被後世盜墓者鑿殘。題記如下："惟光和元年八月十日□□琅琊東莞□孫熹年六十四故世□□故□□諸曹（？）掾□縣主薄□□升離□□情意□此大門闕□□歸於□千秋萬歲□□□□□□□山□□□□□□有刻□□□者游魂□無不□其□□□□□□孫□東□命行事承□□升太知播惠康□□□□□□□□□永無疆。"另有榜題"門大夫""堯""舜""侍郎""大夫""禹妻""夏禹""湯王""湯妃"等。2 號石畫像中的一座樓閣柱上刻"隸胡"二字，另有榜題"七女"二字。從 1 號石的題記看，該畫像石原本是石闕，2 號石與 1 號石爲一對。該石闕原爲墓主孫熹墓前的

---

① 連雲港市文管會辦公室、連雲港市博物館：《連雲港市東連島東海琅琊郡界域刻石調查報告》，《文物》2001 年第 8 期。滕昭宗：《連雲港始建國界域刻石淺論》，《文物》2001 年第 8 期。

② 王琳：《開封市文物商店收藏的一件半兩錢石範》，《文物》2003 年第 12 期。

③ 叢文俊：《包頭漢墓出土殘碑散考》，《中國書法》2001 年第 1 期。魏堅：《内蒙古中南部漢代墓葬》，中國大百科全書出版社，1998。

闕門，立於東漢靈帝光和元年（178 年）。①

1993 年，内蒙古包頭市南郊漢墓群召灣 M91 出土東漢靈帝建寧三年（170 年）殘碑一通。碑有方格界欄，殘存 9 行，每行存字多寡不等，依漢碑文例擬補，則原文每行至少在 19 字以上。另有同出之該碑殘石二，内容是叙述墓主人家世，可以據其推知，原文至少有 12 行。報告和圖版、釋文刊載於《内蒙古中南部漢代墓葬》一書。②

1995 年，江蘇徐州市銅山縣大廟鎮大廟村發現一座晉漢畫像石墓，出土畫像石 8 塊，其中第一石東壁内側有題記，有竪銘刻“此□室中人馬皆食大倉”。第二石西壁南面有竪刻題記“起石室□直五萬二千，《孝經》曰‘卜其宅兆，而安措之，爲家廟以鬼神饗之’”。該墓年代上限應是曹魏時期。③

1997 年，陝西綏德縣四十里鋪發現一座東漢畫像石墓，畫像石墓的中柱石銘刻文字，上段竪兩行，下段竪四行，均以略帶篆味的隸體陰刻。上段銘刻内容如下：“西河大（太）守都集掾圜陽富里公乘田魴萬歲神室。永元四年閏月廿六日甲午卒上郡白土，五月廿九日丙申葬縣北駒亭部大道東高顯冢營（塋）。”下段銘刻招魂辭：“哀賢明而不遂兮，嗟痛淑雅失（？）年。云日日而下降兮，榮名絶而不信（申）。精浮游而猖獍兮，魂魄瑶而東西。恐精靈而迷惑兮，歌歸來而自還。掾兮歸來無妄行，卒遭毒氣遇匈（凶）殃。”此墓年代爲東漢。④

1998 年，山東東阿縣姜樓鄉鄧廟村發現一座漢代畫像石墓，M1 前室西面橫額畫像上層裝飾圖案的右端有一處榜題，竪刻隸書“此文龍”3 字。M1 中室南梁畫像空曠處有 8 處榜題，右側第四處刻“伍伯車”3 字。M2 中室北梁畫像空曠處有 15 處榜題，有一處榜刻“七十二人”4 字。該墓葬年代爲東漢晚期。⑤

①　劉雲濤：《山東莒縣東莞出土漢畫像石》，《文物》2005 年第 3 期。

②　叢文俊：《包頭漢墓出土殘碑散考》，《中國書法》2001 年第 1 期。魏堅：《内蒙古中南部漢代墓葬》，中國大百科全書出版社，1998。

③　徐州市博物館：《江蘇徐州大廟晉漢畫像石墓》，《文物》2003 年第 4 期。

④　榆林地區文管會、綏德縣博物館：《陝西綏德縣四十里鋪畫像石墓調查簡報》，《考古與文物》2002 年第 3 期。

⑤　陳昆麟等：《山東東阿縣鄧廟漢代畫像石墓》，《考古》2007 年第 3 期。

2000 年，四川蘆山縣縣城姜城遺址（現蘆山縣博物館側）發現東漢趙儀碑，還出土“壽千萬歲”銘文磚等。字體爲隸書。内容與趙儀有關。釋文爲：“漢故屬國都尉楗爲屬國趙君諱儀字台公，在官清亮，吏民謨念，爲立碑頌，遭謝西張除反，爰傅碑在泥塗。建安十三年十一月廿日癸酉，試守漢嘉長蜀郡臨邛張河字起南，將主簿文堅，主記史邯伍，功曹同口，掾史許和、楊便，中部口度邑郭掾、盧餘、王貴等，以家錢雇飯石工劉盛復立，以示後賢。”碑文鐫刻年代在公元 208 年，屬東漢末期。①

2002 年，成都市新都區東漢崖墓 HM3 墓門右門的背面刻有 74 字，上端刻有豎行隸書“石門關”3 個字，正文刻隸書 5 行，共 56 個字。正文右側框綫外刻有一豎行字：“段仲孟年八十一以永和三年八月物故。”HM3 的年代爲東漢早期偏晚至東漢晚期。②

2002～2003 年，濟南市長清區大覺寺村 2 號墓後室有一石塊上刻有“美石可七百”5 字。2 號墓的年代在東漢時期。③

2003 年，長江三峽庫區巴東張家墳墓群出土了一塊東漢刻石，内容記載了元和四年（87 年）湖北巴東税少卿、少陽買地造冡的經過。刻石發掘時已斷作兩截，但字口清晰，原石如新，文字爲典型的東漢早期隸書體，共 136 字，橫無行，豎有列，每列 6 至 9 字不等。該石書法爲東漢元和年間作品。④

2003 年，南陽市轄區鄧州市内元莊鄉曾莊村肖灣組趙河邊的一塊廢棄的漫灘地裏，村民無意中發現了許多刻有文字的石塊。南陽水利刻石有百塊之多。一塊存鄧州市花洲書院，兩塊存南陽師院漢文化中心，其餘的都在南陽漢畫館保存。這批刻石書寫字體爲隸書，結體高古，細筆風格絶似漢代摩崖。其中一塊刻石豎刻一行隸書爲“石渠下部艸基石文甫”9 個字，是這批水利刻石中文字最多的一塊。其他刻石分别刻有“馮都”“陳伯”“張文高”“巍次”“西門廿二淳”“馮口”“龐文陽”“傅叔睢”“何武”

① 李炳中、郭鳳武：《新發現四川蘆山趙儀碑考略》，《中國書法》2005 年第 9 期。

② 成都市文物考古研究所、新都區文物管理所：《成都市新都區東漢崖墓的發掘》，《考古》2007 年第 9 期。

③ 濟南市考古研究所、長清區文物管理所：《濟南市長清區大覺寺村一、二號漢墓清理簡報》，《考古》2004 年第 8 期。

④ 朱世學、胡家豪：《巴東張家墳墓群發掘簡報》，《巴文化》2005 年第 4 期。《元和四年刻石》圖版和釋文參見謝春華《〈元和四年刻石〉書法評析》，《中國書法》2010 年第 4 期。

“何子石”“魯孟山”“馮曾”“竇建”“黄孟”“何孟”“許陽”“蘇文遼”“龔文遼”“馮伯長”“董次文”“龐君高”等字。這批水利刻石書寫自然，刻工精細，應是西漢隸書刻石中較好的。刻石的年代爲西漢晚期，上限不會超過公元前 34 年，下限在元帝竟寧元年（前 33 年）。①

2004 年，重慶市雲陽舊縣坪漢晉朐忍縣故城遺址發現《漢巴郡朐忍令廣漢景雲叔于碑》。碑文除有 10 餘字損壞外，其餘完好如新，凡 13 行，367 字，八分隸書。據碑文所載，立碑年代爲熹平二年仲春上旬。②

二　寫在壁畫、畫像石上的墨迹

“壁畫”一詞，廣義來説泛指以任何工具和技法繪製於建築物牆壁面上的畫像，狹義來説專指以筆和墨及各色原料之類繪畫於建築物牆壁面上的畫像。③ 漢代墨迹以簡牘帛書最多，壁畫題記墨迹是十分難得的。

1953 年，望都漢墓壁畫在河北望都縣東關發現。墓室壁畫上畫有人物、禽獸，還有人和動物的名稱榜題，其中“辟車伍佰八人”字體酷似《禮器碑》，全是墨書真迹。根據墓的建築形制、隨葬品等估計，該墓是漢末六朝時代的墓葬。有人推測墓室壁畫上的銘讚裏“浮陽”字樣，是“浮陽侯”的簡稱，據此認爲望都壁畫漢墓是擁立順帝（126～144 年）的大宦官孫程的墓。從壁畫題記中我們可以領悟到古人用筆寫隸書的原貌。④

1972 年，内蒙古和林格爾東漢壁畫墓發掘。墓主人爲東漢末年的一位“護烏桓校尉”。墓中壁畫 50 餘組，内容豐富。壁畫上有墨書題記 226 項，均用毛筆書寫，都爲東漢後期的“八分書”，字的結體比較自由，字迹清晰，題記义字之多爲以往發現的東漢墓葬中所僅見。該墓墓葬年代當在東漢後期。⑤

---

①　李維：《南陽新發現漢代六門堰水利刻石書法研究》，《中國書法》2011 年第 4 期。《南陽新發現漢代六門堰水利刻石》（部分圖版），《中國書法》2011 年第 4 期。

②　叢文俊：《新發現〈漢巴郡朐忍令景雲碑〉考》，《中國書法》2005 年第 5 期。

③　黄佩賢：《漢代墓室壁畫研究》“内容提要”，文物出版社，2008 年。

④　文物參考資料編輯部：《河北望都縣清理古殘墓發現彩繪壁畫》，《文物參考資料》1954 年第 5 期。

⑤　内蒙古文物工作隊、内蒙古博物館：《和林格爾發現一座東漢壁畫墓》，《文物》1974 年第 1 期。

1990～1992 年，敦煌懸泉置遺址在發掘中獲得漢代簡牘、帛書與紙張的墨迹，還獲得牆壁題記，共有大小不同的殘塊 203 塊。其中大部分爲長期塗抹多次書寫的多層牆皮墨書，少部分爲一次書寫。經整理復原，其中 F26：6 爲正壁牆皮，較完整。用黑寬綫勾出邊框，中間用紅色豎綫分欄，然後書寫文字，共 101 行，文字有缺損，題爲“使者和中所督察詔書四時月令五十條”。這種牆壁題記前所未見，對散亂簡牘的編綴起重要作用，也有利於對西漢四時月令更加全面的認識。①

1997 年，山西離石市城西石盤村一座磚石墓發現漢代畫像石。7 號畫像石右下角墨書“石東柱”3 字，隸書。8 號畫像石右下方墨書“石西柱”3 字，隸書。16 號石有墨題“馬頭牛蹄之名浮□”，漢隸。18 號石正面墨書漢隸“西河太守……”石盤村畫像石墓的年代約在東漢桓帝、靈帝時期。②

2000 年，四川三臺縣郪江鎮崖墓群柏林坡 1 號漢墓出土大型彩繪壁畫，有 46 幅彩繪和浮雕加彩繪畫像，BM1 前室左壁東側門板上有朱書紀年題記，從右至左分三排豎書“元初四年九月□日齊公［冢］”，古隸。此墓的年代“元初四年”（117 年）屬於東漢中期。③

2000～2001 年，陝西旬邑縣原底鄉百子村東漢壁畫墓墓門外有朱書“諸觀皆解履乃得入”“諸欲觀者皆當解履乃得入觀此”。④

2008 年，西安市南郊曲江新區翠竹園小區一號墓墓室內壁有彩繪壁畫，內容豐富，單人物就有 20 個。其中人物三，頭頂右上方書有“小婢□”3 字。該墓的年代大體在西漢晚期。⑤

① 甘肅省文物考古研究所：《甘肅敦煌漢代悬泉置遺址發掘簡報》，《文物》2000 年第 5 期。
② 王金元：《山西離石石盤漢代畫像石墓》，《文物》2005 年第 2 期。
③ 四川省文物考古研究所、綿陽市文物管理局、三臺縣文物管理所：《四川三臺郪江崖墓群柏林坡 1 號漢墓發掘簡報》，《文物》2005 年第 9 期。
④ 陝西省考古研究所：《陝西旬邑發現東漢壁畫墓》，《考古與文物》2002 年第 3 期。
⑤ 西安市文物保護考古所：《西安曲江翠竹園西漢壁畫墓發掘簡報》，《文物》2010 年第 1 期。

第五章　秦漢陶文（含漢代瓦當文字）

第一節　秦漢陶文

陶文是陶、磚、瓦之類物品上的文字。在屬於原始社會晚期的陶器上，就已經有刻劃符號和圖形符號。在距今約 6000 年的陝西西安半坡和臨潼姜寨等地的仰韶文化遺址，發現刻劃在陶器上的符號；在距今約 4500 年屬於山東大汶口文化晚期的山東莒縣陵陽河遺址的陶器上，發現四種圖形符號。對這些刻符，雖然尚無足夠證據證明它們是文字，但它們顯然不是任意的刻劃，而是代表一定意義的符號，漢字就是從這種類型的符號中脱胎變化而來的。殷、西周春秋時期的磚瓦、陶器上的陶文，各地都有發現。戰國時期的陶文發現很多，引起了學者的重視，并不斷有專書問世，如《鐵雲藏陶》《季木藏陶》《古陶文春錄》《古陶文匯編》《古陶文字徵》等。

一　秦代陶文

戰國後期的秦國和秦代的陶文，見於陶、磚、瓦等物上，或用戳印打出來，或刻劃出來，分印款和刻款兩種。有些秦代陶量上還有四個字一方的大印打出來的始皇廿六年詔書，頗有後代活字排版的意味。

秦代陶文包括秦代陶器上的列印戳記①和刻劃文字。秦代陶文内容反映了當時製陶業的真實情況，如器物的編號、製陶窯址、官署名、作坊名、陶工名、器物主名以及各種吉語等。刻劃陶文的出土地點相對集中於秦故

---

① 所謂戳記，通常是在陶製或木製的印模上刻出文字，再列印到未經燒製的陶坯上，故又稱印陶銘文。

都雍城（今陝西省鳳翔縣）、咸陽和秦始皇陵。例如 1977 年鳳翔縣高莊村秦墓出土 17 件陶缶，其中 8 件刻有銘文。内容爲陶缶的容量和所有者的姓名，如"隱成呂氏缶，容十斗"。這些陶文雖不能確定其製作的絕對年代，但其風格與秦詔版上的刻辭相似。又如 1959 年陝西省藍田縣出土的陶器銘文，1976 年臨潼縣秦始皇陵東上焦村秦墓出土的陶器銘文，字體都是小篆，筆道瘦勁剛健，其風格亦同於秦詔版刻辭。又如秦代的《蘇解爲器蓋》，此蓋文字篆中帶草，率意刻劃而成。近世發現的秦代印陶文字也相當可觀，主要見於當時秦中央官署控制下的製陶作坊所燒製的板瓦和筒瓦上，大多數出土於秦都咸陽遺址和秦始皇陵園範圍内。這些印陶文字多爲陰文，少數爲陽文，内容主要是燒磚瓦工匠的官署和人名，字體多爲小篆，但較爲規整，常混入民間俗體，與古隸風格相近。此外發現於咸陽、秦始皇陵園、雲夢睡虎地秦墓的日用生活陶器和瓦器上的"市亭"類印陶文字，以及在陶製量器上以印戳形式鈐壓出的成篇的秦詔銘文，亦具有以上藝術特點。

1979 年，在陝西臨潼縣晏寨鄉秦始皇陵西南方，發現了修陵工匠的墓葬群。在發掘中獲得了 18 件刻有文字的板瓦殘片，稱"秦葬瓦文"。這些"秦葬瓦文"以簡單的文字記載了死者的名字、籍貫和爵位身份，并多標明屬於"居貲"，因而知道死者是當時來自東方各地的徭役者。這種刻有文字的葬瓦被鑒定爲迄今爲止發現的最早的墓誌。這些葬瓦文字的製作時間在秦始皇統一中國之後。"秦葬瓦文"是以利器在磚瓦上刻出的，字體仍以小篆爲主，與秦詔版簡率的風格非常相似。

袁仲一《秦代陶文》是目前研究秦代陶文的重要工具書。此書選録秦代陶文拓片 1610 件，計 600 餘種，分上、中、下三編。上編爲秦代陶文概説、秦陶俑上的文字、秦代墓誌瓦文、秦代磚瓦和陶器上的文字、秦代陶文在古文字學上的意義、秦代陶文登録表。作者對秦代陶文的研究心得多見於上編。中編著録"陶文拓片"，圖版共 300 餘頁，收録秦代陶文拓片 1610 件，多爲原始大小，并編有順序號，絕大多數爲新中國成立後出土，已發現的秦代陶文基本收集齊全。下編是"秦陶文字録"，分爲正編和附録兩部分。正編爲可以辨認的陶文，摹録單字 500 餘。附録一爲數字類，附録二爲疑難字，附録三爲刻劃符號。所録文字按部首偏旁排列。此書對秦代陶文的收集比較齊全，出土情況詳盡，資料可信，對秦漢文字的研究有重要的參考價值。①

《秦陶文新編》是袁先生近年出版的另一部研究秦代陶文的重要工具書。此書將 2005 年以前收集到的 3424 個編號的陶文分集成《秦陶文考釋》（秦陶文新編之一）和《秦陶文匯編》（秦陶文新編之二）兩書，對可釋陶文一一釋解，且聯繫秦史，研究了秦代的方方面面，不僅對秦陶文有深入研究，并對人們瞭解秦代的面貌起到了可貴的啓迪作用。②

二　漢代陶文

漢代的陶、瓦、磚上的文字，傳世至今的不少。這些磚瓦文字內容主要有：（1）記名，包括官署名、職官名、人名、地名等。（2）記事，如"漢并天下""單于和親"等。（3）紀年，包括建築時間、材料製造時間等。（4）標記，包括建築上的方位，製造物品的數量、尺寸等。（5）吉語，最常見的吉語是"大吉祥""宜子孫""富貴昌"等。（6）墓誌，如出土於洛陽的刑徒墓磚，類似秦代的葬瓦，所記錄的爲刑徒姓名、里籍、卒年等。其他還有"買地券"等。從製作書寫形式上看，有模印、刻劃、書寫等。磚瓦文字大多由下層工匠刻寫，古樸稚拙，妙趣橫生。③

漢代的磚瓦文字，種類繁多，極具特色，字體也多種多樣。漢磚文字多用篆書，一般用小篆，有的用繆篆。漢磚出土很多，磚上的書體大都是長形，字數多寡不一。有的磚上文字多至數十，字形變化也較多，筆致方圓均有。如"海內皆臣"方磚、"長樂未央"方磚、"單于和親"方磚等都是漢磚的典型。

（一）模壓磚銘

模壓磚銘爲漢代磚銘中所見最多的一類。多爲陽文，陰文少見。其文字主要表現爲適合於方形的裝飾美。西漢時的模壓磚銘，主要使用在宮殿的鋪地磚上，如"海內皆臣、歲登成熟、道毋飢人"磚，"長樂未央、子孫益昌、千秋萬歲"磚，"單于和親、千秋萬歲、安樂未央"磚等，將方形磚面按字數

---

① 袁仲一：《秦代陶文》，三秦出版社，1987。
② 袁仲一、劉鈺：《秦陶文新編》，文物出版社，2009。
③ 參見宗鳴安《漢代文字考釋與欣賞》，陝西人民美術出版社，2004，第 191 頁。

等分爲九或十二格，文字的裝飾變形在格中展開，或取小篆，或取繆篆，或間飾花紋。其篆書風格，或典雅優美，或渾厚雄健。東漢時，出土於四川新繁的鋪地磚，文字爲多達24字的韻語："富貴昌，宜宮堂。意氣陽，宜弟兄。長相思，毋相忘。爵祿尊，壽萬年。"以等距離綫條排列，又運用框格、邊欄，造成一種黑白和諧的基調，展現了特有的繆篆裝飾美。

模壓磚銘運用了增省、變形、誇張、移位、借筆等手法，或強調橫綫的作用而造成一種橫勢節律，如西漢"萬年"磚、"陽嘉二年七月"磚、"熹平三年造"磚、"永壽三年作"磚，或將部分點畫組成圓弧，以圓破方，產生變化，如"富樂未央、子孫未央"磚等，在對立統一中，表現了漢磚特有的形式美。

（二）刻劃磚銘

刻劃磚銘直接刻劃，多爲陰文，情性直接流露，無拘無束。漢代刻畫磚銘較多，下文爲有代表性者。

1. 洛陽刑徒墓磚

1962年河南洛陽南郊發掘了522座刑徒墓，葬磚大量出土。這些葬磚的銘刻時間在東漢和帝永元二年（90年）至安帝延光四年（125年）之間。刑徒墓磚爲被處決的犯人的葬磚。誌文記有部屬、有無技能、獄所名稱、刑名、姓名、死亡年月日等以及"物故，死在此下"的結語。例如"朱敬墓誌"磚銘曰："永元四年九月十四日，無任，陳留高安髡鉗朱敬墓誌。"其具有早期墓誌的性質。刑徒墓葬磚銘文大都以草率隸書刻成，有先朱書而後刻者，也有直接刻者。銘文十分草率，刀痕筆畫有粗細、強弱、曲直的差異。

2. 公羊傳磚

刻於東漢元和二年（85年）。于右任先生舊藏，現藏中國國家博物館。文字共5行54字："元年春，王正月……何言乎王之正月，大一統也。"文爲《春秋·公羊傳》隱公元年的開頭部分。磚銘爲章草，率真隨意，舒展自如，筆畫豐潤，波磔分明。

3. 建元二年磚

刻於西漢建元二年（前139年），隸書，陽刻，兩行18字："建元二年七月□日，故民王有張申明仲□□。"傳世西漢早期的刻石基本上以篆爲主，而像建元二年這類隸書磚刻還很少見。這説明西漢初年隸書已在民間流行。

4. 竟寧元年磚

刻於西漢竟寧元年（前 33 年）。陽刻，篆書 1 行 14 字：“竟寧元年，大歲在戊子，廬鄉劉吉造。”此磚刻就像一枚長方形印章，印文纖細有力，筆法省減得當。

5. 建始二年磚

刻於西漢建始二年（前 31 年）。篆書 1 行 8 字：“建始二年六月，趙造。”筆法工穩，圓中有方，是典型的漢篆書體。

6. 始建國天鳳四年瓦

刻於新莽天鳳四年（17 年）。陽刻，篆書 1 行 12 字：“始建國天鳳四年，保城都司空。”布局匀整，錯落有致，結字與竟寧元年磚相類。

7. 單于和親方磚範

刻於西漢中晚期。篆書 4 行 12 字：“單于和親，千秋萬歲，安樂未央。”有界格，小篆書體，結體豐滿，略參繆篆及鳥蟲篆筆意。

8. 長樂未央，子孫益昌方磚範

刻於漢代。篆書 3 行 8 字：“萇（長）樂未央，子孫益昌。”有界格，中間一格爲馬形圖案。雖屬篆書，但隸意極濃。

9. 海内皆臣方磚

刻於西漢中晚期。篆書 4 行 12 字：“海内皆臣，歲登成熟，道毋飢人。”有界格。書體工整秀麗。

10. 富貴昌方磚

刻於西漢晚期。篆書 4 行 24 字：“富貴昌，宜宫堂。意氣陽，宜弟兄。長相思，毋相忘。爵禄尊，壽萬年。”有大十字界格。每界格中又有分隔號界格。排列整齊，布局匀稱，陽文繆篆，綫條纖細挺拔。

11. 延熹五年磚

刻於東漢延熹五年（162 年）。隸書 3 行 12 字：“延熹五年七月十日□馬君□。”有界格。從結體上看雖屬隸書，但有些字的筆法已有楷書成分，如“熹”“君”等字的寫法已接近楷法。

12. 延熹七年磚

刻於東漢延熹七年（164 年）。行書 3 行 14 字：“延熹七年五月九日己卯，日入時雨。"此磚屬脫離隸意、隨意急就的行書書體。

13. 急就奇觚磚

刻於東漢。内容爲《急就章》篇首 25 字："急就奇觚衆異，羅列諸物名姓字，分別部居不雜厠，用日約少誠。"書體爲章草，粗獷隨意，字距大小不等，任意揮灑。

14. 章和元年磚

刻於東漢章和元年（87 年）。殘磚，文字 3 行，可見"章和元"和"北海"幾字，隸書。筆畫清晰，横細竪粗，刀刻堅實有力。

（三）寫在陶器上的墨迹

漢代除刻印陶文和模製磚瓦文字之外，還有一種寫在陶製器物上的字迹。如：

永壽二年陶瓶，1914 年於陝西省西安出土，存字較多，清晰可辨，筆勢流暢，字畫末筆粗重拖長，與漢簡寫法近似，兼有行楷書筆意，爲民間書者信手而成。此瓶寫有東漢桓帝永壽二年（156 年）三月紀年的 20 行文字，每行 9 至 12 字不等。

熹平元年陶瓶題記，寫於東漢熹平元年（172 年）。出土地不詳。環繞瓶身朱書題記 13 行，共 101 字。行書，筆迹清晰。

熹平瓦罐題記，寫於東漢熹平二年（173 年），朱筆書於陶罐上。書體近似楷書，横細竪粗，略参行書筆意，粗獷渾穆，有無拘無束風格。

1957 年，陝西省長安縣三里村出土 7 個朱書陶瓶，6 個出土於墓道耳室，1 個出土於墓室。耳室死者的葬時爲東漢桓帝建和元年（147 年），墓室死者的葬時爲東漢和帝永元十六年（104 年）。[1] 1996 年，王育成先生公布了其中一件三里村陶瓶朱書的殘文摹本。文曰："北斗君。主乳死咎鬼，主白死咎鬼，主市死咎鬼，主星死咎鬼。門，尸，出，鬼。"[2]

1983 年，廣州西漢南越王墓出土陶器"長樂宮器"戳印 4 件，"賣

---

① 陝西省文物管理委員會：《長安縣三里村東漢墓葬發掘簡報》，《文物參考資料》1958 年第 7 期。

② 王育成：《文物所見中國古代道符述論》"圖五"，載《道家文化研究》第 9 輯，上海古籍出版社，1996，第 278 頁。中國社會科學院歷史研究所：《南李王陶瓶朱書與相關宗教文化問題研究》，《考古與文物》1996 年第 2 期。

（實、眞）祭肉”陶鉢 1 件，陶碗 3 件，墨書。墓葬年代爲武帝前期。①

三　新世紀公布的秦漢陶文

（一）銘刻類陶文

秦漢陶文，從製作形式上可分銘刻類和書寫類。這裏先介紹銘刻類陶文。

1987 年，廣東樂昌市河南鄉大拱坪村對面山漢墓出土一批陶器，其中 1 個陶罐器身刻銘“初元五年十月甲申彬黃稚君所爲□□與蘇□路藥器令稚君藥萬歲令子路藏藥千歲爲子孫所宜□□”共 40 多字。墓葬年代爲西漢後期。②

1990 年，東漢永平十六年姚孝經磚誌在洛陽偃師縣城關鎮北窰村東磚場出土。誌文陰刻，隸書，6 行 38 字。文曰：“永平十六年四月廿二日姚孝經眞槁偉阝地約申出地有名者以卷書從事曆中弟□周文功□。”年代爲東漢永平十六年，是迄今所發現的最早的東漢磚誌。③

1992 年，山西廣靈縣北關漢墓出土有戳印文字的陶器 4 件，均模印於盆內底部，陽文隸書，書體方正，爲吉祥語。銘文爲“田收萬石”“宜蔭”“大吉宜蔭”。墓葬屬於東漢中晚期。④

1992 年，洛陽市民族路北側東漢墓出土“東漢黃晨黃芍磚誌”，共兩塊，內容相同。誌文陰刻，隸書，3 行 9 字。文曰：“黃君法行孝女羼芺芍。”年代爲東漢晚期。⑤

1993 年，內蒙古包頭市南郊漢墓群召灣 M91 和觀音廟 M1 均出土鋪地

---

① 廣州市文物管理委員會等：《西漢南越王墓》，文物出版社，1991。

② 廣東省文物考古研究所、樂昌市博物館、韶關市博物館：《廣東樂昌市對面山東周秦漢墓》，《考古》2000 年第 6 期。

③ 王木鐸：《洛陽新獲磚誌説略》，《中國書法》2001 年第 4 期。

④ 大同市考古研究所：《山西廣靈北關漢墓發掘簡報》，《文物》2001 年第 7 期。

⑤ 洛陽市文物工作隊：《河南洛陽市東漢孝女黃晨、黃芍合葬墓》，《考古》1997 年第 7 期。趙振華：《洛陽東漢孝女墓磚和津門瓦當》，《書法叢刊》2000 年第 3 期。王木鐸：《洛陽新獲磚誌説略》，《中國書法》2001 年第 4 期。陸錫興：《“黃君法行”朱書銘磚的探索》，《考古》2002 年第 4 期；收入《急就集》，中國社會科學出版社，2001。

題銘磚，文字内容爲吉語"富樂未央，子孫益昌"。年代爲東漢靈帝建寧三年。①

1994 年，廣西貴港市孔屋嶺東漢墓後室南北兩壁兩塊磚上分別刻有"侍者""史周椓機下□萬界"等隸書文字。該墓的年代爲東漢晚期偏早階段。②

1994 年，西安臨潼新豐南社秦遺址出土陶文，可分三類：第一類爲中央官署製陶作坊類陶文，如"大匠""北司"等，共 12 種；第二類爲官營徭役性製陶作坊類陶文，如"泥陽""西道"等，共 35 種；第三類爲市亭類陶文，有"麗亭""麗市"，共 2 種。陰文只有 6 例，多爲陽文。刻文只有 4 種，多爲印文。字體多爲小篆。③

1996 年，四川綿陽市朱家梁子東漢崖墓 3 號墓出土 3 塊銘文磚。梯形銘文磚 1 塊，磚正面模印陽文三行，僅第三行"富貴賢" 3 字可辨識。長方形銘文磚 2 塊，一塊殘存"元和二年己戌蘇萬" 8 字，另一塊文字基本完整，爲"元和［二］年己戌蘇萬年書"。崖墓年代爲東漢章帝元和二年（85 年）。④

1995～1997 年，廣州市中山四路發掘南越國宮署遺址，其中所出土磚瓦有不少陶文，或拍印，或戳印，或刻劃，大多數施於筒瓦和板瓦。銘文有"居室""工官""左工""左官奴獸""左官侈忌""右貧""右卒"等，篆書。⑤

1997 年，洛陽漢魏故城出土"東漢永興二年趙樹磚誌"，現存洛陽。誌文隸書，2 行 16 字。文曰："永興二年九月七日趙樹勿故是李爰（？）婦。"年代爲永興二年。⑥

1997～1998 年，漢長安城桂宮二號建築遺址出土筒瓦，前部戳印陽文

① 魏堅：《内蒙古中南部漢代墓葬》，中國大百科全書出版社，1998。叢文俊：《包頭漢墓出土殘碑散考》，《中國書法》2001 年第 1 期。

② 廣西壯族自治區文物工作隊、貴港市文物管理所：《廣西貴港市孔屋嶺東漢墓》，《考古》2005 年第 11 期。

③ 王望生：《西安臨潼新豐南社秦遺址陶文》，《考古與文物》2000 年第 1 期。

④ 綿陽博物館、綿陽市文物稽查勘探隊：《四川綿陽市朱家梁子東漢崖墓》，《考古》2003 年第 9 期。

⑤ 廣州市文物考古研究所、南越王宮博物館籌建辦公室：《廣州市南越國宮署遺址 1995～1997 年發掘簡報》，《文物》2000 年第 9 期。

⑥ 王木鐸：《洛陽新獲磚誌説略》，《中國書法》2001 年第 4 期。

"大一"二字。該遺址上限不會超過西漢中期。①

　　1997～1998 年，河南三門峽市湖濱區交口鄉交口村西漢墓（M17）出土刻字磚 4 塊。其中 1 塊磚的正面刻寫隸體"卅"，當爲"卅"字。另 1 塊磚的正面中部刻寫"八十"二字。M17 的年代爲東漢後期。②

　　1998 年，洛陽漢魏故城北原東漢墓出土"東漢範陽韓郎妻磚誌"，現存洛陽。誌文 1 行隸書："範陽韓郎妻。"年代爲東漢。③

　　1998～1999 年，安徽無爲縣甘露村西漢墓 M3 出土陶冥幣 3 件，其中郢稱 4 塊，四方形，單面模印 9 個方格及陽紋"郢稱"二字。M3 的年代爲西漢早期。④

　　2000 年，江蘇徐州市顧山西漢墓 M2 出土陶器 57 件，其中女俑 12 件，1 件袖口上部刻劃有對稱的兩個"三"字。M2 的年代在西漢早期偏晚。⑤

　　2000 年，在秦始皇陵園内城南牆出土瓦片上發現大量陶文。其中筒瓦 Aa 型 34 件，正面後端戳印"大""北司"等陶文。在内城南牆的南北兩側發現連續的"廊房"建築，廊房建築材料上有大量的陶文。本次出土的瓦上共發現 110 多處陶文，内容有"寺水""大""宮耿""北司""左司""大水""大匠""左水"等。陶文爲戳印，有陰文、陽文兩種，字數 1～2 個。多爲上下排列，個別爲左右排列，字體爲小篆，結構較穩定，有些筆畫有增減，偏旁部首有移位，個別印文爲反書。"左司"數量最多，有 43 件，其他"北司"28 件、"大匠"13 件、"寺水"8 件、"大"5 件、"左水"3 件、"宮耿"2 件。⑥

　　2000 年，西安近郊相家巷村南農田中發掘一處秦遺址，出土陶碗 1 件，底部與下腹部交界處有陰文戳印"咸陽亭久"。⑦

---

① 中國社會科學院考古研究所、日本奈良國立文化財研究所中日聯合考古隊：《漢長安城桂宮二號建築遺址發掘簡報》，《考古》1999 年第 1 期。

② 河南省文物考古研究所：《河南三門峽南交口漢墓（M17）發掘簡報》，《文物》2009 年第 3 期。

③ 王木鐸：《洛陽新獲磚誌説略》，《中國書法》2001 年第 4 期。

④ 無爲縣文物管理所：《安徽無爲縣甘露村西漢墓的清理》，《考古》2005 年第 5 期。

⑤ 徐州博物館：《江蘇徐州市顧山西漢墓》，《考古》2005 年第 12 期。

⑥ 陝西省考古研究所、秦始皇兵馬俑博物館：《秦始皇陵園内城南墻試掘簡報》，《考古與文物》2002 年第 2 期。

⑦ 中國社會科學院考古研究所漢長安城工作隊：《西安相家巷遺址秦封泥的發掘》，《考古學報》2001 年第 4 期。

2001 年，重慶市奉節縣萬勝鄉口前村趙家灣 8 號墓出土陶器 83 件，其中 1 件甕肩部陰刻一"李"字。該墓的年代爲東漢早期。①

2001 年，西安南郊荆寺二村西漢墓出土陶器 57 件，其中 B 型陶缶 4 件，M4：9 肩部刻劃有"任""一"二字。M6：11 肩部刻劃有"宣□"二字及符號。該墓爲西漢早期墓。②

2002 年，西安市漢長安城城牆西南角遺址出土板瓦 59 件。T4：48 表面有"……都司空"陽文戳印。T4H2：10 戳印爲"……建平三年"。T4A：50 戳印爲竪書"元延元年都司空瓦"。T4：43 表面有竪條形陽文戳印"始建國天鳳四年保城都司空"。T4：45 表面有竪條形陽文戳印"始建國天鳳四年保城都司空"。長安城城牆興建於惠帝時期。③

2002～2003 年，河南新鄉李大召遺址西漢墓出土陶器 66 件，其中 M7：1 平沿罐頸部刻劃"孫君"二字，書體潦草。M7 的年代爲西漢中期偏早。④

2002～2003 年，西安市漢長安城長樂宮二號建築遺址出土一些筒瓦，其表面靠近瓦唇的部位有戳印文字，均爲陽文，内容有"大卅""大廿七""宮十""宮甲""大廿五""大五十八""宮九""大五十七""大卅八""宮庚"等。出土一些板瓦，在内面或唇上有戳印陶文，均爲陽文，内容有"大十""大甲""大十六""大卅八""大六十""宮辛""大十七""大卅""宮六一""大卅五""大十五""大卅二""大四""大五十一""大二"等。該遺址的年代上限不超過西漢早期，可能毀於王莽末年。⑤

2003 年，廣州市南越國宮署遺址出土南越國時期的磚、瓦和陶片中有不少帶有陶文者，内容有"右官奴單（獸?）""右□奴順""公""居室"

① 武漢大學考古學系、重慶市文化局三峽辦公室：《重慶奉節趙家灣東漢墓發掘簡報》，《文物》2011 年第 1 期。

② 西安市文物保護考古所：《西安南郊荆寺二村西漢墓發掘簡報》，《考古與文物》2009 年第 4 期。

③ 中國社會科學院考古研究所漢長安城工作隊：《西安市漢長安城城牆西南角遺址的鑽探與試掘》，《考古》2006 年第 10 期。

④ 鄭州大學考古專業、新鄉地區文物管理委員會、新鄉縣文物保護管理所：《河南新鄉李大召遺址戰國兩漢墓發掘簡報》，《考古與文物》2005 年第 4 期。

⑤ 中國社會科學院考古研究所漢長安城工作隊：《漢長安城長樂宮二號建築遺址發掘報告》，《考古學報》2004 年第 1 期。

"左官卒尹""未央""華音宮"等。年代待定。①

2003 年，陝西定邊縣郝灘發現東漢壁畫墓，在墓地中出土的筒瓦、板瓦上印有"家"和"冢"字。在磚箍墓的條磚中，發現刻劃有"秦子""三十""四十"等文字。②

2004 年，湖南邵東縣廉橋東漢墓出土陶器 68 件，其中陶罐 49 件，M1：2 圓腹罐肩部刻劃"白"字。此外，其他陶罐還有疑似"干""井""一"字的符號。該墓群的年代可推斷爲下限在東漢中期。③

2004 年，江蘇徐州市漢代采石遺址出土陶器，有 1 件陶釜殘餘口沿上刻有"中食□"3 字。該遺址的年代當爲西漢時期，下限不會晚於東漢早期。④

2004 年，廣東肇慶市康樂中路七號漢墓出土陶耳杯 11 件。M7：32 陶耳杯器底與 M7：40 陶耳杯器底均刻劃"民"字。M7 年代大致定爲東漢初期。⑤

2004 年，湖南衡陽市興隆村兩座東漢磚室墓中，一號墓部分墓磚模印"十五"文字，二號墓出土紀年磚。紀年磚有兩種，共約 60 塊，每種大約 30 塊。其中一種在磚的一側模印文字"元和四年七月廿日"，另一種在磚的一側模印文字"永元三年八月一日"，均爲隸體，反書。M2 的年代爲東漢早期，M1 的年代爲東漢早期後段。⑥

2005 年，西安市南郊繆家寨漢代廁所遺址出土帶戳印陶器 1 件。陶器的底部殘片中部有篆書陽文戳印"日利"二字。"日利"文印章爲一種吉語印，主要流行於漢代，其他類似的兩個字的吉語印還有如"長利""長幸""大幸"等。該遺址的年代大致在西漢晚期以後。⑦

2005～2006 年，西安市漢長安城長樂宮六號建築遺址出土早期建築筒瓦 2 件，有 1 件表面有一戳印，印文爲"宮"字。板瓦 1 件，内面有一戳

---

① 廣州市文物考古研究所、中國社會科學院考古研究所、南越王宮博物館籌建處：《廣州市南越國宮署遺址 2003 年發掘簡報》，《考古》2007 年第 3 期。

② 陝西省考古研究所、榆林市文物管理委員會：《陝西定邊縣郝灘發現東漢壁畫墓》，《考古與文物》2004 年第 5 期。

③ 邵陽市文物局：《湖南邵東縣廉橋東漢墓的發掘》，《考古》2008 年第 8 期。

④ 徐州博物館：《江蘇徐州市漢代采石遺址發掘簡報》，《考古》2010 年第 11 期。

⑤ 廣東省文物考古研究所：《廣東肇慶市康樂中路七號漢墓發掘簡報》，《考古》2009 年第 11 期。

⑥ 衡陽市文物處：《湖南衡陽市興隆村兩座東漢磚室墓》，《考古》2010 年第 4 期。

⑦ 陝西省考古研究所：《西安南郊繆家寨漢代廁所遺址發掘簡報》，《考古與文物》2007 年第 2 期。

印，印文爲"左司"。出土晚期建築筒瓦 40 件，其中 6 件帶戳印，印文爲"大匠""居二"。板瓦 12 件，其中 4 件帶戳印，印文爲"居戊""左□"。該遺址興建於西漢早期，一直沿用到王莽時期。①

2006 年，畫家黃永玉捐贈給吉首大學博物館一件"宣曉刑徒磚"。録文爲"右無任汝南山桑髡鉗宣曉□平元年十二月十九日物故"，熹平元年十二月十九日是宣曉刑徒死亡時間。②

2006～2007 年，河南偃師市白草坡東漢帝陵陵園遺址出土陶器 16 件，其中一件器物口沿刻劃"侯富"二字。該遺址的年代大致屬於東漢中晚期。③

2007 年，河南民權縣雙塔鄉牛牧崗遺址西漢墓出土陶器 20 件，其中陶壺 4 件。有 1 件陶壺身肩部戳印"外市"二字，隸書。墓葬年代爲西漢中期。④

2007 年，南京市東漢建安二十四年龍桃杖墓出土磚質買地券 1 件。外爲六角柱形，内爲中空圓形。五面皆有文字，筆畫較淺，内塗朱砂，已脱落。券文爲"建安廿四年十月六日龍桃杖從餘根買剄上冢地直錢萬石越時知要不得争容桃杖要自當得所居地□相然可恃無相□龍桃杖□□"。"建安廿四年"（219 年）爲墓葬年代，即東漢獻帝末年。⑤

2009～2010 年，江西靖安縣高湖鎮老虎墩遺址合葬墓 M0 出土陶器 35 件，其中 1 件盤口壺肩部縱嚮陰刻"甲有"二字。M0 的年代推斷爲東漢中期早段。⑥

（二）寫在陶器上的墨迹

1997 年，江蘇徐州市九里山 2 號漢墓出土陶鼎 2 件，刻寫四字（不清晰），陶鈁 2 件，蓋上有墨書"酒上尊"3 字。九里山 2 號墓的年代大約在

① 中國社會科學院考古研究所漢長安城工作隊：《西安市漢長安城長樂宮六號建築遺址》，《考古》2011 年第 6 期。

② 張敏波：《吉首大學博物館藏宣曉刑徒磚》，《文物》2011 年第 7 期。

③ 洛陽市第二文物工作隊、偃師市文物管理委員會：《偃師白草坡東漢帝陵陵園遺址》，《文物》2007 年第 10 期。

④ 鄭州大學歷史學院考古系、商丘市文物局、民權縣文化局：《河南民權牛牧崗遺址戰國西漢墓葬發掘簡報》，《文物》2010 年第 12 期。

⑤ 南京市博物館：《南京市東漢建安二十四年龍桃杖墓》，《考古》2009 年第 1 期。

⑥ 江西省文物考古研究所、廈門大學歷史系考古專業、靖安縣博物館：《江西靖安老虎墩東漢墓發掘簡報》，《文物》2011 年第 10 期。

武帝時期。①

1997～1998 年，河南三門峽市湖濱區交口鄉交口村西漢墓（M17）出土陶鎮墓瓶（或稱解注瓶）5 件，形制相同，大小相當。東方瓶腹朱書 5 行 28 字：“東方，甲乙，神青龍，曾青九兩，制中央，令母守子，禍不起，從今日始，如律令！”南方瓶腹朱書 5 行 28 字：“南方，丙丁，神朱爵（雀），丹沙七兩，制西方，令母守子，禍不起，從今日始，如律令！”中央瓶腹朱書 6 行 28 字：“中央，戊己，神如陳，雄黃女（七）兩，制北方，令母制子，禍不起，從今日始，如律令！”西方瓶腹朱書 5 行 25 字：“西方，庚辛，神白虎，礜石八兩，禍不起，令母制子，從今日始，如律令！”北方瓶腹朱書 5 行 25 字：“北方，壬癸，慈石六兩，制南方，令母守子，禍不起，從今日始，如律令！”陶鎮墓瓶按東、南、中、西、北“五行”方位埋置。M17 的年代爲東漢後期。②

1998 年，江蘇徐州市鳳凰山西漢墓出土陶器 147 件，其中陶罐 16 件。M2：7 朱書外有方格，内有古隸書“藏簡器”3 字。陶釜 4 件，M3：2 的口沿下刻古隸書（原簡報説是草書）“簡”字。M2、M3 的下葬年代在呂后二年（前 186 年）之前。③

2000 年，濟南市閔子騫祠堂東漢墓發現墨書瓦片幾片，竪排，行楷，清晰的字有“生”“死”等字，可能是道家用於避邪的符文。該墓葬爲東漢晚期。④

2001 年，一學生在咸陽市渭城區窯店鎮聶家溝村北撿到陶瓶殘片若干，送交秦咸陽宮遺址博物館，經修復拼對，爲一件陶瓶的三分之二。據悉，該陶瓶原本出於一座漢墓，該墓已毀壞，遺物無存。窯店陶瓶集星圖、符籙、文字於一體。瓶身書有鎮墓文，文字爲“天心星”“右賊史”“如道”“左賊史”“生人有鄉，死人有墓，生人前行，死人却行，死生異路，毋復相忏”。窯店陶瓶年代應屬東漢時期。⑤

---

① 徐州市博物館：《江蘇徐州市九里山二號漢墓》，《考古》2004 年第 9 期。

② 河南省文物考古研究所：《河南三門峽南交口漢墓（M17）發掘簡報》，《文物》2009 年第 3 期。
郝本性、魏興濤：《三門峽南交口東漢墓鎮墓瓶朱書文考略》，《文物》2009 年第 3 期。

③ 徐州博物館：《江蘇徐州市鳳凰山西漢墓的發掘》，《考古》2007 年第 4 期。

④ 濟南市考古研究所：《濟南市閔子騫祠堂東漢墓》，《考古》2004 年第 8 期。

⑤ 劉衛鵬、李朝陽：《咸陽窯店出土的東漢朱書陶瓶》，《文物》2004 年第 2 期。

2001 年，西安市西南部高新技術開發區的中華小區出土一批陶器，其中有 2 件陶罐腹部有用朱砂書寫的文字，一件鎮墓瓶腹上有用朱砂書寫的文字和符咒。陶罐和鎮墓瓶文字數量較多。年代爲東漢中晚期。①

2004 年，洛陽高新技術開發區西漢墓（GM646）出土陶器 33 件。陶壺白灰書寫陶文"康""原鍾""鹽豉"等字。陶罐書白色陶文"塞禧食""水"字。陶盦白色書寫"酒尊"二字。陶倉多書有白色陶文"大豆百石""黍米百□""□豆百""黍百石""米百石""□米""小米百石""大麥百石"等。陶壺、陶盦、陶倉上的文字均爲隸書，内容豐富，多是當時人們日常食用的各類食品和計量單位。有些陶文有特殊含義。如"原鍾"，"原"通作"凉"，是一種冷藏的水酒。"鹽豉"，"豉"應是加了鹽的豆醬。"塞禧食"，"塞"同"賽"，爲祭名。"塞禧食"應即報答神福的食品。GM646的年代約在漢成帝（前 32 年）至王莽（9 年）之間。②

2004 年，洛陽市王城公園東漢墓出土陶器 25 件，其中一件陶敦肩部朱書漢隸"始祭飯黍"4 字。該墓年代在東漢早期，下限不晚於東漢中期。③

2004 年，江蘇揚州邗江區楊廟鎮楊廟村王家廟組西漢劉毋智墓出土陶器 63 件，其中一件熏爐上腹有墨書"蒼頡"二字。王家廟劉毋智墓的相對年代應爲西漢早期。④

2004 年，洛陽市春都花園小區西漢墓（IM2354）出土陶器 30 件（組）。其中陶倉 7 件中 4 件書有白色文字，可識別的有"大豆萬石""黄粱粟萬石""白粱粟萬石""小豆萬石"等，隸書。"大豆萬石""小豆萬石"在燒溝漢墓⑤也有所發現，而"黄粱粟萬石""白粱粟萬石"在燒溝漢墓和洛陽地區的其他漢墓中却没有發現。IM2354 的年代應在西漢晚期。⑥ 河南洛陽漢代陶倉，朱筆隸書，形體寬博疏朗，波磔清楚，筆致清晰沉穩，已是東漢成熟隸書。

---

① 西安市文物保護考古所：《西安中華小區東漢墓發掘簡報》，《文物》2002 年第 12 期。

② 洛陽市第二文物工作隊：《洛陽高新技術開發區西漢墓（GM646）》，《文物》2005 年第 9 期。

③ 洛陽市文物工作隊：《洛陽王城公園東漢墓》，《文物》2006 年第 3 期。

④ 揚州市文物考古研究所：《江蘇揚州西漢劉毋智墓發掘簡報》，《文物》2010 年第 3 期。

⑤ 中國科學院考古研究所：《洛陽燒溝漢墓》，科學出版社，1963。

⑥ 洛陽市第二文物工作隊：《洛陽春都花園小區西漢墓（IM2354）發掘簡報》，《文物》2006 年第 11 期。

2005 年，陝西高陵縣出土東漢建和三年朱書陶瓶。陶瓶的腹部和肩部上面朱書有大量鎮墓文字，并畫有道符。肩部朱書"壓墓"二字。腹部鎮墓文 10 行，每行 8～10 字不等，大多保存完好。鎮墓文之間還有小字。[1]

2008 年，西安市南郊曲江新區翠竹園小區一號墓出土陶器 21 件，其中陶倉 5 件，2 件肩部分別墨書文字"……鞴（？）……千石"和"……粟……"。該墓的年代大體在西漢晚期。[2]

第二節　漢代瓦當文字

一　漢代瓦當文字概述

瓦當，是筒瓦頂端下垂的部分，呈圓形或半圓形，上有圖案或文字。瓦當的作用是蔽護屋檐，保護屋檐椽頭免受日曬雨浸，延長建築物的壽命。其筒瓦部分則可以遮擋兩行板瓦之間的縫隙，防止屋面滲漏，也可增加建築物的牢固和美感。

根據考古資料，瓦當在西周時期已經使用，向下一直延續到近代。秦漢時期瓦當的使用比較普遍。漢代瓦當在中國古代瓦當中，占有非常重要的地位。魏晉以降，瓦當漸趨式微。

瓦當可分爲素面瓦當、圖案瓦當和文字瓦當三類。文字瓦當指當面上帶文字的瓦當，是中國古代瓦當中非常重要的類型之一。

關於文字瓦當的創始時期問題，學者説法不一。過去學者大都認爲文字瓦當始於秦或早至戰國時代，認爲屬於秦文化的瓦當文字，有原爲羽陽宮而造的瓦當"羽陽千歲""羽陽萬歲"，十二字瓦當"維天降靈、延元萬年、天下康寧"，以及圖文并茂的秦鴻臺觀"延年"飛鴻瓦當等。因文字瓦當字體多屬小篆而斷爲秦代。但是從考古發掘資料來看，文字瓦當的出現當在西漢時代。已經發掘的時代明確的秦咸陽宮遺址、秦始皇陵相關遺址及其陪葬坑、秦阿房宮遺址、遼寧綏中與河北秦皇島秦離宮遺址等，均未發現文字瓦當。而漢代許多建築物之上，包括宮殿、官署、城池、倉庫、

---

① 劉衛鵬：《陝西高陵出土的東漢建和三年朱書陶瓶》，《文物》2009 年第 12 期。

② 西安市文物保護考古所：《西安曲江翠竹園西漢壁畫墓發掘簡報》，《文物》2010 年第 1 期。

陵園，有文字的瓦當廣泛存在。①

瓦當上的文字保留了歷史的遺迹，爲後世瞭解歷史提供了文獻資料；瓦當文字又爲後世的金石學、文字學等方面的研究提供了直接客觀的文字資料。漢代瓦當文字，其書寫風格的多樣性，文字結體的藝術性，爲文字、書法研究者所重視。

漢代瓦當上的文字内容可分四類。一是吉祥語，如"與天無極""千秋萬歲""萬壽無疆"等。在漢代文字瓦當中，吉祥語瓦當數量和種類都是最多的。二是紀念語，如"漢并天下""單于和親"等。三是標明建築物名稱，如長樂宫的"長樂"瓦當、未央宫的"未央"瓦當、上林苑的"上林"瓦當等。四是標明建築物用途，如一字瓦當"關""衛""冢""倉"等。"關"字瓦當用於關口門户之建築，"衛"字瓦當用於禁軍官署等。

漢代瓦當文字所使用的字體，主要有小篆和繆篆。小篆體如"千秋萬歲與天無極""長樂未央延年永昌""千秋萬歲""漢并天下"瓦當等。繆篆體如"都司空瓦""京師倉當""永承大靈""億年無疆""黄陽當萬""延年益壽"等。繆篆體在漢代瓦當中占多數。瓦當中亦偶見鳥蟲篆和隸書。鳥蟲篆極富裝飾趣味，如西安漢城遺址出土的"永受嘉福"瓦當、"天地相方與民世世中正永安"瓦當，綫條彎曲盤繞蜿蜒，屈曲填滿，極富裝飾性。隸書體如"千秋萬歲與地毋極"瓦當。

漢代瓦當文字的形體可謂豐富多姿。瓦當文字要隨形布置，大都省改、變化，字形筆畫頗具匠心。瓦當文字采用對稱、均衡、環繞等多種變形方式，充分體現了多樣統一的形式美法則。其中最顯著的特徵是方圓結合，外圓内方，表現出渾厚、質樸寬博的審美内涵。如"千秋萬歲"瓦當就是佳例。瓦當銘文，有些可能出自文化層次較高的工匠藝人，有些字則出自民間文化層次較低的工匠之手，是非常寶貴的資料。

二　漢代瓦當文字的著録和研究

瓦當的收集、整理與研究有着悠久的歷史。北宋的金石學家已開始關注古代瓦當的收集，至明清與近代，古代瓦當的收集、整理與研究越來越

---

① 參見劉慶柱《漢代文字瓦當概論》一文，載劉正成主編《中國書法全集》第 9 卷，榮寶齋，1992；又見劉慶柱爲申雲艷《中國古代瓦當研究》（文物出版社，2006）所作的"序"。

爲學術界所關注，出版的相關瓦當專書越來越多。

瓦當的著録始於北宋。北宋王辟之《澠水燕談録》載陝西寶雞權氏得"羽陽千歲"瓦當，爲瓦當的最早著録。北宋黄伯思《東觀餘論》對"益延壽"瓦當文字進行了考證。南宋吕大臨《續考古圖》收集了"益延壽""官立石範""長樂未央""羽陽千歲"四品瓦當。元代李好文《長安志圖》摹拓了"長樂未央"等文字瓦當數種，并進行了初步的研究。

清代隨着金石考據學的興盛，關於瓦當著録研究的著作漸豐，主要有林佶《漢甘泉宫瓦記》一卷，朱楓《秦漢瓦當圖記》四卷，程敦《秦漢瓦當文字》兩卷、續一卷，畢沅《秦漢瓦當圖》一卷，陳廣寧《漢宫瓦當》一卷，錢坫《漢瓦圖録》四卷，王福田《竹里秦漢瓦當文存》等。另外，翁方綱《兩漢金石記》，馮雲鵬、馮雲鵷《金石索》，王昶《金石萃編》，端方《陶齋藏瓦記》，陸增祥《八瓊室金石補正》等書都著録了部分瓦當。羅振玉《秦漢瓦當文字》五卷，共收録瓦當三百多品，是清代以來瓦當研究總結性的著作。

新中國成立後，發掘出土了大量瓦當。這些通過考古發掘出土的瓦當，具有較高的研究價值。此時出版發表了一批瓦當圖録和研究論著。著作如：陝西省博物館《秦漢瓦當》，西安市文物管理委員會《秦漢瓦當》，陝西省考古研究所秦漢研究室《新編秦漢瓦當圖録》，楊力民《中國古代瓦當藝術》，韓天衡主編，張煒羽、鄭濤編《古瓦當文編》，趙力光《中國古代瓦當圖典》，傅嘉儀《秦漢瓦當》，申雲艷《中國古代瓦當研究》。論文如：陳直《秦漢瓦當概述》[1]，林劍鳴《漢甘泉宫瓦當文字考釋》[2]，王輝《"光曜坎宇"瓦當考釋》[3]，趙平安《兩種漢代瓦當文字的釋讀問題》[4]，焦南峰等《秦文字瓦當的確認和研究》[5]，周曉陸《西漢甘泉宫三字瓦當跋》[6]，等等。尤其值得重視的是劉慶柱先生關於瓦當研究的多種論著，如《漢代文字

① 陳直：《秦漢瓦當概述》，《文物》1963 年第 11 期。

② 林劍鳴：《漢甘泉宫瓦當文字考釋》，《考古與文物》1981 年第 4 期。

③ 王輝：《"光曜坎宇"瓦當考釋》，《文博》1993 年第 5 期。

④ 趙平安：《兩種漢代瓦當文字的釋讀問題》，《考古》1999 年第 12 期；又載《中國古文字研究》第 1 輯，吉林大學出版社，1999。

⑤ 焦南峰等：《秦文字瓦當的確認和研究》，《考古與文物》2000 年第 3 期。

⑥ 周曉陸：《西漢甘泉宫三字瓦當跋》，《考古與文物》2008 年第 1 期。

瓦當概論》《秦"十二字瓦當"時代質疑》等。①

申雲艷《中國古代瓦當研究》，是作者的博士學位論文，是新世紀古代瓦當研究的力作。該專著以經過科學發掘又有比較明確地層關係的瓦當爲主要研究對象，通過對自西周至宋遼金元時期不同地區、不同建築遺址出土的瓦當進行比較分析，初步建立起中國古代瓦當發展的基本序列，并對相關問題進行了詳細的研究探討。該專著在古代瓦當研究的時代跨度上是最長的。該專著以田野考古資料爲基礎，運用考古學研究方法，在古代瓦當時代斷定、瓦當當面圖案或文字的釋義及發展演化等諸多方面，取得了頗多創新研究成果。②

三　新世紀公布的漢代瓦當文字

1990 年以來，陝西眉縣兩處秦漢"眉邑"遺址采集了許多實物標本。趙家莊遺址發現"羆"瓦當 5 件，"長樂未央"瓦當 6 件，"與天無極"瓦當 4 件。西嶺遺址發現完、殘瓦當 30 餘件，有文字瓦當和圖案瓦當兩類。文字瓦當以"羆"當爲主。有 1 件瓦當内書篆書"羆"字。另外 2 件文字瓦當，當面中間以圓點分割成左右兩部分，左爲"眉"，右爲"邑"。兩處"眉邑"遺址應始建於秦代，沿用到西漢中期以後逐漸廢止。③

1988 年、1992 年，貴州赫章可樂糧管所遺址出土西漢紀年瓦當。1988年出土"建"銘瓦當、"四年"銘瓦當、"當"銘瓦當，均陽文篆書。1992年出土"建始"銘瓦當，僅存"建始"二字，陽文篆書。這些瓦當應當是西漢成帝建始年間所製。④

1990～1996 年，貴州安順市寧谷鎮龍泉山遺址出土文字瓦當 10 件，均隸

①　劉慶柱、李毓芳：《秦瓦當概論》，載《周秦文化研究》，陝西人民出版社，1998；劉慶柱：《秦"十二字瓦當"時代質疑》，《人文雜志》1985 年第 4 期；《漢代文字瓦當概論》，載《中國書法全集・秦漢金文陶文卷》，榮寶齋，1992；《戰國秦漢瓦當研究》，載《漢唐與邊疆考古研究》第 1 輯，科學出版社，1994；《漢長安城遺址及其出土瓦當研究》，載《古代都城與帝陵考古學研究》，科學出版社，2000；等等。

②　申雲艷：《中國古代瓦當研究》，文物出版社，2006。

③　劉懷君：《陝西眉縣兩處秦漢"眉邑"遺址的調查》，《考古與文物》2008 年第 2 期。

④　張元：《貴州赫章可樂出土的西漢紀年銘文瓦當》，《文物》2008 年第 8 期。

書銘文“長樂未央”。龍泉山遺址應是漢代大型的建築群。①

　　1996 年，陝西甘泉縣博物館工作人員在縣城北的鱉蓋峁采集到形制相同的 4 塊“冢”字雲紋瓦當，篆書，應屬西漢早期瓦當。②

　　1996 年，陝西丹鳳縣秦商邑遺址出土瓦當 10 餘件。“商”字半瓦當 1 件，當面模印篆書“商”字。“與天無極”瓦當 1 件，外區模印篆書“與天無極”4 字。“商”字半瓦當屬戰國晚期，“與天無極”瓦當屬西漢早期作品。③

　　1995～1997 年，廣州市中山四路南越國宮署遺址出土圖案瓦當和文字瓦當，文字瓦當 4 件，均書“萬歲”二字，陽文，自右向左篆書。宮署建築具有兩漢早期，即南越國時期的特徵。④

　　1996～1997 年，廣州市海幅寺漢代窑場遺址 T2 出土瓦當 1 件，銘文有“萬歲”二字。此遺址的燒造時期大約是從西漢中後期到東漢後期。⑤

　　1997～1998 年，漢長安城桂宮二號建築遺址出土文字瓦當，銘文有“長生無極”和“千秋萬歲”兩種。此遺址年代上限不會超過西漢中期。⑥

　　1998～1999 年，漢長安城桂宮二號建築遺址 B 區出土文字瓦當 13 件，分 4 種：“長生無極”瓦當 9 件；“與天無極”瓦當 1 件，僅存“天”“極”二字；“千秋萬歲”瓦當 2 件，僅存“千”“萬”二字；“右空”瓦當 1 件。桂宮二號建築遺址應是漢武帝爲后妃們修建的重要宮殿建築。⑦

　　1998～1999 年，徐州市拖龍山西漢墓出土文字瓦當。M3 墓室內出土“福□□□”朱雀紋瓦當殘片。M5 出土“□□□疆”文字瓦當。M6 出土“福□□□”文字瓦當。拖龍山西漢墓群的年代大致爲漢宣帝至漢成帝早

①　貴州省文物考古研究所：《貴州安順市寧谷漢代遺址與墓葬的發掘》，《考古》2004 年第 6 期。

②　王勇剛、趙文琦：《陝西甘泉縣發現漢代“冢”字雲紋瓦當》，《文物》2004 年第 9 期。

③　商鞅封邑考古隊：《陝西丹鳳縣秦商邑遺址》，《考古》2006 年第 3 期。

④　廣州市文物考古研究所、南越王宮博物館籌建辦公室：《廣州南越國宮署遺址 1995～1997 年發掘簡報》，《文物》2000 年第 9 期。中國社會科學院考古研究所、廣州市文物考古研究所、南越王宮博物館籌建處：《廣州市南越國宮署遺址 2000 年發掘報告》，《考古學報》2002 年第 2 期。

⑤　廣州市文物考古研究所：《廣州海幅寺漢代窑場遺址的發掘》，《考古學報》2003 年第 3 期。

⑥　中國社會科學院考古研究所、日本奈良國立文化財研究所日中聯合考古隊：《漢長安城桂宮二號建築遺址發掘簡報》，《考古》1999 年第 1 期。

⑦　中國社會科學院考古研究所、日本奈良國立文化財研究所日中聯合考古隊：《漢長安城桂宮二號建築遺址 B 區發掘簡報》，《考古》2000 年第 1 期。

期階段。①

1997、2000 年，漢陽陵帝陵陵園南門遺址出土瓦當共計 494 件，其中文字瓦當 293 件，有"長樂未央""千秋萬歲""與天無極""與天久長""長生無極""永奉無疆""萬歲未央"等。陽陵帝陵的營建時間大致是在景帝前元五年（前 152 年）至後元三年（前 141 年）。②

1998 年，黃河小浪底鹽東村漢函谷關倉庫建築遺址發現"關"字瓦當，正面模印篆書"關"字。③

1999 年，洛陽市新安縣游溝村東北西漢建築遺址出土"王父延壽"銘文瓦當 2 件。④ 此瓦當銘文有學者考釋爲"尹壽亦王"或"延壽王瓦"。⑤

1999～2000 年，漢長安城桂宮三號建築遺址出土文字瓦當，有"與天無極""長生無極""長生未央"和"千秋萬歲"瓦當。該遺址年代應爲西漢中晚期，其上限不會超過西漢中期。⑥

2000～2001 年，漢長安城桂宮四號建築遺址出土文字瓦當，有"與天無極"篆字瓦當 2 件、"長生無極"篆字瓦當 1 件和"長樂未央"篆字瓦當 1 件，共三種。該遺址年代應爲西漢中晚期，其上限不會超過西漢中期。⑦

2001 年，山西夏縣師馮村漢代窯址出土瓦當 15 件，皆爲"長樂未央"文字瓦當，當面文字的書體和筆法略有不同。馮村窯址的年代可定爲西漢晚期。⑧

---

① 徐州博物館：《徐州拖龍山五座西漢墓的發掘》，《考古學報》2010 年第 1 期。

② 陝西省考古研究院：《漢陽陵帝陵陵園南門遺址發掘簡報》，《考古與文物》2011 年第 5 期。

③ 洛陽市第二文物工作隊：《黃河小浪底鹽東村漢函谷關倉庫建築遺址發掘簡報》，《文物》2000 年第 10 期。

④ 梁曉景：《新發現的西漢"尹壽亦王"銘文瓦當》，《文物》2000 年第 10 期。陸錫興：《漢"王父延壽"瓦當考釋》，載《急就集》，中國社會科學出版社，2001。

⑤ 梁曉景：《新發現的西漢"尹壽亦王"銘文瓦當》，《文物》2000 年第 10 期。陳根遠：《洛陽新出西漢瓦當銘文芻議》，《文物》2001 年第 3 期。

⑥ 中國社會科學院考古研究所、日本奈良國立文化財研究所中日聯合考古隊：《漢長安城桂宮三號建築遺址發掘簡報》，《考古》2001 年第 1 期。

⑦ 中國社會科學院考古研究所、日本奈良國立文化財研究所中日聯合考古隊：《漢長安城桂宮四號建築遺址發掘簡報》，《考古》2002 年第 1 期。

⑧ 山西省考古研究所、上海大學歷史系、夏縣博物館：《山西夏縣師馮漢代窯址發掘簡報》，《考古》2010 年第 4 期。

1990～2002 年，在陝西省眉縣成山宮遺址再調查中，發現瓦當 80 餘件，其中有"長樂未央"和"成山"兩種。"長樂未央"與以前發現的一致，"成山"瓦當 1 件，爲新發現的一種形式，在同心圓內書硬折筆"成山"二字。遺址始建年代至少應爲戰國秦中晚期，在西漢末年到東漢初年廢止。[①]

2002 年，西安市漢長安城城牆西南角遺址出土"長生無極"瓦當 22 件，"都司空瓦"瓦當 1 件，共 23 件。長安城城牆興建於惠帝時期。[②]

2002～2003 年，西安市漢長安城長樂宮二號建築遺址出土瓦當 41 件，其中文字瓦當 5 件，即"與天無極"瓦當 1 件，"與天"瓦當 1 件，"長樂未央"瓦當 2 件，"千秋萬歲"瓦當 1 件。該遺址的年代上限不超過西漢早期，可能毀於王莽末年。[③]

2003 年，廣州市南越國宮署遺址出土南越國"萬歲"瓦當數量較多，圓形，當心有篆體陽文"萬歲"二字，自右向左橫讀。年代待定。[④]

2003～2004 年，西安市漢長安城長樂宮四號建築遺址出土瓦當 32 件，其中文字瓦當 4 件，即"長樂未央"瓦當 3 件，"□□無極"瓦當 1 件。推測該建築的始建年代可早到西漢早期。[⑤]

2004 年，陝西鳳翔縣長青西漢汧河碼頭倉儲建築遺址出土瓦當 275 件，其中"長生未央"瓦當 266 件，較完整和可修復完整的共 17 件。"長生未央"字迹乾净清爽，清晰明瞭。書體扁平，字迹遒勁粗獷，稍顯擁擠、模糊。該遺址的年代爲西漢時期。[⑥]

2005 年，西安市南郊繆家寨漢代廁所遺址出土瓦當 8 件，1 件爲雲紋瓦當，餘皆爲"長樂未央"文字瓦當，其中僅 1 件基本完整。該遺址的年代

① 眉縣文化館：《陝西省眉縣成山宮遺址的再調查》，《考古與文物》2002 年第 3 期。

② 中國社會科學院考古研究所漢長安城工作隊：《西安市漢長安城城牆西南角遺址的鑽探與試掘》，《考古》2006 年第 10 期。

③ 中國社會科學院考古研究所漢長安城工作隊：《漢長安城長樂宮二號建築遺址發掘報告》，《考古學報》2004 年第 1 期。

④ 廣州市文物考古研究所、中國社會科學院考古研究所、南越王宮博物館籌建處：《廣州市南越國宮署遺址 2003 年發掘簡報》，《考古》2007 年第 3 期。

⑤ 中國社會科學院考古研究所漢長安城工作隊：《西安市漢長安城長樂宮四號建築遺址》，《考古》2006 年第 10 期。

⑥ 陝西省考古研究所、寶雞市考古工作隊、鳳翔縣博物館：《陝西鳳翔縣長青西漢汧河碼頭倉儲建築遺址》，《考古》2005 年第 7 期。

大致在西漢晚期以後。①

2005～2006年，西安市漢長安城長樂宮六號建築遺址出土瓦當104件，其中文字瓦當15件。篆書"長樂未央"瓦當14件，"長樂未央"四字圍繞當心圓呈弧形排列，竪筆彎曲。"與天無極"瓦當1件，僅存一"天"字。此外，有雲紋瓦當88件，有1件有一個戳印，印文爲"大匠"二字。該遺址應興建於西漢早期，一直沿用到王莽時期。②

2006～2007年，西安市張家堡新莽墓出土瓦當1件，圓形，邊緣凸起，當面中心之外凸弦紋兩周，間有4字，現殘存一"疆"字。墓葬年代爲新莽時期。③

2008年，西安市南郊曲江新區翠竹園小區1號墓出土陶器21件，其中瓦當6件，圓形，篆書"長樂未央"4字。該墓的年代大體在西漢晚期。④

2009～2010年，洛陽市孟津縣平樂鎮朱倉村東漢帝陵陵園遺址M722出土瓦當348件，其中5件瓦當背面模印"左仲"二字，1件"左"字反書。M707出土瓦當68件，其中1件瓦當背面模印"左仲"二字，"左"字反書。M722、M707應屬於東漢帝陵級別的墓葬。⑤

四　出土漢代瓦當文字統計

漢代文字瓦當在全國大部分省區都有發現，其中陝西、河南、河北、遼寧、山東、内蒙古、廣東、福建等地出土較多。陝西地區出土的漢瓦當數量最大，種類最多。茲把全國各地區出土的漢代瓦當文字歸納如下。⑥

陝西地區：千秋萬歲、長樂未央、長生未央、長生無極、□□無極、與天無極、與華無極、與華相宜、與天、與民世世天地相方永安中正、維天降靈延元萬年天下康寧、延年、延年益壽、大富、億年無疆、永奉無疆、

① 陝西省考古研究所：《西安南郊繆家寨漢代廁所遺址發掘簡報》，《考古與文物》2007年第2期。

② 中國社會科學院考古研究所漢長安城工作隊：《西安市漢長安城長樂宮六號建築遺址》，《考古》2011年第6期。

③ 西安市文物保護考古所：《西安張家堡新莽墓發掘簡報》，《文物》2009年第5期。

④ 西安市文物保護考古所：《西安曲江翠竹園西漢壁畫墓發掘簡報》，《文物》2010年第1期。

⑤ 洛陽市第二文物工作隊：《洛陽孟津朱倉東漢帝陵陵園遺址》，《文物》2011年第9期。

⑥ 本部分參考申雲艷《中國古代瓦當研究》相關部分。

長毋相忘、加氣始降、屯澤流施、光耀宇宙①、道德順序、屯美流遠、宮、鼎胡延壽宮、貌宮、年宮、來谷宮當、蘄年宮當、橐泉宮當、竹泉宮當、齊一宮當、齊園宮當、齊園、棫園、甘林、上林、京師倉當、京師庾當、華倉、澂邑漕倉、都司空瓦、右空、衛、船室、吳尹舍當②、漢并天下、長陵東當、長陵西當、冢、巨楊冢當、長主毋敬冢、萬歲冢當、羆、成山。

河南地區：千秋萬歲、長樂未央、長樂未央千秋萬世昌、長樂未央大富之當如意、長生無極、長樂萬世、高安萬世、維天降靈延元萬年天下康寧、延年益壽、王父延壽③、億年無疆、上林、津門、關、未央萬歲、富貴萬歲、大吉、左仲。

河北地區：千秋萬歲、富貴萬歲、常山長貴。

遼寧地區：安樂未央、安平樂未央、千秋萬歲、□□萬歲、□□□歲。

福建地區：樂未央、常樂、萬歲、常樂萬歲、萬歲未央。

廣東地區：萬歲、定。

山東地區：千秋萬歲、吉羊宜官、青春萬柞。

山西地區：千秋萬歲、長樂未央、與□□□、長□無□、昀氏祠堂、

---

① "光耀宇宙"爲趙平安先生所釋（見《兩種漢代瓦當文字的釋讀問題》,《考古》1999 年第 12 期；《中國古文字研究》第 1 輯,吉林大學出版社,1999；收入《新出簡帛與古文字古文獻研究》,商務印書館,2009。趙平安先生注：陳漢平先生在《屠龍絕緒·古代漢字演化舉例》"䲔-耀"下有"漢瓦當文字'光耀宇宙'或書作'光䲔宇由'"一語,與鄙見不謀而合）。此瓦當文字或釋"光耀吉宇"（錢君匋、張星逸、許明農：《瓦當匯編》,上海人民美術出版社,1986）,或釋"光旭塊宇"（楊力民：《中國古代瓦當藝術》,上海人民美術出版社,1988）,或釋"光耀塊宇"（王鏞釋,載劉正成《中國書法全集》第 9 册,榮寶齋,1992）,或釋"光䲔由宇",讀爲"光耀塊宇"（趙力光：《中國古代瓦當圖典》,文物出版社,1998）,或釋"光曜坎宇"（王輝：《"光曜坎宇"瓦當考釋》,《文博》1993 年第 5 期）,或釋"光䲔古宇"（雷百璟：《西漢一文字瓦當考釋》,《文博》1993 年第 1 期）,或釋"光䲔由宇",意謂光耀窮極天地四方（陳偉武：《出土戰國秦漢文獻中的吉祥語》,載《慶祝〈中國語文〉創刊 50 周年學術論文集》,商務印書館,2004）。
② 或釋爲"吳氏舍當",見趙力光《中國古代瓦當圖典》,文物出版社,1998,第 472 頁。
③ 陸錫興先生釋讀爲"王父延壽"（見《漢"王父延壽"瓦當考釋》,載《急就集》,中國社會科學出版社,2001）；陳根遠先生釋讀爲"延壽王瓦"（見《洛陽新出西漢瓦當銘文芻議》,《文物》2001 年第 3 期）；梁曉景先生釋讀爲"尹壽亦王"（見《新發現的西漢"尹壽亦王"銘文瓦當》,《文物》2000 年第 10 期）。

長生未央。

　　内蒙古地區：千秋、千秋萬歲、單于天降、單于和親、四夷盡服、安樂富貴、與天□□。

　　天津地區：千秋萬歲、王門大吉。

　　安徽地區：萬歲、千秋萬歲、安樂富貴、汝陰宮當。

　　貴州地區：長樂未央、建、四年、當、建始。

　　江西地區：萬歲。

　　江蘇地區：壽福無疆、□□□疆、福□□□。

　　漢瓦當文字內容以吉語爲主，在吉語瓦當中以“千秋萬歲”最常見。漢瓦當文字多爲陽文篆書，還有隸書、又篆又隸者。西漢中晚期，即武帝到新莽時期，文字瓦當數量最多。

　　茲把出土漢代瓦當文字附錄於表 5–1。

表 5–1　出土漢代瓦當文字

瓦當銘文	資料出處
汝陰宮當 安樂富貴	劉峰：《安徽省阜陽市發現漢代汝陰宮殿遺址》，《考古與文物》1996 年第 5 期
千秋萬歲	涂書田、任經榮：《安徽壽縣壽春城址出土的瓦當》，《考古》1993 年第 3 期
千秋萬歲	北京市文物研究所編《北京考古四十年》，燕山出版社，1990
萬歲 萬歲未央	歐潭生：《福州閩越故城發現一批文字瓦當》，《中國文物報》1997 年 12 月 21 日
萬歲 萬歲未央	福建省博物館、福建省曇石山遺址博物館、福州市晉安區文管會：《福建福州市新店古城發掘簡報》，《考古》2001 年第 3 期
常樂萬歲 樂未央 萬歲	福建省博物館：《崇安城村漢城探掘簡報》，《文物》1985 年第 11 期
樂未央 常樂萬歲 常樂	福建省博物館、廈門大學人類學系考古專業：《崇安漢城北崗一號建築遺址》，《考古學報》1990 年第 3 期
常樂萬歲 常樂	福建省博物館、廈門大學人類學系：《崇安漢城北崗二號建築遺址》，《文物》1992 年第 8 期

續表

瓦當銘文	資料出處
常樂萬歲	福建省文物管理委員會：《福建崇安城村漢城遺址試掘》，《考古》1960年第 10 期
萬歲	廣州市文物考古研究所、南越王宮博物館籌建辦公室：《廣州南越國宮署遺址 1995～1997 年發掘簡報》，《文物》2000 年第 9 期
萬歲	廣州市文物管理處、中山大學考古專業 75 屆工農兵學員：《廣州秦漢造船工場遺址試掘》，《文物》1977 年第 4 期
萬歲	黃淼章、全洪：《廣州清理出大型漢代建築遺址》，《中國文物報》1988年 12 月 9 日
定	廣東省文物考古研究所、廣東省博物館、五華縣博物館：《廣東五華獅雄山漢代建築遺址》，《文物》1991 年第 11 期
萬歲	廣州市文物考古研究所、湛江市博物館、徐聞縣博物館：《廣東徐聞縣五里鎮漢代遺址》，《文物》2000 年第 9 期
富貴萬歲	中國社會科學院考古研究所、河北省文物研究所鄴城工作隊：《河北臨漳縣鄴南城遺址勘探與發掘》，《考古》1997 年第 3 期
千秋萬歲	邸和順：《爲碣石研究提供新資料——秦皇島發掘一處秦漢建築遺址》，《中國文物報》1992 年 7 月 5 日
常山長貴	石家莊地區文化局文物普查組：《河北省石家莊地區的考古新發現》，載《文物資料叢刊》第 1 輯，文物出版社，1977
富貴萬歲	中國社會科學院考古研究所安陽工作隊：《河南安陽市郭家灣漢墓》，載《考古學集刊》第 11 集，中國大百科全書出版社，1997
延年益壽	河南省文化局文物工作隊：《鞏縣鐵生溝》，文物出版社，1962
長樂未央	詹漢清：《固始出土兩件西漢瓦件》，《河南文博通訊》1978 年第 2 期
長樂□□	河南省博物館：《靈寶張灣漢墓》，《文物》1975 年第 11 期
王父延壽	陸錫興：《漢"王父延壽"瓦當考釋》，載《急就集》，中國社會科學出版社，2001
津門	洛陽市文物工作隊：《河南洛陽市東漢孝女黃晨、黃芍合葬墓》，《考古》1997 年第 7 期
長樂萬世	河南省文化局文物工作隊：《一九五五年洛陽澗西區小型漢墓發掘報告》，《考古學報》1959 年第 2 期
未央萬歲 千秋萬歲	河南省文物研究所：《南陽瓦房莊漢代制陶、鑄銅遺址的發掘》，《華夏考古》1994 年第 1 期

瓦當銘文	資料出處
光耀宇宙 永保國邑	趙平安：《兩種漢代瓦當文字的釋讀問題》，《考古》1999 年第 12 期；《中國古文字研究》第 1 輯，吉林大學出版社，1999；收入《新出簡帛與古文字古文獻研究》，商務印書館，2009
關	洛陽市第二文物工作隊：《黃河小浪底鹽東村漢函谷關倉庫建築遺址發掘簡報》，《文物》2000 年第 10 期
維天辟靈延元萬年天下康寧 萬世宮 千秋萬歲 高安萬世 億年無疆 長生無極 長樂未央千秋萬世昌 長樂未央大富之當如意	張松林：《鄭州市西北郊區考古調查簡報》，《中原文物》1986 年第 4 期
長樂未央	李文信：《吉林市附近之史迹及遺物》，載《歷史與考古》第 1 號，1946
萬歲	都昌縣文物管理所：《鄡陽城址初步考察》，《考古》1983 年第 10 期
富貴萬歲	李新全：《三燕瓦當考》，《遼海文物學刊》1996 年第 1 期
安平樂未央	曹訊：《㼚河壘古城和漢安平瓦當》，《考古》1980 年第 6 期
□□萬歲 □□□歲	吉林大學考古學系、遼寧省文物考古研究所：《遼寧錦西市邰集屯小荒地秦漢古城址試掘簡報》，載《考古學集刊》第 11 集，中國大百科全書出版社，1997
安樂未央	李宇峰：《遼寧建平縣兩座西漢古城址調查》，《考古》1987 年第 2 期
千秋萬歲	東北博物館：《遼陽三道壕西漢村落遺址》，《考古學報》1957 年第 1 期
千秋萬歲	遼寧省文物考古研究所：《遼寧凌源安杖子古城址發掘報告》，《考古學報》1996 年第 2 期
千秋萬歲	華玉冰、楊榮昌：《"碣石宮"遺址去年發掘有新收穫》，《中國文物報》1996 年 3 月 31 日
千秋萬歲	遼寧省文物考古研究所姜女石工作站：《遼寧綏中縣石碑地秦漢宮城遺址 1993～1995 年發掘簡報》，《考古》1997 年第 10 期
宮	孫相武：《秦直道調查記》，《文博》1988 年第 4 期

續表

瓦當銘文	資料出處
單于天降 單于和親 四夷盡服 千秋萬歲 千秋	車日格：《淺談包頭出土的漢代瓦當》，《内蒙古文物考古》2000 年第 1 期
千秋萬歲	蓋山林、陸思賢：《潮格旗朝魯庫倫漢代石城及其附近的長城》，載《中國長城遺迹調查報告集》，文物出版社，1981
千秋萬歲	内蒙古自治區原昭烏達盟文物工作站：《昭烏達盟漢代長城遺址調查報告》，《文物》1985 年第 4 期
富貴萬歲	内蒙古考古研究所：《内蒙古和林格爾縣土城子古城發掘報告》，載《考古學集刊》第 6 集，中國社會科學出版社，1989
富貴萬歲	張郁：《内蒙古大青山後東漢北魏古城遺址調查記》，《考古》1958 年第 3 期
千秋萬歲	昭烏達盟文物工作站、寧城縣文化館：《遼寧寧城縣黑城古城王莽錢範作坊遺址的發現》，《文物》1977 年第 12 期
富貴萬歲	蓋山林：《内蒙古伊盟准格爾旗石子灣古城調查》，《考古》1965 年第 8 期
富貴萬歲	崔璿：《石子灣北魏古城的方位、文化遺存及其它》，《文物》1980 年第 8 期
千秋萬歲	李儲森：《山東高密城陰城調查簡報》，《考古與文物》1991 年第 5 期
天齊	山東省文物管理處：《山東臨淄齊故城試掘簡報》，《考古》1961 年第 6 期
君宜侯王	林仙庭、崔天勇：《山東半島出土的幾件古鹽業用器》，《考古》1992 年第 12 期
千秋萬歲 長樂未央	高小燕、秦彧：《泰安岱廟出土的漢唐瓦當》，《江漢考古》2000 年第 3 期
長樂未央 千秋萬歲 富貴萬歲	張德光：《山西洪洞古城的調查》，《考古》1963 年第 10 期

瓦當銘文	資料出處
昀氏祠堂	北京大學考古系、山西省考古研究所：《1992 年春天馬—曲村遺址墓葬發掘報告》，《文物》1993 年第 3 期
與□□□ 長樂未央 千秋萬歲	張彥煌、徐殿魁：《山西夏縣禹王城調查》，《考古》1963 年第 9 期
長樂□□	山西省文物管理委員會、山西省考古研究所：《山西孝義張家莊漢墓發掘記》，《考古》1960 年第 7 期
上林 千秋萬歲	胡謙盈：《漢昆明池及其有關遺存踏察記》，《考古與文物》1980 年創刊號
宮 貌宮 與天無極	姜寶蓮、趙强：《陝西澄城良周秦漢宮殿遺址調查簡報》，《文博》1998 年第 4 期
宮	姚生民：《陝西淳化縣下常社秦漢遺址》，《考古》1990 年第 8 期
長生未央 長毋相忘 甘林 衛 富貴□□ 千□萬□ □樂□□	姚生民：《漢甘泉宮遺址勘查記》，《考古與文物》1980 年第 2 期
衛 長生未央 長生無極	姚生民：《陝西淳化程家堡村漢洪崖宮遺址》，《考古與文物》1992 年第 4 期
衛 長生未央 長樂□□	姚生民：《漢雲陵、雲陵邑勘查記》，《考古與文物》1982 年第 4 期
蘄年宮當 棫陽 年宮	陝西省雍城考古隊：《秦都雍城鑽探試掘簡報》，《考古與文物》1985 年第 2 期
長生無極 大宜□子 □□□當	陝西省考古研究所雍城考古隊：《陝西鳳翔凹里秦漢遺址調查簡報》，《考古與文物》1989 年第 4 期
年宮 棫	徐錫台、孫德潤：《鳳翔縣發現"年宮"與"棫"字的瓦當》，《文物》1963 年第 5 期

續表

瓦當銘文	資料出處
長生無極 萬歲冢當 長生未央 羽陽千歲	曹明檀、趙叢蒼、王保平：《鳳翔雍城出土的秦漢瓦當》，《考古與文物》1985 年第 4 期
年宮	陝西省社會科學院考古研究所鳳翔隊：《秦都雍城遺址勘查》，《考古》1963 年第 8 期
蘄年宮當 年宮 棫陽 巨楊冢當 萬歲冢當 長生未央	陝西省雍城考古隊：《一九八二年鳳翔雍城秦漢遺址調查簡報》，《考古與文物》1984 年第 2 期
冢	陝西省考古研究所、延安地區文管會、甘泉縣文管所：《西延鐵路甘泉段漢唐墓清理簡報》，《考古與文物》1995 年第 3 期
宮 與天無極 船室	陝西省文物管理委員會：《陝西韓城芝川漢扶荔宮遺址的發現》，《考古》1961 年第 3 期
上林 永奉無疆 延年益壽 千秋萬歲 與天無極	陝西省文保中心兆倫鑄錢遺址調查組：《陝西户縣兆倫漢代鑄錢遺址調查報告》，《文博》1998 年第 3 期
與華無極 長生無極	黃河水庫考古工作隊：《黃河三門峽水庫考古調查簡報》，《考古》1956 年第 5 期
與華無極 千秋萬歲 吳尹舍當 京師倉當 京師庾當 華倉 大富 與華相宜 長樂未央 長生無極	陝西省考古研究所華倉考古隊：《漢華倉遺址勘查記》，《考古與文物》1981 年第 3 期；陝西省考古研究所華倉考古隊：《漢華倉遺址發掘簡報》，《考古與文物》1982 年第 6 期；陝西省考古研究所：《西漢京師倉》，文物出版社，1990

續表

瓦當銘文	資料出處
宮	劉隨群：《涇陽發現秦漢谷口宮遺址》，《中國文物報》1989 年 5 月 5 日
鼎胡延壽宮	曹永斌：《藍田縣焦岱鎮出土一批漢代瓦當》，《文博》1987 年第 5 期
長生無極 長樂未央	張海雲：《芷陽遺址調查簡報》，《文博》1985 年第 3 期
長樂未央 長主毋敬冢	左正：《陝西洛川發現西漢文字方磚瓦當》，《考古與文物》1987 年第 5 期
澂邑漕倉	趙可、劉珠明：《蒲城縣發現漢澂邑漕倉遺址》，《考古與文物》1994 年第 4 期
與天無極 長樂未央 □□萬歲	王建新：《神木縣瑤鎮漢代建築遺址調查記》，《考古與文物》1987 年第 5 期
長樂未央	陝西省考古研究所、榆林市文物管理委員會辦公室：《神木大保當——漢代城址與墓葬考古報告》，科學出版社，2001
長樂未央 長生無極	中國社會科學院考古研究所：《漢杜陵陵園遺址》，科學出版社，1993
長樂未央 長生無極	中國社會科學院考古研究所杜陵工作隊：《1984～1985 年西漢宣帝杜陵的考古工作收穫》，《考古》1991 年第 12 期
長生無極	中國社會科學院考古研究所漢城工作隊：《漢長安城 23～27 號窯址發掘簡報》，《考古》1994 年第 11 期
長樂未央 長生無極	中國社會科學院考古研究所杜陵工作隊：《1982～1983 年西漢杜陵的考古工作收穫》，《考古》1984 年第 10 期
長□□□	周蘇平、王子今：《漢長安城西北區陶俑作坊遺址》，《文博》1985 年第 3 期
長生無極 與天無極 千秋萬歲 右空	中國社會科學院考古研究所、日本奈良國立文化財研究所中日聯合考古隊：《漢長安城桂宮二號建築遺址 B 區發掘簡報》，《考古》2000 年第 1 期
長生無極 千秋萬歲	中國社會科學院考古研究所、日本奈良國立文化財研究所中日聯合考古隊：《漢長安城桂宮二號建築遺址發掘簡報》，《考古》1999 年第 1 期
長樂未央 與天無極	黑光：《西安漢太液池出土一件巨形石魚》，《文物》1975 年第 6 期

續表

瓦當銘文	資料出處
衛 □□無極 長生無極 長樂未央 千秋萬歲 延年益壽 與天無極 長生未央 與天	中國社會科學院考古研究所：《漢長安城未央宮——1980～1989年考古發掘報告》，中國大百科全書出版社，1996
長樂未央 長生無極 千秋萬歲	中國社會科學院考古研究所漢城工作隊：《漢長安城未央宮第二號遺址發掘簡報》，《考古》1992年第8期
漢并天下 延年益壽	俞偉超：《漢長安城西北部勘查記》，《考古通訊》1956年第5期
與天無極 延年益壽 長樂未央 長生無極 千秋萬歲 衛	中國社會科學院考古研究所漢城工作隊：《漢長安城未央宮第三號建築遺址發掘簡報》，《考古》1989年第1期；中國社會科學院考古研究所漢城工作隊：《漢長安城未央宮第四號建築遺址發掘簡報》，《考古》1993年第11期；中國社會科學院考古研究所漢城工作隊：《漢長安城未央宮西南角樓遺址發掘簡報》，《考古》1996年第3期
長樂未央 長生未央 長生無極 與天無極 千秋萬歲 維天降靈延元萬年天下康寧	中國社會科學院考古研究所漢城工作隊：《漢長安城武庫遺址發掘的初步收穫》，《考古》1978年第4期
長生未央 延年益壽 延年 上林	陝西省博物館、文管會考古調查組：《長安窩頭寨漢代錢範遺址調查》，《考古》1972年第5期
上林 千秋萬歲 延年益壽	雒忠如：《西安西郊發現漢代建築遺址》，《考古》1957年第6期

續表

瓦當銘文	資料出處
與天無極 長生無極 長樂未央	中國社會科學院考古研究所、日本奈良國立文化財研究所中日聯合考古隊：《漢長安城桂宮四號建築遺址發掘簡報》，《考古》2002 年第 1 期
齊一宮當 齊園宮當 齊園 長陵東當 長陵西當 長樂未央	王丕忠：《漢長陵附近出土的秦漢瓦當》，載《文物資料叢刊》第 6 輯，文物出版社，1982
千秋萬歲 與天無極 長樂未央	王丕忠、張子波、孫德潤：《漢景帝陽陵調查簡報》，《考古與文物》1980 年創刊號
長生無極	陝西省考古研究所配合基建考古隊：《陝西省 185 煤田地質隊咸陽基地籌建處東漢墓發掘簡報》，《考古與文物》1993 年第 5 期
長樂未央 長生無極	咸陽市博物館：《漢平陵調查簡報》，《考古與文物》1982 年第 4 期
長樂未央	咸陽市博物館：《咸陽市近年發現的一批秦漢遺物》，《考古》1973 年第 3 期
長生無極 億年無疆 長樂未央	李宏濤、王丕忠：《漢元帝渭陵調查記》，《考古與文物》1980 年創刊號
與民世世天地相方永 安中正 加氣始降 屯澤流施 光耀宇宙 道德順序 屯美流遠	王志傑、朱捷元：《漢茂陵及其陪葬冢附近新發現的重要文物》，《文物》1976 年第 7 期
罷 長樂未央 與天無極	劉懷君：《陝西眉縣兩處秦漢"眉邑"遺址的調查》，《考古與文物》2008 年第 2 期
千秋萬歲 王門大吉	天津市歷史博物館考古部：《天津軍糧城海口漢唐遺迹調查》，《考古》1993 年第 2 期

第六章　秦漢印章文字（含秦漢封泥文字）

第一節　秦漢印章文字

一　秦漢印章文字概述

《説文・玉部》："壐，王者印也。"《廣雅・釋器》："印謂之壐。"王念孫《廣雅疏證》："秦以前，民皆以金玉爲印，龍虎紐，唯其所好。秦以來，天子獨以印稱壐，又獨以玉，群臣莫敢用之。"1998 年在安陽西郊水利局院內商代晚期地層發現一枚銅製肖形印，上爲半個饕餮紋。或許有字壐印就是在肖形印基礎上發展來的。《周禮・地官・掌節》有"壐節"一詞，表明周代有壐印。出土發現的有字古印最早是戰國時期的。裘錫圭先生指出："戰國後期和統一後的秦印，歷來發現得很多。印文多數是篆文，但也有不少是古隸或接近古隸的篆文俗體。已發現的漢印數量更多，印文一般是篆文。"①

關於秦印的界説，清代學者陳介祺的《十鐘山房印舉》特別劃分了"周秦"印。吳式芬、陳介祺《封泥考略》明確標舉出"秦印"，形成了秦印和秦封泥的三條標準：一是職官、地理合於秦制，與漢制有異；二是文字風格、結構同於已知的秦文字；三是印面有界格。此後學者關於秦印的界説，大都依循這些標準。羅福頤、王人聰《印章概述》，羅福頤《古壐印概論》，趙超《試談幾方秦代的田字格印及有關問題》，王人聰《秦官印考述》，王人聰、葉其峰《秦漢魏晉南北朝官印研究》等都對這一問題進行了討論。李學勤先生指出："目前，我們的有關知識仍是有限的，對戰國晚期

---

① 裘錫圭：《文字學概要》，商務印書館，1988，第 61 頁。

秦國、秦代和漢初的印與封泥，仍難作全面的劃分。考慮到秦代不過短促的 15 年，這種劃分或許在客觀上是不可能的。因此，今天我們說秦印、秦封泥，應理解爲年代可有上溯下延，以不遠於秦代爲近是。"①

西漢初年，特別是漢武帝時期，社會相對穩定，經濟得以發展，政治空前活躍。隨着公文往來的頻繁，貨物傳遞的增多，印章作爲憑信，使用的範圍越來越大，使用的頻率越來越高，印章的刻製工藝、書寫藝術也同時得到了很大的發展。

漢印從內容上分爲官印和私印兩種，字體主要爲繆篆。繆篆是漢印文字的主要寫作形式與特殊結體方法，所以研究瞭解漢印文字，主要就是研究瞭解繆篆。西漢中期到東漢時，漢印中的文字多方整，筆畫綫條粗細與間距均匀，使漢印文字顯得雄渾、質樸。漢代印章的主要功能是簽發文書、傳遞信件、作爲身份憑信等。印章的主人是有一定社會地位的。

現代學者對戰國古璽印研究較多，對秦漢印章文字研究較少。對秦漢印章文字素有研究的現代學者主要有羅福頤、李學勤、裘錫圭、吳榮曾、吳振武、王人聰、葉其峰、趙超、孫慰祖、王輝、施謝捷、陳松長、趙平安、劉樂賢、曹錦炎、劉釗、吳良寶等。

下文介紹幾種著錄秦漢印章文字的著作。

《漢印文字類纂》12 卷，以偏旁爲部目，不計重文，收字 1875 個。每字之下附錄印章全文，但不注見於何譜及收藏者，對每字之形體變化、通假等略加考證，所考多可商。②

《漢印文字徵》是這方面的集大成者，包括"漢印文字徵"14 卷，"附錄"1 卷，由作者自己摹寫，曾於 1930 年和另一部《古璽文字徵》合在一起以《璽印文字徵》爲名印行過。其後，作者對這部《漢印文字徵》陸續作了補充增訂，1978 年據新中國成立後所見資料重新修訂出版，所收漢印文字較前增加了三分之一强。這是一部關於漢代官私印文字的資料工具書。據該書統計，此書所收漢魏官私印文字 2646 字，重文 7432 字，合計 10078 字，附錄收不識字 143 字，重文 18 字，每字所列形體均注出處。按《説

---

① 李學勤：《秦封泥與秦印》，《西北大學學報》1997 年第 1 期；收入《李學勤學术文化隨筆》，中國青年出版社，1999。

② 孟昭鴻：《漢印文字類纂》，上海西泠印社影印本，民國二十二年。

文》分部，按原印大小摹寫。漢魏印文中有當時不可識的字，集爲附録，以待考證。書前引用諸家印譜目録，書後附有檢字表。此書對文物考古、古文字學研究和篆刻書法有重要參考價值，是目前研究漢印文字最重要的工具書之一。[1]

《漢印文字徵補遺》，由羅隨祖摹寫。前有羅福頤所撰《序》（闡述本書撰集經過和文字考證舉例）和《跋》。正文十四卷。後有《漢印文字徵補遺附録》和《漢印文字徵補遺檢字》。羅福頤在《序》中寫道，羅隨祖"摹得千百數十字，其中可補予正編所缺，得三百字左右。乃令依《説文》編次，勒成十四卷"。羅隨祖在爲《漢印文字徵補遺》所作的《跋》中，謂《漢印文字徵》1978 年再版刊行，因當時條件所限，前《序》後《跋》未逮入録，近聞將再作二次印刷，并此補遺二卷，同即付梓，故將其父親前《跋》一并收入，以便讀者瞭解是書編撰原委，及文字隸定依據。此書也是目前研究漢印文字最重要的工具書之一。[2]

《增訂漢印文字徵》（套裝上下册），由羅隨祖把《漢印文字徵補遺》分別插入正編而成。該書修訂了一些漢印文字的隸定，并更正了原書舊版的筆誤、避諱、錯漏字，共收入漢印印文和隸定字 2806 字。[3]

《印典》，此書係作者歷時三十餘載方編輯而成，匯録印譜百餘種。時限上起晚周，下逮六朝，收入古璽印、封泥拓本四萬餘方。全書以印文中字之筆畫爲序，字頭下則集有該字之璽印拓本，首按字形之古、近、正、變分列，次按晚周、秦、西漢、東漢、三國、六朝之順序排列，附有部分唐宋元印。每印下之拓本注明出處，并標釋文。全書共分四册。此書收羅宏豐，其特點是完備、集中、易檢。[4]

---

[1] 羅福頤：《漢印文字徵》，民國羅氏石印本；文物出版社，1978；中華書局香港分局，1979。據施謝捷《〈漢印文字徵〉卷七校讀記》（載《出土文獻與古文字研究》第 4 輯，上海古籍出版社，2011）核校，原統計數字其實并不符合實際情況，較舊版所增者僅 200 例左右，遠未達到三分之一。此書所收漢魏官私印文 2646 字，重文 7556 字，合計 10202 字。

[2] 羅福頤：《漢印文字徵補遺》，文物出版社，1982。據施謝捷《〈漢印文字征〉卷七校讀記》（載《出土文獻與古文字研究》第 4 輯，上海古籍出版社，2011）統計，該書收字 1009 字，重文 360 字，合計 1369 字。

[3] 羅福頤：《增訂漢印文字徵》，紫禁城出版社，2010。

[4] 康殷、任兆鳳：《印典》，中國友誼出版公司，2002。

《二十世紀出土璽印集成》，是 20 世紀出土璽印的大型資料匯編，是繼甲骨文、金文、陶文、簡牘合集之後，又一部反映地下出土資料的重要考古文獻合集。該書共收 20 世紀出土璽印 6000 餘枚，全面介紹璽印的出土地點、質地、尺寸、形制、年代、印文及其他方面的内容。該書共分三部分：第一部分是璽印集譜（按年代排列印譜）；第二部分是直接反映璽印應用的封泥、印陶、陶範等資料集譜；第三部分是出土璽印索引。該書對於歷史、考古、璽印、文字等學術研究有着十分重要的意義，同時爲歷史學、文物學、博物館學、古地理學、古文字學、璽印學、篆刻學及其他一些文史方面的研究提供了重要的參考資料，具有重要的學術價值與藝術價值。①

《秦西漢印章研究》，是最近出版的一部研究秦和西漢時期印章的力作。該書對秦和西漢時期官印的格式和讀法，朝官與王國官制的差別，官名和地名的考定，官印稱謂的省略，複姓的考釋，印文的結構，印文的書體，印文的考釋，以及漢簡中所見璽印資料等，進行了系統而全面的研究和論述。該書對前人誤釋的辨證，對漢印複姓的辨識，對璽印文字的考釋等，均提出精闢的見解，證據充分可信，考查和論證十分詳細。該書收集資料相當完備，爲進一步研究奠定了堅實的基礎。該書爲秦漢璽印研究的新成果，填補了相關研究領域的空白，是對古印學的新貢獻，其學術價值得到高明、李學勤、裘錫圭諸位先生的充分肯定。②

二 新世紀公布的秦漢印章文字

1977 年，山東即墨市王村鎮小橋村發現 1 枚金印，藏於即墨市博物館。該印呈正方體，有龜紐，印面鑿刻白文篆書"諸國侯印"四字。漢代王侯一般葬在其所封之地，這枚印與漢制相符，又出自皋虞故地，所以應爲皋虞侯印。③ 金印"諸國侯"應解爲封於諸（諸縣）之侯，由於不好稱"諸侯"而作"諸國侯"。④

1986 年，湖北江陵嶽山墓地漢墓出土銅印章 1 枚，體呈半球狀，陰刻

---

① 周曉陸主編《二十世紀出土璽印集成》，中華書局，2010。
② 趙平安：《秦西漢印章研究》，上海古籍出版社，2012。
③ 姜保國：《西漢金"諸國侯印"》，《文物》2000 年第 7 期。
④ 李學勤：《即墨小橋村出土西漢金印小記》，《文物》2000 年第 7 期。

“胡傷”二字。①

1988 年，江蘇邗江縣甘泉鄉姚莊村 102 號漢墓出土印章 5 枚，包括銅印 3 枚，琥珀印和瑪瑙印各 1 枚。琥珀印印面上爲綫刻陰文“常樂富貴”4 字。墓葬年代爲西漢晚期和新莽始建國元年以後。②

1989 年，山東昌樂縣謝家埠遺址 M35 出土銅印 1 枚，方形，刻有“茉賞之印”4 字。M35 年代在西漢晚期至東漢早期。③

1990 年，江蘇東陽小雲山 1 號漢墓出土 1 枚兩面銅印，正面印文爲“陳何賈”，背面印文爲“陳君孺”。墓葬年代不晚於西漢中期。④

1990 年，江蘇江寧縣湖熟窑廠發現 1 枚漢代私印，印文“脩朝私印”4 字，鑄印。從印文形態考察，該印年代當是西漢末期。⑤

1991 年，江蘇江寧縣湖熟鎮中學一漢代木槨墓發現 1 枚漢代私印，木質，印文陰刻“臣柱”。此印藏南京市博物館。⑥

1992 年，安徽潛山縣彭嶺西漢墓出土銅印章 2 枚，爲穿帶式兩面印。M17：4 兩面陰刻篆體印文，一面爲“商伯之印”，另一面爲“商□之印”。M28：38 兩面陰刻篆體印文，一面刻三字，另一面刻“臣□”二字。銹蝕太甚，印紋模糊，無法辨認。M17、M28 的年代爲西漢早期。⑦

1993 年，廣東徐聞縣五里鎮漢代遺址出土銅印 1 枚，印紐爲一臥龜，“田”字印面，上刻陰文“臣固私印”四字，篆書。該遺址的年代爲西漢早期到西漢中期。⑧

1995 年，江蘇江寧縣湖熟鎮經濟開發區一東漢早期墓出土木質印 1 枚，兩面皆有陰刻印文，一面刻“黃帝神印”4 字，另一面印文漫漶不可識。此

---

① 湖北省江陵縣文物局、荆州地區博物館：《江陵嶽山秦漢墓》，《考古學報》2000 年第 4 期。

② 揚州博物館：《江蘇邗江縣姚莊 102 號漢墓》，《考古》2000 年第 4 期。

③ 濰坊市文物管理委員會辦公室、昌樂縣文物管理所：《山東昌樂縣謝家埠遺址的發掘》，《考古》2005 年第 5 期。

④ 盱眙縣博物館：《江蘇東陽小雲山一號漢墓》，《文物》2004 年第 5 期。

⑤ 邵磊、周維林：《江蘇江寧出土三枚古印》，《文物》2001 年第 7 期。

⑥ 邵磊、周維林：《江蘇江寧出土三枚古印》，《文物》2001 年第 7 期。

⑦ 安徽省文物考古研究所、潛山縣文物管理所：《安徽潛山彭嶺戰國西漢墓》，《考古學報》2006 年第 2 期。

⑧ 廣東省文物考古研究所、湛江市博物館、徐聞縣博物館：《廣東省徐聞縣五里鎮漢代遺址》，《文物》2000 年第 9 期。

印藏南京市博物館。①

1990～1996 年，廣西合浦縣母豬嶺漢墓出土銀印章 1 枚，半球形，印文爲篆書陰刻"黄營"。銅印章 2 枚，1 枚印方形，印文爲陰刻篆體"黄良私印"；另 1 枚可能是朱書印，出土時已看不見字迹。該墓年代從西漢晚期延續到東漢後期。②

1997 年，湖北巴東縣茅寨子灣遺址 M4 出土銅印章 1 枚，方形，篆刻"式文印"三字。M4 的年代爲漢末至晉初。③

1998 年，成都市蒲江縣鶴山鎮飛龍村西側小河邊的船棺墓出土 1 枚漢代銅印。此印體扁平，作者認爲印文爲陰文"敬吏"二字。而"敬吏"在秦代官制中無從考查，可能是人名。此外，還出土 2 件巴蜀印，印文爲巴蜀符號。該墓的年代上限爲戰國晚期，下限至秦代。④ 郝士宏先生認爲，該印印文當釋爲"敬事"，"敬事"璽習見，文獻中也常見，古文字"吏"與"事"在分化前由同一個字形記録。此印中的"敬事"璽可能是成語璽，而不是小吏，也不是人名。⑤

1998 年，陝西咸陽杜家堡東漢墓出土銅印章 1 枚，印文陰文篆刻"長得天右"。該墓葬年代爲東漢中期。⑥

2000 年，貴州赫章縣可樂鎮可樂村出土 1 枚銅印章，印面方形，印文爲朱文篆書"敬事"二字。墓葬屬古夜郎國時期，爲漢式土坑墓。⑦

2000 年，甘肅武山縣東旱坪 M69 出土銅印 1 枚，方形，印文陰刻"張政之印"4 字。M69 的年代爲西漢早期。⑧

2000 年，江蘇徐州市顧山西漢墓 M3 出土銅印章 1 枚，印面呈方形，陰

---

① 邵磊、周維林：《江蘇江寧出土三枚古印》，《文物》2001 年第 7 期。

② 廣西合浦縣博物館：《廣西合浦縣母豬嶺漢墓的發掘》，《考古》2007 年第 2 期。

③ 國家文物局三峽文物保護領導小組湖北工作站、廈門大學歷史系考古教研室：《湖北巴東茅寨子灣遺址發掘報告》，《考古學報》2001 年第 3 期。

④ 成都市文物考古工作隊、蒲江縣文物管理所：《成都市蒲江縣船棺墓發掘簡報》，《文物》2002 年第 4 期。

⑤ 郝士宏：《"敬吏"當爲"敬事"》，《文物》2003 年第 3 期。

⑥ 咸陽市文物考古研究所：《陝西咸陽杜家堡東漢墓清理簡報》，《文物》2005 年第 4 期。

⑦ 貴州省文物考古研究所：《貴州赫章可樂夜郎時期墓葬》，《考古》2002 年第 7 期。

⑧ 甘肅省文物考古研究所：《甘肅武山縣東旱坪戰國秦漢墓葬》，《考古》2003 年第 6 期。

文，有"兒忠（？）之印"4字，應爲墓主私章。M3 的年代在西漢中晚期。①

2000 年，江蘇徐州市後樓山 8 號西漢墓出土玉印 1 枚，印臺爲方形，印面陰文篆刻"陳女止"3 字。該墓的年代在西漢初期。②

2000 年，武漢市江夏區廟山村東漢墓出土銅印 1 枚，印面呈方形，印面陰文篆刻"司金司馬"4 字，印文古樸，字迹清晰。該墓葬年代爲東漢晚期。③

2001 年，西安市東郊西漢寶氏墓（M3）出土有銘銅鈁和銅燈外，還出土一枚銅印章，穿帶印，平面正方形。印文篆體，一面爲"寶氏"，另一面爲"姜氏"。寶氏墓（M3）的年代爲西漢早期後段，即文帝初年這一時期。④

2001 年，廣西合浦縣九隻嶺東漢墓 M5 出土琥珀印章，方印，印文爲篆書刻的"黃昌私印"。還有 1 枚"黃□□印"鈕扣形琥珀圓印章。M5 屬東漢前期墓。⑤

2001 年，濟南市臘山漢墓出土水晶印章 1 枚，正方形，整體透明，鳥蟲書體陰文，印文爲"傅嬺"。瑪瑙印章 1 枚，正方形，上端正中有一個穿孔，篆體陰文，印文爲"姜嬺"。臘山漢墓的年代應在西漢早期。⑥

2002 年，西安市長安區郭杜鎮西北政法學院南校區西漢張湯墓（M20）出土銅印 2 枚。方形，側面有貫通的長方形穿孔。正反兩面均陰刻篆文，一枚刻"張湯""張君信印"，另一枚刻"張湯""臣湯"。M20 的年代爲西漢中期。《漢書·武帝紀》載張湯卒於元鼎二年（前 115 年），其埋葬時間當在此後不久。⑦

2002 年，江蘇宿遷市泗陽縣三莊鄉陳墩漢墓出土銅印 2 枚，其中龜紐

① 徐州博物館：《江蘇徐州市顧山西漢墓》，《考古》2005 年第 12 期。

② 徐州博物館：《江蘇徐州市後樓山八號西漢墓》，《考古》2006 年第 4 期。

③ 武漢市文物考古研究所、江夏區文物管理所：《武漢江夏區廟山東漢墓的清理》，《考古》2006 年第 5 期。

④ 西安市文物保護考古所：《西安東郊西漢寶氏墓 M3 發掘報告》，《文物》2004 年第 6 期。

⑤ 廣西壯族自治區文物工作隊、合浦縣博物館：《廣西合浦縣九隻嶺東漢墓》，《考古》2003 年第 10 期。

⑥ 濟南市考古研究所：《濟南市臘山漢墓發掘簡報》，《考古》2004 年第 8 期。

⑦ 西安市文物保護考古所：《西安市長安區西北政法學院西漢張湯墓發掘簡報》，《文物》2004 年第 6 期。

印、穿帶印各 1 枚。龜紐印印面呈方形，印文爲"張廷意"，"張"爲陽文，"廷意"爲陰文。穿帶印扁方形，中空，形成穿帶，雙面印文，陰文深凹，一面爲吉語"日光"，周圍飾四燕形陰文，另一面爲乳虎紋。陳墩漢墓的年代應爲西漢中後期昭宣時期。①

2002 年，山東日照市西郊西十里堡村西南出土竹簡和木牘等重要文物，還有銅鏡和銅印章等。印章 2 枚，其中 1 枚私印，印文爲"公孫昌（？）印"，"公孫"爲陰文，"昌印"爲陽文；另 1 枚印文爲"元宜自至，柏（百）事不問，願君自發，封完言信"，爲陰文。該墓葬年代約在漢武帝末年或昭帝時期。②

2003 年，洛陽西漢張就墓（IM1835）出土銅印 2 枚，方形，印面篆體陰文分別爲"張就之印"和"張就信印"。該墓葬年代爲西漢晚期。③

2003 年，西安市南郊潘家莊 M169 出土陶印 1 枚，方形，正面陰刻"黃神之印" 4 字。"黃神之印"陶印是西安地區漢墓首次出土，是東漢時期道家使用的壓勝辟邪物。寶雞縣陽平鎮曾出土一枚"天帝使者"銅印。④ 這些印章是東漢時期道教在喪葬習俗中的反映。M169 下葬的年代爲東漢中期晚段或晚期早段。⑤

2003 年，江蘇徐州市翠屏山西漢劉治墓出土玉印 1 枚，印爲長方形雙面印，白玉質，正面印文爲"劉治"，背面印文爲"臣治"，均爲陰文篆書，字體規整。印章和 4 個串飾作爲一個整體，屬於劉治的腰間佩戴物品。該墓的年代大致在西漢文帝至武帝初年。⑥

2003 年，陝西咸陽二○二所西漢墓出土銅器 102 件，其中銅印 1 枚，正方形，文爲"王容私印"，"私"爲陽文，其他三字爲陰文。墓葬年代爲西漢晚期。⑦

---

① 江蘇泗陽三莊聯合考古隊：《江蘇泗陽陳墩漢墓》，《文物》2007 年第 7 期。

② 山東省文物考古研究所：《山東日照海曲西漢墓（M106）發掘簡報》，《文物》2010 年第 1 期。

③ 洛陽市第二文物工作隊：《洛陽西漢張就墓發掘簡報》，《文物》2005 年第 12 期。

④ 閆宏斌：《寶雞縣出土"天帝使者"銅印》，《文博》1991 年第 3 期。

⑤ 西安市文物保護考古所：《西安南郊潘家莊 169 號東漢墓發掘簡報》，《文物》2008 年第 6 期。

⑥ 徐州博物館：《江蘇徐州市翠屏山西漢劉治墓發掘簡報》，《考古》2008 年第 9 期。

⑦ 咸陽市文物考古研究所：《陝西咸陽二○二所西漢墓葬發掘簡報》，《考古與文物》2006 年第 1 期。

2003～2005 年，廣西合浦風門嶺 23 號漢墓出土龜鈕銅印 1 枚，印文爲"吳茂私印"。此墓爲西漢後期早段墓葬。①

2004 年，西安市南郊嶽家寨村西安理工大學新校區 M1 壁畫墓出土銅印章 2 枚，其中 1 枚無鑄刻文字，另 1 枚印面有篆文"宜子孫"3 字。墓葬年代應在西漢晚期。②

2004 年，江蘇揚州邗江區楊廟鎮楊廟村西漢劉毋智墓出土玉印 1 枚，白玉質，方體。印面篆刻陰文"劉毋智"。墓葬相對年代應爲西漢早期。③

2004 年，江蘇徐州市大孤山二號漢墓出土銅印 1 枚，方形，印文爲"王霸之印"，其中"王"爲陽文，"霸之印"爲陰文。玉印 1 枚，青白玉，質地瑩潤，方形，印面陰刻"王霸"二字。大孤山二號墓的年代爲西漢中期。④

2006 年，江蘇徐州黑頭山西漢劉慎墓出土銅印 5 枚，玉印 3 枚："劉慎"銅印 1 枚，陰文篆書，一面爲"劉慎"，另一面爲"臣慎"。"蕭真"銅印 1 枚，陰文篆書，一面爲"平陽君印"，另一面爲"蕭真"。"東宮府印"銅印 1 枚，陰文篆書"東宮府印"4 字。"劉慎"銅印 1 枚，印面陰文篆書"劉慎"二字。"臣慎"銅印 1 枚，印面陰文篆書"臣慎"二字。"劉慎"玉印 3 枚，皆爲白玉質。一爲陰刻篆書"劉慎"，一爲陰刻鳥蟲書"劉慎"，一爲陰刻篆書"劉慎"（一面）、"臣慎"（另一面）。該墓的年代應爲西漢早期的後段。⑤

2006～2007 年，河南偃師市白草坡東漢帝陵陵園遺址出土銅印 1 枚，近方形，印面篆書"耿仙印信"4 字。該遺址的年代大致屬於東漢中晚期。⑥

---

① 廣西壯族自治區文物工作隊、合浦縣博物館：《合浦風門嶺漢墓——2003～2005 年發掘報告》，科學出版社，2006。

② 西安市文物保護考古所：《西安理工大學西漢壁畫墓發掘簡報》，《文物》2006 年第 5 期。

③ 揚州市文物考古研究所：《江蘇揚州西漢劉毋智墓發掘簡報》，《文物》2010 年第 3 期。

④ 徐州博物館：《江蘇徐州市大孤山二號漢墓》，《考古》2009 年第 4 期。

⑤ 徐州博物館：《江蘇徐州黑頭山西漢劉慎墓發掘簡報》，《文物》2010 年第 11 期。吕建、杜益華：《江蘇徐州黑頭山西漢墓出土印章的幾點認識》，載《湖南省博物館館刊》第 6 輯，嶽麓書社，2010。

⑥ 洛陽市第二文物工作隊、偃師市文物管理委員會：《偃師白草坡東漢帝陵陵園遺址》，《文物》2007 年第 10 期。

2007 年，河南禹州市新峰墓地 M16 出土銅印章 1 枚，印面近似方形，印文爲陰刻篆書，共二字，難以辨識。M10 的年代大致在王莽及其稍後時期，M16 應稍晚於 M10。①

2007 年，河南榮陽市豫龍鎮苜蓿窪村墓地出土漢印 6 枚，采集到漢印 1 枚，共 7 枚，印文分別爲"王能私印""楚定""奉親皖印""山宮私印""左宮""福樂""部曲將印"，印面均陰文篆書。這 7 枚印中，"部曲將印"爲官印，"部曲"是軍隊編制單位；"王能私印""楚定"爲姓名印；"左宮""山宮私印"爲記執印者職官名的私印，與"奉親皖印"均屬姓名印的範疇；"福樂"爲吉語印。②

2008～2009 年，湖南望城劉姓王墓出土金印兩枚，印文爲"長沙王璽"和"長沙王印"，據説分別在 7 號墓及 11 號墓出土。兩枚金印當是東漢初年之物。③

2009～2010 年，江西靖安縣高湖鎮老虎墩遺址合葬墓 M0 出土銅印 1 枚，印面呈正方形，竪嚮刻陰文繆篆"張武君印"4 字。M0 的年代推斷爲東漢中期早段。④

三 出土秦漢印章文字字表

表 6－1 出土秦漢印章文字字表⑤

印章銘文	墓葬年代	資料出處	質數
敬事	上限爲戰國晚期，下限至秦代	成都市文物考古工作隊、蒲江縣文物管理所：《成都市蒲江縣船棺墓發掘簡報》，《文物》2002 年第 4 期。郝士宏：《"敬吏"當爲"敬事"》，《文物》2003 年第 3 期	銅 1

① 許昌市文物工作隊：《河南禹州市新峰墓地 M10、M16 發掘簡報》，《考古》2010 年第 9 期。

② 于宏偉、劉良超：《河南榮陽苜蓿窪墓地出土的幾枚漢印》，《考古與文物》2009 年第 4 期。

③ 長沙市文物考古研究所：《長沙"12·29"古墓葬被盜案移交文物報告》，載《湖南省博物館館刊》第 6 輯，嶽麓書社，2010，第 335 頁。陸錫興：《繆篆新考》，載《出土文獻與古文字研究》第 4 輯，上海古籍出版社，2011，第 296～297 頁。

④ 江西省文物考古研究所、廈門大學歷史系考古專業、靖安縣博物館：《江西靖安老虎墩東漢墓發掘簡報》，《文物》2011 年第 10 期。

⑤ 請參看《二十世紀出土璽印集成》"譜録"部分和《秦西漢印章研究》附録四《秦西漢官印一覽表》。

續表

印章銘文	墓葬年代	資料出處	質數
黄惑 龔義 黄□ 鄭蓋 黄禺私印 王	秦漢之際	周世榮：《長沙出土西漢印章及其有關問題研究》，《考古》1978 年第 4 期	秦西漢官印 28 枚，私印 29 枚①
遬	西漢初年	湖北省博物館：《雲夢大墳頭一號漢墓》，《文物資料叢刊》第 4 輯，文物出版社，1981	玉 1
夫人	西漢初期	廣西壯族自治區文物工作隊：《廣西貴縣羅泊灣二號漢墓》，《考古》1982 年第 4 期	玉 1②
陳女止	西漢初期	徐州博物館：《江蘇徐州市後樓山八號西漢墓》，《考古》2006 年第 4 期	玉 1
劉疵	西漢初期	臨沂地區文物組：《山東臨沂西漢劉疵墓》，《考古》1980 年第 6 期	瑪瑙 1
傅嬊 妾嬊	西漢早期	濟南市考古研究所：《濟南市臘山漢墓發掘簡報》，《考古》2004 年第 8 期	水晶 1 瑪瑙 1
□王 □□大吉 □□大吉 王未央	西漢早期	山東省博物館：《曲阜九龍山漢墓發掘簡報》，《文物》1972 年第 5 期	銅 4
劉毌智	西漢早期	揚州市文物考古研究所：《江蘇揚州西漢劉毌智墓發掘簡報》，《文物》2010 年第 3 期	玉 1
陳當/③臣當 陳請士 陳請士	西漢早期	西安市文物保護考古所：《西安龍首原漢墓》，西北大學出版社，1999，第 163、175 頁	銅 1 玉 1 水晶 1
臣固私印	西漢早期	廣東省文物考古研究所、湛江市博物館、徐聞縣博物館：《廣東省徐聞縣五里鎮漢代遺址》，《文物》2000 年第 9 期	銅 1

① 此數字包括 135 頁 "西漢中期"、138 頁 "西漢晚期" 同篇論文公布的數量。

② 廣西貴縣羅泊灣二號漢墓出土玉印 2 枚，1 枚無字，1 枚刻 "夫人" 二字。

③ "/" 表示該印兩面均有銘文，"/" 之前是一面，"/" 之後是另一面。

續表

印章銘文	墓葬年代	資料出處	質數
商伯之印/商□之印 □□□/臣□	西漢早期	安徽省文物考古研究所、潛山縣文物管理所：《安徽潛山彭嶺戰國西漢墓》，《考古學報》2006 年第 2 期	銅 2
張政之印	西漢早期	甘肅省文物考古研究所：《甘肅武山縣東旱坪戰國秦漢墓葬》，《考古》2003 年第 6 期	銅 1
梁奮/臣奮 得之/臣之 趙安 臣偃 辛偃 李嘉 灑	西漢前期	中國社會科學院考古研究所、廣州市文物管理委員會、廣州市博物館：《廣州漢墓》上冊，文物出版社，1981，第 149、171 頁	銅 2 瑪瑙 1 玉 4
劉慎/臣慎 平陽君印/蕭真 東宮府印 劉慎 臣慎 劉慎 劉慎 劉慎/臣慎	西漢早期後段	徐州博物館：《江蘇徐州黑頭山西漢劉慎墓發掘簡報》，《文物》2010 年第 11 期。呂建、杜益華：《江蘇徐州黑頭山西漢墓出土印章的幾點認識》，載《湖南省博物館館刊》第 6 輯，嶽麓書社，2010	銅 5 玉 3
竇氏/姜氏	文帝初年	西安市文物保護考古所：《西安東郊西漢竇氏墓（M3）發掘報告》，《文物》2004 年第 6 期	銅 1
劉治/臣治	西漢文帝至武帝初年	徐州博物館：《江蘇徐州市翠屏山西漢劉治墓發掘簡報》，《考古》2008 年第 9 期	玉 1
楚候之印 楚御府印 楚司馬印 （等）①	西漢楚王墓 文帝與景帝初	獅子山楚王陵考古發掘隊：《徐州獅子山西漢楚王陵發掘簡報》，《文物》1998 年第 8 期。王愷：《獅子山楚王陵出土印章和封泥對研究西漢楚國建制及封域的意義》，《文物》1998 年第 8 期	銅 近 195，銀 5

① 徐州獅子山西漢楚王陵出土楚候之印、楚中候印、楚御府印、楚衛士印、楚司馬印、楚營司空、楚騎千人、楚中司空、谷陽之印、武原之印、相令之印、繒之右尉、北平邑印、文陽丞印、昭之右尉、蘭陵之印、共之右尉、海邑右尉、楚都尉印、楚司馬印等印章近 200 枚，絕大部分爲官印，其中 5 枚銀印，餘爲銅印，并出土封泥 80 餘枚。

續表

印章銘文	墓葬年代	資料出處	質數
張伯/張偃	文帝到景帝	長江流域第二期文物考古工作人員訓練班：《湖北江陵鳳凰山西漢墓發掘簡報》，《文物》1974 年第 6 期	木 1
宛朐侯執	景帝三年或稍晚	徐州博物館：《徐州西漢宛朐侯劉執墓》，《文物》1997 年第 2 期	金 1
君侯之印 劉頃/臣頃	下限在武帝初年	徐州博物館：《徐州市東郊陶樓漢墓清理簡報》，《考古》1993 年第 1 期	銀 1 銅 1
公孫昌（?）印元宜自至，柏（百）事不閒，願君自發，封完言信	武帝末年或昭帝時期	山東省文物考古研究所：《山東日照海曲西漢墓（M106）發掘簡報》，《文物》2010 年第 1 期	銅 2
竇綰 竇君須	西漢中期	中國科學院考古研究所滿城發掘隊：《滿城漢墓發掘紀要》，《考古》1972 年第 1 期	銅 2
鄖侴 貴海 王命 王光私印 秦止/臣止	西漢中期	平朔考古隊：《山西朔縣秦漢墓發掘簡報》，《文物》1987 年第 6 期	銅 5
蘇將軍印 利蒼 蘇郢 石賀 周誘 曹媄 姜媄 桓啓	西漢中期	周世榮：《長沙出土西漢印章及其有關問題研究》，《考古》1978 年第 4 期	（見 133 頁注①）

續表

印章銘文	墓葬年代	資料出處	質數
文帝行璽 帝印 趙眜 泰子 泰子 右夫人璽 左夫人印 泰夫人印 部夫人印 趙藍 景巷令印	西漢中期	廣州市文物管理委員會、中國社會科學院考古研究所、廣東省博物館：《西漢南越王墓》（上），文物出版社，1991，第 201、207、252 頁	玉 3 金 3 象牙 1 銅 4（其中銅鎏金 3）
皇后之璽	西漢①	秦波：《西漢皇后玉璽和甘露二年銅方爐的發現》，《文物》1973 年第 5 期	玉 1
左晉印信 唐□私印 唐君長印	西漢中期	中國科學院考古研究所洛陽發掘隊：《洛陽西郊漢墓發掘報告》，《考古學報》1963 年第 2 期	銅 3
張湯/張君信印 張湯/臣湯	西漢中期	西安市文物保護考古所：《西安市長安區西北政法學院西漢張湯墓發掘簡報》，《文物》2004 年第 6 期	銅 2
杜護	西漢中期	陝西茂陵博物館、咸陽地區文管會：《陝西咸陽茂陵西漢空心磚墓》，載《文物資料叢刊》第 6 輯，文物出版社，1982，第 23 頁	銅 1
劉彊	西漢中期	零陵地區文物工作隊：《湖南永州市鸜子山西漢"劉彊"墓》，《考古》1990 年第 11 期	銅 1
王霸之印 王霸	西漢中期	徐州博物館：《江蘇徐州市大孤山二號漢墓》，《考古》2009 年第 4 期	銅 1 玉 1
楚御府印 楚武庫印 楚邸	西漢中期②	徐州博物館、南京大學歷史系考古專業：《徐州北洞山西漢墓發掘簡報》，《文物》1988 年第 2 期	銅 12

① "皇后之璽"與西漢南越王墓之"文帝行璽"風格完全一致，兩者當在同一年代。

② 此墓與徐州獅子山西漢楚王陵都有"楚府御印"，風格很相近，年代當相近。

續表

印章銘文	墓葬年代	資料出處	質數
陳何賈/陳君孺	不晚於西漢中期	盱眙縣博物館：《江蘇東陽小雲山一號漢墓》，《文物》2004 年第 5 期	銅 1
左夫人印	下限在西漢中期	廣西壯族自治區文物工作隊、廣西賀縣文物管理所：《廣西賀縣金鐘一號漢墓》，《考古》1986 年第 3 期	玉 1
張廷意 日光	西漢中後期昭宣時期	江蘇泗陽三莊聯合考古隊：《江蘇泗陽陳墩漢墓》，《文物》2007 年第 7 期	銅 2
侍其繇	西漢中晚期	南波：《江蘇連雲港市海州西漢侍其繇墓》，《考古》1975 年第 3 期	銀 1
兒忠（？）之印	西漢中晚期	徐州博物館：《江蘇徐州市顧山西漢墓》，《考古》2005 年第 12 期	銅 1
桓平私印 桓平私印 臣平 桓平之印 廣陵宮謁 桓蓋之	西漢中晚期	安徽省文物考古研究所、天長縣文物管理所：《安徽天長縣三角圩戰國西漢墓出土文物》，《文物》1993 年第 9 期	銅 3 玉 1 木 1 漆 1
汝南女陰公孫安漢印	西漢中晚期到東漢初	郭清華：《勉縣發現漢代多字私印》，《文物》1987 年第 3 期	銅 1
吳茂私印	西漢後期早段	廣西壯族自治區文物工作隊、合浦縣博物館：《合浦風門嶺漢墓——2003～2005 年發掘報告》，科學出版社，2006，第 29 頁	銅 1
須甲	西漢後期	廣西壯族自治區文物工作隊、賀縣文化局：《廣西賀縣河東高寨西漢墓》，載《文物資料叢刊》第 4 輯，文物出版社，1981，第 38 頁	玉 1
馬良私印	西漢後期	陳公柔、徐元邦、曹延尊、格桑本：《青海大通馬良墓出土漢簡的整理與研究》，載《考古學集刊》第 5 輯，中國社會科學出版社，1987。青海省文物考古研究所：《上孫家寨漢晉墓》，文物出版社，1993，第 168 頁	銅 1

續表

印章銘文	墓葬年代	資料出處	質數
張就之印 張就信印	西漢晚期	洛陽市第二文物工作隊:《洛陽西漢張就墓發掘簡報》,《文物》2005 年第 12 期	銅 2
衛□始印 射襄之印 高陽	西漢晚期	旅順博物館、新金縣文化館:《遼寧新金縣花兒山漢代貝墓第一次發掘》,載《文物資料叢刊》第 4 輯,文物出版社,1981,第 79 頁	銅 2 石 1
劉遷	西漢晚期	河北省文物管理處:《河北邢臺南郊西漢墓》,《考古》1980 年第 5 期	銅 1
霍賀之印	西漢晚期	南京博物院、連雲港市博物館:《海州西漢霍賀墓清理簡報》,《考古》1974 年第 3 期	銅 1
臣奉世 封信願君自發 王印奉世/王印少孫	西漢晚期	揚州博物館、邗江縣博物館:《江蘇邗江胡場五號漢墓》,《文物》1981 年第 11 期	銅 3
王柱私印 王子孺印	西漢晚期	山西省平朔考古隊:《山西省朔縣西漢木椁墓發掘簡報》,《考古》1988 年第 5 期	銅 2
東門延壽 北鄉	西漢晚期	平朔考古隊:《山西朔縣秦漢墓發掘簡報》,《文物》1987 年第 6 期	銅 2
周子路印 周長君	西漢晚期	王正書:《上海福泉山西漢墓群發掘》,《考古》1988 年第 8 期	銅 2
郎長久印	西漢晚期	河北省文物研究所:《河北陽原縣北關漢墓發掘簡報》,《考古》1990 年第 4 期	銅 1
樊委 左充	西漢晚期	中國科學院考古研究所洛陽發掘隊:《洛陽西郊漢墓發掘報告》,《考古學報》1963 年第 2 期	銅 2
謝李 劉當居印 鄧弄 陳壽(等)	西漢晚期	周世榮:《長沙出土西漢印章及其有關問題研究》,《考古》1978 年第 4 期	(見 133 頁注①)
桓宮 惠君	西漢晚期	咸陽市博物館:《陝西咸陽馬泉西漢墓》,《考古》1979 年第 2 期	銅 1 琥珀 1
妾莫書	西漢晚期	揚州市博物館:《揚州西漢"妾莫書"木椁墓》,《文物》1980 年第 12 期	銀 1

續表

印章銘文	墓葬年代	資料出處	質數
王容私印	西漢晚期	咸陽市文物考古研究所：《陝西咸陽二〇二所西漢墓葬發掘簡報》，《考古與文物》2006年第1期	銅1
宜子孫	西漢晚期	西安市文物保護考古所：《西安理工大學西漢壁畫墓發掘簡報》，《文物》2006年第5期	銅1
常樂富貴	西漢晚期和新莽始建國元年以後	揚州博物館：《江蘇邗江縣姚莊102號漢墓》，《考古》2000年第4期	琥珀1①
脩朝私印	西漢末期	邵磊、周維林：《江蘇江寧出土三枚古印》，《文物》2001年第7期	銅1
諸國侯印	西漢	姜保國：《西漢金"諸國侯印"》，《文物》2000年第7期。李學勤：《即墨小橋村出土西漢金印小記》，《文物》2000年第7期	金1
郭延年印 顏音 王忠之印 朱奉國印 少曲子孟 少曲合眾 姚都昌印	東漢前期 王莽時 王莽時 漢 東漢 東漢 王莽時或稍晚	羅西章：《介紹一批陝西扶風出土的漢、魏銅印等文物》，《文物》1980年第12期。官雲程：《扶風縣出土漢代私印印文補釋》，《文物》1991年第3期	銅7
閻立宜印 王福之印 樊長印 鄭弘私印 郭慶私印 禮習 方君明②	新莽或稍後	中國科學院考古研究所洛陽發掘隊：《洛陽西郊漢墓發掘報告》，《考古學報》1963年第2期	銅7
周永私印	新莽時期	揚州博物館：《揚州市郊發現兩座新莽時期墓》，《考古》1986年第11期	銅1
宋余信印	西漢晚期到東漢初期	安徽省文物工作隊：《安徽天長漢墓的發掘》，《考古》1979年第4期	銅1

---

① 除琥珀印"常樂富貴"之外，還有銅印3枚、瑪瑙印1枚，印文均被磨損，無法辨認。

② 除此7枚銅印外，尚有"校尉之印章""左晉印信""樊委""左充""郭童私印""唐□私印""唐君長印"7枚銅印，分別見本表136、138、140、141頁。

續表

印章銘文	墓葬年代	資料出處	質數
茉賞之印	西漢晚期到東漢早期	濰坊市文物管理委員會辦公室、昌樂縣文物管理所：《山東昌樂縣謝家埠遺址的發掘》，《考古》2005 年第 5 期	銅 1
黃營 黃良私印 ☑①	西漢晚期到東漢後期	廣西合浦縣博物館：《廣西合浦縣母猪嶺漢墓的發掘》，《考古》2007 年第 2 期	銀 1 銅 2
王柱私印 董弘印 王隆私印	西漢末到東漢初	平朔考古隊：《山西朔縣秦漢墓發掘簡報》，《文物》1987 年第 6 期	銅 3
長沙王璽 長沙王印	東漢初年	長沙市文物考古研究所：《長沙 "12·29" 古墓葬被盜案移交文物報告》，載《湖南省博物館館刊》第 6 輯，嶽麓書社，2010，第 335 頁。陸錫興：《繆篆新考》，載《出土文獻與古文字研究》第 4 輯，上海古籍出版社，2011，第 296～297 頁	金 2
郭童私印	東漢早期	中國科學院考古研究所洛陽發掘隊：《洛陽西郊漢墓發掘報告》，《考古學報》1963 年第 2 期	銅 1
孟甍之印 孟甍 孟稱	東漢早期	雲南省昭通文化館：《雲南昭通發現東漢 "孟甍" 銅印》，《文物》1975 年第 5 期	銅 3
黃帝神印	東漢早期	邵磊、周維林：《江蘇江寧出土三枚古印》，《文物》2001 年第 7 期	木 1
黃昌私印 黃□□印	東漢前期	廣西壯族自治區文物工作隊、合浦縣博物館：《廣西合浦縣九隻嶺東漢墓》，《考古》2003 年第 10 期	琥珀 1
長樂無極 廣陵玉璽	東漢前期	南京博物院：《江蘇邗江甘泉二號漢墓》，《文物》1981 年第 11 期	銅 1 金 1
張武君印	東漢中期早段	江西省文物考古研究所、厦門大學歷史系考古專業、靖安縣博物館：《江西靖安老虎墩東漢墓發掘簡報》，《文物》2011 年第 10 期	銅 1

---

① 該印出土時字迹不能辨認。

續表

印章銘文	墓葬年代	資料出處	質數
廉□私印 張躬	東漢中期	長辦庫區處紅花套考古工作站：《湖北宜昌前坪包金頭東漢、三國墓》，《考古》1990年第9期	銅2
校尉之印章	東漢中期	中國科學院考古研究所洛陽發掘隊：《洛陽西郊漢墓發掘報告》，《考古學報》1963年第2期	銅1
黃神之印	東漢中期晚段或晚期早段	閻宏斌：《寶雞縣出土"天帝使者"銅印》，《文博》1991年第3期。西安市文物保護考古所：《西安南郊潘家莊169號東漢墓發掘簡報》，《文物》2008年第6期	陶1
耿仙印信	東漢中晚期	洛陽市第二文物工作隊、偃師市文物管理委員會：《偃師白草坡東漢帝陵陵園遺址》，《文物》2007年第10期	銅1
丁崇	東漢晚期	亳縣博物館：《亳縣鳳凰臺一號漢墓清理簡報》，《考古》1974年第3期	銅1
司金司馬	東漢晚期	武漢市文物考古研究所、江夏區文物管理所：《武漢江夏區廟山東漢墓的清理》，《考古》2006年第5期	銅1
使掌果池水中黃門趙許私印	東漢	徐信印、魯紀亨：《陝西旬陽發現一枚漢代銀印》，《文物》1985年第12期	銀1
王光私印 臣光/樂浪太守掾王光之印	東漢	朝鮮古迹研究會：《樂浪王光墓》，桑名文心堂，1936，圖27、28	木2
長得天右	東漢	咸陽市文物考古研究所：《陝西咸陽杜家堡東漢墓清理簡報》，《文物》2005年第4期	銅1
天帝使者	東漢	閻宏斌：《寶雞縣出土"天帝使者"銅印》，《文博》1991年第3期。西安市文物保護考古所：《西安南郊潘家莊169號東漢墓發掘簡報》，《文物》2008年第6期	銅1
臣柱	漢	邵磊、周維林：《江蘇江寧出土三枚古印》，《文物》2001年第7期	木1

印章銘文	墓葬年代	資料出處	質數
胡傷	漢	湖北省江陵縣文物局、荆州地區博物館：《江陵嶽山秦漢墓》，《考古學報》2000 年第 4 期	銅 1
王能私印 楚定 奉親晥印 山宮私印 左宮 福樂 部曲將印	漢	于宏偉、劉良超：《河南滎陽苜蓿窪墓地出土的幾枚漢印》，《考古與文物》2009 年第 4 期	銅 7
勞邑執刲①	漢	廣西壯族自治區文物管理委員會：《廣西出土文物》，文物出版社，1987，第 13 頁。廣西壯族自治區文物工作隊：《廣西合浦縣堂排漢墓發掘簡報》，載《文物資料叢刊》第 4 輯，文物出版社，1981，第 46 ~ 56 頁	琥珀 1
式文印	漢末至晉初	國家文物局三峽文物保護領導小組湖北工作站、厦門大學歷史系考古教研室：《湖北巴東茅寨子灣遺址發掘報告》，《考古學報》2001 年第 3 期	銅 1
敬事	墓葬屬古夜郎國時期，爲漢式土坑墓	貴州省文物考古研究所：《貴州赫章可樂夜郎時期墓葬》，《考古》2002 年第 7 期	銅 1

第二節　秦漢封泥文字

一　秦漢封泥文字概述

在用紙之前，一般印章主要用來打在封文書信札或其他物品的封泥上，

---

① 1975 年廣西合浦堂排一號漢墓出土一枚琥珀印，《廣西出土文物》和《文物資料叢刊》第 4 輯所載發掘報告，釋爲"勞新刲印"。該墓發掘者蔣廷瑜先生後改釋爲"勞邑執刲"，黃展岳先生從之。黃展岳：《"朱廬執刲"印和"勞邑執刲"印——兼論南越國自鑄官印》，《考古》1993 年第 11 期。參見趙平安《兩種漢代瓦當文字的釋讀問題》，《考古》1999 年第 12 期；《中國古文字研究》第 1 輯，吉林大學出版社，1999；收入《新出簡帛與古文字古文獻研究》，商務印書館，2009。

封泥上的印文或稱封泥文字。① 戰國以前的封泥，目前還無實物發現。考古發現的封泥多是秦漢封泥。魏晉以後，隨着紙張的逐漸使用，封泥的使用漸少，出土也少。而從傳世文獻的記載來看，封泥已在先秦使用。②

封泥是將璽印按在簡牘的泥上，以防私拆簡牘文書和信件。王國維《簡牘檢署考》云："古人以泥封書，雖散見於載籍，然至後世其制久廢，幾不知有此事實。……封泥之出土，不過百年内之事，當時或以爲印範。及吳氏式芬之《封泥考略》出，始定爲封泥。"③ 晚清吳式芬、陳介祺《封泥考略》十卷，收録漢代公私封泥 849 枚，爲著録研究封泥的開創之作。另劉鶚《鐵雲藏封泥》一卷，收録不及《封泥考略》。1913 年，羅振玉《齊魯封泥集存》問世，從此對封泥的編訂與考證進入了一個新階段。

20 世紀 20～30 年代，關於封泥的著述相繼出版，如陳寶琛《澄秋館藏古封泥》、周明泰《續封泥考略》《再續封泥考略》、吳幼潛《封泥匯編》、北京大學研究院文史部《封泥存真》等。

截至 2002 年，秦封泥的出土數量已近 3000 枚，有 300 多種，有少量已流散至日本和澳門地區，也有少量偽作流傳。從 1997 年以來，已有李學勤、周曉陸、路東之、黃留珠、周偉洲、張懋鎔、余華青、周天游、傅嘉儀、任隆、史黨社、劉瑞、劉慶柱、李毓芳等多位學者對秦封泥進行研究，取得了很大成績。④

秦封泥多爲官印，涉及從中央到地方的諸多職官。秦封泥爲研究秦時地理提供了極其重要的資料，對秦歷史文化的研究也有極其重要的意義。孫慰祖先生曾指出秦封泥的若干特徵：一是印形較小，形制在趨於統一規範過程中尚有某些不穩定狀況；二是施加"田"字、"日"字界格爲秦印的標志（但傳統標準的某些方面需要拓寬）；三是文字體態緊結，橫筆具有明顯弧勢、圓意，與印章所見相同。此外，印文綫條較細而淺，也是秦封泥文字特徵之一。一些字的筆形有具體鑒別意義。⑤

---

① 參見裘錫圭《文字學概要》，商務印書館，1988，第 61 頁。

② 參見孫慰祖《封泥：發現與研究》，上海書店出版社，2002，第 13 頁。

③ 見《王國維遺書》第九册，上海古籍書店，1983，第 20 頁。

④ 參見王輝《秦封泥的發現及其研究》，《文物世界》2002 年第 2 期；收入《高山鼓乘集——王輝學術文存二》，中華書局，2008。

⑤ 孫慰祖：《封泥：發現與研究》，上海書店出版社，2002，第 98～99 頁。

西漢是古代官私印製作繁盛的時期。西漢封泥存世數量較多，其印文書法及印式的演化同於存世印章。有關西漢早期（高祖至景帝）、中期（武帝時期）、晚期（昭帝至孺子嬰居攝），新莽時期，東漢前期、後期各期封泥印文特徵，可參看孫慰祖《封泥：發現與研究》一書和《西漢官印、封泥分期考述》一文。①

陳直先生對於封泥素有研究，著有《漢封泥考略》（刊《藝觀》第 3 卷，1929 年；另有石印本）。在所撰各種專著中，亦廣泛使用封泥資料考證史實。如《史記新證》中以“皇帝信璽”封泥考證漢代帝王六璽，以“汋邡令印”封泥考證“汋邡侯”，以“彭侯邑丞”封泥考證“彭侯”等。再如《漢書新證》中，僅《高帝紀》就有三處運用封泥資料，分別考證“三川”“盱台”“臨菑”“濟北”“城陽”等地名，以及劉肥受封齊地之後地域既大自分數郡的史實，而《百官表》《地理志》中所用封泥材料之多，著述之廣，更是創記録的。

著録封泥的專書有《封泥考略》《古封泥集成》《秦封泥集》和《中國歷代珍稀古籍文獻叢刊——中國古代封泥考略（匯編）》等。下文略作介紹。

《封泥考略》，中國清代金石學著作。吳式芬、陳介祺合撰，共 10 卷，光緒三十年（1904）刊行。此書著録四川、陝西、山東出土的秦漢封泥及少量戰國封泥，共 849 枚。編排以官印、私印、閑印爲序，每種都有原大拓片，并附考釋。該書是最早的封泥資料專書，對研究古代官制有重要價值。②

《古封泥集成》，是匯合 1993 年以前的各種譜録和新出土封泥的總集，是古封泥的集大成者。書中收有戰國封泥 21 枚，秦漢魏晉封泥 2560 枚，唐封泥 6 枚，補遺 55 枚，共 2642 枚，下注序號、釋文及出處。另輯封泥文編及檢字表作爲附録，收單字 740 字，重文 2084 字，以筆畫爲序編排。1996年再版時又增補了部分樂浪出土封泥以及珍秦齋收藏的新出秦封泥等 28 枚。③

---

① 孫慰祖：《西漢官印、封泥分期考述》，載《上海博物館集刊》第 6 輯，上海古籍出版社，1992。
② 吳式芬、陳介祺：《封泥考略》，上海古籍出版社，1996。
③ 孫慰祖主編《古封泥集成》，上海書店出版社，1994。

　　《秦封泥集》，分爲上編“秦封泥簡論”和下編“秦封泥釋讀”兩部分。上編回顧了封泥和秦封泥發現和研究的歷史，并且從帝室、職官、地理、璽印等若干方面討論了秦封泥的科學價值。下編則從“中央及職官”“地理及地方職官”和“姓名”幾個角度對秦封泥進行分類釋讀。此書收録1265 枚封泥資料。①

　　《中國歷代珍稀古籍文獻叢刊——中國古代封泥考略（匯編）》，收録了晚清光緒三十年刊行的吳式芬、陳介祺合撰的《封泥考略》十卷本。該書還收録了近代學者周明泰的《續封泥考略》六卷和《再續封泥考略》四卷。該書的推出爲我國此類考古研究提供了不可多得的珍貴資料。②

　　《秦文字集證》第四章《秦印通論》收秦印、封泥 784 枚，考釋文字 10餘萬，涉及封泥 300 多個品種，對該研究作了一個階段性的總結。③

　　《秦西漢印章研究》附録五《秦西漢封泥官印一覽表》收録大量秦西漢封泥官印印文，并標明印文的質地、形制、時代、出處，十分詳備。④

二　20 世紀後半葉發現的秦漢封泥文字

　　新中國成立以來，各地陸續有封泥出土。其中大多數爲秦漢封泥，尤其是漢代封泥。20 世紀後半葉發現的秦漢封泥文字主要如下所述。

　　1955 年，河南洛陽西郊漢代遺址從灰坑中出土“河南太守章”“史守印信”“雒陽丞印”等封泥 20 餘枚。⑤

　　1956～1957 年，長沙市嶽北鄉銀甕嶺裕湘紗廠和内衣廠兩基建工地一西漢墓中出土“右尉之印”封泥 1 枚。⑥

　　1957 年，江蘇高郵縣邵家溝漢代遺址出土“天帝使者”封泥 1 枚。⑦

　　1958 年，山東臨淄齊故城内劉家寨 T102 探溝中出土“齊内官印”“齊内

①　周曉陸、路東之：《秦封泥集》，三秦出版社，2000。

②　《中國歷代珍稀古籍文獻叢刊——中國古代封泥考略（匯編）》，全國圖書館文獻縮微複製中心，2005。

③　王輝、程學華：《秦文字集證》，藝文印書館，1999。

④　趙平安：《秦西漢印章研究》，上海古籍出版社，2012。

⑤　郭寶鈞：《洛陽西郊漢代居住遺迹》，《考古通訊》1956 年第 1 期。

⑥　羅張：《長沙市嶽北鄉銀甕嶺出土了大批文物》，《文物參考資料》1957 年第 11 期。

⑦　江蘇省文物管理委員會：《江蘇高郵邵家溝漢代遺址的清理》，《考古》1960 年第 10 期。

官丞""齊中尉印""齊郎中丞""齊宮司丞""齊鐵官印"等封泥 40 餘枚。①

1959 年，新疆和田地區民豐縣北大沙漠中的古遺址出土木牘和木簡 66 枚，其中一完整未啓封的木牘正反兩面保存有完好的封泥兩枚，有大小印記三處。②

1959～1961 年，內蒙古呼和浩特郊區美岱古城出土西漢"安陶丞印""定襄丞印"等封泥。③

1961 年，山西省文物工作者在太原東太堡發現封泥 1 枚。④

1961 年，長沙南郊砂子塘西漢木槨墓中出土木封泥匣 73 件，其中 43 件上有墨書，部分封泥匣內尚存完整的"家吏"封泥。⑤

1968 年，發掘清理河北滿城西漢中山靖王劉勝及其妻竇綰墓時，在二號墓即竇綰墓中發現"中山祠祀"封泥 1 枚。⑥

1972 年，馬王堆一號漢墓出土填有封泥的封泥匣 37 件，其中字迹清楚的有"軑侯家丞"27 枚，"右尉"2 枚，"黃買之"1 枚。⑦

1972 年，湖北雲夢縣城關鎮大墳頭一號漢墓出土封泥匣 6 件，有的匣中尚有封泥，但字迹已不明。⑧

1973～1976 年，甘肅居延肩水金關漢代遺址出土"居延右尉"等封泥。⑨

1974～1975 年，長沙市嶽麓山公社咸家湖大隊西漢曹䢵墓發現"長沙右丞"等封泥 8 枚。⑩

① 山東省文物管理處：《山東臨淄齊故城試掘簡報》，《考古》1961 年第 6 期。
② 新疆維吾爾自治區博物館考古隊：《新疆民豐大沙漠中的古代遺址》，《考古》1961 年第 3 期。
③ 內蒙古自治區文物工作隊：《1959 年呼和浩特郊區美岱古城發掘簡報》，《文物》1961 年第 9 期。
④ 山西省文物管理工作委員會、山西省考古研究所：《太原東太堡出土的漢代銅器》，《文物》1962 年第 4、5 期（合刊）。
⑤ 湖南省博物館：《長沙砂子塘西漢墓發掘簡報》，《文物》1963 年第 2 期。
⑥ 中國科學院考古研究所滿城發掘隊：《滿城漢墓發掘紀要》，《考古》1972 年第 1 期。
⑦ 湖南省博物館、中國科學院考古研究所：《長沙馬王堆一號漢墓》，文物出版社，1973。
⑧ 湖北省博物館：《雲夢大墳頭一號漢墓》，載《文物資料叢刊》第 4 輯，文物出版社，1981。
⑨ 甘肅居延考古隊：《居延漢代遺址的發掘和新出土的簡册文物》，《文物》1978 年第 1 期。
⑩ 長沙市文化局文物組：《長沙咸家湖西漢曹䢵墓》，《文物》1979 年第 3 期。

1975～1976 年廣西賀縣鋪門公社河東高寨西漢墓出土“王行印”封泥 1 枚。①

1977 年，安徽阜陽縣城郊公社羅莊大隊西漢汝陰侯墓出土“女陰家丞”封泥 3 枚，并附有封泥匣。②

1977 年，徐州博物館在徐州土山發掘一座漢墓時，發現、徵集到“楚内官丞”“楚中尉印”“楚太宰印”“彭城右尉”等封泥 22 枚。③

1978 年，山東萊西縣院里公社岱墅村西漢墓出土“遂麋之印”“遂□之印”封泥 2 枚。④

1979 年，江蘇邗江縣西湖公社胡場大隊一帶四座西漢中晚期木椁墓中出土帶“封泥斗”的木觚 7 件，封泥上有“王”字，爲陽文隸書。⑤

1979 年，遼寧凌源縣安杖子古城遺址出土“右北太守”“右美宫左”“廣成之丞”“廷陵丞印”“賨丞之印”“當城丞印”“昌城丞印”“夕陽丞印”“白狼之丞”“泉州丞印”“無終□□”等封泥 19 枚。⑥

1979 年，廣西貴縣羅泊灣二號漢墓出土西漢初年南越王國時期的“家嗇夫印”封泥 1 枚，并有封泥匣同出。⑦

1979 年，内蒙古昭烏達盟寧城縣甸子公社黑城大隊古城址發現“漁陽太守章”“白狼之丞”“衛多”封泥 3 枚。此“古城址爲戰國、西漢和遼以後直到明這一漫長的歷史時期分别創建和重修的”。⑧

1980～1984 年，福建崇安縣興田鄉城村漢城遺址出土帶字封泥 1 枚。⑨

---

① 廣西壯族自治區文物工作隊、賀縣文化局：《廣西賀縣河東高寨西漢墓》，載《文物資料叢刊》第 4 輯，文物出版社，1981。

② 安徽省文物工作隊、阜陽地區博物館、阜陽縣文化局：《阜陽雙古堆西漢汝陰侯墓發掘簡報》，《文物》1978 年第 8 期。

③ 李銀德：《徐州土山東漢墓出土封泥考略》，《文物》1994 年第 11 期。

④ 煙臺地區文物管理組、萊西縣文化館：《山東萊西縣岱墅西漢木椁墓》，《文物》1980 年第 12 期。

⑤ 揚州博物館、邗江縣圖書館：《江蘇邗江胡場五號漢墓》，《文物》1981 年第 11 期。

⑥ 李恭篤：《凌源縣安杖子古城出土一批西漢封泥》，《遼海文物學刊》1994 年第 2 期。又見遼寧省文物考古研究所《遼寧凌源安杖子古城址發掘報告》，《考古學報》1996 年第 2 期。

⑦ 廣西壯族自治區文物工作隊：《廣西貴縣羅泊灣二號漢墓》，《考古》1982 年第 4 期。

⑧ 馮永謙、姜念思：《寧城縣黑城古城址調查》，《考古》1982 年第 2 期。

⑨ 福建省博物館：《崇安城村漢城探掘簡報》，《文物》1985 年第 11 期。

1983 年，廣州南越王墓出土封泥 "帝印" 2 枚，"眛" 2 枚，"厨丞之印" 3 枚，"泰官" 15 枚，"鄰鄉候印" 1 枚，"結" 5 枚，"衍" 5 枚，共 33 枚，木封泥匣 9 件，"長樂宫器" 陶器戳印 4 件。①

1984 年，湖南永州市鷂子山西漢劉彊墓出土 "臣敞" 封泥 1 枚。②

1986～1987 年，陝西西安市新安機磚廠西漢墓出土 "利成家丞" 封泥 1 枚。③

1987 年，山東昌樂縣朱留鎮東圈村西漢墓出土 "菑川后府" 封泥 85 枚。④

1987～1988 年，陝西西安市未央區漢長安城未央宫第四號建築遺址出土 "臣尊" "臣充" "臣明" "臣隆" "臣客" "臣獲" "司馬喜章" "湯官飲監章" 等封泥 112 枚。⑤

1990 年，陝西西安市未央區六村堡鄉六村堡、相家巷村附近漢長安城窰址出土西漢 "王桓" 封泥 1 枚。⑥

1990 年前後，安徽鳳陽縣李二莊鄉一農民獲得 "鍾離丞印" 封泥 1 枚。⑦

1994 年，四川雲陽境内李家壩遺址出土 "朐忍丞印" 封泥。⑧

1994～1995 年，江蘇徐州市雲龍區獅子山西漢兵馬俑坑以東獅子山頂漢墓出土 "符離丞印" "楚中尉印" "彭城丞印" 等封泥 80 餘枚，此墓爲西漢楚王墓。⑨

1995 年，西安北郊相家巷村農田中發現大量秦封泥。這批封泥大部分輾轉流散至各地，現分别藏於西安、北京、澳門及日本各家公私收藏單位和個人。相家巷秦封泥，是封泥發現史上數量最大的一宗。⑩

---

① 廣州市文物管理委員會等：《西漢南越王墓》，文物出版社，1991。

② 零陵地區文物工作隊：《湖南永州市鷂子山西漢 "劉彊" 墓》，《考古》1990 年第 11 期。

③ 鄭洪春：《陝西新安機磚廠初積炭漢墓發掘報告》，《考古與文物》1990 年第 4 期。

④ 濰坊市博物館、昌樂縣文管所：《山東昌樂縣東圈漢墓》，《考古》1993 年第 6 期。

⑤ 中國社會科學院考古研究所漢城工作隊：《漢長安城未央宫第四號建築遺址發掘簡報》，《考古》1993 年第 11 期。

⑥ 中國社會科學院考古研究所漢城隊：《漢長安城窰址發掘報告》，《考古學報》1994 年第 1 期。

⑦ 孫祥寬：《鍾離城遺址出土 "鍾離丞印" 封泥》，載《文物研究》第 7 輯，1991。

⑧ 高大聯：《三峽工程淹没區雲陽境内試掘獲重大成果》，《中國文物報》1994 年 11 月 20 日。

⑨ 韋正、李虎仁、鄒厚本：《江蘇徐州市獅子山西漢墓的發掘與收獲》，《考古》1998 年第 8 期。

⑩ 參見孫慰祖《封泥：發現與研究》，上海書店出版社，2002，第 41 頁。

1995～1996 年，徐州東郊獅子山鄉東甸子北的無名山上西漢早期墓葬出土“祕府”封泥 1 枚。①

1998 年，甘肅定西縣巉口鎮漢代遺址發現漢代“潁陰丞印”封泥 1 枚。②

20 世紀 50～60 年代，原陝西省博物館徵集入藏一批漢代封泥，其中大部分是陝西省文管會在歷年考古發掘中所得，一部分是中國科學院考古研究所撥交，後者在西安北部的漢長安城遺址出土。1991 年封泥轉入陝西歷史博物館，1996 年發表拓片及考釋資料，共計 69 枚。③

據《封泥：發現與研究》一書統計，1950～1999 年半個世紀中新發現的封泥，除去 1995 年西安新出的大量秦封泥，其他各地封泥總數超過 700 枚，其中大部分屬於西漢遺物。④

三　新世紀公布的秦漢封泥文字

新世紀以來，秦漢封泥文字時有公布，主要有：

1990～1992 年，甘肅敦煌漢代懸泉置遺址發現印章、封泥、封檢等（具體數量未見《發掘簡報》說明）。⑤

1993 年，湖南長沙望城坡西漢漁陽墓出土 1 件封泥匣。封泥匣中的凹槽封泥尚存，篆文“長沙后府”四字。漁陽墓的年代上限約在文帝時期，下限可至景帝初年。⑥

1995～1997 年，廣州南越國宮署遺址出土“中府嗇夫”封泥 1 枚。⑦

2000 年，西安近郊相家巷村南農田中發掘一處秦遺址，出土封泥 325 枚，共 100 多種，印文多數爲四字，少數爲二字，個別爲三字，無字封泥極

---

① 徐州博物館：《徐州東甸子西漢墓》，《文物》1999 年第 12 期。
② 張克仁、杜蔚：《定西出土一漢代泥封》，《中國文物報》1998 年 8 月 9 日。
③ 吳鎮烽：《陝西歷史博物館館藏封泥考》（上、下），《考古與文物》1996 年第 4、6 期。
④ 本部分主要參考孫慰祖《封泥：發現與研究》，上海書店出版社，2002。
⑤ 甘肅省文物考古研究所：《甘肅敦煌漢代懸泉置遺址發掘簡報》，《文物》2000 年第 5 期。
⑥ 長沙市文物考古研究所、長沙簡牘博物館：《湖南長沙望城坡西漢漁陽墓發掘簡報》，《文物》2010 年第 4 期。
⑦ 廣州市文物考古研究所、南越王宮博物館籌建辦公室：《廣州南越國宮署遺址 1995～1997 年發掘簡報》，《文物》2000 年第 9 期。

少。詳請參考該文附表《出土封泥統計表》。幾百枚封泥分屬於戰國晚期或秦代的中央官署和地方官署，爲研究秦代政治、經濟、文化、歷史、地理提供了極其重要的資料。① 此村前後出土封泥近 3000 枚，是當代考古封泥的重大發現。

2001 年，濟南市臘山漢墓出土封泥 1 枚，方形，印文爲篆書"夫人私府"。臘山漢墓的年代應在西漢早期。②

2002 年前後，山東淄博市臨淄區齊國故城出土封泥，由齊國故城博物館收集。其中徵集到漢代封泥 42 枚：漢朝官印 1 枚，爲"司空□□"；漢王國官印 4 枚，包括"齊中厩丞""齊内史印""齊哀澅丞""齊武庫丞"；漢縣邑官印 11 枚，包括"東安平丞""呂丞之印""淳于丞印""濮陽丞印""昌陽丞印""臨淄丞印""臨朐丞印""狄丞""左市"；漢鄉亭印 14 枚，包括"安平鄉印""信安鄉印""廣文鄉印""定鄉之印""□望鄉印""定陵邑印""安鄉""高鄉""昌鄉之印""武鄉""臺鄉""廣鄉""正鄉"；邑道官印 1 枚，印文爲"琅槐"。另外，還有殘缺不清的官印 10 枚，包括"軍□□□"等。③

1999 ~ 2002 年，山東章丘市洛莊漢墓陪葬坑 3 號坑出土 10 多枚封泥，均爲"呂大官印"封泥。4 號坑出土 5 枚"呂内史印"封泥。5 號坑出土 1 枚"呂大官丞"封泥。14 號陪葬坑出土 3 枚篆體"呂大行印"封泥。墓葬年代爲西漢早期。④

2003 ~ 2004 年，西安市漢長安城長樂宮四號建築遺址出土封泥 1 枚，四分之一圓球形，銘文爲"荆州牧印章"。推測該建築的始建年代可早到西漢早期。⑤

2004 年，西安市南郊嶽家寨村北西安理工大學新校區 M1 西漢壁畫墓出

---

① 中國社會科學院考古研究所漢長安城工作隊：《西安相家巷遺址秦封泥的發掘》，《考古學報》2001 年第 4 期。

② 濟南市考古研究所：《濟南市臘山漢墓發掘簡報》，《考古》2004 年第 8 期。

③ 張龍海、張愛雲：《山東淄博市臨淄區齊國故城出土漢代封泥》，《考古》2006 年第 9 期。

④ 濟南市考古研究所、山東大學考古系、山東省文物考古研究所、章丘市博物館：《山東章丘市洛莊漢墓陪葬坑的清理》，《考古》2004 年第 8 期。

⑤ 中國社會科學院考古研究所漢長安城工作隊：《西安市漢長安城長樂宮四號建築遺址》，《考古》2006 年第 10 期。

土封泥 5 枚，其中 1 枚殘，1 枚文字不清，3 枚保存較好。封泥略呈長方形，印面正方形，篆文"長承永福"4 字。墓葬年代應在西漢晚期。[①]

　　此外，新中國成立後曾於遼寧大連旅順口區鐵山鎮刁家村南漢牧羊城址出土"河陽令印""武庫中丞"封泥，藏旅順博物館。[②]

---

① 西安市文物保護考古所：《西安理工大學西漢壁畫墓發掘簡報》，《文物》2006 年第 5 期。
② 王綿厚、郭守信主編《遼海印信圖録》，遼海出版社，2000。

第七章　其他載體上的秦漢文字

第二至第六章分別介紹了秦漢簡帛文字、金文、石刻文、陶文、印章文字，本章所述乃秦漢漆器文字，骨器文字，貨幣文字，寫在麻布、麻紙上的墨迹，它們也都是重要的秦漢文字。

如前所述，秦漢文字可分爲書寫文字類和銘刻文字類兩種。秦漢書寫文字類文字主要是寫在簡帛上。此外，還有寫在其他載體上的墨迹，如寫在麻布、麻紙、壁畫、陶器、漆器上等。

第一節　寫在麻布、麻紙上的墨迹

1959 年，"武威張伯升柩銘"出土於武威磨嘴子 23 號墓。篆書兩行："平陵敬事里張伯升之柩，過所毋哭。"將死者姓名寫銘置於棺上，漢代稱"柩銘"。此柩銘寫在淡黃色的麻布上，書體與漢印文字相似，用筆方正寬博。此帛書長 115 釐米，寬 38 釐米，年代屬東漢前期，現藏甘肅省博物館。這件作品據其形制，是迄今爲止所發現的最大的帛書。①

1973 年，"張掖都尉棨信"出土於居延肩水金關遺址。篆書兩行："張掖都尉棨信。"這件棨信是漢代官方賜予官吏的身份標識之一。該帛書作品，字形構造、章法布局與漢代某些官印的風格大致相類，爲我們提供了鮮活的墨迹範本。② 這是一件紅顔色的織物。李學勤先生云："'張掖都尉棨

① 參見甘肅省博物館、中國科學院考古研究所《武威漢簡》，文物出版社，1964；中華書局，2005。郭嘉穎：《儀禮功能下銘石書的筆法考察：以漢代兩件帛書作品爲例》，載《簡帛書法研究》，榮寶齋出版社，2009。
② 參見郭嘉穎《儀禮功能下銘石書的筆法考察：以漢代兩件帛書作品爲例》，載《簡帛書法研究》，榮寶齋出版社，2009。

信’幾個字的筆畫多微作屈曲，與常見篆體不同，而與‘薄戎奴’等漢印有近似處。《説文·叙》稱秦書八體‘四曰蟲書’；新莽六書，‘六曰鳥蟲書，所以書幡信也’。新莽與這件榮信的時代是相近的。所謂鳥書，是在字的筆畫間附加鳥形，研習文字的人比較熟悉。至於什麼是蟲書，則至今尚無定論。這件榮信上的字體，似乎是故作蜿蜒，是否就是爲專門用來書寫幡信的蟲書？這個有趣的問題有待深入研究。”①

1987 年，甘肅蘭州伏龍坪東漢墓發現紙質墨書兩件。“伏龍坪東漢殘紙”是兩張圓形紙上的楷書墨迹，因被夾在兩面銅鏡的中間作爲襯墊而被保留至今，内容是相聞之書的信札，其原本顯然并不是圓形，現在的形狀乃是襯墊銅鏡後造成的。據考古工作者推斷，伏龍坪殘紙是東漢桓靈時代的遺存，其用筆與“懸泉置麻紙楷書墨迹”如出一轍，字距與行距大致相等。

1990~1992 年，敦煌懸泉置遺址在發掘中獲得有字漢代簡牘 23000 餘枚，還獲得帛書與麻紙的墨迹。帛書 10 件，均爲私人信札，用黃、褐二色絹作爲書寫材料，竪行隸書，共 10 行，322 字。紙文書 10 件，其中漢紙 9 件，晉紙 1 件，爲文書殘片和藥方。時代據同出簡牘和地層，可分爲 3 個時期：西漢武昭帝時期 3 件，西漢宣帝至成帝時期 4 件，東漢初期 2 件。字體以隸書爲主，還有草書。懸泉置遺址出土麻紙 460 餘件，與簡牘伴出。紙質主要用麻織物和很細的絲織物製作。②

第二節　漆器文字

一　銘刻類漆器文字

戰國秦漢時期，漆器上的文字書寫方式有烙印、刻劃、漆書（朱書或墨書）、蓋或畫印章等形式。有的還集多種書寫形式的文字於一體，如湖北雲夢睡虎地 M13 出土的漆杯 M13：32 外底有刻劃的“小女子甲”等文字、烙印“亭”及漆書“十”字。從文字内容看，戰國秦漢時期的漆器主要有

---

① 李學勤：《談張掖都尉棨信》，《文物》1978 年第 1 期。趙誠：《關於“鳥蟲書”》，載《古文字研究》第 28 輯，中華書局，2010，第 318 頁。

② 甘肅省文物考古研究所：《甘肅敦煌漢代悬泉置遺址發掘簡報》，《文物》2000 年第 5 期。

製造者標記和物主標記。① 漆書（朱書或墨書）或畫印章的屬於書寫的見本節第二部分，下文先介紹銘刻類漆器文字。

1976 年，廣西貴縣羅泊灣 M1 出土一件漆杯上有 "胡" 字刻文，該墓的一號殉葬棺蓋上刻有 "胡偃" 二字，可知杯上刻劃的 "胡" 字當是物主姓氏。②

1977 年，江蘇揚州西漢 "妾莫書" 木槨墓出土漆杯内底印有 "仙" 字。③

1988 年，江蘇邗江縣甘泉鄉姚莊村 102 號漢墓出土漆器 38 件，其中耳杯 18 件，1 件底足外沿有針刻 "綏和元年四月……" 的銘文。漆盤 2 件，1 件沿口背面有一組針刻銘文，計 27 字："鴻嘉三年考工襃造工譚守佐章嗇夫并掾咸主守右丞襄守令禁省。" 1 件檜蓋的内沿有一圈針刻銘文，計 49 字："河平二年廣漢郡工官乘輿木二升檜素工商髹工長上工陽銅扣金鎏工軍畫工強造工順造護工卒史博長處丞霸掾熹主。" 墓葬年代爲西漢晚期和新莽始建國元年以後。④

1990 年，江蘇儀徵張集鄉團山 M1 出土 8 件漆杯，杯底皆烙印 "東陽" 二字。其中 4 件，一耳下刻一 "王" 字，另一耳下刻 "二" 或 "三" 字，杯外側皆刻 "外厨" 二字；另外 4 件杯都在一耳下刻 "王" 字，其中 3 件還在一耳下加刻 "三" 字，杯外側刻 "中厨" 二字，另一件耳下刻 "中厨" 二字，杯外側刻 "二" 字。文字皆漆後再陰刻。⑤

1993 年，湖南長沙望城坡西漢漁陽墓出土漆耳杯 2500 餘件，其中 II 和 III 型外底常見錐刻 "漁陽" 二字。漁陽墓的年代上限約在文帝時期，下限可至景帝初年。⑥

1999～2002 年，山東章丘市洛莊漢墓陪葬坑 5 號坑出土漆器，其底部有的刻有 "齊大官" "北宫" 等銘文。該墓葬年代爲西漢早期。⑦

① 參見洪石《戰國秦漢漆器研究》，文物出版社，2006，第 145 頁。

② 藍日勇、楊小菁：《廣西貴縣羅泊灣一號漢墓漆器銘文探析》，《江漢考古》1993 年第 3 期；收入《廣西博物館建館 60 周年論文集》，廣西民族出版社，1993。

③ 揚州市博物館：《揚州西漢 "妾莫書" 木槨墓》，《文物》1980 年第 12 期。

④ 印志華：《江蘇邗江縣姚莊 102 號漢墓》，《考古》2000 年第 4 期。

⑤ 南京博物院、儀徵博物館籌備辦公室：《儀徵張集團山西漢墓》，《考古學報》1992 年第 4 期。

⑥ 長沙市文物考古研究所、長沙簡牘博物館：《湖南長沙望城坡西漢漁陽墓發掘簡報》，《文物》2010 年第 4 期。

⑦ 濟南市考古研究所、山東大學考古系、山東省文物考古研究所、章丘市博物館：《山東章丘市洛莊漢墓陪葬坑的清理》，《考古》2004 年第 8 期。

2004 年，湖北荆州市紀南鎮松柏村漢墓 M1 出土 1 件漆圓盤，外底有一針刻"周"字。松柏村漢墓 M1 的年代爲漢武帝早期。①

2004 年，江蘇揚州市邗江區楊廟鎮楊廟村王家廟組西漢劉毋智墓出土漆器 73 件，其中 9 件耳杯杯底刻劃"吴家"和"千二""丨""∠""一"等計數編號，或者烙印"郤陽侯家"方形戳記。王家廟墓的相對年代應爲西漢早期。②

二　寫在漆器上的墨迹

1951～1952 年，湖南長沙灣 M401 出土漆盤，在外壁近底處有金黄色漆書"楊主家盤"四字。在該墓西南方 20 米附近，長沙王后墓出土的漆盤有漆書"楊主家盤"及"今長沙王后家盤"字樣。③

1962 年，江蘇揚州七里甸木椁墓出土的部分漆杯背面繪有長方形印章，内寫篆體"朱"字，使用顔色是黑地紅字。④

1972 年，湖南長沙馬王堆 M1 出土的 128 號盤，内底漆書"君幸食"三字，外底朱書"九升"二字，外壁近底處還朱書"軚侯家"三字。該墓出土的 213 號卮，除器外底朱漆書"二升"二字外，在器内還黑漆書"君幸酒"三字及在器外底烙印"南鄉□"三字。⑤

1978 年，河南泌陽秦墓 M3 出土一件鍍銀紅銅漆圓盒，在子母口紅銅鍍銀壁上，均刻有"平安侯"三字，在盒底圈足内用褐漆書寫"平安侯"三字，可能爲"平安侯"之器。M3 的年代當在秦末。⑥

1979 年，江蘇邗江縣胡場 M1 出土一件大漆案，案底中部朱漆隸書"千秋"二字，下刻"田長君"三字。"田長君"可能是墓主姓名。M2 出土 2 件漆杯，耳翼下分別針刻"工冬""工克"等字，應爲工匠標記，而其中 1 件底部紅漆隸書"大張"二字，"張"應爲物主姓氏。⑦

①　荆州博物館：《湖北荆州紀南松柏漢墓發掘簡報》，《文物》2008 年第 4 期。

②　揚州市文物考古研究所：《江蘇揚州西漢劉毋智墓發掘簡報》，《文物》2010 年第 3 期。

③　中國科學院考古研究所：《長沙發掘報告》，科學出版社，1957.

④　南京博物院、揚州市博物館：《江蘇揚州七里甸漢代木椁墓》，《考古》1962 年第 8 期。

⑤　湖南省博物館、中國科學院考古研究所：《長沙馬王堆一號漢墓》，文物出版社，1973.

⑥　駐馬店地區文管會、泌陽縣文教局：《河南泌陽秦墓》，《文物》1980 年第 9 期。

⑦　揚州博物館、邗江縣文化館：《江蘇邗江縣胡場漢墓》，《文物》1980 年第 3 期。

1985 年，江蘇邗江縣楊壽鄉寶女墩新莽墓 M104 出土的漆案、盤、杯上均見有朱漆書"中官"二字，一件勺首內褐漆隸書"服食官"三字，其中有的杯、盤有廣漢郡和供工的刻銘，同墓出土的銅器上還有"廣陵服食官釘第二"及"中官"等銘文。①

1982～1986 年，山西朔縣 7M68 出土的殘漆皮上有隸書文字"元延元年十月□□作"。②

1986 年，湖北江陵嶽山墓地 36 號秦墓出土漆耳杯 35 件，M36：40 耳杯耳書"李父"二字。M36 上限年代在秦統一之初，下限年代在秦末。③

1990 年，江蘇盱眙縣東陽鄉小雲山一號漢墓出土大量漆器，多件漆盤、碗、盂、匜有朱書銘文，分別書寫"壽萬歲，宛樂未央，人符（富）貴""東陽廬里巨田侯外家""東陽廬里田侯外家""巨田萬歲"。小雲山一號墓的年代不晚於西漢中期，約在武帝元狩五年之前。④

1991～1992 年，安徽天長縣三角圩 M19 出土漆杯，上面朱書或墨書隸書"桓安""桓樂"等字，同墓出有"桓蓋之"木印；M1 出土的漆案，有 4 件背面均朱書漢隸"大桓"二字，同墓出土有"桓平私印"銅印。由此看來，三角圩 M19 和 M1 出土的漆器上的文字，應是桓氏物主的標記。⑤

2002 年，江蘇宿遷市泗陽縣三莊鄉陳墩漢墓出土漆器 40 件（套），其中小漆盤 13 件，完整的 10 件。底部正中皆有漆書"張氏"或"張"字。除漆書外，還針刻有"家"字。陳墩漢墓的年代應爲西漢中後期，具體應在昭宣時期。⑥

2004 年，安徽天長市安樂鎮紀莊村西漢墓 M19 出土漆器較多，其中漆盤 14 件，內壁一側墨書草隸"謝子翁"三字。漆耳杯 24 件，內底也墨書草隸"謝子翁"三字。該墓年代爲西漢中期偏早。⑦

---

① 揚州博物館、邗江縣圖書館：《江蘇邗江縣楊壽鄉寶女墩新莽墓》，《文物》1991 年第 10 期。

② 平朔考古隊：《山西朔縣秦漢墓發掘簡報》，《文物》1987 年第 6 期。

③ 湖北省江陵縣文化局、荆州地區博物館：《江陵嶽山秦漢墓》，《考古學報》2000 年第 4 期。

④ 盱眙縣博物館：《江蘇東陽小雲山一號漢墓》，《文物》2004 年第 5 期。

⑤ 安徽省文物考古研究所、天長縣文物管理所：《安徽天長縣三角圩戰國西漢墓出土文物》，《文物》1993 年第 9 期。

⑥ 江蘇泗陽三莊聯合考古隊：《江蘇泗陽陳墩漢墓》，《文物》2007 年第 7 期。

⑦ 天長市文物管理所、天長市博物館：《安徽天長西漢墓發掘簡報》，《文物》2006 年第 11 期。

　　2005 年，湖南望城縣星城鎮銀星村風篷嶺漢墓出土漆（木）器 61 件。其中 3 件漆盤外壁下腹部朱書 "張姬栌槃" 4 字，竪式隷書。4 件耳杯外壁下腹部與底結合處朱書 "長沙王后家杯" 6 字，竪式隷書。該墓下葬年代爲東漢光武帝建武十三年（37 年）。[①] 有學者推斷該墓葬的年代爲宣帝後期至公元 7 年之間。[②]

　　2008 年，甘肅省金昌市永昌縣水泉子漢墓 M5 出土漆木器，其中 1 件圓型漆盒内墨書隷體 "大王" 二字，1 件耳杯底部有墨書的隷體 "張" 字。該墓年代爲東漢中期以後。[③]

第三節　骨器文字

1. 未央宫骨簽刻辭

　　1986 年，西安皇城未央宫宫署遺址出土三萬多片刻有文字的骨簽。骨簽内容是西漢時各地向皇室進貢的禮單，記録了全國地方工官向中央政府上交供皇室和政府使用的手工業製品、兵器及各種物品的名稱、規格、紀年、各級工官和工匠藝人的姓名。這批骨簽爲中央級别的文字檔案，是研究當時手工業發展狀況、中央與地方經濟機構的設置，以及各地工官、嗇夫、令史等基層官員情況的極爲寶貴的資料。"未央宫骨簽以其與西漢王朝相始終的綿延不斷的文字，完整地反映了漢代文字的發展、變化，對研究中國古文字與書法藝術均有重要的意義。" 骨簽均以牛骨等動物骨頭製成，每塊骨簽上刻有 1～4 行文字，少則二三字，多則二三十字。以獸骨作爲刻字的載體，見於殷商時代的甲骨文，西漢未央宫骨簽刻辭也屬此類，但已不用於占卜。未央宫骨簽刻辭字體有古隷和分書，也有簡率的草隷，許多連筆的刻劃可看到章草的痕迹。未央宫骨簽刻辭的風格比較率意，峻拔方硬，筆畫瘦硬，與漢金文風格相近，大多是不落朱墨而直接刻出的，舒展

---

①　長沙市文物考古研究所、望城縣文物管理局：《湖南望城風篷嶺漢墓發掘簡報》，《文物》2007 年第 12 期。

②　何旭紅：《湖南望城風篷嶺漢墓年代及墓主考》，《文物》2007 年第 12 期。

③　甘肅省文物考古研究所：《甘肅永昌水泉子漢墓發掘簡報》，《文物》2009 年第 10 期。

自如，用刀頗見波勢。未央宫骨簽中，一種是有年號的，一種是沒有年號的。有年號的骨簽包括自漢武帝至漢平帝的諸帝年號。無年號的骨簽應屬於漢武帝以前的西漢皇帝紀年。[①]

2. 漢長安城城牆西南角遺址出土骨簽

2002 年，西安市漢長安城城牆西南角遺址出土骨簽 2 件，淺黃色，1 件有刻文，1 件無刻文。T4:126 刻文竪書三列，筆畫較淺，不易釋讀，右數第一行可識"河南"等字，應爲河南工官類骨簽。清理骨簽表面土銹時發現文字均塗朱。長安城城牆興建於惠帝時期。[②]

3. 六博棋骨質棋子

2006 年，江蘇徐州黑頭山西漢劉慎墓出土六博棋棋盤和骨質棋子、骨算籌。六博棋 2 套，其中一套有 12 枚棋子。有一組 6 枚棋子，兩面皆陰刻文字。所刻文字爲"青龍""小歲""德""皇德""司陳""白虎"。該墓的年代應爲西漢早期的後段。[③]

第四節　貨幣文字

戰國的秦國中期後流通圓孔圓錢，錢文有"珠重一兩十二""珠重一兩十四""半睘"等。後流行方孔圓錢，錢文有"兩甾""半兩"等。甾即錙，錙字之省，一甾爲六銖，兩甾爲十二銖，即半兩，實爲半兩錢之變異。錢文列方孔兩側。還有"文信行"方孔圓錢，"文信"二字列方孔兩側，"行"字金文作四直角，似錢面圖案。還有"長安"方孔圓錢，"長"字在孔穿之右，"安"字在孔穿之下。

秦代規定以外圓内方的"半兩"錢爲法定貨幣。相傳錢文爲宰相李斯所書，筆畫多方折，樸拙而渾厚，錢文列方孔兩側。

---

① 《中國文物報》1989 年 3 月 3 日，王兆麟關於西漢未央宫遺址出土刻字骨簽的報道。中國社會科學院考古研究所：《漢長安城未央宫——1980~1989 年考古發掘報告》，中國大百科全書出版社，1996。中國社會科學院考古研究所：《漢長安城武庫》，文物出版社，2005。

② 中國社會科學院考古研究所漢長安城工作隊：《西安市漢長安城城牆西南角遺址的鑽探與試掘》，《考古》2006 年第 10 期。

③ 徐州博物館：《江蘇徐州黑頭山西漢劉慎墓發掘簡報》，《文物》2010 年第 11 期。

　　西漢初，主要通行“半兩”錢，書體雖仍爲小篆，但已具漢隸風韻。武帝時，先後鑄“三銖”“五銖”錢。錢文篆法嚴謹，筆法遒勁，書體修長，列方孔兩側，莊重大方。自西漢之後，五銖錢計有新莽、東漢、魏晉南北朝、隋等朝代行用過，凡700餘年。

　　新莽托古改制，錢幣花樣頻出。新莽錢幣可分爲刀、泉、布三大類。刀幣有“契刀”和“錯刀”兩種。契刀錢穿之左右有“契刀”二字，刀身有“五百”二字；錯刀錢穿之上下有黃金錯成的“一刀”二字，刀身鑄有陽文“平五千”三字。字體皆小篆。泉布分“六泉”和“貨泉”兩種，皆方孔圓錢，錢文爲“小泉值一”“幺泉一十”“幼泉二十”“中泉三十”“壯泉四十”“大泉五十”和“貨泉”等。凡在孔穿上下者，字形稍扁，在孔穿兩側者，字形較長，字體以小篆爲主。布幣分“十布”和“貨布”兩種。錢文爲“小布一百”“幺布二百”“幼布三百”“厚（序）布四百”“差布五百”“中布六百”“壯布七百”“弟布八百”“次布九百”“大布黃千”等，書體修長，皆懸針篆。[①]

　　秦漢貨幣出土很多，每座墓幾乎都出土有銅錢幣，有“五銖”“貨泉”“布泉”“大泉五十”“半兩”“直百五銖”等，這裏只擇要舉例略作介紹。

　　1986年，四川滎經縣牛頭山漢墓出土五銖錢約2000枚，“大布黃千”2枚，錢面篆書“大布黃千”4字。墓葬年代屬東漢初年。[②]

　　2001年，重慶市雲陽縣雙江鎮馬沱村漢墓出土銅錢161枚，種類有五銖錢8枚，“大布黃千”20枚，“貨泉”106枚，“大泉五十”27枚。該墓葬年代大致定爲新莽時期。[③]

　　2006～2007年，河南偃師市白草坡東漢帝陵陵園遺址出土錢幣31枚，除常見的“五銖”銘文外，有1件有篆文“貨泉”二字。白草坡陵園遺址的年代大致屬於東漢中晚期。[④]

---

①　參見沈奇喜《秦系貨幣文字書法藝術》，《中國書法》2006年第11期。

②　李炳中：《四川滎經縣牛頭山發現漢墓》，《考古》2000年第11期。

③　鄭州市文物考古研究所、雲陽縣文物保護管理所：《重慶雲陽馬沱墓地漢墓發掘簡報》，《文物》2006年第4期。

④　洛陽市第二文物工作隊、偃師市文物管理委員會：《偃師白草坡東漢帝陵陵園遺址》，《文物》2007年第10期。

第八章　字書上的秦漢文字

第一節　《急就篇》等童蒙識字書

一　秦漢時期的童蒙識字書

公元前 221 年，秦始皇統一中國，實行"書同文字"的政策，由李斯等人整理文字。《史記·秦始皇本紀》："二十六年，……一法度衡石丈尺，車同軌，書同文字。"《説文解字·叙》："秦始皇帝初兼天下，丞相李斯乃奏同之，罷其不與秦文合者，斯作《倉頡篇》，中車府令趙高作《爰歷篇》，太史令胡毋敬作《博學篇》，皆取《史籀》大篆，或頗省改，所謂小篆者也。"凡與秦篆不合的字體一律作廢，由李斯等人用秦篆寫成《倉頡篇》《爰歷篇》《博學篇》，作爲文字的典範在全國頒行，從而統一了全中國的文字。據《漢書·藝文志》，李斯的《倉頡篇》爲 7 章，趙高的《爰歷篇》爲 6 章，胡毋敬的《博學篇》爲 7 章。到了漢代，"閭里書師合《倉頡》《爰歷》《博學》三篇，斷六十字以爲一章，凡五十五章"，[①]　總名亦叫《倉頡篇》，這就是後世所謂"秦三倉"。"秦三倉"凡 55 章，每章 60 字，總計 3300 字，字體爲小篆。

西漢宣帝時（前 73～前 49 年），張敞[②]奉召正讀《倉頡》。《漢書·藝文志》："《倉頡》多古字，俗師失其讀，宣帝時徵齊人能正讀者，張敞從受之，傳至外孫之子杜林[③]，爲作訓故，并列焉。"《説文解字·叙》："孝宣

---

① 班固：《漢書·藝文志》，中華書局，1962。

② 張敞，字子高，西漢河東平陽（今山西臨汾）人，初官太僕丞，宣帝時歷任太中大夫、京兆尹、冀州刺史等職，通習古文字。

③ 杜林，字伯山，東漢扶風茂陵（今陝西咸陽市人），歷任侍御史、光録勳、東海王太傅、大司空等職，長於文字之學，曾撰《倉頡訓纂》《倉頡故》各一篇。

時，召通《倉頡》讀者，張敞從受之。"平帝元始年間（1～5 年），揚雄續作《訓纂篇》。《漢書·藝文志》："至元始中，徵天下通小學者以百數，各令記字於庭中。揚雄取其有用者以作《訓纂篇》，順續《倉頡》，又易《倉頡》中重復之字，凡八十九章。臣復續揚雄十三章，凡一百二章，無復字，六藝群書所載略備矣。"《説文解字·叙》："孝平時，徵（爰）禮等百餘人，令説文字未央廷中，以禮爲小學元士。黃門侍郎揚雄采以作《訓纂篇》，凡《倉頡》以下十四篇，凡五千三百四十字，群書所載，略存之矣。""秦三倉"共 55 章，3300 字。揚雄續作《訓纂篇》，共 89 章，5340 字。可知《訓纂篇》爲 34 章，2040 字。

東漢和帝永元年間（89～105 年），郎中賈魴又續揚雄《訓纂篇》而撰《滂喜篇》。後人以"秦三倉"爲上卷，《訓纂篇》爲中卷，《滂喜篇》爲下卷，這就是所謂"漢三倉"。此外，西漢武帝時司馬相如作《凡將篇》，元帝時黃門令史游作《急就篇》，成帝時將作大匠李長作《元尚篇》。"漢三倉"加上《凡將篇》《急就篇》《元尚篇》，成爲秦漢時期八部有影響的童蒙識字字書。

以上字書，除《急就篇》留傳下來，出土文獻中《倉頡篇》尚有多種，① 餘者均已散佚不傳。不過，這些佚書在傳世文獻中常被引用，如《説文解字·叙》引用了《倉頡篇》中"幼子承詔"一句。清孫星衍把前人引用過的《倉頡》《三倉》文句收集起來，編成《倉頡篇輯》一書。王國維又有《重輯倉頡篇》。清代馬國翰收集前人引用的《訓纂篇》文句，編入他所輯《玉函山房佚書》中。任大椿也收集由漢至清被引用的《倉頡》《三倉》《凡將》文句，編入他所輯《小學鈎沉》一書中。

二　《急就篇》

《急就篇》，元帝時黃門令史游作，舊分 32 章，共收 2016 字，都是當時的日常用字。全書用三言、四言和七言韻語，其中三言、四言句隔句押韻，七言句每句押韻。開宗明義以説明編書宗旨："急就奇觚與衆異，羅列諸物名姓字，分別部居不雜廁，用日約少誠快意，勉力務之必有喜。"正文

---

① 出土漢簡中有多種：阜陽漢簡、北大漢簡、玉門漢簡、居延漢簡、流沙墜簡、敦煌馬圈灣簡、水泉子漢簡均有《倉頡篇》。

有三個部分。第一部分列舉了 132 個姓名，全都是三字句，隔句押韻。第二部分是各類事物的名稱，共 60 個七言句，句句押韻，依次叙述錦綉、飲食、衣服、臣民、器物、蟲魚、服飾、音樂、烹調、形體、兵器、車馬、宮室、植物、動物、疾病、藥品、喪葬等各方面的字詞。第三部分是五官，"五官"指司徒、司馬、司空、司土、司寇，等於説"百官"，共 55 個七字句，叙述官職、律令及其有關的事情。最後變爲四字句（只有最末一句仍用七字），歌頌漢家太平盛世，共 15 句，隔句押韻。

《急就篇》是上述字書唯一完整保存下來的一部，字體是隸書。東漢以後，很多書法家如杜操、張芝、鍾繇、皇象、索靖、衛夫人、王羲之等，都用草書書寫過《急就篇》，所以《急就篇》得以流傳下來。注本有唐顏師古《急就篇注》、宋王應麟《急就篇補注》。

三　兩漢時期其他識字書

除上述有影響的童蒙識字書外，據《漢書·藝文志》和《隋書·經籍志》所載，兩漢時期還有其他識字書：揚雄《别字》13 篇，《倉頡傳》1 篇，《倉頡訓纂》1 篇；杜林《倉頡訓纂》1 篇，《倉頡故》1 篇；衛宏《古文官書》1卷；班固《太甲篇》1 卷，《在昔篇》1 卷；賈魴《彦均篇》1 卷，《字屬》1卷；崔瑗《飛龍篇》1 卷；蔡邕《勸學篇》1 卷，《聖皇篇》，《黃初篇》，《吳章篇》，《女史篇》8 卷；郭顯卿《雜字指》1 卷，《古今奇字》1 卷。此外，《漢書·藝文志》還載《八體六技》一書，没有注明作者和篇數。

《隋書·經籍志》載衛宏《古文官書》1 卷，原書今佚，玄應《一切經音義》等書中輯有佚文。如卷一《大方廣佛華嚴經第一卷音義》"坒礙"條："衛宏《詔定古文官書》：导、得二字同體。"又卷八《維摩詰所説經下卷音義》"所圖"條："《詔定古文官書》：啚、圖二形同，達胡反。"《古文官書》是把每個字的不同異體輯録在一起，由此可見其體例之一斑。

第二節　　《説文解字》

一　許慎與《説文解字》

許慎，字叔重，東漢汝南召陵（今河南郾城）人，生卒年月不詳。《後漢書·儒林傳》："（許慎）性淳篤，少博學經籍，馬融常推敬之，時人爲之語曰：'五經無雙許叔重。'爲郡功曹，舉孝廉，再遷除洨長。卒于家。初，慎以《五經》傳説臧否不同，於是撰爲《五經異義》。又作《説文解字》十四篇，皆傳於世。"又其子許冲《上〈説文解字〉表》云："臣父故太尉南閣祭酒慎，本從（賈）逵受古學。"許慎不僅撰《五經異義》，還撰有《孝經古文説》《淮南子注》等。這些書都已亡佚，只有《説文解字》一書流傳至今。

許慎的《説文解字》現存全本有南唐徐鍇《説文解字繫傳》和宋徐鉉等校訂本《説文解字》。徐鉉本最爲流行，它不僅對原書的内容作過一番整理和審定，還將原書的十五篇各分上下，成爲三十卷。每字根據唐代孫愐《唐韻》增加反切，并將經籍中常見而許慎未收的字補入書内，加上解説，附於各部之後，稱爲"新附字"，共得402字。對許慎的解説，有的加上按語，以參校異同，并寫上"臣鉉曰""臣鉉等曰"爲別。

《説文》正文十四篇，加上《叙》一篇，共十五篇。全書收字9353個，重文1163個，解説字數共133441個，共540部。《説文》是我國第一部分析字形、解説字義、辨識聲讀的字典，是收羅小篆形體最多的一部字書。

《説文》一書主要以小篆作爲説解對象，除此之外，還有古文、籀文、奇字、或體、俗體等。小篆就是秦始皇用來統一全國文字的標準字體，許慎以之爲正體，字頭9353字所列，基本上都是小篆。有時所收重文注明爲"小篆"或"篆文"者，則字頭不是古文就是籀文。全書這種變例只有30多條。許慎所謂古文就是漢代所發掘出的古文經典中的字體。全書所稱古文500多字，主要出自壁中書和張蒼所獻《春秋左氏傳》。《説文》古文爲戰國文字。《説文》所收録的籀文因取自《史籀篇》，故稱。全書收録籀文200多字。奇字是古文的特異寫法。奇字書寫簡率，與古文相近。《説文》所收奇字很少，也屬戰國文字。或體即同一字之異體，主要指的是小篆異體。或體與古文籀文的不同，在於古籀與小篆有時代層次之別，而或體與小篆多數是處於同一時代層次中的異體。俗體即時俗所用之異體文字，也就是漢代流行的、不合於正篆的異體，故謂之俗體。許慎所説的俗體，主要是相對於秦篆而言的。總之，《説文》保存了大量的小篆和一定數量的古文、籀文等，成爲後來人們辨識研究古文字的重要依據和紐帶。漢字經过隸變之後，形體發生了很大變化，難以看出其構造的本來面目。我們今天之所以還能够比較清楚地瞭解一些漢字形體的來龍去脈，主要也應歸功於《説文》。

《説文》在字義分析上最主要的特色，就是闡明本義。有許多漢字的古義早已失傳，幸賴《説文》得以保存下來，這對於閲讀、解釋和印證古代文獻都有很大幫助。《説文》對許多字的解釋不但正確，而且非常精練，可以説言簡意賅。但是我們也不能過分迷信《説文》，因爲許慎依據的材料是小篆，從甲骨文、金文到小篆，其中不少字的形體結構發生了訛變。由於這種原因，許慎的解釋難免會有一些錯誤，我們要注意不要將其都當作本義。例如"爲，母猴也"就是一個典型的錯誤例子，其實，甲骨文"爲"像一隻手牽象在從事勞作之形。

《説文》一書保存了大量的古音資料。這些資料主要有形聲字、讀若、聲訓、重文、聯綿詞。其中，形聲字是最重要的一類。《説文》所收九千多漢字中，80%以上是形聲字。《説文》一書保存了大量的古音資料，對研究周秦古音及語音演化很有意義。

《説文》一書的内容極爲豐富，乃"漢代的百科全書"（陸宗達《説文解字通論》）。許冲《上〈説文解字〉表》云："慎博問通人，考之於逵，作《説文解字》，六藝群書之詁皆訓其意，而天地、鬼神、山川、草木、鳥獸、昆蟲、雜物、奇怪、王制、禮儀、世間人事，莫不畢載。"《説文》是漢語文字學具有開創意義的奠基性著作，支配和影響着漢語文字學發展。

二 《説文解字》的研究

《説文》的研究在作者、寫作、體例、構造理論、部首、字體、版本、價值、貢獻、不足及相關著述研究等方面，都取得了非凡的成就。唐代、宋元明清，到現代，研究《説文》的論著汗牛充棟，代表性學者衆多。新中國成立以來，代表性學者有劉頤、馬宗霍、蔣善國、王力、唐蘭、陸宗達、殷孟倫、張舜徽、徐復、周祖謨、黃綺、梁東漢、姚孝遂、王鳳陽、曹先擢、何九盈、趙誠、向光忠、裘錫圭、王寧、許嘉璐、郭在貽、孫雍長、李傳書、古敬恒、馬景侖、石定果、宋永培、蘇寶榮、崔樞華、馮蒸、祝敏申、李國英、蔣冀騁、臧克和、王平、黨懷興、雷漢卿、趙平安等。①

---

① 參見張標、陳春風《〈説文〉學的回顧與前瞻》，載向光忠主編《説文學研究》第1輯，崇文書局，2004，第38頁。

從近期《説文》文字形體研究而言，李國英《小篆形聲字研究》①、石定果《説文會意字研究》②、趙平安《〈説文〉小篆研究》③ 值得重視。

趙平安《〈説文〉小篆研究》把《説文》小篆作爲傳世古文字資料的一種，放在出土古文字資料的背景下，從縱嚮和横嚮兩個方面，進行了全面系統的分析研究。該書分析了《説文》小篆的基本類型和在漢字演進序列中的地位，探討了《説文》小篆的來源、性質、結構，研究了《説文》字頭篆文和異體的關係、所收篆文和未收異體的關係，使學者能正確理解、充分利用這批材料。

李國英《小篆形聲字研究》選擇小篆形聲字作典型材料，用斷代的系統描寫的方法成功地研究漢字的構形系統。該書運用漢字形義學的方法，以意釋形，對《説文》形聲字進行了窮盡的微觀分析，以此作爲研究的基礎；從《説文》小篆的總體出發，在字與字、字與字群的縱横關係中去考察個體漢字的形與義；把形聲字的義符與聲符作爲研究的重點，采用量化統計和定性分析相結合的原則，對形聲字做了客觀描寫，第一次在一個横斷面上，讓人們看到了漢字構形的總體確是成系統的；在系統地整理了小篆，客觀地描寫了小篆系統，并追溯了形聲字發展的歷史之後，重視對漢字發展規律和構形規律的總結，對漢字構形基礎理論的創建作出了重要貢獻。④

石定果《説文會意字研究》對會意字進行了全面的分析考察。第一，該書以構形和造意兩方面的標準，對前人所説的會意字進行了新的界定。第二，采用"結構—功能"兩維度分析方法分析會意字，主要是關注復體會意字中兩個構字部件的關係。該書發現會意字的構件之間的位置關係很多還與物象一致，這種位置關係影響着漢字的造字理據；發現了會意字的兩個構字部件之間的結構關係同漢語合成詞與詞組之間的結構關係一致，這些結構關係包括并列結構、陳述結構、支配結構、偏正結構和施受結構等。第三，該書采用系統論的方法，從會意字的總體着眼，又把總體會意

---

① 李國英：《小篆形聲字研究》，北京師範大學出版社，1996。

② 石定果：《説文會意字研究》，北京語言學院出版社，1996。

③ 趙平安：《〈説文〉小篆研究》，廣西教育出版社，1999。

④ 參見王寧先生爲《小篆形聲字研究》所寫的《序》。

字作爲漢字構形全局的一個部分，去觀察這種構形模式與其他構形模式之間的關係。該書的研究是描寫漢字構形系統的一個重要部分，推動了漢字的相關理論研究。①

第三節　《説文解字》中的秦篆和漢篆

《説文》全書收 9353 個字頭，重文 1163 字。在這 1000 多個重文中，"古文"有 500 多字，"籀文"也有 220 多字。事實上，《説文》"古文"和"籀文"的數量可能會更多。前人解釋這種情況時，認爲"古籀"有不少混同於篆文。王國維曰："今《蒼頡》三篇雖亡，然足以窺其文字及體例者，猶有《急就篇》在。《急就》一篇，其文字皆《蒼頡》中正字，其體例先名姓字，次諸物，次五官，皆日用必需之字，而六藝中字十不得四五。故古籀中字篆文固不能盡有。且《蒼頡》三篇五十五章，章六十字，凡三千三百字，且尚有復字。加以揚雄《訓纂》，亦只五千三百四十字。而《説文》正字多至九千三百五十三，此四千餘字者，許君何自得之乎？曰：此必有出於古文籀文者矣。故《説文》通例，如段君説：凡古籀與篆異者，則出古文籀文；至古籀與篆同或篆文有而古籀無者，則不復識別。若夫古籀所有而篆文所無，則既不能附之於篆文後，又不能置而不録，且《説文》又無於每字下各注'此古文''此籀文''此篆文'之例，則此種文字必爲本書中之正字，審矣。"② 王國維指出《説文》字頭中不單是篆文，也有古文和籀文，"古籀"有不少混同於字頭篆文。可稱卓識。

關於《説文》小篆的來源問題，學術界有了越來越清楚的認識。

有學者認爲，《説文》篆文中也應包括出自漢代的字，并非字字都出自秦和先秦。③ 有些《説文》篆文至今未見於秦或先秦出土文物，可見《説文》所録正篆有部分并非出自秦篆，而是漢代經過加工的篆字，這些字與

---

① 參見王寧先生爲《説文會意字研究》所寫的《序》。
② 王國維：《説文今叙篆文合以古籀説》，載《觀堂集林》卷七，中華書局，1959。
③ 陳五雲：《從新視角看漢字：俗文字學》，河南人民出版社，2000，第 143 頁。

漢代當時流行的古隸結構相同或相近。

　　有學者指出，《說文》篆文不僅僅是有秦一代的文字總匯，有的早在殷商甲骨文中就已產生，有的在漢代文獻中纔出現。[①]

　　趙平安先生《〈說文〉小篆研究》一書指出《說文》小篆來源主要有：[②] 第一，來源於史籀大篆，或是由史籀大篆省改而來。《說文·叙》和《漢書·藝文志》中都說得很清楚。在省改過程中少數發生訛變或經過篡改。[③] 第二，來源於六國古文。清代就有學者零星指出，近人黃焯先生有《篆文中多古文說》一文專論此事。[④] 第三，漢代人根據隸書新造的。清人已經意識到這一點。近年來有學者支持這種觀點。[⑤]

　　《說文》中的秦代篆文，主要來源於《史籀篇》，同時也是古文字自然演進的結果。《說文》字頭 9353 個，《史籀篇》收字 9000 個，兩者收字數量十分相近，因此《說文》小篆由史籀大篆省改而來是可信的。秦篆對《史籀篇》的省改，主要有三種情況：一是改換籀文的部分形體；二是調整籀文部件的位置；三是改變籀文字詞之間的配置關係，即不改變籀文的形體，而是改變其功能。

　　《說文》中的漢代篆文，包括小篆、繆篆和鳥蟲書。從文物上的文字資料看，漢篆有前文所介紹的金文、石刻文、陶文等。絕大多數漢篆來源於秦篆。有的省減秦篆的部分形體，有的增加部分形體，有的改變部分形體，有些漢篆是新造的，不過只是很小的一部分，主要表現在多種異體并存、偏旁單字混用、與隸書關係密切等方面。識別漢篆，可以從古今音變的角度來區分漢篆，還可以根據古文字形體演進序列和古文獻資料及有關記述來進行識別。《〈說文〉小篆研究》一書指出：從古文字演進序列看，甯、臚、恩、尼、荆、巍、丕、邠、引、同、銅、興、受、授、羞、野等應屬於漢篆；從古文獻資料及有關記述看，祜、祉、犧、抙、攃、鷹、遲、桓應屬

---

① 王作新：《漢字結構系統與傳統思維方式》，武漢出版社，1999，第 11 頁。

② 趙平安：《〈說文〉小篆研究》，廣西教育出版社，1999，第 1～2 頁。本節關於《說文》小篆來源問題、《說文》中的秦代篆文和漢代篆文問題的分析，均參考《〈說文〉小篆研究》的說法。

③ 裘錫圭：《文字學概要》，商務印書館，1988，第 62 頁。

④ 黃侃：《說文箋識四種》，上海古籍出版社，1983。黃焯先生的文章附於該書之後。

⑤ 例如王寧《〈說文解字〉與漢字學》，河南人民出版社，1994，第 34 頁。

於漢篆。

要確定一個字是不是漢篆，是很複雜的問題。一是漢篆由秦篆演化而來，在結構上多數沒有變化，有的在筆畫、部件或偏旁上發生某種變化，這種變化有的是明顯的，有的是細微的；二是現有出土文字資料有限，在有限的文字資料情況下，說這種寫法只有漢篆有而秦篆沒有，僅是相對的，而不是絕對的，焉知以後出土的秦篆資料中沒有這種寫法。

第九章　秦漢文字的字體

秦漢時期是我國漢字字體演化的重要時期。這一時期，大篆演化爲小篆，古隸演化爲漢隸，章草成熟，楷書、今草和行書應時而生。此外，秦漢時期器物上的文字中還貯存有古文、籀文。秦漢文字篆、隸、楷、草、行諸體悉備，衆美紛呈。

我國第一個中央集權的封建國家秦國的建立，結束了戰國以來長期割據紛爭的局面，統一了中國。在秦統一前的戰國時期，各國文字獨立發展，紛歧異亂，繁簡不一。秦受周文化的影響，在文字上承襲西周春秋的文字字體，并逐漸向小篆演化。許慎在《説文解字·叙》中説："秦始皇帝初兼天下，丞相李斯乃奏同之，罷其不與秦文合者。斯作《倉頡篇》，中車府令趙高作《爰歷篇》，太史令胡毋敬作《博學篇》，皆取史籀大篆，或頗省改，所謂小篆者也。"又説："官獄職務繁，初有隸書，以趣約易。自爾秦書有八體：一曰大篆，二曰小篆，三曰刻符，四曰蟲書，五曰摹印，六曰署書，七曰殳書，八曰隸書。"《説文解字·叙》還説王莽時有六書：一曰古文，二曰奇字，三曰篆書，四曰佐書，五曰繆篆，六曰鳥蟲書。[①] 秦書八體中，小篆用於官方，隸書流行於民間，其他只是在一定的範圍內使用。裘先生指出："秦書八體中的刻符、蟲書、摹印、署書、殳書和王莽六書中的繆篆、鳥蟲書，大概都是小篆的變體。"[②]

---

① 許慎：《説文解字》，中華書局，1963。

② 裘錫圭：《秦漢時代的字體》，載《中國書法全集》第 7 卷 "秦漢刻石一"，榮寶齋，1993，第 42 頁。

第一節　秦漢篆書

一　秦代篆書

秦代文字字體主要是小篆和古隸。大篆演化爲小篆，是我國漢字長期發展的結果。小篆筆畫固定，偏旁統一，形體一致，結構左右對稱，筆法圓轉，規範化程度相當高。小篆的確立，使篆體定型化，克服了西周春秋戰國時期形體不一、寫法歧異的混亂局面。小篆已極大弱化了象形的意味，使漢字從圖像化逐步向符號化演進，從而爲古文字演化爲今文字打下了良好的基礎。

秦代小篆的重要遺存主要是刻石。據《史記·秦始皇本紀》記載，始皇出巡刻石共有嶧山、泰山、琅琊臺、之（芝）罘、東觀、碣石、會稽刻石7處。① 秦二世時又在秦始皇所刻各石上加刻一道詔書，説明石爲始皇所刻。目前流傳下來的秦代刻石主要有《泰山刻石》《琅琊臺刻石》《嶧山刻石》《會稽刻石》，字體都是規範的小篆。原石現在僅存兩種：一種是《泰山刻石》，僅存9個半字；另一種是《琅琊臺刻石》，僅存86字。這兩種刻石因年代久遠，損壞嚴重，漫漶不清，但仍存真迹。《嶧山刻石》《會稽刻石》② 均係後人摹刻，只可用作研究的參考。除刻石外，秦代篆書材料還見於秦刻符、詔版、權、量、陽陵虎符等。這些器物上的文字，基本上都是小篆。但因爲刻或鑄在金石上，受到刀工和民間書風的影響，往往將小篆的圓轉刻或鑄成方折，特別在權、量上表現得更爲突出。

秦代小篆主要見於秦石刻文、金文和陶文。

---

① 司馬遷：《史記·秦始皇本紀》，中華書局，1959。
② 傳世《會稽刻石》摹刻本，過去有人懷疑過它的可靠性，裘錫圭先生根據此本篆形的研究，認爲前人的懷疑是正確的。見裘錫圭《秦漢時代的字體》，載《中國書法全集》第7卷"秦漢刻石一"，榮寶齋，1993，第37頁。

1. 石刻文

表 9 - 1　秦石刻文篆書

序號	名　稱	釋　　文
1	嶧山刻石	皇帝立國，維初在昔，嗣世稱王。討伐亂逆，威動四極，武義直方。戎臣奉詔，經時不久，滅六暴强。廿有六年，上薦高號，孝道顯明。既獻泰成，乃降專惠，親巡遠方。登于嶧山，群臣從者，咸思攸長。追念亂世，分土建邦，以開爭理。功戰日作，流血於野，自泰古始。世無萬數，陀及五帝，莫能禁止。迺今皇帝，壹家天下，兵不復起。烖害滅除，黔首康定，利澤長久。群臣誦略，刻此樂石，以著經紀。皇帝曰："金石刻盡始皇帝所爲也，今襲號，而金石刻辭不稱始皇帝，其於久遠也，如後嗣爲之者，不稱成功盛德。"丞相臣斯，臣去疾，御史夫 = （大夫）臣德，昧死言："臣請具刻詔書，金石刻因明白矣。臣昧死請。"制曰："可。"
2	泰山刻石①	臣斯，臣去疾，御史夫 = （大夫）臣，昧死言："臣請具刻詔書，金石刻因明白矣，臣昧死請。"
3	琅琊臺刻石	五夫 = （大夫）趙嬰。五夫 = （大夫）楊樛。皇帝曰："金石刻盡始皇帝所爲也，今襲號，而金石刻辭不稱始皇帝，其於久遠也。如後嗣爲之者，不稱成功盛德。"丞相臣斯，臣去疾，御史夫 = （大夫）臣德，昧死言："臣請具刻昭書，金石刻因明白矣。臣昧死請。"制曰："可。"
4	秦石柱礎刻石	右卯　廿六
5	之罘刻石	維廿九年，時在中春，陽和方起。皇帝東游，巡登之罘，臨照于海。從臣嘉觀，原念休烈，追誦本始。大聖作治，建定法度，顯箸綱紀。外教諸侯，光施文惠，明以義理。六國回辟，貪戾無厭，虐殺不已。皇帝哀衆，遂發討師，奮揚武德。義誅信行，威燀旁達，莫不賓服。烹滅彊暴，振救黔首，周定四極。普施明法，經緯天下，永爲儀則。大矣哉！宇縣之中，承順聖意。群臣誦功，請刻于石，表垂于常式②
6	東觀刻石	維廿九年，皇帝春游，覽省遠方。逮于海隅，遂登之罘，昭臨朝陽。觀望廣麗，從臣咸念，原道至明。聖法初興，清理疆內，外誅暴彊。武威旁暢，振動四極，禽滅六王。闡并天下，甾害絕息，永偃戎兵。皇帝明德，經理宇內，視聽不怠。作立大義，昭設備器，咸有章旗。職臣遵分，各知所行，事無嫌疑。黔首改化，遠邇同度，臨古絕尤。常職既定，後嗣循業，長承聖治。群臣嘉德，祇誦聖烈，請刻之罘③

---

① 泰山刻石結字開張勻稱，筆法婉轉圓通。"叢帖本"篆形基本可靠，"安國本"篆形有後人臆改之處。參見裘錫圭《秦漢時代的字體》，載《中國書法全集》第 7 卷 "秦漢刻石一"，榮寶齋，1993，第 36 頁。

② 見司馬遷《史記·秦始皇本紀》，中華書局，1959，第 249 頁。

③ 見司馬遷《史記·秦始皇本紀》，中華書局，1959，第 250 頁。

序號	名　稱	釋　　文
7	碣石刻石	遂興師旅，誅戮無道，爲逆滅息。武殄暴逆，文復無罪，庶心咸服。惠論功勞，賞及牛馬，恩肥土域。皇帝奮威，德并諸侯，初一泰平。墮壞城郭，決通川防，夷去險阻。地勢既定，黎庶無繇，天下咸撫。男樂其疇，女修其業，事各有序。惠被諸產，久并來田，莫不安所。群臣誦烈，請刻此石，垂著儀矩①
8	會稽刻石	皇帝休烈，平一宇内，德惠攸長。卅有七年，親巡天下，周覽遠方。遂登會稽，宣省習俗，黔首齋莊。群臣誦功，本原事迹，追首高明。秦聖臨國，始定刑名，顯陳舊章。初平法式，審別職任，以立恒常。六王專倍，貪戾慠猛，率衆自彊。暴虐恣行，負力而驕，數動甲兵。陰通間使，以事合從，行爲辟方。内飾詐謀，外來侵邊，遂起禍殃。義威誅之，殄熄暴悖，亂賊滅亡。聖德廣密，六合之中，被澤無疆。皇帝并宇，兼聽萬事，遠近畢清。運理群物，考驗事實，各載其名。貴賤并通，善否陳前，靡有隱情。飾省宣義，有子而嫁，倍死不貞。防隔内外，禁止淫泆，男女絜誠。夫爲寄豭，殺之無罪，男秉義程。妻爲逃嫁，子不得母，咸化廉清。大治濯俗，天下承風，蒙被休經。皆遵軌度，和安敦勉，莫不順令。黔首脩絜，人樂同則，嘉保泰平。後敬奉法，常治無極，輿舟不傾。從臣誦烈，請刻此石，光垂休銘②
9	秦始皇詔石權	廿六年，皇帝盡并兼天下
10	相里作白刻石	秦廿二年，相里乍白

2. 金文

表 9 - 2　秦金文篆書（部分）

序號	名　稱	年　代	釋　文	出土、著錄
1	始皇詔橢量	前 221 ～ 前 210	廿六年，皇帝盡并兼天下諸侯，黔首大安，立號爲皇帝，乃詔丞相狀、綰，法度量則不壹歉疑者，皆明壹之	《秦金文錄》等
2	始皇詔橢量（二）	前 221 ～ 前 210	同《始皇詔橢量》	《秦金文錄》等
3	兩詔橢量	前 221 ～ 前 207	始皇詔同《始皇詔橢量》二世詔同《秦二世詔版》	《秦金文錄》等

---

① 見司馬遷《史記·秦始皇本紀》，中華書局，1959，第 252 頁。

② 見司馬遷《史記·秦始皇本紀》，中華書局，1959，第 261～262 頁。

續表

序號	名　稱	年　代	釋　文	出土、著錄
4	始皇詔方量	前 221～前 210	同《始皇詔橢量》	《秦金文録》等
5	秦二世詔版	前 209～前 207	元年制詔，丞相斯、去疾，法度量盡始皇帝爲之，皆有刻辭焉。今襲號，而刻辭不稱始皇帝，其於久遠也，如後嗣爲之者，不稱成功盛德。刻此詔故刻左，使毋疑	《秦金文録》等
6	始皇詔版	前 221～前 210	同《始皇詔橢量》	《秦金文録》等
7	始皇詔權	前 221～前 210	同《始皇詔橢量》	1967 年西安出土
8	始皇詔十六斤權	前 221～前 210	同《始皇詔橢量》	《秦金文録》等
9	始皇詔八斤權	前 221～前 210	同《始皇詔橢量》	《秦金文録》等
10	大騶權	前 221～前 207	始皇詔同《始皇詔橢量》二世詔同《秦二世詔版》	《秦金文録》等
11	兩詔權	前 221～前 207	始皇詔同《始皇詔橢量》二世詔同《秦二世詔版》	1973 年陝西臨潼秦始皇陵西内城出土
12	陽陵虎符	秦代	甲兵之符，右才（在）皇帝，左才（在）陽陵。甲兵之符，右才（在）皇帝，左才（在）陽陵	山東臨城出土

3. 陶文

在秦始皇統一文字之前，小篆已在秦國廣泛使用，如咸陽早期地層出土的板瓦和銅瓦上的文字，基本上都是小篆。這説明小篆不是在秦統一後纔有的，而是戰國中晚期已在秦國通用。[①] 在新出的陶文中，由於是出自修陵工匠之手，所以字形比較草率奔放，偏旁互移，似篆似隸，筆畫隨意增減，但却剛勁有力，由此可看出篆隸之間的演化過程。

---

① 有學者認爲："小篆指經過秦始皇統一規範化了的秦文字，而統一之前的正體文字只能稱爲大篆，這完全是就'書同文字'的法律意義而言的。"見詹鄞鑫《談談小篆》，語文出版社，2007，第 10 頁。

表9-3 秦陶文篆書（部分）

序號	名 稱	年 代	釋 文	出土、著錄
1	東武睡瓦	前212～前208	東武東閭居貲不更鵰（睡）	1980年陝西臨潼趙家背户村秦刑徒墓出土。見《秦代陶文》等
2	東武慶忌瓦	前212～前208	東武居貲上造慶忌	同"東武睡瓦"
3	博昌餘瓦	前212～前208	博昌居貲用里不更餘	同"東武睡瓦"
4	平陰滕瓦	前212～前208	平陰居貲北游公士滕	同"東武睡瓦"
5	贛榆得瓦	前212～前208	贛榆得	同"東武睡瓦"
6	楊氏大教瓦	前212～前208	楊氏居貲大教	同"東武睡瓦"
7	得字俑	前212～前208	得	同"東武睡瓦"
8	咸陽俑	前212～前208	咸陽	同"東武睡瓦"
9	咸敬俑	前212～前208	咸敬	同"東武睡瓦"
10	咸野俑	前212～前208	咸野	同"東武睡瓦"
11	談留俑	前212～前208	談留	同"東武睡瓦"
12	屈字俑	前212～前208	屈	同"東武睡瓦"
13	隱成吕氏缶	秦始皇時期	隱成吕氏缶，容十斗	1977年陝西鳳翔高莊秦墓出土
14	始皇詔量	前221～前210	廿六年，皇帝盡……諸侯，黔首大安……詔丞相（狀）綰……	1963年内蒙古赤峰蜘蛛山出土
15	馬字罐	秦代	馬	1976年陝西臨潼秦始皇陵東側上焦村陪葬墓出土。見《秦代陶文》
16	楊字罐	秦代	楊	同"馬字罐"
17	蘇解爲器蓋①	秦代	蘇解爲	中國社會科學院考古研究所藏

---

① 陳直先生斷爲漢代刻文，并説"蘇解人名，爲作造字解。此等陶文，在器做成泥尚未乾透之時，用蘆荻或竹簽刻畫文字，與範造者不同，與鳥獸範題字，同一作風。筆勢雄駿，在陶器中文字之大，無逾於此。"陳邦懷先生説："篆書碩大而雄肆，余謂此秦物也。蘇解乃陶工之姓名，物勒工名是也。'爲'，猶'造'也，言'爲'不言'造'者，先秦言'爲'也。"他認爲漢人始將"爲"改成"造"，所以斷爲秦代之物。此蓋篆中帶草，率意劃割而成。"蘇"字"禾"與"魚"移位。參見陳直《摹廬叢著七種》，齊魯書社，1981，第402頁；陳邦懷：《摹廬藏陶考釋補正》，見陳直《摹廬藏陶捃存》，齊魯書社，1983。

續表

序號	名　稱	年　代	釋　文	出土、著録
18	麗山飤官壺蓋	前 221 ~ 前 208	麗山飤官	1972 年陝西臨潼秦始皇陵出土。秦始皇兵馬俑博物館藏。見《秦代陶文》
19	將行内者陶器	秦至西漢早期	將行内者	1959 年陝西藍田秦漢窰址出土

二　漢代篆書

漢代通行的字體主要是隸書和草書。篆書在漢代不像隸書那樣通行較廣，主要用於高級官方文書，其他又用於柩銘、官鑄金文、碑碣刻石文字、碑額、印章、宮室磚瓦文字等。漢代篆書受隸書的影響，在民間流行的漢印和銅器銘文中形成了一種稱作繆篆的字體，出現了一些新的特徵，主要表現爲：隸書偏旁摻入，增繁與簡省隨意，穿插與挪移自由，盤曲裝飾。繆篆屬小篆一系。[①] 陸錫興《繆篆新考》綜述文字學界和書法學界對“繆篆”的解釋，有“屈曲纏繞説”“謬誤説（又引出異於小篆説）”“端正嚴肅説”“規度説”等四説，而作者認爲“繆篆”當作“和美之篆”解釋。[②]

1. 墨迹篆書

漢代篆書的墨迹出土不多。例如：敦煌出土的寫有篆書干支的漢簡。1959 年甘肅武威磨嘴子漢墓出土的用篆書書寫墓主姓名、籍貫的《柩銘》三種（新莽至東漢時期）。1973 年甘肅金塔縣肩水金關遺址出土的帛製的《張掖都尉棨信》（西漢末至新莽時期），雖是書寫於織布上的墨書，但與《郁平大尹馮君孺久墓題記》書風相似，筆畫屈曲抖動，有蟲書筆意。“棨信”是通行關禁的證件，也是高級官吏的一種標識，用正規小篆書寫。“棨信”一稱“幡信”，“柩銘”又稱“旌銘”，均有符證之性質。《説文解字·叙》記新莽六書説：鳥蟲書“所以書幡信也”。因此鳥蟲書，或者署書，都可看成當時的裝飾文字。《張掖都尉棨信》篆書六字，與《泰山刻石》《琅

---

① 參見張桂光《篆書發展史綜述》，《中國書法》2010 年第 4 期。
② 陸錫興：《繆篆新考》，載《出土文獻與古文字研究》第 4 輯，上海古籍出版社，2011。

琊臺刻石》字體相近，現藏甘肅省文物考古研究所。①

2. 石刻文篆書

漢代小篆主要貯存在漢代早期的刻石中。西漢刻石中到目前爲止没有發現名碑大碣。據施蟄存先生考證，到 1980 年爲止，西漢刻石有 22 種，東漢刻石有 388 種。② 這是指有紀年的有文字的刻石，没有紀年、文字又不多的畫像石等，尚未計算在内。

西漢刻石大都小而書寫草率，較純正的小篆僅見於《魯北陛刻石》《祝其卿墳壇刻石》《上谷府卿墳壇刻石》等。這些刻石，其字體雖屬小篆，但字形筆勢已變圓爲方。在西漢篆隸嬗變中，處於過渡形態的字體，更明顯地表現在西漢的刻石中，如《群臣上醻刻石》《霍去病墓石題字》《廣陵中殿刻石》等。筆法基本上是變圓爲方，有的字形結構已呈現出隸書的意味。西漢的這些刻石，雖都是篆書，但純正的小篆字體多已不復存在，大部分都是似篆非篆、似隸非隸的一種篆隸之間的過渡字體。上述這些篆書刻石大多粗糙簡率，與秦代小篆刻石的精密規整不同。

東漢著名篆書碑石有《開母石闕銘》《少室石闕銘》《袁安碑》《袁敞碑》《祀三公山碑》《魯王墓石人題字》等。其結字茂密，體勢方圓結合，是東漢篆書的代表。

表 9-4　漢石刻文篆書

序號	名　稱	年　代	釋文或銘文情况
1	群臣上醻刻石	文帝後元六年（前 158）	趙廿二年八月丙寅群臣上醻此石北
2	魯北陛刻石	景帝中元元年（前 149）	魯六年九月所造北陛
3	王陵塞石刻字	武帝後元元年（前 88）	王陵塞石廣四尺
4	殷微子墓題字	成帝建始元年（前 32）	仁參箕比
5	霍去病墓石題字	西漢	左司空（篆書），平原樂陵宿伯牙霍巨孟（隸書）
6	廣陵中殿刻石	西漢	中殿第廿八第百册
7	九龍山封門刻石	西漢	王陵塞石廣四尺，二尺

---

① 詳見本書第七章第一節相關部分介紹。

② 施蟄存：《金石叢話》，中華書局，1991。

序號	名　稱	年　代	釋文或銘文情況
8	測景日晷	西漢	（刻一至五十九數目字）
9	舞雩臺刻石	西漢	廡，廡（石刻二字，一主一橫，均是"廡"字）
10	東安漢里刻石	西漢末東漢初	山魯市東安漢里禹石也（有云另一石刻"河平三年八月丁□漢里禹墳"12字）
11	上谷府卿墳壇刻石	孺子嬰居攝二年（7）	上谷府卿墳壇居攝二年二月造
12	祝其卿墳壇刻石	孺子嬰居攝二年（7）	祝其卿墳壇居攝二年二月造
13	鬱平大尹馮君孺久墓題記	新莽始建國天鳳五年（18）	鬱平大尹……（共84字，五見"鬱平大尹馮君孺久"）
14	袁安碑①	和帝永元四年（92）	司徒公汝南女陽袁安召公……（10行，每行15字，下截殘損，碑文約存139字）
15	袁敞碑	安帝元初四年（117）	……司徒公……（碑文10行，每行5至9字不等，上下殘缺）
16	祀三公山碑②	安帝元初四年（117）	元初四年……（碑文10行，每行14至23字不等）
17	李昭碑	安帝元初五年（118）	（碑文6行，行存12字；額2行，共6字，篆書"漢故李君之碑"）
18	泰室石闕銘	安帝元初五年（118）	（額爲"中嶽泰室陽城崇高闕"，篆書3行9字，僅可辨認出前6字。正文爲隸書27行，行9字）

---

① 《後漢書》有袁安傳，碑文與傳大致相同。裘先生指出：袁安碑在東漢人的篆書裏可算是篆味比較足的，但碑文"除"字"余"旁、"事"字中部、"海"字"每"旁上端等，都受了隸書的影響。參見裘錫圭《秦漢時代的字體》，載《中國書法全集》第7卷"秦漢刻石一"，榮寶齋，1993，第39頁。

② 康有爲認爲此碑屬繆篆精品。裘先生認爲康說不妥，指出此碑碑文呈現出篆隸雜糅的面貌，其中如"寸""處""立""闕""夾""無"等不少字，簡直完全是隸書。參見裘錫圭《秦漢時代的字體》，載《中國書法全集》第7卷"秦漢刻石一"，榮寶齋，1993，第40頁。

續表

序號	名　稱	年　代	釋文或銘文情況
19	少室石闕銘①	安帝延光二年（123）	（額題"少室神道之闕"6字。銘文共22行，滿行4字。碑字漫漶已甚，存者唯數十字而已）
20	開母石闕銘②	安帝延光二年（123）	（銘文分二層，篆書。前後計36行。無額）
21	漢高祖大風歌碑	漢	漢高祖皇帝書，大風起兮雲飛揚，威加海內兮歸故鄉，安得猛士兮守四方
22	昌陽嚴刻石	漢	昌陽罨嚴樣高③
23	魯王墓石人題字	東漢	漢故樂安太守麃君亭長，府門之卒
24	楊子興題記	東漢	藍田令楊子興所處穴

　　東漢碑額的篆書，很有特色，一改秦篆一味追求圓轉妍媚之狀，形成了漢篆自己的藝術風貌，主要見於《景君碑》《韓仁銘》《鄭固碑》《孔宙碑》《鮮于璜碑》《華山廟碑》《張遷碑》《尹宙碑》《趙寬碑》《白石神君碑》《王舍人碑》《樊敏碑》《趙菿碑》《唐公房碑》《尚府君殘碑》等篆書碑額，其特點是篆書的成分減少而隸書的成分增加，表現了多姿的漢篆風貌。東漢碑額多是篆書2行，字數多爲偶數6，8，10或12。

表9-5　東漢碑石額題篆書

序號	名　稱	年　代	篆書額題釋文（字數）
1	景君碑額	漢安二年（143）	漢故益州太守北海相景君銘（12字）
2	鄭固碑額	延熹元年（158）	漢故郎中鄭君之碑（8字）
3	孔宙碑額	延熹七年（164）	有漢泰山都尉孔君之碑（10字）
4	鮮于璜碑額	延熹八年（165）	漢故雁門太守鮮于君碑（10字）

---

① 此銘爲漢代著名篆書石刻之一，和《開母石闕銘》風格相近。

② "開母"原名"啓母"，因避漢景帝諱，改"開母"。

③ "昌陽"下一字作"罨"，應是"嚴"字的簡體。

續表

序號	名　　稱	年　　代	篆書額題釋文（字數）
5	華山廟碑額	延熹八年（165）	西嶽華山廟碑（6字）
6	馮緄碑額	永康元年（167）	漢故車騎將軍馮公之碑（10字）
7	張表碑額	建寧元年（168）	故冀州從事張君之碑（9字）
8	楊震碑額	建寧元年（168）	漢故太尉楊公神道之碑（10字）
9	楊統碑額	建寧元年（168）	漢故沛相楊君之碑（8字）
10	楊箸碑額	建寧元年（168）	漢故高陽令楊君之碑（9字）
11	夏承碑額	建寧三年（170）	漢故淳于長夏君之碑（9字）
12	西狹頌額	建寧四年（171）	惠安西表（4字）
13	孔彪碑額	建寧四年（171）	漢故博陵太守孔府君碑（10字）
14	陳德碑額	建寧四年（171）	漢故陳君之碑（6字）
15	婁壽碑額	熹平三年（174）	玄儒婁先生碑（6字）
16	楊馥碑額	熹平三年（174）	漢故繁陽令楊君之碑（9字）
17	韓仁銘碑額	熹平四年（175）	漢循吏故聞憙長韓仁銘（10字）
18	尹宙碑額	熹平六年（177）	漢故豫州從事尹君之銘（存"從銘"2字）
19	趙寬碑額	光和三年（180）	三老趙掾之碑（6字）
20	三公山碑額	光和四年（181）	三公之碑（4字）
21	魏元丕碑額	光和四年（181）	漢故涼州刺史魏君之碑（10字）
22	白石神君碑額	光和六年（183）	白石神君碑（5字）
23	王舍人碑額	光和六年（183）	漢舍人□王君之□（8字）
24	王君碑額	中平二年（185）	漢故王君之碑（6字）
25	朱龜碑額	中平二年（185）	漢幽州刺史朱君之碑（9字）
26	張遷碑額	中平三年（186）	漢故穀城長蕩陰令張君表頌（12字）
27	譙敏碑額	中平四年（187）	漢故小黃門譙君之碑（9字）
28	樊敏碑額	建安十年（205）	漢故領校巴郡太守樊府君碑（12字）
29	趙菿碑額	東漢	漢故郎中趙君之碑（8字）
30	汝南周府君碑額	東漢	故汝南周府君（6字）
31	唐公房碑額	東漢	仙人唐君之碑（6字）
32	尚君府殘碑額	東漢	甘陵相尚府君之碑（8字）
33	梧臺里石社碑額	東漢	存"梧臺里石社碑"6字
34	詔書殘碑額	東漢	存"宣鄉文里"4字

序號	名　稱	年　代	篆書額題釋文（字數）
35	李君碑額	東漢	存"騎尉李君"4 字
36	孫大壽碑額	東漢	存"孫大壽碑"4 字
37	廣平侯碑額	東漢	存"廣平侯殿"4 字
38	卜君碑額	東漢	存"卜君之頌"4 字
39	司農公碑額	東漢	存"司農公"3 字
40	邪相劉碑額	東漢	存"邪相劉"3 字

3. 金文篆書

漢代金文中的小篆繼承了秦篆的傳統。如西漢的《南越文帝九年勾鑃》《中山内府銅鑐》《漢長安銷》《漢長安尺》，新莽時期的《新嘉豆》《新莽秤》《新莽九斤權》等，字體均是小篆。漢代金文大量作品字體是繆篆，如西漢的《蓮西宮盆》《長安下嶺宮燈》《承安宮燈》《上林共府銅升》《中宮内者行燈》《信都食官行燈》《上林鼎》《壽成室鼎》《臨虞宮燈》《萬歲宮燈》等。漢代金文篆書大都精美而又自然灑脱，如西漢的《長楊鼎》《池陽宮行鐙》《雲陽鼎》《竟寧雁足鐙》《上林鼎》《臨虞宮鐙》《綏和雁足鐙》《熒陽宮小鐔鐙》《陽泉使者舍薰鑪》《上林量》《永初鍾》《上林共府升》等，都具有代表性。

漢洗銘文在漢金文中獨成一系，多見於東漢。漢洗銘文是富有裝飾趣味的小篆，如《章和二年洗》《永和元年洗》《君宜子孫洗》等。"洗"是用模鑄的，洗銘與旨在簡便易刻的寫刻銘文有所不同。漢洗爲圓形，通常從中間開一長方條狀，文字刻在其中。漢洗因爲是金屬鑄造，文字多清晰完整。漢洗銘文内容主要是紀年、工匠名、吉祥祈禱之辭。如《永平二年洗》《光和四年洗》《建寧四年洗》《建安六年洗》《永和三年洗》《永建二年洗》《永元四年洗》《長宜子孫洗》《富貴昌宜侯王洗》《大吉宜平善洗》《蜀都郡嚴氏洗》《嚴氏傳子孫洗》等。其裝飾手法或在直線中加入弧綫，或以雲篆、蟲篆將局部筆畫飾成雲紋、蟲紋，字形隨需要變化，内部屈曲，筆畫重叠，富有特點。

漢鏡銘文在漢金文中亦獨成一系，始見於西漢初，直至東漢均很豐富。鏡銘漢初多爲小篆，字數較少，文景之後繆篆和篆隸混合的變體流行，新莽至東漢之際流行簡化隸體，東漢篆隸裝飾變體大量出現。漢鏡銘文内容十分豐富，主要有：富貴吉祥之語，數量多且多押韻，如“見日之光，天下大陽，服者君卿，所言必當”“長毋相忘”“大樂富貴，千秋萬歲，宜酒食”等；以升仙思想爲主題，如“尚方作鏡正大巧，上有仙人不知老，渴飲玉泉飢食棗”；姓氏，如“侯氏作鏡，世中未有”；擊匈奴，通西域，如“李氏作鏡四夷服，多賀國家人民息，胡虜殄滅天下服”。銅鏡主要是以陽文款識飾成文字圈，内外圈銘是常見的形式。此外在鏡背鈕周圍以方形排列銘文也多見。銘文的單字裝飾十分豐富，如爲了突出字形的方整，將筆畫的兩端增飾挑脚，有的如刀斧狀。又如爲了將文字與圓鏡上的紋飾圖案相統一，將“口”形的結構全部變爲“○”形或“◇”形。還有將筆畫飾成垂針狀、柳葉狀、雲紋狀。

表 9－6 爲有代表性的漢金文篆書。

表 9－6　漢金文篆書（部分）

序號	名稱	年代	釋文	出土、著録
1	文帝九年鐃	元光六年（前 129）	文帝九年，樂府工造，第六	1983 年 10 月廣州象岡山西漢南越王墓出土①
2	池陽宫行鐙	甘露四年（前 50）	池陽宫銅行鐙，重二斤六兩，甘露四年，工虞德造，守屬陽，澄邑丞聖，佐博臨	《漢金文録》卷三
3	上林量	初元三年（前 46）	上林共府，初元三年受。琅邪，容一升，重斤二兩。工師駿造②	《漢金文録》卷三
4	上林共府升	初元三年（前 46）	上林共府，初元三年受弘農郡。黽池宫銅升，重一斤三兩。五鳳元年，工常務造。守屬順臨。第六	1961 年陝西省西安市高窑村上林苑遺址出土③

① 廣州象崗漢墓發掘隊：《西漢南越王墓發掘初步報告》，《考古》1984 年第 3 期。

② 裘先生指出：此銘基本上是隸書，但“上林”二字可以看作用隸書筆法寫的小篆，“受”“邪”的字形也比較接近小篆。這跟我們今天用楷書來隸定古文字是類似的現象。有些人把這種銘刻的字體評爲介於“篆隸之間”，似乎不很妥當。參見裘錫圭《秦漢時代的字體》，載《中國書法全集》第 7 卷“秦漢刻石一”，榮寶齋，1993，第 40 頁。

③ 見王長啓《西安市文物中心藏戰國秦漢時期的青銅器》，《考古與文物》1994 年第 4 期。

序號	名稱	年代	釋文	出土、著録
5	竟寧雁足鐙	竟寧元年 （前33）	竟寧元年，考工工護爲内者造銅雁足鐙，重三斤十二兩。護武、嗇夫霸、掾廣漢主，右丞賞、守令尊、護工卒史不禁省。中宮内者。第廿五。受内者	《漢金文録》卷三
6	上林鼎	陽朔元年 （前24）	上林十涑銅鼎，容一斗，并重十斤。陽朔元年六月庚辰，工夏博造。四百合。第百一十七	《漢金文録》卷一
7	上林鑒	陽朔四年 （前21）	上林銅鑒，容五石，重百廿五斤。陽朔四年五月，工周博造。二百册枚。第八十二	1961年陝西省西安市三橋鎮高窰村上林苑遺址出土①
8	臨虞宮鐙	元延四年 （前9）	臨虞宮銅鐙，高二尺，重廿斤。元延四年，工常宣造，掾武，令史賽主，解右尉賢省	《漢金文録》卷三
9	綏和雁足鐙	綏和元年 （前8）	綏和元年，供工工譚爲内者造銅雁足鐙，護相，守嗇夫博，掾并主，右丞揚、令賀省。重六斤	《漢金文録》卷三
10	長楊鼎	西漢中晚期	長楊共鼎，容一斗	《漢金文録》卷一
11	雲陽鼎	西漢中晚期	雲陽，一斗，九斤三兩。餐者尚□。五十六。今安陵，一斗，六斤二兩。元年四月，受雲陽廚。第五十六甲	《漢金文録》卷一
12	熒陽宮小鐔鐙	西漢中晚期	熒陽宮銅小鐔登，重十兩半	《漢金文録》卷三
13	中山内府銅銅一	西漢	中山内府銅銅一，容二斗，重六斤七兩。第八十三。卅四年四月，郎中定市河東	《文物》1976.12

---

① 見西安市文物管理委員會《西安三橋鎮高窰村出土的西漢銅器群》，《考古》1963年第2期。出土的22件銅器中，有"上林"刻銘的就有16件，其中銅鑒9件。書法纖細柔潤，繆篆寫法，與漢印風格相近。

序號	名稱	年代	釋文	出土、著録
14	中山内府銅鋗二	西漢	中山内府銅鋗一，容三斗，重七斤五兩。第卅五。卅四年四月，郎中定市河東，賈八百冊	1968年河北滿城縣陵山西漢中山靖王劉勝與妻竇綰墓出土。① 《滿城漢墓發掘報告》P250；2：4106
15	中山内府銅鋗三	西漢	中山内府銅鋗一，容三斗，重七斤十三兩。第五十九。卅四年四月，郎中定市河東	《滿城漢墓發掘報告》P250；2：4034
16	中山内府銅鑊	西漢	中山内府銅鑊，容十斗，重卅一斤。卅九年九月己酉，工丙造	《滿城漢墓發掘報告》P56；1：4110
17	新嘉量②	始建國元年（9）	黄帝初祖，德币于虞，虞帝始祖，德币于新。歲在大樑，龍集戊辰，戊辰直定，天命有民；據土德受，正號即真。改正建丑，長壽隆崇，同律度量衡，稽當前人，龍在己巳，歲次實沈，初班天下，萬國永遵。子子孫孫，享傳億年。律嘉量斛，方尺而圜其外，庣旁九氂五豪，冥百六十二寸，深尺，積千六百廿寸，容十斗。律嘉量斗，方尺而圜其外，庣旁九氂五豪，冥百六十二寸，深寸，積百六十二寸，容十升。律嘉量升，方二寸而圜其外，庣旁一氂九豪，冥六百冊八分，深二寸五分，	《漢金文録》卷三。新莽銅嘉量傳世只有兩器。一爲清宫所藏，現在臺灣。一爲清端方所藏，現藏中國國家博物館

---

① 此墓出土銅器77件，有刻銘的銅器，其銘文主要内容是器名、所有者、用途、容量、作器者、紀年等。其字體可大致分爲篆書和隸書。篆書有繆篆與典雅的小篆，隸書則帶有篆意和古隸風格。《中山内府銅鋗》字體爲繆篆。

② 新嘉量製造精湛，是研究新莽度量衡制度的重要實物。銘文的書法藝術性很高，雖是小篆體式，但體勢變圓爲方，上緊下松，竪畫垂長，字形呈縱勢。

序號	名稱	年代	釋文	出土、著錄
			積萬六千二百分,容十合。律嘉量合,方寸而圜其外,庶旁九豪,冥百六十二分,深寸,積千六百廿分,容二蘥。律嘉量蘥,方寸而圜其外,庶旁九豪,冥百六十二分,深五分,積八百一十分,容如黃鐘	
18	始建國銅撮	始建國元年(9)	律撮,方五分而圜其外,庶旁四豪,冥册分五釐,深四分,積百六十二分,容四圭。始建國元年正月癸酉朔日制	《考古》1957.4
19	新量斗	始建國元年(9)	律量斗,方六寸,深四寸五分,積百六十二寸,容十升,始建國元年正月癸酉朔日制。嘉黍、嘉麥、嘉豆、嘉禾、嘉麻	《漢金文録》卷三
20	新無射律管	始建國元年(9)	無射。始建國元年正月癸酉朔日制	《漢金文録》卷三
21	新莽銅砝碼(一)	始建國元年(9)	律十斤。始建國元年正月癸酉朔日制	《文物》1982.1
22	新莽銅砝碼(二)	始建國元年(9)	律八斤。始建國元年正月癸酉朔日制	《文物》1982.1
23	章和二年洗	章和二年(88)	章和二年,堂狼造	《漢金文録》卷五
24	永和元年洗(一)	永和元年(136)	永和元年,朱提造作	《漢金文録》卷五
25	君宜子孫洗	東漢晚期	君宜子孫	《漢金文録》卷五
26	蜀都嚴氏富昌洗	東漢晚期	蜀都嚴氏。富昌,吉利,傳子孫,宜主,萬年	《漢金文録》卷五

4. 印文篆書

秦漢印章文字字體多數爲篆文,主要是繆篆,往往有獨特的風格。印章文字要求“勻而滿之”，即要求整個印面和每個字形都顯得勻稱，而且每個字形基本上能填滿分配給它的空間。要做到這一點往往就要改變小篆筆畫原來的長短、曲直，有時還需要調整原來的偏旁位置。

在漢印等物的篆書裏，還可以看到一些裝飾性很强的美術字。它們以筆畫屈曲爲特點，并且往往加上小曲綫、鳥紋或魚紋等作爲裝飾，有時還把整道筆畫改成魚形或鳥形，例如《王獲和印》《杜林私印》《緁妤妾娋》《武》《利日》等印。① 著名的滿城中山靖王墓出土的鳥篆壺的銘文和傳世的《永受嘉福》瓦當的文字，也都是這一類的美術字體。

第二節　秦漢古隸

一　秦漢古隸概説

從漢代以來，程邈爲秦始皇造隸書的傳説就一直流傳着。《漢書·藝文志》和《説文解字·叙》等都説隸書開始於秦代。從近幾十年出土的秦文字資料來看，隸書出現的時代是戰國晚期之前，并非秦代。戰國晚期秦國流行於民間的隸書，是一種由篆向隸轉化的字體，學術界稱之爲秦隸、古隸或篆隸，本書稱之爲“古隸”。古隸是當時一種書寫便捷的俗體。“隸”是隸屬的意思。後世解釋爲用於奴隸方面的字，於監獄行使，是不正確的。前人對隸書“始於秦”的説法早有異議。如酈道元《水經注》就説過：“孫暢之嘗見青州刺史傅弘仁説：臨淄人發古冢得桐棺，前和外隱爲隸字，言齊太公六世孫胡公之棺也。惟三字是古，餘同今書，證知隸自出古，非始於秦。”唐蘭先生在《中國文字學》中指出《漢書》《説文解字》和《四體書勢》三家都説秦代“由於官獄多事，纔建隸書，這是倒果爲因，實際是民間已通行的字體，官獄事繁，就不得不采用罷了”。② 這些説法都是符合事實的。從近幾十年出土的簡帛墨迹如戰國晚期的青川木牘（前309年）、睡虎地秦簡（前256～前217年）等字體都是標準的古隸看，隸書在戰國晚期就已經形成了。

---

① 以上諸例見羅福頤《古璽印概論》，文物出版社，1981，第7頁。
② 唐蘭：《中國文字學》，上海古籍出版社，2001，第143頁。

　　秦和漢初的竹簡、木牘和帛書上的文字，都屬於古隸。古隸書其體勢雖全然隸化，但是在結構方面，却還保存着一定的篆書意味。這一特點不僅在秦簡中可以明顯地看到，就是漢初簡帛中的古隸，仍具有這一特點。1973 年馬王堆三號墓出土的帛書，就是最好的實證。帛書字形、筆畫和結構具有某些篆意，象形已經基本消失。隸書因書寫方便較爲實用而得到不斷發展。

　　秦和漢初簡帛的大量出土，爲研究秦漢古隸提供了新材料。從總體看，睡虎地秦簡牘、馬王堆帛書和簡牘、銀雀山漢簡牘等 20 多批秦至漢初簡帛，都是用當時通行的古隸書寫的。古隸已成爲秦和漢初通行全國的文字。睡虎地秦簡《語書》《秦律十八種》等，都是官方文書，證明秦時不僅統一小篆，而且也提倡隸書，甚至把隸書用於官方文書中。

二　秦漢古隸保留的篆書墨迹

　　秦漢古隸是從先秦篆書演變而來的，既保留着先秦文字篆書的寫法，又出現了隸書的寫法。桂馥 "篆之初變乎隸也，尚近於篆"（《晚學集·説隸》），正説出了古隸的這個特點。下文以 "水" "又" "也" 爲例看秦漢簡帛文字古隸保留篆書墨迹之一斑。

　　1. "水"

　　馬王堆帛書《足臂》、《病方》、《陰陽》甲、《脈法》、《陰陽脈死候》、《雜療方》、《胎産書》等幾種醫書文字的 "水" 及 "水" 旁多寫作 ㄓㄟ[1]。如：

　　温（《足臂》1、4、5、9、10、12、13、16、18、19、19[2]、20、21、25、26、29、30、31、32、33、34、34 行）

　　漬（《足臂》2、6、8、29 行，《病方》5、37、41、127、172、201、232、236、251、259、274、314、316、337、351、412、420、420、422、428、441 行，《雜療方》4、5、11、12、77 行）

　　汭（《足臂》4、11 行）

---

① 　裘錫圭先生指出："在《五十二病方》中，把'水'旁簡寫成三短横的字似乎只有'瀹'這一例。"見裘錫圭《馬王堆醫書釋讀瑣議》，載《古文字論集》，中華書局，1992，第532 頁。

② 　在帛書同一行或竹簡同一號中出現二例或二例以上，本節均把每例的行碼或號碼逐一標出。

汗（《足臂》12、41 行，《陰陽》甲 41 行，《陰陽脈死候》87 行，《病方》32、43、291 行）

洇（《足臂》14 行）

溫（《足臂》22 行，《病方》6、8、22、24、42、43、163、174、184、185、237、242、285、296、302、305、333、338、344、415、417 行，《雜療方》43 行）

治（《足臂》23 行，《陰陽》甲 46、51、53、55、60、61、69 行，《脈法》73 行，《病方》27、28、28、28、30、37、117、125、135、193、223、266、332、336、387、387、454 行，《胎産書》14 行）

流（《足臂》23 行，《陰陽脈死候》87 行，《雜療方》7、41 行）

湯（《足臂》23 行，《病方》22、43、142、316、317、333、333、333、333、334、334、335、335、338、379、391、392、409、417、417、437 行）

洒（《陰陽》甲 44 行，《病方》22、54、63、131、178、273、278、285、304、338、341、342、345、356、358、379、391、392、393、394、409、414、428、451、453、455、457、457 行，《雜療方》7、41 行，《胎産書》15 行）

泄（《陰陽》甲 56 行）

滂（《陰陽》甲 68 行）

渴（《陰陽》甲 71 行）

深（《脈法》75、76 行）

沽（《陰陽脈死候》88 行）

酒（《病方》2、5、6、8、24、26、26、30、42、43、64、73、83、100、123、141、149、158、159、159、172、176、178、182、185、203、223、237、259、272、276、287、293、300、301、317、330、341、410、412、417、417、439 行，《雜療方》43、43 行，《胎産書》15、24、28 行）

汁（《病方》4、18、34、36、37、44、63、69、74、87、94、95、95、99、100、168、168、168、170、171、174、176、187、189、193、201、201、221、241、251、261、273、287、304、307、309、311、314、322、332、361、363、373、400、402、410、426、429、451、453 行，《雜療方》4、9、11、11、41、43、52、52、53、75 行，《胎産書》22、26、27 行）

淳（《病方》5、141、176、259、287、300、301、410 行）

洎（《病方》15、94、94、193、376、415 行）

涽（《病方》20 行）

洙（《病方》28 行）

沸（《病方》34、69、159、172、249、410、416、447 行）

浚（《病方》34、162、168、174、176、193、293、309 行，《雜療方》71 行）

灌（《病方》35、115、116、258、409 行）

注（《病方》38、57 行，《雜療方》43 行）

溯（《病方》41 行）

潰（《病方》43、44、162、162、162 行）

濕（《病方》45、113 行）

浴（《病方》49、49、49、145、316、416、437 行，《胎産書》30 行）

濡（《病方》49、80、240、356、374 行，《胎産書》29 行）

湮（《病方》52、57、97、114、130、154、156 行）

汲（《病方》52、57、97、114、154、156 行）

渾（《病方》52 行）

澡（《病方》57、186 行）

浮（《病方》57 行）

沃（《病方》64、64、87、95、142、170、179、193、293、327 行）

潸（《病方》69 行）

淒（《病方》69、70 行）

淹（《病方》82、308、370、371 行）

涂（《病方》93、120、128、133、169、248、258、258、340、342、363、380、382 行）

泥（《病方》93、101、306、330、330、330 行）

澤（《病方》110、167、280、365 行）

淵（《病方》110 行）

塗（《病方》127、127、306、376、432 行）

河（《病方》128 行）

沙（《病方》130、330 行）

清（《病方》133、193、198、256 行，《雜療方》41、42 行，《胎産

書》7、14 行）

汨（《病方》164、280、365 行，《雜療方》7 行）

淬（《病方》174 行）

淪（《病方》191 行）

潰（《病方》195、195、443 行）

湑（《病方》241 行）

淬（《病方》247 行）

潰（《病方》248、276、332、360、409、451 行）

滑（《病方》254、333 行）

深（《病方》254、266 行）

浸（《病方》257、427 行）

汋（《病方》273、417、426 行）

湔（《病方》284、452 行）

湏（《病方》292 行）

浚（《病方》302 行）

沮（《病方》329 行）

溺（《病方》330 行）

濯（《病方》338 行）

汽（《病方》347 行）

滿（《病方》356 行）

消（《病方》358 行）

渚（《病方》361 行）

潼（《病方》366 行）

瀉（《病方》381 行）

沐（《病方》415、437 行）

涿（《病方》428、428、428、429、434 行）

潘（《病方》428 行）

決（《雜療方》8 行）

污（《雜療方》39 行）

淫（《雜療方》65 行）

滔（《胎産書》26、27 行）

衍（《周易》37、86 行）

水（《病方》34、48、49、50、54、54、58、71、77、92、104、154、156、168、173、181、192、263、270、332、345、356、361、373、399、408、420、444 行，《養生方》13、14、16、54、56、66、75、88、117、162、180、195 行，《雜療方》7、41、41、61、68 行，《胎産書》31、31 行，《十問》57、66、67、97、100 號，《合陰陽》114 號，《天下》18 號）

泰（《足臂》4、18、19、25、29、30 行）

漿（《病方》55、250、251 行，《養生方》3、6、6、6、8 行）

益（《脈法》74 行，《病方》24 行，《養生方》14、36、145、171 行，《雜療方》3 行，《十問》80 號，《天下》25、26、29、36、38、39、39 號）

以上"水"及所從"氵"均寫作"水"。單字的水與（漿，《病方》250 行）、（漿，《養生方》3 行）等在字下方的水無別，與（益，《養生方》36 行）字的上部也同。偏旁與單字同形是先秦文字的特點之一，《病方》等醫書文字保留了這個特點。①

除了《病方》等幾種醫書外，數術類帛書如《篆書陰陽五行》（《陰陽五行》甲篇）中的"水"及"水"旁亦多寫作"水"，亦有寫作"氵"的，② 寫作"水"的如：

涉（《陰陽五行》甲之九）

淦（《陰陽五行》甲之十）

潩（《陰陽五行》甲之十）

益（《陰陽五行》甲之五，《陰陽五行》乙之三）

泰（《陰陽五行》甲之四）

水（《陰陽五行》乙之二、之七）

周家臺秦簡牘"水"及"氵"旁幾乎都寫作"水"，如：

① 《却穀食氣》和《陰陽》乙本字體接近《老子》乙本，水旁已寫作"氵"，如《却穀食氣》3 行"湯""清"和《陰陽》乙本"潼""治"所從作"氵"。《養生方》所從水旁亦作"氵"，如 4 行"潰"、5 行"沃"、6 行"汁"、16 行"淺"、22 行"澤"、61 行"沐"、108 行"沸"、216 行"湛"等，水旁未有作"水"者。《十問》《合陰陽》《雜禁方》《天下》四種竹簡水旁未有作"水"者。

② 《陰陽五行》甲篇所從水旁多作"水"，但《陰陽五行》甲之五"酒""治"所從水旁作"氵"。《陰陽五行》乙篇所從水旁作"氵"，如《陰陽五行》乙之一"涼"、之七"深"。

治（16、17、20～30、35～37、51、254 號）

江（33、34 號）

涌（53、54 號）

澤（88 號）

盜（187、189、191、193、197、199、201、203、205、209、211、213、215、217、219、221、223、227、229、231、233、235、237、239、241 號）

水（302、341、342、344、369 號）

益（310 號）

溫（311、313、317、320、324 號）

汗（311、316 號）

淳（311、313、375 號）

酒（311、312、313、323、347、348 號）

漬（311、315、320 號）

沐（314、374、374 號）

沃（315 號）

清（319、368 號）

洗（324 號）

泰（335、347、349 號）

池（338、339 號）

波（339 號）

汩（344 號）

沃（348 號）

涂（352、372 號）

浚（367 號）

浴（368、369、369 號）

周家臺秦簡牘只有《周簡》340 號"汲"字所從作" 氵 "。

睡虎地秦簡"水"旁幾乎都寫作" 氵 "，只有《語書》8 號簡"江"所從作" 氺 "。

龍崗秦簡"水"旁幾乎都寫作" 氵 "，但木牘 烞 （沙羨）二字水旁寫作" 氺 "。

銀雀山漢簡"水"旁都寫作"氵"。

2. "又"

秦漢古隸"又"和從"又"諸字作 ㄨ （又，《睡日》甲41號）、ㄨ （父，《爲吏》40號）、ㄐ （共，《雜抄》27號）、ㄑ （及，《效律》27號）、ㄅ （反，《答問》20號）、ㄅ （取，《雜抄》22號）、ㄐ （友，《睡日》甲65號背）、ㄉ （度，《效律》30號）、ㄅ （史，《效律》32號）、ㄅ （事，《秦律》101號）、ㄅ （有，《放日》乙281號，《秦律》141號，《周簡》72號，《論政》1153、1277、1282號）等，尚呈圓轉之形，接近秦篆ㄅ （又，《石鼓文·汧沔》）、ㄑ （父，《詛楚文·湫淵》）等的寫法，而與漢隸 又 （又，《史晨後碑》）、ㄨ （父，《北海相景君銘》）等呈明顯波磔者有別。

3. "也"

秦篆作ㄝ （《琅邪臺刻石》），古隸作也 （《睡日》乙192號）、世 （《老子》甲1行）、世 （《春秋》8行）、ㄝ （《孫臏》412號），漢隸作也 （《史晨前碑》）。古隸構形近於秦篆，《孫臏》412號簡"ㄝ"第一筆收筆下彎，已見漢隸寫法之端倪。

第三節　漢隸

隸書發展到西漢中晚期，已進入了成熟期。其特點是點畫分明，筆勢上的波磔已經確立，字的形體由長趨於扁方，由縱勢變爲橫勢，書寫風格也由古樸變爲端秀。如1973年河北定縣40號漢墓出土的西漢簡書，1978年青海大通縣115號漢墓出土的西漢簡書，甘肅敦煌出土的新莽天鳳元年木牘文字，都可作爲西漢晚期趨於成熟期的漢隸的實證。甘肅武威磨嘴子漢墓出土的武威漢簡《儀禮》，河北定縣出土的《論語》等簡文，都爲"八分"開展、左右波磔的漢隸字體，具有漢隸風範。

從已發現的西漢簡牘看，書法嚴謹和書寫工整的隸書多見於經籍和官書詔令。如居延出土的《堯典》殘簡，羅布淖爾出土的《論語·公冶長》殘簡，甘肅武威磨嘴子漢墓出土的《儀禮》簡都是較規整的漢隸。這些隸書，結體大都略呈斜勢，筆畫中斂，體勢開張。它們雖不像碑刻那樣矜持、莊重，但在簡書中，還是較嚴謹的。定縣漢簡《論語》

等經籍，書寫更趨工整秀麗。以上的簡書均爲較嚴謹的隸書字體。居延漢簡與上述典籍的書風有明顯的差異。因爲居延漢簡多是修築邊塞、屯田、置亭燧所遺的屯戍文書，出於邊塞官吏之手，書寫大都草率、急就。但也正因爲書寫不甚經意，反而呈現出生動多姿的漢隸書法。漢代墨迹除簡書之外，還有見諸陶器、漆器等器物上的墨書題記，書風極富特色。

在東漢桓帝、靈帝時期，立碑之風盛行。據楊殿珣編著《石刻題跋索引》記載，東漢時期的碑、誌、石經、題名題記、詩詞、雜刻六類等共約470餘石。最能代表漢代書法藝術的還應屬那些碑刻隸書。[①] 傳世的漢碑有數百種之多。這些漢碑從書法角度來分析，一般可分爲三種類型：一是屬於法度謹嚴、端莊秀美一類，如《乙瑛碑》《史晨碑》《張景碑》《禮器碑》《華山廟碑》《鄭固碑》《韓仁銘》《朝侯小子殘石》《熹平石經》《曹全碑》《孔彪碑》《劉熊碑》《武梁祠畫像題字》等；二是屬於雄強茂密、厚重古樸一類，如《張遷碑》《鮮于璜碑》《幽州書佐秦君闕》《衡方碑》等；三是屬於縱橫跌宕、率真自然一類，且多爲刻石，如《石門頌》《楊淮表記》《鄐君開通褒斜道刻石》《右扶風丞李禹刻石》等。

第四節　漢代草書

大而言之，凡書寫草率、簡捷的字，都可稱爲草書。宋代的張栻認爲："草書不必近代有之，必至筆札以來便有之，但寫得不謹，便成草書。"從漢字形體演變來看，應該説在它的各個階段都有草書出現。但是，在我國書法史上作爲具有一定書寫法則的書體來考察，草書的形成和發展，一般認爲是從秦末漢初開始的。

草書是從篆草（篆書的草體）演化而來的，并非某一個人的創造，所以衛恒《四體書勢》説："草書不知作者姓名。"秦末漢初草書與隸書并行發展。入漢以後，隨着隸書的發展，草書也在同時發展。西漢武帝時的隸

---

① 楊殿珣：《石刻題跋索引》，商務印書館，1990。

書已明顯間雜草意，宣帝神爵四年、五鳳元年，東漢光武帝建武、明帝永平、和帝永元時期的竹木簡牘，多見草書，這些草書，就是章草（又稱隸草、草隸）。章草的形成大約在西漢元帝、成帝時期，或更早些。章草沿用漢隸分書的法式，"存隸之波磔"，但又加以流速，具有樸拙、遒媚的意態，有很高的藝術性。但作爲字體的名稱——草書，在漢初還未確立。草書雖在民間流行，但還沒有被官方承認、提倡。

從出土的秦漢簡帛墨書進行考察，漢代文字書寫明顯地存在着古今書體交錯、演化和"草化"的特點。我們從睡虎地秦簡和陶量、磚瓦等器物，以及馬王堆帛書、阜陽漢簡中都可以明顯地看到篆隸相間的書體，而且有些墨迹用筆的提按、使轉都十分清晰，既不像小篆那樣用筆粗細一致，也不像隸書那樣平直方正、波磔分明，而且還時而具有明顯的"牽絲""映帶"之筆。這些墨書，在省減筆畫和草創隨意中，彰顯了它的藝術魅力。學術界和書法界對這些墨書字迹的看法不一，有的認爲是"草篆"，有的認爲是"草隸"或"古隸"。①

從西漢晚期到東漢，是章草的發展時期。從武威醫簡、居延漢簡、敦煌漢簡中，已不難看出隸書草化的軌迹。在這些趨於草化的簡書中，可以看到"波磔"，這就是已流行於民間的"章草"。"隸"和"章草"是并行發展的。西漢中晚期兩萬餘枚居延漢簡，多爲章草，甚至間有今草。王莽時的《殄滅》簡即是章草。《敦煌木簡》中多爲章草。居延漢簡中的《誤死馬駒》册的章草更爲鮮明。從西北出土的漢簡看，西漢自武帝天漢以下都是漢隸，間雜草意。民間草書的發展、成熟，至晚在西漢末和東漢初。在章草成熟的發展中，同時又孕育着今草和行書。

草書急就簡率，是漢字隸變產生的一個重要原因。篆書的草體即篆草，演變爲古隸，古隸演變爲漢隸，同時產生章草。草書筆畫形態的變化是隸變的重要內容，草書爲求快速，往往使用短畫，而難以使用"隨體詰屈"的圓勻的細綫。筆畫的改變往往導致字形的改變，如古隸的"走""近""是""從""歲""定""徙""武"等所從之"止"均寫作"之"，寫法草化。

---

① 參見李洪智《略論字體的典型——從隸草、章草之間的關係說起》，《中國書法》2006年第4期。

第五節　漢代楷書和行書

楷書與行書的出現晚於章草，歷史上關於楷書與行書曾有記載。宋《宣和書譜》說：“在漢建初中有王次仲者，始以隸字作楷法，所謂楷法者，今之正書是也。”① 張懷瓘《書斷》稱劉德升：“桓靈之時，以造行書擅名，雖以草創，亦甚妍美，風流婉約，獨步當時。”②

楷書出現於漢代。1991 年冬甘肅敦煌漢代懸泉置遺址出土的大量簡牘中，存有書寫墨迹的麻質紙 4 塊，其中字迹最多的一塊已經是楷書。“懸泉置麻紙楷書墨迹”的出土，使我們瞭解到楷書出現在漢代，即漢隸成熟不久之後。敦煌漢簡中的《永和二年簡》（137 年）和傳世的《熹平二年瓦罐題記》（173 年）字的筆勢由橫勢向縱勢轉化，字形由扁方趨向長方，呈現出早期楷書面貌。

行書是介於楷草之間的一種簡易手寫體，早期行書產生於早期楷書與草書之間，楷書快寫加上部分草法就形成了行書的特點。早期行書大約萌生於東漢時期。我們可在東漢《永壽二年陶瓶題記》（156 年）、《熹平元年陶瓶題記》（172 年）以及東漢光和年間（178～183 年）陝西《寶雞漢墓陶瓶朱書》上確認它的存在。它們不僅有與“懸泉置麻紙楷書墨迹”相似的楷書用筆，而且還夾雜有草書用筆和多映帶連筆，充溢着行書的韻味。

① 〔宋〕《宣和書譜》卷三《正書叙論》，上海書畫出版社，1984，第 19 頁。
② 張懷瓘：《書斷》，載《歷代書法論文選》，上海書畫出版社，1998，第 182 頁。

第十章　秦漢文字中的古體字

這裏所論的秦漢文字中的古體字，是指結構與《説文解字》中的古文①或籀文②以及出土六國古文等相同或相近而字體却多不相同的秦漢時期出土文獻中的古體字。③ 下文把秦漢古體字儘可能收集，與《説文解字》中的古文和籀文以及出土六國古文等進行對比分析，進而歸納秦漢古體字的類型和特點，分析其結構和來源。

一　與《説文》古文結構相同或相近的秦漢古體字④

1. 弎（一）⑤：《周簡》367 號："日中弎。"《代大夫人家壺》："今信弎十斤二兩。"

按，"一"增加構件"弋"作"弎"。《説文》"一"古文作"弌"。郭店楚簡《緇衣》《窮達以時》《六德》，上博簡三《彭祖》等已見"弌"字。三國吳《禪國山碑》"弎十有弎"，北魏《崔楷墓誌》"遺幼子及弎女夜出"，前秦《梁舒墓表》"安定郡焉弎縣梁舒"，亦作"弎"。

2. 丅（下）：《一石鍾》："銅一石鍾，重卅二斤。丅。"《下鈁》："丅。"

---

① 張政烺先生曰："古文，古漢字字體的名稱。古文有廣狹二義。廣義的古文名稱起於漢代，後世繼續沿用，泛指秦統一文字前所有的文字，時間、地點皆無限制，没有一定的字形。狹義的古文指《説文解字》中所見的古文。"參見《中國大百科全書·語言文字》，中國大百科全書出版社，1988，第 102 頁。

② 《説文解字·叙》："及宣王太史籀箸大篆十五篇，與古文或異。"可知《史籀篇》是周宣王太史籀所作的一部字書，籀文是周宣王時代的文字。

③ 有學者指出，秦漢文字中的"古體字"内涵豐富，包括與西周金文相同、相近的古體字，與籀文形體相同、相近的古體字，與六國古文相同、相近的古體字等。參見趙平安《隸變研究》，河北大學出版社，1993，第 12～18 頁。

④ 包括與其他傳抄古文等結構相同或相近的古體字。

⑤ 小括號前面的字是經隸定的秦漢古體字，小括號内的字是《説文》小篆隸定寫法。下同。

按,《説文》"下"古文作"丅"。

3. 礼（禮）:《孔耽神祠碑》:"君少治礼經。"《鄭固碑》:"巽我礼則。"《華山亭碑》:"史陝許礼。"

按,《説文》"禮"古文作"礼"。

4. 礻木（社）:《周簡》301 號:"置居土,田礻木、木并主歲。"302 號:"置居木,里礻木、冢主歲,歲爲上。"

按,《説文》"社"古文作"袾"。《中山王鼎》作"袾"。"袾"省"土"旁作"礻木"。

5. 弎（三）:《光和斛》二:"光和弎年閏月廿弎日。"

按,"三"增加構件"弋"作"弎"。《説文》"三"古文作"弎"。《陶匯》5.407 作"弎"。北魏《法義九十人等造塔記》"程弎妃"亦作"弎"。

6. 厼（藜）:《漢印徵》2.4:"厼毋方印。"

按,藜,從犛省,來聲。犛,從牛莍聲。《説文》"藜"古文省作"厼"。

7. 孩（咳）:《婁壽碑》:"先生童孩多奇。"

按,《説文》"咳"古文從子作"孩"。《字匯補·口部》:"咳,與孩同,小兒也。"

8. 喆、喆、舙（哲）:《郭旻碑》:"既明且喆。"《池陽令張君殘碑》:"體明性喆。"《張遷碑》:"前喆遺芳。"《袁良碑》:"使前喆孤名而君獨立。"《譙敏碑》"謂君爲舙。"

按,《説文》"哲"古文從三吉作"嚞",碑變作"喆",從三吉,且變成左中右結構。《玉篇·口部》:"喆,同哲。"《中華大字典》"哲"作"喆"。《譙敏碑》此字訛變爲從二舌作"舙"。北魏《元懌墓誌》作"嚞",同《説文》古文。

9. 退、迟（復）:《衡方碑》:"退就勑巾。"《曹全碑》:"害退,於戌亥之間。"《熹·春秋·僖十六年》:"六鷁迟飛,過宋都。"《夏承碑》:"進迟以禮。"

按,復,從彳從日從夂。《説文》"復"古文從辵從日從夂作"退"。《子禾子釜》作"退"。《玉篇·彳部》:"復,古退字。"《集韻·隊韻》:"復,隸作退。"《熹·春秋·僖十六年》《夏承碑》之"迟"比"退"多加一橫。

10. 尋（得）:《里簡》J1（8）133 正作"尋。"

按,《説文》"得"古文從見從寸作"尋"。"尋"與"尋"形近,一從目一從見之別。①

11. 馭（御）：《趙寬碑》："造父馭周。"

按，御，從彳從卸。馭，從又從馬。《説文》"御"古文作"馭"。《陶匯》3.960～3.962作"馭"，形近《説文》古文。

12. 齒（齒）：《漢印徵》2.19："宋齒之印。"

按，齒，像口齒之形，止聲。《説文》"齒"古文作"齒"。《仰天湖簡》5號作"齒"。

13. 昪（與）：《六韜》681號："昪鬼神通。"《守法》931號："年六十【以上】昪年十六以至十四，皆爲半作。""昪"又見於《六韜》681、696、703、731，《守法》782、785（2例）、802、937號。

按，《説文》"與"古文作"昪"。郭店楚簡《老子》甲5、20號，《長臺關簡》1.03號作"昪"。

14. 屮（友）：《老子》甲167行："屮弱勝强。"

按，《説文》"友"古文作"屮"。"屮"當是古文"屮"字。商承祚先生認爲《説文》古文屮乃屮之誤析，②於此可得一證。西周金文"友"字或作屮（《史頌鼎》），或從口作屮（《趩曹鼎》），或從甘作屮（《毛公旅鼎》）。戰國楚簡《仰天湖簡》22號簡作屮，下從口；郭店楚簡《語叢一》87號作屮，下從甘。從甘、從口爲《説文》古文與古隸所本。《説文》小篆作屮則無之。

15. 肄（肄）：《阜蒼》9號："最谷肄宜。"《秦代陶文》1230號："窦陽肄。"

按，肄，從聿矣聲。肄，從聿帝聲。《説文》："肄，習也。从聿帝聲。肄，籀文肄。肄，篆文肄。"按《説文》古文之例，如於正字下別出篆文和籀文，則正字之肄爲古文。③《毛公層鼎》等作肄，爲古文所本。《秦代陶文》"肄"形近"肄"。

16. 伇（役）：《無極山碑》："增益吏伇。"馬帛《五行》269、318行，《孫臏》75年版211號簡作"伇"，皆從人。

---

① 《説文解字約注》云："甲文從又持貝，取得之意也。許君以爲從見，乃據篆體之説，失其實矣。"張舜徽：《説文解字約注》，河南人民出版社，1983。

② 商承祚：《説文中之古文考》，上海古籍出版社，1983，第25頁。

③ 曾憲通：《三體石經古文與〈説文〉古文合證》，載《古文字研究》第7輯，中華書局，1982；收入《古文字與出土文獻叢考》，中山大學出版社，2005。

按，《説文》古文從人作"伇"，《説文》小篆作"役"，則從彳。甲骨文作🖐（《合》10131），從人，像以殳擊人，知從人之"伇"古已有之。傳世文獻也用從人之"伇"，如《戰國策·韓策三》："王於是召諸公子伇於三川者而歸之。"《漢書·劉向傳》："天下苦其伇而反之。"王先謙補注："官本作役。"知"役""伇"二字通作，而從人作"伇"者其源更古。

17. 效（教）：《雜療方》69 行："璽（爾）效爲宗孫。"

按，《雜療方》"效"與《説文》古文、郭店楚簡《唐虞之道》5 號作"效"者同。此字形可追溯到甲骨文之𢼄（《合》28008）及西周晚期金文之𢼄（《散盤》）等。《説文》小篆則益"子"旁從攴從孝作"教"以足教子之義。

18. 兆（垗）：《京兆官弩鐵》："京兆官弩。"《華山廟碑》："營兆猶存。"《帝堯碑》："至德之宅兆。"《金恭碑》："爲其宅兆。"

按，《説文·卜部》："垗，灼龜坼也。从卜，兆，象形。兆，古文兆省。"邵瑛《群經正字》："今經典從古文。"[1]《玉篇·兆部》："垗"，同"兆"。

19. 瘠（膌）：《子游殘碑》："□仕就職瘠馬羸車。"《脩華嶽碑》："撫瘠民。"

按，膌，從肉脊聲。《説文》古文從疒從束，束亦聲，作"瘠"。段注："膌，亦作瘠。"《集韻·昔韻》："膌，瘦也。或作瘠。"《子游殘碑》之"瘠"從疒同古文"瘠"，從脊聲同小篆。其演化軌迹大致爲：瘠→瘠→膌。

20. 朹（簋）：《漢印徵》5.2："朹壽之印""朹餘閒印""朹道""朹憲""朹春""朹長功"。《晏子》570 號簡、《阜詩》142 號簡亦見"朹"字。

按，朹，從木九聲。秦漢出土文字"朹"與《説文》古文"朹"同，而與《説文》小篆從竹從皿從皀作"簋"者異。《漢印徵補》6.2 有𣏚、𣏩二字，該書釋文釋作"杓"，實誤，此字應是"簋"之古文"朹"。

21. 箟（典）：《譙敏碑》："深明箟隩。"

按，箟，從竹典聲。典，從册在丌上。《説文》"典"古文從竹作"箟"。《楊統碑》："蕃兹菶猶。"《鮮于璜碑》："含好菶常。"菶，從艸典聲。秦漢出土文字構件"竹"常寫作"艸"，"菶"當即"箟"字。

---

① 邵瑛：《説文解字群經正字》，上海古籍出版社，1996。

22. 兩（爵）：《漢印徵》5.10："主兩都尉""主兩都尉章"。

按，爵，像爵之形。《説文》"爵"古文作"兩"。

23. 槃（槃）：《尚浴府行燭盤》："未央尚浴府乘輿金行燭槃一。"

按，槃，從木般聲。鎜，從金般聲。《説文》"槃"古文作"鎜"。《玉篇·金部》："鎜，古文盤。"

24. 明（朙）：《夏承碑》："明明君德。"《劉熊碑》："畏若神明。"《君有行鏡》："天下大朙。"

按，《説文》"朙"古文從日作"明"。"朙"則是"明"之反書。

25. 旹（時）：《六韜》692 號："旹之所在。"《無極山碑》："給四旹祠具。"

按，《説文》"時"古文作"旹"，從之日。段注："之，聲也。小篆從寺，寺亦之聲也。漢隸亦有用旹者。"《中山王壺》、《包山楚簡》137 號簡背、郭店楚簡《窮達以時》14 號簡、上博簡一《孔子詩論》10 號均見從之日之"旹"，與《説文》古文同。

26. 遊（游）：《張遷碑》："帝遊上林。"

按，游，從㫃汓聲。遊，從㫃從辵，子聲。斿，從㫃子聲。《説文》"游"古文作"遊"。"遊"從辵與古文"遊"形近。《玉篇·辵部》："遊，也與游同。"《玉篇·㫃部》："斿，或作遊。"

27. 宣（宜）：《漢印徵》7.16："宣禁春丞""宣津陽印""宣春左園""宣士祭尊"。《秦代陶文》1230 號："宣陽絑。"

按，宜，從宀之下一之上，多省聲。《説文》"宜"古文從多作"宣"。《包山楚簡》133 號作"宣"。

28. 裒（㝱）：《爲吏》5 號叁："勞悍裒暴。"

按，《説文》"㝱"古文從心作"忞"。秦簡"裒"從亼，《説文》古文"忞"從心，疑秦簡本亦應從心而誤寫作亼。[1]

29. 眡、眂（視）：《漢印徵補》8.6："臣眡。"《張休涯涘銘》："上眂彼蒼。"《開母廟石闕銘》："表碣銘功，昭眂後昆。"

按，視，從見示。眡，從目示。眂，從目氏。《説文》"視"古文作

---

① 參見陸錫興《"勞悍裒暴"解》，載《文史》第 32 輯，中華書局，1990；收入《急就集》，中國社會科學出版社，2001。

"眹"和"眠"。"际"與"眹"形近。《集韻·至韻》："視，古作眹。"

30. 岳（嶽）：《魯峻碑》："巇巇山岳。"《耿勳碑》："泰華惟岳。"

按，嶽，從山獄聲。《説文》"嶽"古文作"岳"，像高形。段注："今字作岳，古文之變。"魏《受禪表》"望秩五岳"亦作"岳"。

31. 敺、毆（驅）：《漢印徵》3.19："王毆置。"《孫子》97號："辭强而□毆者，退也。"《孫子》121號："發其幾（機），若毆群。"《守法》860號："以教士擊毆民。"

按，驅，從馬區聲。敺，從攴區聲。《説文》"驅"古文作"敺"。《侯馬盟書》349作"敺"。《集韻·虞韻》："驅，古作敺，或作毆。"銀簡"毆"字整理小組釋文均隸定爲"敺"，今據《守法》該字形應隸定爲"毆"。"毆"同"敺"，亦"驅"之古文。

32. 愳（懼）：《老子》甲80行："奈何以殺愳之也。"《春秋》64～65行："誰則不愳""以愳諸侯"。"愳"還見於《春秋》68行、《陰陽五行》甲之九等。

按，懼，從心瞿聲。愳，從心䀠聲。《説文》"懼"古文作"愳"。"愳"還見於楚璽（參見《戰國文字編》706頁）、上博簡二《從政》乙3號、《姑成家父》8號等。"䀠"與"瞿"古音均屬魚部。《正字通·目部》："䀠，瞿本字。"

33. 悘（患）：《青龍鏡》："辟去凶悘追不羊。"

按，《説文》"患"古文作"悹"。"悘"乃"悹"之省。

34. 湏（沬）：《漢印徵》11.12："李湏""王湏之印"。

按，沬，從水未聲。《説文》"沬"古文從頁作"湏"。

35. 夳、夳、太（泰）：《泰射》69號："夳射正執弓以袂。"70號："夳射正立於公後。"《衡方碑》："會喪夳夫人。"《駘蕩宮壺》："夳初二年。"《駘蕩宮高行鐙》："夳初四年造。"（2例）《天梁宮高鐙》："太初四年。"

按，《説文》"泰"古文作"太"。《古陶文字徵》[①]65作"夳"。《泰射》之"夳"下從水，"夳"乃"夳"省一橫的俗字，《説文》古文"太"下部寫成兩點；《天梁宮高鐙》"太初四年"之"太"省爲一橫，《張休崕涘銘》"太山雖高"之"太"省爲一點。《廣韻·泰韻》："泰，通也。古作

---

① 高明、葛英會：《古陶文字徵》，中華書局，1991。

太。"其演化軌迹大致爲：泰→夳→夳（太）→大（太）。

36. 云（雲）：《睡日》甲 122 號貳、124 號壹~125 號壹："云門。"① 《養生方》202 行："一曰云石。"《十問》34 號："則刑（形）有云光。" 《上大山鏡》二："乘浮云。"《清銅鏡》："容呼云賜根。"

按，《説文·雲部》："雲，山川氣也。从雨，云象雲回轉形。云，古文省雨。"殷墟甲骨文已有"云"字，爲"雲"之初文，知"云"古已有之。《璽匯》4877 號作"云"。

37. 悍（姦）：《爲吏》5 號叁："勢悍裒暴。"

按，《説文》"姦"古文從心旱聲作"悬"。"悍"即"悬"，左右結構與上下結構之别。

38. 无（無）：《孔龢碑》："功垂无窮。"《熹·易·睽》："交孚，厲，无咎。"《大吉丑器》："大吉丑，勝无午。"《爲吏》42 號貳~43 號貳："无官不治。"《爲吏》43 號貳："无志不徹。"《經法》3 行："唯虚无有。"《養生方》197 行："无氣則死。"

按，《説文·亡部》："無，亡也。从亡無聲。无，奇字無。"《説文·叙》："二曰奇字，即古文而異者也。"《楚帛書》作"无"。《玉篇》以"无"爲古文，不曰奇字。

39. ㇄（曲）：《無極山碑》："窈窕㇄隈。"

按，《説文》"曲"古文作"㇄"。《包山楚簡》260 號、郭店楚簡《六德》43 號作"㇄"。

40. 𢇍（絶）：《袁良碑》："至王莽而𢇍。"

按，《説文》"絶"古文作"𢇍"，"象不連體，絶二絲"。《中山王壺》作"𢇍"。《漢書·路温舒傳》："𢇍者不可復屬。"顔師古注："𢇍，古絶字。"

41. 蠱、蠱（蠱）：《老子》乙 190 行下~191 行上："蠱癘（蠆）蟲（虺）蛇弗赫（螫）。"《李翊夫人碑》："飛蠱蠱兮害仁良。"

按，《老子》乙本"蠱"與《説文》古文從蚰夆聲作"蠱"、《汗簡》

────────────────

① 睡虎地秦簡"雲"1 例（《睡日》甲 44 背叁），"云"9 例，但只有《睡日》甲 122、124 號兩例是"雲彩"之"雲"，餘 7 例（《答問》20 兩例，《封診式》6、13、40、44，《睡日》甲 62 背）均用作"説"或助詞的"云"。

72B 古文作"螽"同，與《説文》小篆從蚰逢聲作"蠭"異。《李翊夫人碑》"螽"，比《説文》古文"螽"少一橫。

42. 颭、颭（風）：《楊震碑》："陰扶颭。"《綏民校尉熊君碑》："治天官日度颭角列宿。"

按，《説文》"風"古文作"颭"。碑文"颭"比《説文》古文"颭"少一撇。

43. 弍、弐（二）：《梁休碑》："靈闓張□鼎弍。"《光和斛》二："光和弐年閏月廿弐日。"《病方》328 行："取雉弐。"

按，"二"增加構件"弋"作"弍"。《説文》"二"古文作"弍"。郭店楚簡《語叢三》67 號簡、《彭祖》8 號簡、《燕襄安君鈚》（《殷周金文集成》15.9606）等作"弍"。《病方》328 行之"二"从戈作"弐"。古文偏旁中"戈""弋"每互作，從戈與從弋同。

44. 珪（圭）：《桐柏廟碑》："受珪上帝。"《北海相景君銘》："珪璧之質。"《白石神君碑》："奉其珪璧。"《曹全碑》："故功曹王衍文珪。"

按，圭，從重土。《説文》"圭"古文從玉作"珪"。郭店楚簡《緇衣》35 號作"珪"。《釋文》云："圭字又作珪。"

45. 壄（野）：《睡日》甲52 號背壹："壄獸若六畜逢人而言。"《睡日》乙20 號壹："之四旁壄外。"《編年記》45 號，《答問》101 號，《爲吏》17 號伍、28 號壹，《睡日》甲8 號貳、9 號貳、10 號貳、12 號貳、144 號叁、53 號背貳，《睡日》乙178 號均見"壄"字。睡虎地秦簡"壄"14 例，"壄"1 例。《天文》局部1"人入之壄"，局部8"當壄有兵"，亦作"壄"。

按，睡虎地秦簡和馬王堆帛書"壄"與《説文》古文從土從林，予聲之"壄"相合，與《説文》小篆從里予聲之"野"異。

46. 勛、勳（勳）：《張遷碑》："綏御有勛。"《尹宙碑》："勛功有章。"《漢印徵》13.14："劉勛。"《袁良碑》："不問勛次。"

按，勳，從力熏聲。《説文》"勳"古文作"勛"。段注："《周禮》故書'勳'作'勛'。"《中山王壺》作"勳"。《袁良碑》"勳"同"勛"。《説文》"員"籀文作"鼎"，"勛"從員，故可書作"勳"。

47. 憥（勞）：《孟孝琚碑》："□□□□憥。"

按，勞，從力熒省。《説文》"勞"古文從悉作"憥"。悉，從心從釆。"憥"乃"憥"之省體。"憥"省"悉"旁所從"釆"而作"憥"。《中山王鼎》"以憂怨邦家"之"怨"，比"愁"更省。

48. 恿、思（勇）：《為吏》34 號壹："壯能衰，恿能屈。"《睡日》甲 79 號背："名馬童羈思辰戌。"《睡日》甲 142 號伍、148 號肆，《睡日》乙 245、246 號，《孫子》50 號，《武醫》12、13、18 號等亦見"恿"字。

按，《説文》"勇"古文從心作"恿"。"恿"所從"甬"寫作"用"而作"思"。郭店楚簡《尊德義》33 號、《性自命出》63 號、《汗簡》59A、《古文四聲韻》3—3 引《古老子》均從心作"恿"。然《説文》小篆從力作"勇"。古文從心的字，如"勞"（《説文》古文作𤙇，《中山王鼎》作𤙇）、"勇"等，《説文》小篆均變為從力，是一個值得注意的現象。張守中先生《睡虎地秦簡文字編》把"恿"作為《説文》所無之字，[①] 是其疏忽。

二　與《説文》籀文結構相同或相近的秦漢古體字

我國字書之祖《史籀篇》，是周宣王史官用以教學童識字之書。秦人李斯等人整理舊文，選取《史籀篇》的字作《倉頡篇》。《説文》一書中的籀文，乃是《史籀篇》流傳於秦漢時代的字。秦漢古體字中亦保存了一些籀文。下文是與《説文》籀文結構相同或相近的秦漢古體字。

1. 𠧪、𠧪、𠧪、𠧪（中）：《劉修碑》："動乎險𠧪。"《蔡湛頌》："湛則其𠧪子也。"《趙菿碑》："漢故郎𠧪趙君之碑。"《夏承碑》："右𠧪郎將弟也""太尉掾之𠧪子"。《夏承碑》"君諱承，字仲兗"之"仲"所從。《唐公房碑》："漢𠧪太守。"《戚伯著碑》："大僕光禄侍𠧪。"

按，《説文》"中"籀文作"𠧪"。《石鼓文·吳人》等作"𠧪"。《劉修碑》等"𠧪"上下四橫没與中豎相接，而《説文》籀文"𠧪"上下四橫與中豎相接。《字匯補·丨部》："𠧪，籀文中字。""𠧪"，《隸辨·東韻》："《隸釋》云：即中字。""𠧪""𠧪""𠧪""𠧪"均為"𠧪"之異寫字。

2. 速（迹）：《泰山刻石》："巡臣思速。"《楊統碑》："勳速貌矣。"

按，迹，從辵亦聲。速，從辵束聲。《説文》"迹"籀文作"速"。《集韻·昔韻》："迹，或作速。"《篇海類編·人事類·辵部》："速，與迹同，不從約束之束。"

---

①　張守中：《睡虎地秦簡文字編》，文物出版社，1994，第 167 頁。

3. 遬（速）：《編年記》3 號貳：“正月，遬産。”《縱橫》88 行：“以雨，未得遬也。”《秦代陶文》397 號：“小遬。”399 號：“次遬。”《漢印徵》2.12：“潘遬”“有遬”“臣遬”“李高遬”“李遬”“諸遬已”。《里簡》J1（9）11 正作“遬”。

按，速，從辵束聲。遬，從辵欶聲。《説文》“速”籀文作“遬”。玄應《一切經音義》卷十三：“遬，今作速。”

4. 遟、遟、遟（遲）：《漢印徵》2.13：“臣遟”“遟中翁”“遟賜”“遟房私印”。《費鳳碑》：“棲遟曆稔。”《禮器碑》：“禮樂陵遟。”

按，遲，從辵犀聲。《説文》“遲”籀文從屖作“遟”。《廣韻・脂韻》：“遟”，同“遲”。“遟”的變體又寫作“遟”“遟”。

5. 鷹（雁）：《張表碑》：“鷹振霆擊。”《郭仲奇碑》：“鷹侔電㪍。”

按，《説文・隹部》：“雁，鳥也。從隹，瘖省聲。或從人，人亦聲。鷹，籀文雁從鳥。”“鷹”與“鷹”同從鳥，但所從“疒”寫作“广”。

6. 鴟（雌）：《北海相景君銘》：“鴟梟不鳴。”

按，雌，從隹氏聲。鴟，從鳥氏聲。《説文》“雌”籀文作“鴟”。《集韻・脂韻》：“雌，或作鴟。”《玉篇・隹部》：“雌，亦作鴟。”

7. 鸍（雇）：《長沙砂子塘西漢墓木封泥匣》：“敖鸍粗□。”

按，雇，從隹戶聲。《説文》“雇”籀文從鳥作“鳸”。“鸍”，從鳥雇聲，即“鳸”字改“戶”爲“雇”。

8. 㪍（叡）：《漢印徵》4.11：“真㪍”“毋留㪍印”“許㪍生印”“王㪍私印”。

按，叡，從叐古聲。《説文》“叡”籀文作“㪍”，左下從月。印文“㪍”左下從日，形近“㪍”。“叡”今作“敢”。

9. 膚（臚）：《熹・易・睽》：“悔亡厥宗噬膚往何咎。”《碩人鏡》：“膚如膑朗（今本作凝脂）。”《祀三公山碑》：“興雲膚寸。”《漢印徵》4.12：“馮膚”“諸膚”。

按，臚，從肉盧聲。膚，從肉，盧省聲。《説文》“臚”籀文作“膚”。段注：“今字皮膚從籀文作膚，膚行而臚廢矣。”秦漢出土文字多作膚。

10. 鄎（則）：《廿六年詔權》：“法度量鄎不壹。”《孔宙碑》：“慕寧儉之遺鄎。”

按，則，從刀從貝。鄎，從刀從鼎。《説文》“則”籀文作“鄎”。《正字通·刀部》："鄗，籀文則字。"

11. 劒（劍）：《答問》124 號："以劒及兵刃刺殺之。"《睡日》甲 35 號背貳："良劒。"《老子》乙 189 行上："帶利劒。"《相馬經》64 行："發劒首而見千里者。"《武梁祠畫像題字》："自伏劒死。"

按，劒，從刃僉聲。劍，從刀僉聲。《説文》"劍"籀文作"劒"。

12. 糪（糪）：《病方》290 行："戴糪、黃芩、白薊（薊）。"

按，《説文》"糪"籀文作"糪"，從米晉聲，左右結構。《病方》"糪"亦從米晉聲，不過"晉"所從"日"寫作"目"，且整字寫成上下結構。

13. 胙（昔）：《睡日》甲 113 號壹："以胙古吉。"

按，《説文》"昔"籀文從肉作"胙"。《睡日》甲 113 號"以胙古吉"，《睡日》乙 120 號作"以昔肉吉"，可證"胙"即"昔"字。《古陶文匯編》3.362、3.363 號從肉作"胙"。

14. 寓（宇）：《張遷碑》："開定畿寓。"《史晨前碑》："周孔舊寓。"

按，《説文》"宇"籀文從禹作"寓"。《廣韻·麌韻》："宇，宇宙也……寓，同上。"北魏《元昭墓誌》、東魏《劉懿墓誌》等亦見"寓"字。

15. 癃（癃）：《曹全碑》："以家錢糴米粟賜癃盲。"《漢印徵》7.20："癃合成"①"陳癃""癃弘"。《雜抄》32 號等有 12 例，②《律令》342、363、408 號，《脈書》38 號，《引書》60 號，《阜蒼》7 號，《居甲乙編》59·38 號等亦見"癃"字。

按，《説文》"癃"籀文作"癃"。段注"癃"曰："《篇》《韻》皆作'癃'，疑篆體有誤。"秦漢出土文字多處用"癃"字，可證《説文》實有所本，不誤。《孔日》199、391 號貳作"庲"，形近"癃"。

16. 貇（兒）：馬帛《五行》249 行："心□然苟（後）顏色容貇溫以説（悦）。"276 行："赤（赫）赤（赫），聖貇也。"《銅華鏡》、《銅華鏡》三、《銅華鏡》四作"貇"。

---

① 《漢印徵》7.20"癃同成"之"同"乃"合"字誤釋，應改正爲"合"，"合成"是漢時常見人名。參見施謝捷《〈漢印文字徵〉卷七校讀記》，載《出土文獻與古文字研究》第 4 輯，上海古籍出版社，2011，第 336 頁。

② 《雜抄》32 號，《答問》133 號，《爲吏》30 號叁，《睡日》甲 55 號叁、90 號壹、102 號壹、124 號貳、16 號背壹、19 號背肆，《睡日》乙 90 號、110 號、250 號共 12 例見"癃"字。

按，《説文》籀文從豹省作"貌"，《説文》小篆作"皃"。

17. 頟（頌）：《鮮于璜碑》："秩秩其威，娥娥厥頟。"[①]

按，《説文》"頌"籀文從容作"額"。

18. 豪（蒿）：《爲吏》27號伍："攻城用其不足，將軍以埋豪（壕）。"《新嘉量》："庣旁九氂五豪。"《漢印徵》9.13："张子豪""葚豪"。

按，《説文》"蒿"小篆從希作"蒿"，籀文從豕作"豪"。今作"豪"。

19. 災（烖）：《鄭固碑》："乃遭氛災。"

按，烖，從火戋聲。災，從火巛聲。《説文》"烖"或體作"灾"，籀文作"災"。

20. 絵（紟）：《漢印徵》13.4："絵孝印。"

按，紟，從糸今聲。絵，從糸金聲。《説文》"紟"籀文作"絵"。《包山楚簡》254、272號等作"絵"。

21. 墜（地）：《無極山碑》："與兂墜俱生。"《繁陽令楊君碑》："叫天訴墜。"

按，地，從土也聲，《説文》"地"籀文作"墬"，從隊。碑銘"墜"，右上構件由"彖"省作"豕"，形近《説文》籀文"墬"。郭店楚簡《忠信之道》4號等作"墜"。

22. 𩫨（城）：孔家坡漢簡《日書》395號："酉不可冦〈冠〉、𩫨。"

按，《説文》"城"籀文作"𩫨"。簡文"𩫨"與《説文》籀文"𩫨"形近。

23. 亖（四）：《流沙墜簡·屯戍》1.7："始建國亖年。"《新中尚方鍾》《新有善銅鏡》《尚方鏡》《名銅鏡》《朱氏鏡》《秦代陶文》25、195號陶俑等作"亖"。

按，《説文》"四"籀文作"亖"。段注："此算法之二二如四也，二字兩畫均長，則亖字亦四畫均長，今人作篆多誤。"甲骨文、金文多作"亖"，四畫均長，形源於算籌。《説文》籀文作"亖"同甲金文。秦漢出土文字多作"四"，偶作"亖"。"亖"或作"亖"，二短二長。魏晉南北朝時期亦見

---

① 高文《漢碑集釋》（河南大學出版社，1997，第292頁）指出："碑頟字左半從容甚清晰，天津市歷史博物館釋爲'額'，不成文理，誤。"細審拓本，此字是從"容"之"頟"字，高説是正確的。

"三"字，如吳《禪國山碑》"衆瑞畢至，三表納貢"，東晉《朱曼妻薛買地券》"晉咸康三年，二月壬子朔，三日乙卯"，北魏《元融墓誌》"春秋三十有六"，北周《華嶽廟碑》"保乂我金方，裁成我三海"等。

三　與《説文》古文或籀文結構相同或相近的秦漢古體字

1. 譱（善）：《夏承碑》："流恩襃譱。"《校官碑》："寇息譱歡。"《漢印徵》3.10："魏率譱羌佰長。"

按，善，從言從羊。譱，從誩從羊。《説文》以"善"爲篆文，則字頭"譱"非古文即籀文。《古陶文匯編》3.412 號作"譱"。

2. 斅（學）：《高彪碑》："爲斅者宗又五十以斅。"

按，《説文·教部》："斅，覺悟也。从教从冂，冂，尚矇也。臼聲。學，篆文斅省。""學"爲篆文，則"斅"應是"學"之籀文或古文。

3. 吕（膂）：《四時嘉至磬》："四時嘉至磬南吕午堵左栨。"《禮器碑陰》："任城吕育。"《西狹頌》："吕國字文寶。"《漢印徵》7.17："吕襄私印""吕弘之印""吕氏之印""吕如""吕襄"。《漢印徵補》7.5："吕駬。"

按，《説文·吕部》："吕，脊骨也。象形。……膂，篆文吕，从肉从旅。"段注："吕象顆顆相承，中象其系聯也。""膂"爲篆文，則"吕"非古文即籀文。

四　與出土六國古文結構相同或相近的秦漢古體字

1. 救（救）：《稱》161 行下："其下救患禍。"《易之義》3 行："得之救也。"18 行："無柔救之。"

按，救，從攴求聲。救，從戈求聲。"救"多見於出土六國古文，如《中山王鼎》，《中山王壺》，《包山楚簡》226、232、234、236、245、267 號和木牘 1 均見從戈之"救"字。

2. 戏（攻）：《十六經》128 行上："是故以一國戏天下。"《春秋》71 行："公使人戏隱公□□釜。"

按，攻，從攴工聲。戏，從戈工聲。"戏"已見於楚文字，如郭店楚簡《成之聞之》10 號、上博簡二《容成氏》2 號等均見從戈之"戏"字。

3. 右（左）：《陰陽五行》甲之六："右右。"①

按，《陰陽五行》此例首字"左"從口作"右"，與《包山楚簡》49號，郭店楚簡《老子》丙6、8、9號等"左"字寫作"右"同，而與《秦公鎛》、《説文》小篆從"工"作"左"者異。《陰陽五行》此字應是受下文"右"的影響類化而把"工"寫作"口"。

4. 翳（旌）：《十六經》104 行下："名曰之（蚩）尤之翳。"

按，《十六經》"翳"，從羽青聲，與《包山楚簡》38、273號，《望山楚簡》等作"翳"者同，而與《説文》小篆從㫃生聲作"旌"者異構。

5. 洢（海）：《九主》355 行："乃論洢内四邦。"《明君》420 行："稿（豪）巽（選）洢内之衆。"

按，"洢"與《包山楚簡》147號、郭店楚簡《窮達以時》10號作"洢"同，而與《説文》小篆從每聲作"海"異。

6. 筴、筞（策）：《老子》甲 145 行："善數者不以檮（籌）筴。"《九主》358 行："伊尹布圖陳筞。"《九主》376 行、《老子》乙 241 行下、《養生方》22 行亦作"筞"。

按，《老子》甲 145 行"筴"，從竹從析會意，析亦聲，與《中山王壺》作"筴"合。② 片為半木，則中山王之"筴"為"筴"之異體。《説文》小篆作"策"，從竹束聲，與"筴"字構形大異。《九主》等之"筞"，與《仰天湖簡》35號、《五里牌簡》12號、《望山楚簡》2號墓 48號之"筞"，省"斤"同為"筴"的簡體。

7. 闗（關）：《老子》甲 145 行："善閉者無闗籥（鑰）而不可啓也。"

按，《老子》從門串聲之"闗"，與《鄂君啓舟節》、《包山楚簡》34號作"闗"，《璽匯》0295 作"闠"近同，而與《説文》小篆從門䏑聲作"關"異。

8. 耆（耆）：《漢印徵》1.19 上："宜耆左園。"《睡日》乙 202號："耆三月。"《守法》863號："耆秋穀（角）試。"

---

① "右右"之首字仍"左"字，字形從口作"右"。

② "筴"字由于豪亮先生考釋。參見于豪亮《中山三器銘文考釋》，《考古學報》1979 年第 2 期；收入《于豪亮學術文存》，中華書局，1985；又參見張涌泉《漢語俗字研究》，嶽麓書社，1995，第 160 頁。

按，《漢印徵》等從日屯聲之“𣅈”，與《楚帛書》乙 1.13、丙 3.1，郭店楚簡《語叢一》40 號，《語叢三》20 號，《三體石經·僖公》，《璽匯》2415、0005 號作“𣅈”同，《說文》小篆則上從艸旁作“萅”。

五　小結

1. 秦漢古體字的類型

上文所述秦漢古體字共 82 個，分 4 種類型，[①] 即與《說文》古文結構相同或相近的秦漢古體字 48 個，與《說文》籀文結構相同或相近的秦漢古體字 23 個，與《說文》古文或籀文結構相同或相近的秦漢古體字 3 個，與出土六國古文結構相同或相近的秦漢古體字 8 個。

與《說文》古文結構相同或相近的秦漢古體字 48 個：弌（一），丅（下），礼（禮），袾（社），弎（三），㡉（㮚），孩（咳），嚞、喆、嚞（哲），退、退（復），㝵（得），馭（御），𠚕（齒），𦦙（與），㞢（友），䀘（肄），伇（役），效（教），兆（𠧞），㾏（膌），朹（簋），𥮠（典），𤔲（爵），㮑（槃），明（朙），㫐（時），遊（游），㝉（宄），宄（宄），眎、眡（視），岳（嶽），敺、毆（驅），思（懼），悹（患），湏（沬），夳、夳、太（泰），云（雲），悍（姦），无（無），𠃑（曲），𢇍（絶），蠭、螽（蠭），凬、凬（風），弍、弍（二），珪（圭），壄（野），勛、勳（勳），憥（勞），恿、恖（勇）。

與《說文》籀文結構相同或相近的秦漢古體字 23 個：𠁩、𠁩、𠁩、𠁩（中），速（迹），遬（速），遲、遲、遲（遲），鷹（雁），雝（雖），䳞（雇），敌（㪅），膚（臚），劃（則），劒（劍），䊵（糂），昔（昔），寓（宇），瘻（癃），貌（皃），額（頌），豪（豪），災（烖），絵（紟），墬（地），䪞（城），亖（四）。

與《說文》古文或籀文結構相同或相近的秦漢古體字 3 個：譱（善），斅（學），呂（膂）。

與出土六國古文結構相同或相近的秦漢古體字 8 個：救（救），戉

---

① 本書把秦漢古體字分爲四種類型，是爲了論述的方便。其實第四類“與出土六國古文結構相同或相近的秦漢古體字”，有的例子因與前三類相同，已在前文出現。四種類型并不是截然分開的。

（攻），右（左），斿（旌），洢（海），筞、筞（策），闗（關），啫（菩）。

2. 秦漢古體字的特點

秦漢古體字有其特殊性，由於秦漢時代漢字隸變，漢字形體急劇變化，各種字體不斷產生和形成，因此秦漢時代出土文獻中的古體字在字體上就呈現出一種由篆書向隸書等轉變的狀態。秦漢古體字雖然在結構上與《説文解字》中的古文或籀文以及出土六國古文等相同或相近，但字體却大不相同。秦漢古體字分屬多種字體。一般來説，秦至漢初簡帛上的古體字，字體主要是古隸。西漢中後期簡牘上的古體字，字體有隸書或楷書等。秦漢銘刻文字的古體字中，璽印的字體主要是繆篆，碑刻的字體主要是漢隸，金文的字體則少量是小篆，大量的是繆篆、古隸和漢隸。學術界有所謂“隸古定”的説法，所謂“隸古定”，是指用隸書或楷書的筆法來寫“古文”的字形，[①] 大體包括隸定籀文、隸定古文等。秦漢古體字主要有繆篆、古隸、漢隸等，大部分可看作“隸定古文”。

3. 秦漢古體字的結構

秦漢古體字多數與《説文》古文和籀文、出土六國古文結構完全相同，但有些古體字的結構發生了一些變化。例如：

《郭旻碑》“既明且硞”之“硞”從三舌，左中右結構，與《説文》“哲”古文從三吉作“嚞”形近。《池陽令張君殘碑》“體明性喆”等之“喆”，簡省一吉。《譙敏碑》“謂君爲舑”之“舑”訛變爲從二舌。

《夏承碑》等“進邌以禮”之“邌”比《説文》古文“遟”增加了一横。

《青龍鏡》“辟去凶恴追不羊”之“恴”乃《説文》“患”古文“愳”之省。

《李翊夫人碑》“飛螽蟊兮害仁良”之“螽”比《説文》古文“蟊”少一横。

《綏民校尉熊君碑》“治天官日度凬角列宿”之“凬”比《説文》“風”之古文“凬”簡省了一撇。

《病方》328 行“取雉弍”之“弍”從戈，《説文》“二”古文作“弍”從弋，“戈”“弋”互作。

《孟孝琚碑》“□□□□愸”之“愸”，乃《説文》“勞”古文“憥”之

---

①　裘錫圭：《文字學概要》，商務印書館，1988，第 78 頁。

省體。

《睡日》甲79號背“名馬童龏思辰戌”之“思”，乃《説文》“勇”古文“恿”，所從“甬”寫作“用”。

《劉修碑》等“𠁩”上下四横没與中竪相接，而《説文》籀文“𠁩”上下四横與中竪相接。《夏承碑》等“𠁩”“𠁩”“𠁩”與《説文》籀文“𠁩”上下四横位置和寫法稍有不同。

《費鳳碑》“棲遲曆稔”之“遲”比《説文》籀文“遟”增加一横。

《張表碑》“鷹振霆擊”、《郭仲奇碑》“鷹偫電毄”之“鷹”與《説文》“雁”的籀文“鷹”寫法相近，簡省了左邊筆畫。

《長沙砂子塘西漢墓木封泥匣》“敖鷈粔□”之“鷈”從鳥雇聲，即《説文》籀文“鳸”字改“户”爲“雇”。

《漢印徵》4.11“真散”等之“散”左下從日，《説文》“敢”籀文作“散”，左下從月。

《病方》290行“戴糵、黄芩、白蔹（蘞）”之“糵”與《説文》“糂”之籀文“糣”同從米朁聲，但一作上下結構，一作左右結構。

《孔日》199、391號貳“痒”與《説文》“癃”之籀文“瘁”形體相近。

《無極山碑》“與旡墬俱生”等之“墬”與《説文》“地”之籀文“墬”形近，右上構件“彖”省作“豕”。

秦漢出土文獻中不僅存在一些古體字，也存在個别古體偏旁。例如：

《袁良碑》“不問勛次”的“勛”聲旁作“鼎”，與《説文》籀文“員”從鼎作“鼎”同。“勛”即“勳”字。

《袁良碑》“瀏切防萌”的“測”聲旁“則”作“鼎刂”，與《説文》籀文“則”從鼎作“鼎刂”同。《廿六年詔權》“法度量鼎刂不壹”、《孔宙碑》“慕寧儉之遺鼎刂”之“鼎刂”從鼎作，亦同籀文。

4. 秦漢古體字的來源

秦漢古體字與《説文》古文和籀文、出土六國古文有明確的淵源關係，前者源於後者，有些字則不排除秦漢人們用字復古的可能性。

第十一章　秦漢文字形體演化的現象和規律

秦漢文字上承先秦文字，下啓魏晉南北朝文字，是一種處於歷史重要發展時期的文字。先秦文字形體演化的某些規律，諸如簡化、繁化、異化、同化等，在秦漢文字中同樣起作用。不過，秦漢文字處於漢字隸變的關鍵時期，這些演化表現得更爲激烈。

第一節　簡化

簡化是漢字形體演化的總趨勢，秦漢文字自不例外。這一時期的簡化，主要表現在筆畫簡化和偏旁簡省兩個方面。

一　筆畫簡化

1. 減少筆畫數

筆畫簡化以平直化爲特徵，其中較有規律性的，如一個字中有多處相近的橫畫時往往簡省其中之一，如表 11 - 1 所示。

表 11 - 1　簡省橫畫例

	用　例	簡　釋
薑	薑（《武醫》79 號，《居甲乙編》505·16 號） 薑（《武醫》4、8、9、31、52、82 甲號）	《説文·艸部》："薑，禦溼之菜也。从艸彊聲。"《廣韻·陽韻》："薑，同薑。""薑"省寫了"薑"之構件"弓"。"薑"省去"艸"下面一橫作"薑"，再省去兩田之間一橫作"薑"

	用　例	簡　釋
請	請（《春秋》78 行，《縱橫》34、79 行，《十問》26 號，《相馬經》4 行下、14 行上）	請，從言青聲。"請"所從"青"省寫一橫則成"請"。參看"青"字
書	書（《永和二年鐵》）	書，從聿者聲。"書"省去中間的一橫作"書"
畫	畫（《武醫》79 號） 畫（《武醫》4 號）	畫，從畫省，從日。"畫"省去中間的一橫作"畫"，再省去一橫作"畫"
專	專（《經法》58 下、《服傳》甲 22 號、《武梁祠畫像題字》、《漢印徵》3.20 "專芒私印" "張專私印"）	專，從寸叀聲。"專"往往省去所從"叀"下面的一橫和一點作"專"
盾	盾（《雜抄》27 號）	盾，所以扞身蔽目，象形。"盾"省去所從"目"中間一橫作"盾"
割	割（《縱橫》180 行） 割（《五行》308 行、《馬簡》三 29 號）	割，從刀害聲。"割"所從"害"省去一橫作"割""割"。參看"害"字
盡	盡（《縱橫》206 行，《武醫》35、49、92乙號） 盡（《武醫》49 號）	盡，從皿㶳聲。隸變寫作"盡"。"盡"省去中間的"灬"變成"盡"，再省去中間一橫而作"盡"
青	青（《睡日》甲 69 號、《睡日》乙 192 號、《相馬經》70 行）	青，從生丹。"青"所從"丹"隸變寫作"月"，省寫一橫則成"青"
静	静（《老子》甲 42 行、《十問》97 號、《天下》35 號）	静，從青争聲。"静"所從"青"省寫一橫則成"静"。參看"青"字
食	食（《志怪故事》4 號，《答問》210 號，《睡日》乙 85 號、146 號、156 號、195 號，《陰陽五行》甲 156 行、《養生方》200 行，《十問》86 號，《晏子》563、626、627 號，《守法》901、903、913、931、933 號，《論政》1161、1162 號，《梁鍾》，《代食官糟鍾》）	食，從皀亼聲。"食"省去所從"皀"上部中間一小橫而作"食"。《經法》18 行、《縱橫》190 行等、《論政》1168 號、《時令》1811 號作"食"，不省
飢	飢（《老子》甲 82 行、《論政》1162 號）	飢，從食几聲。"飢"所從"食"省去中間一小橫而作"飢"
楊	楊（《楊氏區》）	楊，從木昜聲。《楊氏區》"楊"所從"昜"省寫一橫則成"楊"，在秦漢金文中屬個別現象

續表

	用　例	簡　釋
精	精（《十問》12、27、28、48、52、81、100 號，《合陰陽》127 號，《相馬經》21 行上，《時令》1673 號）	精，從米青聲。"精"所從"青"省寫一橫則成"精"。參看"青"字
氣	氣（《武醫》3、18、25、79 號）	氣，從米气聲。"氣"省去所從"气"中間一橫作"氣"
害	害（北大《老子》216 號） 害（《里簡》8–209 號、北大《老子》83 號） 害（《治官》86 號，《老子》甲 165 行，《老子》乙 2 行上，《春秋》82 行，《縱橫》24 行，《陰陽五行》甲之二，《孫子》131 號，《孫臏》416、428 號，北大《老子》52、99 號） 害（《答問》3 號）	害，從宀從口，丰聲。秦漢文字"害"常省作"害""害""害""害"，以省作"害"爲最常見。除左欄之簡省例外，还如《桐柏廟碑》《武榮碑》《史晨前碑》等亦見"害"字，所從"丰"省作"土"
傳	傳（《武醫》34、54、62 號，《居甲編》713 號，《陽泉熏爐》，《漢印徵》8.7 "傳亭""傳符子印章"） 傳（《武醫》53 號）	傳，從人專聲。"傳"所從"專"往往省去中間的一橫和一點作"傳"，再進一步省去一橫作"傳"
徵	徵（《武醫》72 號） 徵（《武醫》45、70 號）	《說文·壬部》："徵，召也。从微省，壬爲徵，行於微而文達者即徵之。""徵"省去中間的一橫作"徵"，再省去一橫作"徵"
身	身（《經法》11 行、《易之義》8 行）	身，像人之身，從人厂聲。"身"中間省去一橫作"身"
清	清（《老子》乙 176 行下）	清，從水青聲。"清"所從"青"省寫一橫則成"清"。參看"青"字
直	直（《爲吏》2 號、《睡日》甲 156 號背）	直，從乚從十從目。"直"所從"目"中間省去一橫作"直"
蜀	蜀（《封診式》47 號）	蜀，從虫，上目像蜀頭形，中像其身蜎蜎，古隸"蜀"所從"目"豎寫作"𧇠"（《封診式》46 號），或減省一橫作"𧇠"
黃	黃（《武醫》46、50、59、70、82 乙、83 甲號）	黃，從田從炗，炗亦聲。"黃"省去所從"田"中間一橫作"黄"

續表

	用 例	簡 釋
勤	勤（《張遷碑》“東勤九夷”、《夏承碑》“積德勤約”）	勤，從力堇聲。“勤”所從“堇”中間省去一橫作“勤”
勇	勇（《老子》甲 69 行，《明君》410 行，《孫臏》322、336 號，《論政》993、1156 號）	勇，從力甬聲。“勇”所從“甬”中間省去一橫作“勇”
鍾	鉦（《南宮鍾》、《扶侯鍾》）	鍾，從金重聲。秦漢金文“鍾”所從“重”上部或寫作一撇，或寫作一橫，有時這一撇或一橫省去而作“鉦”

這種簡省是普遍存在的。有的字簡省是常見的，不省倒是少見。例如銀雀山漢簡“害”字均簡省一橫（見《銀雀山漢簡文字編》258 頁），未見沒有簡省的。這種簡省在書寫文字中比較普遍，銘刻文字中較少出現。

豎畫也有簡省的現象，不過是簡省豎畫的一部分，多見於漢代金文。如表 11－2 所示。

表 11－2　簡省豎畫例

	用例	簡釋
牢	宔（《永建五年朱梘洗》“永建五年朱梘造作宔”、《永平三年洗》“永平三年四月造作宔”）	《説文・牛部》：“牢，閑養牛馬圈也。从牛，冬省，取其四周帀也。”金文省去“牢”所從牛之豎畫下部作“宔”
吉	舌（《美陽高泉宮鼎蓋》“名舌”，《侯家器》“侯家，舌”，《蜀都董氏洗》“羊舌、舌羊”，《蜀都嚴氏富昌洗》“舌利”）	《説文・口部》：“吉，善也。从士口。”金文省去“吉”所從士之豎畫上部作“舌”
造	适（《中山内府鍾》“卅六年工充國适”、《元始鈁》“考工＝禮适”、《永始高鐙》“考工＝誼爲内者适銅高鐙”、《綏和雁足鐙》“供工＝譚爲内者适銅雁足鐙”、《永初三年洗》“永初三年适作一”）	造，從辵告聲。金文省去“造”所從告之豎畫上部作“适”
建	建（《南陵鍾》《建昭行鐙》《建昭雁足鐙》）	建，從聿從廴。金文省去“建”所從“聿”之豎畫上部作“建”
大	冭（《谷口鼎》）	大，像人形，隸變作“大”。《谷口鼎》省去“大”橫畫上面之豎畫作“冭”
車	車（《辇軍宮鼎》二、《張君前夫人馬》）	車，象形，隸變寫作“車”。秦漢金文或省去第一橫上面的豎畫而作“車”

2. 借筆

秦漢文字中古隸部分有些字通過借用相鄰的橫畫來達到簡省的目的。如表 11 – 3 所示。

表 11 – 3 借筆例

	用 例
詣	𧧻 （《秦律》115 號）
脂	𦙶 （《秦律》130 號）
指	𢫦 （《養生方》107 行、《足臂》7 行、《易之義》38 行）
耆	者 （《睡日》甲 144 號）
鶿	𧳊 （《睡日》甲 60 號背）
矣	𥬠 （《語書》6 號）
更	𠬝 （《秦律》121 號）
莠	𦮙 （《睡日》甲 63 號背）
僉	余 （《稱》153 行上）
書	𦘠 （《效律》29 號） 𦘠 （《雜抄》18 號）
宮	𥇔 （《齊一宮當》、《齊園宮當》①）

"詣""脂""指""耆""鶿""矣""更"均是借用相鄰的橫畫，也就是相近的橫畫共用。"莠"字的寫法較爲特別，所從"秀"中的"乃"與"禾"既有省變，又共用筆畫。"僉"字上邊的"人"，既是"今"旁的上部，又是"衣"旁的上部。值得注意的是"書"字，其所從"者"由𦘠（《詛楚文·巫咸》）并畫而來（屮→十，乂→乂，米→夫），然後"聿"旁與"者"旁借筆作𦘠（《效律》29 號），又省作𦘠（《雜抄》18 號），② 爲本時期簡帛文字常見的寫法，以後再省去一撇則成爲從"聿"從"曰"的"書"（《熹·公羊·僖廿八年》）。《齊一宮當》《齊園宮當》，"宮"字篆書，書體隨圓就勢。漢代瓦當"宮"字一般作"宮"，或省寫作"宮"（如《橐泉宮當》《平樂宮阿瓦當》），《齊一宮當》《齊園宮當》又進一步省作"𥇔"，所從"呂"寫作"日"，中間

---

① 王丕忠：《漢長陵附近出土的秦漢瓦當》，載《文物資料叢刊》第 6 輯，文物出版社，1982。趙力光：《中國古代瓦當圖典》，文物出版社，1998，图版 390、391。

② 《夏承碑》"治詩尚書"之"書"寫法與《雜抄》18 號簡寫法相同。

兩横畫借筆。兩瓦當出自陝西咸陽長陵附近 21 號墓，據文獻記載此墓或爲漢武帝子劉閎之墓，年代也屬漢初。借筆在秦漢文字中是簡化的一種手段。

3. 把一些偏旁或部件寫成點或短横、短豎

爲了達到簡捷方便、快速書寫的目的，書寫者常常把一些偏旁或部件寫成點或短横、短豎。如表 11 - 4 所示。

表 11 - 4　偏旁或部件寫成點或短横、短豎例

	用　例	
悤	電（《睡日》甲 158 號背）	電（《五行》183 行）
窗	電（《病方》197 行）	電（《守法》825 號）
蔥	芭（《秦律》179 號、《周簡》316 號） 芭（《十六經》123 行下） 芭（《十問》20 號） 芭（《天下》26、38 號，此字從公聲） 芯（《漢印徵》1.21 "張蔥"） 芯（《漢印徵》1.21 "萬蔥□"） 芯（《漢印徵》1.21 "趙蔥"）① 芯（《古封泥集成》2503、2504 "萬蔥各"）②	芭（《十問》35、40、79 號） 节（《相馬經》18 行下）
總	紽（《秦律》54 號）	紽（《經法》48 行上）
弁	元（《病方》21 行）	开（《漢印徵》8.20 "弁疾"）③
牟	牛（《合陰陽》104 號） 牛（《漢印徵》2.3 "牟右尉印"） 牛（《漢印徵》2.3 "牟冬古"） 牟（《漢印徵》2.3 "高牟"）④ 牟（《古封泥集成》1268 "東牟丞印"）	牛（《守法》899 號） 牛（《漢印徵》2.3 "尹牟"） 牛（《漢印徵》2.3 "牟忠之印"） 牟（《漢印徵補》2.1 "牟奮之印"） 牟（《高奴銅權》）

---

① 《漢印徵》1.21 "張蔥" "萬蔥□" "趙蔥" 三枚印文之 "蔥" 字，該釋文作 "芯"，不確。該字 "心" 上有一點或一短豎，應是秦漢文字 "蔥" 字的簡省寫法。

② 《古封泥集成》2503、2504 號 "萬蔥各" 之 "蔥" 字，該釋文作 "芯"，不確。該字 "心" 上有一點，應是秦漢文字 "蔥" 字的簡省寫法。

③ 《説文解字·兒部》"皃" 的或體作 "弁"。"弁" 即 "弁" 字。《漢印徵》8.20 "弁疾" "弁驤" "弁信" "弁寬" "弁信" "弁多" "弁守之印" "弁喜" "弁藍之印" 等印 "弁" 字上部寫作或長或短的一横。《漢印徵》8.20 "弁胡" 之 "弁" 上部寫成一點并與下部 "廾" 連寫在一起。

④ 《説文解字·牛部》："牟，牛鳴也。從牛，象其聲氣從口出。"《漢印徵》2.3 有 17 例 "牟" 上作一點、一横或一豎等，點有大小，横或豎有長短，均是秦漢文字 "牟" 字的簡省寫法。

續表

	用　例
瓜	〔圖〕（《馬簡》156 號等）
把	〔圖〕（《養生方》72 行）
肥	〔圖〕（《脈書》55 號）
砒	〔圖〕（《病方》221 行）
犯	〔圖〕（《六韜》649 號）

其中，"囟""厶"和"瓜"之實部分以及"巴""巳"等的上部被寫成一實心點，少數或作一小橫一小竪，如《十問》35、40、79 號簡的小橫，《十問》20 號簡、《相馬經》18 行下的小橫更長一些。"恖""窗""蔥""總"之"囟"形寫作一實心點或一小橫，這一寫法古已有之，西周金文"恖"被寫作ψ、ᵚ等形，秦漢簡帛文字選擇了這一簡便寫法。《説文》小篆"恖""窗""蔥""總"所從均作"囟"，容庚先生《金文編》指出"囟當是◆之變形"。[①]裘錫圭先生指出："秦簡、漢印和西漢前期簡帛上的'恖'字（多見於'蔥''聰'等字偏旁），猶多襲周人之舊，作'心'上加點形。"[②]這是符合事實的。

把某些偏旁或部件簡寫成兩小橫，也常見於秦漢簡帛文字之中。如表 11－5 所示。

表 11－5　偏旁或部件寫成兩小橫例

	用　例
者	〔圖〕（《經法》27 行、《易之義》2 行、《刑德》乙 72 行下、《相馬經》7 行上、《孫子》2 號、《論政》1561 號、《時令》1765 號）
堵	〔圖〕（《刑德》乙 83 行上）
諸	〔圖〕（《繫辭》33 行上、《稱》150 行、《要》14 行）
褚	〔圖〕（《明君》445 行）
著	〔圖〕（《繫辭》24 行上）
暑	〔圖〕（《稱》149 行、《易之義》31 行）
益	〔圖〕（《睡牘》）
焉	〔圖〕（《孫臏》435 號）
署	〔圖〕（《病方》251 行）

①　容庚：《金文編》，中華書局，1985，第 692 頁。

②　裘錫圭：《説字小記》，《北京師院學報》1988 年第 2 期；收入《古文字論集》，中華書局，1992，第 643 頁。

	用　例
近	𨒤（《縱橫》150 行）
歲	歲（《十六經》79 行、《縱橫》67 行、《孫臏》468 號、《守法》901 號） 歲（《孫子》116 號）
備	偝（《論政》999、1012 號）

把"日""水""与""网""斤""止""卅"等偏旁或部件寫成兩小橫，以"者"下部寫作兩小橫最爲常見。銀雀山漢簡"焉"字下部的"与"很多寫成兩小橫的，如《孫子》155、160 號簡，《孫臏》311、435、436 號簡等（見《銀雀山漢簡文字編》140 頁）。把偏旁或部件寫成兩小橫的現象在春秋戰國時期已不少見，如"馬"之作𢒉（《璽匯》0052）、"爲"之作𤔔（東周《左師壺》）等，以兩橫爲標志省去字中不重要部分。①

二　偏旁簡省

偏旁是組成漢字的基本結構單位，在字中具有某種表意或表音的功能，一般是不能簡省的，但在秦漢文字中，不僅筆畫可以簡化，而且偏旁也可以簡省。不過整個偏旁的簡省在本時期文字中并不多見，常見的是省去偏旁的其中一部分，而且大多數屬於偶然性的省筆。

1. 形旁簡省

（1）施（《五行》213 行）→𢼄（《十六經》141 行上）

按，施，從㫃也聲。《十六經》141 行"事恒自𢼄，是我無爲"之"𢼄"即"施"字，簡省了"㫃"旁之"方"。

（2）巍（《春秋》29 行）→嵬（《春秋》29 行）

按，巍，從嵬委聲。《春秋》29 行"嵬【州】餘果與隋會出"之"嵬"即"巍"字，簡省了"嵬"旁之"鬼"，同在《春秋》29 行，上字不省，下字省。

（3）壽（《睡日》乙 245 號）→尋（《睡日》甲 107 號）

按，壽，從老省，𤰁聲。《睡日》甲 107 號簡"毋以巳尋（禱），反受

① 參見張桂光《古文字中的形體訛變》，載《古文字研究》第 15 輯，中華書局，1986。

其英（殃）”之“㝷”作“𡬳”，即“壽”字，簡省了形旁“耂”（老省），聲旁也略有變化，變“口”爲“寸”。

（4）顠（《爲吏》23 號）→𣅀（《五行》266 行）

按，顠，從頁㬥聲。段注：“《篇》《韻》皆云顠願二同。”《五行》266 行“其𣅀謕然者也”之“𣅀”即“顠”字，簡省了形旁“頁”，聲旁也略有簡省。

（5）聲（《老子》乙 179 行下、《泰射》49 號）→殸（《十六經》140 行下）

按，聲，從耳殸聲。《十六經》140 行“用力甚少，名殸章明”之“殸”即“聲”字，簡省了形旁“耳”。

“施”“巍”二字是簡省形旁中的一部分。“壽”“顠”“聲”分別簡省了形旁“耂（老省）”“頁”“耳”。

2. 聲旁簡省

（1）憂（《周簡》205、233 號，《五行》175 行）→𢗊（《老子》甲 37 行）

按，憂，從夊𢝊聲。《老子》甲 37 行：“終曰〈日〉號而不𢗊，和之至也。”整理小組注曰：“𢗊，當爲憂之省，猶爵省爲时。”此字簡省了“𢝊”旁之“頁”。

（2）賊（《老子》甲 60 行）→戝（《經法》18 行下）

按，賊，從戈則聲。《經法》18 行“國無盜戝”之“戝”即“賊”字，簡省了“則”旁之“刀”。

（3）佑→仅（《十六經》101 行下）

按，佑，從人右聲。“佑”之本字爲“右”。左右之“右”本作“又”，像右手之形，後以相助之“右”爲左右之“右”，又造“佑”字表“相助”之義。《十六經》101 行“天仅而弗成”之“仅”即“佑”字，簡省了“右”旁之“口”。

（4）麛（《秦律》4 號）→麑（《縱横》318、319 行）

按，麛，從鹿弭聲。《縱横》318 行“麑皮歸，復令於邯鄲君”之“麑”即“麛”字，簡省了“弭”旁之“弓”。《秦律》4 號“麛”作“𪊨”，偏旁位置有變化。

（5）㴆（《病方》250 行）→彖（《病方》55 行）

按，㴆，《病方》250 行此字從水，將省聲作“𣹢”，同《説文》小篆。

"浆"即"漿"字。《病方》55 行"復唾匕彖以揩"之"彖"亦是"漿"字，聲旁又作進一步簡省。

（6）變（《五行》233 行）→夒（《孫臏》355 號、《時令》1731 號）

按，變，從攴䜌聲。《五行》233 行"變"之"䜌"聲所從"言"簡省成二小橫作"❀"。《孫臏》355 號簡"何以【知舟車】之爲夒也"之"夒"即"變"字，聲旁"䜌"省作"言"。《時令》1731 號簡"少夒起"之"夒"，应亦是"變"字。①

（7）劙（《孫臏》324 號）→剸（《六韜》651 號）

按，劙，從刀專聲。專，從寸叀聲。《六韜》651 號簡"不剸者，忠"之"剸"即"劙"字，"專"旁所從"叀"簡省爲"土"。

（8）窷（《孔龢碑》）→穿（《孫臏》265 號）

按，窷，從穴躬聲。《孫臏》265 號簡"擊穿寇奈何"之"穿"即"窷"字，簡省了"躬"旁之"呂"。郭店楚簡《老子》乙 14，《窮達以時》10、11、14、15 已見"穿"，從宀，更省。

（9）蠭（《老子》乙 190 行）→蚤（《孫臏》353 號）

按，蠭，從䖵逢聲。《老子》乙 190 行"蠭"，從䖵夆聲，与《說文》古文作"❀"同。《孫臏》353 號簡"有蚤（鋒）有後""無蚤（鋒）無後"中兩個"蚤"即"蠭"字，形旁簡省爲"虫"，聲旁簡省爲"夆"。

（10）師（《秦律》111 號）→帀（《睡日》甲 149 號背、《秦代陶文》665 號）

按，師，從帀自聲。《睡日》甲 149 號簡背面"雨帀以辛未死"之"帀"即"師"字，簡省了聲旁"自"，顯然是繼承了戰國文字的寫法。《秦代陶文》665 號瓦印文"右工帀"之"帀"亦是"師"字簡省之形。在古文字及秦和漢初文字材料中，"師"常可寫作"帀"，到東漢時期，"師"寫作"帀"就不常見了。

以上均是省略聲旁中的一部分（"師"字簡省了聲旁"自"）。然而，少數偏旁省例較多。如：

---

① 整理小組注曰："此字疑是'變'之簡體。"今與《孫臏》355 號簡之"夒"合觀，應亦是"變"字。見銀雀山漢墓竹簡整理小組《銀雀山漢墓竹簡（貳）》，文物出版社，2010，第 220 頁。

（1）穀（《十六經》87 行上）→稾（《老子》甲 13 行）→稾（《老子》乙 178 行上）

按，穀，從禾殼聲。《十六經》87 行上之"穀"所從"稾"下部之"禾"上省去一橫。《老子》甲 13 行"唯孤寡不稾"之"稾"即"穀"字，簡省了"殼"旁之"殳"。《老子》乙 178 行上之"稾"又省去"稾"中間一橫。

（2）圍（《雜抄》36 號）→圍（《刑德》乙 82 上、《天文》局部 8）

按，圍，從囗韋聲。《刑德》乙 82 上、《天文》局部 8 之"圍"即"圍"字，簡省了"韋"旁之"囗"。

（3）霸（《天文》局部 4、局部 5）→朝（《經法》28 行上、《守法》875 號）①

按，霸，從月霝聲。《經法》28 行"主執度，臣循理者，其國朝昌"、《守法》875 號簡"王者無市，朝者不成肆"中兩個"朝"即"霸"字，簡省了"霝"聲旁之"雨"。

（4）靈（《睡日》甲 26 號）→壘（《晏子》554、612 號）

按，靈，從玉霝聲。《晏子》612 號簡"且嬰之事壘公也"之"壘"即"靈"字，簡省了"霝"旁之"雨"。

（5）舉（《孫臏》344 號、《論政》1167 號）→舉（《守法》786、938 號）

按，舉，從手與聲。與，從舁從与。《守法》786 號簡"舉手指摩（麾）"、938 號簡"人不舉或（域）中之田"之"舉"即"舉"字，簡省了"與"旁之"舁"。②

這一部分字的引人注目之處是每一字都有多例簡省。

3. 表意字簡省

（1）燕（《縱橫》251 行）→燕（《明君》439 行、《縱橫》74 行、《孫子》153 號、《孫臏》450 號、《天文》局部 1、江陵高臺木牘丙、《孔告地書》）③

---

① 《漢印徵》附錄 2 "王朝"之"朝"，作者隸定爲"朝"，應是簡省了"霝"聲旁之"雨"的"霸"字，可列於《漢印徵》7.6 "霸"字下。

② 北魏《劉玉墓誌》"其中易世，舉一足明"之"舉"亦作"舉"。

③ 《漢印徵》附錄 1 "羊燕之印"之"燕"，作者隸定爲"裵"，此字應是省略部件"囗"之"燕"字，可列於《漢印徵》11.18 "燕"字下。

按，《説文·燕部》："燕，玄鳥也。籋口，布䍐，枝尾。象形。"段注："籋口，故以廿象之；布䍐，故以北象之；枝尾，故以火象之。""廿""北""火"三個部件都比較重要，故《説文》説之，唯"口"不是重要部件，故可省略。"燕"字有多例簡省了"口"寫作"燕"。

（2）爵（《五行》262 行）→斟（《十問》12 號、《繆和》27 行）→尌（《老子》甲 28 行）

按，《説文·鬯部》："爵，禮器也。象爵之形，中有鬯酒。又，持之也。所以飲器象爵者，取其鳴節節足足也。"帛書古隸已隸變作"斟"。《十問》12 號簡、《繆和》27 行見省略之"斟"字。《老子》甲 28 行"夫莫之尌而恒自然也"之"尌"即"爵"字，上部省略，只剩下意符"鬯"和"又"隸變之形。

（3）聖（《老子》甲 66 行、《論政》1074 號）→耴（《繫辭》11 行下、《經法》4 行下、89 行下，《易之義》20 行）

按，"聖"字甲骨文作耴（《合》18094），表示以耳聽人口之聲會意，後"人"形訛變爲"壬"，《繫辭》11 行下"聖人"的"聖"作"耴"，省"壬"（《經法》4 行等"聖"均作"耴"），遂與甲金文之"聽"字同形，而"聖"和"聽"乃一字之分化。裘錫圭先生指出："'聖'的本義就是'聽'。古無'聽'字，以'聖'字兼'聽''聖'二字之用（參看《卜辭通纂考釋》137 頁）。甲骨卜辭裏'有耴''有聖'并見。二字用例相同，明爲一字異體。"① 郭店楚簡《唐虞之道》6 號簡已見"耴"字。

（4）亂（《時令》1716 號）→乳（《蓋廬》54 號、32 號等）→爪（《經法》76 行下、90 行上，《春秋》75 行，《刑德》乙 70 下）

按，《説文·乙部》："亂，治也。从乙。乙，治之也。从𤔔。"帛書古隸已隸變，《蓋廬》54 號簡"救乳之道也"的"乳"字所從"𤔔"已有簡省，《經法》76 行"爪積於內而稱失於外者伐"和《春秋》75 行"故刑伐已加而爪心不生"等例之"爪"字所從"𤔔"只剩下"爪"形。

（5）爲（《時令》1773、1856、1863、1965、2072、2100 號）→爪（《時令》1734 號，《睡日》乙 21 背壹，《嶽山牘》14 正壹、18 正貳）

---

① 裘錫圭：《説"嵒""嚴"》，載《中華文史論叢》增刊《語言文字研究專輯》下册，1986；收入《古文字論集》，中華書局，1992，第 103 頁。

按，《説文·爪部》："爲，母猴也。其爲禽好爪。爪，母猴象也。下腹爲母猴形。"羅振玉曰："从爪从象，意古者役象以助勞，其事或在服牛乘馬之前。"《時令》1769 號"以爪薔夫"等簡之"爪"即"爲"字，省爲"爪"加一撇。銀雀山漢簡《時令》1734、1747、1748、1769、1771、1786、1823、1825、1837、1840、1845、1849、1850 號等均見"爪"加一撇之"爪"字。

（6）暜（《孫臏》317 號）→舌（《孫臏》256 號）

按，《説文·白部》："暜，識詞也。从白从亏从知。"《孫臏》256 號"舌不若周公"之"舌"即"暜"字，簡省了"白"。"暜"今作"智"。

（7）睪（《尉繚子》463 號）→貝（《晏子》563 號）

按，《説文·卒部》："睪，目視也。从橫目，从卒。"《尉繚子》463 號作"睪"，橫目寫作豎目。《晏子》563 號簡"以毋懷（偪）川貝（澤）"中之"貝"即"睪"字，所從之"卒"簡省剩下一撇一點兩筆。

（8）罰（《孫子》102 號）→訓（《孫子》5 號）

按，《説文·刀部》："罰，辠之小者。从刀从詈。"《孫子》5 號簡"賞訓孰明"之"訓"即"罰"字，所從之"詈"簡省上部，只剩下下部"言"。《周易》41 行上"豐其剖（蔀）"之"剖"字作"剖"，《孫子》5 號簡"訓"與之形同實異。

（9）明（《吾作鏡》三）→目（《吾作鏡》）

按，《吾作鏡》"目"省去了"明"所從之"月"。《吾作鏡》三銘文"吾作明竟"作"明"。《吾作鏡》二亦寫作"明"。而《吾作鏡》"明"作"目"，依靠文例纔知是"明"字。[1]

4. 同形偏旁、部件簡省

構形相同的兩個或兩個以上的偏旁或部件簡省其重復者，在秦漢文字尤其是簡帛文字中不乏其例，爲簡化文字的一種方法。例如：

（1）艸→屮[2]

若（《效律》27 號、《周簡》376 號、《里簡［壹］》8 - 1500 號）→右（《漢印徵》附錄 8 "都"所從）

---

① 見容庚《金文續編》，中華書局，2012，釋文第 28 頁。

② "艸→屮"表示"艸"刪簡作"屮"，"→"表示"刪簡作"，下同。

按，若，甲骨文、金文像人跽以雙手順髮之形。戰國文字承襲金文，或首髮與雙手分離，上似從屮，或從二屮，訛變爲從艸。秦漢文字"若"從艸，或從屮。

草（《青川木牘》、《老子》甲 84 行）→卓（《孫臏》346 號、《香簡》22 號）

按，草，從艸早聲。《石鼓文·作原》"草"字從䒑作，秦漢簡帛文字删簡從艸，個別又删簡從屮。

莫（《老子》甲 19 行）→奠（《養生方》206 行）

按，莫，從日在䒑中。《養生方》206 行此字帛文原寫爲"莫"，後又塗改爲卓，從文義看，應是"莫"字。

蒽（《馬簡》一 158 號）→惠（《馬簡》三 185 號）

按，蒽，從艸思聲。"惠"乃"蒽"删簡"艸"爲"屮"之形。

華（《周易》27 行下等）→𦺻（《縱橫》132 行等，《古封泥集成》933 "𦺻陰丞印"，《修華嶽碑》、《劉寬碑》、《華山廟碑》、《曹全碑》）、𦸖（《華倉》《與華無極》《與華相宜》瓦當）

按，華，從艸從𦸖。漢代封泥、石刻以及"與𦸖無極""與𦸖相宜"等瓦當中的"𦸖"字均從屮，[1] 與《縱橫》132 行此字形同。"𦺻"即"𦺻"。

萬（《老子》甲 59 行、《論政》1035 號、《律令》233 號簡"糲"所從、《數》94 號簡"糲"所從、《延壽萬歲》瓦當）[2] →禹（《阜詩》39 號、《秦律》182 號"糲"所從）

按，"萬"本像蠍類之形，秦漢文字此字上方二足訛變爲"艸"，或删簡其一，作屮。

（2）廿→屮

夢（《説文》小篆）→夢（《十六經》84 行上、135 行上等）

按，夢，從夕，瞢省聲。瞢，從苜從旬。《説文·丫部》："苜，羊角

---

① 見《新編秦漢瓦當圖録》，三秦出版社，1986，第 276～287 號瓦當。又見趙力光《中國古代瓦當圖典》，文物出版社，1998，圖版 346、347《華倉》瓦當，圖版 594～604《與華無極》瓦當，圖版 605～609《與華相宜》瓦當。趙力光《中國古代瓦當圖典》指出"𦸖"字上部均寫作"山"字頭（第 624 頁）。其實，"山"乃"屮"在瓦當特定書寫環境中訛變之形。"𦺻""𦸖"均是"華"的異體字。

② 《中國古代瓦當圖典》圖版 639～642《延壽萬歲》瓦當、644～654《萬歲》《萬歲萬歲》《萬歲未央》《富貴萬歲》瓦當均作"萬"。

也。象形。”《十六經》84 行上、135 行上此字刪簡一羊角。

（3）棘→朿

曹（《雜抄》19 號、《周簡》58 號叄、《里簡［壹］》8－241 號、《齊大官畜甾》二、《漢印徵》5.5、《古封泥集成》2424 “曹順”、《校官碑》）、曹（《柳敏碑》《桐柏廟碑》《右糟鐘》“糟”所從）→曺（《漢印徵》5.5 “曹誼”、《右糟鐘》“糟”所從）、曹（《燕禮》1 號、《大司農權》、《武榮碑》、《孔龢碑》、《曹全碑》）

按，“曹”，甲骨文、金文均從棘，戰國文字也從棘，或刪簡一朿。秦漢文字同戰國文字，有“曹”“曹”“曺”“曹”等多種寫法。《鄭固碑》《武榮碑》等“遭”所從類推作“曹”。“曹”乃“曹”刪簡一朿再省筆所成。《五經文字》：“曹曹曺：上《説文》；中經典相承隸省，凡字從曹者皆放此；下石經。”魏晉唐代石刻文字多作“曺”，如北魏《元毓墓誌》《長孫士亮妻宋靈妃墓誌》，唐《何相墓誌》《李相墓誌》等。“曹”字形演化過程大致是：曹→曹→曹→曹→曺。

（4）竹→个

笱（《周簡》349、352、376 號，《五行》188 行）→笱（《周簡》326、332 號，《睡日》甲 157 號背，《睡牘》，《五行》224、226、235、236、241、253、343 行，《漢印徵》3.1 “笱安”“笱去病”）

按，笱，從竹從句，句亦聲。秦漢文字“笱”所從竹或刪簡其一，從个。

箸（《五行》334 行等、《引書》72 號）→箸（《縱橫》232 行）

按，箸，從竹者聲。秦漢文字“箸”所從竹或刪簡其一，從个。

（5）林→木

楚（《縱橫》67、273、285 行，《論政》1181 號等，《楚鍾》）→楚（《縱橫》70、255、259、322 行，《孫臏》451 號）

按，楚，從林疋聲。戰國秦漢文字“楚”所從“林”常有刪簡爲“木”者。①

（6）秝→禾

秦（《窮達以時》7 號）→秦（《雜抄》5 號）

按，秦，甲骨文、金文從秝。戰國文字承襲兩周金文，多從秝，或刪

---

① 《會前鼎》《會前盤》“楚”作“楚”。《敔乍楚王戈》“楚”作“楚”。

簡一禾，爲小篆所本。《説文》小篆"秦"從禾，籒文從秝。

（7）炊→火

榮（《武榮碑》《北海相景君銘》等）→榮（《榮》瓦當）①

按，榮，從木，熒省聲。《榮》瓦當"榮"字篆書，所從炊刪簡一火，從火。

勞（《春秋》59 行、《刑德》乙 41 行、《論政》1052 號、《占夢書》6 號、《衡方碑》等）→劳（《天下》44 號）

按，勞，從熒從力，力亦聲。《説文·力部》"勞"，從力，熒省。"勞"所從炊刪簡一火，從火作"劳"。

（8）品→吅

趮（《相馬經》38 行下）、趮（《老子》甲 143 行、《老子》乙 182 行）→趮（《相馬經》40 行下、《繫辭》47 行上）

按，趮，從走喿聲。刪簡相同的"口"形作"趮"。秦漢文字中刪簡相同"口"形的現象較常見。

操（《縱橫》247 行）、操（《十六經》123 行下、《道原》173 行下）→操（《明君》409 行）

按，操，從手喿聲。刪簡相同"口"形作操。

靈（《説文》小篆）→靈（《陰陽五行》乙篇、北大《老子》7 號）

按，靈，從玉（或從巫）霝聲。刪簡一"口"形成"靈"字。

（9）雔→隹

雙（《馬簡》一 238 號等）→隻（江陵 167 號墓 35 號簡）

按，雙，從雔，又持之。秦漢文字"雔"或刪簡其一，從隹。

雧（《答問》193 號）→集（《居甲編》630 號、《新嘉量》、《漢印徵》4.8"集降尹中後候""新成順得單右集之印"）

按，商代金文《小臣母乙觶》作"雧"，從雥。甲骨文刪簡爲從一隹。《毛公厝鼎》等作"集"，從隹。《説文·雥部》"雧"，或體作"集"。

（10）丝→幺

幾（《周易》27 行下、《封診式》14 號）→幾（《老子》甲 128 行，《經法》45 行上，《十六經》124 行下，《春秋》3 行、74 行，《繫辭》16 行

---

① 見趙力光《中國古代瓦當圖典》，文物出版社，1998，圖版 453。

下、43 行下，《馬簡》三 304 號，《馬簡》一 294 號 "璣" 所從，《五行》343 行 "機" 所從）

按，幾，從丝從戍。秦漢文字 "幾" 所從丝多刪簡其一，從幺。

繼（《十六經》84 行下等）→繼（《石門頌》）

按，《説文・系部》："繼，續也。從系𢇍，一曰反𢇍爲繼。""繼" 刪簡所從 "𢇍" 之上部。

斷（《里簡［壹］》8–1054 號、《明君》439 行）→斷（《石門頌》）

按，《説文・斤部》："斷，截也。從斤從𢇍，𢇍，古文絶。"《説文・系部》"絶"，從糸從刀從卩。古文作 "𢇍"，"象不連體，絶二絲"。"斷" 刪簡所從 "𢇍" 之上部。

（11）絲→糸

絲（《銅華鏡》）→糸（《銅華鏡》四）

按，絲，從二糸。《銅華鏡》四 "絲" 刪簡爲 "糸"。

濕（《縱橫》105 行等、《濕成鼎》）→濕（《濕倉平斛》、《漢印徵》11.5 "濕蓋信印"）

按，濕，從水㬎聲。西周金文 "㬎" 字從日絲聲（或省作絲形）。《説文・日部》把 "㬎" 分析爲 "從日中視絲"。秦漢文字《濕倉平斛》等把 "濕" 所從 "㬎" 下部刪簡爲 "糸"。

（12）𝕏𝕏→乂

网（《三公山碑》《譙敏碑》）→冈（《曹全碑》、《趙寬碑》、魏《受禪表》）

按，《説文》"网"，從冂，下像网交文。《廣韻》"网" 俗作 "冈"。《曹全碑》《趙寬碑》刪簡一個 "乂" 而作 "冈"。"网" 今爲 "網" 的簡化字。

買（《説文》小篆）→買（《答問》11 號、《漢印徵》6.19 "桓買" "㴂于買"）

按，買，從网貝。甲骨文 "買" 從貝從网，网亦聲。金文 "网" 省作 "冈" 形。戰國文字承襲金文，"网" 或省作 "冈" 形。秦漢文字同。

署（《説文》小篆）→署（《里簡［壹]》8–63 號、8–429 號，《律令》404 號）

按，署，從网者聲。秦漢文字 "署" 所從 "网" 或省作 "冈" 形。

罷（《説文》小篆）→罷（《老子》乙 176 行下、《尉繚子》516 號）

按，罷，從能网聲。《説文·网部》"罷"，從网能。秦漢文字"罷"所從"网"或删簡作"冈"形。

置（《説文》小篆）→置（《周簡》297 壹、299 壹、301 壹、302 壹、328、372、377 號，《胎産書》31 行，《二三子問》16 行）

按，置，從网直。秦漢文字"置"所從"网"或省作"冈"形。

羅（《説文》小篆）→羅（《周簡》54 號貳、《周易》2 行）

按，羅，從网從維。秦漢文字"羅"所從"网"或省作"冈"形。

（13）蚩→坐

慧（《睡日》甲 82 號背）→恚（《十問》97 號）

按，慧，從心彗聲。彗，從又持蚩。"彗"字，甲骨文像二帚掃塵土之形，金文或加又旁表持帚之義。《十問》97 號簡此字所從"彗"上部删簡一帚。

（14）朋→目

懼（《縱橫》38 行等）→懼（《流沙墜簡·簡牘》1.6 號）

按，懼，從心瞿聲。瞿，從隹從朋，朋亦聲。秦漢文字"懼"所從"瞿"之朋或删簡一目。

（15）晶→朋→田

靁（《睡日》甲 42 號背）、雷（《刑德》乙 92 行上、《守法》863 號）→雷（《刑德》乙 74 行上、93 行上，《六韜》745 號）→雷（《天文》局部 8、《扶侯鍾》）

按，"雷"，甲骨文從申晶聲。西周金文和戰國文字均從靁形。秦漢文字從雨從晶，或删簡爲從朋，再删簡爲從田。

（16）晶→田

纍（《十六經》100 行下等）→累（敦煌馬圈灣簡）

按，纍，从糸晶聲。《秦漢魏晉篆隸字形表》編者把"纍"與"累"分列，裘錫圭先生指出："'累'應由'纍'省變而成，可附於 937 頁'纍'字條。"[1] 甚確。

（17）蟲→虫

蠹（《説文》小篆）→蜚（《上大山鏡》二）

按，《説文·蟲部》"蠹"或從虫作"蜚"。秦漢文字或省蟲爲虫作

---

① 裘錫圭：《〈秦漢魏晉篆隸字形表〉讀後記》，載《古文字論集》，中華書局，1992，第 512 頁。

"蜚"，同《説文》或體。

（18）蚰→虫

蠚（《老子》乙 190 行下）→蚤（《孫臏》353 號）

按，《説文·蚰部》"蠢"的古文從蚰夆聲，同《老子》乙本 190 下"蠚"。秦漢文字或省蚰爲虫作"蚤"。

（19）斦→斤

質（《校官碑》）→質（《北海相景君銘》《武斑碑》《鄭固碑》）

按，"質"，從貝從斦。"質"所從"斦"删簡爲"斤"而作"質"（《北海相景君銘》"質"所從"斤"之豎畫穿過橫畫）。

（20）三→二→一

弱（《秦律》184 號）、弱（《脈書》5、13 號）→弱（《老子》甲 85 行、《刑德》乙 42 行）→弱（《老子》甲 36 行）

按，《説文·彡部》："弱，橈也。上象橈曲，彡象毛氂。橈，弱也。弱物并，故从二弓。"秦漢文字"弱"所從"彡"常删簡去一筆，個別再減去一筆。

（21）競→竞

競（《老子》乙 214 行下）、競（《孫臏》235 號）→竞（《十六經》81 行上）、竞（《孫臏》389 號）

按，"競"，金文從二竞，會二人并逐之意。戰國文字同金文。秦漢文字"競"或删簡爲"竞"。《説文·誩部》"競"，從誩從二人。

上述秦漢文字同形删簡有 20 餘例，簡帛文字尤爲多見。同形删簡可以是同形偏旁、部件或筆畫的删簡，以同形部件删簡最爲常見，上面例子多屬此類，如艸→中、卝→十、棘→東、竹→个、林→木、秝→禾、炏→火、品→吅、雔→隹、雥→隹、絲→幺、綴→絲、絲→糸、双→又、珏→王、瞿→目、晶→晒→田、晶→田、蟲→虫、蚰→虫。

同形筆畫删簡如"弱"（弱→弱→弱）字，兩"彡"形各減去一筆，再減去一筆。同形偏旁删簡如"競"（競→竞）字，同形偏旁删簡其一。與同形部件删簡相比，這兩類例子較少見。在同形部件删簡中，"艸"删簡爲"中"的例子最多，餘者例子較少。有的字一删再删，如"草"字，《石鼓文·作原》作草，從䒑，秦漢簡帛文字删簡作草，從艸，個別又删簡作草，從中。

戰國秦漢時期是漢字隸變的重要時期，漢字大量簡省。簡帛文字同形偏旁部件删簡現象是一種值得注意的現象。同形删簡多是删簡合體字不重要的部件，重要的部件一般是不能刪簡的，如"參"字，戰國秦漢文字均作"參"（《秦律》55 號），上部表示"參"的三個"口"沒有刪簡的例子。同文會意字的偏旁一般也不能刪簡，如"羽"（《包山楚簡》174 號）與"臣"（《睡日》乙 65 號），"瓜"與"瓜"是不同的字，前者不能簡省爲後者。"犬犬"（《孫臏》412 號）與"大犬"（《邗江王奉世墓木牘》），"猋"與"狀"是不同的字，前者也不能刪簡爲後者。

5. 漢代金文偏旁或部件的簡省

（1）靈（《説文》小篆）→靈（《精白鏡》）

按，靈，從玉霝聲，或體從巫作"靈"。《精白鏡》"靈"所從"霝"下部之"口"省作一個。

（2）虎（《安国侯虎符》）→虎（《佳銅鏡》）

按，虎，從虍，虎足像人足，象形。《佳銅鏡》"虎"字只留虎首之形。

（3）爵（《成山宮渠斗》）→爵（《尚方鏡》九）

按，爵，像爵之形，"中有鬯酒，又持之也"。《尚方鏡》"爵"字只剩上部，中下部"中有鬯酒，又持之也"部分簡省爲一彎筆。

（4）樂（《大上貴富鏡》）→樂（《王氏鏡》）、樂（《三羊鏡》三）

按，樂，像鼓鞞木虡也。《王氏鏡》《三羊鏡》"樂"字均省去"絲"。

（5）游（《説文》小篆）→游（《泰山鏡》）、游（《尚方鏡》二）、游（《尚方鏡》十一）

按，游，從㫃汙聲。《泰山鏡》《尚方鏡》"游"字省去了所從"㫃"之部件"方"。

（6）年（《建寧四年洗》）→年（《永建九年洗》）

按，年，從禾千聲。《永建九年洗》"年"字省去了所從之"千"聲。

（7）糟（《右糟鍾》）→糟（《右糟鍾》）

按，糟，從米曹聲。曹，從棘從曰。《右糟鍾》一例"糟"所從"曹"省去一"東"，而另一例不省。《漢印徵》5.5"曹誼"之"曹"作"曹"，亦省去一"東"。

（8）富（《吉羊富昌殘洗》）→富（《富貴昌宜侯王洗》）

按，富，從宀畐聲。《富貴昌宜侯王洗》"富"字下部所從"畐"聲簡省變異。漢代金文"富"字形多變異。

（9）　壽（《東海宮司空槃》）→壽（《長宜官鏡》）、壽 （《吾作鏡》三）

按，壽，從老省，𩐳聲。《長宜官鏡》《吾作鏡》"壽"字有不同程度的簡省變異。

（10）　顯（《説文》小篆）→顯（《王氏鏡》）、顯（《龍氏鏡》二）

按，顯，從頁㬎聲。《王氏鏡》《龍氏鏡》"顯"所從"㬎"省去一"糸"。《龍氏鏡》"官位尊顯蒙禄食"之"顯"左右偏旁移位，同《漢印徵》9．3"留顯信印"之"顯"。

（11）　辟（《説文》小篆）→辟（《吾作鏡》）

按，辟，從卩從辛從口。《吾作鏡》"辟"省去了"辛"旁。

（12）　漢（《漢安三年洗》）→漢（《善銅鏡》二）

按，漢，從水，難省聲。《善銅鏡》"漢"字省去了"水"旁。

（13）　雷（《説文》小篆）→雷（《扶侯鍾》）

按，雷，從水，晶像回轉形。《扶侯鍾》"雷"省去了兩"田"。

（14）　孫（《新嘉量》二）→孫（《吾作鏡》）

按，孫，從子從系。《吾作鏡》"長宜子孫"之"孫"字省去了"子"旁。

（15）　絲（《銅華鏡》二）→絲（《銅華鏡》四）

按，絲，從二糸。《銅華鏡》四"絲組雜遝以爲信"之"絲"字省去一"糸"。

（16）　輿（《南陵鍾》）→輿（《永始乘輿鼎》）、輿（《元延乘輿鼎》二）

按，輿，從車舁聲。《永始乘輿鼎》《元延乘輿鼎》"輿"字連筆，并省去"車"。《元延乘輿鼎》"輿"上部寫作"㘶"。敦煌懸泉置封檢木牘"農田""大司農"，《武醫》83號木牘"農"，上部均作"㘶"。"㘶"是本時期特有的寫法。

（17）　輿（《與天相壽鏡》）→輿（《涷治銅鏡》）、輿（《涷治鏡》）

按，與，從舁從与。《涷治銅鏡》《涷治鏡》上部亦寫作"㘶"。"輿"與"與"上部均簡省作"㘶"。

漢代金文中偏旁或部件省略的字，較多出現在銅鏡銘文中，因銅鏡爲日常用品，製鏡者多爲私營手工業作坊人員，銘文難免簡省。鏡銘一般稍長，鏡面空間較小，鑄字時趨簡求易，故多簡省。

秦漢文字簡化現象是多種多樣的，上面僅就其比較突出之處簡略地作了討論。偏旁的簡省尤其值得注意，除上面所談以外，其他如古隸"阜"旁之作阝、"言"旁之作訁、"心"旁之作忄、"水"旁之作氵等，也是常見的。

三　合文和重文

1. 合文

合文是將兩個或三個字合成一個字來寫，屬文字簡化的現象。合文是貫穿於古文字各階段的獨特結構。商代甲骨文中存在着數量可觀的合文，周代金文及以後文字合文逐漸減少。合文的存在是文字原始性的一個表現，它與漢字一字一音的特性相違背，因此合文在漢字使用中逐漸消亡。秦漢時期文字中的合文比先秦篆文中的已大爲減少，但在一些名詞性詞語中有時也用合文書寫，其目的也是追求書寫的簡便迅速。就秦漢文字中字數較多的睡虎地秦簡、馬王堆帛書和銀雀山漢簡來看，前二者合文遺留比較多，後者較少。睡虎地秦簡有"大夫"（11 個）、"事吏"（1 個）、"之志"（1個）、"旅衣"（2 個）、"牽牛"（4 個）、"貨貝"（1 個）、"婺女"（1 個）、"此褅"（1 個）、"裻衣"（2 個）、"僞爲"（4 個）、"營室"（3 個）、"驀馬"（2 個）等合文。馬王堆帛書有"七月""七十""七星""八隸""大夫""孔子""小月""五十""六十""正月""東井""牽牛""營室""婺女""觜巂"等合文。銀雀山漢簡只有"大夫""五十""七十"等合文。"大夫"一詞合文用得最多，三種簡帛都有。二十八宿名"牽牛""婺女""觜巂""營室"等也用合文書寫。本時期合文多屬兼體式的合文，如：

"裻衣"寫作𧘇（《睡日》乙 129 號），"衣"既是"衣"字，又是"裻"字的偏旁。

"孔子"寫作𡥧（《五行》217、315 行），"子"既是"子"字，又是"孔"字的偏旁。上博楚簡"孔子"合文常見，如《孔子詩論》中"孔子"二字均寫成合文。

"大夫"寫作夶（《孫臏》240 號等），《說文》分析"夫"字"從大，一以象簪也"，合文"大夫"中的"大"既是"大"字，又是"夫"字之所從。"大夫"合文常見於郭店、包山、長臺關、望山、曾侯乙等楚簡。

"鳳鳥"寫作𪂉（《蓋廬》4 號），"鳥"既是"鳥"字，又是"鳳"字的偏旁，頗有特色。

茲把秦漢簡帛文字中的合文歸納如表 11 - 6 所示。

11-6 秦漢簡帛文字合文

合文	出處（例）						總計	楚文字
	睡虎地秦簡	馬王堆簡帛	張家山漢簡	銀雀山漢簡	周家臺秦簡	其他		
大夫	11	1		6			17	楚文字較多①
事吏	1						1	
之志	1						1	郭店楚簡2②
旅衣	2						2	
牽牛	4	1			4③	香簡1④	10	
貨貝	1						1	
婺女	1	1			4	香簡1	7	
此㯱	1	5（觜巂）					6	
袴衣	1						1	
僞爲	4						4	
營室	3	1			2	香簡1	7	
驀馬	2						2	
七星		4					4	
東井		1					1	
八隶⑤		1					1	
孔子		2					2	
五十		1		1			2	郭店楚簡1⑥
六十		2					2	曾侯乙簡1⑦

① 《曾侯乙墓》210 號，《信陽楚墓》1.32 號，《江陵望山沙冢楚墓》M1.22、M1.119 號，《包山楚簡》12、15、15 背、65、130、141 號，郭店楚簡《緇衣》23、26 號等。此外《古璽匯編》0097、0099、0100、0101、0183、5572 號等亦見"大夫"合文。

② 《性自命出》45 號、《六德》33 號。

③ 《周簡》139 號壹、176～177 號、204 號（2 例）"牽牛"，140 號壹、177～178 號、205 號（2 例）"婺女"，143 號壹、176～177 號"營室"合文。

④ 《香簡》74 號"牽牛""婺女""營室"合文。

⑤ 《馬簡》三 18 號"八隶室各二"。

⑥ 《唐虞之道》26 號。

⑦ 《曾侯乙墓》140 號。

續表

合文	出處（例）						總計	
	睡虎地秦簡	馬王堆簡帛	張家山漢簡	銀雀山漢簡	周家臺秦簡	其他		楚文字
七十		3		2			5	郭店楚簡2①
正月		1				居甲乙編1②	2	
七月		1					1	
小月		1					1	
鳳鳥			1				1	

比起先秦古文字來，秦漢金文中的合文非常少，而且主要見於銅洗文字及一些裝飾性比較強的銘文中。先秦古文字中的合文常常是共用構字部件，而秦漢金文中合文共用構字部件的情況只見到兩例，即：▨（《富昌宜侯王洗》），"富昌"二字合文，共用構字部件中間的"曰"；▨（《萬斛量》），"未央"二字合文，共用構字部件。先秦古文字中的合文常常有合文符號，秦漢金文中基本沒有合文符號，个別有合文符號的例子如：▨（《大良造鞅方量》），"大夫"二字合文；▨（《杜氏鏡》），"日年年"三字合文。石刻文字和封泥文字中"大夫"也有合文符號。

這時的合文常見的是兩個字筆畫相連，有時也共用筆畫，更多的是爲了書體美觀的需要，且沒合文符號。如：▨（《永建五年洗》），"建五"二字合文，"建五"不是一個詞，只是二字相鄰，較爲特殊；▨（《吉羊洗》），"吉羊"二字合文，"吉"與"羊"筆畫相連，"羊"讀爲"祥"；▨（《千万尉斗》），"千万"二字合文，"尉"讀爲"熨"；▨（《宜月器》），"巨久"二字合文。有的兩個字筆畫沒有相連，如：▨（《建初八年洗》），"八年"二字合文。三字合文只有《杜氏鏡》中"日年年"一例。

此外，秦漢石刻文字、印章文字和瓦當文字中亦有少量合文。兹把秦漢銘刻文字中的合文羅列如表11-7所示。

---

① 《窮達以時》5號、《唐虞之道》26號。

② 《居甲乙編》395·14，還有"五十""四十""三月""十二月"等合文。

11 - 7　秦漢銘刻文字合文

合文	秦漢銘刻	出處
八年	《建初八年洗》	《金文續編》2. 1
吉羊	《吉羊洗》	《金文續編》2. 7
建五	《永建五年洗》	《金文續編》2. 15
千万	《千万鈞》	《金文續編》3. 2
千万	《日利千万鈞》	《金文續編》3. 2
千万	《千万尉斗》	《金文續編》3. 2
千万	《千万鑊》	《金文續編》3. 2
巨久	《宜月器》	《金文續編》5. 3
日年年	《杜氏鏡》	《金文續編》7. 1
富昌	《富昌宜侯王洗》	《金文續編》7. 14
大夫	《大良造鞅方量》	《金文續編》10. 8
五十	《新郪虎符》①	《金文續編》14. 15
未央	《萬斛量》	《金文續編》附錄 4
八千	《日利八千萬》	《漢印徵》2. 1
大夫	《琅琊臺刻石》	《中國書法全集》7②
大夫	《泰山刻石》	《中國書法全集》7
大夫	《嶧山刻石》	《中國書法全集》7
山地	《大吉買山地記》	《中國書法》2005.1③
大夫	《齊御史大夫》	《古封泥集成》217 號
大夫	《齊御史大夫》	《古封泥集成》218 號
大夫	《齊右宮大夫》	《古封泥集成》268 號
安世	《安世》	《古瓦當文編》281 頁
成山	《成山》	《古瓦當文編》282 頁
万万	《千秋万万歲》	《古瓦當文編》282 頁
左田	《泰上寢左田》	《秦漢南北朝官印徵存》15
納功	《納功旁校丞》	《秦漢南北朝官印徵存》59
大夫	《南越中大夫》	《秦漢南北朝官印徵存》186

---

① 《新郪虎符》屬戰國秦國兵符。

② 參見劉正成主編《中國書法全集》第 7 卷 "秦漢刻石一"，榮寶齋，1993。

③ 參見〔日〕牛丸好一《中國隸書摩崖之旅》，潘力翻譯，《中國書法》2005 年第 1 期。

魏晉南北朝合文基本絕迹，偶有出現。如：東魏《戎愛洛等造像記》
"上爲皇帝陛，下爲亡父母"，"陛"即"陛下"合文；《是連公妻邢阿光
墓誌》誌蓋陽文篆書"齊故是連公妻邢夫銘"，"夫"當是"夫人"二字
之合文。

2. 重文①

（1）《睡簡》一字重文

表 11 – 8　《睡簡》一字重文

重　　文	出處（篇名 + 簡帛號碼）	總計（例）
乙 =	《答問》11	1
人 =	《答問》65，《封診式》74，《睡日》乙 17、192 貳	4
上 =	《秦律》112	1
士 =	《爲吏》20 伍	1
久 =	《秦律》104	1
亡 =	《答問》130，《封診式》14，《睡日》甲 59 背貳	3
土 =	《睡日》乙 80 貳	1
子 =	《答問》69、74、116，《睡日》甲 37、38、44，《睡日》乙 96 壹、104 壹	8
中 =	《睡日》甲 156 背	1
牛 =	《封診式》24	1
夬 =	《答問》80	1
内 =	《秦律》86	1
木 =	《睡日》甲 124 叁，《睡日》乙 67	2
之 =	《語書》3、51、54，《封診式》80	4
日 =	《睡日》甲 52 背貳、54 背貳、56 背貳、68 背壹、119 背	5
月 =	《秦律》15	1
火 =	《睡日》乙 79 貳	1
水 =	《效律》46，《睡日》乙 82 貳、87 貳	3
不 =	《答問》102	1
可 =	《封診式》6、13、40	3

---

① 重文在秦漢書寫文字中經常采用，這裏僅統計《睡簡》《放簡》中的重文，以見一斑。

續表

重　文	出處（篇名＋簡帛號碼）	總計（例）
生 =	《睡日》乙 86	1
穴 =	《封診式》76	1
令 =	《秦律》32、264、285，《答問》142，《封診式》16、24、39、50、55、63、74、85、87	13
印 =	《秦律》64	1
甲 =	《答問》18、68、98，《封診式》38、85	5
丙 =	《封診式》38、64	2
戊 =	《封診式》30	1
吏 =	《答問》147	1
牝 =	《睡日》甲 11 背	1
行 =	《秦律》200，《睡日》甲 4 貳、53 叁，《睡日》乙 145	4
丞 =	《答問》145	1
羊 =	《答問》29	1
死 =	《睡日》甲 36，《睡日》乙 108	2
伏 =	《睡日》乙 147	1
衣 =	《睡日》甲 41 壹背	1
告 =	《封診式》16、47、85	3
廷 =	《秦律》29	1
足 =	《封診式》88	1
言 =	《睡日》甲 59 壹背	1
更 =	《秦律》32	1
完 =	《答問》174	1
身 =	《睡日》甲 118 背、122 背	2
岑 =	《爲吏》48 壹	1
我 =	《睡日》甲 76 背	1
抉 =	《答問》30	1
車 =	《秦律》126（2 例）	2
困 =	《睡日》甲 118 叁	1
居 =	《睡日》甲 119 叁	1
府 =	《語書》13	1

續表

重　文	出處（篇名＋簡帛號碼）	總計（例）
妻＝	《秦律》141，《答問》14、15（2例），《睡日》甲68壹、70壹、72壹、74壹、75壹、78壹、80壹、84壹，《睡日》乙84、96壹、98壹、100壹、102壹、103壹、106壹	19
金＝	《睡日》乙81貳、83貳	2
所＝	《雜抄》14	1
官＝	《秦律》19、207、285	3
是＝	《答問》196，《睡日》甲27背壹、28背叁、29背壹、34背壹、38背壹、41背壹、60背貳、62背貳、108背	10
律＝	《睡日》甲158背	1
計＝	《效律》55	1
食＝	《睡日》甲48背貳	1
某＝	《封診式》10（2例）、89	3
招＝	《封診式》81	1
室＝	《答問》92，《睡日》乙117	2
屋＝	《睡日》乙111、112	2
垣＝	《封診式》79	1
封＝	《答問》64	1
效＝	《秦律》171，《效律》29	2
索＝	《答問》29	1
貧＝	《答問》206	1
宊＝	《睡日》甲44背壹	1
病＝	《爲吏》45壹，《睡日》乙108	2
席＝	《睡日》乙145	1
衰＝	《爲吏》49壹	1
馬＝	《秦律》16	1
城＝	《雜抄》35	1
畜＝	《睡日》甲32貳	1
酒＝	《睡日》甲113貳	1
得＝	《答問》133（2例）、185	3
翏＝	《答問》51（2例）	2

續表

重　文	出處（篇名＋簡帛號碼）	總計（例）
曹 =	《語書》13	1
貨 =	《睡日》甲 93 貳	1
春 =	《秦律》56	1
終 =	《封診式》69	1
爲 =	《答問》34、43、95	3
勝 =	《封診式》36	1
盜 =	《答問》3、23（2 例）、131	4
留 =	《秦律》183	1
葬 =	《睡日》甲 31 貳	1
稟 =	《效律》12	1
賈 =	《封診式》39，《睡日》甲 75 壹，《睡日》乙 103 壹	3
摯 =	《答問》90	1
當 =	《答問》3、23、119、163	4
皐 =	《答問》96	1
遝 =	《答問》143	1
誤 =	《效律》60	1
臧 =	《答問》33、35（2 例）	3
奪 =	《秦律》8	1
榦 =	《答問》24	1
論 =	《答問》182	1
槩 =	《睡日》乙 84	1
履 =	《答問》162，《封診式》39	2
興 =	《睡日》甲 114 貳	1
學 =	《秦律》191	1
積 =	《秦律》24	1
縣 =	《秦律》16、18、76、87、93	5
膚 =	《睡日》甲 115 貳	1
錢 =	《秦律》18	1
鞞 =	《睡日》甲 77 背	1
隸 =	《答問》22	1

重　文	出處（篇名＋簡帛號碼）	總計（例）
購＝	《答問》134	1
薦＝	《答問》151	1
瓊＝	《答問》202	1
雞＝	《睡日》甲 92 貳	1
譽＝	《答問》61	1
窮＝	《爲吏》47 壹	1
壞＝	《封診式》80	1
騰＝	《封診式》7、14	2

（2）《睡簡》二字及二字以上重文

表 11 – 9　　《睡簡》二字及二字以上重文

重　文	出處（篇名＋簡帛號碼）	總計	文　例
一＝具＝	《答問》25	1	皆各爲一具，一具之臓（臟）不盈一錢
十＝斗＝	《秦律》43	1	十斗，十斗
入＝公＝	《答問》168	1	或入公，入公異是
入＝室＝	《睡日》甲 146 背	1	入室，入室
九＝斗＝	《秦律》41	1	九斗，九斗
久＝者＝	《雜抄》24	1	久者，久者
大＝瘛＝	《答問》208	1	可（何）如爲大瘛？“大瘛”者
女＝日＝	《睡日》甲 30 貳	1	女日，女日
少＝内＝	《秦律》80	1	少内，少内
公＝購＝	《答問》141	1	問主購之且公購？公購之
父＝母＝	《答問》103	1	子盜父母，父母擅殺刑、髡子及奴妾
内＝中＝	《封診式》77	1	内中，内中
内＝史＝	《答問》140	1	上朱（珠）玉内史，内史材鼠（予）購
不＝當＝	《答問》13、44、61、138、145、146、155、156、158、170、183	11	13、44、61、138、145、156、158、170、183號：不當，不當 146 號：論當除不當？不當 155 號：當坐伍人不當？不當

續表

重　文	出處（篇名＋簡帛號碼）	總計	文　例
毋＝皐＝	《爲吏》1 叁	1	毋皐毋（無）皐
生＝貍＝	《答問》121	1	或曰生貍，生貍之異事殹（也）
禾＝粲＝	《秦律》165，《效律》24	2	禾粲，禾粲//禾粲，禾粲
代＝主＝	《睡日》甲 9 背貳	1	代主，代主
司＝空＝	《雜抄》13	1	縣司空，司空佐史
令＝丞＝	《語書》13	1	當居曹奏令、丞，令、丞以爲不直
它＝縣＝	《答問》57	1	即復封傳它縣，它縣亦傳其縣次
四＝鄰＝	《答問》99	1	可（何）謂“四鄰”？“四鄰”即伍人謂殹（也）
甲＝等＝	《封診式》92	1	召甲等，甲等不肯来
牝＝月＝	《睡日》甲 12 背	1	牝月，牝月
羊＝驅＝	《答問》210	1	可（何）謂“羊驅”？“羊驅”，草實可食殹（也）
同＝居＝	《答問》201	1	可（何）謂“同居”？“同居”，獨户母之謂殹（也）
州＝告＝	《答問》100	1	可（何）謂“州告”？“州告”者，告皐人
戒＝之＝	《爲吏》33 貳、48 肆	2	戒之戒之//戒之戒之
抉＝籥＝	《答問》30	1	可（何）謂“抉籥（鑰）”？“抉籥（鑰）”者
甸＝人＝	《答問》190	1	可（何）謂“甸人”？“甸人”守孝公、瀗（獻）公家者殹（也）
成＝都＝	《封診式》49	1	成都，成都
叔＝麥＝	《答問》153	1	即出禾以當叔（菽）、麥，叔（菽）、麥賈（價）賤禾貴
取＝妻＝	《睡日》甲 10 背	1	不可取妻，取妻，不終，死若棄
争＝書＝	《語書》11	1	争書，争書
其＝久＝	《秦律》105	1	其久，其久
畀＝夫＝	《答問》171	1	且畀夫？畀夫
東＝北＝	《封診式》81	1	招在内東北，東、北去廧各四尺
定＝殺＝	《答問》121	1	“癘者有皐，定殺。”“定殺”可（何）如
治＝諒＝	《封診式》4	1	治（笞）諒（掠），治（笞）諒（掠）

重　文	出處（篇名＋簡帛號碼）	總計	文　例
房＝内＝	《封診式》75	1	房内，房内
直＝臧＝	《答問》33	1	以得時直（值）臧（贓），直（值）臧（贓）過六百六十
苑＝吏＝	《秦律》117	1	苑吏，苑吏
度＝之＝	《秦律》23	1	度之，度之
畏＝人＝	《睡日》甲24背貳	1	畏人，畏人
思＝之＝	《爲吏》49肆	1	思之思之
医＝面＝	《答問》204	1	可（何）謂“医面”？“医面”者
家＝皋＝	《答問》106	1	可（何）謂“家皋”？“家皋”者
鬼＝薪＝	《答問》127	1	大夫甲堅鬼薪，鬼薪亡
徙＝官＝	《睡日》甲36	1	徙官，徙官
寄＝人＝	《睡日》甲2貳，《睡日》乙131	2	以寄人，寄人必奪主室。 毋以戊辰、己巳入寄人，寄人反寄之
從＝事＝	《答問》127	1	當貲一盾，復從事。從事有（又）亡
盜＝牛＝	《答問》6	1	甲盜牛，盜牛時高六尺
隃＝歲＝	《秦律》81	1	隃（逾）歲，隃（逾）歲
道＝踂＝	《睡日》乙147	1	戊辰不可祠道踂，道踂以死
慎＝之＝	《爲吏》35貳	1	慎之慎之
詰＝之＝	《封診式》3（2例）	2	詰之，詰之//詰之，詰之
稟＝縣＝	《秦律》44	1	稟縣，稟縣
當＝出＝	《答問》159	1	當負不當出？當出之
皋＝人＝	《答問》66	1	求盜追捕皋人，皋人挌（格）殺求盜
遠＝行＝	《睡日》乙22	1	生子年不可遠行，遠行不仮（返）
臧＝人＝	《答問》205	1	可（何）謂“臧（贓）人”？“臧（贓）人”者
臧＝者＝	《答問》182	1	人後告臧（藏）者，臧（藏）者論不論
臧＝蓋＝	《睡日》乙45壹	1	不可以臧（藏）蓋，臧（藏）蓋，它人必發之
綦＝之＝	《爲吏》36貳	1	綦之綦之
鬭＝殺＝	《答問》66	1	且鬬（鬭）殺？鬬（鬭）殺人

續表

重　文	出處（篇名 + 簡帛號碼）	總計	文　例
銜 = 敖 =	《答問》198	1	可（何）謂"銜（率）敖"？"銜（率）敖"當里典謂殹（也）
謹 = 之 =	《爲吏》34 貳	1	謹之謹之
離 = 日 =	《睡日》甲49 叁	1	離日，離日
竇 = 署 =	《答問》197	1	可（何）謂"竇署"？"竇署"即去殹（也）
騷 = 馬 =	《答問》179	1	當者（諸）侯不治騷馬，騷馬蟲皆麗衡厄（軛）
䝉 = 玉 =	《答問》203	1	可（何）謂"䝉玉"？"䝉玉"
入 = 寄 = 者 =	《睡日》甲57 叁	1	毋以辛酉入寄者，入寄者必代居其室
以 = 所 = 辟 =	《答問》97	1	當以告不審論，且以所辟？以所辟論當殹（也）
告 = 者 = 皋 =	《答問》104	1	而行告，告者皋。告者皋已行
益 = 一 = 腎 =	《答問》25	1	今或益（盜）一腎，益（盜）一腎臧（贓）不盈一錢
貲 = 一 = 盾 =	《答問》38	1	當貲一盾。貲一盾應律
履 = 錦① 履 =	《答問》162	1	"毋敢履錦履。""履錦履"之狀可（何）如
謂 = 人 = 貉 =	《答問》195	1	可（何）謂"人貉"？謂"人貉"者
縣 = 嗇 = 夫 =	《秦律》173，《效律》33	2	謁縣嗇夫，縣嗇夫令人復度及與雜出之。//（同上）
擅 = 强 = 質 =	《答問》148	1	勿敢擅强質，擅强質及和受質者
隸 = 臣 = 妾 =	《秦律》59	1	免隸臣妾，隸臣妾垣及爲它事與垣等者

---

① "錦"下無重文符號。

續表

重　文	出處（篇名+簡帛號碼）	總計	文　例
不=察=所=親=	《爲吏》24 貳	1	一曰不察所親，不察所親則怨數至
不=晢=所=使=	《爲吏》26 貳	1	二曰不晢（知）所使，不晢（知）所使則以權衡求利
興=事=不=當=	《爲吏》28 貳	1	三曰興事不當，興事不當則民傷指
擇=行=錢=布=	《秦律》68	1	毋敢擇行錢、布，擇行錢、布者
糲=米=一=石=	《秦律》41	1	舂之爲糲（糲）米一石，糲（糲）米一石爲鑿（糳）米九斗
令=送=逆=爲=它=	《雜抄》38	1	求盜勿令送逆爲它，令送逆爲它事者
擅=叚=公=器=者=	《秦律》106	1	毋擅叚（假）公器，者（諸）擅叚（假）公器者有罪

　　《睡簡》重文共有 323 例，其中一字重文 220 例，二字重文 85 例，三字重文 11 例，四字重文 5 例，五字重文 2 例。《睡簡》重文的排列形式，二字重文是 ABAB，三字重文是 ABCABC，四字重文是 ABCDABCD，五字重文是 ABCDEABCDE，無一例外。

　　（3）《放簡》一字重文

表 11－10　《放簡》一字重文

重　文	出處（篇名+簡帛號碼）	總計（例）
是=	《放日》乙 2、4、15、18、114、129、130、131、132、133、134、136、139、140、141、245、246、247、248、249、250、251、252、253、254、255	26
行=	《放日》乙 18、106、225	3
啓=	《放日》乙 93	1
辰=	《放日》乙 157	1
風=	《放日》乙 162	1

重　文	出處（篇名＋簡帛號碼）	總計（例）
坒＝	《放日》乙 162	1
憂＝	《放日》乙 162	1
閒＝	《放日》乙 210	1
僂＝	《放日》乙 210	1
丘＝	《放日》乙 211	1
延＝	《放日》乙 212（2 例）、218、236	3
虛＝	《放日》乙 212	1
跌＝	《放日》乙 217	1
媞＝	《放日》乙 220	1
中＝	《放日》乙 221、222、279	3
昌＝	《放日》乙 222	1
□＝	《放日》乙 223、232	2
吾＝	《放日》乙 224	1
殹＝	《放日》乙 228	1
夸＝	《放日》乙 230	1
顥＝	《放日》乙 231	1
靖＝	《放日》乙 232	1
跨＝	《放日》乙 234	1
唅＝	《放日》乙 235	1
伉＝	《放日》乙 237	1
彼＝	《放日》乙 238	1
康＝	《放日》乙 245	1
已＝	《放日》乙 245	1
直＝	《放日》乙 247	1
敕＝	《放日》乙 251	1
貧＝	《放日》乙 252	1
耐＝	《放日》乙 255（2 例）	2
宼＝	《放日》乙 272	1
安＝	《放日》乙 272	1
夜＝	《放日》乙 274	1

重　文	出處（篇名＋簡帛號碼）	總計（例）
咸＝	《放日》乙 275	1
分＝	《放日》乙 277	1
鼓＝	《放日》乙 281	1
洗＝	《放日》乙 286	1
唐＝	《放日》乙 294	1
頭＝	《放日》乙 296	1
喪＝	《放日》乙 298	1
得＝	《放日》乙 298	1
焚＝	《放日》乙 351	1

（4）《放簡》二字及二字以上重文

表 11 – 11　《放簡》二字及二字以上重文

重文	出處（篇名＋簡帛號碼）	總計	文例
南＝吕＝	《放日》乙 277	1	南吕，南吕
不＝得＝	《放日》乙 322	1	不得，不得
日＝辰＝	《放日》乙 327	1	日辰，日辰
□＝土＝攻＝	《放日》乙 138	1	不可□土攻，□土攻不出一月死
以＝壬＝癸＝到＝	《放日》乙 319	1	不可以壬癸到，以壬癸到家必死

　　《放簡》重文共有 82 例，其中一字重文 77 例，二字重文 3 例，三字重文 1 例，四字重文 1 例。《放簡》重文的排列形式，二字重文是 ABAB，三字重文是 ABCABC，四字重文是 ABCDABCD，無一例外。

第二節　繁化

　　繁化與簡化正好相反，其主要特徵是增加筆畫、構件或偏旁。秦漢文字形體演化的總趨勢是簡化而不是繁化，但繁化的現象也是豐富多彩的。文字形體繁化的原因，或爲了增加文字的區別度，或爲了突出表意或者表音，或爲了文字形體豐滿美觀，或是因類化，或是筆誤形譌。

一　增加筆畫

1. 然→燅

按，"然"字通常作"燃"（《老子》甲 138 行），從火，但也有不少字在火上加二橫作"燅"（《老子》甲 125 行）。

2. 亞→亞

按，"亞"字通常作"亞"（《經法》43 行下），又作"亞"（《老子》乙 234 行下、《易之義》2 行）。

3. 丌→亓

按，"丌"字常上加羡畫作"亓"，如"亝"（欺，《稱》144 行下）、至（基，《老子》甲 7 行）、斿（旗，《孫臏》75 版 209 號）所從等。諸如此類在橫畫之上加羡畫可能是受楚簡帛文的影響。①

4. 辛→辛（辛、皐、宰、滓、新、親、辟、薛）

按，《春秋》67 行："閔子辛聞之。"東漢碑刻"辛"及字所從"辛"常多加一橫畫作"辛"。如《孔龢碑》："十八日辛酉。"《曹全碑陰》："姚之辛卿。"

《孔宙碑》："兼禹湯之皐已。""皐"作"皐"。

《仲定碑》："泥而不宰。""宰"作"宰"。

《費鳳碑》："塈而不滓。""滓"作"滓"。

《劉熊碑》："新我□通。""新"作"新"。

《婁壽碑》："見親愛懷。""親"作"親"。

《老子銘》："辟（避）世而隱居。"《史晨前碑》："銘百辟卿士。"《衡方碑》："仕郡辟州。""辟"作"辟"。

《周公禮殿記》："公辟相承。"《祝睦碑》："辟司空府北軍中侯。"碑文或從亲作"辟"，或再在"亲"下部加一橫作"辟"。

《禮器碑》："主簿魯薛陶。"《禮器碑陰》："相主簿薛曹訪。"《孔宙碑陰》："薛顗字勝輔。"《北海相景君銘》："薛逸字佰踰。"《繁陽令楊君碑》："陰故吏薛誼。"《平輿令薛君碑》："酒侯於薛。"《薛鐻》："薛。""薛"皆

---

① 增加羡畫羡符是楚文字常見的現象。參見曾憲通《戰國楚地簡帛文字書法淺析》，載《古文字與出土文獻叢考》，中山大學出版社，2005。

作"薛"。

一些筆畫較少的字也常常增加筆畫。例如：

5. 土→圡

按，秦漢文字"士"字或寫作"土"，故常加點把"土"寫作"圡"以區別。如《衡方碑》、《白石神君碑》、《熹·春秋·僖廿八年》、《居甲編》1802、《新嘉量》、《漢印徵補》13.4"圡霸私印"等作"圡"。《武醫》60、61、66、67號"塗（塗）"、《衡方碑》"塋（葬）"、《禮器碑》"吐（吐）"、《馮緄碑》"杜（杜）"、《張遷碑》《史晨前碑》《禮器碑》"社（社）"、《孫叔敖碑》《曹全碑》"地（地）"、《衡方碑》《北海相景君銘》《曹全碑》《張遷碑》"城（城）"等字所從均作"圡"。

魏晉以下"土"亦常加一點作"圡"，如北魏《胡明相墓誌》、晉《黃庭內景經》、北齊《吳遷墓誌》、北周《高妙儀墓誌》等。

6. 士→圭圭

按，"士"寫作"圭"，加兩點在兩畫之間，左右各一筆。《隸辨·止韻》云："士古文作圭，《汗簡》云：出裴光遠集綴。"《唐公房碑陰》"處圭"、《婁壽碑》"大常博圭"、《鮮于璜碑》"圭罔宗分微言□"、《孔宙碑》"告困致仕"之"仕"所從、《劉脩碑》"志暾拔葵"之"志"所從作圭。《魯峻碑》"行爲士表"之"士"兩點連寫成一撇。《魯峻碑》"□□始住"之"住"所從作"圭"。

7. 玉→玉玊玊

按，金文"王"與"玉"以三橫畫位置間隔不同作爲區別特徵，"王"中間的橫畫靠上，"玉"三橫畫等分，但實際上有時也相混淆。戰國楚簡常加兩筆以區別。《說文》古文也加兩筆在第二與第三畫之間，左右各一筆。秦漢文字常加點以區別。如《史晨前碑》、《桐柏廟碑》、《滿城漢墓玉人》、《西陲簡》51.13作"玉"，《白石神君碑》、《華山廟碑》、《武醫》85號乙作"玊"，《楊統碑陰》、《漢印徵補》1.2"玊登之印"作"玊"。魏晉以下"玉"亦常加一點作"玉"或"玊"。今寫作"玉"。

8. 玉→玉玊

按，《隸辨·陽韻》云："《說文》玊爲古玉字，諸碑玉或作玊，無作玊者，惟王字作玊。《汗簡》王作玊，出《華嶽碑》，則古文本有是體。《街彈碑》'東郡玊瓛'，亦同此文。"《樊安碑》"宦於玊室""出納玊命"，《孔宙碑》"貢登玉室",《尹宙碑》"世事景玉",《漢印徵》"玉智"等均作"玉",增加兩筆均在第二與第三畫之間,左右各一筆,形狀和位置略有不同。《魯峻碑》"爲司徒王暘所舉"之"王"兩點連寫成一撇。從王之字也常見從"玉"者。《高彪碑》"洞於皇□"、《孔宙碑》"民斯是皇"作"皇"。《張表碑》"匪偟時榮"作"偟",所從作"玉"。

9. 夭→夭

按,夭,從丿從大。諸碑皆增加一撇變作"夭"。《鄭固碑》"年七歲而夭"、《夏承碑》"中遭冤夭"、《石門頌》"稼苗夭殘"等之"夭",寫法稍有不同,但均加一撇則同。從夭之字亦寫作"夭",如《劉寬碑》"狂寇張角□□妖逆"之"妖",《曹全碑》"訞賊張角"之"訞(訞)"(《隸辨·宵韻》已指出"訞"同"妖"字)。魏晉南北朝唐代墓誌"夭"亦常加一撇或一點,寫作"夭"或"夭",如唐《賈昂墓誌》等。

10. 山→凶

按,金文《黄山鼎》"黄山共鼎"之"山"作"凶",《祀三公山碑》作"凶",《秦代陶文》1468 號作"凶",中間增加交叉斜綫作爲飾筆。還如"黄山"瓦當的"山"字,中間亦增加交叉斜綫,且左右兩豎筆向兩邊作抛物綫狀彎出,左右對稱。"山",殷金文如《父戊尊》作"▲",已見填黑成塊狀者,古隸的"山"字常填黑作"▲"(《病方》369 行)。東漢《黄山鼎》之"凶"、《祀三公山碑》之"凶"和《秦代陶文》1468 號之"凶"是前代文字的孑遺。而《説文》小篆承《嶧山刻石》作山,字形輪廓化了。

二　增加構件或偏旁

1. 柰→蒜

按,"柰"字多作蒜(《老子》甲 80 行、《縱横》284 行),從木示聲,個別也作蒜(《雜療方》62 行),同形并列。"柰"即"奈"字。

2. 原→源

按,"原"多作厡(《十六經》133 行下),個別又作源(《五行》332 行),加水旁以足泉水之義。

3. 泉→湶

按,泉,像水流出成川形,增加"水"作"湶"。《孫叔敖碑》:"波障源㵎。"宋洪适《隸釋》卷三云："（碑文）泉添水而爲㵎。"《袁氏鏡》三："渴飲玉㵎飢食棗。"《嘉祥畫像石題記》："閶忽離世，下歸黃㵎。"《字匯補·水部》："㵎，與泉同。"楚文字《信陽楚墓》1.48亦見"㵎"字。《石門頌》："平阿㵎泥。""㵎"右下從小。"㵎"即"㵎"字。北魏《寇臻墓誌》"勒銘㵎堂"等，亦作"㵎"。

4. 父→伀

按，"父"常作乂（《老子》甲14行），個別又作㐅（《老子》甲134行），加人旁以足義，與《包山楚簡》227號"弟"作"佛"同類。

5. 卵→籣

按，"卵"多作火（《病方》105行），個別又作㲋（《秦律》4號），加䜌旁作爲聲符成爲雙聲符字。

6. 鼓→皷

按，"鼓"作皷（《經法》11行上），又作皷（《經法》12行上），增義符"口"。

7. 炭→嶺

按，"炭"作崇（《五行》310行），又作崟（《五行》299行），增義符"口"，可能也是受楚簡帛文的影響。

增加構件或偏旁的更多例子請參看第十二章和第十三章"增加構件的異構字"相關例子。

第三節　異化

一　形聲字義近形旁通用

一個形聲字既可用甲作形旁，也可用與甲義近的乙作形旁，并不因甲形旁與乙形旁的通用而改變本字的意義，這種現象，我們稱之爲義近形旁通用。義近形旁通用現象存在於各個時期形聲字之中。先秦文字普遍存在這種現象。秦漢時期是漢字隸變的重要時期，形聲字從形體到數量都有較大的變化，義近形旁通用現象較爲突出。

關於義近形旁通用，唐蘭、楊樹達先生以及當代學者高明、裘錫圭、張桂光、王慎行、任平、韓耀隆諸位先生均有精到的研究。① 不過，學術界對這一現象的研究多是針對先秦文字的，對秦漢文字的研究則相對薄弱。

　　形聲字義近形旁通用的條件是：通用的兩個形旁具有義近的關係（或意義相關）；兩個具有義近形旁的字在各自的句子中表示的音、義必須相同，即一字之異體；有其他文例來證明，或有文獻或字書的材料證明，或在別的形聲字中已有該形旁通用的實例以資佐證。這裏根據所擬三項條件，試對秦漢文字中的形聲字義近形旁通用現象作較爲詳細的分析。

1. 又—寸

叔（《説文》小篆）→村（《秦律》43 號、《周簡》330 號、《數》101 號）

曼（《説文》小篆）→寧（《天文》局部 8）

督（《説文》小篆）→督（《老子》乙 231 行下）

奞（《説文》小篆）→奪（《雜抄》37 號）

按，《説文·又部》：“又，手也。象形。三指者，手之列多，略不過三也。”《説文·寸部》：“寸，十分也。人手却一寸動脈謂之寸口。從又從一。”段注“叔”字：“又、寸皆手也，故多互用。”《説文》“叔”的或體從寸作“村”，“奞”的籒文從寸作“客”。從又與從寸同義，故可通用。

2. 又—攴

賢（《論政》1515 號、《繫辭》2 行下、《天文》局部 4）→賢（《春秋》37 行、敦煌馬圈灣習字觚 4 號）

堅（《天下》23 行，《論政》1082、1150 號）→堅（《天下》21 行、

① 唐蘭：《古文字學導論》（增訂本），齊魯書社，1981，第 241 頁。楊樹達：《積微居金文説》（增訂本），中華書局，1997，第 9~10 頁。高明：《古體漢字義近形旁通用例》，《中國語文研究》1982 年第 4 期；又見《中國古文字學通論》，北京大學出版社，1996；又見《高明論著選集》，科學出版社，2001。裘錫圭：《文字學概要》，商務印書館，1988，第 168~169 頁。張桂光：《古文字義近形旁通用條件的探討》，載《古文字研究》第 19 輯，中華書局，1992。王慎行：《古文字與殷周文明》，陝西人民教育出版社，1992。任平：《隸書階段形聲字義符通用例析》，《杭州大學學報》1994 年第 4 期。韓耀隆：《中國文字義符通用釋例》，臺北文史哲出版社，1987。

《論政》1536、《孫臏》415 號）

竪（《縱橫》114 行）→豎（《漢印徵》3.18 "徐豎" 等）

祭（《睡日》甲 53 號背）→祭（《睡日》乙 155 號）

叔（《曹全碑》）→赤（《馬簡》一 101 號）

稽（稽，《爲吏》5 號）→稽（《老子》甲 61 行）

度（《説文》小篆）→度（《新嘉量》二、《白石神君碑》）

按，《説文·又部》："又，手也。象形。" 甲骨文 "又" 字像右手之形。《説文·攴部》："攴，小擊也。从又卜聲。" 段注："又者，手也，經典隸變作扑。" 徐灝箋："疑本象手有所執持之形，故凡舉手作事之義皆從之，因用爲撲擊字耳。""敏"，西周金文從又，《説文》則從攴；"啟"，西周金文多從又，《中啟鼎》則從攴；"取"，郭店楚簡多從耳從又作，亦見從耳從攴者（《老子》甲 30 號、《尊德義》13 號、《唐虞之道》26 號等），均可證形旁 "又" 與 "攴" 義近可通用。

3. 殳—攴

毅（《相馬經》41 行下）→敨（《縱橫》116 行）

毆（《效律》18 號）→敺（《五行》205 行）

毀（《睡日》乙 196 號、《陰陽五行》乙之六）→敦（《刑德》乙 39 行）

殺（《睡日》乙 104 號）→杀（《老子》甲 156 行）

穀（《孫臏》370 號）→穀（《縱橫》224 行）

毄（《説文》小篆）→敨（《周簡》314 號、《病方》355 行）

役（《説文》小篆）→伇（《五行》179 行）

殿（《説文》小篆）→殿（《雜抄》19 號）

骰（《經法》29 行下）→敝（《病方》313 行）

數（《泰射》42 號）→數（《説文》小篆）

翳（《説文》小篆）→翳（《漢印徵》4.5 "程翳"）

按，"殳"，甲骨文字像以手執殳之形；"攴" 像手有所執持之形，意爲 "小擊也"。"殳" 與 "攴" 兩者義近可通用。"殳" 與 "攴" 作爲形旁在秦漢文字中通用的現象相當普遍。兩者形體相近。形近是導致它們寫混的一個不可忽視的原因。"殳" 常常把上部 "几" 快寫爲 "卜"，"殳" 字的潦草寫法跟 "攴" 的寫法就很相近。銀雀山漢簡 "殳" 旁多寫作 "攴" 尤爲明顯。這一點與先秦文字是不同的。這説明草書的寫法是導致 "殳" 旁寫爲

"攴"旁的重要原因。

4. 攴—戈

攻（《睡日》乙18號）→玫（《十六經》128行上）

敵（《老子》甲70行）→馘（《明君》418行）

按，《説文·攴部》："攴，小擊也。从又卜聲。"《戈部》："戈，平頭戟也。从弋，一横之。象形。"甲金文"戈"字均像戈形。"攴"與"戈"義本不相屬，然攻擊敵人或以戈，故"攻""敵"等字從戈作。高明先生曰："戈乃古代句兵，經傳凡載持戈傷人，皆謂擊，不言刺，同攴意義相近，故在古文字體中攴戈二形旁可通用。"[1] 此説可從。

楚文字從攴之字常寫作從戈。如：

《信陽楚墓》1.29號"敗"作"馘"。

《包山楚簡》102號、《江陵九店東周墓》56號墓簡32號"寇"作"寇"。

郭店楚簡《成之聞之》10號"攻"作"玫"。

《包山楚簡》34號"敔"作"馘"。

《包山楚簡》226、232、234、247號和包牘"救"作"救"。

楚文字從力、從人也寫作從戈，如：

郭店楚簡《成之聞之》21號、《尊德義》35號、《語叢四》24號、上博簡四《曹沫之陳》55號、《曾侯乙戟》"勇"作"馘"。

《包山楚簡》273號、《楚帛書》丙11.2"侵"作"馘"。

《包山楚簡》144號"傷"作"馘"。

5. 手—攴

損（《經法》26行上、《周易》13行下）→馘（《老子》甲86行）

按，《説文·手部》："手，拳也。象形。"金文手像伸出五指形。"攴"像手有所執持之形。《散盤》、《説文》古文、《古文四聲韻》"播"字均從攴作"敤"，《中山王壺》"擇"字從攴作"斁"，《説文》"扶""揚"古文分別從攴作"扶""敭"，均可證"手"與"攴"義近可通用。

6. 攴—支

攱（《經法》12行上）→鼓（《説文》小篆）

按，"攴"像手有所執持之形。《説文·支部》："支，去竹之枝也。从

---

① 高明：《高明論著選集》，科學出版社，2001，第44頁。

手持半竹。"兩者都表示手有所執持之形。可證"攴"與"支"義近可以通用。

7. 骨—肉—身

體(《病方》376 行、《泰山刻石》)→膿(《答問》79 號、《病方》443 行、《縱橫》189 行、《十問》44 號、《天下》38 號、《服傳》甲 27 號)→體(《服傳》甲 16 號、《流沙墜簡·簡牘》5. 22 號、《漢印徵》4. 12"體崇私印"、《張遷碑》、《堯廟碑》、《靈臺碑》)

按,《説文》:"骨,肉之核也。从冎有肉。""膿"的形旁"月"即肉字。"身",甲骨文像人有身(即懷孕)之形。"骨""肉""身"都指人的身體或身體的組成部分,身體的骨肉相連,意義相關,可以通用。《繁陽令楊君碑》"膺天鍾度","膺"作"膺",從骨,亦是"骨"與"肉"可以通用之證。

8. 目—見

睹(《熹·易·乾文言》)→覯(《北海太守爲盧氏婦刻石》、魏《受禪表》)

眎(《漢印徵補》8. 6"臣眎")→視(《説文》小篆)

按,《説文·見部》:"見,視也。从儿从目。"看的動作與目有關,故形旁"目"與"見"可以通用。《説文·見部》"視",古文作"眎"。又《見部》:"覿,内視也。从見來聲。"王念孫《疏證》:"覿與睞同。"是"目""見"二形旁通用之證。

9. 言—心

讎(《縱橫》23 行)→慫(《九主》390 行)

按,甲金文"心"字均像心臟之形。《説文·心部》:"心,人心土藏,在身之中。象形。"高明先生曰:"古人以爲心是人的思維器官,誤認爲語言是從心裏想出來的,俗謂'講心裏話',即從此一誤解而構成的俗語。反映在古文字的結構裏,從心與從言彼此通用。"① 此説甚是。言爲心聲,形旁"言""心"可以通用。

10. 音—言

竟(《中宫雁足鐙》、《漢印徵》3. 10"趙竟""張竟私印")→竟(《孫

---

① 高明:《高明論著選集》,科學出版社,2001,第 37 頁。

臏》389 號、《漢印徵》3.10 "竟陵丞印""劉亮")

按，《説文·音部》："音，聲也。生於心，有節於外謂之音。宮、商、角、徵、羽，聲也；絲、竹、金、石、匏、土、革、木，音也。从言含一。""音"字從言，"言""音"古通用。于省吾先生曰："甲骨文有言無音。……音字的造字本義，係於言字下部的口字中附加一個小橫劃，作爲指事字的標志，以別於言，而仍因言字以爲聲。"①《説文·口部》"吟"有兩個或體，一從音作"訡"，一從言作"訡"，可證"音""言"二形旁可以通用。

11. 食—米

餘（《春秋》28 行）→粭（《老子》甲 135 行）

餔（《武醫》8 號）→粭（洛陽西郊漢墓陶文）

粲（《説文》小篆）→粲（《白石神君碑》）

按，《説文·食部》："食，一米也。从皀人聲。或説人皀也。"《説文》"粒"的古文作"飻"，"粲"的或體作"粲"，"饎"的或體作"糦"。"食""米"義有關聯，故可通用。

12. 阜—穴

阱（《阜蒼》13 號）→窤（《秦律》5 號、《龍簡》103 號、《律令》251 號）

按，《説文·阜部》："阱，陷也。从阜从井，井亦聲。窤，阱或从穴。"桂馥《説文解字義證》："或从穴者，易井卦解云：'出水之處，穴地爲窤。'即天井，與人之鑿地者不同，故或从穴。"穿地如井以陷獸，故字從阜，即是陷阱的阱；穿地爲塹，以張禽獸，故字從穴。《阜蒼》13 號："陷阱鑄釣。"《秦律》5 號："置窤罔。""阱"與"窤"二字同義。魏《曹真碑》："設窤陷之坑。""窤陷"即"阱陷"。以上可證"阜""穴"二形旁可以通用。

13. 穴—宀

竅（《縱横》56 行）→竅（《縱横》19 行）

窘（《説文》小篆）→宭（《老子》甲 17 行）

窊（《説文》小篆）→窊（《泰山刻石》）

寍（《論政》1184 號）→寍（《周簡》134 號叁、143 號貳，《老子》甲 102 行，北大《老子》23 號）

---

① 于省吾：《甲骨文字釋林》，中華書局，1979，第 458 ~ 459 頁。

媰（西晉《徐美人墓誌》）→窋（《五行》248 行）

深（《春秋》82 行）→深（《老子》甲 61 行）

按，《説文·穴部》："穴，土室也。""宀"，甲骨文像房屋之形。《説文·宀部》："宀，交覆深屋也。象形。"段注："有堂有室，是爲深屋。"室與屋意義相近，可證"穴""宀"義近可以通用。《包山楚簡》210、213、227、228、230、232、234 等"竄"均從宀作"竄"。

14. 巾—市

飾（《説文》小篆）→飾（《稱》151 行下、《十六經》140 行上、《相馬經》61 行）

按，《説文·巾部》："巾，佩巾也。从冂，丨象糸也。"《説文·市部》："市，韠也。上古衣蔽前而已，市以象之。……从巾，象連帶之形。""巾""市"義近可以通用。《曾侯乙墓》竹簡 122、124、130"布"作"紴"，郭店楚簡《六德》27 號作"爷"，均從市。

15. 㫃—羽

旌（《孫子》76 號、《孫臏》404 號）→翣（《十六經》104 行下）

按，"㫃"即旗的初文。段注"旌"字："旌旗者，旗之通稱，旌有羽者，其（旗）未有羽者，各舉其一。"可見"旌"的主要特徵是有羽。"翣"，從羽青聲。從㫃與從羽意義相關，故可通用。楚系簡帛文字"旌"常寫作"翣"（包山楚簡、望山楚簡、天星觀簡等）。秦漢簡帛文字"旌"多寫作"旌"（《孫子》76 號有 3 例，《孫臏》404 號、《天文》局部 5 等），偶爾寫作"翣"，顯然是受楚系簡帛文字影響的。

通過對秦漢文字中的形聲字義近形旁通用現象的分析，我們可以得到如下幾點啓示。

第一，秦漢時期形聲字義近形旁通用現象，是對先秦時期同類現象的繼承和發展。就本文所分析 15 組例子"又"與"寸"、"又"與"攴"、"殳"與"攴"、"攴"與"戈"、"手"與"攴"、"攴"與"支"、"骨""肉"與"身"、"目"與"見"、"言"與"心"、"音"與"言"、"食"與"米"、"阜"與"穴"、"穴"與"宀"、"巾"與"市"、"㫃"與"羽"來看，其中，"攴"與"戈"、"骨""肉"與"身"、"目"與"見"、"言"與"心"、"音"與"言"、"食"與"米"六組見於高明《古體漢字義近形旁通用例》一文，這是對先秦時期同類現象的繼承，餘者九組則是秦漢時期形聲字所具有的義近形旁通用的例子，可視之爲對先秦時期同類現象的發展。尤其是與手有關的"又"與"寸"、"又"與"攴"、"殳"與"攴"、"攴"與"戈"、"手"與"攴"、"攴"與"支"六組，表現得比較突出。"又"與"寸"、"又"與"攴"、"殳"與"攴"三組用例尤其多，可視爲通例。

第二，秦漢時期是漢字隸變的重要時期，漢字大量簡省、混同，不少形旁的變化都可以從這一角度來解釋。如"攴"從又卜聲，故"攴"旁寫作"又"可以看作簡省；"攴"與"殳"的寫法在古隸中是非常相近的，故"殳"寫成"攴"可以看作混同；"攴"與"支"的寫法也很相似，故"攴"寫作"支"也可以看作混同。形旁混同是無意識的，形旁通用則是有意識的。造字之初，由於不同地域，不同時期，不同的人對詞義理解角度的不同，因而所用的偏旁也有不同，但用何偏旁應該是有意識的。秦漢時期形聲字已形成了比較嚴整的系統，形旁寫法的變化，如"又"與"寸"、"又"與"攴"、"殳"與"攴"、"攴"與"戈"、"攴"與"支"等，固然可以從漢字的造字歷史分析其原因，即由於義近而通用，但從秦漢時期漢字隸變的角度看，上述諸偏旁的變化也是漢字簡省、混同的結果。我們認爲，這就是秦漢時期形聲字形旁變化的特殊性。上述諸形旁的變化，從造字歷史的角度分析爲形旁的通用，或從漢字隸變的角度分析爲形旁的簡省、混同，都是符合實際的。

第三，本文所論的 15 組例子，有的例字多，如"又"與"攴"、"殳"與"攴"，多達 10 餘字；有的例字少至 1 字，如"阜"與"穴"、"广"與"羽"。這說明形旁的通用是有條件的。例如"阱"與"宎"一組，從桂馥《説文解字義證》所言可見"阱"與"宎"的形旁"阜"與"穴"意義相通；"阱"與"宎"在各自的句子中都表示"陷阱"的意義，是一字之異體；有《説文》"阱"的或體"宎"等爲根據。這三條可以證明"阱"與"宎"的形旁"阜"與"穴"可以通用。但是，這絕不是説從阜的字與從穴的字都可以通用。

義近形旁通用的必要條件是通用的兩個偏旁必須意義相近。例如"又"與"寸"皆指手，從又與從寸同義，故可通用。又如"宀"與"穴"兩者均表房屋，意義相近，故可通用。從上述可見，先秦文字關於義近形旁通用規律在秦漢文字中同樣適用。有的義近形旁還有形近的關係，如"攴"

與“殳”、“言”與“音”、“木”與“禾”等。關於古文字義近形旁通用的條件，張桂光先生《古文字義近形旁通用條件的探討》一文有很有説服力的論述，① 其論述的條件大體上也適合分析秦漢文字。

二 形聲字音近聲旁通用

在古文字中不僅義近形旁可以通用，而且音近聲旁也可以通用，這是古文字形體研究中又一個值得注意的現象。專門論述聲旁通用現象的主要有楊樹達、裘錫圭、劉樂賢諸位先生。楊樹達先生在《積微居金文説》中專辟“音近聲旁任作”一節來説明形聲字音近聲旁通用這一現象。裘錫圭先生在《文字學概要》中則列“聲旁的代换”一節，對這一現象作了簡要的論述。後來，劉樂賢先生在其碩士論文中對此作了較爲詳細的探討。② 運用聲旁通用方法考釋古文字并取得顯著成績的有張政烺、裘錫圭、曹錦炎、吳振武先生等。③ 然而諸先生對秦漢文字涉及不多。

形聲字音近聲旁通用必須具備三項條件：第一，通用的兩個聲旁必須音近（或音同）；第二，兩個具有音近（或音同）聲旁的字在各自的句子中表示的意義必須相同（有的具有假借和引申的關係）；第三，要有其他文例來證明，或有文獻或字書的材料證明，或在别的形聲字中已有該聲旁通用的實例以資佐證。第一、二項是基本條件，但只具備此二項還不足以證明兩個形體不同的字是聲旁通用的異體字，只有具備第三項中之一點，纔可予以確定。根據這裹所擬三項條件，下文試對秦漢簡帛形聲字音近聲旁通用現象作較爲詳細的探析。

① 張桂光：《古文字義近形旁通用條件的探討》，載《古文字研究》第 19 輯，中華書局，1992，第 580 頁。

② 楊樹達：《積微居金文説》（增訂本），中華書局，1997，第 11～12 頁。裘錫圭：《文字學概要》，商務印書館，1988，第 173～174 頁。劉樂賢：《論形聲字聲符的通用及其釋讀問題》，中山大學碩士學位論文，1989。

③ 張政烺：《中山王嚳壺及鼎銘考釋》，載《古文字研究》第 1 輯，中華書局，1979，第 208 頁。裘錫圭：《戰國璽印文字考釋三篇》，載《古文字研究》第 10 輯，中華書局，1983，第 78 頁；收入《古文字論集》，中華書局，1992，第 473～479 頁。曹錦炎：《釋辜——兼釋續、瀆、竇、鄖》，《中國語文》1988 年第 6 期。吳振武：《釋戰國文字中的從“虍”和從“朕”之字》，載《古文字研究》第 19 輯，中華書局，1992，第 490 頁。

（一）音近形異類

通用的聲旁甲與乙之間除了具有讀音相近的關係外，它們在形體方面沒有關係，因稱之爲音近形異類。

1. 矢—豕

彘（《病方》27 行）→彚（《病方》238 行、《龍簡》33 號）

按，《説文・彑部》"彘"從矢聲。"矢"，書母脂部字；"豕"，書母支部字，兩者聲同韻近。《病方》27 行"治病時，毋食魚、彘肉、馬肉……"《病方》238 行"服藥時禁毋食彚肉、鮮魚"，《龍簡》33 號"鹿一、彚一、麋一、麃一、狐二，當完爲城旦春"，後二例的"彚"義爲"豕"，與第一例"彘"同。《説文・彑部》："彘，豕也。"《豕部》："豕，彘也。"段注："（彘、豕）二篆爲轉注。"《方言》八："豬，關東西或謂之彘，或謂之豕。"《史記・封禪書》："祠社稷以羊豕。"《漢書・郊祀志》"豕"作"彘"。《孟子・梁惠王上》："狗彘食人食而不知檢。"《鹽鐵論・授時》引"彘"作"豕"。以上可證聲符"矢"與"豕"可以通用。

2. 制—折

製（《説文・衣部》）→裝（《放日》乙 362 號、《睡日》乙 23 號）

按，《説文・衣部》："製，裁也。从衣从制。"鍇本"从制"作"制聲"。"製"應從制聲。"制"屬章母月部字，與"折"有雙聲叠韻的關係。甲骨文的"折"字像以斤斷樹木，秦權量上的"制"像以刀割木材。《放日》乙 362 號簡"不可裝衣"，"裝衣"即"製衣"。《睡日》乙種 23 號簡"利以裝衣裳"，"裝衣裳"即"製衣裳"。《論語・顏淵》："片言可以折獄者"，《釋文》："魯讀折爲制。"故"製"和"裝"兩字的聲旁可以通用。關於"制"與"折"兩者形音義的密切關係，裘錫圭先生已有精闢透徹的研究，[①]頗具啓發性。

3. 絑—串

關（《爲吏》9 號、《老子》乙 241 行下）→闈（《老子》甲 145 行）

按，"絑"，見母元部字。"串"即"申"若"毌"之異寫，《説文》

---

① 裘錫圭：《説字小記》，《北京師院學報》1988 年第 2 期；收入《古文字論集》，中華書局，1992，第 641～642 頁。

"患"字下段注："毌、貫古今字，古形横直無一定，如目字偏旁皆作囙，患字上從毌，或横之作申，而又析爲二中之形。""毌"也是見母元部字，與"帚"有雙聲叠韵之關係。《老子》甲本145行"善閉者無闐籥（鑰）而不可啓也"之"闐"，《老子》乙本241行下和通行本均作"關"。"闐鑰"，通行本作"關鍵"，即拒門之横木。《史記·儒林列傳》："履雖新，必關於足。"《漢書·儒林傳》"關"作"貫"。故"帚"與"串"作爲聲旁可以通用。《老子》甲145行"關"作"闐"，與秦文不合，而與上博簡一《孔子詩論》10號，《容成氏》18號，《包山楚簡》34、91、138、149號等，楚璽"勿正闐鉢"（《璽匯》0295），《鄂君啓舟節》等相合，應是受楚文字的影響。①

4. 異—巳

翼（《孫臏》415號）→异（《孫臏》75版227號）

按，"異"，餘母職部字，"巳"，邪母之部字，聲韵皆近。《孫臏》415號簡"浮沮而翼，所以燧斗也"之"翼"與《孫臏》75年版227號簡"二者延陳（陣）長异"之"异"義同。朱德熙、裘錫圭先生曾指出："銀雀山竹簡有一個'异'字，經研究知道這是'翼'字的另一種寫法。'異'和'巳'古音相近，因此，以'異'作爲聲旁的字也可以通用'巳'作爲聲旁，'祀'可以寫作'禩'，就是證據。"②可見聲旁"異"與"巳"可以通用。

5. 責—脊

漬（《病方》251行）→瀞（《病方》241行）

按，"責"，莊母錫部字，"脊"，精母錫部字，兩者韵同聲近。《病方》251行"取署苽汁二斗以漬之"之"漬"與《病方》241行"取其汁瀞美黍米三斗"之"瀞"義均爲浸、泡。《周禮·秋官·蠟氏》："掌除骴。"鄭注："故書，骴作脊。鄭司農云：'脊讀爲漬。'"《公羊傳·莊公二十年》："大灾者何？大瘠也。大瘠者何？痢也。"《釋文》："瘠，一本作漬。"《禮

---

① 參見裘錫圭《文字學概要》，商務印書館，1988，第66頁。湯餘惠：《楚璽兩考》，《江漢考古》1984年第2期。曹錦炎：《古璽通論》，上海書畫出版社，1996，第97頁。

② 朱德熙、裘錫圭：《七十年代出土的秦漢簡册和帛書》，《語文研究》1982年第1期；《中國語文研究》1984年第6期；收入《朱德熙古文字論集》，中華書局，1995；《朱德熙文集》第5卷，商務印書館，1999。

記·曲禮下》鄭注、《吕氏春秋·貴公》高注引"瘠"作"漬"。以上均可證聲旁"責"與"脊"兩者可以通用。

6. 丙—秉

柄（《阜詩》66 號）→棅（《孫臏》366 號）

按，"丙"與"秉"均幫母陽部字，兩字同音。《孫臏》366 號簡"弩張棅不正"之"棅"義同《阜詩》66 號簡"柄（永）矢弗縵"之"柄"，其義據《孫臏》366 號簡之注即"弩臂"。《釋名·釋兵》："弩，怒也，有勢怒也，其柄曰臂。"從丙聲之"炳""柄""邴"等字均有與"秉"通假之例。《文選》曹丕《與吳質書》："炳燭夜游。"李注："《古詩》曰：'何不秉燭游？'秉或作炳。"《説文·木部》"柄"之或體作"棅"，均可證聲旁"丙"與"秉"可以通用。

7. 户—爻

顧（《睡日》乙 107 號）→頦（《睡日》甲 130 號）

按，"顧"的聲旁"雇"從隹户聲，"頦"的聲旁"靃"從隹爻聲。"户"，匣母魚部字；"爻"，匣母宵部字，[1] 兩者聲同韻近。《睡日》乙 107 號簡"上車毋顧"之"顧"與《睡日》甲 130 號簡"毋（無）敢頦"之"頦"，均用爲回頭看之義，同《莊子·秋水》"莊子持竿不顧"之"顧"。睡虎地秦簡"頦"字共有四例（《睡日》甲種 114 號簡一例，130 號簡三例），把其作爲"顧"的異構字，有關簡文均可通讀。以上可證"户"與"爻"作爲聲旁可以通用。

8. 日—埶

熱（《足臂》12 行）→炅（《老子》甲 18 行）

按，《説文·火部》"熱"，从火埶聲。"埶"爲"藝"之初文，疑母月部字；"日"，日母質部字，兩者古音相近。《老子》甲本 18 行"趮（躁）勝寒，靘（静）勝炅"之"炅"，通行本作"熱"；151 行"或炅或吹"之"炅"字，乙本作"熱"，義表温度高（與"冷"相對），與《足臂》12 行"熱汗出"之"熱"同。可證聲旁"日"與"埶"可以通用。《老子》甲本

---

① 有學者指出"頦"的聲旁"靃"所從"爻"，非卦爻之"爻"，而是音同"疋"或"雅"，即"狿"（屬雙聲符字）字所從聲符之一。參見陳偉武《雙聲符字綜論》，載《中國古文字研究》第一輯，吉林大學出版社，1999。

18 行、151 行，《居甲乙編》52・12 號簡（乙圖版肆捌）等三例從火日聲之字，《秦漢魏晉篆隸字形表》均錄於該書“炅”字條之下。裘錫圭先生指出：此三例應是“熱”字，“與《說文》‘炅’字形同實異，應附入‘熱’字條。”① 甚確。

9. 易—狄

惕（《阜詩》105 號、《熹・易・訟》）→愁（《爲吏》37 號）

按，“易”，餘母錫部字；“狄”，定母錫部字，兩字韻同聲近。② 《爲吏》37 號簡“術（怵）愁之心”之“愁”與《熹・易・訟》“怵惕之慮”之“惕”同字異體。怵惕即戒懼之意，《漢書・淮南厲王傳》“日夜怵惕，修身正行”可證。《阜詩》104～105 號簡“魯道有惕”之“惕”則用爲“蕩”的通假字。《說文》“惕”的或體作“愁”，“逖”之古文作“逷”，《史記・殷本紀》“簡狄”舊本作“簡易”，均可證聲旁“易”與“狄”可以通用。

10. 束—析

策（《說文》小篆）→䇡（《老子》甲 145 行）

按，“束”，清母錫部字；“析”，心母錫部字，兩字韻同聲近。帛書“䇡”字，今存《老子》各本皆作“策”。張涌泉先生指出“䇡”從竹從析會意，并引裘錫圭先生按語說：“‘策’‘析’上古皆錫部字，聲母也比較接近，‘析’同時仍有表音作用。”③ 我們以爲“䇡”所從“析”也是聲旁，“策”與“䇡”的聲旁“束”與“析”可以通用。《中山王壺》“策”字作𥳍，從竹從�，“�”即“析”字。《析君戟》“析”作“�”。片爲半木，

---

① 裘錫圭：《〈秦漢魏晉篆隸字形表〉讀後記》，載《古文字論集》，中華書局，1992，第 503 頁。朱德熙、裘錫圭先生在《七十年代出土的秦漢簡冊和帛書》一文中已指出：“馬王堆《老子》甲本有‘炅’字，今本和馬王堆《老子》乙本作‘熱’的字，甲本作‘炅’。由此可知漢代人是把‘炅’字當作‘熱’的異體字用的（‘炅’由‘日’‘火’二字合成，日和火都能發熱，‘日’字的讀音也與‘熱’很相近）。”見《朱德熙古文字論集》，中華書局，1995，第 145 頁。

② 關於“易”與“狄”的古音關係，參見林澐先生在《古文字研究簡論》中的論述：“易是中古的喻母四等字，古韻屬錫部。狄是中古的定母字，古韻也屬錫部。而音韻學上有‘喻四歸定’的成說，也就是中古的喻母四等字在上古時代和中古定母字屬於同一聲類。則易和狄在先秦時代可能是同音的。”林澐：《古文字研究簡論》，吉林大學出版社，1986，第 114 頁。

③ 張涌泉：《漢語俗字研究》，嶽麓書社，1995，第 160 頁。

則《中山王壺》之"箭"爲"矟"之異體。

（二）音近形近類

通用的聲旁甲與乙之間除了讀音相近外，形體也有聯係，可以稱之爲音近形近類。音近形近類最常見的是甲與乙聲旁具有包含關係，一個聲旁本身以另一個聲旁爲聲旁。曾憲通先生曾指出，這類形聲字的聲符本身是個形聲結構，由於其形符不起作用而容易失落，也是一種簡化的現象。

11. 有—右—又

囿（《縱橫》160 行）→囿（《爲吏》34 號）→図（《晏子》532 號）

按，《説文·有部》"有"以"又"爲聲。《晏子》532 號簡"居図中臺上以觀之"之"図"，與《縱橫》160 行"秦七攻魏，五入囿中"的"囿"義同，指古代供田獵用的園林，而與《説文·囗部》訓"下取物縮藏之"之"図"形同實異。《經法》29 行上："王天下者之道，有天焉，有人焉，又地焉。""又地"即"有地"，可證"有"與"又"作爲聲旁可以通用。《爲吏》34 號簡"苑囿園池"之"囿"，從右聲。"右"字甲骨文作"𠂇"，"右""又"古同字，故聲旁"右""有"也可通用。

12. 每—母

海（《五行》308 行）→浨（《九主》355 行）

梅（《説文·木部》）→栂（《馬簡》一 139 號）

按，《説文·屮部》"每"，從屮母聲。[1] "每"以"母"爲聲旁。《九主》355 行"伊尹受令（命）於湯，乃論浨内四邦□□□"之"浨"與《五行》308 行"仁腹（覆）四海"之"海"義同；《馬簡》136 ~ 139 諸簡"楊梅"之"梅"寫作"栂"，從母聲，鳳凰山 8 號墓 152 號簡、167 號墓 69 號簡等"梅"字也作"栂"，從母聲。《説文·人部》"侮"的古文作"𢙷"；《老子》甲本 124 行、《老子》乙本 232 行下之"其下母之"，傅奕本《老子》十七章"母"作"每"。故聲旁"每"與"母"可以通用。戰國文字聲旁"每""母"已常通用。《包山楚簡》147 號簡"煮鹽於浨"，郭店楚

---

① 于省吾先生指出："每字的造字本義，係於母字的上部附加一個〜劃，作爲指事字的標志，以別於母，而仍因母字以爲聲。"見《甲骨文字釋林·釋古文字中附劃因聲指事字的一例》，中華書局，1979，第 455 頁。

簡《老子》甲 2 號簡"江海所以爲百浴（谷）王"，《性自命出》9 號簡"四海之内其性一也"，《窮達以時》10 號簡"四海"，上博簡二《民之父母》7 號簡，《容成氏》5 號簡"四海"之"海"，均從母聲。從上可知聲旁"每"與"母"可以通用自戰國始然。

13. 甬—用

勇（《老子》甲 69 行）→男（《老子》乙 207 行上、《稱》160 行、《孫臏》352 號）

通（《縱橫》12 行）→迺（《相馬經》39 行上）

按，《説文·马部》"甬"，從马用聲。[①] "甬"以"用"爲聲符。《老子》乙本 207 行上"今舍其兹（慈），且男"之"男"，《老子》甲本 69 行作"勇"，義均爲勇敢。《稱》160 下"古（怙）其男力之御"，《孫臏》352 號簡"非孟賁之男也"等之"男"皆從"用"。《相馬經》39 行上"是不能迺利者也"之"迺"，《縱橫》12 行"相橋於宋，與宋通關"之"通"，均指相通，前者從用，後者從甬。以上可證聲旁"甬"與"用"可以通用。

14. 少—小

眇（《老子》甲 94 行、《老子》乙 242 行下）→朓（《周易》4 行上）

按，《説文·小部》"少"，從小丿聲。[②] 朱駿聲《説文通訓定聲》："按，從丿從小會意，小亦聲。"當以《説文通訓定聲》爲是，即"少"以"小"爲聲旁。《周易》4 行上"朓能視"之"朓"同"眇"，意指眼睛瞎；《老子》甲本 94 行"以觀其眇"之"眇"和《老子》乙 242 行下"是胃（謂）眇要"之"眇"則均借爲"妙"。傳世文獻常見"小"與"少"通假之例。如《禮記·月令》"養幼小"，《淮南子·時則》"少"作"小"；《左傳·定公十四年》"從我而朝少君"，《釋文》"少君本亦作小君"。均可證聲旁"少"與"小"可以通用。

---

① 于省吾先生指出："甬字的造字本義，係於用字上部附加半圓形，作爲指事字的標志，以別於用，而仍因用字以爲聲。"見《甲骨文字釋林·釋古文字中附劃因聲指事字的一例》，中華書局，1979，第 453～454 頁。

② 于省吾先生指出："少字的造字本義，係於小字的下部附加一个小點，作爲指事字的標志，以別於小，而仍因小字以爲聲。"見《甲骨文字釋林·釋古文字中附劃因聲指事字的一例》，中華書局，1979，第 457 頁。

15. 喬一高

驕（《老子》甲 195 行）→驕（《老子》甲 107 行）

按，《説文・夭部》"喬"，"从夭从高省"，于省吾先生指出"喬"字乃"因高以爲聲"。① "喬"群母宵部字，"高"，見母宵部字，兩者韻同聲近。《老子》甲本 195 行"【尊】而不驕，共（恭）也"之"驕"與 107 行"貴富而驕，自遺咎也"之"驕"義均爲驕傲。《詩・周頌・般》："墮山喬嶽。"《玉篇・山部》引"喬"作"高"；《吕氏春秋・介立》："橋死於中野。"《藝文類聚》九六引"橋"作"槁"。可見聲旁"喬"與"高"可以通用。

16. 耆一旨

耆（《病方》271 行）→旨（《病方》275 行）

按，《説文・老部》："耆，老也。从老省，旨聲。""耆"以"旨"爲聲旁。《病方》271 行之"耆"與 275 行之"旨"兩字均用爲"黄耆"的"耆"。"耆"與"旨"兩者作爲聲旁可以通用。《包山楚簡》201 號簡："雁會以央箬爲子左尹舵貞。""央"下一字，原釋文釋爲"筌"，林澐先生指出："應隸定爲旨，讀爲耆。耆從旨聲，則耆可省作旨，異體作筥。"② 此爲利用"耆"與"旨"聲旁通用考釋文字之佳例。

17. 逢一夆

蠭（《流沙墜簡・屯戍》5.7 號）→蠡（《老子》乙 190 行下）

按，《説文・辵部》"逢"，從辵，夆省聲。段注改爲從辵夆聲，應以段注爲是。《老子》乙本 190 行下"蠡瘻（蠱）蟲（虺）蛇弗赫（螫）"之"蠡"同"蠭"，即"蜂"字之繁體；而《流沙墜簡・屯戍》5.7 號簡"宜禾郡蠭茅"之"蠭"則借爲地名。《説文・艸部》"蓬"的籀文作"莑"，《蚰部》"蠭"之古文作"蠡"，均可證聲旁"逢"與"夆"可以通用。

18. 問一門

悶（《老子》甲 131 行）→悶（《老子》甲 30 行）

按，《説文・口部》"問"，從口門聲。"問"以"門"爲聲旁。《老子》

---

① 于省吾先生指出"喬字的造字本義，係於高字上部附加一個曲劃，作爲指示字的標志，以別於高，而仍因高字以爲聲。"見《甲骨文字釋林・釋古文字中附劃因聲指事字的一例》，中華書局，1979，第 458 頁。

② 林澐：《讀包山楚簡札記七則》，《江漢考古》1992 年第 4 期。

甲 131 行：“鬻（俗）人蔡（察）蔡（察），我獨閩閩呵。”河上公本、通行本皆作“象人察察，我獨悶悶。”此可證“問”與“門”兩者聲旁通用。

19. 台—以

怠（《稱》162 行上）→怂（《老子》甲 124 行）

按，《説文·口部》“台”，從口弖聲。“台”以“弖”爲聲旁。“弖”即“以”字。《稱》162 行上“敬朕（勝）怠，敢朕（勝）疑”之“怠”即怠惰之意，《老子》甲本 124 行“汋（没）身不怂”之“怂”則讀爲“殆”，危險之意。“殆”通“怠”。《商君書·農戰》：“故其民農者寡而游食者衆，衆則農者殆，農者殆則土地荒。”朱師轍解詁：“《意林》引作‘農者少而游食者衆，游食者衆則農怠，農怠則治荒。’”《老子》乙本 221 行上：“淵呵佁萬物之宗”之“佁”，河上公本《老子》四章“佁”作“似”。此可證“台”與“以”兩者聲旁通用。

20. 作—乍

詐（《龍簡》12 號）→詐（《語書》2 號）

椊（《龍簡》38 號）→柞（《西陲簡》53 號）

按，《説文·人部》“作”，從人從乍。徐鍇《説文解字繫傳》把“作”分析爲從人乍聲。當以鍇本爲是。“作”以“乍”爲聲旁。《龍簡》12 號“有不當入而闌入，及以它詐僞入□□□□……”之“詐”，與《語書》2 號簡“法律未足，民多詐巧”之“詐”義同爲欺詐；《龍簡》38 號“諸取禁苑中椊、械、橎、楢産葉及皮……”之“椊”與《西陲簡》53 號簡“柞之樹得雨……”之“柞”同指柞樹。此可證聲旁“作”與“乍”可以通用。

21. 瞿—昍

懼（《縱橫》38 行）→思（《老子》甲 80 行、《縱橫》118 行、《春秋》65 行、《陰陽五行》甲之九）

按，《説文·瞿部》“瞿”，“從隹從昍，昍亦聲”，“瞿”以“昍”爲聲旁。《老子》甲本 80 行“奈何以殺思之也”之“思”，與《縱橫》38 行“臣甚懼”之“懼”，義均是恐懼、害怕。《老子》甲本 80 行之“思”，《老子》乙本 212 行上作“瞿”，通行本作“懼”。《説文·心部》“懼”的古文作“思”。《正字通·目部》：“昍，瞿本字。”此可證聲旁“瞿”與“昍”可以通用。

22. 重—童

動（《五行》231 行）→勭（《老子》甲 12 行）

按，《説文·辛部》"童"，"从辛，重省聲"。《金文編》據《中山王鼎》分析爲"從立重聲"，①"童"以"重"爲聲旁。"重""童"均定母東部字。《五行》231 行"金聲而玉辰（振）之者動□□□□井（形）善於外"之"動"與《老子》甲本 12 行"道之勭也"之"勭"義同爲運動。《禮記·檀弓下》："與其鄰重汪踦往。"鄭元注："重皆當爲童。"《孔子家語·曲禮》"重"作"童"，《漢印徵》1.12 有 10 餘例"董"作"薑"，《日書》甲種 61 號背"暉"作"㡀"，均可證聲旁"重"與"童"可以通用。

23. 生—青

旌（《孫臏》404 號）→䕏（《十六經》104 行下）

按，《説文·青部》："青，東方色也。木生火，从生、丹。丹青之信言象然。"許慎以五行釋"青"字。王筠《説文釋例》則指出："青自是石名。《大荒西經》有白丹青丹，是青即丹之類，字蓋從丹生聲也。"我們認爲以王筠所釋爲是。李斯《諫逐客書》"西蜀丹青不爲采（彩）"中"青"用本義。"青"所從生應是聲旁。"生"山母耕部字，"青"清母耕部字，同是齒音，兩者同部。《孫臏》404 號簡"辯（辨）疑以旌興"之"旌"與《十六經》104 行下"名曰之（蚩）尤之䕏"之"䕏"兩者義均爲旌旗。《列子·説符》"東方有人焉曰爰旌目"，《列子新論·妄瑕》"旌"引作"精"。《集韻》以"䕏"爲"旌"的異體。可證"生"與"青"作爲聲旁可以通用。楚系簡帛文字"旌"常作"䕏"，如包山、望山、天星觀簡文等。秦漢文字之"旌"寫作"䕏"，顯然是受楚系文字之影響。《曾侯乙墓》65 號簡"旌"作"䏠"。"旌""䏠""䕏"互爲異體。

24. 今—金

琴（《流沙墜簡·簡牘》4.1 號）→䥁（《阜詩》88 號）

紟（《説文·糸部》）→鈐（《漢印徵》13.4）

陰（《睡日》甲 42 號）→鹷（《引書》108 號）

按，"琴"字，《流沙墜簡·簡牘》4.1 號簡作"琴"，從今聲；而《阜詩》88 號簡"琴瑟"之"琴"則作"䥁"，從金聲。《説文·珡部》"琴"

---

①　容庚：《金文編》，中華書局，1985，第 154 頁。

的古文從金聲，郭店楚簡《性自命出》24 號、上博簡一《孔子詩論》14 號簡、《性情論》15 號簡 "琴瑟" 的 "琴" 字均從金聲作 "鑫"。"今" 與 "金" 兩者作爲聲旁可以通用。

"紟" 字，《漢印徵》13.4："綸孝印。" "綸" 同《説文》"紟" 之籀文 "綸"，也可証 "今" 與 "金" 兩者作爲聲旁可以通用。楚簡 "綸" 多見。

《説文·阜部》"陰"，"從阜侌聲"。《雲部》"霒"，"從雲今聲。侌，古文或省"。可見 "侌" 從今聲。"陰" 從金聲，而《説文·金部》"金" 從今聲，《水部》"淦" 的或體作 "汵"，《糸部》"紟" 的籀文作 "綸"，可證。《睡日》甲種 42 號簡 "是謂乍陰乍陽" 之 "陰" 與張家山漢簡《引書》107～108號簡 "喜則陽氣多，怒則陰氣多" 之 "陰" 均表示陰陽之陰。以上可證從今聲的聲旁 "侌" 與 "金" 可以通用。戰國文字已有從侌或從金的 "陰" 字，從金者見《𪔂羌鐘》、《上官鼎》、《壐匯》0085 等。秦漢文字乃沿用此字在戰國文字中的兩種寫法。秦漢文字中又出現從虫的 "陰" 字，馬王堆帛書和銀雀山漢簡 "陰" 字多從虫，如《經法》12 行下 "毋陰竊" 之 "陰"，《五星占》"大陰" 之 "陰" 也作此形，《漢印徵》14.9 "陰榮" "陰將夕" "陰係" "陰博" 之 "陰" 亦均從虫，字右下部之 "虫" 乃 "云" 之訛寫。

需要指出的是，上述 11 至 24 例通用的聲旁多有包含關係，一個聲旁本身以另一個聲旁爲聲旁，如 "囿" 字的聲旁 "有" 以 "又" 爲聲旁。第 24 例情況則有些不同，聲旁 "侌" 與 "金" 都從今聲，并沒有包含關係，而是并列關係。總之，第二類各例通用的聲旁在形體上多有包含關係（第 24 例有并列關係），這是與第一類的區别所在。

音近聲旁通用現象古已有之，如甲骨文 "麓" 之作 "麓"（《合》30268），又作 "𥳣"（《合》37382），聲旁 "鹿" 與 "彔" 通用；西周金文 "字" 之作 "字"（《牆盤》），又作 "寓"（《五祀衛鼎》），聲旁 "于" 與 "禹" 通用；春秋戰國文字 "廟" 之作 "廟"，又作 "庿"，聲旁 "朝" 與 "苗" 通用。秦漢時期，隨着形聲字的增多，音近聲旁通用的現象也越來越突出。聲旁音近的兩個字是不是一字的異體，關鍵要看它們在辭例中是不是同義的，如果可以把它們解釋成同義，便能確定它們爲一字之異體。這一點，林澐先生在《古文字研究簡論》一書中已作了很好的論述。① 比如上

---

① 林澐：《古文字研究簡論》，吉林大學出版社，1986，第 157 頁。

文所舉的"頿"字，我們之所以把它説成是"顧"字聲旁通用的異體字，除了如上所述的聲旁音近之外，它們在句子中都用爲"回頭看"的意義，與"顧"完全相同。又如上文"囿""圃""图"三字在句中的意義均是指古代供田獵用的園林；"蓍""耆"義均爲藥名"黄耆"等。根據筆者的考察，上述各例諸字除聲旁音近外，從意義方面也都可以把它們分別解釋爲聲旁通用的異體字。

三　反書

反書，即形體方嚮與正書相反之文字。這種現象，先秦文字早已有之。秦漢文字尤其是漢代金文，也存在這種現象。秦漢簡帛文字偶有反書現象，如表 11 – 12 所示。

表 11 –12　秦漢簡帛文字反書例

	正　書	反　書
色	（《睡日》乙 170 號）	（《縱橫》191 行）
衣	（《秦律》135 號）	（《刑德》乙 73 行下） （《相馬經》13 行下）
依	（《老子》甲 158 行）	（《老子》乙 209 行上）
初	（《春秋》24 行）	（《道原》168 行上）
表	（《老子》甲 122 行）	（《相馬經》26 行上）
皆	（《陰陽五行》甲之五）	（《陰陽五行》甲之三）

漢代銘刻文字，特別是金文、印文，反書時有見到。如表 11 –13 所示。

表 11 –13　漢代銘刻文字反書例

正書	反　書
吏	（《吾作鏡》,《金文續編》1.3）
上	（《袁氏鏡》三,《金文續編》1.3） （《尚方鏡》七,《金文續編》1.3）
琅	（《漢安元年洗》,《金文續編》1.6）①
各	（《蔡氏鏡》,《金文續編》2.8）

---

① 《漢安元年洗》"漢案（安）元年堂旺（狼）造作主"之"旺"字反書，《金匯》上編圖版 425 號把此字釋爲"狼"，實誤，應改釋爲"琅"，讀爲"狼"。

正書	反　書
趙	（《趙是鈁》,《金文續編》2.9）
是	（《趙是鈁》,《金文續編》2.10） （《蜀郡董是洗》,《金文續編》2.10）
皆	（《龍氏鏡》,《金文續編》4.2）
鳥	（《青羊鏡》,《金文續編》4.5）
利	（《日利千万鈎》,《金文續編》4.7）
刻	（《吾作鏡》,《金文續編》4.8）
左	（《漢善銅鏡》,《金文續編》5.2） （《泰言之紀鏡》,《金文續編》5.2）
昭	（《銅華鏡》,《金文續編》7.2）
有	（《善銅鏡》,《金文續編》7.5） （《泰言之始鏡》,《金文續編》7.5） （《至氏鏡》,《金文續編》7.5）
明	（《君有行鏡》,《金文續編》7.5）
穿	（《龍氏鏡》三,《金文續編》7.18）
人	（《上大山鏡》二,《金文續編》8.1）
作	（《建安四年洗》,《金文續編》8.4） （《吾作鏡》三,《金文續編》8.4）
服	（《銅華鏡》,《金文續編》8.12） （《銅華鏡》三,《金文續編》8.12） （《君有行鏡》,《金文續編》8.12）
願	（《願長相思鏡》,《金文續編》9.1）
司	（《司馬鈎》,《金文續編》9.2）
辟	（《青羊鏡》,《金文續編》9.3） （《青蓋鏡》,《金文續編》9.3）
長	（《長宜子孫洗》,《金文續編》9.6） （《長宜子孫熨斗》,《金文續編》9.6）
馬	（《司馬鈎》,《金文續編》10.1）
光	（《銅華鏡》三,《金文續編》10.4）
氏	（《龍氏鏡》三,《金文續編》12.6）

續表

正書	反　　書
官	（《釜言之始鏡》,《金文續編》14.12）
病	（《馬病以家鈁》）①
以	（《馬病以家鈁》）
家	（《馬病以家鈁》）
鈁	（《馬病以家鈁》）
利	（《馬病以家鈁》）
遠	（《流遠屯美》瓦當“遠”）②
鑪	（《漢印徵》3.3“鑪賜”之“鑪”）
訾	（《漢印徵》3.8“訾賜印”之“訾”）
翡	（《漢印徵》4.4“翡雲私印”之“翡”）
放	（《漢印徵》4.11“放青臂”之“放”所從“方”）
左	（《漢印徵》5.4“左朝”之“左”）
平	（《漢印徵》5.6“譚平國”之“平”）
郎	（《漢印徵》6.24“郎弦之印”之“郎”所從“邑”）
窈	（《漢印徵》7.19“窈絡之印”之“窈”,《說文》所無）
展	（《漢印徵》8.17“姚展世”之“展”所從“尸”）
方	（《漢印徵》8.19“王子方”之“方”）
令	（《漢印徵》9.4“令鍾私印”之“令”）
印	（《漢印徵》9.5“印”所從“卩”）
狼	（《漢印徵》10.7“狼奉印”之“狼”所從“良”）
息	（《漢印徵》10.15“史息”之“息”）
永	（《漢印徵》11.15“永武男家丞”之“永”）
提	（《漢印徵》12.8“提奭丞印”之“提”所從“是”）
莔	（《漢印徵》12.19“莔光私印”之“莔”）
加	（《漢印徵》13.14“李據加丞私印”之“加”,“加”即“男”字）

① 《馬病以家鈁》外底有銘文“馬病以（已）家鈁,利”。“馬”字正書,餘5字爲反書。
　　參見田煒《新見西漢馬病以家鈁銘文考釋》,載《古文字研究》第28輯,中華書局,
　　2010。

② 見韓天衡主編、張煒羽、鄭濤編《古瓦當文編》,上海世界圖書出版公司,1996,第217
　　頁。趙力光:《中國古代瓦當圖典》,文物出版社,1998,第659頁。

正書	反書
子	（《漢印徵》14.15 "宜子" 之 "子"）
克	（《漢印徵》附録4 "王" 之 ""）①
司	（《漢印徵補》9.2 "司馬同" 之 "司"）
得	（《秦代陶文》238 號 "得"）②
顏	（《秦代陶文》307 號 "顏"）
訕	（《秦代陶文》348 號 "訕"）
司	（《秦代陶文》493 號 "左司空" 之 "司"）③
左	（《秦代陶文》572 號 "左傢" 之 "左"）
戎	（《秦代陶文》573 號 "左戎" 之 "戎"）
如	（《秦代陶文》1115 號 "如"）
盼	（《秦代陶文》1393 號 "咸新安盼" 之 "盼" 所從 "分"）

　　漢代銘刻文字反書主要見於金文、陶文和印章文字中。漢代銘刻文字反書多數是某一個字見於某種類型文字，但有個別字的反書則出現在多種類型的文字中，如 "左" "司" 反書均出現在金文、陶文和印章文字中，"皆" 反書則在金文和書寫文字類中的帛文中見到。應該説，到了漢代，文字的正反一般都是有區别意義的。漢代金文中的一些反書，從筆勢上看最初應該是正書，如上所介紹的 "琅" "各" "明" "光" 等字，後來可能因爲鑄造時，工匠重視不够，或者文化水平比較低，從而致使字成反書。

第四節　類化

　　秦漢文字受上下文或相關意義的影響從而導致偏旁或構件發生類化的

---

① 此字與《漢印徵》7.8 "李克得" 的 "克" 字結構同，乃 "克" 字反書。參見趙平安《秦西漢印章研究》，上海古籍出版社，2012，第153頁。

② "得" 乃人名，共發現17件，多爲戳印，陽文反書。刻文僅二件，皆正書。見《秦代陶文》圖版拓片236、238～252 號，其中243、252 號正書。

③ 《秦代陶文》圖版拓片493～510 號 "左司空" 之 "司"，512～515、529、551、552、554 號 "左司" 之 "司" 均反書。

現象較爲常見。"近朱者赤，近墨者黑"，接觸性的語言环境是形成類化的
條件。這種類化表現爲甲字因與乙字在上下文接觸受影響而類化，形式上
有連文的，也有不連文的。下面選擇若干例子進行分析。

一　受上下文影響的類化

1. 𭒖→㫁[①]

《效律》41 號："甲㫁札贏其籍及不備者，入其贏㫁衣札，而責其不備
㫁衣札。"整理者注："古時的甲，穿在上身的稱爲上㫁，下身的稱爲下㫁，
甲葉稱爲札。"[②]

按，㫁，金文作𭓋（《作父戊簋》），像聚衆人於旗下之形。《説文》小
篆從𤕨從从作𬨎，尚能看出造字本意。《説文》古文作㫁，下訛作"从"
（仏）。《漢印徵》7.5"㫁克之"之"㫁"從𤕨從从作"㫁"，與《説文》
小篆同。秦漢古隸則把"仏"與"𤕨"旁右半組合成近似"衣"字之形，
如《效律》41 號簡之㫁、《春秋》89 行之㫁。《答問》200 號簡之㫁，字的
右下既可看作"从"，也可看作"仏"，可視爲從"从"到"仏"的過渡性
形體。㫁字從"㫁"到"㫁"的變化，文字學上稱爲訛變。"㫁"字的這種
變化，我們認爲與類化有關。《效律》41 號簡兩見"㫁衣札"之語，"㫁
衣"二字合文作㫁（原簡此合文右下有二小橫作爲合文符號），可見當時人
們已將此字右邊看成"衣"。此字"㫁"受下一字"衣"的影響而寫作從
衣之形，又與"衣"字用合文的形式書寫。合文在形式上是便利書寫，在
內涵上是語義密切相關。類化與語義的理解緊密聯係，因此類化現象也出
現在這類書寫形式的合文之中，是古文字中一種特殊的現象。[③]

---

① 簡號之前是原字，簡號之後是類化字，"→"表示"類化作"。下同。

② 趙平安先生認爲"㫁=札"中的兩短橫不是合文符號，"㫁="不是㫁衣合文，"㫁=札"
不能理解爲"㫁衣札"。"="應是重文符號，"㫁=札"應釋爲"㫁、札"，它與上文
"甲、㫁札"相對應。"甲、㫁札"或"㫁、㫁札"是指鎧甲和鎧甲上的葉片兩種東西而言。
可備一說。參見趙平安《睡虎地秦簡"伊闕"、"㫁=札"新詮》，《中文自學指導》1997 年
第 1 期；收入《新出簡帛與古文字古文獻研究》，商務印書館，2009，第 363 ~ 368 頁。

③ 漢《嚴訢碑》"行㫁歌詩"，"㫁"訛變作"㫁"，從衣。北魏《元暉墓誌》"謇謇喉唇，
桓桓禁㫁"，"㫁"同《説文》小篆。北魏《元詳造像記》作"㫁"，《于景墓誌》作
"㫁"，從衣，均是"㫁"訛變之形。

2. 左→右①

《陰陽五行》甲 10 行："并天地右右之大吉。"

按，此字從口作"𠂤"，與同時代的"左"字一般從工不同。此篇下文"左右"的"左"即從工作。我們認爲"𠂤"字是受下字"右"作"𠂇"類化而把"工"寫作"口"的。楚簡文字已見從口之"右（左）"字。如郭店楚簡《老子》丙 6 號簡："君子居則貴右（左），甬（用）兵則貴右。"8 號簡："古（故）吉事上右（左），喪事上右。"8～9 號簡："是以卞（偏）牂（將）軍居右（左），上牂（將）軍居右。"這些"右（左）"字也是受"右"字從口的影響而寫作從口。楚漢簡帛"左"字寫作從口之字形屬同類現象。

3. 糧→饐

《孫子》9 號："馳□千駟，【□□□】乘，帶甲【□□□】里而饋饐（糧）。"整理者注："十一家本作'馳車千駟，革車千乘，帶甲十萬，千里饋糧'。……'饐'當爲'糧'之異體。"

按，整理者的意見可信。"糧"，從米量聲，簡文寫作從食之"饐"，是因爲受上文"饋"字的影響而形成類化的。

4. 拮→佰

《尉繚子》516～517 號："其侍（待）佰人之北（背），炤（灼）人之【□□□□□】以得因請（情）。"整理者注："宋本作'笞人之背，灼人之脅，束人之指，而訊囚之情。'簡文'佰'字當讀爲'拮'，《説文》'拮，抲也'，《廣雅·釋詁三》'拮，擊也'。"

按，整理者的意見可信。"拮"同"拍"字。王筠《説文解字句讀》："'拍'即俗'拮'字。""拮"，從手百聲。簡文中寫作"佰"，從人，并不排除是因爲受上下文"侍"和"人"字的影響而形成類化的。

5. 貴→貴、貴

《富貴昌宜侯王洗》："富貴昌宜侯王。"

《漢印徵》6.19："日貴""茆壽貴卯""魏弦貴"。

按，"富貴"之"貴"作"貴"，上從田，受上文"富"字下部之"田"的影響而類化。《説文》："貴，從貝臾聲。""貴"所從之"臾"在漢金文中

---

① 此字形是《陰陽五行》"左"字隸定之形，不是"右"字。

常連筆，形更近"田"。漢金文"富貴"經常連文，這種類化現象比較常見，而且從"田"之"賮"多見於銅洗銘文，如《富貴昌宜人洗》之"賮"，《富貴昌宜侯王洗》之"賮"，以至於有時即使"貴"字不與"富"連文或者不同出現在一篇銘文中，也有從"田"的，如《建初六年洗》之"賮"。當然也不否認有些洗文是爲了追求銘文的整齊美觀而故意爲之。出土於河北石家莊地區元氏故城遺址的陽文隸書瓦當"常山長賮"，"貴"亦作"賮"。①

《漢印徵》6.19"貴"作"賮"，中間一竪往上穿過橫畫。可見由"貴"所從之"臾"到"田"是一個逐漸演化的過程，即臾→由→田。

6. 鎮→賜

《名銅鏡》："雜以賜錫清且明。"

按，《名銅鏡》之"鎮"字作"賜"，不從"金"而從"易"，當是受下文之"錫"字的影響而類化從"易"的，且"易"移位於右旁，與"錫"一致。《佳銅鏡》："湅治鎮錫清且明。"可證《名銅鏡》"錫"上一字"賜"是"鎮"之異體。

7. 鹿→鏕

《尹宙碑》："分趙地爲鉅鏕。"

按，《隸辨·屋韻》云："《廣韻》云：鉅鏕，郡名，《漢書》只作鹿。《金石文字記》謂鉅鹿之鹿不當從金，非也。""鉅鹿"之"鹿"因受前字"鉅"的影響而添加偏旁"金"從而類化作"鏕"。北魏《皇甫驎墓誌》《韓震墓誌》《于祚妻和醜仁墓誌》等"鉅鹿"之"鹿"均類化作"鏕"。

8. 踊→恿

《西狹頌》："四方無雍，行人懽恿。"

按，"歡踊"，又作"懽踊"，歡呼跳躍之意。碑文"踊"受上文"懽"的影響類化作從心之"恿"。

9. 斷→戱

《周簡》204號："占戰戱，勝之。"

按，"斷"字在《周簡》188號等寫作"斷"，右旁從"斤"。《周簡》204號"戰斷"之"斷"因受上文"戰"字從戈的影響而類化作從戈之

---

① 石家莊地區文化局文物普查組：《河北省石家莊地區的考古新發現》，載《文物資料叢刊》第1輯，文物出版社，1977。

"戰"。"斲"在簡文中讀爲"鬥"。《周簡》188~242 號共有 28 个"戰斲",只有《周簡》204 號寫作"戰戰"。

10. 飲→次　飢→氿

《袁氏鏡》三,《尚方鏡》二、七、八、十一均有"渴次玉泉氿食棗"之語,其中"飲"作"次"、"飢"作"氿",不從"食"而從"氵"。

按,"飲""飢"二字不從"食"而從"氵",係刻鑄時受前一字"渴"的影響,且刻鑄"氵"比"食"簡便,故把"飲""飢"二字所從"食"寫作"氵"。陝西出土的《王氏鏡》"渴次玉泉氿食棗"之"次""氿"亦屬此類。

11. 飢→飤

《海内皆臣方磚》:"海内皆臣,歲登成熟,道毋飤人,踐此萬歲。"

按,此磚文刻於西漢中晚期。"道毋飤人"之"飤",學者多釋爲"飢",[1] 也有學者釋爲"飤"。[2] 從字形看,秦十二字磚此字從食從几當爲"飢"字,漢十六字磚此字從食從人當爲"飤"字。而從文獻辭例看,"飢人"習見,"飤人"未見,故有學者認爲秦磚"道毋飢人"是,而漢承秦制,漢磚亦應是"道毋飢人",因為"人"與"几"的小篆很容易混淆,故把"飢"所從"几"寫作"人"。[3] 筆者認爲,從字形看,漢十六字磚該字確實爲"飤"字,而"飢"所從"几"寫作"人",是受下文"人"字的影響而類化形成的。

12. 泉→㵎

《袁氏鏡》:"渴次玉㵎飢食棗。"

《孫叔敖碑》:"波障源㵎。"

按,"㵎"乃"泉"增益形旁"氵"而成。《袁氏鏡》"㵎"字是受到前面從"氵"之"渴"的影響而增添了形旁"氵"。《孫叔敖碑》"㵎"也是受到句中從"氵"之"波""源"的影響而增添了形旁"氵"。

13. 泄→灺

《病方》266~269 行:"燔所穿地,令之乾,而置艾其中,置柳蕈艾上,而燔其艾、蕈;而取蠱,穿其斷,令其大圜寸,以復(覆)之。以土雍

---

① 馬驥、任平:《山西洪洞新出土的漢十六字吉語磚》,載《碑林集刊》第 12 輯,2006。

② 路東之:《古陶文明博物館藏漢十六字磚的流傳與考證》,《紫禁城》2007 年第 10 期。

③ 方孝坤:《"道無飢人"及相關問題考論》,載《古文字研究》第 29 輯,中華書局,2012。

（罋）甀，會毋□，煙能炪，即被甀以衣，而毋蓋其甀空（孔）。即令痔者
居（踞）甀，令直（脰）直（值）甀空（孔），令煙熏直（脰）。”

按，這是關於治痔瘡的方子，大意是把底部穿有小孔的甀（小盆）倒
扣在燃着艾、蕈等草藥的坑上，讓有痔瘡的人蹲在甀上，用甀中泄出來的煙
來熏痔。其中“煙能炪”的“炪”當是“泄”字，因受上文“煙”字的影
響而類化形成的，“煙”與“火”在意義上的關係明顯比“水”密切得多，
因此下文“炪”字便改爲以“火”作爲形旁表義。以“泄”義來解釋
“炪”的意義文從字順。①

14. 醯→瀡

《病方》316 行：“浴湯熱者熬虒矢，漬以瀡，封之。”

按，“瀡”即“醯”字。《説文·皿部》：“醯，酸也。也作醯。”“醯”
就是醋。“漬以瀡”是用醋浸、泡的意思。《病方》338 行“少殼以醯”，
《雜療方》77 行“漬以醯”，《養生方》127 行“即漬之醯中”，均寫作
“醯”，而此處帛文寫作一個從皿流聲的字，字書未見。我們認爲，此處把
“醯”的部件“酉”寫作“氵”，是受上文“浴”“湯”“漬”等多個從水
的字的影響而形成類化的，且字的上部偏旁“流”比“酰”更常用。

15. 酨→瀻

《養生方》47 行：“五月取蜱蠃三斗，桃實二斗，并撓，盛以缶，沃以
美瀻三斗，蓋涂（塗），貍（埋）竈中。”

按，“瀻”字也見於《養生方》86 行，字書未見，整理者讀作“酨”。
《説文·酉部》：“酨，酢漿也。從酉戈聲。”徐灝注箋：“醯爲酢漿之本名，
酨亦爲酢漿，今則二名并廢，而以其味爲其名，又易酢爲醋矣。”《廣韻·
代韻》：“酨，醋也。”“酨”之所以增加偏旁寫作從水之“瀻”，是因爲受
上文“沃”字的影響。

16. 泰→桼

《算數書》88 ~ 89 號：“程禾程曰：禾黍一石爲粟十六斗泰（大）半
斗，舂之爲糲米一石，糲米一石爲鑿米九斗，鑿米【九】斗爲毇（毇）米
八斗。王程曰：稻禾一石爲粟廿斗，舂之爲米十斗，爲毇（毇）粲米六斗

---

① 參見王建民《從馬王堆醫書中的俗字看漢字形聲化》，載《簡帛語言文字研究》第 1 輯，
巴蜀書社，2002，第 306 ~ 307 頁。

泰（大）半斗。"

按，此段話中的兩個"泰"字，圖版竹簡照片作"𥟇"，從米，不從水。"泰"之所以從米是因爲上下文"米"及從米之字如"粟""糯米""糳米""糓米""粲米"甚多，且此段話講的是與米有關之事，故書寫者便把"泰"字所從之"水"寫成"米"。

17. 黍→䵞

《少牢》20 號背："主婦自東房，執一金敦䵞，有蓋，坐設於羊俎之南。"

《少牢》21 號背："有興受賛者敦䵞，坐設於稷南。"

《少牢》21 號背："有興受賛者稷，坐設於䵞南。"

《一分圭》："一分，容䵞粟六十四枚。"

按，黍，從禾，雨省聲。《少牢》之"䵞"從禾從米。《隸辨·語韻》："䵞，《脩華嶽碑》'成我稷䵞'，《費鳳別碑》'悠悠歌黍離'，黍皆作䵞，變從米。"《説文·黍部》："黍，禾屬而黏者也。""黍"是一種植物，其子實去皮後通稱黃米，有黏性。"黍米"即黍子碾成的米。"䵞"下部變爲從米是因爲受米的影響而類化寫成從"米"，且寫成"米"比"雨省聲"的寫法也更簡便。《特牲》15、17 號簡等亦見"䵞"字。《一分圭》"容䵞粟六十四枚"之"䵞"受下一字從米之"粟"的影響而寫作"䵞"。

18. 隸→𥹩、𥹫

《石門頌》："司𥹩校尉。"

《魯峻碑》："額司𥹫校尉。"

按，《隸辨·霽韻》云："《説文》作隸，從隶從柰。《九經字樣》云：'周禮：女子入于舂藁，男子入于罪隸。隸字，故從又持米從柰聲，又象人手也。經典相承作隸已久，不可改正。'其說與《説文》不同，未詳何據。諸碑隸皆作𥹩，無從隶者。"秦漢文字中字所從之"水"往往類化寫成"米"，如上文"泰"作"𥟇"，"黍"作"䵞"。"隸"之作"𥹩"，所從之"水"類化成"米"，屬同一種情形。《魯峻碑》"隸"作"𥹫"，左上變木爲土，右旁從又持米，同屬類化。《玉篇·隶部》云："隸"與"隸"同。

上文 18 個例子中，1～11 甲字與乙字以連文的形式出現，出現類化的場合多是一個詞或是一個短語；12～18 甲字與乙字不是以連文的形式出現，[①] 出現類化的場合多是一個句子或是一段話，甚至是一種受潛意識影響的類化，如例 18。

二　受字的内部偏旁或構件影響的類化

類化的現象，有時在一個字的内部也會發生。秦漢文字中這種現象也存在。

1. 㲋→㲋

《關簡》369～370 號："浴蠶（蠶）必以日毚（纔）始出時浴之，十五日乃已。"

《六韜》687 號："今皮（彼）殷商，衆口相惑，謐謐譊譊，恬惔（淡）隨意，好道無極，是胃（謂）毚文，亡國之聲也。"

按，"毚"應即"㲋"字。《説文·㲋部》："㲋，狡兔也，兔之駿者。从㲋、兔。"揚雄《法言·問明》："不慕由即夷矣，何㲋欲之有?"李軌注："㲋……貪也。""㲋"在簡文中有貪欲之義。簡文此字從兩個"免"，"免"爲"兔"之訛。上部的"免"是受下部的"免"的影響而形成類化的。北魏《元勰妃李媛華墓誌》"且馴毚菟，將繁宿莽"之"毚"從兩個"兔"。

2. 明→朋

《老子》甲 111 行："五色使人目朋（盲）。"

《老子》甲 123 行："知常朋也。"

按，《説文》："朙，从月从囧。明，古文朙从日。"秦漢文字多從目從月作"明"。帛書《老子》"朋"從雙目，右"目"受左"目"的影響而類化。

3. 願→顛

《内清鏡》："心忽而顛忠。"

《内清鏡》二："心忽穆而顛忠。"

按，願，從頁原聲。《内清鏡》"願"作"顛"，從二頁，左旁的"頁"是受右旁的"頁"的影響而形成類化的。[②] 魏晉南北朝《慧榮再造像記》《静度造像記》《孫静造像記》《張僧安造像記》《孫昨三十人造像記》等均

---

① 例 17"容桼粟六十四枚"，"桼"與"粟"連文。

② 《秦漢金文匯編》下編《秦漢金文字匯》233 頁把《内清鏡》誤寫爲《昭明鏡》。

見從二頁之"顛"字。

4. 需→𩗴

《衡方碑》："少以濡（儒）術，安貧樂道。"

《漢印徵》14.16"公孫仲孺"。

按，需，從雨而聲。濡，從水需聲。孺，從子需聲。"濡""孺"右旁的"需"上部的"雨"受下部的"而"影響形成類化作"而"而寫作"𩗴"。《漢印徵》14.16"君孺信印"之"孺"右旁進一步訛變作"𩗴"。魏晉南北朝墓誌"儒""濡""孺""轜"均有分別類化作"儒""濡""孺""轜"者。

5. 𥞦→𥞦

《華山廟碑》："新豐郭𥞦察書。"

按，𥞦，從黍從甘。《字匯補·香部》："𥞦，與香同。"《華山廟碑》"𥞦"比"香"中間多一撇。"𥞦"所從"黍"下部受上部"禾"的影響寫作"禾"而字寫作"𥞦"。《鄭季宣殘碑》有字作"𪎭"，《隸辨·乏韻》云："上下文闕，《隸續》云：'𪎭字未詳'。"此字左旁上禾中木下日，即《字匯補·香部》"香"字；右旁待定。

6. 寶→寶

《漢印徵》7.15："彊郎寶印""師寶"。

《古封泥集成》2351號："臣寶。"

按，寶，從宀從玉從貝，缶聲。"寶"字所從"缶"受"玉"的影響類化作"玉"而寫作"王"，字作"寶"。

第十二章 秦漢書寫文字中的異構字

讀音、意義完全相同，形體不同的兩個或兩個以上的字，其中最通行的一個稱爲正體，其他的稱爲異體。異體字是一個共時的概念，在歷史上是發展變化的。東漢許慎編撰的《説文解字》，以小篆作爲正體，兼收古文、籀文、或體、俗體等異體。《説文》一書是以秦初《倉頡》《爰歷》《博學》等形體結構規範的小篆作爲標準字體的，上承戰國文字，下啓隸書，具有"正字"的地位。因此，本書在判定秦漢文字中的正體字和異體字時，把與《説文》小篆形體構成相同的字視爲正體字，與《説文》小篆形體構成不同的字視爲異體字，同時參考其他字書。

秦漢文字中的異體字可分爲異寫字與異構字。[①] 異寫字是讀音、意義完全相同，因書寫不同而形成的異形。異寫字的書寫不同表現在筆畫層面上，主要是筆畫位置、長短、曲直、增省、分合等的變化。異寫字多是手抄文獻文字的突出現象。異構字讀音、意義完全相同，但形體構成不同。所謂形體構成不同，主要表現爲改換表義或示音構件、增加或減省構件、相同構件間的組合位置變換等。[②]

異體字形體變異是漸變的，有部分字開始是文字異寫，逐漸演化成文字異構。

---

① 異寫字和異構字的概念和術語是王寧先生提出來的。見王寧《漢字構形學講座》之第 10 講《異寫字與異構字》，《中國教育報》1995 年 9 月 2 日第 3 版；又見王寧《漢字構形學講座》，上海教育出版社，2002，第 80~86 頁。

② 漢字的構形單位是構件（也稱部件）。當一個形體被用來構造其他的字，成爲所構字的一部分時，我們稱之爲所構字的構件。見王寧《漢字構形學講座》，上海教育出版社，2002，第 35 頁。

本章研究秦漢書寫文字中的異構字。[①] 秦漢書寫文字主要包括睡虎地秦簡、馬王堆簡帛、張家山漢簡、銀雀山漢簡以及其他秦漢簡帛中的文字。

第一節　秦漢書寫文字異構字簡釋

一　改換表義構件的異構字

表 12 - 1　改換表義構件的異構字

正字/異構	用例	簡釋
祭/祭	·祭門行。（《睡日》甲 5 貳） ·利以見人、祭。（《睡日》乙 15） ·皆不可以大祭。（《陰陽》甲 259） ·東鄰殺牛以祭。（《周易》26） ·今篤將大祭。（《晏子》607～608） ·徒祭可以益壽□？（《晏子》607） ·今徒祭，可以益壽。（《晏子》608） ·又：《睡日》甲 4 貳、5 貳～7 貳、10 貳、13 貳、103 貳、53 背貳（2 例），《睡日》乙 20 壹、24 壹、25 壹、155，《縱橫》195，《繆和》40 ＊（睡：15；馬：4；銀：3）[②]	祭，從示，以手持肉。"祭" 乃 "祭" 改換表義構件 "又" 爲 "攴" 的異構字
社/𣕛	·置居土，田𣕛、木并主歲。（《周簡》301） ·置居木，里𣕛、冢主歲，歲爲上。（《周簡》302） ＊（他 2）	社，從示土。《說文》 "社" 古文作 "䄍"。"䄍" 省 "土" 旁作 "𣕛"。"𣕛" 乃 "社" 改換表義構件 "土" 爲 "木" 的異構字

---

① 第十二章和第十三章分析秦漢文字中的異構字。異構字按照《說文解字》一書順序排列，《說文》所無的字，按偏旁部首附於相應各部之後。

② 小括號裏面是睡虎地秦簡（睡）、馬王堆簡帛（馬）、張家山漢簡（張）、銀雀山漢簡（銀）和其他秦漢簡帛文字（他）的統計數字，睡虎地秦簡和銀雀山漢簡爲精確統計，餘者爲不完全統計。

續表

正字/異構	用例	簡釋
跪/趹	·其所欲與其端計相趹也。(《論政》1070) ＊（銀1）	跪，從足危聲。趹，從走危聲。"趹"乃"跪"改換表義構件"足"爲"走"的異構字，兩字構形方式皆是形聲組合
要/絮	·疧在絮。(《睡日》甲80背) ＊（睡1）	《説文·臼部》："要，身中也。象人要自臼之形。从臼，交省聲。要，古文要。"趙平安先生據三體石經和馬王堆帛書《足臂》等指出"要"當爲篆文，《説文》把古文和篆文的角色弄混了。① 甚是。"要"下從女，"絮"下從糸。《睡簡》把"絮"作爲"要"的錯字處理。"絮"可看作"要"改換表義構件"女"爲"糸"的異構字。"要"爲"腰"之古字
曼/寽	·寽與立王同占。(《天文》局部8) ·民何得而奏（勝）理靡寽。(《十問》8) ·皮奏（勝）寽密。(《天下》27) ·觀（歡）於新，寽（慢）乎故。(《晏子》582) ·又：《相馬經》19，《天文》局部8（2例) ＊（馬6；銀1）	曼，從又冒聲。寽，從寸冒聲（簡帛文字形上部訛變）。"又"與"寸"形義皆近，常相通用。《隸辨·願韻》："寽，《説文》作曼，從冒從又。碑變從寸。《字原》云：寽即曼字，漢碑皆然。""寽"乃"曼"改換表義構件的異構字，兩字構形方式皆是形聲組合
叔/尗/攲	·尗（菽）畝半斗。(《秦律》38) ·申戌尗（菽）。(《睡日》乙65) ·卷（圈）馬食尗（菽）粟。(《明君》431) ·黑尗（菽）三升。(《病方》161) ·麥、尗（菽）、荅、麻十五斗一石。(《算數書》90) ·尗（菽）苴（其）民得用之。(《守法》942～943) ·攲（豉）一垪。(《馬簡》一101) ·攲（豉）一垪。(《馬簡》三115) ·又：尗《秦律》43，《答問》153（3例），《睡日》甲19叁、151背，《睡日》乙47貳 ＊（睡：尗9；馬：尗2/攲2；張：尗1；銀：尗1）	叔，從又尗聲。《説文·又部》："尗，叔或从寸。"《字匯·寸部》："尗，同叔。""尗"乃"叔"改換表義構件"又"爲"寸"的異構字。"又"與"支"義近通用，"攲"亦"叔"改換表義構件：又"爲""支"的異構字

① 趙平安：《〈説文〉小篆研究》，廣西教育出版社，1999，第7頁。

正字/異構	用例	簡釋
轂/轂	·申之義，以轂畸。（《爲吏》11 伍） ·轂（擊）勹（趨）信。（《縱橫》116） *（睡 1；馬 1）	轂，從殳從曺。"轂"乃"轂"改換表義構件"殳"爲"攴"的異構字。睡虎地秦簡"轂"63 例，"轂"僅 1 例
毆/毆	·剛義之方毆（也）。（《病方》205） *（馬 1）	毆，從殳医聲。"毆"乃"毆"改換表義構件"殳"爲"攴"的異構字
殽/殽	·殽禾以臧（藏）之。（《秦律》40） ·賜之參飯而勿鼠（予）殽。（《爲吏》26 伍～27 伍） ·以牛若鹿胆殽。（《養生方》53） ·殽智（蜘）蛛罔（網）及苦瓠。（《養生方》62） ·取一匕以殽沐。（《周簡》314） *（睡 2；馬 2；他 1）	殽，從殳肴聲。"殽"乃"殽"改換表義構件"殳"爲"攴"的異構字
殺/殺/杀	·齊殺張庫。（《縱橫》34） ·故用其主嚴殺僇。（《九主》394） ·及竊之而自殺也。（《律令》152） ·雖未有殺傷也。（《律令》251） ·有多殺人而不得將卒者。（《孫臏》334） ·人有君而殺之。（《晏子》594） ·杀之則死。（《守法》915） ·又：殺：《律令》152（3 例）、251、386、396，《孫子》87，《孫臏》242、335、344、347、348、354、378，《尉繚子》487；杀：《六韜》639、722、726，《守法》914、987 *（馬：殺 2；張：殺 8；銀：殺 11/杀 6）	殺，從殳杀聲。殺，從攴杀聲。《字匯·攴部》："殺，同殺。""殺"乃"殺"改換表義構件"殳"爲"攴"的異構字。《五經文字·殳部》："殺，從殳杀聲。杀，古殺字。""杀"可看作"殺"減省表義構件"殳"的異構字。"杀"爲"殺"的簡化字
變/變/夏	·秦有變。（《縱橫》217） ·嬴絀變化。（《稱》156 下） ·斗毆變人。（《律令》31） ·及軍吏、縣道有尤急言變事。（《律令》232～233） ·禹作舟車，以變象之。（《孫臏》350） ·何以【知舟車】之爲夏也？（《孫臏》354～355） ·又：變：《律令》31（2 例），《奏讞書》2、3、4，《孫子》49（2 例）、80、170，《六韜》695（2 例），《守法》809、810 *（馬：變 2；張：變 7；銀：變 9/夏 1）	變，從攴絲聲。絲，從言絲。秦漢書寫文字"變"字下均從攴又作"變""夏"。"變"乃"變"改換表義構件"攴"爲"又"的異構字。"夏"又在"變"表義構件"攴"改換成"又"的基礎上，減省聲旁"絲"之構件"絲"而成的異構字

續表

正字/異構	用例	簡釋
敵/戙	·佁（始）服軡戙。（《明君》418） ·三軍之士握鍂（劍）者（屠）戙。（《明君》430） ＊（馬2）	敵，從攴啻聲。戙，從戈啻聲。"戙"乃"敵"改換表義構件"攴"爲"戈"的異構字
救/戒	·其下戒患禍。（《稱》161下） ·無柔戒之。（《易之義》18） ·得之戒也。（《易之義》3） ＊（馬3）	救，從攴求聲。戒，從戈求聲。"戒"乃"救"改換表義構件"攴"爲"戈"的異構字。《中山王壺》、《包山楚簡》226、236、245、267號和牘1均見從戈之"戒"字
攻/戎	·公使人戎隱公□□釜。（《春秋》71） ·是故以一國戎天下。（《十六經》128上） ＊（馬2）	攻，從攴工聲。戎，從戈工聲。"戎"乃"攻"改換表義構件"攴"爲"戈"的異構字。郭店楚簡《成之聞之》10號簡、上博簡二《容成氏》2號簡等均見從戈之"戎"字
髕/臏	·穿臏。（《脈書》23） ＊（張1）	髕，從骨賓聲。臏，從肉賓聲。《集韻·準韻》："髕，或從肉。""臏"乃"髕"改換表義構件"骨"爲"肉"的異構字
體/膿	·夬（決）其耳，若折支（肢）指、朕膿。（《答問》79） ·有疵於膿而惪（勇）。（《睡日》甲142伍） ·飲食賓膿。（《十問》6） ·身膿輕利。（《天下》38） ·陰陽合德而剛柔有膿。（《周易》34） ·有（又）以八膿試之。（《律令》475） ·膿滯滯痛。（《引書》33） ·凡處卒利陳（陣）膿甲兵者。（《孫臏》403） ·木無禁則百膿短。（《時令》1702） ·又：《爲吏》7伍，《睡日》甲52背叁，《睡日》乙246，《五行》246，《稱》138，《繫辭》11，《合陰陽》105等，《律令》65、475 ＊（睡5；馬7；張4；銀2）	體，從骨豊聲。膿，從月豊聲。"膿"的形旁"月"即"肉"字。《説文·骨部》："骨，肉之核也。从冎有肉。"身體的骨肉相連，意義相關。《説文》小篆"膀"，或體作"髈"；《説文》小篆"肌"，《汗簡》則作"肌"；《漢書·王莽傳》"肌骨糜分"，《列子·黄帝篇》作"肌骨無瘕"，均是形旁"骨""肉"兩者可以通用之證。"膿"乃"體"改換表義構件"骨"爲"肉"的異構字，構形方式皆是形聲組合。《龍龕手鏡·肉部》："膿"，"膡"的俗字。簡文"膿"與此形同實異

正字/異構	用例	簡釋
劍/劒	·以劒及兵刃刺殺之。(《答問》124) ·良劒。(《睡日》甲35背貳) ·帶利劒。(《老子》乙189) ·發劒首而見千里者。(《相馬經》64上) ·劒一。(《居甲編》1500) ·又:《答問》84、85,《封診式》27、32、36,《睡日》甲112貳、148貳、36背叁、42背貳,《睡日》乙25、38壹 *(睡13;馬2;他1)	劍,從刃僉聲。劒,從刀僉聲。《説文》"劍"籀文作"劒"。《武梁祠畫像題字》"自伏劒死"亦作"劒"。"劒"乃"劍"改換表義構件"刃"爲"刀"的異構字
笑/芙	·婦人亂而芙。(《孫子》207) ·慔(嘆)終而芙。(《晏子》590) ·【□】慔(嘆)芙相從之數(速)也?(《晏子》591) ·吾芙。(《晏子》591) *(銀4)	笑,從竹從犬。芙,從艸從犬。《説文·竹部》:"笑,此字本闕。臣鉉等案,孫愐《唐韻》引《説文》云,喜也,從竹從犬,而不述其義,今俗皆從犬。"曾先生曰:"笑"在先秦至兩漢有"芙"和"笑"兩種寫法。戰國至秦漢從艸與從竹往往易混,秦漢隸書更加艸竹不分。據《唐韻》所引,《説文》當有從竹從犬的"笑"字,《玉篇》同,唐以前字書皆如是作。至《九經字樣》纔據楊承慶《字統》將"芙""笑"兩體并列。唐以後則爲從竹從夭之"笑"字所專。[1] 戰國秦漢簡帛"笑"字多從艸從犬寫作"芙"。"芙"乃"笑"改換表義構件"竹"爲"艸"的異構字
鼓/皷	·皷而乘之(《爲吏》22肆~23肆) ·鬼恒夜鼓人門。(《睡日》甲29背貳) ·聽其鐘鼓。(《經法》11) ·梦(焚)其鐘鼓。(《經法》12) ·身提皷鞄(枹)。(《十問》94) ·皷於陰以攻其耳。(《蓋廬》18) ·又:《睡日》甲32背貳、34背叁(4例),《五行》217,《馬簡》三9 *(睡7;馬5;張1)	鼓,從壴從支。皷,從壴從攴。《説文》"鼓"與"皷"并見,但在古文字中兩者并無區別,"鼓"與"皷"應爲一字。"皷"乃"鼓"改換表義構件"支"爲"攴"的異構字

---

① 曾憲通:《長沙楚帛書文字編》,中華書局,1993,第44~45頁。

續表

正字/異構	用例	簡釋
阱/窒	· 置窒罔（網）。（《秦律》5） · 毋敢穿窒及置它機。（《龍簡》103） · 皆毋敢穿窒。（《律令》251） ＊（睡1；張1；他1）	《説文・阜部》："阱，陷也。從阜從井，井亦聲。窒，阱或從穴。"桂馥《説文解字義證》："或從穴者，易井卦解云：'出水之處，穴地爲窒。'即天井，與人之鑿地者不同，故或從穴。"穿地爲井以陷獸，故字從阜；穿地爲塹，以張禽獸，故字從穴。《阜蒼》13 號簡"陷阱鏟釣"之"阱"、《秦律》5 號"置窒罔"之"窒"，與《律令》"皆毋敢穿窒"之"窒"義同。魏《曹真碑》"設窒陷之坑"，"窒陷"即"阱陷"。"窒"乃"阱"改換表義構件"阜"爲"穴"的異構字
槃/盤	· 𣏢平盤一。（鳳凰山 8 號墓遣册簡95） · 肉盤一。（高臺 18 號墓木牘） ＊（他2）	槃，從木般聲。盤，從金般聲。《説文》"槃"古文作"盤"。《玉篇・金部》："盤，古文盤。""盤"乃"槃"改換表義構件"木"爲"金"的異構字
巷/衖	· 其咎在渡衖。（《睡日》甲83 背壹） ＊（睡1）	《説文・𨛜部》："𨛜，里中道。從𨛜從共。皆在邑中所共也。巷，篆文從𨛜省。"王筠《説文解字句讀》："字從邑，故言邑，大徐作里，非。群書作衖。"《魯峻碑》"休神家衖"作"衖"。"衖"乃"巷"改換表義構件"邑"爲"行"的異構字。"巷"今作"巷"。睡虎地秦簡"巷"2 例（《答問》186、《封診式》79），"衖"僅 1 例
眀/明	· 令吏民皆明智（知）之。（《語書》5） · 爲人上則明。（《爲吏》44 貳） · 法者，引得失以繩，而明曲直者殹（也）。（《經法》1 上） · 王明視（示）天下以有燕。（《縱橫》76） · 其次明備以候適（敵）。（《春秋》38） · 是陽明脈主治。（《脈書》25） · 符有名數眀所。（《奏讞書》29） · 明主。（《孫臏》283） · 晏子能明其所欲。（《晏子》541） · 明日。（《少牢》6）	明，從月從囧。《字彙・目部》："眀，俗以爲明暗之明。"《正字通・目部》："眀，田藝衡曰：'古皆從日月作明，漢乃從目作眀。'"《隸辨・庚韻》："眀，《五經文字》：石經作眀。《六書正義》云：省囧爲眀，非從目也。"漢碑"眀""明"并見。"眀"可看作"明"改換表義構件"囧"爲"目"的異構字

正字/異構	用例	簡釋
	·又:《語書》4（2 例）、6（2 例）、7、9、10，《爲吏》48 貳，《睡日》甲 11 貳、104 貳、158 背，《睡日》乙 206 壹、216 壹，《奏讞書》29（2 例）、30（2 例）、31、33（2 例），《孫子》216，《孫臏》260、293、324、326、379、410、414、417、443，《尉繚子》460、472、524、526，《論政》1222、1258 等 　* （睡 15；馬 3；張 9；銀 18；他 1）	
粱/粟	·禾黍一石爲粟十六斗泰（大）半斗。（《算數書》88） ·稻禾一石爲粟廿斗。（《算數書》89） ·臣聞今世捶（垂）拱牟戎（農）粟而食者二人。（《守法》899 - 900） ·徑窬粟二石。（《里簡［壹］》8 - 1081） ·又:《律令》7、8、408、413、425，《算數書》108（2 例）、109（2 例）、110、111（4 例）、112、113（2 例）、115、119（3 例）、122、146（2 例），《引書》100 　* （張 27；銀 1；他 1）	粱，從鹵從米。粟，從西從米。《玉篇·鹵部》:"粱，穀也。今作粟。""粟"可看作乃"粱"改換表義構件"鹵"爲"西"的異構字
牖/牖	·井當户牖間，富。（《睡日》甲 18 背肆） ·爲户牖。（《睡日》甲 143 背） ·［百］姓辟（闢）其户牖而各取昭焉。（《稱》158） ·心惕然欲獨閉户牖而處。（《脈書》24） ·爲專牖於葉（堞）之中。（《守法》799） ·牖户必分節。（《守法》846） ·又:《老子》甲 20，《守法》804，《卓蒼》29 　* （睡 2；馬 2；張 1；銀 3；他 1）	牖，從片、户、甫。牖，從片、日、甫。《説文·片部》;"牖，穿壁以木爲交窗也。從片、户、甫。譚長以爲甫上日也，非户也，牖所以見日。"今以簡文"牖"驗之，譚長所謂"甫上日也"之説并非無據，但譚長未必明白"日"乃"户"之變體，故以"牖所以見日"説之。"牖"乃"牖"改換表義構件"户"爲"日"的異構字

續表

正字/異構	用例	簡釋
實/寔/寔/賨/賨	·四曰劳實。(《天下》44) ·虚而賨之。(《脈書》53) ·三分長者賨。(《算數書》56) ·☐書到相校處賨牒別言遣尉史弘賨☐。(《居甲乙編》317·6) ·以生賨爲法。(《數》9) ·以麥求米，三母倍賨。(《數》84) ·以粺求米，九母十賨。(《數》85) ·又：賨：《脈書》52，《算數書》24、56、93、94(2例)、97、159、186，《蓋廬》37、39，《引書》108、112；賨：《數》1、2、3、12、13、16、17、38、51、71、85、86、87、88、116、121、123、131、133、144、145、147、176、204、209(2例)、216；賨：《數》85(2例)、209 *(馬：實1；張：寔15；他：寔1/賨29/賨4)	實，從宀從貫。貫，從毌、貝。在嶽麓簡《數》中，"實"多寫作"賨"，也有幾處寫爲"賨"，省去"宀"，將"毌"寫作"尹"或者"君"。"實""寔""賨""賨"乃"實"改換表義構件"貫"所從"毌"爲"田"或"尹"的異構字。《算數書》27、29、31、35、37、39、57、59、62、63、65、67、81號簡作"實"。"實"字的隸變軌迹大致是：實(《尹宙碑》從毌)→實(《天下》44行、《無極山碑》從田)→寔(《平輿令薛君碑》從甲)→寔(《脈書》53從尹)。毌→田→甲→尹，隸變的軌迹可循
察/察/寮	·有(又)後察不死。(《雜抄》37) ·思睛(精)不察。(《五行》177) ·察則安。(《五行》181) ·則察觀尺汙(蠖)。(《十問》9) ·此不可不察殹。(《脈書》61) ·死生之地，存亡之道，不可不察也。(《孫子》1) ·繚(料)適(敵)計險，必察遠近。(《孫臏》276) ·微密鐵(纖)察。(《爲吏》5壹) ·不察所親。(《爲吏》24貳) ·又：察：《孫子》88、122，《孫臏》276，《時令》1680、2082、2086、2092 *(睡：察1/察2；馬：察3；張：察1；銀：察9)	察，從宀、祭。"察"乃"察"改換表義構件"祭"所從"又"爲"攴"的異構字。寮，從宀、蔡，乃"察"改換表義構件"祭"爲"蔡"的異構字。睡虎地秦簡此字有三種寫法："察"(《秦律》123)、"察"、"寮"。段注分析"察"爲從宀祭聲

正字/異構	用例	簡釋
最/寂/寂/寂	· 賊燔城、官府及縣官積寂（聚）。（《律令》4） · 其畫寂多者。（《語書》13） · 取寂一人以爲其縣令史。（《律令》475～476） · 瞻視應對寂奇。（《奏讞書》213） · 卒歲未具者寂☐。（《里簡［壹］》8－627） · 舍人令佐寂占。（《里簡［壹］》8－988） · 取三指寂（撮）到節二。（《里簡［壹］》8－1221） · 旦而寂（撮）之。（《睡日》甲55背叁～56背叁） · 又：寂：《奏讞書》153；寂：《秦律》13、14，《睡日》甲5貳、15背壹、16背壹，《律令》197、476，《治官》87正 ＊（睡：寂6/寂1；張：寂2/寂4；他：寂4）	最，從冃從取。段注云："最，俗作寂。"《篇海類編·宮室類·宀部》："寂，音最，極也。"從宀與從冃義同。"寂"乃"最"改換表義構件"冃"爲"宀"的異構字。"寂""寂"比"寂"在"宀"之下分別多了一橫和二橫，當即"寂"字，也就是"最"改換表義構件"冃"爲"宀"的異構字。漢碑《蔡湛頌》"三載勳寂"等亦作"寂"
常/裳	· 禪裳一領。（胥浦101號墓） · 複裳二領。（胥浦101號墓） ＊（他2）	常，從巾尚聲。《説文》"常"或體作"裳"。"裳"乃"常"改換表義構件"巾"爲"衣"的異構字
帬/裠	· 故縑裠一。（鳳凰山8號墓遣册簡22） · 布禪裠一。（鳳凰山8號墓遣册簡22） · 又：鳳凰山8號墓遣册簡24、25、26 ＊（他5）	帬，從巾君聲。《説文》"帬"或體作"裠"。"裠"乃"帬"改換表義構件"巾"爲"衣"的異構字
倍/徣	· 右陰，順術，徣（背）衝，大威（滅）有之。（《孫子》176） ＊（銀1）	倍，從人音聲。徣，從彳音聲。"徣"乃"倍"改換表義構件"亻"爲"彳"的異構字。銀雀山漢簡"倍"多從人作

續表

正字/異構	用例	簡釋
匈/胷	·其從脊胷（胸）起。（《脈書》7） ＊（張1）	匈，从勹凶聲。《説文》“匈”或從肉作“胷”。《集韻·鍾韻》：“匈，或作胷、胸。”“胷”乃“匈”改換表義構件“勹”爲“肉”的異構字
魂/秐	·天物秐秐。（《老子》乙232） ＊（馬1）	魂，從鬼云聲。秐，從示云聲。二字形符“鬼”與“示”互换，構形方式皆是形聲組合。《馬王堆簡帛文字編》的《前言》説：“‘魂魄’這兩個字，在帛書中并不見從‘鬼’的‘魂魄’二字，而只有從‘示’的‘秐袙’二字。”① 其實馬王堆帛書有“魂”字，見《繫辭》6行：“斿（游）魂爲變。”
魄/袙	·戴營袙抱一，能毋離乎？（《老子》乙224） ＊（馬1）	魄，從鬼白聲。袙，從示白聲。帛書《老子》之“袙”，傳世本《老子》作“魄”。二字爲形符“鬼”與“示”互换，構形方式皆是形聲組合
魅/袜	·大袜恒入人室。（《睡日》甲27背叁） ＊（睡1）	魅，從鬼未聲。袜，從示未聲。《説文》“魅”爲“彫”的或體。馬王堆帛書《老子》乙從鬼的“魂魄”作從示的“秐袙”，可證形旁“鬼”可换用爲“示”。《山海經·海内北經》：“袜，其爲物，人身黑首從目。”郭璞注：“袜即魅也。”《字匯·示部》“袜，與魅同。”“袜”乃“魅”改換表義構件“鬼”爲“示”的異構字，兩者構形方式皆是形聲組合

① 陳松長：《馬王堆簡帛文字編》，文物出版社，2001。

正字/異構	用例	簡釋
鷩/豪	·攻城用其不足，將軍以埋豪（壕）。（《爲吏》27 伍） * （睡1）	鷩，從帚高聲。豪，從豕高聲。《説文》"鷩"籀文從豕作"豪"。"豪"乃"鷩"改換表義構件"帚"爲"豕"的異構字。"鷩"今作"豪"
驅/毆	·辭强而□毆者，退也。（《孫子》97） ·發其幾（機），若毆群……（《孫子》121） ·以教士擊毆民。（《守法》860） * （銀3）	驅，從馬區聲。《説文》"驅"古文從支作"毆"。《集韻·虞韻》："驅，《説文》馬馳也。古作毆，或作毆。""毆"乃"驅"改換表義構件"馬"爲"殳"的異構字。簡文"毆"字，銀簡整理小組釋文均隸定爲"毆"，今據《守法》該字形應隸定爲"毆"
毚/毚	·毚（纔）到。（《答問》12） ·取雞毚能卷者。（《養生方》77） ·夫是故毚民皆退。（《十六經》121） ·是胃（謂）毚文。（《六韜》687） ·又：《相馬經》10，《春秋》33 * （睡1；馬4；銀1）	毚，從㲋、兔。"毚"字從兩個兔，"免"爲"兔"之訛。上部的"免"是受下部的"免"的影響而形成類化的。"毚"可看作"毚"改換表義構件的異構字
懷/孃	·孃子而敢與人爭鬥。（《律令》31） * （張1）	懷，從心褱聲。孃，從子褱聲。"孃"不從心而從子，是因爲受下文"子"字的影響而形成類化的。"孃"乃"懷"改換表義構件"心"爲"子"的異構字
黍/黍	·禾黍一石爲粟十六斗黍半斗。（《算數書》88） ·爲毀（毇）粲米六斗黍半斗。（《算數書》89） * （張2）	黍，從秝從水，大聲。黍，從秝從米，大聲。"黍"從米，不從水，是因爲簡文上下文"米"及從米之字如"粟""粲米"甚多，且此話講的是與米有關之事，因此書寫者便把"黍"字所從之"水"寫成"米"，屬類化。"黍"乃"黍"改換表義構件"水"爲"米"的異構字

續表

正字/異構	用例	簡釋
雩/翌	·令民雩。(《奏讞書》82) ·武發适雩。(《奏讞書》82) *（張2）	雩，從雨于聲。《説文》小篆"雩"或體作"翌"，從羽于聲。"翌"乃"雩"改換表義構件"雨"爲"羽"的異構字
閉/閈	·閈巳。(《睡日》乙30 壹) ·閈午。(《睡日》乙31 壹) ·又:《睡日》乙26 壹～29 壹、32 壹～37 壹 *（睡12）	閉，從門、才。閈，從門、牛。《龍龕手鏡·門部》:"閈"，"閉"的俗字。"閈"乃"閉"改換表義構件"才"爲"牛"的異構字。《睡簡》視"閈"爲"閉"之錯字。段注據傳世文獻指出"閉"字本從午，午是杵省，距門用直木如杵。其説雖不合於簡文字形，但"午"與"牛"形近，大概文獻在傳抄的過程中失真，段注之説也有一定的道理
婦/孂	·此方禁又中孂人乳餘。(《武醫》65) ·治孂人膏藥方。(《武醫》88 甲) ·治孂人高（膏）藥方。(《武醫》88 甲) *（他3）	婦，從女持帚。孂，從女皀聲。"孂"所從"皀"本應寫在字左邊，受"婦"的影響而寫在右邊。婦，并母之部字；皀，并母幽部字。兩字音近，故"孂"以皀爲聲符。"孂人"即"婦人"，從簡文文義可知"孂"乃"婦"改換表義構件"帚"爲"皀"的異構字
戟/軷	·壘上弩軷分。(《孫臏》298) *（銀1）	戟，從戈、倝。軷，從戈、車。《説文·戈部》:"戟，有枝兵也。从戈、倝。"《玉篇·戈部》:"軷"，同"戟"。"軷"乃"戟"改換表義構件"倝"爲"車"的異構字。"戟"即"戟"字。"戟"字的演化過程當爲:戟→戟→戟。《守法》772、774、800、840 號作"戟"，與小篆同

正字/異構	用例	簡釋
義/羛	·魏王胃（謂）韓傰（佣）張羛（儀）。（《縱橫》238） ·因張羛（儀）而和於秦。（《縱橫》256） ·然則齊羛，王以天下就之。（《縱橫》235） ·羛等戰死。（《奏讞書》139） ·貴而毋羛。（《蓋廬》46） ·從（縱）之不羛，舍之不仁。（《六韜》723） ·以羛取人胃（謂）之友。（《六韜》747） ·善羛，有故。（《占夢書》3） ·又：《奏讞書》135、143、151、154、155（2例），《蓋廬》2、37、46，《守法》920、959 ＊（馬3；張11；銀4；他1）	義，從我、羊。羛，從弗、羊。《說文》"羛"乃"義"之或體。《字匯補·羊部》："羛，與義同。""羛"乃"義"改換表義構件"我"爲"弗"的異構字
蝨/蚤 /蝨	·早（旱）及暴風雨、水潦、蚤蝨、群它物傷稼者。（《秦律》2） ·其時吏悉令黔首之田救蚤。（《奏讞書》222） ＊（睡：蚤1；張：蚤1）	蝨，從蚰夂聲。蚤，從虫夂聲。夂，古文終字。"蚰"是蟲之總名，"虫"是蟲的一種，"蚰"與"虫"作爲形旁可通用。《說文·虫部》籀文"蝨"，小篆作"蝨"。《說文·蚰部》"蠈、蝨、蟲"均有從虫的或體。《老子》乙本190行"蝨"，《孫臏》353號作"蚤"；《奏讞書》222號"蝨"作"蚤"。《類篇·虫部》："蝨，或作蚤。""蚤""蝨"乃"蝨"改換表義構件"蚰"爲"虫"的異構字
蠭/蜂 蠭/蚤	·誨陳（陣）有蠭（鋒）。（《孫臏》339） ·陳（陣）無蠭（鋒）。（《孫臏》352） ·故有蚤（鋒）有後。（《孫臏》353） ·無蚤（鋒）無後。（《孫臏》353） ＊（銀：蠭1/蠭1/蚤2）	蠭，從蚰逢聲。蜂，從虫逢聲。蠭，從虫蓬聲。蚤。從虫夆聲。"蜂""蠭""蚤"皆"蠭"改換表義構件"蚰"爲"虫"的異構字。"蠭"是"蠭"的示音構件"逢"改換爲"蓬"形成的，"蚤"則是"蠭"的示音構件"逢"簡省爲"夆"所形成的。《說文》"蠭"古文作"蠭"，從蚰夆聲。《李翊夫人碑》"飛蠭蠆兮害仁良"作"蠭"，比《說文》古文"蠭"少一橫

續表

正字/異構	用例	簡釋
野/埜/ 壄	・壄獸若六畜逢人而言。（《睡日》甲52背壹） ・之四旁壄外。（《睡日》乙20壹） ・人入之壄。（《天文》局部1） ・當壄有兵。（《天文》局部8） ・利壄戰。（《睡日》甲32） ・昔衛士東壄之駕也。（《晏子》534） ・又：壄：《編年記》45，《答問》101，《爲吏》17伍、28壹，《睡日》甲8貳、9貳、10貳、12貳、144叁、52背壹、35背貳，《睡日》乙178 ＊（睡：壄14/壄1；馬：壄2；銀：壄1）	野，從里予聲。埜，從土從林，予聲。"埜"乃"野"改換表義構件"里"爲"土"與"林"的異構字。"壄"乃"野"減省表義構件"里"所從"田"的異構字。野，甲骨文、金文、楚簡皆作"埜"，從土從林。《説文》古文作埜，許慎析爲"從里省從林"。羅振玉云：《説文》"古文作埜，從里省，從林，則許書之古文亦當作埜，不從予聲。許於古文下并不言予聲也。今增予者，殆後人傳寫之失。許書字本不誤而爲後人寫失者多矣。《玉篇》埜（林部）埜（土部）并注古文野，殆埜爲顧氏原文，所見許書尚不誤，壄則宋重修時所增也。"① 睡虎地秦簡"埜"14例，"壄"1例。馬王堆帛書《天文》亦作"壄"，與《説文》古文相合。這説明戰國晚期"野"字已作"壄"，以"予"爲聲旁，可斷"壄"并非"宋重修時所增也"
勇/悤 （思）/男	・悤能屈。（《爲吏》34壹） ・脅（怯）生於悤。（《孫子》50） ・悤者臥藥中。（《武醫》12） ・名馬童犝思辰戌。（《睡日》甲79背） ・夫玆（慈），故能男。（《老子》乙207上） ・賤而男者將之。（《孫臏》259） ・又：悤：《睡日》甲142伍、148肆，《睡日》乙245、246，《武醫》13、63，《孫子》50；男：《稱》160，《易之義》26，《孫臏》352，《晏子》626 ＊（睡：悤5/思1；馬：男3；銀：悤2/男3；他：悤3）	勇，從力甬聲。悤，從心甬聲。《説文・力部》："悤，古文勇，從心。""悤"乃"勇"改換表義構件"力"爲"心"的異構字，兩者構形方式皆是形聲組合。思，從心甶聲。甶，從馬甶聲。"思"乃"悤"減省示音構件"甬"所從"马"形成的。男，從力甶聲，乃"勇"減省示音構件"甬"所從"马"的異構字。郭店楚簡《尊德義》33號、《性自命出》63號已見"悤"字

① 羅振玉：《增訂殷虚書契考釋》（中），東方學會印本，1927；收入《殷虚書契考釋三種》，中華書局，2006，第8頁下。

續表

正字/異構	用例	簡釋
陷/窞/ 窞/宕	・窞午。（《睡日》乙 26 壹） ・窞申。（《睡日》乙 28 壹） ・宕羅之日。（《睡日》乙 17） ・又：窞：《睡日》乙 27 壹、32 壹、33 壹、 35 壹~37 壹、41 壹；窞：《睡日》乙 29 壹~31 壹、34 壹；宕：《睡日》乙 5 ＊（睡：窞 8/窞 5/宕 2）	陷，從阜從臽，臽亦聲。窞，從穴從 臽，臽亦聲。"窞"即"窞"省去 "穴"下兩筆，"宕"則是"窞"所從 "臽"訛變爲"目"所形成的。"窞" "窞""宕"皆是"陷"改換表義構件 "阜"爲"穴（宀）"的異構字。 "陷"改換爲"窞"與"阱"改換爲 "穽"情形相同

二 改換示音構件的異構字

表 12－2 改換示音構件的異構字

正字/異構	用例	簡釋
祀/祐	・以祠祐。（睡殘 12①） ＊（睡 1）	祀，從示巳聲。祐，從示台聲。台，從口 吕聲。吕，從反巳。睡虎地秦簡"祀"9 例，"祐"1 例。"祠祀"一詞又見《日 書》甲 38、42、44、139 號四簡，可證 "祐"即"祀"字。"祐"乃"祀"改換 示音構件"巳"爲"台"的異構字
壻/埨 /聟	・贅埨後父。（《爲吏》19 伍） ・贅埨後父。（《爲吏》23 伍） ・故某慮贅埨某叟之乃（仍）孫。（《爲 吏》21 伍） ・聟，何以緦也。（《服傳》甲 55） ・聟，何以緦也。（《服傳》乙 34） ＊（睡：埨 3；他：聟 2）	壻，從士胥聲。埨，從士昷聲。《集韻· 霽韻》："埨，亦作壻。""埨"乃"壻" 改換示音構件"胥"爲"昷"的異構字， 兩者構形方式皆是形聲組合。《干祿字 書》："聟、壻、壻，上俗，中通，下 正。""聟"亦是"壻"的異構字
蓍/苦	・以白蘞、黄苦、芍藥、甘草四物者 （煮）。（《病方》275） ＊（馬 1）	蓍，從艸耆聲。耆，從老省，旨聲。 "蓍"以"旨"爲聲旁。"蓍"與"苦" 二字聲符互換。也可把"苦"看作"蓍" 所從"耆"省寫去上部（從老省）部分。 《病方》275 行之"苦"即"黄蓍"的 "蓍"，271 行正寫作"黄蓍"

---

① 《睡虎地秦墓竹簡》（文物出版社，1990）除 10 種書外，另有一些有字殘簡，本文簡
稱之爲"睡殘"，見該書第 141 頁。

續表

正字／異構	用例	簡釋
蔡／蔡	·飯中有蔡長半寸。（《奏讞書》163） ·君出飯中蔡比之。（《奏讞書》170） ·又：《奏讞書》167、168、169 ＊（張5）	蔡，從艸祭聲。祭，從示，以手持肉。"蔡"乃"蔡"改換示音構件"祭"所從"又"爲"攴"的異構字
蒩／苴	·賴苴一培。（《馬簡》一127） ·襄苛苴一資。（《馬簡》一154） ·筍苴一資。（《馬簡》一155） ·瓜苴一資。（《馬簡》三125） ·又：《馬簡》一156、157，《馬簡》三126、129 ＊（馬8）	蒩，從艸沮聲。《集韻·魚韻》："蒩，《説文》：'酢菜也。'或作苴。"《羅泊灣》木簡482號"筍蒩"作"蒩"，同《説文》小篆。"苴"乃"蒩"改換示音構件"沮"爲"且"的異構字
局／局	·畫局陳弚以爲糈。（《爲吏》1伍～2伍） ·局而穷。（《繆和》58） ＊（睡1；馬1）	《説文·口部》："局，促也。从口在尺下，復局之。"局，從尸從句，句亦聲。句有屈曲之意，屈曲與局促義正相涵。句，見紐侯部；局，群紐屋部。見群同屬牙音，侯屋陰入對轉。句局二字古音極近，故局字從句，是會意兼形聲字。《説文》小篆是以訛變後的字形分析爲"從口在尺下"而寫作"局"的。①《字匯·尸部》："局，別作局。""局"可看作"局"改換示音構件的異構字。漢碑《蒼山畫像石題記》等亦見"局"字。北魏《穆紹墓誌》、東魏《元惇墓誌》等均見從尸從句之"局"字
通／迵	·是不能迵利者也。（《相馬經》39） ·迵利而不良者。（《相馬經》39） ·壹周而刑德四迵。（《刑德》乙4） ＊（馬3）	通，從辵甬聲。迵，從辵用聲。"迵"乃"通"改換示音構件"甬"爲"用"的異構字，兩者構形方式皆是形聲組合。也可把"迵"看作"通"所從"甬"省寫上部之"ㄢ"。馬王堆簡帛一般作"通"，個別作"迵"。"甬"寫作"用"，還如"趜"寫作"趄"（《相馬經》51行），"勇"寫作"男"（《老子》乙207行、《稱》160行）

---

① 參見曾憲通《秦至漢初簡帛篆隸的整理和研究》，載《中國文字研究》第3輯，廣西教育出版社，2002。

正字/異構	用例	簡釋
微/徵/聲	·柔軟徵細，生之徒也。（《老子》甲84~85） ·徵獨趨。（《縱横》196） ·刑徵而德章。（《十問》109） ·其所以得者甚徵巧。（《奏讞書》226） ·獄史能得徵難獄。（《奏讞書》227） ·徵與……決戰事。（《孫子》133~134） ·爲之徵陳（陣）以觸其厢（側）。（《孫臏》259） ·視之而弗見，名之曰聲；聽之而弗聞，名之曰希。（《老子》甲115~116） ·又：徵：《老子》甲116，《十問》16，《奏讞書》211、227 *（馬：徵5/聲1；張：徵4；銀：徵2）	微，從彳敳聲。徵，從耳，微省聲。從耳之“徵”首見於馬王堆簡帛。王貴元先生認爲字“從耳從微省，微亦聲，增‘耳’以會精妙之意”。① 可備一説。《説文·人部》有訓“妙也”的“敳”，《彳部》有訓“隱行也”的“微”。段注云：“敳訓眇，微從彳訓隱行，假借通用微而敳不行。”《干祿字書》：“徵微，上通下正。”從“敳”“微”到“微”，所從“耳”省，再省，變爲“几”，脈絡清晰可見。馬王堆帛書《老子》甲本115~116行“名之曰聲”之“聲”字從耳從微聲，可證“徵”可分析爲從耳，微省聲。“微”乃“微”改換示音構件的異構字。漢碑《北海相景君銘》等亦見“微”字
詬/詢	·十四日枼（諜）詢。（《睡日》甲8背貳） ·代主及枼（諜）詢，不可取妻。（《睡日》甲9背貳） ·受邦之詢，是胃（謂）社稷之主。（《老子》甲90） ·受國之詢，是胃（謂）社稷之主。（《老子》乙216） ·其枼（諜）詢署之。（《律令》41、42） ·其枼（諜）詢署主、主父母妻□□□者。（《律令》44~45） *（睡2；馬2；張3）	詬，從言后聲。詢，從言句聲。《説文·言部》：“詢，詬或從句。”《玉篇·言部》：“詢”，同“詬”。“詢”乃“詬”改換示音構件“后”爲“句”的異構字，兩者構形方式皆是形聲組合。諜詢，意爲恥辱，詬罵
堅/塈	·塈强者死之徒也。（《老子》甲84） ·塈陳（陣）敦□，所以攻槽也。（《孫臏》415~416） *（馬1；銀1）	堅，從土、臤，臤亦聲。臤，從又臣聲。“塈”乃“堅”改換示音構件“臤”所從“又”爲“攴”的異構字

---

① 王貴元：《馬王堆帛書文字考釋》，《古漢語研究》1995年第3期。又見王貴元《馬王堆帛書漢字構形系統研究》，廣西教育出版社，1999，第83~84頁。

正字/異構	用例	簡釋
眇/朓	·朓能視。（《周易》4） ＊（馬1）	《說文·小部》“少”，从小丿聲。朱駿聲《說文通訓定聲》：“从丿从小會意，小亦聲。”當以《說文通訓定聲》爲是，“少”以“小”爲聲旁。“朓”乃“眇”改換示音構件“少”爲“小”的異構字。馬王堆簡帛一般作“眇”，個別作“朓”
劓/劓	·丙悍，謁黥劓丙。（《封診式》43） ＊（睡1）	劓，從刀臬聲。《說文·刀部》：“劓，臬或从鼻。”“劓”乃“劓”改換示音構件“臬”爲“鼻”的異構字
策/筴/ 筭/筴	·善數者不以籌（籌）筴。（《老子》甲145） ·善數者不用籌（籌）筭。（《老子》乙241） ·伊尹布圖陳筭。（《九主》358） ·矛戟【□□□】□筴也。（《尉繚子》512） ·故兵筴曰。（《尉繚子》521） ＊（馬：筴1/筭2；銀：筴2）	策，從竹束聲。筴，從竹從析，析亦聲。二字聲符互換，構形方式皆是形聲組合。帛書《老子》“筴”字，今存《老子》各本皆作“策”。《中山王壺》“策”字作筴，從竹從斦。“斦”即“析”字。片爲半木，則《中山王壺》之“筴”爲“筴”之異體。“筭”則是“筴”所從“斦”省去“斤”。《馬王堆簡帛文字編》（188、185頁）把“策（筭）”與“筴”分列兩處，顯然沒把“筴”看作“策”的異體。《集韻·麥韻》：“策，或作筴。”《顔氏家訓·書證》：“簡策字，竹下施束……亦有竹下遂爲夾者，猶如刺字之傍應爲束，今亦作夾。”可見“筴”同“策”字。“筴”乃“策”改換示音構件“束”爲“夾”的異構字
既/旣/ 嫛	·旣安止矣。（《病方》284） ·天道已旣。（《十問》89） ·嫛信（伸）有（又）詘（屈）。（《十問》71） ·又：旣：《老子》甲166，《繫辭》7等 ＊（馬：旣4/嫛1）	既，從皀旡聲。“旣”字從冬，應是寫訛所致。“嫛”是“既”和“旣”兩形的復合，又省去“冬”下面兩點。馬王堆簡帛“既”字多從旡；不少寫作“旣”，從冬；個別寫作“嫛”。“旣”“嫛”可看作“既”改換示音構件“旡”的異構字

正字/異構	用例	簡釋
餐/餍	·如餐頃。（《引書》97） ＊（張1）	餐，從食叔聲。餍，從食粲聲。"餐"乃"餐"改換示音構件"叔"爲"粲"的異構字。《雲陽鼎》"餐者尚□"亦作"餐"
梅/栂/楳	·脯栂一笥。（《馬簡》一136） ·元栂二資，其一楊梅。（《馬簡》一139） ·楳十鈷。（《馬簡》三109） ·又：栂：《馬簡》一137、138，鳳凰山8號墓152，167號墓69 ＊（馬：栂4/楳1；他：楳2）	梅，從木每聲。栂，從木母聲。每，從屮母聲。"每"以"母"爲聲旁。《說文·人部》"悔"的古文作"悔"；《老子》甲124行、《老子》乙232行之"其下母之"，傅奕本《老子》十七章"母"作"每"。"栂"爲"梅"的異構字。楳，從木某聲。《說文》"梅"或體作"楳"。"楳"乃"梅"改換示音構件"每"爲"某"的異構字。《長沙砂子塘西漢墓木封泥匣》"□□楊楳"亦作"楳"
桮/杯	·畫杯三雙。（高臺18號墓木牘） ·膝杯二雙一奇。（高臺18號墓木牘） ·膝羽食杯五十枚。（《馬簡》一193） ·膝畫小具杯廿枚。（《馬簡》三250） ·小醬杯十。（蕭家草場26號墓遣册簡7） ·黑杯十。（蕭家草場26號墓遣册簡8） ·又：《周簡》338、341、342，江陵鳳凰山8號漢墓遣册簡108、109、110、111，江陵鳳凰山167號漢墓遣册簡19，江陵鳳凰山168號漢墓遣册簡31、32、33、35，江陵鳳凰山10號漢墓木牘，雲夢大墳頭漢墓木牘 ＊（他20）	桮，從木否聲。杯，從木不聲。《集韻·灰韻》："桮，或作杯。""杯"乃"桮"改換示音構件"否"爲"不"的異構字。《周簡》39號作"桮"，同《說文》小篆
柄/棅	·弩張棅不正。（《孫臏》366） ＊（銀1）	柄，從木丙聲。《說文》"柄"或從秉作"棅"。"棅"乃"柄"改換示音構件"丙"爲"秉"的異構字
囿/囿	·苑囿園池。（《爲吏》34叁） ＊（睡1）	囿，從囗有聲。囿，從囗右聲。有，從月又聲。"又""右"古同字。"囿"乃"囿"改換示音構件"有"爲"右"的異構字，兩者構形方式皆是形聲組合

續表

正字/異構	用例	簡釋
賢/賢	·見賢人而不知其有德也。(《五行》196) ·議賢讓能。(《春秋》37) ·權衡，所以篹（選）賢取良也。(《孫臏》372) ·又：《老子》甲83、84 等 ＊（馬4；銀1）	賢，從貝臤聲。臤，從又臣聲。"賢"乃"賢"改換示音構件"臤"所從"又"爲"支"的異構字。馬王堆簡帛"賢"字多從又，偶從支
時/峕	·峕之所在。(《六韜》692) ＊（銀1）	時，從日寺聲。《說文》"時"古文從之、日作"峕"。段注云："小篆從寺，寺亦從之聲也。"漢隸亦有用峕者。《無極山碑》亦作"峕"。"時"與"峕"兩字聲符"寺"與"之"互換，構形方式皆是形聲組合。"峕"可看作"時"改換示音構件"寺"爲"之"的異構字
糳/糳	·二千石吏食糳、粲、稻（糯）各一盛。(《律令》298) ·稟毇（毇）糳者。(《算數書》90) ＊（張2）	糳，從毇峚聲。《正字通·米部》："糳，俗糳字。""糳"左上角從"凿"。簡文"糳"把"糳"的左上角訛寫爲"齒"。"糳"可看作"糳（糳）"改換示音構件"凿"爲"齒"的異構字。唐《周善持墓誌》"鑿戶牖於中部"、《楊基墓誌》"祇奉鑿楹"作"鑿"，"鑿"即"鑿"字
衽/袵	·乃解衣弗衽。(《睡日》甲68 背貳) ＊（睡1）	衽，從衣壬聲。袵，從衣任聲。《集韻·沁韻》："衽，衣衿也。或從任。""袵"乃"衽"改換示音構件"壬"爲"任"的異構字。睡虎地秦簡"衽"(《封診式》58)、"袵"并見
製/裚	·不可以裚新衣。(《睡日》甲115 背) ·利以裚衣常（裳）。(《睡日》乙23 壹) ·又：《爲吏》16 貳，《睡日》甲26 貳、118 背，《睡日》乙15、25 壹、129（4 例） ＊（睡11）	製，從衣制聲（依錯本）。裚，從衣折聲。《集韻·霽韻》："裚，斷也。""裚衣裳"即"製衣裳"。"制"屬章母月部字，與"折"有雙聲叠韻的關係。"製"與"裚"兩字爲聲旁互換。裘錫圭先生指出："從'制'聲的'製'在秦簡裏有從'折'聲的異體。"①"裚"乃"製"改換示音構件"制"爲"折"的異構字，兩者構形方式皆是形聲組合

①　裘錫圭：《說字小記》，《北京師院學報》1988 年第 2 期；收入《古文字論集》，中華書局，1992，第 642 頁。

正字/異構	用例	簡釋
船/舩	·六壬不可以舩行。(《睡日》甲98 背貳、128 背,《睡日》乙44 貳) ·丁卯不可以舩行。(《睡日》甲97 背貳、128 背,《睡日》乙44 貳) ·拯亡舩可用者。(《律令》431) ·自以二月叚狼舩。(《里簡[壹]》8-135 正) ·☑以遷陵舩徒卒史☑。(《里簡[壹]》8-1011) ·見舩數具。(《里簡[壹]》8-1067) *(睡6;張1;他3)	船,從舟,鉛省聲。"船"右旁訛寫作"公",字寫成"舩"。《廣韻·仙韻》:"舩",同"船"。"舩"可看作"船"改換示音構件"𠮟(鉛省聲)"爲"公"的異構字
歌/歌	·歌樂。(《孔日》32) ·歌樂。(《孔日》42) ·好歌舞。(《孔日》280 貳) ·好歌舞。(《孔日》374) ·又:《孔日》簡45、46、109 *(他7)	歌,從欠哥聲。歌,從欠可聲。《孔日》39 號簡作"歌樂",知"歌樂"即"歌樂"。"歌"乃"歌"改換示音構件"哥"爲"可"的異構字
顏/顏	·司寇、罷(遷)及黥顏頯罪贖耐。(《律令》129) ·黥媚顏頯。(《奏讞書》15) ·又:《律令》122、135,《脈書》17、23、24、25,《引書》83、97 *(張10)	顏,從頁彥聲。顏,從頁産聲。"顏"乃"顏"改換示音構件"彥"爲"産"的異構字
顧/額	·額門。(《睡日》甲114 叁) ·毋(無)敢額。(《睡日》甲130) ·少(小)額是胃(謂)少(小)楮,吝;大額是胃(謂)大楮,兇(凶)。(《睡日》甲130) *(睡4)	顧,從頁雇聲。額,從頁雚聲。雇,從隹戶聲;雚,從隹爻聲。戶,匣母魚部;爻,匣母宵部。"顧"與"額"兩者聲同韻近。《日書》甲種130 號簡"毋敢額"之"額"與《日書》乙種107 號簡"上車毋顧"之"顧",均用爲回頭看之義,同《莊子·秋水》"莊子持竿不顧"之"顧"。睡虎地秦簡"顧"3 例(《秦律》47、《答問》89、《睡日》乙107),"額"4 例,把"額"作爲"顧"的異構字,有關簡文均可通讀。"額"乃"顧"改換示音構件"雇"所從"戶"爲"爻"的異構字

續表

正字/異構	用例	簡釋
鬏/擊	·新郪信、擊長蒼謀賊殺獄史武。(《奏讞書》92) * (張1)	鬏，從髟秋聲。《説文·髟部》：“擊，鬏或省。漢令有擊長。”段注：“擊即鬏字。”“擊”乃“鬏”改換示音構件“秌”爲“矛”的異構字
砭/砒 /碧	·以砒穿其【隋（脽）】旁。(《病方》221) ·當胎（邰）與胕（跗）之脈而砒之。(《脈書》58) ·稱其小大而爲之砒。(《脈書》59) ·膲（膿）深碧輚（淺）。(《脈法》75～76) ·又：砒：《脈書》58、59（3例）、60；碧：《脈法》75、77 * (馬：砒1/碧3；張：砒7)	砭，從石乏聲。《玉篇·石部》：“砒，刺也，以石刺病也。砒，同上。”《集韻·鹽韻》：“砭，或作砒。”“砒”“碧”乃“砭”改換示音構件“乏”爲“巴”或“氾”的異構字
彘/彘	·取彘膏、□衍并冶，傅之。(《病方》14) ·取彘魚。(《病方》23) ·服藥時禁毋食彘肉、鮮魚。(《病方》238) ·馬、牛、羊、豘彘、彘食人稼穡。(《律令》253) ·四豘彘若十羊，彘當一牛。(《律令》253) ·鹿一、彘一……(《龍簡》33) ·又：《病方》44、316、317、352、360、375、452 * (馬10；張2；他1)	彘，從彑矢聲，從二匕。彘，從彑豕聲，從二匕。“矢”，書母脂部字；“豕”，書母支部字。兩者聲同韻近。“彘”與“彘”二字爲聲符互換，構形方式皆是形聲組合。彘，馬王堆簡帛一般從矢，也有不少從豕。“彘”字爲何從豕，其原因不單是“矢”與“豕”兩者聲同韻近，也跟人們對“彘”字意義的理解有關。“彘”從豕作，使表意更明確。“彘”乃“彘”改換示音構件“矢”爲“豕”的異構字
驕/騎	·貴富而驕，自遺咎也。(《老子》甲107) ·赤子騎悍數起。(《十問》51) * (馬2)	驕，從馬喬聲。騎，從馬高聲。《説文·夭部》“喬”，“从夭从高省”。于省吾先生指出“喬”字乃“因高字以爲聲”。①　“喬”，群母宵部字；“高”，見母宵部字。兩者韻同聲近。“騎”乃“驕”改換示音構件“喬”爲“高”的異構字，也可看作“驕”所從“喬”省寫去上部“夭”形成“騎”

---

① 于省吾：《釋古文字中附劃因聲指事字的一例》，載《甲骨文字釋林》，中華書局，1979，第458頁。

續表

正字/異構	用例	簡釋
樊/焚	· 斬八林而焚九□。（《孫臏》253） · ……□□焚焚，産於無。（《尉繚子》457） * （銀 2）	樊，從火棥，棥亦聲。段注云："樊即焚之訛。"《集韻·文韻》："焚，火灼物也。或作樊。""焚"可看作"樊"改換示音構件"棥"爲"林"的異構字
熱/炅	· 趮（躁）勝寒，靚（静）勝炅。（《老子》甲 18） · 或炅或吹。（《老子》甲 151） · 當遠里公乘王同即日病頭惡（痛）寒炅。（《居甲乙編》52·12） * （馬 2；他 1）	熱，從火埶聲。"埶"爲"藝"之初文，疑母月部字。炅，從火日聲。"日"，日母質部字。"埶"與"日"兩者古音相近。"熱"與"炅"二字聲符互換。帛書《老子》甲 18 行之"炅"，通行本作"熱"；151 行之"炅"，乙本作"熱"，義表溫度高。《老子》甲 18 行、151 行，《居甲乙編》52·12 號簡等三例從火日聲之字，《秦漢魏晉篆隸字形表》均録於該書"炅"字條之下。裘錫圭先生指出：此三例應是"熱"字，"與《説文》'炅'字形同實異，應附入'熱'字條"。①甚確
懼/思/愳	· 奈何以殺思之也。（《老子》甲 80） · 誰則不思。（《春秋》65） · 是胃（謂）五思。（《陰陽五行》甲之九等） · 恐愳而不敢盡□□。（《九主》389） * （馬：思 3/愳 1）	懼，從心瞿聲。思，從心，瞿省聲。帛書"思"即"懼"，義表恐懼、害怕。《老子》甲 80 行之"思"，通行本作"懼"。《説文·瞿部》"瞿"，"从隹从瞿，瞿亦聲"，"瞿"以"瞿"爲聲旁。《説文·心部》"懼"的古文作"思"。《正字通·目部》："瞿，瞿本字。""思"乃"懼"改換示音構件"瞿"爲"瞿"的異構字。"愳"乃"懼"構件"心"和"瞿"左右結構變換爲上下結構的異構字
怠/㥶	· 沕（没）身不㥶。（《老子》甲 124） * （馬 1）	怠，從心台聲。㥶，從心以聲。台，從口㠯聲。"台"以"㠯"爲聲旁。"㠯"即"以"字。"怠"與"㥶"二字爲聲符互換。"㥶"乃"怠"改換示音構件"台"爲"以"的異構字

① 裘錫圭：《〈秦漢魏晉篆隸字形表〉讀後記》，載《古文字論集》，中華書局，1992，第 503 頁。朱德熙、裘錫圭：《七十年代出土的秦漢簡册和帛書》，載《朱德熙古文字論集》，中華書局，1995，第 145 頁。

續表

正字/異構	用例	簡釋
怨/惌	·惌結之日。(《睡日》乙 14) ·訊婢黨有與争鬥、相惌。(《奏讞書》201) *（睡 1；張 1）	怨，從心夗聲。惌，從心宛聲。《集韻·元韻》：“怨，或作惌。”“惌”乃“怨”改換示音構件“夗”爲“宛”的異構字
悶/閊	·塞其閊。(《老子》甲 30) ·鬻（俗）人蔡（察）蔡（察），我獨閊閊呵。(《老子》甲 131) *（馬 2）	悶，從心門聲。閊，從心問聲。問，從口門聲，“問”以“門”爲聲旁。“悶”與“閊”二字爲聲符互換。《老子》甲 131 行之“閊閊”，河上公本、通行本皆作“悶悶”。同在《老子》甲 30 行，上文作“塞其閊”，下文作“啓其閊”，可證“閊”即“悶”字。“閊”乃“悶”改換示音構件“門”爲“問”的異構字
惕/愁	·術（怵）愁之心，不可【不】長。(《爲吏》37 貳) *（睡 1）	惕，從心易聲。愁，從心狄聲。《説文》“惕”的或體作“愁”，“逖”之古文作“逷”。易，餘母錫部；狄，定母錫部。兩字韻同聲近。① “惕”與“愁”兩字聲旁互換。《漢書·王商傳》：“卒無怵愁憂。”顔師古注：“愁，古惕字。”“愁”乃“惕”改換示音構件“易”爲“狄”的異構字
海/洖	·伊尹受令（命）於湯，乃論洖内四邦。(《九主》355) *（馬 1）	海，從水每聲。洖，從水母聲。“海”與“洖”二字爲聲符互換。馬王堆簡帛一般作“海”，個別作“洖”。“洖”乃“海”改換示音構件“每”爲“母”的異構字。楚文字“海”常寫作“洖”，如《包山楚簡》147 號“煮盬於洖”，郭店楚簡《老子》甲 2 號“江洖”，《性自命出》9 號、《窮達以時》10 號“四洖”等

① 關於“易”與“狄”的古音關係，參見林澐先生在《古文字研究簡論》（吉林大學出版社，1986）第 114 頁的論述：“易是中古的喻母四等字，古韻屬錫部。狄是中古的定母字，古韻也屬錫部。而音韻學上有‘喻四歸定’的成説，也就是中古的喻母四等字在上古時代和中古定母字屬於同一聲類。則易和狄在先秦時代可能是同音的。”

正字/異構	用例	簡釋
關/闗	・善閉者無闗籥（鑰）而不可啓也。（《老子》甲145） ＊（馬1）	關，從門龲聲。闗，從門串聲。"龲"，見母元部字。"串"即"申"若"毌"之異寫。《説文》"患"字下段注："毌、貫古今字，古形橫直無一定，如目字偏旁皆作𠁽，患字上從毌，或橫之作申，而又析爲二中之形。""毌"也是見母元部字，與"龲"有雙聲叠韻之關係。《老子》"闗籥"，通行本作"關鍵"，即拒門之橫木。"闗"乃"關"改換示音構件"龲"爲"串"的異構字。楚文字《孔子詩論》10號、《容成氏》18號、《鄂君啓舟節》等均見"闗"字
揖/擎	・擎以布。（《答問》90） ・可（何）謂"擎"？（《答問》90） ・擎布入公。（《答問》90） ＊（睡3）	揖，從手昏聲。擎，從手啟聲。《説文・手部》："揖，撫也。从手昏聲。一曰摹也。"鈕樹玉《説文解字校録》："《玉篇》《廣韻》作'撘'。"《正字通・手部》："揖，同撘。"《玉篇・日部》："昏"，同"昏"。"擎"乃"揖（撘）"改換示音構件"昏（昏）"爲"啟"的異構字
摩/𢷎/𤻶	・摩足蹠各卅而更。（《引書》12） ・𢷎兩手。（《引書》91） ・□手交指以𤻶面。（《引書》55～56） ・因下手𤻶面。（《引書》68） ＊（張：摩2/𤻶2）	摩，從手麻聲。麻，從广從林。《集韻・戈韻》："摩，或作𢷎。"疑簡文"摩"即"𢷎"，從手靡聲，只是"手"寫在字的下部。"𢷎"乃"摩"改換示音構件"麻"爲"靡"的異構字。"𤻶"又在"摩"所從"靡"左邊加兩點，亦是"摩"改換示音構件的異構字。東漢《王純碑》"閔其粥糜凍餒之患"之"糜"乃"糜"改換示音構件"麻"爲"靡"的異構字，屬同類
繡/綉	・琴一青綺綉素裏。（《馬簡》三53） ・竽一錦綉素裏。（《馬簡》三56） ＊（馬2）	繡，從糸肅聲。綉，從糸秀聲。《宋元以來俗字譜》："繡"，《嬌紅記》《東牕記》作"綉"。馬王堆簡帛多作"繡"。"綉"乃"繡"改換示音構件"肅"爲"秀"的異構字

續表

正字/異構	用例	簡釋
䗬/蠭	·蠭癘（蠆）蟲（虺）蛇弗赫（螫）。（《老子》乙190） * （馬1）	䗬，從虫逢聲。"蠭"同"䗬"，即"蜂"字之繁體。《説文·辵部》"逢"，從辵，峯省聲。段注改爲從辵夆聲，應以段注爲是。《説文·艸部》"蓬"的籀文作"莑"，《虫部》"䗬"之古文作"蠭"。"蠭"乃"䗬"改換示音構件"逢"爲"夆"的異構字
毁/攱	·西南攱。（《陰陽五行》甲之一） ·攱雞卵。（《雜療方》43） ·攱卒亂行，以順其志。（《孫臏》261） ·錐行者，所以衝堅攱兑（鋭）也。（《孫臏》281） ·又：《孫臏》357，《尉繚子》508，《晏子》550 * （馬2；銀5）	毁，從土，毇省聲。《龍龕手鏡·支部》："攱，正作毁，壞也。""攱"乃"毁"改換示音構件"𣪠（毇省聲）"爲"支"的異構字
動/勭	·道之勭也。（《老子》甲12） ·勭静不時胃（謂）之逆。（《經法》36） ·是勭則病。（《脈書》17） ·勭則實四支（肢）而虚五臧（藏）。（《脈書》52） ·以此勭之，以卒侍（待）之。（《孫子》51） ·皆侍（待）令而勭。（《孫臏》339） ·又：《老子》甲25，《脈書》20、23、27、29、31、33、37、39、44、46、55、64（2例），《孫子》30、39、52、75、163，《孫臏》249、272、278、298、353，《晏子》604、610，《六韜》676、686、698，《守法》863，《論政》1231、1629、1681（2例） * （馬3；張15；銀22）	動，從力重聲。勭，從力童聲。童，《説文·辛部》"从辛，重省聲"，《金文編》據《中山王鼎》分析爲"从立重聲"。"重""童"均定母東部字。吳大澂《説文古籀補》："古踵字从止从童，今經典通作踵。"《集韻·董韻》："動，或作勭。"馬王堆簡帛"動"皆寫作"勭"，"㼜"寫作"𪲻"（《縱橫》194行，《天下》22、23號），"踵"寫作"蹱"（《老子》甲102行）。"動"與"勭"二字爲聲符互換，構形方式皆是形聲組合。"勭"乃"動"改換示音構件"重"爲"童"的異構字

正字/異構	用例	簡釋
陰/隂/隌	・怒則隂氣多。(《引書》108) ・實其隂。(《引書》108) ・右隌,順術,倍(背)衝,大威(滅)有之。(《孫子》172) ・陽爲表,隂爲裹。(《孫臏》343) ・又:隂:《引書》93(3例)、105、107、112;隌:《孫子》173、176、177,《孫臏》372,《六韜》679 ＊(張:隂8;銀:隌7)	陰,從阜侌聲。侌,從云今聲。隂,從阜金聲。《説文・雲部》“霒”,“从雲今聲”。侌,古文或省”。可見“侌”從云今聲。《説文・金部》“金”從今聲,《水部》“淦”的或體作“汵”,《糸部》“紟”的籀文作“綅”。“隂”乃“陰”改換示音構件“侌”爲“金”的異構字。秦漢簡帛文字中又出現從虫的“隌”字,字右下部之“虫”乃“云”之訛寫

三　改換成字構件的異構字

表 12–3　改換成字構件的異構字

正字/異構	用例	簡釋
復/迿	・故迿可以守固。(《尉繚子》456) ・故進迿不棄(豪),從(縱)適(敵)不禽(擒)。(《尉繚子》495) ＊(銀2)	復,從彳從日從夊。《説文》“復”或從辵作“䢠”,古文從辵作“退”。《集韻・隊韻》:“復,古作迿,隸作退。”“迿”可看作“復”改換成字構件的異構字
踵/𨅡	・其𨅡稠者三寸。(《封診式》78～79) ・毋(無)氣之徒而𨅡(動)。(《睡日》甲61背壹) ＊(睡2)	踵,從足重聲。𨅡,從止童聲。“重”“童”均定母東部字。吳大澂《説文古籀補》:“古踵字從止從童,今經典通作踵。”《説文・足部》“跟”或作“𨂁”。《集韻・董韻》:“動,或作勭。”“𨅡”乃“踵”改換成字構件的異構字,兩者構形方式皆是形聲組合
道/衜/術	・西北辟衜。(《陰陽》甲2) ・此胃(謂)大襲之衜。(《陰陽》甲128) ・三日以祭門術。(《陰陽》甲102) ＊(馬:衜2/術1)	道,從辵從首。衜,從行從人。術,從行從示。皆是會意字。馬王堆簡帛一般作“道”,個別作“衜”“術”。“衜”從人在行中會意,郭店楚簡、石鼓文已見,此字已爲學術界證明是“道”字。“術”則是首見的“道”字。“衜”“術”可看作“道”改換成字構件的異構字

續表

正字/異構	用例	簡釋
殿/敟	・馬勞課敟。(《雜抄》29) ・繆繒五尺緣及敟（純）。(《封診式》82) ・即礫治（答）毛北（背）敟（臀）股。(《秦讞書》113~114) ・其敟（臀）瘢大如指四所。(《秦讞書》119) ・在足下，爲敟。(《脈書》12) ・又：《秦律》13、14，《雜抄》10、17（2例）、19（3例）、20、21（2例）、22（2例）、23、30，《封診式》83 ＊（睡18；張3）	殿，從殳屍聲。敟，從攴從尸，典聲。古音"殿"在定母文部，"典"在端母文部，聲音相近，故"敟"可用"典"爲聲旁。《説文》小篆"殿"從屍聲。"屍"即"臀"字。"典"，《説文・丌部》分析爲"从册在丌上"。"屍"所從冘下部即是"丌"，上部是"册"的簡省之形。可見"屍"所從冘是典省變之形。《字匯・殳部》："殿，從殳屍聲。""敟"可看作"殿"改換示音構件"屍"所從"冘"爲"典"、表義構件"殳"改換爲"攴"的異構字
蠆/萬/蒬	・萬，是胃（謂）其群不捼，以辭不合（答）。(《睡日》甲40) ・蒬，群不捼，【以辭】不合（答）。(《睡日》乙59) ・又：萬：《睡日》甲26壹~31壹；蒬：《睡日》乙47壹~52壹 ＊（睡：萬7/蒬7）	蠆，甲骨文作"蚩"，從虫從屮，會人足被蛇傷害之意，虫亦聲。金文、戰國文字作"萬"，秦簡作"萬""蒬"，小篆綜合六國文字和秦系文字作"蒬"（依錯本），或作"蠆"，"禹"頭訛作《《形。《周簡》333號"即取車蠆"作"蒬"，同小篆。"蚩、萬、蒬、蒬、蠆"均爲一字之變。秦簡《日書》甲種作"萬"，從屮從禹，《日書》乙把"萬"所從屮移於禹下作"蒬"，均是小篆"蠆"之異構字。①"萬""蒬"乃"蠆"改換成字構件的異構字。《睡簡》注："萬，疑爲躧的異體字。"可備一説
旌/翂	・名曰之（蚩）尤之翂。(《十六經》104) ＊（馬1）	旌，從㫃生聲。翂，從羽青聲，"翂"爲"旌"之異構字，二者構形方式皆是形聲組合。《集韻》以"翂"爲"旌"的異體。《十六經》"翂"即"旌"，義爲旌旗。楚簡文字"旌"常作"翂"，如包山、望山、天星觀簡文等。馬王堆帛書之"旌"寫作"翂"，顯然是受楚簡文字之影響

---

① 參見何琳儀《戰國古文字典》，中華書局，1998，第897~898頁。

正字/異構	用例	簡釋
崇/崈（崈）	·聖爲崈。（《病方》244） ·聖人之所崈德而廣業也。（《繫辭》10） * （馬：崈1/崈1）	崇，從山宗聲。崈，從高，宗省聲。崈，從高省，宗省聲。《説文》："崇，嵬高也。从山宗聲。"段玉裁改"嵬高"作"山大而高"。《爾雅·釋詁上》："崇，高也。"《易·繫辭上》："聖人所以崇德而廣業也。""崇"有高義，故帛書"崇"字從高。"崈（崈）"乃"崇"改換成字構件的異構字
裁/衬	·是必爲福，非必爲衬。（《經法》74） ·禍衬廢立，如景（影）之隋（隨）刑（形）。（《經法》75~76） * （馬2）	裁，從火戈聲。衬，從示才聲。二字爲改換成字構件的異構字。《經法》"裁"均寫作"衬"。字典未見"衬"字。《説文·火部》"裁"或體作"灾"，古文作"扰"，籀文作"災"
無/无	·无官不治。（《爲吏》42 貳~43 貳） ·无志不徹。（《爲吏》43 貳） ·唯虚无有。（《經法》3） ·无氣則死。（《養生方》197） ·无謁（竭）如河海。（《孫子》48） ·亂而不事治，胃（謂）之无時。（《守法》911） * （睡2；馬2；銀2）	《説文·亡部》："無，亡也。从亡無聲。无，奇字無。""无"乃"無"改換成字構件的異構字。睡虎地秦簡"無"5例，"无"2例。銀雀山漢簡有13例作"無"，有54例作"无"
繼/絲	·愛父，其絲愛人，仁也。（《五行》192） * （馬1）	繼，從糸從蠿。絲，整理小組認爲是"繼"字的異體，注曰："繼字古本作蠿，帛書在絲字右側着二字，表示蠿字所從之二'絲'。'其繼愛人'，猶言其次愛人。"王貴元先生指出此字從二從絲，爲"繼"的異構字。① 《馬王堆簡帛文字編》把此字列於"絲"字條下，讀爲"繼"。② "二"是羨畫還是構件？筆者認爲此字應分析爲從二從絲，"二"應是構件

① 王貴元：《馬王堆帛書文字考釋》，《古漢語研究》1995 年第 3 期。又見《馬王堆帛書漢字構形系統研究》，廣西教育出版社，1999，第 86 頁。

② 陳松長：《馬王堆簡帛文字編》，文物出版社，2001，第 535 頁。

四　增加構件的異構字

表 12－4　增加構件的異構字

正字/異構	用例	簡釋
一/弌	·日中弌。（《周簡》367） ＊（他1）	《説文》“一”古文作“弌”。《代大夫人家壺》作“弌”。“一”增加構件“弋”作“弌”。郭店楚簡《緇衣》作“弌”。吳《禪國山碑》、北魏《崔楷墓誌》亦見“弌”。“弌”乃“一”增加表義構件“弋”的異構字
足/跿/吂	·人各食其所耆（嗜），不跿以貧（分）人，各樂其所樂，而跿以貧（分）人。（《爲吏》35 伍～37 伍） ·其日跿以收責之。（《秦律》77） ·疢在吂。（《睡日》甲74背） ·又：跿：《秦律》78、129、146、194 ＊（睡：跿7/吂1）	跿，從夋足聲。“跿”乃“足”增加表義構件“夋”的異構字。此字《睡簡》隸寫作“踐”，作爲“足”的異體字。“跿”字在簡文中用作“足”，已無疑義，只是此字右旁形體詭異，難以解釋。曾先生指出此字右旁應隸寫作“夋”，從卪從夊，爲人形之訛變。“卪”字是早期寫法，像人跪踞而有所操作之形，其後纔有站立帶趾的人形“夋”出現，然兩手操持之狀仍約略可見，至秦簡訛作三止重迭之形，操持之狀已不復見。[1] 足，從口從止。睡虎地秦簡“足”21 例，“吂”1 例。“吂”乃“足”表義構件“口”和“止”上下位置變換的異構字
父/仪	·自今及古，其名不去，以順衆仪。吾何以知衆仪之然。（《老子》甲134） ＊（馬2）	馬王堆簡帛常作“父”，而《老子》甲134 行有 2 例作“仪”。“仪”即“父”增“亻”旁的異構字，加人旁以足義
柰/柰	·每朝啜柰二三果（顆），及服食之。（《雜療方》62） ＊（馬1）	柰，從木示聲。馬王堆簡帛“柰”多作“柰”，個別作“柰”。《雜療方》之“柰”即“柰”同形并列的異構字。“柰”即“柰”字。《廣韻·泰韻》：“柰，本亦作柰。”

---

① 曾憲通：《説跿、餕及其它》，《江漢考古》1992 年第 2 期；收入《古文字與出土文獻叢考》，中山大學出版社，2005。

正字/異構	用例	簡釋
負/毈	·以其耗（耗）石數論毈之。（《效律》24） ·甲盜名曰耤鄭壬毈强當良。（《睡日》甲81背） *（睡2）	毈，從叕負聲。"毈"乃"負"增加表義構件"叕"的異構字。此字《睡簡》隸寫作"饑"，作爲"負"的異體字。"負"作"毈"與"足"作"跛"情形相仿佛
昔/菁	·以菁古吉。（《睡日》甲113壹） *（睡1）	《説文·日部》："昔，乾肉也。從殘肉，日以晞之，與俎同意。菁，籀文從肉。"《睡日》甲113號壹"以菁古吉"，《睡日》乙120號作"以昔肉吉"，可證"菁"即"昔"字。"菁"乃"昔"增加表義構件"肉"的異構字
毇/糩	·粟求糩廿四之，五十而一。（《算數書》111） *（張1）	毇，從臬從殳。《算數書》"毇"多用"毀"，見98、102、103、109號簡等。毀，從土，毇省聲。此處"糩"是"毇"與"毀"兩字的合寫。"糩"可看作"毇"增加表義構件"土"的異構字
裘/裘	·舉關有（又）將司寇裘等。（《奏讞書》207） *（張1）	裘，從衣求聲。《玉篇·裘部》："裘，同裘。""裘"乃在"裘"的中部增加一點一橫即"衣"上部的異構字
皃/貌	·心□然笱（後）顏色容貌温以説（悦）。（《五行》249） ·赤（赫）赤（赫），聖貌也。（《五行》276） （馬2）	皃，從人，白像人面形。《説文》"皃"籀文從豸省作"貌"。《漢書·王莽傳下》："皃很自臧。"顏師古注："皃，古貌字也。"《五行》之"貌"即"皃"增加表義構件"豸"的異構字
卵/鑾	·取生荔、麋鑾轂。（《秦律》4） *（睡1）	卵，象形。鑾，從卵從絲，兩者皆聲。睡虎地秦簡"卵"2例（《睡日》甲74、《睡日》乙185），"鑾"1例。"鑾"乃"卵"增加示音構件"絲"的異構字

五　減省構件的異構字

表 12 - 5　減省構件的異構字

正字/異構	用例	簡釋
靈/珬	・作爲頃宮珬臺。（《晏子》554） ・且嬰之事珬公也。（《晏子》612） ＊（銀2）	靈，從玉霝聲。《説文・玉部》："靈，靈巫以玉事神。從玉霝聲。靈，靈或從巫。""珬"乃"靈"減省示音構件"霝"所從"雨"的異構字
葉/茟	・挾茟環埊夾擊其後。（《孫臏》243） ＊（銀1）	葉，從艸枼聲。"茟"乃"葉"減省示音構件"枼"所從"木"的異構字。馬王堆帛書《縱橫》230 行"今增注、茟恒山而守三百里"① 亦見"茟"字，不過與"葉"之簡體"茟"形同實異
葆/菜	・三菜（寶）有處。（《六韜》654） ・三菜（寶）定則君……（《六韜》656） ＊（銀2）	葆，從艸保聲。"菜"乃"葆"減省示音構件"保"所從"人"的異構字。《孫子》146 號"人君之葆也"等 10 例均作"葆"
草/卓	・五卓之勝曰。（《孫臏》346） ＊（銀1）	草，從艸早聲。艸，從二屮。"卓"乃"草"減省表義構件"艸"所從"屮"的異構字。《孫子》181 號"產草者"等 5 例從艸作"草"
萅/旾	・旾三月。（《睡日》乙 202、殘 3） ・旾秋穀（角）試，以闌（練）精材。（《守法》863） ＊（睡2；銀1）	萅，從艸從日，屯聲。旾，從日屯聲。《集韻・諄韻》："萅，古作旾，隸作春。"楚帛書、楚簡、秦簡、古璽、漢印均見"旾"字。"旾"可看作"萅"減省表義構件"艸"的異構字

---

① 整理小組注："茟即笙字，疑與跬字通，當超踰講。"

正字/異構	用例	簡釋
佑/仅	·天仅而弗戒。(《十六經》101下) ·子勿言仅。(《十六經》101下) *（馬2）	佑，從人右聲。"佑"之本字爲"右"。左右之"右"本作"又"，像右手之形，後以相助之"右"爲左右之"右"，又造"佑"字表"相助"之義。《十六經》之"仅"字省寫了"佑"所從"右"旁之"口"。"仅"乃"佑"字減省構件"口"的異構字
競/亮	·臨亮（境）近適（敵）。(《孫臏》389) *（銀1）	競，從誩從二人。《隸辨·映韻》："《説文》作'競'，从誩从二人。《五經文字》云：競，經典相承隸省。"《玉篇·誩部》："競"，同"競"。"亮"乃"競"減省表義構件的異構字
與/㠯	·㠯鬼神通。(《六韜》681) ·年六十【以上】㠯年十六以至十四。(《守法》931) ·又：《六韜》681、696、703、731，《守法》782、785（2例）、802、937 *（銀11）	與，從舁從与。舁，從臼從廾。㠯，從廾從与。《説文·舁部》："㠯，古文與。"《玉篇·舁部》："㠯"，古文"與"。"㠯"可看作"與"減省表義構件"舁"所從"臼"的異構字。《孫子》2號簡等22例之"與"均不省
臧/㢲	·冬大㢲（藏）。(《六韜》672) ·器成必試乃㢲（藏）。(《守法》844) ·又：《六韜》693（2例），《守法》846、940、943（2例） *（銀8）	臧，從臣從戕。㢲，從臣從爿。"㢲"乃"臧"減省表義構件"戕"所從"戈"的異構字。簡文"冬大㢲"，宋本作"冬道藏"，故簡文"㢲"讀爲"藏"。金文《伯戱父鼎》"戱"字從臣從戈，楊樹達先生《積微居小學述林·釋臧》指出"戱"爲"'臧'之初字也"。"戱""臧""㢲"一字異構
罰/訓	·賞訓孰明？(《孫子》5) *（銀1）	罰，從刀從詈。詈，從网從言。訓，從刀從言。"訓"乃"罰"減省表義構件"詈"所從"网"的異構字。銀雀山漢簡"罰"字多不省。玄應《一切經音義》卷二："訓，古文訓同。"簡文"訓"與此形同實異

316

續表

正字/異構	用例	簡釋
憙/悥	·其束有悥。(《睡日》乙 203) ·戊己死者，有悥。(《睡日》乙 219 壹) ·壬癸死者，有悥。(《睡日》乙 221) * (睡 3)	憙，從心從喜，喜亦聲。《穆天子傳》卷五："祭祀則憙，畋獵則獲。""悥"同"憙"。"悥"乃"憙"減省示音構件"喜"所從"口"的異構字。睡虎地秦簡"悥"6 例 (《睡日》乙 202、208～211、215)，"憙"3 例
爵/斝/时	·我又 (有) 好斝。(《繆和》27) ·春斝員駐。(《十問》12) ·夫莫之时而恒自然也。(《老子》甲 28) * (馬：斝 2/时 1)	《説文·鬯部》："爵，禮器也。象爵之形，中有鬯酒。又，持之也。所以飲器象爵者，取其鳴節節足足也。"《繆和》27 行和《十問》12 號之"斝"，從鬯從寸，上部省略；《老子》甲 28 行之"时"字上部省略，形符"鬯"進一步訛變爲"皀"。"斝""时"乃"爵"字減省構件的異構字。漢碑《婁壽碑》"祖父太常博士徵朱时司馬"亦作"时"
憂/发/惡/惡	·終日號而不发，和之至也。(《老子》甲 37) ·惡心衩 (惙) 衩 (惙)。(《五行》179) ·李園惡之。(《縱橫》272) ·或胃 (謂) 爲惡。(《陰陽五行》乙 96) * (馬：发 1/ 惡 1/惡 2)	憂，從夂惡聲。整理小組注曰："发，當爲憂之省，猶爵省爲时。"此字減省了"惡"旁之"頁"。"发"乃"憂"字減省構件的異構字。《漢語大字典》認爲"发"即"愛"字，① 恐誤。《説文·夂部》："憂，和之行也。從夂惡聲。"又"愛，行皃。從夂恚聲。"從字形來說，"发"有可能是"憂"的省文，也有可能是"愛"的省文。但從辭例和異文看，此字當是"憂"字之省，在帛文中讀爲嚘。《老子》乙該字雖僅殘存一"口"形旁，但帛書整理小組參照甲本復原爲"嚘"，爲釋此字提供了很好的依據。《玉篇·口部》："嚘，氣逆也。""不嚘"即不氣逆，正與下文"和之至也"相一致。"惡"減省了"憂"所從之"夂"，"惡"則把"憂"之"夂"移至字中間

① 漢語大字典編輯委員會：《漢語大字典》第 4 册，湖北辭書出版社、四川辭書出版社，1988，第 2270 頁。

正字/異構	用例	簡釋
椒/杽	·索迹柇鬱，不周項二寸。(《封診式》66) ·蜀杽。(《武醫》3) ·蜀杽一升。(《武醫》17) * (睡1；他2)	椒，從木叔聲，《説文》所無，見漢印"椒音之印"。《玉篇·木部》："杽"，同"椒"。"杽"乃"椒"減省示音構件"叔"所從"又"的異構字。滿城漢墓銅鐙、《漢印徵》6.11"頭杽"等亦見"杽"字
楚/走	·走、越遠。(《縱橫》70~71) ·今王循走、趙而講。(《縱橫》137) ·此齊之所以大敗走人。(《孫臏》451) ·又：《縱橫》255等 * (馬3；銀1)	楚，從林疋聲。走，從木疋聲。"走"乃"楚"減省表義構件"林"所從"木"的異構字。金文《舍前鼎》等亦見"走"字
師/帀	·雨帀以辛未死。(《睡日》甲149背) * (睡1)	《説文·帀部》釋"師"字從帀從𠂤。事實上"師"字從𠂤得聲。甲骨文、金文"師旅"之"師"字作"𠂤"，如禹鼎"西六𠂤殷八𠂤"，可證。戰國楚系文字"師"則多作"帀"。秦漢文字作"師"，也作"帀"。睡虎地秦簡"師"4例(《秦律》111，《雜抄》17兩例、18)，"帀"1例。"帀"乃"師"減省示音構件"𠂤"的異構字。按照古文字簡省的通例，在一般情況下，形聲字只能簡省形旁，不能簡省聲旁，但必須結合辭例作具體分析。簡文之"雨師"乃司雨之神，可見"雨帀"之"帀"乃簡省了聲旁"𠂤"的"師"字
圍/囗	·若圍囗。(《天文》局部8) ·攻城圍邑。(《刑德》乙79上) ·圍城。(《刑德》乙82上) * (馬3)	圍，從囗韋聲。《天文》和《刑德》之"圍"字減省了"圍"所從"韋"旁中間之"口"
施/㐌	·事恒自㐌，是我無爲。(《十六經》141) ·後將反㐌。(《稱》156) * (馬2)	施，從㫃也聲。《十六經》和《稱》之"㐌"減省了"施"所從"㫃"旁之"方"。"㐌"乃"施"字減省構件的異構字

正字/異構	用例	簡釋
游/斿	· 刑德六日而并斿也。（《刑德》乙6） · 刑以子斿於奇。（《刑德》乙7） · 斿日。（《刑德》乙53） · 并斿也。（《陰陽五行》乙之四） · 刑以子斿。（《陰陽五行》乙之四） * （馬5）	游，從辶汓聲。斿，從辶，汓省聲。《玉篇·辶部》："斿，或作游。""斿"乃"游"字減省構件"汓"爲"子"的異構字
霸/覇	· 主執度，臣循理者，其國覇昌。（《經法》28） · 覇主積甲士而正（徵）不備（服）。（《經法》34） · 覇者臣，名臣也。（《稱》146） · 明禮常，覇者之。（《尉繚子》526） · 覇者不成肆。（《守法》875） · 又：《守法》932、933 * （馬3；銀4）	霸，從月霝聲。覇，從月，霝省聲。"覇"字省寫了"霸"聲旁"霝"之"雨"。"覇"乃"霸"減省示音構件"霝"所從"雨"的異構字
穀/㱿	· 天下之所惡，唯孤寡不㱿，而王公以自名也。（《老子》甲13） · 夫是以侯王自胃（謂）孤寡不㱿。（《老子》乙178） · 又：《老子》甲8等 * （馬3）	穀，從禾㱿聲。"㱿"字省寫了"穀"所從"㱿"旁之"殳"。"㱿"乃"穀"字減省構件的異構字
復/宿/宇	· 伐共工而後兵宿而不起。（《孫臏》251） · 及晏子宿病也。（《晏子》532） · 景公登洛（路）宇之臺。（《晏子》552） · 景公令脩（修）苔（路）宇之臺。（《晏子》598） * （銀：宿1/宇3）	《説文·宀部》："復，臥也。从宀夏聲。"錯本夏作㥨。復，從宀㥨聲，《説文》字頭寫作"復"。《字匯補·宀部》："宿，古寢字。""宿""宇"乃"復"減省構件的異構字。"宿"減省"復"示音構件"㥨"所從"又"，"宇"再減省"宿"構件"亻"

正字/異構	用例	簡釋
窋/穿	· 擊穿寇奈何？（《孫臏》265） · 何穿之有？（《六韜》692） * （銀 2）	窋，從穴躬聲。穿，從穴，躬省聲。"穿"乃"窋"減省示音構件"躬"所從"呂"的異構字。《龍龕手鏡·穴部》："穿，今；窋，正。"簡文"穿"與此形同實異
癃/疼	· 以生子，疼。（《睡日》乙 90 壹） · 及夫妻皆疼病。（《律令》342） · 孤寡疼病當巢。（《治官》84 正） · 疼□病汪☑。（《居甲乙編》59·38） · 治諸疼，石疼出石，血疼出血，膏疼出膏，泔疼出泔，此五疼皆同樂（藥）治之。（《武醫》9） · 又：《雜抄》32，《答問》133（2例），《爲吏》30 叁，《睡日》甲 55 叁、90 壹、102 壹、124 貳、16 背壹、19 背肆，《睡日》乙 110、250，《律令》363、408（2例），《脈書》38，《引書》60，《阜蒼》7 * （睡 13；張 6；他 7）	癃，從疒隆聲。《説文》"癃"籀文省作"疼"。"疼"可看作"癃"減省示音構件"隆"爲"夆"的異構字
齒/齿	· 齿角出（顗）皆血出。（《封診式》57） · 蛇甄以利距齿。（《引書》99） · 蘭賓〈實〉鼠齿之已瘑也。（《萬物》17） * （睡 1；張 1；他 1）	《説文·匕部》："齒，頭髗也。從匕，匕，相比著也；巛象髮，囟象齒形。"《玉篇·匕部》："齒，或作腦。"《睡虎地秦墓竹簡》釋"齿"爲"腦"。注曰："腦，簡文寫作齿，馬王堆帛書《五十二病方》作齿，《説文》作齒，《玉篇》云'亦作腦'，《考工記》腦字作刉，《墨子·雜守》作刉，都是帛書寫法的訛變。""齿"乃"齒"成字構件減省的異構字

續表

正字/異構	用例	簡釋
臀/膞	· 上穿膞。(《脈書》17) * (張1)	臀，從月殿聲。"殿"即"臀"，從殳屍聲。《説文·尸部》"屍"的或體作"臋"，從骨殿聲。段注云："屍者，人之下基。……今《周易》《春秋》《考工記》皆作臋，從肉。""臀(臋)"即"臋"字。簡文"膞"把"肉"寫在左邊，減省"殿"字構件"殳"。"膞"乃"臀"減省示音構件"殿"所從"殳"的異構字
屈/屈	· 愚(勇)能屈。(《爲吏》34壹) · 十一月楚屈夕。(《睡日》甲65貳) · 虛而不屈。(《引書》111) · 屈力中原。(《孫子》14) · 堯身衰而治屈。(《孫臏》251~252) · 舜身衰而治屈。(《孫臏》253) · 又：《睡日》甲66壹、111壹、112壹、120貳、124壹、37背貳、39背壹，《十六經》92，《縱橫》241，《出行占》6，《二三子問》16，《繆和》37，《居甲乙編》49·31 * (睡9；馬5；張1；銀3；他1)	屈，從尾出聲。尾，從倒毛在尸後。屈，從尸出聲。段注"屈"字："屈乃屈之隸變。"《篇海類編·身體類·尸部》："屈，短尾鳥。古文屈字。""屈"乃"屈"減省表義構件"尾"所從"倒毛"的異構字。放馬灘秦簡作"屈"(《放日》甲35號、《志怪故事》3號)。睡虎地秦簡"屈"2例(《睡日》甲41背貳、51背叁)，"屈"9例，還有兩例(《睡日》甲42背壹、48背叁)字形不清晰。馬王堆帛書"屈"(《經法》10行)、"屈"并見
順/川	· 雖(唯)正(政)川□□，可以益壽而已矣。(《晏子》608) * (銀1)	順，從頁從巛(鍇本作川聲)。簡文"雖正川□□"，《賈子新書·數寧》作"唯以政順乎神"，可證簡文"川"是"順"之省寫。"川"可看作"順"減省表義構件"頁"的異構字。《孫子》3號簡等之"順"字不省
劓/刐	· 不刐者，忠。(《六韜》651) * (銀1)	劓，從刀專聲。刐，從刀，專省聲。專，從寸更聲。"刐"乃"劓"減省示音構件"專"爲"寺"的異構字。《孫臏》324號簡"劓"不省。"劓"是《説文·首部》從首從斷之"䤵"的或體

續表

正字/異構	用例	簡釋
巍/嵬	·巍（魏）州餘來也，……嵬（魏）【州】餘果與隋會出。（《春秋》29） ＊（馬1）	巍，從嵬委聲。《春秋》29之"嵬"省寫了"巍"所從"嵬"旁之"鬼"。同在《春秋》29行，上字"巍"不省，下字"嵬"省。"嵬"乃"巍"字減省構件的異構字
麜/麀	·麜皮歸，復令於邯鄲君。（《縱橫》318） ＊（馬1）	麜，從鹿弜聲，《縱橫》之"麀"字減省了"麜"所從"弜"旁之"弓"。"麀"乃"麜"字減省構件的異構字
濮/溁	·濮陽。（《律令》450） ＊（張1）	濮，從水僕聲。"溁"乃"濮"減省示音構件"僕"所從"人"的異構字
茯/沃	·以水茯之。（《睡日》甲32背叁） ·沃之。（《睡日》甲59背貳） ＊（睡2）	茯，從水芺聲。段注："茯，隸作沃。"沃，從水夭聲。《玉篇·水部》："沃"，同"茯"。"沃"乃"茯"減省示音構件"芺"所從"艸"的異構字
靁/霝/雷	·如靁如庭（霆）。（《六韜》745） ·雨而霝，以甲者城。（《刑德》乙73下~74上） ·乙卯風霝，兵令不出九旬發。（《刑德》乙93上） ·不雷不風。（《天文》局部8） ＊（馬：霝2/雷1；銀：靁1）	靁，從雨從晶。霝，從雨從畾。《說文》小篆作"靁"。銀雀山漢簡字或作"靁"，見《孫子》31號、《守法》863號；或作"霝"，如此例。《刑德》乙本74行上、93行上等作"霝"；《天文》局部8等又減省爲從田作"雷"。"霝""雷"乃"靁"減省表義構件"晶"所從"田"或"畾"的異構字
雲/云	·云門。（《睡日》甲122貳、124壹~125壹） ·一曰云石。（《養生方》202） ·燕云。（《天文》局部1） ·白云。（《天文》局部1） ·則刑（形）有云光。（《十問》34） ·又：《天文》局部1（8例），《天文》局部2（3例），《天文》局部4（3例）等 ＊（睡2；馬18）	雲，從雨，云象雲回轉形。云，古文省雨。睡虎地秦簡"雲"1例（《睡日》甲44背叁），"云"9例，但只有《睡日》甲122、124號兩例是"雲彩"之"雲"，餘7例（《答問》20兩例，《封診式》6、13、40、44，《睡日》甲62背）均用作"說"或助詞"云"。馬王堆帛書《天文》"云""雲"并用，以寫"云"爲多，如"赤云""白云""燕云"等，與《說文》古文作"云"相合。甲骨文已有"云"字，爲"雲"之初文。簡文"云"可看作"雲"減省表義構件"雨"的異構字

續表

正字/異構	用例	簡釋
聖/耶	·是以耶人欲不欲，而不貴難得之貨。(《老子》乙 201) ·雖有耶人，不能爲謀。(《經法》46) ·又：《老子》乙 200，《經法》4、89，《繫辭》11，《易之義》20 等 *（馬 7）	"聖"字甲骨文表示以耳聽人口發出之聲會意，後"人"形訛變爲"壬"。《老子》等"聖"均作"耶"，與甲金文之"聽"字同形，而"聖"和"聽"乃一字之分化。裘先生指出："'聖'的本義就是'聽'。古無'聽'字，以'聖'字兼'聽''聖'二字之用（參看《卜辭通纂考釋》第 137 頁）。甲骨卜辭裏'有耶''有聖'并見。二字用例相同，明爲一字異體。"① "耶"乃"聖"字減省構件的異構字
聲/殸	·用力甚少，名殸章明。(《十六經》140) *（馬 1）	聲，從耳殸聲。《十六經》之"殸"省寫了"聲"之形旁"耳"。"殸"乃"聲"減省構件的異構字
舉/舉	·舉手指摩（麾）。(《守法》786) ·人不舉或（域）中之田。(《守法》938) *（銀 2）	舉，從手與聲。舉，從手，與省聲。與，從舁從与。舁，從臼從廾。"舉"乃"舉"減省示音構件"與"所從"舁"上部"臼"的異構字。"舉"之作"舉"與上文"與"之作"與"情形相仿佛。《孫臏》257 號等 6 例"舉"不省
賊/賊	·國無盜賊。(《經法》18) *（馬 1）	賊，從戈則聲。《經法》之"賊"字減省了"賊"所從"則"旁之"刀"。"賊"乃"賊"字減省構件的異構字
軵/軥	·軥其力。(《十六經》102 上) ·引前而旁軥之。(《引書》21) *（馬 1；張 1）	軵，從車從付。"軥"乃"軵"減省表義構件"付"所從"人"的異構字。《奏讞書》198、199 號，《律令》157 號，《引書》56 號作"軵"

① 裘錫圭：《説"嵒""嚴"》，載《中華文史論叢》增刊《語言文字研究專輯》下册，1986；收入《古文字論集》，中華書局，1992。

正字/異構	用例	簡釋
亂/亂/乳/乳/爪	·亂氣相薄遝也。(《引書》104) ·故治而不亂。(《時令》1716) ·救乳之道也。(《蓋廬》54) ·乳而取之。《孫子》6) ·埃氣乳摰。(《蓋廬》30) ·婦人乳而笑。(《孫子》207) ·當斷不斷, 反受其爪。(《經法》90) ·故刑伐已加而爪心不生。(《春秋》75) ·又: 亂:《脈書》39、50,《天文》局部2、局部5; 乳:《蓋廬》32、51、55; 乳:《二三子問》26,《孫臏》261、273、340,《六韜》688,《守法》852、853、911、914(2例)、965,《論政》1099、1104、1107、1186、1550、1557、1562 等; 爪:《經法》76,《春秋》75 *(馬: 亂2/乳1/爪4/張: 亂4/乳4/乳1; 銀: 乳1/乳18)	亂,從乙從𤔔。𤔔,從爪從幺從冂。"亂"所從"𤔔"訛寫爲"爭",從孚從冂,字作"亂"。"爭"又省寫爲"孚""孚"。《經法》90行等例之"爪"左旁只剩下"爪"形。"乳""乳""爪"均從乙,從𤔔省,乃"亂"減省表義構件的異構字。"乳"與《說文·乙部》"人及鳥生子曰乳"從孚從乙之"乳"形同實異

六　相同構件間的組合位置變換的異構字

表12-6　相同構件間的組合位置變換的異構字

正字/異構	用例	簡釋
蘇/蘓	·蘓秦在齊。(《孫子》153) *(銀1)	蘇,從艸穌聲。穌,從禾魚聲。《干祿字書》: "蘓蘇,上俗下正。""蘓"亦從艸穌聲,不過把示音構件"穌"所從"魚"和"禾"左右位置變換,成爲異構字。漢碑"蘇"(《韓敕碑陰》)與"蘓"(《徐氏紀産碑》)并見
牴/𤛘	·奎𤛘房大凶。(《睡日》甲51壹) ·𤛘奎妻大凶。(《睡日》甲58壹) ·𤛘,祠及行、出入貨,吉。(《睡日》甲70壹) *(睡3)	牴,從牛氏聲。"𤛘"乃"牴"構件"牛"和"氏"左右位置變換的異構字。簡文"牴"讀爲"氐",二十八宿之一

續表

正字/異構	用例	簡釋
啜/⿰叕卩/⿱叕口	·孰（熟）而⿰叕卩之。（《病方》181） ·每朝⿱叕口䔢二三果（顆）。（《雜療方》62） ·每朝⿱叕口闌（蘭）實三，及⿱叕口陵（菱）敀（芰）。（《雜療方》63） *（馬：⿰叕卩 1/ ⿱叕口 3）	啜，從口叕聲。“⿰叕卩”“⿱叕口”乃“啜”構件“口”和“叕”位置變換的異構字
噴/⿰賁卩	·食之以⿰賁卩。（《睡日》甲 54 背叁） *（睡 1）	噴，從口賁聲。“⿰賁卩”乃“噴”構件“口”和“賁”左右位置變換的異構字。簡文“噴”疑讀爲饙，蒸飯
韙/⿰韋是	·非甲戟矢弩及兵槧韋⿰韋是之事。（《守法》840） *（銀 1）	韙，從是韋聲。《篇海類編·人事類·韋部》：“⿰韋是，即韙字。”“⿰韋是”乃“韙”構件“是”和“韋”左右位置變換的異構字
瞋/⿰真目	·因恙（佯）⿰真目目扼捾（腕）以視（示）力。（《語書》11~12） *（睡 1）	瞋，從目真聲。“⿰真目”乃“瞋”構件“目”和“真”左右位置變換的異構字。瞋目，瞪着眼睛
眯/⿰米目	·唯（雖）知（智）乎大⿰米目（迷）。（《老子》甲 147） *（馬 1）	眯，從目米聲。“⿰米目”乃“眯”構件“目”和“米”左右位置變換的異構字
脟/⿰谷月	·出於⿰谷月。（《足臂》1） ·入⿰谷月。（《足臂》13） *脊⿰谷月不陽（傷）。（《十問》20~21） *（馬 3）	脟，從肉谷聲。“⿰谷月”乃“脟”構件“肉”和“谷”左右位置變換的異構字。“脟”即“却”，俗作“卻”。《正字通·卩部》：“卻，俗却字。”“脟”指膝蓋後腿彎處
號/⿰虎号/号	·故⿰虎号令行。（《守法》860） ·發号出令。（《尉繚子》486） *（銀：⿰虎号 1/号 1）	號，從号從虎。“⿰虎号”乃“號”構件“号”和“虎”左右位置變換的異構字。《説文》“號”“号”并見。段注曰：“凡啼號字古作号……今字則號行而号廢矣。”《廣韻·号韻》：“号，亦作號。”簡文“号”可視爲“號”減省表義構件“虎”的異構字
静/⿰争青	·故唯執道者能虚⿰争青公正。（《經法》76 上） ·吾既正既⿰争青。（《十六經》91 上） ·安徐正⿰争青。（《十六經》138 上） ·動⿰争青有常。（《繫辭》1） ·久⿰争青不僮（動）則沈。（《易之義》16） ·岠（距）下涓以至⿰争青人。（《刑德》乙 56） ·岠（距）⿰争青人以至雞鳴。（《刑德》乙 56） ·以五夜之昏至於⿰争青。（《刑德》乙 59~60） ·火發其兵，⿰争青而勿攻。（《孫子》137） *（馬 8；銀 1）	静，從青争聲。“⿰争青”乃“静”構件“青”和“争”左右位置變換的異構字。銀雀山漢簡“静”3 例，“⿰争青”僅 1 例

正字/異構	用例	簡釋
麲/麹	·麥十斗，爲麲三斗。(《秦律》43) * (睡1)	麲，從麥商聲。"麹"乃"麲"構件"麥"和"商"右位置變換的異構字
邢/阱	·得之代阱也。(《易之義》6) * (馬1)	邢，從邑井聲。"阱"乃"邢"構件"邑"和"井"右位置變換的異構字
領/眖	·夫喪正絰脩眖而哀殺矣。(《五行》227) * (馬1)	領，從頁令聲。"眖"乃"領"構件"頁"和"令"左右位置變換的異構字
醜/魖	·凡疏陳(陣)之法，在爲數魖。(《論政》1537) * (銀1)	醜，從鬼酉聲。"魖"乃"醜"構件"鬼"和"酉"左右位置變換的異構字。"魖"所從"鬼"的竪彎鈎筆畫拉長伸展，半包圍"酉"，使整字結構勻稱
嫗/歐	·己亥曉歐死。(《質日》26正) * (他1)	嫗，從女區聲。"歐"乃"嫗"構件"女"和"區"左右位置變換的異構字
姑/故	·故婦善新(鬥)。(《雜禁方》4) * (馬1)	姑，從女古聲。"故"乃"姑"構件"女"和"古"左右位置變換的異構字
好/孜	·我孜静而民自正。(《老子》甲42) ·孜驗六故＝六十。(《居甲乙編》133·4B) * (馬1；他1)	好，從女、子。"孜"乃"好"構件"女"和"子"左右位置變換的異構字。郭店楚簡《語叢三》11號、《三羊鏡》、《作佳鏡》、《漢印徵》12.13、《古封泥集成》958~961等亦見"孜"字
弦/紒	·以賜紒章。(《晏子》627) ·造紒弩五。(《守法》835) ·又：《晏子》620、624、625、627、630，《守法》836 * (銀8)	《説文·弦部》："弦，弓弦也。從弓，象絲軫之形。"《康熙字典·糸部》："紒，與弦同。"《孫叔敖碑》："去不善如絶紒。""紒"乃"弦"構件"弓"和"玄"(簡文訛變爲"糸")左右位置變換的異構字
繼/䌛	·戰勝，則所以在亡國而䌛絕世也。(《孫臏》247) * (銀1)	《説文·糸部》："繼，續也。從糸、䜌。一曰反䜌爲繼。""䌛"乃"繼"構件"糸"和"䜌"左右位置變換的異構字
强/弲	·弲。(居延甲渠候官《相利善劍》册第5簡) * (他1)	强，從虫弘聲。簡文"强"被拆開爲"弓"與"虽"兩部分，而且兩部分左右移位。"弲"可看作"强"構件改換位置的異構字

續表

正字/異構	用例	簡釋
蟬/蟬	·二日蟬付（附）。（《天下》42） ＊（馬1）	蟬，從虫單聲。"蟬"乃"蟬"構件"虫"和"單"左右位置變換的異構字
虹/蚟	·蚟宫。（《陰陽五行》乙圖四）① ＊（馬1）	虹，從虫工聲。"蚟"乃"虹"構件"虫"和"工"左右位置變換的異構字
矝/矝	·故其吏大夫多不矝節，民多姦。（《論政》1063） ·弗矝故長。（北大《老子》180） ·故果而毋矝。（北大《老子》202） ＊（銀1；他2）	矝，從矛今聲。"矝"乃"矝"構件"矛"和"今"左右位置變換的異構字。今本《説文》從今作"矝"，唐本《説文》從令作"矝"。漢隸多作"矝"
軨/軨	·以爲軨適（敵）必危之矣。（《明君》412） ＊（馬1）	軨，從車令聲。"軨"乃"軨"構件"車"和"令"左右位置變換的異構字。《明君》418行作"軨"，構件位置没有變換
辤/辤	·賢鄙溉辤。（《爲吏》5伍～6伍） ＊（睡1）	辤，從辛昏聲。睡虎地秦簡"辤"（《睡日》甲31背）與"辤"各1例。"辤"乃"辤"構件"辛"和"昏"左右位置變換的異構字
疎/疎	·疎分趙壤。（《縱横》232） ·疎服而聽。（《縱横》233） ＊（馬2）	疏，从充从疋，疋亦聲。"疎"乃"疏"的異體字，從疋，疋、束皆聲。"疎"乃"疎"構件"疋"和"束"左右位置變換的異構字。《馬簡》一236號"疎比一具"之"疎"構件位置没有變換
品/嵒	·田獲三嵒。（《周易》82） ·此鍵（乾）川（坤）之嵒（參）説也。（《易之義》23） ＊（馬2）	品，從三口。"嵒"把"品"上邊的"口"移到下邊。"嵒"乃"品"上下位置變換的異構字
翡/翟	·嬰嬰於翟（飛）。（《五行》224） ·翟（飛）鳥以凶。（《周易》35） ＊（馬2）	翡，從羽非聲。"翟"乃"翡"構件"非"和"羽"上下位置變換的異構字。同是《周易》35行，"翡（飛）鳥遺之音"之"翡"構件位置没有變換

---

① "蚟"見陳松長《馬王堆簡帛文字編》，文物出版社，2001，第536頁。

續表

正字/異構	用例	簡釋
㤅/㥐	・㥐以身爲天下。(《老子》甲 115) ・【親而篤之】,㥐也。㥐父,其絲(繼)㥐人。(《五行》192) * (馬 4)	愛,小篆作"㤅",從夊炁聲。"㤅"所從"炁"從心旡聲。帛書"㥐"所從"夊"寫在"炁"之間,"㥐"乃"㤅"之構件"夊"位置上移的異構字。馬王堆帛書"愛"字多作"㤅",與小篆相同
晨/曟	・日曟食所以知之。(《刑德》乙 69 下) * (馬 1)	《說文》"晨"乃"曟"之或體。晨,從日從辰,辰亦聲。《集韻·真韻》:"晨,或作曟。"楚帛書、古璽均見"曟"字。"曟"乃"晨"構件"日"與"辰"上下位置變換的異構字
巍/巋	・巋至今然者,襄子之過也。(《縱橫》185) ・韓、巋(魏)爲次。(《孫子》155) ・巋(魏)襄王問杜子。(《論政》1425) ・山巋崩。(《時令》1939) ・又:《五行》334,《縱橫》233,《孫子》158,《論政》1426 * (馬 3;銀 5)	巍,從嵬委聲。嵬,從山鬼聲。《龍龕手鏡·山部》:"巋","巍"的俗字。"巍"之表義構件"嵬"所從"山"與"鬼"上下位置變換而字寫成"巋","巋"爲"巍"的異構字。《孔龢碑》《漢印徵》9.6 等均見"巋"字
岑/忩	・毋忩忩。(《爲吏》48 壹) ・天忩在西南。(《五星占》15) ・牛濯脾忩心肺各一器。(《馬簡》一 52) * (睡 1;馬 2)	岑,從山今聲。《五星占》的"天忩",《史記·天官書》作"天欃";而《左傳·昭公三年》的"讒鼎",《呂氏春秋·審己》《新序·節士》并作"岑鼎"。從異文可知,"忩"很可能是"岑"的異構。《睡簡》把《爲吏》此字釋作"岑",讀爲矜,訓爲苦也。《馬簡》"忩"讀爲"函","函"的俗體作"肣",兩字均從今聲,可通。《玉篇·肉部》:"肣,牛腹也。"疑"忩"字在這裏指牛腹
霽/霱	・唯(雖)雨,霱。①(《孔日》33) ・以雨,霱。(《孔日》35) * (他 2)	霽,從雨齊聲。"霱"乃"霽"上下構件"雨"和"齊"變換位置的異構字

---

① 《孔日》簡 33 和簡 35 "霱"字,《隨州孔家坡漢墓簡牘》釋文作"齊",王貴元先生改釋作"霱"。當是。王貴元:《讀孔家坡漢簡札記》,簡帛網 2006 年 10 月 8 日。

續表

正字/異構	用例	簡釋
霡/䨪	·五月䨪來。(《孔日》451) ·三䨪三倍。(《孔日》451) ·六月止雲䨪於亥。(《孔日》473) ·又:《孔日》451 (4 例) * (他 7)	霡,從雨秋聲。"䨪"乃"霡"上下構件"雨"和"秋"變換位置的異構字。"霡"之"雨"旁一般寫在字的上部,在下少見。"霡"即"霧"字
聶/聶	·合青筍二合盛聶敝(幣)。(《馬簡》一 284) ·聶敝千匹。(《馬牌》3 號) ·聶敝二筍。(《馬簡》三 385) * (馬 3)	聶,從三耳。"聶"乃"聶"構件上下位置變換的異構字。《十問》78 號"故辟聶(懾)懸胁(怯)者"之"聶"構件位置没有變換
姦/姦	·有姦心而□□□正也。(《春秋》69) ·接姦一兩。(《馬簡》一 262) * (馬 2)	姦,從三女。"姦"乃"姦"構件位置上下移位的異構字。《縱横》275 行"姦(間)趙入秦"之"姦"構件位置没有變换。北魏《元昭墓誌》"窮奸塞暴之政"、《元熙墓誌》"奸臣擅命"、《元壽安墓誌》"内苞奸宄",東魏《劉懿墓誌》"式遏奸宄"等,"姦"作"奸",省"女"加聲符"干"。"姦"今作"奸"
劦/劦	·小叔(菽)鹿劦(胁)白羹一鼎。(《馬簡》一 14) ·犬其劦(胁)炙一器。(《馬簡》一 41) * (馬 1)	劦,從三力。"劦"乃"劦"構件位置上下移位的異構字
嘬/嚪	·十曰魚嚪。(《合陰陽》117) * (馬 1)	嘬,從口最聲。"嚪"乃"嘬"構件"口"和"最"左右結構變換爲上下結構的異構字
吠/吳	·疏陳(陣)者,所以吳也。(《論政》1532) ·中之醰(薄)也,將以吳也。(《論政》1535) * (銀 2)	吠,從犬、口。"吳"乃"吠"構件"犬"和"口"左右結構變換爲上下結構的異構字。《漢印徵補》2.6"王吳"作"吳"

續表

正字/異構	用例	簡釋
蹶/蹷	·此爲骭蹷。(《脈書》25) ·人之所以善蹷。(《引書》106) ·又:《脈書》18、41、46,《引書》59 *(張6)	蹶,從足厥聲。徐鍇《説文解字繫傳》作"蹷"。《廣韻·月韻》:"蹶,亦作蹷。"《集韻·月韻》:"蹷,亦書作蹶。""蹷"乃"蹶"構件"足"和"厥"左右結構變换爲上下結構的異構字。《引書》41號作"蹶",爲左右結構
翹/䎀	·□立則王者之䎀治也。(《守法》919) *(銀1)	翹,從羽堯聲。"䎀"乃"翹"構件"羽"和"堯"左右結構變换爲上下結構的異構字。《集韻·爻韻》:"翿,或作䎀。"簡文"䎀"與此形同實異
幼/务 /㚃	·务蠪(龍)處之。(《睡日》甲50背壹) ·务(窈)呵冥呵。(《老子》乙236) ·禹問务頻曰。(《胎産書》1) ·务疾。(《養生方》214) ·求諸孤务不能自衣食者。(《時令》1901) ·所以衛(率)……險务將自立焉。(《孫臏》435~436) ·又:务:《睡日》甲50背貳,《尉繚子》514,《居甲乙編》18·14B、554·2等 *(睡:务2;馬:务3;银:务1/㚃1;他:务2)	幼,從幺從力。《正字通·幺部》:"幼,别作务。""务"乃"幼"構件"幺"和"力"左右結構變换爲上下結構的異構字。"㚃"則是"务"所從"幺"變换爲"玄"形成的,亦是"幼"的異構字。《九主》381行"慮詏可智"之"詏"作"訤",所從"务"也是上下結構。睡虎地秦簡、馬王堆帛書、銀雀山漢簡"幼"字均作上下結構,與《説文》小篆作左右結構不同
腏/膥	·中三膥。(《睡日》甲156背) ·取内户旁祠空中黍膥、燔死人頭皆冶。(《病方》240) ·即取膥以歸。(《周簡》351) ·已收膥。(《志怪故事》5) ·毋以羹沃膥。(《志怪故事》7) ·又:《周簡》348、352、354 *(睡1;馬1;他6)	腏,從肉叕聲。"膥"乃"腏"構件"肉"和"叕"左右結構變换爲上下結構的異構字
膠/膋	·用膋一兩、脂二錘。(《秦律》130) ·人毋(無)故而鬼取爲膋。(《睡日》甲34背壹) ·又:《秦律》128(2例)、130 *(睡5)	膠,從肉翏聲。"膋"乃"膠"構件"肉"和"翏"左右結構變换爲上下結構的異構字

續表

正字/異構	用例	簡釋
腔/宵	·鼻宵壞。（《封診式》53） ＊（睡1）	腔，從肉從空，空亦聲。"宵"乃"腔"構件"肉"和"空"左右結構變換爲上下結構的異構字
枇/柴	·柴一筍。（《馬簡》三181） ＊（馬1）	枇，從木比聲。《集韻·齊韻》："枇，柳木。或書作柴。""柴"乃"枇"構件"木"和"比"位置變換的異構字
柞/柴	·柴之樹得雨……（《西陲簡》53） ＊（他1）	柞，從木乍聲。"柴"乃"柞"左右結構變換爲上下結構的異構字。《龍簡》38號"諸取禁苑中枑、楲、橘、楮産葉及皮……"之"枑"作左右結構
柜/杲	·一曰見民杲（倨）敖（傲）。（《爲吏》19貳） ·君子言以杲（榘）方也。（《要》13） ＊（睡1；馬1）	柜，從木巨聲。"杲"乃"柜"構件"木"和"巨"左右結構變換爲上下結構的異構字
機/樊	·名曰三樊。（《六韜》714） ·□御樊數。（《守法》869） ＊（銀2）	機，從木幾聲。"樊"乃"機"構件"木"和"幾"左右結構變換爲上下結構的異構字
槽/菓	·絶以（似）菓（彗）星。（《相馬經》20） ·橫菓中有禁物。（《律令》501） ·所以攻菓也。（《孫臏》416） ＊（馬1；張1；銀1）	槽，從木彗聲。"菓"乃"槽"構件"木"和"彗"左右結構變換爲上下結構的異構字
胗/肣	·肣（貪）而廉。（《論政》1354） ·肣（貪）者能大。（《論政》1355） ＊（銀2）	《説文·马部》："肣，舌也。象形。舌體马马。从马，马亦聲。胗，俗肣从肉今。""胗"乃"肣"的俗體。"肣"乃"胗"構件"肉"和"今"左右結構變換爲上下結構的異構字

正字/異構	用例	簡釋
糂/糂	·戴糂、黄芩、白蔛（薔）。（《病方》290） * （馬1）	糂，從米甚聲。《説文》"糂"籀文作"糂"。"糂"從米朁聲，左右結構。《病方》"糂"亦從米朁聲，不過"朁"所從"日"寫作"目"，且整字構件從左右結構變換爲上下結構
粉/粆/粉	·小付藚三，盛節、脂、粆。（《馬簡》—227） ·食以粉（芬）放（芳）。（《天下》21） ·以粉傅之。（《周簡》320） * （馬：粆1/粉1；他：粉1）	粉，從米分聲。"粆""粉"均是"粉"構件"米"和"分"位置變換的異構字。馬王堆簡帛"粉"多作左右結構，個別作上下結構
頪/㮿/菓	·白㮿一囊一笥。（《馬牌》32） ·密㮿一囊一笥。（《馬牌》33） ·密菓一笥。（《馬簡》三165） ·白菓一笥。（《馬簡》三175） ·又：菓：《馬簡》三187、188、189、190 * （馬：㮿2/菓6）	頪，從米從頁。《説文·首部》："首，百同，古文百也。"王筠《説文解字句讀》："頁本即首字。"頁、百、首均是頭的象形字，可以通用。"㮿""菓"乃"頪"構件"米"和"頁"位置變換的異構字。馬王堆木牌"頪"多作左右結構，個別作上下結構
胞/胄	·爲正（政）壹暴則胄（雹）。（《時令》1923） * （銀1）	胞，從肉從包。"胄"乃"胞"構件"肉"和"包"左右結構變換爲上下結構的異構字
崩/崩	·天子崩。（《天文》局部2） ·与崩同占。（《天文》局部2） ·与天子崩同占。（《天文》局部2） ·文王業之而崩。（《六韜》721） ·友之友胃（謂）崩（朋），崩（朋）之崩（朋）胃（謂）之黨。（《六韜》747） * （馬3；銀2）	崩，從山朋聲。段注"崩"字："隸體山在朋上。"《集韻·登韻》："崩，亦書作崩。""崩"乃"崩"構件"山"和"朋"左右結構變換爲上下結構的異構字
豚/豚	·即斬菁耳，與胲以因塗囷廥下。（《周簡》352） * （他1）	豚，從肉從豕。"豚"乃"豚"構件"肉"和"豕"左右結構變換爲上下結構的異構字

續表

正字/異構	用例	簡釋
駛/騺	·任治不騺窮。(《晏子》569) * (銀1)	駛,從馬敖聲。《集韻·號韻》:"駛,驕駛,馬怒。通作騺。""騺"乃"駛"構件"馬"和"敖"左右結構變換爲上下結構的異構字。《漢印徵補》10.2"張騺"亦作"騺"
熯/㷱	·不㷱(難)遠道,故禽(擒)絕地之民。(《守法》865) ·臣以爲㷱(難)。(《守法》916) * (銀2)	熯,從火,漢省聲。"㷱"乃"熯"構件"火"和"莫(漢省聲)"左右結構變換爲上下結構的異構字
烐/㶿	·淺坡(彼)陽㶿。(《十問》6) * (馬1)	烐,從火弗聲。"㶿"乃"烐"構件"火"和"弗"位置變換的異構字
情/悥	·不辱以悥(静)。(《老子》甲169) ·濁而悥(静)之。(《老子》甲121) ·守悥(静)表也。(《老子》甲122) * (馬3)	情,從心青聲。"悥"乃"情"構件"心"和"青"位置變換的異構字。馬王堆帛書"情"字多作上下結構
孔/㘞	·猶顔子、子路之士(事)㘞子也。(《五行》315) * (馬1)	孔,從乚從子。"㘞"乃"孔"構件"乚"和"子"位置變換的異構字。馬王堆帛書"孔"多作左右結構,個別作上下結構
振/㪍	·以㪍其病。(《天下》26) * (馬1)	振,從手辰聲。"㪍"乃"振"構件"手"和"辰"位置變換的異構字。馬王堆帛書"振"多作左右結構,個別作上下結構
掇/㪍	·取丘下之莠,完㪍其菜二七。(《睡日》甲63背壹~64背壹) * (睡1)	掇,從手叕聲。"㪍"乃"掇"構件"手"和"叕"左右結構變換爲上下結構的異構字。睡虎地秦簡"掇"(《爲吏》7伍)、"㪍"各1例
妬/妿	·隱忌妿妹。(《稱》150) * (馬1)	妬,從女從石。"妿"乃"妬"構件"女"和"石"位置變換的異構字。馬王堆帛書"妬"多作左右結構,個別作上下結構。"妬",《説文》所無。《玉篇·女部》"妬,同妒"

正字/異構	用例	簡釋
愧/愧	·愧於諸悊（悔）德訾（詐）惥（怨）。（《春秋》91） * （馬1）	愧，從恥省，鬼聲。"愧"乃"愧"構件"心"和"鬼"位置變換的異構字。"愧"是《説文》小篆"媿"的或體
綼/綦	·男子西有纍秦綦履一兩。（《封診式》59） ·外壝秦綦履迹四所。（《封診式》78） ·又：《封診式》78，《爲吏》36 貳（2例） * （睡5）	綼，從糸畀聲。"綦"乃"綼"構件"糸"和"畀"左右結構變換爲上下結構的異構字。《説文》"綼"或體與《熹平石經·詩經》均作"綦"，上從其。秦漢時代"畀""其"形近，所以"綼"的或體訛變爲"綦"。姚文田、嚴可均《説文校議》："綦即綼字，特糸旁在畀下耳。古畀與其通……"簡文"綼履"指一種有紋的麻鞋
絀/紶	·別紶以叚（假）之。（《秦律》74～75） * （睡1）	絀，從糸封聲。《集韻·董韻》："絀，亦書作紶。""紶"乃"絀"構件"糸"和"封"左右結構變換爲上下結構的異構字
螟/蝆	·再不時，多蝆虫（蟲）。（《時令》1920） * （銀1）	螟，從虫從冥，冥亦聲。"蝆"乃"螟"構件"虫"和"冥"左右結構變換爲上下結構的異構字。《漢印徵補》13.3"螟越""亦作"蝆"
蛾/蚐	·毋令虫蚐能入。（《胎産書》16） * （馬1）	蛾，從虫我聲。"蚐"乃"蛾"構件"虫"和"我"左右結構變換爲上下結構的異構字
蟬/罩	·罩鳴。（《時令》1740） ·罩鳴。（《時令》1740） * （銀2）	蟬，從虫單聲。《時令》1740 號"蟬"所從"單"因作上下結構字形太長而省去下部横畫和豎畫一部分。"罩"乃"蟬"構件"虫"和"單"左右結構變換爲上下結構的異構字
蟆/蟇	·羸虫（蟲）最陰者瑕（蝦）蟇也。（《時令》1659） * （銀1）	蟆，從虫莫聲。《急就章》第三章見"蟇"字。《廣韻·麻韻》："蟆，蝦蟆。亦作蟇。""蟇"乃"蟆"構件"虫"和"莫"左右結構變換爲上下結構的異構字

續表

正字/異構	用例	簡釋
蚖/蝨	·令蝨及虫蛇蛇弗敢射。① （《雜療方》66） ·即不幸爲蝨虫蛇蜂射者。（《雜療方》67） ＊ （馬2）	蚖，從虫或聲。《字彙·虫部》："蝨"同"蚖"。"蝨"乃"蚖"構件"虫"和"或"左右結構變換爲上下結構的異構字
畍/界	·後其將吏出於縣部界。（《守法》976） ＊ （銀1）	畍，從田介聲。邵瑛《群經正字》："今經典作界。""界"乃"畍"構件"田"和"介"上下結構變換爲左右結構的異構字
背/朏	·熊經以利腜（脢）朏。（《引書》101） ＊ （張1）	背，從肉北聲。"朏"乃"背"構件"北"和"肉"上下結構變換爲左右結構的異構字
屎/杘	·杘在所利。（《天文》局部8） ＊ （馬1）	屎，從木尸聲。"杘"乃"屎"構件"木"和"尸"上下結構變換爲左右結構的異構字
枲/枱	·取桃枱（栝）栝（段）四隅中央。（《睡日》甲24背叁～25背叁） ＊ （睡1）	枲，從木台聲。劉樂賢先生引鄭剛先生之說曰："枱即枲，古文字偏旁部位常可換。"② "枱"乃"枲"構件"木"和"台"上下結構變換爲左右結構的異構字。睡虎地秦簡"枲"6例，"枱"1例
艮/盰/ 眲	·方盰（眼）深視。（《相馬經》2） ·盰（眼）眚（爪）黃。（《脈書》13） ·目中皮復（覆）盰（眼）。（《銀其他》2150） ·□與枳（支）刺盰山之胃（謂）離日。（《睡日》甲48叁～49叁） ＊ （睡；盰1；馬：盰1；張：盰1；銀：盰1）	艮，從匕、目。"盰"易"目"爲"日"作"盰"。"盰""眲"乃"艮"構件"目"（日）和"匕"上下結構變換爲左右結構的異構字。《脈書》51號"齫齊齒長"之"齫"所從亦作"盰"。《爲吏》6號簡叁"根田人邑"、《相馬經》66行"所胃（謂）絶根者"、《病方》25行

---

① 下一蛇字係衍文。

② 劉樂賢：《睡虎地秦簡日書研究》，文津出版社，1994，第245頁。

正字/異構	用例	簡釋
艮/旫/ 旫		"枎（術）根去皮"之"根"所從亦作"旫"。《刑德》19行"乙卯爲根""辛卯爲根"等之"根"所從作"艮"，但構件"日"和"匕"分離。睡虎地秦簡"艮"2例（《封診式》53、《睡日》甲47），"旫"1例
愚/愚	・智能愚。（《爲吏》32壹） ・賤、惡、疏，不必愚。（《論政》1512） ・前識者，道之華而愚之首也。（北大《老子》4） ＊（睡1；銀1；他1）	愚，從心禺聲（依王筠《説文解字句讀》）。《論政》1512號"愚"所從"忄"豎筆往右拉長伸展半包圍"禺"。"愚"乃"愚"構件"心"和"禺"上下結構變換爲左右結構的異構字
忽/㣦	・其下不㣦。（《老子》乙229） ＊（馬1）	忽，從心勿聲。"㣦"乃"忽"構件"心"和"勿"上下結構變換爲左右結構的異構字。馬王堆帛書"忽"多作上下結構，個別作左右結構
惑/惑	・少則得，多則惑。（《老子》甲136） ・民不麋（迷）惑。（《道原》172） ＊（馬2）	惑，從心或聲。"惑"乃"惑"構件"心"和"或"上下結構變換爲左右結構的異構字。馬王堆帛書"惑"多作上下結構，個別作左右結構
基/至/ 墭/坃	・守怨之本，養亂之至。（《經法》46） ・必高矣而以下爲至。（《老子》甲7） ・德之至也。（《易之義》39） ・丁卯墭以食朝成七吉。（《陰陽五行》甲156） ・必高矣而以下爲坃。（《老子》乙177下～178上） ＊（馬：至3/墭1/坃1）	基，從土其聲。"至""墭""坃"皆"基"的異構字，"基""至"爲上下結構，"墭""坃"爲左右結構。"基""墭"所從"其"簡省爲"亓"。《包山楚簡》168號簡亦作"至"

第二節　小結

一　秦漢書寫文字異構字字表

表 12-7　改換表義構件的異構字統計表

例字	睡虎地秦簡	馬王堆簡帛	張家山漢簡	銀雀山漢簡	其他	例
祭（8 上）①	祭/祭 15	祭/祭 4		祭/祭 3		22
社（9 上）					社/� 2	2
跪（46 上）				跪/趏 1		1
娿（60 上）	娿/絮 1					1
曼（64 上）		曼/寽 6		曼/寽 1		7
叔（64 下）	叔/杸 9	叔/杸 2/杸 2	叔/杸 1	叔/杸 1		15
毄（66 上）	毄/皷 1	毄/皷 1				2
毆（66 下）		毆/皷 1				1
殽（66 下）	殽/皷 2	殽/皷 2			殽/皷 1	5
殺（66 下）		殺/敆 2	殺/敆 8	殺/敆 11/杀 6		27
變（68 上）		變/變 2	變/變 7	變/變 9/夐 1		19
敵（68 下）		敵/戴 2				2
救（68 下）		救/救 3				3
攻（69 上）		攻/戉 2				2
髓（86 下）			髓/膡 1			1
體（86 下）	體/膃 5	體/膃 7	體/膃 4	體/膃 2		18
劍（93 上）	劍/劍 13	劍/劍 2			劍/劍 1	16
笑（99 上）				笑/关 4		4
鼓（102 上）	鼓/皷 7	鼓/皷 5	鼓/皷 1			13
阱（106 上）	阱/穽 1		阱/穽 1		阱/穽 1	3
槃（122 上）					槃/鑿 2	2
巷（137 上）	巷/衖 1					1
朙（141 下）	朙/明 15	朙/明 3	朙/明 9	朙/明 18	朙/明 1	46

---

① 例字後面括號内是該字出現在許慎《説文解字》（中華書局，1963）一書中的頁碼。

續表

例字	睡虎地秦簡	馬王堆簡帛	張家山漢簡	銀雀山漢簡	其他	例
槀（143上）			槀/粟 27	槀/粟 1	槀/粟 1	29
牖（143下）	牖/牏 2	牖/牏 2	牖/牏 1	牖/牏 3	牖/牏 1	9
實（150下）		實/賨 1	實/賨 15		實/賨 1/賨 29/賨 4	50
察（150下）	察/察 1/察 2	察/察 3	察/察 1	察/察 9		16
最（157上）	最/寁 6/寁 1		最/寁 2/寁 4		最/寁 4	17
常（159上）					常/裳 2	2
帬（159上）					帬/裠 5	5
倍（166上）				倍/偝 1		1
匈（188上）			匈/肾 1			1
魂（188下）		魂/衁 1				1
魄（188下）		魄/袙 1				1
魅（188下）	魅/袜 1					1
鸞（197下）	鸞/豪 1					1
驅（201上）				驅/毆 3		3
甗（203上）	甗/甀 1	甗/甀 4		甗/甀 1		6
懷（218下）			懷/瓄 1			1
泰（237上）			泰/肰 2			2
孚（242上）			孚/孚 2			2
閉（248下）	閉/閇 12					12
婦（259上）					婦/妦 3	3
戟（266上）				戟/戟/ 1		1
義（267上）		義/羛 3	義/羛 11	義/羛 4	義/羛 1	19
蟊（283下）	蟊/蚤 1		蟊/蚤 1			2
蠱（283下）				蠱/蟲 1/蟲 1/蚕 2		4
野（290下）	野/埜 14/壄 1	野/埜 2		野/壄 1		18
勇（292下）	勇/恿 5/思 1	勇/男 3		勇/恿 2/男 3	勇/恿 3	17
陷（305上）	陷/窞 8/窞 5/窞 2					15
	22個（組）	24個（組）	19個（組）	20個（組）	15個（組）	

改換表義構件的異構字，各種相加共 100 個（組），合并字頭共 50 個。
一共 452 例。

表 12－8　改換示音構件的異構字統計表

例字	睡虎地秦簡	馬王堆簡帛	張家山漢簡	銀雀山漢簡	其他	例
祀（8 上）	祀／祐 1					1
堳（14 下）	堳／塓 3				堳／聟 2	5
蓍（20 下）		蓍／莟 1				1
蔡（23 下）			蔡／祭 5			5
菹（24 下）		菹／苴 8				8
局（35 上）	局／局 1	局／局 1				2
通（40 下）		通／迵 3				3
微（43 上）		微／徵 5／讆 1	微／徵 4	微／徵 2		12
詬（57 下）	詬／詢 2	詬／詢 2	詬／詢 3			7
堅（65 下）		堅／墅 1		堅／墅 1		2
眇（73 上）		眇／肵 1				1
剝（92 下）	剝／剶 1					1
策（98 上）		策／筴 1／笧 2		策／笧 2		5
既（106 下）		既／旣 4／嬰 1				5
餐（107 下）			餐／餐 1			1
梅（114 下）		梅／栂 4／楳 1			梅／楳 2	7
栖（122 上）					栖／杯 20	20
柄（123 下）				柄／槀 1		1
圃（129 上）	圃／囿 1					1
賢（130 上）		賢／貿 4		賢／貿 1		5
時（137 下）				時／旹 1		1
繫（148 下）			繫／繫 2			2
袵（170 下）	袵／袾 1					1
製（173 上）	製／裂 11					11
船（176 上）	船／舩 6		船／舩 1		船／舩 3	10
歌（179 下）					歌／哥 7	7
顏（181 下）			顏／顏 10			10
顧（182 下）	顧／頋 4					4

例字	睡虎地秦簡	馬王堆簡帛	張家山漢簡	銀雀山漢簡	其他	例
髮（185下）			髮/擘1			1
砭（195下）		砭/砲1/碧3	砭/砲7			11
巇（197下）		巇/巇10	巇/巇2		巇/巇1	13
驕（200上）		驕/騎2				2
燔（209上）				燔/焚2		2
熱（210上）		熱/炅2			熱/炅1	3
懼（218下）		懼/思3/愳1				4
息（220下）		息/怂1				1
怨（221下）	怨/宛1		怨/宛1			2
悶（222上）		悶/悶2				2
惕（223上）	惕/愁1					1
海（229上）		海/洘1				1
關（249上）		關/闗1				1
揞（253上）	揞/擘3					3
摩（255下）			摩/摩2/癢2			4
繡（273下）		繡/綉2				2
蠱（283下）		蠱/蠱1				1
毀（289上）		毀/毇2		毀/毇5		7
動（292下）		動/勭3	動/勭15	動/勭22		40
陰（304下）			陰/隂8	陰/隂7		15
	13個（組）	25個（組）	14個（組）	10個（組）	7個（組）	

改換示音構件的異構字，各種相加共 69 個（組），合并字頭共 48 個。一共 255 例。

表 12－9　改換成字構件的異構字統計表

例字	睡虎地秦簡	馬王堆簡帛	張家山漢簡	銀雀山漢簡	其他	例
復（43下）				復/迊2		2
踵（46下）	踵/㠇2					2
道（62下）		道/衎2/術1				3
殿（66下）	殿/𣪊18		殿/𣪊3			21

續表

例字	睡虎地秦簡	馬王堆簡帛	張家山漢簡	銀雀山漢簡	其他	例
辈 (113 上)	辈/畫 7/憂 7					14
旌 (140 上)		旌/㫃 1				1
崇 (191 上)		崇/稟 1/稟 1				2
栽 (209 上)		栽/材 2				2
無 (267 下)	無/无 2	無/无 2		無/无 2		6
繼 (272 上)		繼/絲 1				1
	4 個（組）	6 個（組）	1 個（組）	2 個（組）	0	

　　改換成字構件的異構字，各種相加共 13 個（組），合并字頭共 10 個。一共 54 例。

表 12-10　增加構件的異構字統計表

例字	睡虎地秦簡	馬王堆簡帛	張家山漢簡	銀雀山漢簡	其他	例
一 (7 上)					一/弌 1	1
足 (45 下)	足/踐 7/吉 1					8
父 (64 上)		父/仪 2				2
奈 (114 下)		奈/㮈 1				1
負 (130 下)	負/㫃 2					2
昔 (139 上)	昔/菁 1					1
毇 (148 下)			毇/糩 1			1
袤 (173 下)			袤/裒 1			1
兒 (177 上)		兒/貌 2				2
卯 (285 下)	卯/鬮 1					1
	4 個（組）	3 個（組）	2 個（組）	0	1 個（組）	

　　增加構件的異構字，各種相加共 10 個（組），合并字頭共 10 個。一共 20 例。

表 12-11　減省構件的異構字統計表

例字	睡虎地秦簡	馬王堆簡帛	張家山漢簡	銀雀山漢簡	其他	例
靈 (13 下)				靈/霊 2		2
葉 (22 上)				葉/苵 1		1
葆 (26 下)				葆/菉 2		2

例字	睡虎地秦簡	馬王堆簡帛	張家山漢簡	銀雀山漢簡	其他	例
草（27 上）				草/卓 1		1
菩（27 上）	菩/音 2			菩/音 1		3
佑①		佑/仅 2				2
競（58 上）				競/亮 1		1
與（59 下）				與/与 11		11
臧（66 上）				臧/㢩 8		8
罰（92 下）				罰/訓 1		1
意（101 下）	意/恚 3					3
爵（106 下）		爵/酎 2/尉 1				3
憂（112 下）		憂/发 1/悥 1/惪 2				4
椒②	椒/林 1				椒/栋 2	3
楚（126 下）		楚/走 3		楚/走 1		4
師（127 上）	師/帀 1					1
圍（129 下）		圍/囲 3				3
施（140 下）		施/㫄 2				2
游（140 下）		游/㳺 5				5
霸（141 下）		霸/朝 3		霸/朝 4		7
穀（146 上）		穀/㮀 3				3
寝（151 上）				寝/寗 1/寀 3		4
窟（153 上）				窟/穿 2		2
瘢（156 上）	瘢/痒 13		瘢/痒 6		瘢/痒 7	26
齒（168 下）	齒/齿 1		齒/齿 1		齒/齿 1	3
臀（174 下尸）		臀/脿 1				1
屈（175 下）	屈/屈 9	屈/屈 5	屈/屈 1	屈/屈 3	屈/屈 1	19
順（182 下）				順/川 1		1
剔（184 下）				剔/刮 1		1
巍（189 下）		巍/麦 1				1
麛（202 下）		麛/麿 1				1
濮（227 上）			濮/漢 1			1
茨（233 上）	茨/沃 2					2

---

① 《說文》無佑字。《說文·又部》"右"，徐鉉等注："今俗別作佑。"

② "椒"字《說文》所無。

續表

例字	睡虎地秦簡	馬王堆簡帛	張家山漢簡	銀雀山漢簡	其他	例
靁（241 上）		靁/靁 2/雷 1		靁/靁 1		4
雲（242 下）	雲/云 2	雲/云 18				20
聖（250 上）		聖/耶 7				7
聲（250 上）		聲/殸 1				1
舉（254 上）				舉/舉 2		2
賊（266 上）		賊/戝 1				1
軵（303 上）		軵/軵 1	軵/軵 1			2
亂（308 下）		亂/亂 2/乳 1/爪4	亂/亂 4/乳 4/乳 1	亂/乳 1/乳 18		35
	9 個（組）	19 個（組）	7 個（組）	19 個（組）	4 個（組）	

減省構件的異構字，各種相加共 58 個（組），合并字頭共 41 個。一共 204 例。

表 12－12　相同構件間的組合位置變換的異構字統計表

例字	睡虎地秦簡	馬王堆簡帛	張家山漢簡	銀雀山漢簡	其他	例
左右移位						53
蘇（15 下）				蘇/蘓 1		1
牴（29 下）	牴/觝 3					3
啜（31 上）		啜/敪 1/嗇 3				4
噴（33 下）	噴/賁口 1					1
韙（39 上）				韙/韙 1		1
瞋（72 下）	瞋/眞目 1					1
眯（73 上）		眯/粡 1				1
胳（87 下胠）		胳/胡 3				3
號（101 下）				號/虢 1/号 1		2
静（106 上）		静/青爭 8		静/青爭 1		9
豯（112 上）	豯/豯/1					1
邦（133 下）		邦/阱 1				1
領（182 上）		領/頁令 1				1
醜（189 上）				醜/鬼酉 1		1
嫗（259 下）					嫗/歐 1	1
姑（259 下）		姑/故 1				1
好（261 上）		好/孜 1			好/孜 1	2

續表

例字	睡虎地秦簡	馬王堆簡帛	張家山漢簡	銀雀山漢簡	其他	例
左右移位						
弦（270下）				弦/紒8		8
繼（272上）				繼/䌛1		1
强（279下）					强/彊1	1
蟬（281上）		蟬/䗺1				1
虹（282下）		虹/𧍪1				1
矜（300下）				矜/𥎠1	矜/𥎠2	3
軡（301下）		軡/䡛1				1
辥（309下）	辥/䄉1					1
疎（310下）		疎/㽦2				2
上下移位						35
品（48下）		品/㗊2				2
翡（75上）		翡/翠2				2
憂（112下）		憂/惥4				4
晨（141上）		晨/曟1				1
巍（189下）		巍/䰨3		巍/䰨5		8
岑（190下）	岑/岺1	岑/岺2				3
霽（242上）					霽/䨄2	2
霢（242上）					霢/䨄7	7
畾（250下）		畾/㗊3				3
姦（265上）		姦/婎2				2
劦（293上）		劦/劦1				1
左右變上下						89
喝①		喝/嘼1				1
吠（34下）				吠/呎2		2
蹶（47上）			蹶/厥6			6
翹（75上）				翹/翼1		1
幼（83下）	幼/㐳2	幼/㐳3		幼/㐳1/㐳1	幼/㐳2	9
朡（90上）	朡/臀1	朡/臀1			朡/臀6	8

① “喝”字《説文》所無。

續表

例字	睡虎地秦簡	馬王堆簡帛	張家山漢簡	銀雀山漢簡	其他	例
左右變上下						
膠（90 下）	膠/簪 5					5
腔（90 下）	腔/宵 1					1
枇（116 上）		枇/柴 1				1
柞（116 上）					柞/筰 1	1
柜（117 下）	柜/杲 1	柜/杲 1				2
機（123 上）				機/欒 2		2
槽（125 下）		槽/巢 1	槽/巢 1	槽/巢 1		3
肹（142 下）				肹/含 2		2
糂（147 下）		糂/竇 1				1
粉（148 上）		粉/芬 1/粂 1			粉/粂 1	3
頪（183 下）		頪/稟 2/稟 6				8
胞（188 上）				胞/脅 1		1
崩（191 上）		崩/崩 3		崩/崩 2		5
豚（197 下）					豚/脅 1	1
駥（199 下）				駥/鷔 1		1
燋（207 下）				燋/爇 2		2
沸（207 下）		沸/炭 1				1
情（217 上）		情/惠 3				3
孔（246 下）		孔/孚 1				1
振（254 下）		振/擘 1				1
掇（255 上）	掇/挈 1					1
妬（263 上）①		妬/妥 1				1
愧（265 上）②		愧/愿 1				1
緺（274 上）	緺/縈 5					5

①　“妬”，《説文》所無，263 頁上有“妒”字。

②　“愧”乃“媿”的或體。《説文》265 頁上有“媿”字。

例字	睡虎地秦簡	馬王堆簡帛	張家山漢簡	銀雀山漢簡	其他	例
左右變上下						
紃（277下）	紃/繺 1					1
螟（279上）				螟/螶 1		1
蛾（280上）		蛾/蟻 1				1
蟬（281上）				蟬/䘏 2		2
蟆（282上）				蟆/蠚 1		1
蛾（282下）		蛾/蛾 2				2
畎（291上）				畎/畍 1		1
上下變左右						18
背（87下）			背/朏 1			1
屎（123下）		屎/枦 1				1
臬（149上）	臬/柏 1					1
艮（168下）	艮/朏 1	艮/朏 1	艮/朏 1	艮/朏 1		4
愚（220上）	愚/惆 1			愚/惆 1	愚/惆 1	3
忽（220下）		忽/惚 1				1
惑（221上）		惑/惑 2				2
基（287上）		基/至 3/琪 1/坄 1				5
	17 個	44 個（組）.	4 個（組）	25 個（組）	12 個（組）	

相同構件間的組合位置變換的異構字，各種相加共 102 個（組），合并字頭共 82 個。一共 195 例，其中，左右移位 53 例，上下移位 35 例，左右變上下 89 例，上下變左右 18 例。

二 秦漢書寫文字異構字概況

本章共收秦漢書寫文字異構字 1180 例，可分爲 6 種類型。其中，改換表義構件的異構字 452 例，改換示音構件的異構字 255 例，改換成字構件的異構字 54 例，增加構件的異構字 20 例，減省構件的異構字 204 例，相同構件間的組合位置變換的異構字 195 例。

秦漢書寫文字異構字 1180 例分屬 352 個（組），其中，改換表義構件的異構字 100 個（組），約占總數的 28%；改換示音構件的異構字 69 個

（組），約占總數的 20％；改換成字構件的異構字 13 個（組），約占總數的
4％；增加構件的異構字 10 個（組），約占總數的 3％；減省構件的異構字
58 個（組），約占總數的 16％；相同構件間的組合位置變換的異構字 102
個（組），約占總數的 29％。改換表義構件和改換示音構件的異構字共 169
個（組），占總數的近 50％，這説明簡帛文獻異構字的構成方式主要是改換
構件。從減省構件的異構字占總數的 16％而增加構件的異構字只占總數的
3％看，簡化是簡帛文獻異構字發展變化的基本趨勢。相同構件間的組合位
置變換的異構字占總數的 29％，其中構件左右位置變換和左右結構變換爲
上下結構占絶大多數。

　　正字與異構字多數是一對一（318 對），還有少數是一對二（27 對）、一
對三（7 對）的。如睡虎地秦簡“陷”是正字，“窞、窨、宿”是異構字；馬
王堆帛書“基”是正字，“𡉈、琪、𡎚”是異構字；銀雀山漢簡“蠶”是正
字，“蠺、蜑、蚕”是異構字。本章把異構字歸納爲 6 種類型，有的字的異構
字屬多種類型。如銀雀山漢簡“勇”有“愿、男”兩個異構字，“愿”乃
“勇”改換表義構件“力”爲“心”的異構字，“男”乃“勇”減省示音構件
“甬”所從“㠯”的異構字。馬王堆帛書“基”有“𡉈、琪、𡎚”三個異構
字，“𡉈”乃“基”示音構件“其”減省爲“亓”的異構字，“琪”乃“基”
相同構件間的組合位置變換所形成的異構字，“𡎚”既屬“基”減省構件的異
構字，又屬“基”相同構件間的組合位置變換的異構字。

　　睡虎地秦簡、馬王堆簡帛、張家山漢簡、銀雀山漢簡以及其他秦漢書
寫文字各類型異構字分布的具體情況如表 12 - 13 所示。

表 12 - 13　秦漢書寫文字各類型異構字分布具體情況

單位：個（組）

類型 簡帛文	改換表義構件	改換示音構件	改換成字構件	增加構件	減省構件	構件組合 位置變換	總計
睡虎地秦簡	22	13	4	4	9	17	69
馬王堆簡帛	24	25	6	3	19	44	121
張家山漢簡	19	14	1	2	7	4	47
銀雀山漢簡	20	10	2	0	19	25	76
其他墨迹	15	7	0	1	4	12	39
總計	100	69	13	10	58	102	352

有些異構字在多種文獻中共同出現，如同出現在睡虎地秦簡、馬王堆簡帛、張家山漢簡、銀雀山漢簡以及其他秦漢書寫文字中的異構字有“明、牖、屈”，同出現在睡虎地秦簡、馬王堆簡帛、張家山漢簡、銀雀山漢簡的異構字有“村、膿、察”，同出現在睡虎地秦簡、馬王堆簡帛、張家山漢簡的異構字有“鼓、詢”，同出現在睡虎地秦簡、馬王堆簡帛、銀雀山漢簡的異構字有“祭、毚、无、务”，同出現在馬王堆簡帛、張家山漢簡、銀雀山漢簡中的異構字有“敍、變、苐、徹、勭、亂、乳、叱”。

有些異構字在多種文獻中共同出現，但寫法不同，如“亂”的異構字，馬王堆帛書寫作“乳、爪”，張家山漢簡寫作“亂、乳、乳”，銀雀山漢簡寫作“乳、乳”，共有“亂、亂、乳、乳、爪”5種寫法，可大致看出其演化過程爲“亂→亂→乳→乳→爪”；“勇”的異構字，睡虎地秦簡寫作“恿、恖”，馬王堆帛書寫作“男”，銀雀山漢簡寫作“恿、男”，其他秦漢書寫文字寫作“恿”，共有“勇、恿、男、恖”4種寫法。

有些異構字是古文（斜綫後者是古文），如：一/弌，社/袿（䃾），與/𢌱，槃/鎜，時/旹，驅/毆（敺），懼/愳，雲/云，無/无，蠭/逢（蠭），野/壄，勇/恿。

有些異構字是籀文（斜綫後者是籀文），如：劒/劒，昔/萺，糂/䉵（糣），癃/瘁，皃/貌，毫/豪。

有些異構字是或體（斜綫後者是或體），如：復/逌，詬/詢，叔/村，剌/劓，阱/穽，柄/棅，晨/晷（晨），常/裳，帬/裠，鬏/髳，匈/肾，惕/惖，雩/𩃇，義/苐，緋/纍（綦）。

有些異構字是訛體（斜綫後者是訛體），如：䙴/纍，毚/毚。

第十三章　秦漢銘刻文字中的異構字

秦漢文字的特點之一是出現了大量的異寫字和異構字。本章將在第十二章對秦漢書寫文字中的異構字分析的基礎上，對秦漢銘刻文字中的異構字進行分析。

第一節　秦漢銘刻文字異構字簡釋

一　改換表義構件的異構字

表 13 - 1　改換表義構件的異構字

正字/異構	用例	簡釋
靈/靈/靈	·魂靈瑕顯。（《北海相景君銘》） ·又《尚書考靈燿》曰。（《史晨前碑》） ·慕突兆而靈□。（《精白鏡》） ·惟巛靈定位。（《石門頌》） ·又：靈：《王稚子右闕》、《熹·詩·靈臺》	靈，從玉霝聲。靈，從巫霝聲。《説文》"靈"或體從巫作"靈"。邵瑛《群經正字》："今經典多從或體。""靈"或從土作"靈"。《居甲編》2172 亦見從土之"靈"字。"靈""靈"乃"靈"改換表義構件"玉"爲"巫"或"土"的異構字
芬/芬	·滔于芬印。（《漢印徵》1.8）	芬，從中從分，分亦聲。《説文》"芬"或從艸作"芬"。"芬"乃"芬"改換表義構件"中"爲"艸"的異構字

正字/異構	用例	簡釋
薊/魝	·鮮于魝印。(《漢印徵》1.10)	薊,從艸劍聲。"魝"乃"薊"改換表義構件"艸"爲"中"的異構字
茉/枺/椒	·枺林明堂銅錠。(《滿城漢墓銅鐙》) ·頭枺。(《漢印徵》6.11) ·椒音之印。(《漢印徵》6.11)	茉,從艸未聲。枺,從木未聲。椒,從木叔聲。《玉篇·木部》:"枺",同"椒"。"椒"減省示音構件"叔"所從"又"成爲"枺"。睡虎地秦簡《封診式》66號簡、《武醫》3號簡亦見"枺"字。後魏佚名《魯孔子廟碑》亦見"枺"字。"枺""椒"乃"茉"改換表義構件"艸"爲"木"的異構字
葬/塟/埊(堥)	·生長塟陵在於咸陽。(《堯廟碑》) ·建安十五年二月十日陳元盛塟。(《建安十五年題記》) ·埊枯槀乏。(《孫叔敖碑》) ·埊。(《洛陽刑徒磚》) ·十七日辛酉埊。(《衡方碑》)	葬,從死在茻中。塟,從死在艸、土之中。埋葬用土,受文字所記錄的詞義的影響,葬所從"茻"之下部改換爲"土"。《字彙·土部》:"塟,同葬。"《類篇》"葬"或作"埊"。《衡方碑》"埊"所從"土"字右多加一點作"圡"。碑"土"字或寫作"圡",故碑常加點把"土"寫作"圡"以區別。秦漢文字多作"葬",亦作"塟""埊"。《服傳》48、57號亦見"塟"字。西晉《石尠墓誌》、《湯氏甎》"湯氏塟"亦見"塟"字。魏《膠東令王君殘碑》"埊於京師者五世"、北魏《元楨墓誌》"埊以彝典"、北周《馬龜墓誌》"埊於陰山之北"等亦省作"埊"。"塟""埊"(堥)乃"葬"改換表義構件的異構字
牢/窂/牢	·祠孔子以大牢。(《史晨前碑》) ·郡遣吏以少牢祠。(《韓仁銘》) ·作牢。(《建安四年洗》)	《說文》:"牢,閑養牛馬圈也。從牛,冬省,取其四周帀也。"高田忠周曰:"此唯像畜牲之圈,非冬省也。""牢"字所從"畜牲之圈"改換爲"穴"而寫作"窂"。《玉篇·穴部》:"窂,與牢同。"《干祿字書》:"窂牢,上俗下正。""牢"少寫一點作"牢"。"窂""牢"乃"牢"改換構件"宀"(畜牲之圈)爲"穴"或"宀"的異構字。西晉《徐義墓誌》、唐《高儼仁墓誌》亦見"窂"字

續表

正字/異構	用例	簡釋
犛/厃	·厃毋方印。（《漢印徵》2.4）	犛，從犛省，來聲。犛，從牛犛聲。《説文》"犛"古文省作"厃"。"厃"可看作"犛"改換表義構件"犛"爲"厂"的異構字
咳/孩	·先生童孩多奇。（《婁壽碑》）	咳，從口亥聲。孩，從子亥聲。《説文》"咳"古文從子作"孩"。《字彙補·口部》："咳，與孩同，小兒也。""孩"乃"咳"改換表義構件"口"爲"子"的異構字
澀/歮	·蓋路歮難。（《石門頌》）	《説文》："澀，不滑也。从四止。"《字彙補·止部》："歮，與澀同。""歮"字，《秦漢魏晉篆隸字形表》據《字彙補》另立字條。裘先生曰："此字即《説文》訓'不滑'的'澀'字的異體，後用'澀'字。依例'歮'應作爲'澀'的異體處理，不應據《字彙補》立字條。"① 甚是
延/征	·動悔有悔，征吉。（《熹·易·困》） ·君興師征討。（《曹全碑》） ·從風征暴。（《校官碑》） ·征羌國丞。（《漢印徵》2.11）	延，從辵正聲。征，從彳正聲。甲骨文作"征"，金文"延""征"并見，可見從彳之"征"早於"延"出現。《説文》以"延"爲正體，"征"爲或體。文獻多用"征"。據《説文》，"征"可看作"延"改換表義構件"辵"爲"彳"的異構字
復/退/邊	·六鶂退飛，過宋都。（《熹·春秋·僖十六年》） ·退就勑巾。（《衡方碑》） ·害退，於戌亥之間。（《曹全碑》） ·進邊以禮。（《夏承碑》）	復，從彳從日從夂。退，從辵從日從夂。《説文》"復"古文作"邊"。《玉篇·彳部》："復，古退字。"《集韻·隊韻》："復，隸作退。""邊"比"退"多加一橫。以《説文》字頭"復"爲正字，則"邊""退"可看作"復"改換表義構件"彳"爲"辵"的異構字
器/噐	·董是噐。（《董是洗》） ·利噐不觀。（《張遷碑》） ·賜秘噐。（《馬姜墓記》）	《説文》："器，皿也。象器之口，犬所以守之。""器"所從"犬"隸變爲"工"作"噐"。《玉篇·㗊部》："噐"，"器"的俗字。《居甲編》712、《泰射》41、《武威》16號簡均見"噐"字。"噐"乃"器"的異構字
詠/咏	·敬詠其德。（《禮器碑》） ·吟咏成章。（《趙寬碑》）	詠，從言永聲。咏，從口永聲。《説文》"詠"或體作"咏"。《廣韻·映韻》"咏"同"詠"。"咏"乃"詠"改換表義構件"言"爲"口"的異構字

---

① 裘錫圭：《〈秦漢魏晉篆隸字形表〉讀後記》，載《古文字論集》，中華書局，1992，第510頁。

正字/異構	用例	簡釋
諸/嗟	·於嗟[女兮]。(《熹·詩·氓》) ·嗟逆賊,燔城市。(《曹全碑》) ·籲嗟昊蒼。(《譙敏碑》)	諸,從言差聲。嗟,從口差聲。《集韻·麻韻》:"諸,《説文》:'諮也。一曰痛惜也。'或作嗟,亦書作䜣。"《魯峻碑》"莫不號諸"之"諸"同《説文》小篆。魏《曹真碑》亦見"嗟"字。"嗟"乃"諸"改換表義構件"言"爲"口"的異構字,且上下結構變換爲左右結構
善/譱	·流恩褒譱。(《夏承碑》) ·魏率譱羌佰長。(《漢印徵》3.10)	善,從言從羊。譱,從誩從羊。《説文》以"善"爲篆文,則字頭"譱"非古文即籀文。《正字通·言部》:"譱,善本字。""譱"乃"善"改換表義構件"言"爲"誩"的異構字
競/競/競/競	·競以禮招。(《楊震碑》) ·莫不競慕。(《華山亭碑》) ·競德國家。(《池陽令張君殘碑》) ·不競時榮。(《孫根碑》) ·三府競辟。(《繁陽令楊君碑》)	競,從誩從二人。競,從語從二人。競,從誩從二人。《隸辨·映韻》:"《説文》作競,從誩從二人。"《五經文字》云:競,經典相承隸省。"《玉篇·誩部》:"競,同競"。《龍龕手鏡·立部》:"競",同"竞(競)"。《孫臏》2號簡作"競"。"誩"與"語""語"形近。"競""競""競"乃"競"改換表義構件"誩"爲"誩""語"或"喆"的異構字
竟/竞	·竞陵承印。(《漢印徵》3.10) ·劉竞。(《漢印徵》3.10)	竟,從音從人。竞,從言從人。"音""言"形近而訛。"竞"可看作"竟"改換表義構件"音"爲"言"的異構字
叔/村	·朱村。(《漢印徵》3.16) ·公村延印。(《漢印徵》3.17) ·太村敖之。(《漢印徵補》3.6) ·太村長子。(《漢印徵補》3.6) ·弓如村都。(《禮器碑陰》) ·趙震字村政。(《孔宙碑陰》)	叔,從又朮聲。《説文》或體作"村"。《字彙·寸部》:"村,同叔。""村"乃"叔"改換表義構件"又"爲"寸"的異構字。秦漢文字多見"村",偶見"叔"
度/度/庹	·同律度量衡。(《新嘉量》2) ·□儉而度。(《朝侯小子殘碑》) ·是度是量。(《白石神君碑》) ·五庹司馬。(《漢印徵補》3.6)	度,從又,庶省聲。度,從攴,庶省聲。裘先生指出:《秦漢魏晉篆隸字形表》"'度'字條中欄、下欄都收有從'攴'的字形,上欄'睡虎地簡'一例大概也是從'攴'寫法的變體。在秦代權量詔書銘文裏,常見從'攴'的'度'字(參看《金文續編》3.9下~3.10上),此條上欄不應一個也不收"。① 秦漢文字從又的字多寫作從攴。"度""庹"乃"度"改換表義構件"又"爲"攴"或"寸"的異構字

---

① 裘錫圭:《〈秦漢魏晉篆隸字形表〉讀後記》,載《古文字論集》,中華書局,1992,第508頁。

續表

正字/異構	用例	簡釋
役/伇	·增益吏伇。(《無極山碑》)	役,從殳從彳。《説文》"役"古文從人作"伇"。"伇"乃"役"改換表義構件"彳"爲"亻"的異構字
啟/敁/叚	·敁審。(《漢印徵》3.22) ·敁裘。(《漢印徵》3.22) ·敁何傷。(《漢印徵》3.22) ·叚勝德印。(《漢印徵》3.22)	啟,從攴启聲。敁,從攴,启省聲。《正字通·攴部》:"敁,啟同。"《六書故》作"攺"。"攺"所從"攴"寫作"殳"字作"叚"。"攺""叚"皆是"啟"的異構字
效/劾	·分子劾力。(《耿勳碑》)	效,從攴交聲。劾,從力交聲。《玉篇·力部》:"劾,俗效字。""劾"乃"效"改換表義構件"攴"爲"力"的異構字
敵/殿	·〔何以不言師敗績〕殿也。(《熹·公羊·文七年》)	敵,從攴商(啻)聲。殿,從殳商聲。"殿"乃"敵"改換表義構件"攴"爲"殳"的異構字。馬王堆帛書《明君》418、430行"敵"則從戈作"戴"
寇/冦	·冦暴不作。(《袁博碑》) ·萬邦作冦。《鮮于璜碑》	寇,從攴從完。秦漢文字"攴"旁常寫作"殳",故"寇"可寫作"冦"。《西陲簡》51·18亦作"冦"。"冦"乃"寇"改換表義構件"攴"爲"殳"的異構字
闓/閡	·閡王孫。(《漢印徵》4.1)	闓,從旲門聲。"闓"所從"旲"訛寫爲"受"而字寫作"閡"。《廣韻·文韻》"閡,俗作閡。""閡"可看作"闓"改換表義構件"旲"爲"受"的異構字

正字/異構	用例	簡釋
相/楒/眛	·趙楒私印。（《漢印徵》4.2） ·訢眛光印。（《漢印徵》4.2）	相，從目從木。楒，從囧從木。"楒"乃"相"改換表義構件"目"爲"囧"的異構字。"眛"乃"相"左右位置變換的異構字
雌/鴟	·鴟梟不鳴。（《北海相景君銘》）	雌，從隹氏聲。鴟，從鳥氏聲。《説文》"雌"籀文作"鴟"。《集韻·佳韻》："雌，亦作鴟。""鴟"乃"雌"改換表義構件"隹"爲"鳥"的異構字
雉/鵻/鸅	·鵻火光物。（《衡方碑》） ·炊鸅。（《長沙砂子塘西漢墓木封泥匣》）	雉，從隹𦎧聲。鵻，從鳥𦎧聲。《字彙補·鳥部》："鸅與鵻同。"《隸釋·外黄令高彪碑》："龍在困敦，月次鵻火。"洪適注："鸅，即鵻字。""鵻""鸅"乃"雉"改換表義構件"隹"爲"鳥"的異構字
鴻/鵼	·中山內府第鵼。（《滿城漢墓銅鐙》） ·鵼漸於般飲食衎衎。（《熹·易·漸》） ·畢鵼私印。（《漢印徵》4.6） ·趙鵼。（《漢印徵》4.6）	鴻，從隹工聲。鵼，從鳥工聲。《説文》"鴻"或從鳥作"鵼"。"鵼"乃"鴻"改換表義構件"隹"爲"鳥"的異構字。《漢印徵》4.6還有"鵼居""鵼與光印""司鵼建""鵼幸""鵼竝"均作"鵼"
雄/䧺	·天降雄彦。（《武榮碑》） ·司徒臣雄。（《孔龢碑》） ·所在爲雄。（《曹全碑》） ·紀䧺私印。（《漢印徵》4.6） ·䧺平安。（《漢印徵》4.6）	雄，從隹厷聲。《龍龕手鏡·隹部》："䧺"同"雄"。《字彙補·隹部》："䧺與雄同。"《干禄字書》"䧺"，俗"雄"字。"䧺"乃"雄"改換表義構件"厷"爲"右"的異構字
靃/霍	·霍寬。（《漢印徵》4.8） ·霍禹。（《漢印徵》4.8） ·霍窈。（《漢印徵》4.8）	靃，從雨從雔。清雷浚《説文外編》卷三："霍，《説文》作靃。""霍"乃"靃"改換表義構件"雔"爲"隹"的異構字，亦可看作"靃"減省表義構件"雔"爲"隹"的異構字

續表

正字/異構	用例	簡釋
雧/集	·龍集戊辰。(《新嘉量》) ·宮曰集靈宮。(《華山廟碑》) ·詩所謂如集於木。(《西狹頌》) ·集降尹中後候。(《漢印徵》4.8) ·新成順得單右集之印。(《漢印徵》4.8)	雧,從雥從木。《説文》"雧"或體作"集"。邵瑛《群經正字》:"今經典并從或體作集。"《玉篇·雥部》:"雧,今作集。"甲骨文、金文均從隹在木上,不從雥。睡虎地秦簡《答問》193號"可(何)謂雧人"作"雧"。"集"乃"雧"改換表義構件"雥"爲"隹"的異構字,亦可看作"雧"減省表義構件"雥"爲"隹"的異構字
鸛/難	·追景行亦難雙。(《趙君碑》) ·傅難私印。(《漢印徵》4.9) ·楊難。(《漢印徵》4.9) ·霍難。(《漢印徵》4.9) ·邯鄲難。(《漢印徵》4.9) ·召君難印。(《漢印徵》4.9)	鸛,從鳥堇聲。難,從隹堇聲。《説文》"鸛"或體作"難"。"難"即"難"字。《廣韻·寒韻》:"難,《説文》作鸛,鳥也。"秦漢文字均作"難"。"難"乃"鸛"改換表義構件"鳥"爲"隹"的異構字
鴡/雎/睢	·楊睢。(《漢印徵》4.9) ·張睢。(《漢印徵》4.9) ·温睢。(《漢印徵補》4.3)	鴡,從鳥且聲。雎,從隹且聲。睢,從隼且聲。王筠《説文解字句讀》:"鴡,《毛詩》作雎。雎鳩,王雎也。""雎""睢"乃"鴡"改換表義構件"鳥"爲"隹"或"隼"的異構字
歺/朽	·貴不朽之名。(《子游殘碑》) ·貴速朽之反真。(《孔宙碑》)	歺,從歺丂聲。《説文》"歺"或體作"朽"。段注:"今字用朽,而歺廢矣。""歺"同"歺"。"朽"乃"歺"改換表義構件"歺(歹)"爲"木"的異構字
體/軆	·軆崇私印。(《漢印徵》4.12) ·君之軆素。(《張遷碑》) ·軆性温仁。(《堯廟碑》) ·軆蘭石之操。(《靈臺碑》)	體,從骨豊聲。軆,從身豊聲。《玉篇·身部》:"躰、軆,并俗體字。"《干禄字書》:"軆","體"的俗字。"骨"是身體的一部分,因此可以通用爲"身"。"軆"乃"體"改換表義構件"骨"爲"身"的異構字,兩者構形方式皆是形聲組合。北魏《楊侃墓誌》"躰備九能,位憐八命"作"躰"。"躰"是在"軆"的基礎上所造的會意字,會本身之意。北齊《殷恭安等造像記》《暈禪師等五十人造像記》等均見"躰"字

正字/異構	用例	簡釋
肌/骯	·君義綱旌命骯任北國。（《張遷碑》）	肌，從肉几聲。骯，從骨几聲。《篇海類編·身體類·骨部》："骯，同肌。"﹁骯﹂乃﹁肌﹂改換表義構件﹁肉﹂爲﹁骨﹂的異構字，兩者構形方式皆是形聲組合
癱/𩪭	·𩪭天鍾度。（《繁陽令楊君碑》）	癱，從肉雍聲。《玉篇》﹁癱﹂亦作﹁癱﹂。﹁癱﹂乃﹁癱﹂簡省左邊兩筆。﹁𩪭﹂乃﹁癱（癱）﹂改換表義構件﹁肉﹂爲﹁骨﹂的異構字
肩/肩	·牛肩戴□炙。（《長沙砂子塘西漢墓木封泥匣》）·比肩獸。（《武梁祠畫像題字》）	《説文·肉部》："肩，髆也。从肉，象形。肩，俗肩从户。"《正字通·肉部》："肩，肩本字。"王筠《説文釋例》："肩肩所從之户户，則皆係象形，并非門户字。"﹁肩﹂乃﹁肩﹂改換象形構件﹁户﹂爲﹁户﹂的異構字
膌/瘠	·□仕就職瘠馬羸車。（《子游殘碑》）	膌，從肉脊聲。《説文》古文﹁膌﹂從疒從束，束亦聲，作﹁瘠﹂。《集韻·昔韻》："膌，瘦也。或作瘠。"﹁瘠﹂乃﹁膌﹂改換表義構件﹁肉﹂爲﹁疒﹂的異構字
膠/䑓	·膠東令印。（《漢印徵》4.15）	膠，從肉翏聲。《漢印徵》4.15有﹁膠東相印章﹂﹁膠東中廄﹂，知﹁膠東﹂即﹁膠東﹂。﹁膠﹂乃﹁膠﹂改換表義構件﹁肉﹂爲﹁舟﹂的異構字
筋/觔	·觔核聖術。（《熹·序記》）	筋，從力從肉從竹。觔，從力從角從竹。《玉篇·竹部》："觔，俗筋字。"﹁觔﹂乃﹁筋﹂改換表義構件﹁肉﹂爲﹁角﹂的異構字
則/劓	·法度量劓不壹。（《廿六年詔權》）·慕寧儉之遺劓。（《孔宙碑》）·劓文耀以消摇。《開母廟石闕銘》	則，從刀從貝。劓，從刀從鼎。《説文》﹁則﹂籀文作﹁劓﹂。《正字通·刀部》："劓，籀文則字。"﹁劓﹂乃﹁則﹂改換表義構件﹁貝﹂爲﹁鼎﹂的異構字
劔/劒	·自伏劒死。（《武梁祠畫像題字》）	劔，從刃僉聲。劒，從刀僉聲。《説文》﹁劔﹂籀文作﹁劒﹂。睡虎地秦簡、馬王堆帛書亦見﹁劒﹂字。﹁劒（劍）﹂乃﹁劔﹂改換表義構件﹁刃﹂爲﹁刀﹂的異構字

續表

正字/異構	用例	簡釋
耡/茄	·禾一頃八十五畝溉廿畝茄五十畝。（《流沙墜簡·屯戍》8.15） ·劉茄。（《漢印徵》1.20）	耡，從耒助聲。茄，從艸助聲。《集韻·御韻》："耡，或作茄。""茄"乃"耡"改換表義構件"耒"爲"艸"的異構字
曺/曺	·功曺。（《鮮于璜碑》） ·曺誼。（《漢印徵》5.5）	曺，從棘從曰。甲骨文、金文均從棘，戰國文字也從棘，或刪簡一束。秦漢文字同戰國文字。"曺"乃"曺"改換表義構件"棘"爲"東"的異構字。"曺"今作"曹"
鼓/皷	·鍾（鐘）磬瑟皷。（《禮器碑》） ·倡優皷儛。（《孫叔敖碑陰》） ·追皷賊曹掾。（《張景碑》）	鼓，從壴從支。《正字通·皮部》："皷，俗鼓字。"《戰國策·秦策二》："甘茂攻宜陽，三皷之而卒不上。""皷"乃"鼓"改換表義構件"支"爲"皮"的異構字。北魏《元騰及妻程法珠墓誌》等亦見"皷"字
愷/凱	·懷氣美之窮凱。（《精白鏡》） ·後世凱（楷）式。（《武梁祠畫像題字》） ·孔凱仲弟。（《禮器碑陰》） ·洪裕凱弟。（《劉寬後碑》） ·感背人之凱風。（《衡方碑》）	愷，從心、豈，豈亦聲。凱，從几豈聲。《廣韻·海韻》"凱"同"愷"。《集韻·海韻》："愷，亦作凱。""凱"乃"愷"改換表義構件"心"爲"几"的異構字
餈/粢	·絜其粢盛。（《白石神君碑》） ·犧牲粢盛。《營陵置社碑》	餈，從食次聲。粢，從米次聲。《説文》"餈"或體作"粢"。"粢"乃"餈"改換表義構件"食"爲"米"的異構字
餔/粡	·粡萬石。（洛陽西郊漢墓陶文）	餔，從食甫聲。粡，從米甫聲。《集韻·莫韻》："餔，或作粡。""粡"乃"餔"改換表義構件"食"爲"米"的異構字。"餔"作"粡"與"餈"作"粢"同類

正字/異構	用例	簡釋
缻/鈇	・陽信家銅鈇鏤。(《陽信家鈇鏤》) ・銅鈇鏤。(《陽信家鈇鏤》)	《説文・缶部》："缻，受錢器也。从缶后聲。古以瓦，今以竹。"《漢書・酷吏傳・王温舒》"吏苛察，淫惡少年投缻購告言姦"，清王先謙補注："《史記》缻作鈇，同。""鈇"乃"缻"改换表義構件"缶"爲"金"的異構字
短/捉	・充（不）幸（幸）捉命喪身。(《韓仁銘》) ・以均長捉輕重大小。(《光和斛》二)	短，從矢豆聲。捉，從手豆聲。《廣韻・緩韻》："捉"，同"短"。"捉"乃"短"改换表義構件"矢"爲"手"的異構字
稟/稞/禀	・稟性有直。(《樊安碑》) ・堊枯稞之。(《孫叔敖碑》) ・君禀資南霍之神。(《校官碑》)	稟，從㐭從禾。《隸辨・寑韻》云："碑變禾從米。"又云："碑復變禾從示，今俗因之。"《字匯・示部》："禀，俗稟字。""稞""禀"乃"稟"改换表義構件"禾"爲"米"或"示"的異構字
柰/奈	・奈何悲夫。(《鮮于璜碑》) ・奈何朝廷，奪我慈父。(《北海相景君銘》)	柰，從木示聲。奈，從大示聲。《廣韻・泰韻》："奈，本亦作柰。"《字匯・大部》作"奈"。"奈"乃"柰"改换表義構件"木"爲"大"的異構字
榦/幹	・内榦三署。(《武榮碑》) ・國之良幹。(《張遷碑》)	榦，從木倝聲。幹，從干倝聲。段注："榦，俗作幹。"《廣雅・釋詁一》作"幹"。"幹"乃"榦"改换表義構件"木"爲"干"的異構字
槃/鑒/柈	・未央尚浴府乘輿金行燭鑒一。(《尚浴府行燭鑒》) ・玉女執尊杯案柈。(《蒼山畫像石題記》)	槃，從木般聲。鑒，從金般聲。《説文》"槃"古文作"鑒"。《玉篇・金部》："鑒，古文盤。""鑒"乃"槃"改换表義構件"木"爲"金"的異構字。柈，從木半聲。《玉篇・木部》"柈"，同"槃"。《集韻・桓韻》："槃，或作柈。""柈"乃"槃"改换示音構件"般"爲"半"的異構字
析/扸/斨	・陽氣厥扸。(《張遷碑》) ・斨薪弗何。(《魯峻碑》)	析，從木從斤。扸，從扌從片。斨，從片從斤。《廣韻・錫韻》"枡"俗"析"字。《集韻・錫韻》："析，古作斨。"《玉篇・斤部》作"斨"。"片"爲半木。"扸"乃"析"改换表義構件"斤"爲"片"的異構字，且另一構件"木"訛爲"扌"。"斨"乃"析"改换表義構件"木"爲"片"的異構字。北齊《赫連子悦墓誌》"剖如枡流"作"枡"

續表

正字/異構	用例	簡釋
郂/岐	·馮于幽岐。(《華山廟碑》) ·岐龇謂是。(《鮮于璜碑》) ·居岐之〔陽〕。(《熹·詩·閟宫》)	郂，從邑支聲。岐，從山支聲。《説文》"郂"或體作"岐"。"岐"乃"郂"改換表義構件"邑"爲"山"的異構字
巷/衖	·休神家衖。(《魯峻碑》)	巷，從𨛜省，從共。王筠《説文解字句讀》："字從邑，故言邑，大徐作里，非。群書作衖。"《睡日》甲83背壹"其咎在渡衖"作"衖"。"衖"乃"巷"改換表義構件"邑"爲"行"的異構字。"巷"今作"巷"
旳/的	·發彼有的。(《校官碑》)	旳，從日勺聲。的，從白勺聲。旳，朱駿聲《説文通訓定聲》："俗字作的，從白。"《集韻·錫韻》："旳，或作的。""的"乃"旳"改換表義構件"日"爲"白"的異構字
曑/參	·參駕蚩龍乘浮雲。(《上大山鏡》二) ·參國起按。(《衡方碑》) ·曹參夾輔王室。(《曹全碑》) ·張參。(《漢印徵》7.5) ·李參。(《漢印徵》7.5)	曑，從晶參聲。參，從厽參聲。《説文》"曑"或體從品作"曑"。段注："今隸變爲參。""參"乃"曑"改換表義構件"晶"爲"厽"的異構字。《漢印徵》7.5還有8例作"參"
疊/疊	·□疊。(《漢印徵》7.5) ·重疊金紫。(晉《張朗碑》)	疊，從晶從宜。疊，從畾從宜。《説文》："亡新以爲，疊從三日太盛，改爲三田。"《玉篇·畾部》作"疊"。"疊"乃"疊"改換表義構件"晶"爲"畾"的異構字
朙/明/明(眀)	·君德明明。(《石門頌》) ·尚方明鏡。(《熹平三年鏡》) ·魯明。(《漢印徵》7.7) ·日明。(《漢印徵》7.7) ·天下大明。(《漢印徵》7.7) ·巨神季明。(《漢印徵》7.7) ·衷明之印。(《漢印徵補》7.2) ·畏若神明。(《劉熊碑》) ·天下大眀。(《君有行鏡》)	朙，從月從囧。《字彙·目部》："明，俗以爲明暗之明。"《隸辨·庚韻》："明，《五經文字》：石經作明。《六書正義》云：省朙爲明，非從目也。"《説文》"朙"古文作"明"。秦漢文字多作"明"。"明""明"可看作"朙"改換表義構件"囧"爲"目"或"日"的異構字。"眀"則是"明"之反書

正字/異構	用例	簡釋
㮚/栗	·栗當私印。(《漢印徵》7.8) ·栗舜。(《漢印徵》7.8) ·栗宮。(《漢印徵》7.8) ·栗宮印信。(《漢印徵》7.8)	㮚，從卤從木。《説文》"㮚"古文"𣚂"從木從西從二卤。邵瑛《群經正字》："今經典多作栗。""栗"乃"㮚"改換表義構件"卤"爲"西"的異構字。《漢印徵》7.8還有5例作"栗"
㮚/粟	·銓將粟印。(《漢印徵》7.8) ·米粟祭尊。(《漢印徵》7.8) ·粟子功。(《漢印徵》7.8)	㮚，從卤從米。《玉篇·卤部》："㮚，今作粟。""粟"乃"㮚"改換表義構件"卤"爲"西"的異構字
版/板	·永元十七年四月板令改爲元興元年。(《幽州書佐秦君闕》) ·板八[章]。(《熹·詩·大雅·板》)	版，從片反聲。板，從木反聲。"片"爲半木。《集韻·潸韻》："版，或從木。"《正字通·木部》："板，同版。""板"乃"版"改換表義構件"片"爲"木"的異構字
稷/襛	·□主后襛。(《武氏祠祥瑞圖題字》) ·肇祖后襛。(《樊敏碑》)	稷，從禾㚸聲。襛，從示㚸聲。《集韻·職韻》："襛，通作稷。""襛"乃"稷"改換表義構件"禾"爲"示"的異構字。晉《徐義墓誌》、北魏《元恭墓誌》等"社稷"亦作"襛"
䅺/香	·燿此聲香。(《衡方碑》) ·中香字季遠。(《北海相景君銘》) ·進其馨香。(《白石神君碑》) ·香□。(《漢印徵》7.12) ·香澤之印。(《漢印徵》7.12) ·劉香印信。(《漢印徵》7.12)	䅺，從黍從甘。《類篇》云："䅺隸省作香。""香"乃"䅺"改換表義構件"黍"爲"禾"的異構字。《漢印徵》7.12"蟎馥私印""臣馥"之"馥"所從亦從禾作"香"
寔/宩	·宩生賢子。(《樊敏碑》) ·宩能紀陰陽之理。(《苑鎮碑》)	寔，從宀是聲。《龍龕手鏡·穴部》："宩，俗；正作寔。"秦漢文字"宀"常寫作"穴"，如"牢"之作"窂"、"宦"之作"窅"。"宩"乃"寔"改換表義構件"宀"爲"穴"的異構字
富/冨	·冨而無驕。(《石經論語殘碑》)	富，從宀畐聲。《正字通·宀部》："冨，俗富字。《正韻》富冨兩存。"秦漢文字"宀"常寫作"冖"，如"牢"之作"牢"。"冨"乃"富"改換表義構件"宀"爲"冖"的異構字

續表

正字/異構	用例	簡釋
宧/侸/窀	·侸乙信印。（《漢印徵》8.9） ·官位窀學。（《堯廟碑》） ·士窀得志。（《三公山碑》） ·窀遂。（《汉印徵》7.15）	宧，從宀從臣。侸，從人從臣。《集韻·諫韻》："宧，或作侸，亦省（作侸）。""侸"乃"宧"改換表義構件"宀"爲"人"的異構字。窀，從穴從臣。《篇海類編·地理類·穴部》："窀，俗宧字。""宧"之作"窀"與"牢"之作"牢"相類。"窀"乃"宧"改換表義構件"宀"爲"穴"的異構字
躬/躬	·躬儉尚約。（《郙閣頌》） ·匪躬之故。（《熹·易·蹇》） ·□躬曼節。（《華嶽廟殘碑陰》） ·躬作遜讓。（《北海相景君銘》） ·脩躬德以俟賢世興顯令名存。（《漢印徵》7.18）	躬，從身從呂。躬，從身從弓。《説文》"躬"或體作"躬"。《玉篇·呂部》："躬，或作躬。""躬"乃"躬"改換表義構件"呂"爲"弓"的異構字
最/寂	·三載勳寂。（《蔡湛頌》） ·處兹中夏，伐業寂純。（《太室石闕銘》）	最，從冃從取。段注："最，俗作寂。"《篇海類編·宮室類·宀部》："寂，音最，極也。"從宀與從冃義同。"寂"乃"最"改換表義構件"冃"爲"宀"的異構字。《律令》4號簡亦見"寂"字。東晉《黃庭經》，唐《崔哲墓誌》《张成墓誌》《王智通墓誌》等均見"寂"字
飾/餝	·功餝爾要。（《石門頌》） ·脩餝宅廟。（《禮器碑》） ·琦餝左丞。（《漢印徵》13.16）	飾，從巾從人，食聲。餝，從芳食聲。《玉篇·食部》："餝，同飾。俗。""餝"乃"飾"改換表義構件"巾"和"人"爲"芳"的異構字。北魏《元延明墓誌》，隋《兩村法義造橋殘碑》，唐《段會墓誌》《梁凝達墓誌》《黃羅漢墓誌》等均見"餝"字
佩/珮	·晉陽珮瑋。（《張遷碑》） ·車珮印信。（《漢印徵》8.1）	佩，從人從凡從巾。珮，從玉從凡從巾。《玉篇·玉部》："珮，本作佩，或從玉。""珮"乃"佩"改換表義構件"人"爲"玉"的異構字
儐/擯	·［賓］告於擯［者請旅諸臣］。（《熹·儀禮·泰射》）	儐，從人賓聲。擯，從手賓聲。《説文》"儐"或體作"擯"。"擯"乃"儐"改換表義構件"人"爲"手"的異構字

正字/異構	用例	簡釋
俟/嫉	·而青蠅嫉正。(《楊震碑》)	俟，從人疾聲。嫉，從女疾聲。《説文》"俟"或體作"嫉"。"嫉"乃"俟"改换表義構件"人"爲"女"的異構字
服/服	·服師定國。(《漢印徵》8.19)	服，從舟及聲。慧琳《一切經音義》卷九十四引《字書》："服，正服字。""舟"隸變作"月"。"服"可看作"服"改换表義構件"舟"爲"月"的異構字。《説文》"服"古文從人作"𦩏"
視/眎/眡	·臣眎。(《漢印徵補》8.6) ·上眎彼蒼。(《張休涯涘銘》) ·昭眡後昆。(《開母廟石闕銘》)	視，從見、示。眎，從目、示。《説文》"視"古文作"眡"，亦作"眎"。《集韻·至韻》："視，古作眎。""眎""眡"乃"視"改换表義構件"見"爲"目"的異構字
次/涎	·群黎慕涎。(《鮮于璜碑》)	次，從欠從水。涎，從延從水。《玉篇·水部》："涎，亦作次。""涎"乃"次"改换表義構件"欠"爲"延"的異構字
辟/辟 (辟)	·公辟相承。(《周公禮殿記》) ·辟司空府北軍中侯。(《祝睦碑》)	辟，從卩從辛從口。碑刻或從亲作"辟"，或再在"亲"下部加一横。"辟（辟）"可看作"辟"改换表義構件"辛"爲"亲"的異構字
厎/砥	·砥仁厲□。(《衡方碑》) ·砥□□素。(《劉熊碑》) ·砥鈍厲頑。(《立朝等字殘石》)	厎，從厂氐聲。砥，從石氐聲。《説文》"厎"或體作"砥"。"砥"乃"厎"改换表義構件"厂"爲"石"的異構字
确/埆	·下濕境埆。(《孫叔敖碑》)	确，從石角聲。《集韻》"确"或作"埆"。"埆"乃"确"改换表義構件"石"爲"土"的異構字
磊/礨/礧	·礨落炳焕。(《朱龜碑》) ·礧落彰較。(《魯峻碑》)	磊，從三石，會衆石之意。礨，從石累聲；礧，從石畾聲；變會意爲形聲。《廣韻·賄韻》"礨"同"磊"。《集韻·賄韻》"磊"或作"礧"。《説文·言部》："讄"或體作"譯"。"畾"與"纍"兩聲旁通用。"礨""礧"乃"磊"改换表義構件的異構字

正字/異構	用例	簡釋
礳/磨	·利磨碓盤。（《石門頌》） ·李磨。（《漢印徵》9.12）	礳，從石靡聲。磨，從石麻聲。段注："礳，今字省作磨。"《正字通·石部》："礳，磨本字。""磨"乃"礳"改換表義構件"靡"爲"麻"的異構字
驅/敺	·王敺置。（《漢印徵》3.19）	驅，從馬區聲。敺，從攴區聲。《説文》"驅"古文作"敺"。《集韻·虞韻》："驅，古作敺，或作敺。""敺"乃"驅"改換表義構件"馬"爲"攴"的異構字
麤/塵	·浮斿塵埃之外。（《孔彪碑》）	麤，從麤從土。塵，從鹿從土。朱駿聲《説文通訓定聲》："麤，亦省作塵。""塵"乃"麤"改換表義構件"麤"爲"鹿"的異構字
炳/昺	·李昺字輔謀。（《孟孝琚碑》） ·臣昺。（魏《上尊號奏》）	炳，從火丙聲。昺，從日丙聲。《集韻·梗韻》："炳，亦書作昺。""昺"乃"炳"改換表義構件"火"爲"日"的異構字，且左右結構變換爲上下結構
燔/膰	·熊燔［不熟］。（《熹·公羊·宣六年》）	燔，從炙番聲。膰，從月番聲。段注："膰，他經作燔，乃俗耳。""膰"乃"燔"改換表義構件"炙"爲"月"的異構字
瀕/頻	·瀕陽游殴。（《華嶽廟殘碑陰》） ·頻陽望印。（《漢印徵》11.14）	瀕，從頁從涉。頻，從頁從步。《廣韻·真韻》："頻，《説文》作瀕，水涯。""頻"乃"瀕"改換表義構件"涉"爲"步"的異構字
衇/脈	·衇泉知陰。（《武梁祠畫像題字》） ·脈并氣結。（《朝侯小子殘碑》）	衇，從辰從血。脈，從辰從肉。《説文》"衇"或體作"脈"。《玉篇·肉部》："脈"，同"脉"。"脈"乃"衇"改換表義構件"血"爲"肉"的異構字

正字/異構	用例	簡釋
冰/凝	・遭時凝滯。（《趙寬碑》）	冰，從仌從水。《説文》俗"冰"從疑作"凝"。"凝"同"冰"。"凝（凝）"乃"冰"改換表義構件"水"爲"疑"的異構字
凋/殀	・殀芝華兮殘彥良。（《張表碑》）	凋，從仌周聲。殀，從歹周聲。從文義看，"殀"乃"凋"改換表義構件"仌"爲"歹"的異構字
職/軄/職/職	・將授綎軄。（《衡方碑》） ・歷郡右軄。（《曹全碑》） ・督郵部軄。（《西狹頌》） ・張職之印。（《漢印徵》12.6） ・臣職之印。（《漢印徵》12.6） ・趙職。（《漢印徵》12.6）	職，從耳戠聲。軄，從身戠聲。《玉篇・身部》："軄，俗職字。""軄"乃"職"改換表義構件"耳"爲"身"的異構字。"職"比"職"中間多一言。"職（職）"乃"職"改換示音構件"戠"所從"音"爲"言（詰）"的異構字。《九主》363號、《經法》36號等亦見"職"字
馘/馘/馘	・斬馘部衆。（《裴岑紀功碑》） ・電震要荒，馘滅狂狡。（《趙寬碑》）	馘，從耳或聲。馘，從首或聲。馘，從國或聲。《説文》"馘"或體作"馘"。"馘""馘"乃"馘"改換表義構件"耳"爲"首"或"國"的異構字
捧/拜	・轉拜郃陽令。（《曹全碑》） ・繳拜郎中。（《張遷碑》） ・銘拜郎中。（《鄭固碑》） ・董拜。（《漢印徵》12.7）	捧，從手、莱。拜，從兩手。《説文》"捧"或體作"拜"。《字匯・手部》："捧，古拜字。""拜"乃"捧"改換表義構件"莱"爲"手"的異構字。漢碑多見"拜"字
戰/戔/戰/戰	・戔護。（《漢印徵》12.17） ・攻城野戰。（《曹全碑》） ・過者戰戰。（《天井道碑》）	戰，從戈單聲。戔，從戔單聲。戰，從弋單聲。戰，從友單聲。《隸辨・線韻》："諸碑從戈之字或變作友。""戔""戰""戰"乃"戰"改換表義構件"戈"爲"戔""弋"或"友"的異構字
縣/縣/綿	・縣竹長印。（《漢印徵》12.21） ・程綿。（《漢印徵》12.21）	縣，從系從帛。"縣"乃"縣"改換表義構件"系"爲"糸"的異構字。"綿"乃"縣（縣）"構件"糸"和"帛"左右結構位置變換的異構字

續表

正字/異構	用例	簡釋
綽/綽	·雅度宏綽。（《魯峻碑》） ·綽綽［有裕］。（《熹·詩·角弓》） ·綽衡里附城。（《漢印徵》13.7）	綽，從素卓聲。綽，從糸卓聲。《說文》"綽"或體作"綽"。"綽"乃"綽"改換表義構件"素"爲"糸"的異構字
緩/緩	·趙緩。（《漢印徵》13.7） ·王緩。（《漢印徵》13.7） ·韓緩。（《漢印徵》13.7）	緩，從素爰聲。緩，從糸爰聲。《說文》"緩"或體作"緩"。"緩"乃"緩"改換表義構件"素"爲"糸"的異構字。《漢印徵》13.7有6例均作"緩"
蠠/蜚	·參駕蜚龍乘浮雲。（《上大山鏡》二） ·祭許蜚卿。（《漢印徵》13.9） ·大利周蜚卿。（《漢印徵》13.9）	蠠，從蟲非聲。蜚，從虫非聲。《說文》"蠠"或體作"蜚"。"蜚"乃"蠠"改換表義構件"蟲"爲"虫"的異構字
凷/塊	·其先出自塊（魁）隤。（《帝堯碑》）	凷，從土，一屈，象形。《說文》"凷"或體從鬼作"塊"。《帝堯碑》"塊"所從"鬼"省一撇。《衡方碑》"寑闇苦凷"作"凷"。《漢印徵》13.10作"凷"。"塊"乃"凷"改換表義構件"凵（一屈）"爲"鬼"的異構字
野/埜	·獄無呼嗟之冤，埜無叩匈之結。（《校官碑》）	野，從里予聲。埜，從土從林，予聲。"埜"乃"野"改換表義構件"里"爲"土"與"林"的異構字①
勞/愁	·□□□□愁。（《孟孝琚碑》）	勞，從力，熒省。《說文》"勞"古文作"惷"。"愁"乃"惷"簡省之形。"愁"乃"勞"改換表義構件"力"爲"心"的異構字

① 詳見本書第297頁"野"字條簡釋。

續表

正字/異構	用例	簡釋
劫/刧	·曹子刧桓。(《武梁祠畫像題字》)	劫,從力、去。《集韻·業韻》:"劫,俗作刧。""刧"乃"劫"改換表義構件"力"爲"刀"的異構字
鐙/燈	·吉月照燈。(《古瓦當文編》269頁)	鐙,從金登聲。燈,從火登聲。《集韻·登韻》:"鐙,或從火。"《正字通·金部》:"鐙,亦作燈,俗作灯。""燈"乃"鐙"改換表義構件"金"爲"火"的異構字
鑪/爐	·龍淵宮銅熏爐。(《龍淵宮銅熏爐》)	鑪,從金盧聲。爐,從火盧聲。《玉篇·火部》"鑪"作"爐"。"爐"乃"鑪"改換表義構件"金"爲"火"的異構字
新/新/斦	·亡新之際。(《孔耽神祠碑》) ·南陽新野。(《魯峻碑陰》) ·斦孫光印。(《漢印徵》14.5)	新,從斤亲聲。"新"乃"新"改換表義構件"斤"爲"片"的異構字。"斦"乃"新"構件"亲"和"斤"左右位置變換的異構字
軀/嶇	·崎嶇逼狹。(《淮源廟碑》)	軀,從身區聲。嶇,從山區聲。《廣韻》"軀"作"嶇"。"嶇"乃"軀"改換表義構件"身"爲"山"的異構字

二 改換示音構件的異構字

表 13 – 2　改換示音構件的異構字

正字/異構	用例	簡釋
礿/禴	·頓禴印信。(《漢印徵》1.3)	礿,從示勺聲。禴,從示龠聲。《爾雅·釋天》:"夏祭曰礿。"唐陸德明釋文:"本或作禴。"《集韻·藥韻》:"礿,或作禴。"《華山廟碑》作"礿"。"禴"乃"礿"改換示音構件"勺"爲"龠"的異構字
球/璆	·孫府君諱璆。(《華山廟碑》)	球,從玉求聲。璆,從玉翏聲。《說文》"球"或體作"璆"。"璆"乃"球"改換示音構件"求"爲"翏"的異構字

續表

正字/異構	用例	簡釋
瑤/瑲	·馬瑲。(《禮器碑》) ·任瑲。(《漢印徵》1.5)	瑤，從玉䍃聲。䍃，從缶肉聲。瑲，從玉䚈聲。䚈，從言肉聲。䍃，《説文》徐鉉等注："當从䚈省乃得聲。""瑤"所從"䍃"聲下部"缶"改換爲"言"作"瑲"。"䍃"，今作"䍃"。"瑲"乃"瑤"改換示音構件"䍃"爲"䚈"的異構字
瑰/瓌	·召瓌印信。(《漢印徵》1.6) ·壺瓌印信。(《漢印徵》1.6) ·召瓌。(《漢印徵》1.6)	瑰，從玉鬼聲。瓌，從玉褒聲。《集韻·灰韻》："瑰，或作瓌。"《泰射》91號亦見"瓌"字。"瓌"乃"瑰"改換示音構件"鬼"爲"褒"的異構字
藐/蒩	·勤速蒩(藐)矣。(《楊統碑》) ·蒩(藐)蒩(藐)昊天。(《熹·詩·瞻印》) ·蒩置其。(《漢印徵》1.12) ·蒩鐵公。(《漢印徵》1.12) ·蒩印延年。(《漢印徵》1.12)	藐，從艸貌聲。蒩，從艸狠聲。藐，王筠《説文解字句讀》："《釋艸》作蒩，從籀文'貌'。"《集韻·覺韻》："藐，或從貌。"疑"蒩"爲"藐"之訛。"蒩"乃"藐"改換示音構件"貌"爲"狠"的異構字
董/董	·董氏二寸八分。(滿城漢墓銅弩機郭) ·蜀郡董是作。(《董氏洗》) ·都昌董芳。(《北海相景君銘》) ·董宗之印。(《漢印徵》1.12) ·武陽董元厚。(《禮器碑側》) ·董督京輦。(《魯峻碑》)	董，從艸童聲。董，從艸重聲。清王煦《説文五翼》："董，《漢書》董賢字猶多作此，漢董氏二洗款識亦然。至董卓時，童謡云：'千里艸，何青青。'知董之爲董，自東漢始矣。""董"作爲姓自東漢開始寫爲"董"。"重""童"均定母東部字。馬王堆簡帛"動"作"勤"，"䔔"作"幢"，"踵"作"蹱"。秦漢文字多作"董"。《爾雅》作"董"。"董"乃"董"改換示音構件"童"爲"重"的異構字
苬/荇	·荇不意。(《漢印徵》1.14) ·荇孫吾。(《漢印徵》1.14)	苬，從艸杏聲。荇，從艸行聲。《説文》"苬"或體作"荇"。"荇"乃"苬"改換示音構件"杏"爲"行"的異構字

正字/異構	用例	簡釋
萌/萌	·王萌之印信。（《漢印徵》1.14） ·譚萌私印。（《漢印徵》1.14） ·董萌之印。（《漢印徵》1.14） ·杜萌之印信。（《漢印徵補》1.4）	萌，從艸朙聲。朙，從月從囧。秦漢文字"朙"改換表義構件"囧"爲"目"作"明"。"萌"乃"萌"改換示音構件"朙"所從"囧"爲"目"的異構字。"萌"今作"萌"
蔽/蔽	·蔽沛棠樹。（《張遷碑》）	蔽，從艸敝聲。蔽，從艸幣聲。幣，從巾敝聲。《九主》353、393亦見"蔽"字。"蔽"乃"蔽"改換示音構件"敝"爲"幣"的異構字
葢/蓋 （盖）	·葢重一斤八兩。（《杜鼎蓋》） ·葢取諸此也。（《熹·易·說卦》） ·蓋齊。（《漢印徵》1.17） ·有般及盖。（《陽泉熏盧》） ·肇先盖堯之苗。（《衡方碑》）	葢，從艸益聲。蓋，從艸盍聲。《說文》："蓋，苫也。从艸盍聲。"邵瑛《群經正字》："今經典多作蓋。"《正字通·皿部》："盖，俗蓋字。""盖"今爲"蓋"的簡化字。秦漢文字"葢""蓋""盖"均見。"蓋（盖）"乃"葢"改換示音構件"益"爲"盍"的異構字
蘇/繁/蘇	·蘇延壽。（《漢印徵》1.18） ·繁□私印。（《漢印徵》1.18） ·蘇市。（《漢印徵》1.18）	蘇，從艸緐聲。繁，從艸繁聲。《集韻·元韻》："蘇，或作繁。""繁"乃"蘇"改換示音構件"緐"爲"繁"的異構字。"蘇"則是把"蘇"的示音構件"緐"所從"每"和"系"左右位置變換（"系"寫作"糸"），成爲異構字
犨/犨	·犨縣徒丞印。（《漢印徵補》2.1）	犨，從牛雔聲。犨，從牛讎聲。《玉篇·牛部》："犨"同"犨"。"犨"乃"犨"改換示音構件"雔"爲"讎"的異構字
犂/犁	·臧其勳俾守犁陽。（《張表碑》） ·魏郡犁陽。（《魯峻碑陰》）	犂，從牛黎聲。犁，從牛㓞聲。明趙宦光《說文長箋·刀部》："㓞，古文利。"《集韻·齊韻》："犂，或作犁。"《廣雅·釋地》："犁，耕也。"王念孫疏證："犁，本作犂，或作犁。""犁"乃"犂"改換示音構件"黎"爲"㓞"的異構字

續表

正字/異構	用例	簡釋
嗁/啼	·啼泣東西。（《許阿瞿墓誌》） ·抱持啼呼。（《薌他君祠堂畫像題記》）	嗁，從口虒聲。啼，從口帝聲。段注：“嗁，俗作啼。”《正字通·口部》：“嗁，啼本字。”“啼”乃“嗁”改換示音構件“虒”爲“帝”的異構字
迹/速	·迊臣思速。（《泰山刻石》） ·勤速藐（藐）矣。（《楊統碑》）	迹，從辵亦聲。速，從辵束聲。《説文》“迹”籀文作“速”。《集韻·昔韻》：“迹，或作速。”《篇海類編·人事類·辵部》：“速，與迹同，不從約束之束。”《隸辨·昔韻》：“《説文》‘迹’，籀文作‘速’，碑從籀文。”“速”可看作“迹”改換示音構件“亦”爲“束”的異構字
速/遬	·潘遬。（《漢印徵》2.12） ·李高遬。（《漢印徵》2.12） ·臣遬。（《漢印徵》2.12） ·李遬。（《漢印徵》2.12） ·諸遬已。（《漢印徵》2.12） ·小遬。（《秦代陶文》397） ·次遬。（《秦代陶文》399）	速，從辵束聲。遬，從辵欶聲。《説文》“速”籀文作“遬”。玄應《一切經音義》卷十三：“遬，今作速。”《編年記》3號、《縱橫》88行亦見“遬”字。“遬”可看作“速”改換示音構件“束”爲“欶”的異構字
遲/迡/遟（遟）/遲	·滑俗陵迡。（《三公山碑》） ·臣遟。（《漢印徵》2.13） ·遟中翁。（《漢印徵》2.13） ·棲遟歷稔。（《費鳳碑》） ·禮樂陵遟。（《禮器碑》） ·遲賜。（《漢印徵》2.13） ·遲房私印。（《漢印徵》2.13）	遲，從辵犀聲。《説文》“遲”或體作“迡”，籀文從屖作“遟”。《廣韻·脂韻》：“遟”，同“遲”。“遟”的變體又寫作“遟”。“迡（迡）”“遟（遟）”“遟”乃“遲”改換示音構件“犀”爲“尼”或“屖”“屖”的異構字
譌/訛	·民之訛［言寧莫之懲］。（《熹·詩·正月》）	譌，從言爲聲。訛，從言化聲。《廣韻·戈韻》：“譌”，同“訛”。“訛”乃“譌”改換示音構件“爲”爲“化”的異構字
響/韺	·黃玉韺應。（《史晨前碑》）	響，從音鄉聲。韺，從音景聲。《字匯·音部》：“韺，與響同。”《隸釋·魯相史晨祠孔廟奏銘》：“血書著紀，黃玉韺應。”洪適注：“韺，古響字。”“韺”乃“響”改換示音構件“鄉”爲“景”的異構字

正字/異構	用例	簡釋
赦/赦	·告從，不赦，不［詳］。（《熹·公羊·宣十二年》）	赦，從攴赤聲。"赦"所從"赤"訛作"亦"，字寫作"赦"。《説文》"赦"或體作"赦"。"赦"可看作"赦"改換示音構件"赤"爲"亦"的異構字。秦漢文字多作"赦"
睅/睆	·睆長之印。（《漢印徵》4.1）	睅，從目旱聲。《説文》"睅"或體作"睆"。"睆"乃"睅"改換示音構件"旱"爲"完"的異構字
翳/翳	·程翳。（《漢印徵》4.5）	翳，從羽殴聲。秦漢文字"攴"與"攴"作爲構件通用。"翳"乃"翳"改換示音構件"殴"所從"攴"爲"攴"的異構字
鸆/鸘	·中山府第鸘。（滿城漢墓厄錠）	鸆，從鳥爽聲。鸘，從鳥霜聲。《廣韻·陽韻》："鸘，鸘鸘。鸆同上。"《集韻·陽韻》"鸆，或從霜。""鸘"乃"鸆"改換示音構件"爽"爲"霜"的異構字
鶴/鸖/鷎	·有鳥如鸖。（《武梁祠畫像題字》） ·高鷎印信。（《漢印徵》4.9） ·龍爵（雀）除央（殃）鷎嘲（啄）魚。（《蒼山畫像石題記》）	鶴，從鳥隺聲。鸖，從鳥霍聲。《干禄字書·入聲》："鸖"，"鶴"的俗字。《龍龕手鏡·鳥部》："鸖"，同"鶴"。《集韻·鐸韻》："鶴，或作鸖。""鷎"即"鸖"字。"鸖""鷎"乃"鶴"改換示音構件"隺"爲"霍"或"高"的異構字。梁《舊館壇碑》、隋《獨孤羅墓誌》、唐《王通墓誌》《劉文基墓誌》《耿君妻惠氏墓誌》《成德墓誌》等均見"鸖"字
鶂/鷁	·六鶂退飛過宋都。（《熹·春秋·僖十六年》）	鶂，從鳥兒聲。鷁，從鳥益聲。《集韻·錫韻》："鶂，或从益。""鷁"乃"鶂"改換示音構件"兒"爲"益"的異構字
殁/殁	·終殁之日。（《朝侯小子殘碑》） ·殁而不朽。（《堂谿典嵩山請雨銘》） ·身殁而行明。（《北海相景君銘》）	殁，從歺勿聲。《説文》"殁"或從歿作"殁"。《集韻·没韻》："殁，又作殁。"《玉篇·歺部》："歺"，同"歺"。"殁"乃"殁"改換示音構件"勿"爲"殳"的異構字

續表

正字/異構	用例	簡釋
珍/弥	·弥滅醜類。（《楊叔恭殘碑》） ·胡虜弥滅。（《王氏鏡》）	珍，從歺参聲。弥，從歺尔聲。《改併四聲篇海·歺部》引《搜真玉鏡》："弥"，同"珍"。"参"寫作"尔"當屬草書楷化，秦漢文字常見，如"珍"寫作"珎"等。"弥"可看作"珍"改換示音構件"参"爲"尔"的異構字
臘/膓	·膓正之僚（祭），休囚歸賀。（《張遷碑》）	臘，從肉巤聲。膓，從肉葛聲。《晏子春秋·内篇諫下四》："景公令兵搏治，當臘冰月之間而寒，民多凍餒，而功不成。"孫星衍注："臘，當爲臘。""膓"乃"臘"改換示音構件"巤"爲"葛"的異構字
散/骰（散）	·出骰入秦。（《石門頌》） ·洗升實骰。（《熹·儀禮·燕禮》） ·積而能散。（《圉令趙君碑》） ·醳散關之嶄漼。（《郙閣頌》）	散，從肉枚聲。秦漢文字表義構件"攴"與"殳"常互换。"骰"乃"散"改換示音構件"枚"所從"攴"爲"殳"的異構字。《集韻·换韻》："散，分也。隸作散。"
剝/剿	·隕霜剿姦。（《衡方碑》）	剝，從刀枭聲。剿，從刀巢聲。《集韻·小韻》："剝，或作剿。""剿"乃"剝"改換示音構件"枭"爲"巢"的異構字
刺/刾（刺）	·冀州刾史之考也。（《池陽令張君殘碑》） ·專諸炙魚刺殺吳王。（《武梁祠畫像題字》） ·從兒刾舟渡（渡）諸母。（《蒼山畫像石題記》）	刺，從刀從束，束亦聲。《集韻·寘韻》："刺，俗作刾。"《隸辨·寘韻》："（束）聲變從夾。""夾"今作"夾"。"刾（刺）"乃"刺"改換示音構件"束"爲"夾"的異構字
耤/耘	·置其杖而耘。（《石經論語殘碑》） ·農夫執耤，或耕或芓。（《三公山碑》）	耤，從耒員聲。《説文》"耤"或從芸作"耘"。《玉篇·耒部》："耤"，同"耘"。"耘"乃"耤"改換示音構件"員"爲"云"的異構字

正字/異構	用例	簡釋
觿/雒	·雒壽。（《漢印徵》4.17）	觿，從角舊聲。《龍龕手鏡·角部》："雒"，"觿"的俗字。《篇海類編·鳥獸類·角部》："觿，或作觽。"《字匯補·角部》："觸，同觿。"此字演化過程大致如下：觿→觸→觽→雒，是一個逐漸省簡的過程。"觿"是正字，"觸""觽""雒"都是異構字
策/筴	·規筴榘護。（《北海相景君銘》）	策，從竹束聲。筴，從竹夾聲。《集韻·麥韻》："策，或作筴。""筴"乃"策"改化示音構件"束"爲"夾"的異構字。北魏《弔比干文》、東魏《張瑾墓誌》等均見"筴"字
憙/憘	·商人咸憘。（《石門頌》）	憙，從心從喜，喜亦聲。憘，從心熹聲。"憘"乃"憙"改換示音構件"喜"爲"熹"的異構字
餐/餐	·餐者尚□。（《雲陽鼎》）	餐，從食奴聲。餐，從食㮦聲。"餐"乃"餐"改換示音構件"奴"爲"㮦"的異構字。《引書》97號"如餐頃"亦作"餐"
牆/廧	·廧垣壞決。（《史晨後碑》） ·戠治廧屋。（《曹全碑》）	牆，從嗇爿聲。廧，從嗇從广。《玉篇·嗇部》："牆，牆桓也。廧，同上。""廧"乃"牆"改換示音構件"爿"爲"广"的異構字
梅/楳	·□□楊楳。（《長沙砂子塘西漢墓木封泥匣》）	梅，從木每聲。楳，從木某聲。《說文》"梅"或體作"楳"。"楳"乃"梅"改換示音構件"每"爲"某"的異構字。《馬簡》三簡109號"楳十鈷"亦作"楳"
松/榕	·壽如王喬赤榕。（《嚴窟·李言鏡》）	松，從木公聲。榕，從木容聲。《說文》"松"或體從容作"㮤"。從上下文看，"赤榕"可讀爲"赤松"。"榕"乃"松"改換示音構件"公"爲"容"的異構字
榕/枕	·枕一□。（《長沙砂子塘西漢墓木封泥匣》）	榕，從木咨聲。枕，從木次聲。《字匯·木部》"榕"作"枕"。"枕"乃"榕"改換示音構件"咨"爲"次"的異構字
梠/梩	·乎梩宄厨。（《蒼山畫像石題記》） ·槐梩縣侯。（《漢印徵》6.8）	梠，從木吕聲。梩，從木里聲。《說文》"梠"或體作"梩"。"梩"乃"梠"改換示音構件"吕"爲"里"的異構字

續表

正字/異構	用例	簡釋
栝/杯	·御褚籲中杯一。（滿城漢墓漆耳杯） ·玉女執尊杯案柈（盤）。（《蒼山畫像石題記》）	栝，從木否聲。杯，從木不聲。《集韻·灰韻》："栝，或作杯。""杯"乃"栝"改換示音構件"否"爲"不"的異構字
椁/橔	·死者魂歸棺橔。（蓋縣永和二年墓碑）	椁，從木享聲。橔，從木敦聲。《集韻·鐸韻》"椁"或作"橔"。"橔"乃"椁"改換示音構件"享"爲"敦"的異構字
榻/橢	·漢故博士常山大傅王君坐橢。（《王君坐橢》）	榻，從木𣊟聲。橢，從木禽聲。《集韻·盍韻》："榻，或作橢。""橢"乃"榻"改換示音構件"𣊟"爲"禽"的異構字
邦/邗	·郊（鄭）邦歸向。（《北海相景君銘》） ·邗后珍瑋。（《鄭固碑》）	邦，從邑丰聲。邗，從邑羊聲。《字匯補·邑部》："邗，漢《鄭固碑》邦字。""邗"可看作"邦"改換示音構件"丰"爲"羊"的異構字
邪/耶	·蕩耶反正。（《史晨後碑》） ·非爲耶也。（《熹·易·乾文言》） ·操繩墨以彈耶枉。（《袁博碑》）	邪，從邑牙聲。耶，從邑耳聲。《字匯·耳部》："耶，與邪同。""耶"乃"邪"改換示音構件"牙"爲"耳"的異構字
游/遊/斿	·帝遊上林。（《張遷碑》） ·浮斿塵埃之外。（《孔彪碑》） ·斿居放言。（《趙寬碑》） ·九斿大學。（《武榮碑》）	游，從㫃汙聲。遊，從㫃從辵，子聲。斿，從㫃子聲。《說文》"游"古文作"遊"。《玉篇·辵部》："遊，與游同。"《玉篇·㫃部》："斿，或作遊。""遊""斿"乃"游"改換示音構件"汙"爲"子"的異構字，"遊"還增加構件"辵"。《陰陽五行》乙之四亦見"斿"字
霸/覇	·張霸。（《漢印徵》7.6） ·邢覇護喪。（西晉《石尠墓誌》）	霸，從月䨣聲。覇，從月從西從革。《字匯·西部》："覇，本從雨，俗從西。""覇"乃"霸"改換示音構件"䨣"所從之"雨"爲"西"的異構字
穉/稚	·闓陽西鄉榆里郭稚文萬歲室宅。（《郭稚文墓畫像題字》） ·郭稚子碧。（《白石神君碑陰》） ·次弟字稚卿。（《孫叔敖碑陰》）	穉，從禾犀聲。稚，從禾隹聲。《集韻·至韻》："穉，亦作稚。""稚"乃"穉"改換示音構件"犀"爲"隹"的異構字

續表

正字/異構	用例	簡釋
糜/䵞	·閔其粥䵞凍餒之患。(《王純碑》)	糜,從米麻聲。䵞,從米靡聲。"䵞"乃"糜"改換示音構件"麻"爲"靡"的異構字。同類如:《石門頌》"利磨碻盤"之"磨",乃"礳"改換表義構件"靡"爲"麻"的異構字;《引書》12號"摩足跗各卅而更"、91號"摩兩手"之"摩",乃"摩"改換示音構件"麻"爲"靡"的異構字
糧/粮	·離敗聖輿食粮。(《禮器碑》) ·黍稷稻粮。(《白石神君碑》)	糧,從米量聲。粮,從米良聲。《玉篇·米部》:"粮,同糧。""粮"乃"糧"改換示音構件"量"爲"良"的異構字。"粮"今爲"糧"的簡化字。北魏《元熙墓誌》等均見"糧"字
氣/䊠	·䊠常之印。(《漢印徵》7.13)	氣,從米气聲。《説文》"氣"或體作"䊠"。"䊠"乃"氣"改換示音構件"气"爲"既"的異構字
寶/寳/寳	·彊郎寶印。(《漢印徵》7.15) ·師寳。(《漢印徵》7.15) ·臣寳。(《古封泥集成》2351) ·杜寳。(《漢印徵補》7.4)	寶,從宀從玉從貝,缶聲。"寳"乃"寶"改換示音構件"缶"爲"玉"的異構字。"寳"乃"寶"改換示音構件"缶"與表義構件"玉"位置的異構字
宜/宧	·宧禁春丞。(《漢印徵》7.16) ·宧津陽印。(《漢印徵》7.16) ·宧春左園。(《漢印徵》7.16) ·宧士祭尊。(《漢印徵》7.16) ·宧陽肆。(《秦代陶文》1230)	宜,從宀之下一之上,多省聲。《説文》古文"宜"從"多"作"宧"。"宧"乃"宜"改換示音構件"夕"爲"多"的異構字
窮/窮 (窮)	·窮理盡性以至於命。(《熹·易·説卦》) ·窮下不苟。(《婁壽碑》) ·莫不流光□於無窮。(《北海相景君銘》)	窮,從穴躬聲。窮,從穴躬聲。《集韻·東韻》:"窮,或作窮。""窮"所從"穴"省去下部兩筆變成"宀",字則成"窮"。"窮(窮)"乃"窮"改換示音構件"躬"爲"躬"的異構字
癃/瘴	·以家錢糴米稟賜瘴盲。(《曹全碑》) ·瘴合成。①(《漢印徵》7.20) ·陳瘴。(《漢印徵》7.20) ·瘴弘。(《漢印徵》7.20)	癃,從疒隆聲。瘴,從疒,癃省聲。《説文》"癃"籀文作"瘴"。"瘴"乃"癃"改換示音構件"隆"爲"夆"的異構字。秦漢文字"瘴"字多見

---

① 《漢印徵》7.20"瘴同成"之"同"乃"合"字誤釋,應改正爲"合","合成"是漢時常見人名。參見施謝捷《〈漢印文字徵〉卷七校讀記》,載《出土文獻與古文字研究》第4輯,上海古籍出版社,2011,第336頁。

續表

正字/異構	用例	簡釋
罯/罘	·繹罘。(《漢印徵》7.22) ·張罘夜印。(《漢印徵》7.22)	罯，從网否聲。罘，從网不聲。"罯"，徐鉉等注："隸書作罘。""罘"乃"罯"改換示音構件"否"爲"不"的異構字
佗/他	·他如府記律令。(《張景碑》) ·他如故事。(《孔龢碑》)	佗，從人它聲。《集韻·戈韻》："佗，或從也。""他"乃"佗"改換示音構件"它"爲"也"的異構字
僊/仙	·上有仙人不知老。(《尚方鏡》二) ·上大山見仙人。(《上大山鏡》三)	僊，從人從䙴，䙴亦聲。仙，從人山聲。《廣韻·仙韻》："僊"，同"仙"。"仙"乃"僊"改換示音構件"䙴"爲"山"的異構字
船/舩	·戈舩侯印。(《古封泥集成》45、46) ·都舩丞印。(《古封泥集成》144、145) ·舩司空丞。(《古封泥集成》932) ·舩室。(《古瓦當文編》174)	船，從舟，鉛省聲。《廣韻·仙韻》："舩"，同"船"。"舩"乃"船"改換示音構件"㕣"为"公"的異構字。《睡日》甲98背貳、《里簡〔壹〕》8 - 135正號、《律令》431號等均見"舩"字
褎/袖	·袖珍奇鈎。(《袖珍奇鈎》)	褎，從衣采聲。《説文》"褎"俗體作"袖"。"袖"乃"褎"改換示音構件"采"爲"由"的異構字
裔/裔 褒/裹	·苗裔流衍。(《高頤碑》) ·光裔熾蕃。(《祝睦後碑》) ·盛德之褒。(《張壽碑》) ·枝裹滋布。(《張納功德叙》)	裔，從衣向聲。《隸辨·祭韻》云："《説文》裔從向，碑變從商。""裔"乃"裔"改換示音構件"向"爲"商"的異構字。《隸辨·祭韻》云："《廣韻》裔亦作裹，移向於衣字之中，碑變從商。《干禄字書》云：裹，俗裔字。"又云："裔變作裔，碑複移商於上。""褒""裹"乃"裔（裔）"上下構件移位的異構字
歔/欪 嘑	·歔欪哀哉。(《鮮于璜碑》) ·歔嘑悵哉。(《樊敏碑》)	歔，從欠虖聲。欪，從欠乎聲。《玉篇·欠部》："歔，或呼字。""虖"可簡省爲"乎"，則"欪"可看作"歔"改換示音構件"虖"爲"乎"的異構字。根據文義，"歔欪哀哉""歔嘑悵哉"即"嗚呼哀哉"

正字/異構	用例	簡釋
歙/飲	·鴻漸於般飲食衎衎。(《熹·易·漸》) ·飲澧泉。(《上大山鏡》二)	歙，從欠酓聲。《玉篇·欠部》："歙，古文飲。""飲"乃"歙"改換示音構件"酓"爲"食"的異構字
顏/顏	·顏哉。(《漢印徵》9.1) ·顏市印。(《漢印徵》9.1) ·顏壽王印。(《漢印徵》9.1) ·顏音。(陝西扶風漢印)① ·顏房之印。(《古封泥集成》2565)	顏，從頁彦聲。"顏"乃"顏"改換示音構件"彦"爲"産"的異構字。《漢印徵》9.1還有8例從産作"顏"，1例從彦作"顏"
頌/額	·秩秩其威，娥娥厥額。②(《鮮于璜碑》)	頌，從頁公聲。《説文》"頌"籀文從"容"作"額"。"額"乃"頌"改換示音構件"公"爲"容"的異構字
鬏/矛彡	·矛彡長。(《漢印徵》9.4)	鬏，從髟秋聲。《説文》"鬏"或省"攴"作"鬏"。印文在"鬏"的基礎上再省"彡"而成"矛彡"。"矛彡(鬏)"乃"鬏"改換示音構件"秋"爲"矛"的異構字。此字演化過程大致是：鬏→鬏→矛彡
嵬/巋	·高山崔巋兮。(《郙閣頌》)	嵬，從山鬼聲。巋，從山陸聲。《集韻·尾韻》："嵬，或作巋。""巋"乃"嵬"改換示音構件"鬼"爲"陸"的異構字
陵/峻	·危難阻峻。(《西狹頌》) ·峻極穹蒼。(《華山廟碑》) ·劉峻印信。(《漢印徵》9.7)	陵，從山陵聲。峻，從山夋聲。《説文》"陵"，或省作"峻"。"峻"乃"陵"改換示音構件"陵"爲"夋"的異構字
嶜/峥	·登峥嶸。(《白石神君碑》)	嶜，從山青聲。峥，從山爭聲。段注："嶜，今字作峥。""峥"乃"嶜"改換示音構件"青"爲"爭"的異構字

---

① 參見羅西章《介紹一批陝西扶風出土的漢、魏銅印等文物》，《文物》1980年第12期。官雲程：《扶風縣出土漢代私印印文補釋》，《文物》1991年第3期。

② 高文《漢碑集釋》(修訂本，河南大學出版社，1997)第292頁指出："碑額字左半從容甚清晰，天津市歷史博物館釋爲'額'。不成文理，誤。"細審拓本，此字是從容之"額"字。

續表

正字/異構	用例	簡釋
碩/礝	·礝石神君。（《白石神君碑陰》）	碩，從石亙聲。礝，從石需聲。《集韻·獮韻》：“碩，或作礝。”“礝”乃“碩”改換示音構件“亙”爲“需”的異構字
碑/碞/䂗	·豎建聿碞。（《北海相景君銘》） ·建石立䂗，顯頌先功。（《王孝淵碑》）	碑，從石卑聲。碞，從石非聲。“䂗”同“碞”，左右結構與上下結構之別。碞”“䂗”應是“碑”改換示音構件“卑”爲“非”的異構字①
驥/騤	·莫不騤思。（《禮器碑》）	驥，從馬冀聲。《玉篇·馬部》：“騤”同“驥”。“騤”乃“驥”改換示音構件“冀”爲“豈”的異構字
驕/騇	·王騇私印。（《漢印徵補》10.1）	驕，從馬喬聲。騇，從馬高聲。《說文·夭部》“喬”，“從夭從高省”。于省吾先生指出“喬”字乃“因高字以爲聲”。②　《龍龕手鏡·馬部》“騇”，“驕”的俗字。“喬”，群母宵部字；“高”，見母宵部字；兩者韻同聲近。“騇”乃“驕”改換示音構件“喬”爲“高”的異構字。也可把“騇”看作“驕”所從“喬”省寫去上部“夭”所形成的。秦漢文字“驕”一般從喬，個別從高
焟/燼	·收合餘燼。（《曹全碑》）	焟，從火聿聲。燼，從火盡聲。《玉篇·火部》：“燼，同焟。”“燼”乃“焟”改換示音構件“聿”爲“盡”的異構字
爨/焦	·焦奉意印。（《漢印徵》10.8） ·焦博。（《漢印徵》10.8） ·焦千金。（《漢印徵》10.9） ·焦武之印。（《漢印徵》10.9）	爨，從火雥聲。焦，從火隹聲。《說文》“爨”或體作“焦”。《龍龕手鏡·火部》：“爨，與焦同。”“焦”乃“爨”改換示音構件“雥”爲“隹”的異構字。《漢印徵》共10例，均作“焦”
烖/灾/災	·火無災燀。（《白石神君碑》） ·灾害以生。（《淮源廟碑》） ·乃遭氛災。（《鄭固碑》）	烖，從火戈聲。灾，從宀、火。災，從火巛聲。《說文》“烖”或體作“灾”，籀文作“災”。“灾”“災”乃“烖”改換示音構件“戈”爲“宀”或“巛”的異構字

---

① 翁方綱《兩漢金石記》疑“䂗”是“岩”字，高文《漢碑集釋》疑“䂗”是“碑”之俗字。高說可從。參見高文《漢碑集釋》（修訂本），河南大學出版社，1997，第75頁。

② 于省吾：《釋古文字中附劃因聲指事字的一例》，載《甲骨文字釋林》，中華書局，1979，第458頁。

正字/異構	用例	簡釋
忼/慷	·□惪慷慨。（《王孝淵碑》） ·武廬慷慨。（《耿勳碑》）	忼，從心亢聲。慷，從心康聲。"忼"，徐鉉等注："今俗別作慷。"《廣韻·蕩韻》："忼"同"慷"。"慷"乃"忼"改換示音構件"亢"爲"康"的異構字
意/意	·牛意。（《漢印徵》10.17） ·李意。（《漢印徵》10.17） ·臣意。（《漢印徵》10.17）	意，從心音聲。《說文》"意"籀文從言作"意"。"意"乃"意"改換示音構件"音"爲"言"的異構字
愙/恪	·郗志元恪。（《白石神君碑》） ·恭恪里附城。（《漢印徵》10.17）	愙，從心客聲。恪，從心各聲。《集韻·鐸韻》："愙，或作恪。""恪"乃"愙"改換示音構件"客"爲"各"的異構字，且從上下結構變換爲左右結構
愸/恂	·［憂］心愸愸，［念我無禄］。（《熹·詩·正月》）	愸，從心鈞聲。恂，從心匀聲。《廣韻·清韻》："恂"，同"愸"。《集韻·諄韻》："愸，或作恂。""恂"乃"愸"改換示音構件"鈞"爲"匀"的異構字
悑/怖	·夙夜憂怖。（《史晨前碑》） ·單于怖畏。（《鮮于璜碑》）	悑，從心甫聲。怖，從心布聲。《說文》"悑"或體作"怖"。《正字通·心部》："悑，怖本字。""怖"乃"悑"改換示音構件"甫"爲"布"的異構字
沱/池	·南注城池。（《史晨後碑》）	沱，從水它聲。《集韻·支韻》："沱，亦作池。""池"乃"沱"改換示音構件"它"爲"也"的異構字
治/沿	·凍沿銅華而清明。（《凍治鏡》） ·☐郎沿張角☐。（《張角等字殘石》）	治，從水台聲。《字匯補·水部》："沿，與治同。""台"與"吕"形近混訛。"沿"可看作"治"改換示音構件"台"爲"吕"的異構字

續表

正字/異構	用例	簡釋
濡/濡	·少以濡（儒）術，安貧樂道。（《衡方碑》） ·煌煌濡濡，其色若備。（《嘉祥畫像石題記》）	濡，從水需聲。《龍龕手鏡·水部》："濡"，"濡"的俗字。"濡"所從"需"類化爲"需"。"濡"可看作"濡"改換示音構件"需"爲"需"的異構字
涌/湧	·騏湧汗。（《漢印徵》11.13）	涌，從水甬聲。湧，從水勇聲。《集韻·腫韻》："涌，或作湧。""湧"乃"涌"改換示音構件"甬"爲"勇"的異構字
澂/澂/澄	·☐虔恭澂漠九十☐。（《虔恭等字殘石》） ·趙澄。（《漢印徵》11.8）	澂，從水，徵省聲。澂，從水徵聲。澄，從水登聲。段注："'澂''澄'古今字。"《玉篇·水部》："澂"，同"澄"。"澂""澄"可看作"澂"改換示音構件"敳（徵省聲）"爲"徵"或"登"的異構字
灘/灘	·黑石灘部羅佰田一町。（《徐勝買地鉛券》）	灘，從水鷤聲。灘，從水難聲。《說文》"灘"俗體從"隹"作"灘"。"灘"乃"灘"改換示音構件"鷤"爲"難"的異構字
準/准	·君准則大聖。（《淮源廟碑》）	準，從水隼聲。《玉篇·冫部》："准，俗準字。""准"乃"準"改換示音構件"隼"爲"隹"的異構字
沫/湏	·李湏。（《漢印徵》11.12） ·王湏之印。（《漢印徵》11.12）	沫，從水未聲。《說文》"沫"古文從頁作"湏"。"湏"乃"沫"改換示音構件"未"爲"頁"的異構字
抒/抱	·屠顏購孤，詐抱他人。（《畫像孔子等題字》） ·抱器幽潛。（《夏承碑》） ·手抱白魚。（《袖珍奇鈎》） ·手抱魚。（《丙午神鈎》） ·抱罕護軍長史。（《漢印徵》12.8）	抒，從手孚聲。抱，從手包聲。《說文》"抒"或體從包作"抱"。"抱"乃"抒"改換示音構件"孚"爲"包"的異構字

正字/異構	用例	簡釋
攡/攤	·大將軍攤□殼。(《曹真碑》)	攡，從手雒聲。攤，從手雍聲。邵瑛《群經正字》："攡，今經典多作攤。""攤"乃"攡"改換示音構件"雒"爲"雍"的異構字
媄/妖	·羌胡詿之妖道。(《曹真碑》)	媄，從女芙聲。妖，從女夭聲。"媄"，段注："俗省作妖。"《玉篇·女部》："媄"，同"妖"。"妖"乃"媄"改換示音構件"芙"爲"夭"的異構字
戲/戯	·皇戲統華胥。(《禮器碑》) ·伏戯倉精。(《武梁祠畫像題字》)	戲，從戈虘聲。戯，從戈虚聲。《龍龕手鏡·戈部》："戲，今；戯，正。""戯"乃"戲"改換示音構件"虘"爲"虚"的異構字
璽/彌	·赫赫彌章。(《孔龢碑》) ·〔趙盾之車〕右祁彌明者力國☒。(《熹·公羊·宣六年》)	璽，從弓璽聲。彌，從弓爾聲。朱駿聲《說文通訓定聲》："璽，字亦作彌。""彌"乃"璽"改換示音構件"璽"爲"爾"的異構字
紟/緪	·緪孝印。(《漢印徵》13.4)	紟，從糸今聲。緪，從糸金聲。《說文》"紟"籀文作"緪"。"緪"乃"紟"改換示音構件"今"爲"金"的異構字
縫/絳	·絳陵□丞。(《漢印徵》13.5) ·三絳尉印。(《漢印徵》13.5) ·絳博。(《漢印徵》13.5) ·絳閎印信。(《漢印徵》13.5)	縫，從糸逢聲。絳，從糸夆聲。《集韻·鍾韻》："縫，或省(作絳)。"《釋名》"縫"作"絳"。"絳"乃"縫"改換示音構件"逢"爲"夆"的異構字
紲/緤	·孔緤私印。(《漢印徵》13.5) ·商緤。(《漢印徵》13.5) ·許緤。(《漢印徵》13.5) ·丙緤。(《漢印徵》13.5)	紲，從糸世聲。緤，從糸枼聲。《說文》"紲"或體作"緤"。"緤"乃"紲"改換示音構件"世"爲"枼"的異構字

續表

正字/異構	用例	簡釋
螘/蟻	・蟻□私印。（《漢印徵》13.8）	螘，從虫豈聲。蟻，從虫義聲。"螘"，邵瑛《群經正字》："今經典多作蟻。""蟻"乃"螘"改換示音構件"豈"爲"義"的異構字
蟀/蟀	・蟋蟀在堂。（《石經魯詩殘碑》）	蟀，從虫帥聲。蟀，從虫率聲。《爾雅・釋虫》"蟋蟀"，陸德明釋文："蟀，本或作蟀。""蟀"乃"蟀"改換示音構件"帥"爲"率"的異構字
垠/圻	・德以化圻民。（《楊統碑》）	垠，從土艮聲。圻，從土斤聲。《説文》"垠"或體作"圻"。"圻"乃"垠"改換示音構件"艮"爲"斤"的異構字
勳/勛（勛）	・勛於後人。（《孟孝琚碑》） ・綏御有勳。（《張遷碑》） ・勛功有章。（《尹宙碑》） ・劉勛。（《漢印徵》13.14） ・不問勛次。（《袁良碑》）	勳，從力熏聲。《説文》"勳"古文作"勛"。段注："《周禮》故書'勳'作'勛'。""勛"可看作"勳"改換示音構件"熏"爲"員"的異構字。《説文》"員"籀文作"鼎"，"勛"從員，故書作"勛"
動/勭	・固不勭心。（《婁壽碑》） ・淡界繆勭。（《衡方碑》）	動，從力重聲。勭，從力童聲。童，《説文・辛部》"从辛，重省聲"，《金文編》據《中山王鼎》分析爲"從立重聲"。"重""童"均定母東部字。《集韻・董韻》："動，或作勭。"馬王堆簡帛"動"皆寫作"勭"。"勭"乃"動"改換示音構件"重"爲"童"的異構字
鏕/鏖	・平陽共鏖甂。（《平陽甂》）	鏕，從金麂聲。鏖，從金鹿聲。《廣韻・豪韻》："鏖"，同"鏕"。"鏖"乃"鏕"改換示音構件"麂"爲"鹿"的異構字，同時"鏕"左右結構變換爲"鏖"上下結構
鏠/鋒	・虎步挫鏠司馬。（《漢印徵》14.3） ・前鋒司馬。（《漢印徵》14.3）	鏠，從金逢聲。鋒，從金夆聲。《集韻・鍾韻》："鏠，或從夆。""鋒"乃"鏠"改換示音構件"逢"爲"夆"的異構字
鍚/錫	・錫丞之印。（《漢印徵》14.3） ・張錫。（《漢印徵》14.3）	鍚，從金陽聲。錫，從金易聲。"鍚"，徐鉉等注："今經典作錫。""錫"乃"鍚"改換示音構件"陽"爲"易"的異構字

三　改換成字構件的異構字

表 13－3　改換成字構件的異構字

正字/異構	用例	簡釋
哲/喢/喆（舓）	·既明且喢。（《郭旻碑》） ·體明性喆。（《池陽令張君殘碑》） ·前喆遺芳。（《張遷碑》） ·使前喆孤名而君獨立。（《袁良碑》） ·既喆且明。（《耿勳碑》） ·謂君爲舓。（《譙敏碑》）	哲，從口折聲。《説文》"哲"古文從三吉作"嚞"。《玉篇·口部》："喆，同哲"。《中華大字典》"哲"作"喆"。《譙敏碑》"謂君爲舓"，"喆"字訛變爲從二舌作"舓"。"喢""喆（舓）"乃"哲"成字構件改換的異構字
御/馭	·造父馭周。（《趙寬碑》）	御，從彳從卸。馭，從又從馬。《説文》"御"古文作"馭"。"馭"乃"御"表義構件"彳"和"卸"都改換的異構字
鬴/釜	·張釜仲。（《漢印徵》3.15） ·大官釜。（《河北省出土文物選集·陶甗》）①	鬴，從鬲甫聲。釜，從金父聲。《説文》"鬴"或體作"釜"。《西陲簡》44·8、晉《右尚方釜》亦見"釜"字。"釜"乃"鬴"改換示音構件"甫"爲"父"的異構字，同時表義構件"鬲"改換爲"金"
鬻/餗	·鼎折足，覆公餗，其刑剭。（《熹·易·鼎》）	鬻，從鬲速聲。餗，從食束聲。《説文》"鬻"或體作"餗"。"餗"乃"鬻"改換示音構件"速"爲"束"的異構字，同時表義構件"鬲"改換爲"食"
敔/設	·真設。（《漢印徵》4.11） ·毋留設印。（《漢印徵》4.11） ·許設生印。（《漢印徵》4.11） ·王設私印。（《漢印徵》4.11）	敔，從攴古聲。《説文》"敔"籀文作"設"，左下從月。印文"設"左下從日，形近"設"。"設（設）"乃"敔"改換成字構件的異構字。今作"敢"

---

① 河北省博物館、文物管理處：《河北省出土文物選集》，文物出版社，1980。

續表

正字/異構	用例	簡釋
簋/朹	·朹壽之印。(《漢印徵》5.2) ·朹餘閒印。(《漢印徵》5.2) ·朹道。(《漢印徵》5.2) ·朹憲。(《漢印徵》5.2) ·朹春。(《漢印徵》5.2) ·朹長功。(《漢印徵》5.2)	簋，從竹從皿從艮。朹，從木九聲。《説文》"簋"古文作"朹"。"朹"乃"簋"改換成字構件的異構字
爵/斝	·主斝都尉。(《漢印徵》5.10) ·主斝都尉章。(《漢印徵》5.10)	爵，像爵之形。《説文》"爵"古文作"斝"。"斝"乃"爵"改換成字構件的異構字
高/㝿	·㝿寫輪淵。(《石門頌》) ·能無撓㝿。(《樊敏碑》)	高，從高省，冋聲。㝿，從广頃聲。《説文》"高"或從广作"㝿"。《集韻·静韻》："高，或作㝿。""㝿"乃"高"改換成字構件的異構字
邠/豳	·馮於豳岐。(《華山廟碑》)	邠，從邑分聲。豳，從山從豩。《説文》"邠"又作"豳"。《玉篇·邑部》："邠，亦作豳。""豳"乃"邠"改換成字構件的異構字
舀/肣	·徐肣。(《漢印徵》7.8)	《説文·弓部》："舀，舌也。象形。舌體弓弓。從弓，弓亦聲。肣，俗舀從肉今。""肣"乃"舀"改換成字構件的異構字
棗/棶	·棶樹。(《肥致碑》) ·酸棶右尉。(《漢印徵》7.8)	棗，從重束。"棶"，從重來。王仁昫《刊謬補缺切韻·晧韻》："棗"通俗作"棶"。"棶"乃"棗"改換成字構件的異構字
棘/棶	·棶滿令印。(《漢印徵》7.8) ·棶左陽尉。(《漢印徵》7.8)	棘，從并束。棶，從并來。"棘"作"棶"與"棗"作"棶"同類。"棶"乃"棘"改換成字構件的異構字
膂/呂	·四時嘉至磬南呂午堵左桎。(《四時嘉至磬》) ·任城呂育。(《禮器碑陰》) ·呂國字文寶。(《西狹頌》) ·呂襄私印。(《漢印徵》7.17) ·呂氏之印。(《漢印徵》7.17) ·呂駶。(《漢印徵補》7.5)	《説文·呂部》："呂，脊骨也。象形。……膂，篆文呂，從肉從旅。"段注："呂象顆顆相承，中象其系聯也。""呂"乃"膂"改換成字構件的異構字。《漢印徵》7.17"呂"5例，7.18"膂鄉"之"膂"1例

正字/異構	用例	简釋
頫/俛	·趙俛。(《漢印徵》9.2) ·臣俛。(《漢印徵》9.2) ·孫俛齊。(《漢印徵》9.2) ·衞俛。(《漢印徵補》9.1) ·臣俛。(《漢印徵補》9.1)	頫，從頁，逃省。《説文》"頫"或從人、免作"俛"。《廣韻·麌韻》："俯，《漢書》又作俛。""俛"可看作"頫"改换成字構件的異構字
匈/宼	·宼奴。(《漢印徵補》7.4)	匈，從勹凶聲。宼，從宀兇聲。印文"宼奴"應讀爲"匈奴"，則"宼"乃"匈"改换示音構件"凶"爲"兇"，同時表義構件"勹"改换爲"宀"的異構字
羑/誘	·周誘。(《漢印徵補》9.3)	羑，從厶從羊。誘，從言從秀。《説文·厶部》："羑"或體作"誘"。"誘"乃"羑"改换成字構件的異構字
嶽/岳	·巍巍山岳。(《魯峻碑》) ·泰華惟岳。(《耿勳碑》)	嶽，從山獄聲。《説文》"嶽"古文作"岳"。段注："今字作岳，古文之變。"魏《受禪表》"望秩五岳"亦作"岳"。"岳"乃"嶽"改换成字構件的異構字
駋/繺	·〔秋〕盗殺衞侯之兄縶。(《熹·春秋·昭廿年》)	駋，從馬，口其足。縶，從糸執聲。《説文》"駋"或體作"縶"。"縶"乃"駋"改换成字構件的異構字
西/棲/捿	·棲遟不就。(《李翊碑》) ·王捿之印。(《漢印徵》12.11)	西，鳥在巢上，象形。《説文》"西"或體從木從妻作"棲"。《龍龕手鏡·手部》："捿，正作棲"。"棲""捿"乃"西"改换成字構件的異構字。《縱橫》213號"句（勾）淺（踐）棲會稽"亦作"棲"

續表

正字/異構	用例	簡釋
無/无	·功垂无窮。(《孔龢碑》) ·无咎。(《熹·易·睽》) ·大吉丑，勝无午。(《大吉丑器》)	《説文·亡部》："無，亡也。从亡無聲。无，奇字無。""無"字形體筆畫太多，於是抽取"無"字形的中間部分而寫作"无"。① 秦漢文字"無""无"并見。"无"可看作"無"改換成字構件的異構字
坤/𡿧	·乾𡿧定位。(《華山廟碑》) ·體𡿧則乾。(《鮮于璜碑》) ·致役乎𡿧。(《熹·易·説卦》)	坤，從土從申。朱駿聲《説文通訓定聲》："字亦作巛。即卦畫竪作。"碑皆三筆作"𡿧"。"𡿧"乃"坤"改換成字構件的異構字。北魏《元濬嬪耿氏墓誌》《寇偘墓誌》、北齊《高百年妃斛律氏墓誌》等均見"巛"字
馗/逵	·王逵印信。(《漢印徵》14.12)	馗，從九從首。逵，從辵從坴。《説文》"馗"或體作"逵"。"逵"乃"馗"改換成字構件的異構字
萬/万	·賈二万五千。(《建平郫縣碑》) ·□徒万八千四百□。(《何君治閣道碣》) ·日入大万。(《日入大万鍾》) ·千万。(《千万鉤》) ·巨侯万匹。(《漢印徵》14.12) ·大潘千万。(《漢印徵》14.12)	萬，從厹，象形。《玉篇·方部》："万，俗萬字。""萬"之作"万"是爲簡化字形而借用同音字。"万"乃"萬"改換成字構件的異構字。漢代銘刻文字"萬""万"并見。金文"萬"字，很多寫作"万"，如《千万熨斗》《巨万鈎》《日利千万鈎》等
育/毓	·顔母毓靈。(《史晨前碑》) ·且以毓姿。(《譙敏碑》)	育，從𠫓肉聲。《説文》"育"或體從"每"作"毓"。"毓"乃"育"改換成字構件的異構字

---

① 參見董珊《釋燕系文字中的"無"字》，載《于省吾教授百年誕辰紀念文集》，吉林大學出版社，1996，第 209 頁。趙平安先生指出古文"无"是借"夫"爲之。參見趙平安《秦至漢初簡帛文字與假借改造字字源考證》，載《簡帛研究》第 2 輯，法律出版社，1996，第 102～103 頁。

四 增加構件的異構字

表 13 – 4 增加構件的異構字

正字/異構	用例	簡釋
一/弌	・今信弌十斤二兩。(《代大夫人家壺》)	《説文》"一"古文作"弌"。郭店楚簡《緇衣》作"弌"。"一"增加構件"弋"作"弌"。吳《禪國山碑》"弌十有弌"、北魏《崔楷墓誌》"遣幼子及弌女夜出"亦作"弌"。"弌"乃"一"增加表義構件"弋"的異構字
三/弎	・光和弎年閏月廿弎日。(《光和斛》二)	《説文》"三"古文作"弎"。北魏《法義九十人等造塔記》"程弎妃"亦作"弎"。"弎"乃"三"增加表義構件"弋"的異構字
熏/燻	・龍淵宮銅燻爐。(《龍淵宮銅熏爐》)	熏,從中從黑。《廣韻・文韻》:"燻,同熏。"《墨子・節葬下》:"其親戚死,聚柴薪而焚之,燻上,謂之登遐。"畢沅校:"燻,即熏字俗寫。""燻"乃"熏"增加表義構件"火"的異構字
芻/蒭	・蒭惲。(《漢印徵》1.17)	芻,像包束艸之形。蒭,從艸芻聲。《玉篇・艸部》:"芻,俗作蒭。""蒭"乃"芻"增加表義構件"艸"的異構字
吾/俉	・任潘俉印。(《漢印徵》2.5)	吾,從口五聲。《正字通・亻部》:"俉,同吾。秦《詛楚文》吾作俉。""俉"乃"吾"增加表義構件"亻"的異構字
哀/懷	・嗚呼懷哉。(《王暉畫棺題字》) ・嗚呼懷哉。(《柳敏碑》) ・欷嘑懷哉。(《樊敏碑》)	哀,從口衣聲。懷,從心哀聲。《字匯・心部》:"懷,同哀。""懷"乃"哀"增加表義構件"心"的異構字
埶/藝/蓺	・剖演奧藝。(《校官碑》) ・藝於從畋。(《張遷碑》) ・删定六藝。(《史晨前碑》) ・兼覽群藝。(《夏承碑》)	埶,從坴,丮,持亟種之。《集韻・祭韻》:"埶,或作藝。""埶"增加"云"作"蓺",又增加"艸"作"藝"。"蓺""藝"乃"埶"增加表義構件"云"的異構字

續表

正字/異構	用例	簡釋
厷/肱（舷）	·卑肱白記。（《漢印徵》3.15） ·趙舷之印。（《漢印徵》3.15）	厷，從又從ㄙ。《説文》"厷"或體從肉作"肱"。"肱"之肉旁訛變爲"舟"而字作"舷"。"肱（舷）"乃"厷"增加表義構件"肉（舟）"的異構字
反/仮	·王仮之印。（《漢印徵》8.9）	反，從又厂。《集韻·阮韻》："反，或作仮。"秦漢文字"反"常作"反"，個別作"仮"。"仮"乃"反"增加表義構件"亻"的異構字
殿/壂	·壂曰存僊壂。（《華山廟碑》） ·敬脩宗壂。（《堯廟碑》）	殿，從殳屍聲。《集韻·霰韻》："壂"通作"殿"。《流沙墜簡·小學》2.4"室宅廬舍樓壂堂"亦作"壂"。"壂"乃"殿"增加表義構件"土"的異構字
學/敩	·爲敩者宗又五十以敩。（《高彪碑》）	《説文·教部》："敩，覺悟也。从教从冂。冂，尚矇也。臼聲。學，篆文敩省。""敩"同"斆"字。"敩"乃"學"增加表義構件"攴"的異構字
雁/鷹	·鷹振霆擊，威德日隆。（《張表碑》） ·鷹侍電戟。（《郭仲奇碑》）	《説文·隹部》："雁，鳥也。从隹，瘖省聲。或从人，人亦聲。鷹，籀文雁从鳥。""鷹"比"鷹"簡省了左邊部分。晉《鄭舒墓碣》"中郎將鷹揚將軍"亦作"鷹"。"鷹"可看作"雁"增加表義構件"鳥"的異構字
雇/鸇	·敖鸇柤□。（《長沙砂子塘西漢墓木封泥匣》）	雇，從隹户聲。《説文》"雇"籀文從鳥作"鳸"。"鸇"，從鳥雇聲，乃"雇"增加表義構件"鳥"的異構字
典/筻/萛	·深明筻隩。（《譙敏碑》） ·薈兹萛猶。（《楊統碑》） ·含好萛常。（《鮮于璜碑》）	典，從册在丌上。筻，從竹典聲，《説文》"典"古文作"萛"。"筻"乃"典"增加表義構件"竹"的異構字，強調簡册之意。萛，從艸典聲，所從竹訛寫爲艸，亦"典"增加表義構件"艸"的異構字
巨/榘	·規筴榘謨。（《北海相景君銘》） ·［蹈］規履榘。（《衡方碑》）	巨，從工，像手持之。《説文》"巨"或從木、矢作"榘"。段注："今字作矩，省木。""榘"乃"巨"增加表義構件"木"和"矢"的異構字
缶/鉂	·東海宫司空作銅盤鉂鐙。（《東海宫司空盤》）	缶，象形。字書似無"鉂"字。《樂書缶》作"䤭"，"缶"在左。從上下文可知"鉂鐙"即"缶鐙"。"鉂"可看作"缶"增加表義構件"金"的異構字

正字/異構	用例	簡釋
靣/廩	·廩丘丞印。(《漢印徵》5.15) ·廩丘長印。(《漢印徵》5.15) ·梁廩私印。(《漢印徵》5.15) ·廩犧令印。(《漢印徵補》5.5)	靣，從入從回。《説文》"靣"或體作"廩"。"廩"乃"靣"增加表義構件"广"和"禾"的異構字
晨/曟	·黃君法行孝女曟扶芍。(《東漢黃晨黃芍磚誌》)①	晨，從日辰聲。《説文》"曟"或省作"晨"。"曟"可看作"晨"增加整字"晨"的異構字
鼎/鋪	·女(汝)陰侯鋪容一斗四升。(《汝陰侯鼎》) ·濕成銅鋪。(《濕成鼎》) ·第六置鋪。(《置鼎》) ·昆陽乘輿銅鋪。(《昆陽乘輿鼎》)	鼎，象形。陳直《古器物文字叢考·西安高窰村出土西漢銅器銘考釋》："十一號鼎銘有'昆陽乘輿銅鋪一'。……鼎字繁作'鋪'，亦見漢汝陰侯鼎。"② 鼎銘"銅鋪"即"銅鼎"。"鋪"可看作"鼎"增加表義構件"金"的異構字
凶/殈	·未巫殈虐。(《樊敏碑》) ·丁此咎殈。(《鮮于璜碑》)	凶，像地穿交陷其中。《玉篇·歹部》："殈，古文凶。"《漢書·藝文志》："然星事殈悍。"顏師古注："殈，讀與凶同。""殈"乃"凶"增加表義構件"歹"的異構字
网/罔/冈	·赫赫罔窮。(《禮器碑》) ·[學而不思]則罔。(《熹·論語·爲政》) ·公罔彊。(《漢印徵》7.21) ·續遇禁冈。(《曹全碑》) ·蓋以爲垂聲冈極，音流營弦。(《趙寬碑》)	网，從冂，下像网交文。《説文》"网"或體從"亡"作"罔"。"罔"乃"网"增加構件"亡"的異構字。《廣韻》"网"俗作"冈"。"网"又省寫作"冈"
弔/呺/恄	·官逡臨呺。(《夏堪碑》) ·頤天不恄。(《張壽碑》)	弔，從人持弓。《隸辨·嘯韻》云："呺，即弔字，碑變加口。"又云："恄，碑復變加心。""呺""恄"乃"弔"增加表義構件"口"或"心"的異構字

---

① 1992 年，洛陽市民族路北側東漢墓中出土"東漢黃晨黃芍磚誌"，現存洛陽。共兩塊，内容相同。誌文陰刻隸書 3 行 9 字。文曰："黃君法行孝女曟扶芍。"見王木鐸《洛陽新獲磚誌説略》，《中國書法》2001 年第 4 期。

② 陳直：《古器物文字叢考》，《考古》1963 年第 2 期。

續表

正字/異構	用例	簡釋
屍/臀	·九三臀無膚，其行次且厲，無大咎。（《熹·易·家人》）	屍，從尸，下丌居几。臀，從肉殿聲。《説文》"屍"或體從骨作"臀"。"臀"即"臀"字。《玉篇·尸部》："屍，與臀同。""臀"乃"屍"增加表義構件"肉"和"殿"所從"殳"的異構字
皃/貌	·昭察衣服觀容貌。（《銅華鏡》、《銅華鏡》三、《銅華鏡》四）	皃，從人，白像人面形。《説文》"皃"籀文從豹省作"貌"。《漢書·王莽傳下》："皃佷自臧。"顏師古注："皃，古貌字也。"《五行》249、276行亦見"貌"字。"貌"乃"皃"增加表義構件"豸"的異構字
𢁓/抑	·威儀抑抑。（《西狹頌》） ·扶弱抑强。（《校官碑》）	𢁓，從反印。《説文》"𢁓"俗從手作"抑"。"抑"乃"𢁓"增加表義構件"手"的異構字
崔/碓	·刻危碓嵬。（《西狹頌》）	崔，從山隹聲。《集韻·灰韻》：崔，籀文作碓。"碓"乃"崔"增加表義構件"石"的異構字
壺/楎	·銅楎。（望城風篷嶺漢墓出土銅器）①	壺，象形。出土器物爲一銅壺，可知"楎"是"壺"字之繁構。"楎"乃"壺"增加表義構件"木"的異構字
泉/湶（湶）	·波障源湶。（《孫叔敖碑》） ·渴飲玉湶飢食棗。（《袁氏鏡》三） ·闇忽離世，下歸黃湶。（《嘉祥畫像石題記》） ·平阿湶泥。（《石門頌》）	泉，像水流出成川形。《字匯補·水部》："湶，與泉同。"《石門頌》"湶"右下從小，乃"湶"之異寫。北魏《寇臻墓誌》"勒銘湶堂"亦作"湶"。"湶"（湶）乃"泉"增加表義構件"水"的異構字
乂/刈	·□刈髏雄。②（《校官碑》）	乂，從丿從乁相交。《説文》"乂"或體從刀作"刈"。"刈"乃"乂"增加表義構件"刀"的異構字
或/域	·拜西域戊部司馬。（《曹全碑》） ·八方所達，益域爲充。（《石門頌》）	或，從口從戈以守一。一，地也。《説文》"或"或體作"域"。"域"乃"或"增加表義構件"土"的異構字 晉《辟雍碑陰》"西域朱喬尚建"亦作"域"

① 長沙市文物考古研究所、望城縣文物管理局：《湖南望城風篷嶺漢墓發掘簡報》，《文物》2007年第12期。

② 根據拓本，"□刈髏雄"第三字從骨作"髏"。《漢碑集釋》（修訂本，河南大學出版社，1997）此字釋作"鯁"，失察。見該書第446頁。

正字/異構	用例	簡釋
匡/筐/筐	·筐將巨印。（《漢印徵》12.19） ·筐當之印。（《漢印徵》12.19） ·筐定。（《漢印徵》12.19） ·筐光私印。（《漢印徵》12.19）	匡，從匚坒聲。《説文》"匡"或體作"筐"。"筐"所從竹訛寫爲艸，字作"筐"。"筐""筐"乃"匡"增加表義構件"竹"或"艸"的異構字
它/虵	·虵蛭毒蝎。（《石門頌》） ·交（蛟）龍委虵。（《嘉祥畫像石題記》）	它，從虫而長，像冤曲垂尾形。《説文》"它"或體作"蛇"。《玉篇·虫部》："虵，正作蛇。""虵"乃"它"增加表義構件"虫"的異構字
二/弍	·光和弍年閏月廿弍日。（《光和斛》二） ·靈闔張□鼎弍。（《梁休碑》）	二，從偶一。《説文》"二"古文作"弍"。"弍"乃"二"增加表義構件"弋"的異構字
圭/珪	·受珪上帝。（《桐柏廟碑》） ·珪璧之質。（《北海相景君銘》） ·奉其珪璧。（《白石神君碑》） ·故功曹王衍文珪。（《曹全碑陰》）	圭，從重土。《説文》"圭"古文從玉作"珪"。《釋文》云："圭字又作珪。""珪"乃"圭"增加表義構件"玉"的異構字
処/處	·處士孔褒文禮。（《史晨後碑》） ·舉衡以處事。（《尹宙碑》） ·陳處私印。（《漢印徵》14.4） ·又：《熹·公羊·宣六年》《許阿瞿墓誌》《曹全碑》	処，從几從夂。《説文》"処"或體作"處"。"處"乃"処"增加表義構件"虍"的異構字。《漢印徵》14.4~14.5"處"有9例

五　減省構件的異構字

表 13 – 5　減省構件的異構字

正字/異構	用例	簡釋
蘿/萑	·萑武。（《漢印徵》1.8） ·萑高。（《漢印徵》1.8） ·萑慶記。（《漢印徵》1.8）	蘿，從艸雚聲。邵瑛《群經正字》："今經典多作'萑'。《爾雅》作蘿，見《釋草》。"《正字通·艸部》："蘿，同雚。""萑"所從雚聲省去一個隹作"萑"。《漢印徵》1.8"蘿道印"作"蘿"
薰/蕉	·陽泉使者舍蕉盧（爐）一。（《陽泉熏爐》）	薰，從艸熏聲。熏，從中從黑。"蕉"所從熏聲省去構件"中"作"蕉"。《西陲簡》38.4 號"□蕉脂粉膏腜笥"亦作"蕉"。"蕉"乃"薰"減省示音構件"熏"所從"中"的異構字
萅/旾	·宜旾左園。（《漢印徵》1.19）	萅，從艸從日，屯聲。旾，從日屯聲。《集韻·諄韻》："萅，古作旾，隸作春。"漢印中古體"萅""旾"并存。"旾"可看作"萅"減省表義構件"艸"的異構字
齒/㐭	·宋㐭之印。（《漢印徵》2.19）	齒，像口齒之形，止聲。《説文》"齒"古文作"㐭"。"㐭"可看作"齒"減省表義構件"止"的異構字
對/𡭊	·朱𡭊客。（《漢印徵》3.11）	對，從丵從口從寸。《説文》"對"或從丵從士從寸作"𡭊"。"𡭊"乃"對"減省表義構件"口"的異構字
鬻/粥	·粥敞之印。（《漢印徵》3.15）	鬻，從䰜米聲。《爾雅·釋言》："鬻，糜也。"郝懿行義疏："鬻者，經典省作粥而訓糜。"《集韻·屋韻》："鬻，亦書作粥。"《服傳》甲4號"吹粥"亦作"粥"。"粥"乃"鬻"減省表義構件"䰜"所從"鬲"的異構字

正字/異構	用例	簡釋
教/孝	·楊氏居貨大孝。（《秦代陶文》485）	教，從攴從孝。《説文》"教"古文作"斆"。"孝"乃"教"減省表義構件"攴"的異構字，且"孝"省"爻"作"孝"。馬王堆帛書《雜療方》69 行"壐（爾）斆爲宗孫"之"斆"，從攴從爻，同《説文》古文
赴/兆	·京兆官弩。（《京兆官弩鐵》） ·營兆猶存。（《華山廟碑》）	《説文·卜部》："赴，灼龜坼也。从卜，兆，象形。兆，古文兆省。"邵瑛《群經正字》："今經典從古文。"《玉篇·兆部》："赴"，同"兆"。"兆"乃"赴"減省表義構件"卜"的異構字
𣄰/智	·陽成□文智。（《魯峻碑陰》） ·白毋智印。（《漢印徵》4.3） ·王智言事。（《漢印徵》4.3） ·王智。（《漢印徵》4.3）	𣄰，從白從亏從知。智，從白從知。《正字通·矢部》："𣄰，古文智。"魏《受禪表》"叡智神武"亦作"智"。"智"乃"𣄰"減省表義構件"亏"的異構字
鴻/鴻	·鴻嘉二年。（《光和斛》）	鴻，從鳥江聲。"鴻嘉"即"鴻嘉"，漢成帝年號之一，可知"鴻"乃"鴻"減省示音構件"江"所從"工"的異構字
臚/膚	·悔亡厥宗噬膚往何咎。（《熹·易·睽》） ·膚如凝朙（今本作凝脂）。（《碩人鏡》） ·興雲膚寸。（《祀三公山碑》） ·馮膚。（《漢印徵》4.11） ·諸膚。（《漢印徵》4.11）	臚，從肉盧聲。膚，從肉，盧省聲。《説文》"臚"籀文作"膚"。段注："今字皮膚從籀文作膚，膚行而臚廢矣。"秦漢文字多作"膚"。《漢印徵》"大鴻臚丞"作"臚"。"膚"乃"臚"減省示音構件"盧"所從"皿"的異構字
簠/盙	·恭儉自終，盙簋不勑。（《孔宙碑》）	簠，從竹從皿，甫聲。盙，從皿甫聲。《龍龕手鏡·皿部》"盙"，"簠"的俗字。"盙"乃"簠"減省表義構件"竹"的異構字

續表

正字/異構	用例	簡釋
曐/星	·日月星辰所昭印也。（《華山廟碑》） ·見星而行。（《鮮于璜碑》） ·不見日星。（《許阿瞿墓誌》） ·星舜之印。（《漢印徵》7.5） ·星有之印。（《漢印徵》7.5） ·星林私印。（《漢印徵》7.5）	曐，從晶生聲。星，從日生聲。《說文》"曐"或體省作"星"。邵瑛《群經正字》："今經典多从或體。""星"乃"曐"減省表義構件"晶"爲"日"的異構字
穅（穅）/ 康（康）	·魏康私印。（《漢印徵》7.10） ·康中巳。①（《漢印徵》7.10） ·康陵園令。（《漢印徵》7.10） ·元康元年造。（《橐泉銅》） ·舞以致康。（《華山廟碑》） ·艾康萬里。（《郙閣頌》）	穅，從禾從米，庚聲。《說文》"穅"或省作"康"。李富孫《說文辨字正俗》："穅、康本一字。穅從禾、米，康省从米。今以穅爲穀皮字，而以康爲康樂、康寧字，劃然分爲二義。"秦漢文字多作"康"，亦作"康"。"康（康）"乃"穅（穅）"減省表義構件"禾"的異構字
屒/屈	·屈如意。（《漢印徵》8.18） ·屈建之印。（《漢印徵》8.18） ·屈侯羌忌。（《漢印徵》8.18） ·屈侯駿印。（《漢印徵補》8.6） ·屈駿。（《漢印徵補》8.6） ·屈延壽印。（《漢印徵補》8.6）	屒，從尾出聲。尾，從倒毛在尸後。《篇海類編·身體類·尸部》："屒，短尾鳥。古文屈字。""屈"乃"屒"減省表義構件"尾"所從"毛"的異構字。秦漢簡帛多見"屈"字
灋/法	·法言稽古。（《衡方碑》） ·法曹史。（《曹全碑陰》） ·先得法食。（《白石神君碑》） ·法惟印。（《漢印徵》10.4） ·法建成。（《漢印徵》10.4）	灋，從水從廌從去。法，從水從去。《說文》"灋"今文省作"法"。《玉篇·廌部》："灋，今作法。"秦漢文字"灋""法"并見。"法"乃"灋"減省表義構件"廌"的異構字

① 施謝捷《〈漢印文字徵〉卷七校讀記》（《出土文獻與古文字研究》第 4 輯，上海古籍出版社，2011）指出原印文"康中己"之"己"乃"巳"字誤錄。甚確。

正字/異構	用例	簡釋
慶/㥮	・昔者慶都。（《靈臺碑》） ・舉國蒙慶。（《韓勅碑》） ・㥮寬印。(《漢印徵》10.17)	慶，從心從夂，從鹿省。"㥮"乃"慶"減省表義構件"心"的異構字。《漢印徵》10.17 有 22 例不省心作"慶"
濕/溼	溼倉平斛。（《溼倉平斛》） 溼蓋信印。（《漢印徵》11.5）	濕，從水㬎聲。西周金文"㬎"字從日絲聲（或省作絲形）。《說文・日部》把"㬎"分析爲"从日中視絲"。"溼"乃"濕"之示音構件"㬎"下部"絲"省爲"糸"的異構字
靁/雷	・雷師作。（《扶侯鍾》） ・雷（畾）洗觴觚。(《禮器碑》) ・雷電擊。（《武榮碑》） ・雷風相薄。（《熹・易・說卦》） ・後□被輪雷公君。（《蒼山畫像石題記》）	靁，從雨從畾。雷，從雨從田。《玉篇・雨部》"雷"，同"靁"。"雷"乃"靁"減省表義構件"畾"爲"田"的異構字
雲/云 /靈	・任云私印。（《漢印徵》11.17） ・云唐。（《漢印徵補》11.5） ・枝葉靈布。（《郭仲奇碑》）	雲，從雨，云像雲回轉形。《說文》"雲"古文省雨作"云"。"云"可看作"雲"減省表義構件"雨"的異構字。"靈"乃"雲"增加表義構件"云"的異構字。北魏《净悟浮圖記》亦見"靈"字
樞/区	・姑臧渠門里張□□之区。（《武威磨咀子 23 號樞銘》）	樞，從囗從木，区聲。区，從匚区聲。《玉篇・匚部》："区，亦作樞。""区"乃"樞"減省表義構件"木"的異構字

六　相同構件間的組合位置變換的異構字

表 13 - 6　相同構件間的組合位置變換的異構字

正字/異構	用例	簡釋
㻮/珠	・謝珠印信。（《漢印徵》1.4）	㻮，從玉來聲。《守宮盤》作"㻮"。"珠"乃"㻮"構件"來"和"玉"上下結構變換爲左右結構的異構字
珠/玊	・咸陽玊□。（《秦代陶文》1296）	珠，從玉朱聲。"玊"乃"珠"構件"玉"和"朱"左右位置變換的異構字

續表

正字/異構	用例	簡釋
蘇/蘇	·家得以蘇。(《徐氏紀産碑》) ·蘇湯私印。(《漢印徵》1.9) ·蘇步勝。(《漢印徵》1.9) ·蘇植私印。(《漢印徵》1.9) ·蘇解爲。(《蘇解爲器蓋》)	蘇，從艸穌聲。穌，從禾魚聲。《干禄字書》："蘇蘇：上俗下正。"銀雀山漢簡《孫子》153號"蘇秦在齊"亦作"蘇"。"蘇"之示音構件"穌"所從"魚"和"禾"左右位置變換，成爲異構字"蘇"。北魏《蘇屯墓誌》等亦見"蘇"字
蒜/萩	·趙萩。(《漢印徵》1.13)	蒜，從艸秋聲。"萩"乃"蒜"所從"秋"構件"火"和"禾"左右位置變換的異構字
喙/㖱	·張㖱印。(《漢印徵》2.4)	喙，從口彖聲。"㖱"乃"喙"構件"口"和"彖"左右位置變換的異構字
噲/劊	·劊樂成。(《漢印徵》2.4)	噲，從口會聲。"劊"乃"噲"構件"口"和"會"左右位置變換的異構字
咊/和	·光和七年。(《光和七年洗》) ·和順於道德而理於義。(《熹·易·説卦》) ·六師軍壘壁前和門丞。(《漢印徵》2.6) ·和福。(《漢印徵》2.6)	咊，從口禾聲。《玉篇·口部》："咊，古文（和）。"秦漢文字多作"和"。《光咊四年洗》"光咊四年天口"作"咊"，而《光和七年洗》作"和"。"和"乃"咊"構件"口"和"禾"左右位置變換的異構字
吠/吢	·王吢。(《漢印徵補》2.6)	吠，從犬、口。"吢"乃"吠"構件"口"和"犬"左右結構變換爲上下結構的異構字。《論政》1532、1535號"吠"作"吴"
嚚/𪛚	·𪛚成附城。(《漢印徵》3.1) ·宋𪛚之印。(《漢印徵》3.1)	嚚，從㗊從頁。"𪛚"乃"嚚"構件"㗊"和"頁"上下結構變換爲左右結構的異構字
談/詨	·少陽手書，沮詨里塞孝仲。(《元和四年刻石》)①	談，從言炎聲。"詨"乃"談"構件"言"和"炎"左右位置變換的異構字

① 參見謝春華《〈元和四年刻石〉書法評析》，《中國書法》2010 年第 4 期。

正字／異構	用例	簡釋
誦／䛷	䛷。(《至氏鏡》)	誦，從言甬聲。"䛷"乃"誦"構件"言"和"甬"左右位置變換的異構字
讎／讐／雔	·犁讐。(《漢印徵》3.3) ·諸葛讐。(《漢印徵》3.3) ·郭讐。(《漢印徵》3.3) ·雔。(《漢印徵補》3.2)	讎，從言雔聲。"讐"乃"讎"構件"雔"和"言"左右結構變換爲上下結構的異構字。《漢印徵》3.3"讎賜"之"讎"反書。《漢印徵補》3.2"雔"增加一個"隹"。南朝陳《衛和墓誌》亦見"讐"字
諸／䛪	·䛪兼帝盡。(《兩詔版》)	諸，從言者聲。"䛪"乃"諸"構件"言"和"者"左右位置變換的異構字
調／䛙	·䛙官。(《漢印徵》3.6)	調，從言周聲。"䛙"乃"調"構件"言"和"周"左右位置變換的異構字
戀／䜪	·䜪欣。(《漢印徵》3.7) ·䜪從。(《漢印徵》3.7)	戀，從言、絲。"䜪"乃"戀"構件"絲"和"言"左右結構變換爲上下結構的異構字
詯／臱	·高臱。(《漢印徵》3.7)	詯，從言自聲。"臱"乃"詯"構件"言"和"自"左右結構變換爲上下結構的異構字
攭／攀	·攀氏。(《攀氏銷》) ·姚攀。(《漢印徵補》12.4)	《説文·𠬠部》："𠬠，引也。从反廾。攭，𠬠或從手從樊。"邵瑛《群經正字》："今經典從或體，而又變作'攀'。"《説文》"𠬠"，新附"今隸變作大"。"攀"乃"攭"構件"手"和"樊"左右結構變換爲上下結構的異構字
鞅／䪖	·公孫䪖。(《漢印徵》3.15)	鞅，從革央聲。"䪖"乃"鞅"構件"革"和"央"左右結構變換爲上下結構的異構字
融／蝸	·高朗令蝸。(《張表碑》)	融，從鬲，蟲省聲。《正字通·虫部》："蝸，同融。""蝸"乃"融"構件"鬲"和"虫"左右位置變換的異構字
眜／䂨	·右司空䂨。(《秦代陶文》630~633共4例)	眜，從目末聲。"䂨"乃"眜"構件"目"和"末"左右位置變換的異構字
翥／署	·翻署色斯。(《議郎元賓碑》)	翥，從羽者聲。《隸辨·御韻》云："《隸釋》云：'以署爲翥。'碑蓋移羽於上，所謂隸行是也。""署"乃"翥"構件"者"和"羽"上下位置變換的異構字

續表

正字/異構	用例	簡釋
翊/翌	·張翌。（《漢印徵》4.5） ·季翌。（《漢印徵補》4.2）	翊，從羽立聲。"翌"乃"翊"構件"立"和"羽"左右結構變換爲上下結構的異構字
羣/群	·於時群後卿士凡百黎萌靡不歆歟。（《楊震碑》） ·兼覽群藝（《夏承碑》）	羣，從羊君聲。《五經文字·羊部》："羣，俗作群。""群"乃"羣"構件"君"和"羊"上下結構變換爲左右結構的異構字
鶬/鵒	·鵒中孺印。（《漢印徵補》4.3） ·鵒當時印。（《漢印徵補》4.3）	鶬，從鳥倉聲。"鵒"乃"鶬"構件"倉"和"鳥"左右位置變換的異構字
鳴/鴎	·衛鴎。（《漢印徵》4.9）	鳴，從鳥從口。"鴎"乃"鳴"構件"口"和"鳥"左右位置變換的異構字
幼/务	·育成务媛。（《馬姜墓記》） ·復長务於酬酢。（《孔宙碑》） ·务而宿衛。（《西狹頌》） ·务眇。（《孔褒碑》） ·李务文。（《漢印徵》4.10） ·王务闌印。（《漢印徵》4.10） ·任务公印。（《漢印徵》4.10） ·杜务子。（《漢印徵》4.10）	幼，從幺從力。《正字通·幺部》："幼，別作务。""务"乃"幼"構件"幺"和"力"結構變換的異構字。馬王堆帛書"幼"字均作上下結構。《漢印徵》7.19"霍窈"所從"幼"亦作上下結構。魏晉南北朝墓誌多見"务"字
胲/䏿	·吕䏿。（《漢印徵》4.13）	胲，從肉亥聲。"䏿"乃"胲"構件"肉"和"亥"左右位置變換的異構字
胡/肐	·肐樂。（《漢印徵》4.14）	胡，從肉古聲。"肐"乃"胡"構件"肉"和"古"左右位置變換的異構字。《漢印徵》4.14有7例作"胡"
辦/劳	·劳安國。（《漢印徵》4.16）	辦，從刀辡聲。"劳"乃"辦"構件"辡"和"刀"左中右結構變換爲上下結構的異構字
飢/㑃	·新興㑃長。（《漢印徵補》5.4）	飢，從人、食。"㑃"乃"飢"構件"食"和"人"左右位置變換的異構字
弤/矧	·矧乃孔子。（《史晨前碑》）	弤，從矢，引省聲。矧，從矢引聲。"弤"，段注："俗作矧。""矧"乃"弤"構件"弓"和"矢"左右位置變換爲"矢"和"引"的異構字
韓/韓	·韓業私印。（《漢印徵》5.17）	韓，從韋倝聲。"韓"乃"韓"構件"倝"和"韋"左右位置變換的異構字，且簡省所從"倝"右構件"人"。"韓"今作"韓"

正字/異構	用例	簡釋
桂/袿	·丞袿。(《漢印徵補》6.1)	桂,從木圭聲。"袿"乃"桂"構件"木"和"圭"左右位置變換的異構字
杜/坔	·杜孟。(《漢印徵》6.2)	杜,從木土聲。"坔"乃"杜"構件"木"和"土"左右位置變換的異構字
槀/槗/薨	·槗常。(《漢印徵》6.6) ·二親薨没,孤悲恖怛。(《幽州書佐秦君闕》)	槀,從木高聲。《集韻·皓韻》:"槀,或書作槗。""槗"乃"槀"構件"高"和"木"上下結構變換爲左右結構的異構字。《老子》甲84行"其死也椁薨",《老子》乙214行上作"其死也椁槀",可知"薨"同"槀"字。"薨"乃"槀"表義構件"木"變換爲"死"的異構字
枷/架	·夏架典農。(《漢印徵補》6.2)	枷,從木加聲。"架"乃"枷"構件"木"和"加"左右結構變換爲上下結構的異構字
槩/概/杦	·正權概。(《光和斛》二) ·杦犢。(《漢印徵》6.12)	槩,從木既聲。邵瑛《群經正字》:"今經典多作概。"《集韻·代韻》:"槩,亦書作概。""概"乃"槩"構件"既"和"木"上下結構變換爲左右結構的異構字。"杦"即"槩"字,聲符"既"與"旡"可以通用。《説文·心部》"慨"古文寫作"𢟍"。《集韻·未韻》:"墍,古作坙。"①
椒/㮲	·㮲元。(《漢印徵》6.10) ·㮲少孺。(《漢印徵》6.10) ·㮲克國。(《漢印徵》6.10)	椒,從木取聲。"㮲"乃"椒"構件"木"和"取"左右結構變換爲上下結構的異構字
楚/棸	·棸永巷印。(《古封泥集成》365) ·棸□尉□。(《古封泥集成》405) ·棸采銅丞。(《古封泥集成》459)	楚,從林足聲。"棸"乃"楚"構件"林"和"疋"上下結構變換爲左右結構的異構字
梗/㯄	·㯄□。(《漢印徵》6.11)	梗,從木庚聲。"㯄"乃"梗"構件"木"和"庚"左右結構變換爲上下結構的異構字
鄰/隣	·淳于隣季遺。(《禮器碑》) ·香風有隣。(《郙閣頌》)	鄰,從邑舜聲。《廣韻·真韻》:"鄰,俗作隣。""隣"乃"鄰"構件"舜"和"邑"左右位置變換的異構字
郎/眼	·眼弘之印。(《漢印徵》6.24)	郎,從邑良聲。"眼"乃"郎"構件"良"和"邑"左右位置變換的異構字

① 參見趙平安《秦西漢印章研究》,上海古籍出版社,2012,第147頁。

續表

正字/異構	用例	簡釋
邪/阠	·辟阠。（《至氏鏡》）	邪，從邑牙聲。"阠"乃"邪"構件"牙"和"邑"左右位置變換的異構字
郭/䣍	·郭䣍。（《漢印徵》6.25）	郭，從邑𡪏聲。"䣍"乃"郭"構件"𡪏"和"邑"左右位置變換的異構字
昭/邵	·邵察衣服觀容貌。（《銅華鏡》）	昭，從日召聲。"邵"乃"昭"構件"日"和"召"左右位置變換的異構字
親/䁞	·長保二䁞生久。（《袁氏鏡》二）	親，從見亲聲。"䁞"乃"親"構件"亲"和"見"左右位置變換的異構字
晄/晃	·臣晃。（《漢印徵》7.1） ·高晃印信。（《漢印徵》7.1） ·公晃私印。（《漢印徵》7.1） ·泰晃。（《漢印徵》7.1） ·李晃印信。（《漢印徵補》7.1）	晄，從日光聲。"晃"乃"晄"構件"日"和"光"左右結構變換爲上下結構的異構字
景/𣊻	·𣊻陽亭侯。（《漢印徵補》7.1）	景，從日京聲。"𣊻"乃"景"構件"日"和"京"上下結構變換爲左右結構的異構字
曄/曅	·張曅之印信。（《漢印徵》7.2）	曄，從日從華。"曅"乃"曄"構件"日"和"華"左右結構變換爲上下結構的異構字
曨/龓	·龓安世。（《漢印徵》7.3）	曨，從日龍聲。"龓"乃"曨"構件"日"和"龍"左右結構變換爲上下結構的異構字
昉/旁	·劉旁白記。（《漢印徵》7.3）	昉，從日方聲。"旁"乃"昉"構件"日"和"方"左右結構變換爲上下結構的異構字
朝/䑝	·宮䑝。（《秦代陶文》304）	朝，篆文從倝舟聲，隸變寫作"朝"。"䑝"乃"朝"構件"卓"和"月"左右位置變換的異構字

正字/異構	用例	簡釋
腺/朗	·朗陵侯相。① （《漢印徵》7.6） ·申徒朗。（《漢印徵》7.6）	腺，從月良聲。段注："腺，今字作朗。"《集韻·蕩韻》："腺，亦書作朗。""朗"乃"腺"構件"月"和"良"左右位置變換的異構字
穆/𪏮	·𪏮然清邈。（《魯峻碑》） ·陰陽𪏮清。（《開母廟石闕銘》） ·乃與門生平原曹𪏮等。（《魏元丕碑》）	穆，從禾㣎聲。"𪏮"乃"穆"構件"禾"和"㣎"左右位置變換的異構字
烁/秋	·守丞千秋。（《昆陽乘輿鼎》） ·秋分之日。（《光和斛》）② ·治嚴氏春秋。（《孔宙碑》） ·乃作春秋。（《史晨前碑》） ·秋宋人圍曹。（《熹·易·説卦》） ·千秋萬世。（《千秋萬世》瓦當）③	烁，從禾，龜省聲。《廣韻·尤韻》："烁，秋古文。"秦漢文字多作"秋"。"秋"乃"烁"構件"火"和"禾"左右位置變換的異構字
糟/𪏮	·代食官𪏮鍾。（《代食官糟鍾》）	糟，從米曹聲。"𪏮"乃"糟"構件"米"和"曹"左右位置變換的異構字
僰/𫂘	·𫂘道右尉。（《漢印徵》8.9）	僰，從人棘聲。"𫂘"乃"僰"構件"棘"和"人"上下結構變換爲左中右結構的異構字
偐/𠐊	·王𠐊。（《漢印徵》8.10）	偐，從人豈聲。"𠐊"乃"偐"構件"人"和"豈"左右位置變換的異構字
顯/㬎頁	·留㬎頁信印。（《漢印徵》9.3） ·官位尊㬎頁蒙禄食。（《龍氏鏡》二）	顯，從頁㬎聲。"㬎頁"乃"顯"構件"㬎"和"頁"左右位置變換的異構字
縣(縣)/縣系	·行縣到成陽。（《堯廟碑》） ·斯縣獨全。（《張遷碑》） ·河内縣系令王君。（《王稚子闕》）	縣，從系持県。"縣"碑變省從糸而作"縣"，"縣系"乃"縣"構件"系"和"県"左右位置變換的異構字

① 施謝捷《〈漢印文字徵〉卷七校讀記》（《出土文獻與古文字研究》第4輯，上海古籍出版社，2011）指出原印文"朗陵侯印"之"印"乃"相"字誤録。甚確。

② 漢金文《廣漢郡書刀》三、《秋風起鏡》《袁氏鏡》《淀治銅鏡》等均作"秋"。

③ 見趙力光《中國古代瓦當圖典》，文物出版社，1998，圖版670。圖版673《千秋利君长延年》瓦當、圖版675《千秋利君》瓦當均作"秋"。漢代瓦當"烁""秋"均見。

續表

正字/異構	用例	簡釋
巍/巎	·巎巎大聖。（《孔龢碑》） ·巎巎蕩蕩。（《史晨前碑》） ·巎其邑丞。（《漢印徵》9.6） ·巎更。（《漢印徵》9.6） ·巎聖之印。（《漢印徵》9.6） ·巎嬠。（《漢印徵補》9.3） ·巎有。（《漢印徵補》9.3）	巍，從嵬委聲。嵬，從山鬼聲。《龍龕手鏡·山部》："巎"，"巍"的俗字。"巍"之表義構件"嵬"所從"山"與"鬼"上下位置變換而字寫成"巎"，"巎"爲"巍"的異構字。秦漢文字多見"巎"字
嶽/嶽	·東嶽黔首。（《孔宙碑》） ·旋守中嶽。（《衡方碑》）① ·乃嶽降精。（《楊震碑》）	嶽，從山獄聲。"嶽"乃"嶽"構件"山"和"獄"上下位置變換的異構字。魏晉南北朝亦見"嶽"字
岑/㟓	·㟓定國。（《漢印徵補》9.3）	岑，從山今聲。《五星占》的"天㟓"，《史記·天官書》作"天欃"；而《左傳·昭公三年》的"讒鼎"，《呂氏春秋·審己》《新序·節士》并作"岑鼎"。從異文看，"㟓"很可能是"岑"的異構。《爲吏》48壹、《五星占》15行等均見"㟓"字。"㟓"乃"岑"構件"山"和"今"上下位置變換的異構字。《廣韻·侵韻》："岑，姓，出南陽。《風俗通》云：古岑子國之後，後漢有岑彭。"
崇/崈	·勉崈協同。（《袁良碑》）	崇，從山宗聲。《玉篇·山部》："崈"，同"崇"。《漢書·郊祀志》："莽遂崈鬼神淫祀。""崈"乃"崇"構件"山"和"宗"上下位置變換的異構字
驁/驁	·張驁。（《漢印徵補》10.2）	驁，從馬敖聲。《集韻·號韻》："驁，驕驁，馬怒。通作驁。""驁"乃"驁"構件"馬"和"敖"左右結構變換爲上下結構的異構字
龐/龓	·馬師龓印。（《漢印徵》9.8）	龐，從山龍聲。"龓"乃"龐"構件"山"和"龍"上下位置變換的異構字

① 《衡方碑》"嶽"所從"獄"右旁"犬"訛寫爲"ㅏ"。

正字/異構	用例	簡釋
獨/獷	・獷曷敢忘。（《鄭固碑》）	獨，從犬蜀聲。《隸釋》云"獷"即"獨"字。"獷"乃"獨"構件"犬"和"蜀"左右位置變換的異構字
黔/靲	・韓靲。（《漢印徵補》10.4）	黔，從黑今聲。"靲"乃"黔"構件"黑"和"今"左右位置變換的異構字。《漢印徵補》14.4"晉僵"之"僵"即"野"字，與"黔"寫作"靲"同屬構件左右位置變換，在印文中用爲人名①
懷/褱	・褱德丞印。（《秦封泥集》二・三・15・1）②	懷，從心褱聲。"褱"乃"懷"構件"心"和"褱"左右結構變換爲上下結構的異構字
恚/恈	・慷歡察而恈予。（《内清鏡》二）	恚，從心圭聲。"恈"乃"恚"構件"心"和"圭"上下結構變換爲左右結構的異構字
江/汞	・汞达疾。（《漢印徵補》11.1）	江，從水工聲。"汞"乃"江"構件"水"和"工"左右結構變換爲上下結構的異構字。郭店楚簡《老子》甲10號、《尊德義》13號"清"作"淉"，水旁在下，屬同類
滋/蒅	・李蒅。（《漢印徵》11.9）	滋，從水兹聲。"蒅"乃"滋"構件"水"和"兹"左右結構變換爲上下結構的異構字
谿/䜁	・䜁源漂疾。（《郙閣頌》） ・䜁陵。（《漢印徵》11.15）	谿，從谷奚聲。《正字通・谷部》："䜁，同谿。""䜁"乃"谿"構件"奚"和"谷"左右位置變換的異構字
娃/妻	・賤子妻印。（《漢印徵》12.14） ・趙妻。（《漢印徵》12.14）	娃，從女圭聲。"妻"乃"娃"構件"女"和"圭"左右結構變換爲上下結構的異構字
好/孜	・男得孜婦兮。（《三羊鏡》） ・作佳鏡哉真太孜。（《作佳鏡》） ・衣服孜可觀。（《朱爵玄武鏡》） ・孜時丞印。（《漢印徵》12.13） ・孜時丞印。（《漢印徵》12.13）	好，從女、子。"孜"乃"好"構件"女"和"子"左右位置變換的異構字。郭店楚簡《語叢三》11號簡、馬王堆帛書《老子》甲42行、《居甲乙編》133・4B號亦見"孜"字

① 參見趙平安《秦西漢印章研究》，上海古籍出版社，2012，第162頁。

② 此例參見施謝捷《新見秦漢官印二十例》，載《古文字研究》第28輯，中華書局，2010，第563頁。

續表

正字/異構	用例	簡釋
如/㚢	·位至三公，生㚢山石。（《位至三公鏡》） ·㚢。（《秦代陶文》1115、1162）	如，從女從口。"㚢"乃"如"構件"女"和"口"左右位置變換的異構字
姦/姕/姍	·李姕。（《漢印徵》12.15） ·中壘左執姍。（《漢印徵》12.15） ·破姍軍馬丞。（《漢印徵》12.15） ·鄭睦子則執姍。（《漢印徵》12.15）	姦，從三女。"姕"乃"姦"構件位置上下變換的異構字。《春秋》69行、《馬簡》一262號均見"姕"字。《漢印徵》"中壘左執姍"等之"姍"，三個女并列，亦是"姦"構件位置變換的異構字
區/匾	·虞匾人。（《漢印徵》12.18）	區，從品在匚中。"匾"乃"區"構件"品"所從"口"上下位置變換的異構字
孫/紓	·長宜子紓。（《長宜子孫洗》） ·君宜子紓。（《君宜子孫洗》） ·宜子紓。（《宜子孫鈴》） ·宜子紓。（《新宜子孫熨斗》）	孫，從子從系，但"系"旁移寫在左側以後，受系旁的影響，上部的撇筆便有意無意地被略去了。甲骨、金文"孫"字皆從"糸"。"系"字原亦從"糸"旁得義，故"孫"可寫作"紓"。《龍龕手鏡·糸部》："紓，俗，音孫。""紓"乃"孫"構件"子"和"系"左右位置變換的異構字
縮/䋆	·丞相䋆。（《廿六年詔版》四）	縮，從糸官聲。"䋆"乃"縮"構件"糸"和"官"左右位置變換的異構字
綳/綦	·綦毋傴。（《漢印徵》13.4） ·綦毋少公。（《漢印徵》13.4） ·綦毋大。（《漢印徵》13.4）	綳，從糸界聲。《説文》"綳"或体作"綦"。"綦"乃"綳"左右結構"糸"和"界"變換爲上下結構的異構字。《漢印徵》13.4有13例均作"綦"
縲/緼/累	·委性命於芒縲。（《周憬功勳銘》） ·累息屏營。（《史晨前碑》） ·累葉牧守。（《夏承碑》）	縲，從糸畾聲。"緼"當是"縲"構件"畾"和"糸"上下結構變換爲左右結構的異構字。"累"乃"縲"之省體。裘錫圭先生指出："'累'應由'縲'省變而成，可附於937頁'縲'字條下。"① 甚確
緱/緤	·緤右夫。（《漢印徵》13.5）	緱，從糸矦聲。"緤"乃"緱"構件"糸"和"矦"左右位置變換的異構字。《漢印徵》13.5"緱氏令印"作"緱"，同《説文》小篆

---

① 裘錫圭：《〈秦漢魏晉篆隸字形表〉讀後記》，載《古文字論集》，中華書局，1992，第512頁。

續表

正字/異構	用例	簡釋
螟/螶	·螶越。(《漢印徵補》13.3)	螟,從虫從冥,冥亦聲。《時令》1920 號"多螶虫(蟲)"亦作"螶"。"螶"乃"螟"構件"虫"和"冥"左右結構變換爲上下結構的異構字
地/坔	·新始建國坔皇上戊二年二月造。(《新常樂衛士飯幘》)	地,從土也聲。"地皇"係王莽年號,從"始建國坔皇"可知"坔"乃"地"構件"土"和"也"左右位置變換的異構字
堸/壁	·安臺左壁。(《漢印徵》13.11)	堸,從土既聲。"壁"乃"堸"構件"土"和"既"左右結構變換爲上下結構的異構字
增/曾土	·曾土奮。(《漢印徵》13.11) ·曾土奮印。(《漢印徵補》13.4)	增,從土曾聲。"曾土"乃"增"構件"土"和"曾"左右位置變換的異構字
壙/塵	·塵長孺。(《漢印徵》13.12)	壙,從土廣聲。"塵"乃"壙"構件"土"和"廣"左右結構變換爲上下結構的異構字
畍/界	·界勝之印。(《漢印徵》13.13) ·界鄉。(《漢印徵》13.13)	畍,從田介聲。邵瑛《群經正字》:"今經典作界。""界"乃"畍"構件"田"和"介"左右結構變換爲上下結構的異構字
男/助/加	·廣次勆典祠長。(《漢印徵》13.14) ·歷口勆典書丞。(《漢印徵》13.14) ·康武勆家丞。(《漢印徵》13.14) ·郭勆弟。(《漢印徵》13.14) ·趙武勆印章。(《古封泥集成》2269) ·守節勆家丞。(《古封泥集成》2280) ·李據加丞私印。(《漢印徵》13.14)	男,從田從力。"勆""加"乃"男"構件"田"和"力"上下結構變換爲左右結構的異構字。"李據加丞私印"之"加"反書。《金文續編》所收晉《驌男虎符》"驌勆"亦作"勆"
加/叻	·張叻。(《漢印徵》13.16)	加,從力從口。"叻"乃"加"構件"力"和"口"左右位置變換的異構字
勈/勇	·仁勇里附城。(《漢印徵》13.16) ·徐勇。(《漢印徵》13.16) ·閔勇。(《漢印徵》13.16)	勈,從力甬聲。"勇"乃"勈"構件"力"和"甬"左右結構變換爲上下結構的異構字。《漢印徵》13.16 有 6 例均作"勇"

續表

正字/異構	用例	簡釋
錯/𨨛	·宫𨨛。(《秦代陶文》965)	錯，從金昔聲。"𨨛"乃"錯"構件"金"和"昔"左右位置變換的異構字
銖/𨥾	·五𨥾多成，利主長生。(《五銖多成泉範》)	銖，從金朱聲。"𨥾"乃"銖"構件"金"和"朱"左右位置變換的異構字
魁/䰫	·大䰫西。(《大吉丑器》) ·䰫戌。(《大吉丑器》)	魁，從斗鬼聲。"䰫"乃"魁"構件"斗"和"鬼"左右位置變換的異構字
陷/䣛	·䣛陳司馬。(《漢印徵》14.10)	陷，從阜從臽，臽亦聲。"䣛"乃"陷"構件"阜"和"臽"左右位置變換的異構字，且構件"阜"訛寫爲"邑"
悟/䛩	·王䛩。(《漢印徵》14.18) ·程䛩。(《漢印徵》14.18) ·張䛩。(《漢印徵》14.18) ·莊䛩。(《漢印徵補》14.5)	悟，從午吾聲。"䛩"乃"悟"構件"午"和"吾"左右位置變換的異構字

第二節　小結

一　秦漢銘刻文字異構字概况

　　秦漢銘刻文字共有異構字 392 個（組），共分 6 種類型。其中，改换表義構件的異構字 109 個（組），約占總數 28%；改换示音構件的異構字 106 個（組），約占總數 27%；改换成字構件的異構字 24 個（組），約占總數 6%；增加構件的異構字 35 個（組），約占總數 9%；減省構件的異構字 21 個（組），約占總數 5%；相同構件間的組合位置變换的異構字 97 個（組），約占總數 25%。

　　秦漢文字的特點之一是異構字大量增加。秦漢銘刻文字中的 392 個（組）異構字，以改换表義或示音構件的異構字爲多。增加構件的異構字有 35 個（組），而減省構件的異構字僅有 21 個（組），這説明秦漢銘刻文字簡省程度較弱，比較保守。

　　有些異構字是古文（斜綫後者是古文，括號中的字是《説文》古文），如驀/厥，咳/孩，齒/㓹，彶/退，役/伇，腤/㾕（瘠），槃/盤，朙/明，視/眡/眂，驅/敺，野/埜，勞/憥（𢡟），游/遊（逰），宂/宊，沬/湏，動/勛（勳），哲/喆（嚞），御/馭，簋/朹，爵/龠，嶽/岳，一/弌，三/弎，典/籅，二/弍，圭/珪，教/斈（效），𠧞/兆，雲/云。

有些異構字是籀文（斜綫後者是籀文，括號中的字是《説文》籀文），如雖/鴟，㪅/設（𢿛），則/鼎，劒/劎，迹/速，速/遬，遲/遟，癃/瘁，皃/貌，頌/額、㦲/災，意/㥁，紟/絵，雁/鷹（鷹），雇/鶚（鳰），臚/膚。

有些異構字是古文或籀文（斜綫後者是古文或籀文），如善/譱，學/斆，膂/吕。

有些異構字是奇字（斜綫後者是奇字），如無/无。

有些異構字是俗體（斜綫後者是俗體，括號中的字是《説文》俗體），如肩/肩，冰/凝（凝），褎/袖，灘/灘，函/肣，𢑏/抑。

有些異構字是或體（斜綫後者是或體，括號中的字是《説文》或體），如靈/靈，芬/芬，延/征，詠/咏，對/對（對），叔/村，雁/鳰，鷬/難（難），歺/朽，資/粢，郊/岐，曑/参（曑），船/躬，儐/擯，倿/嫉，底/砥，𠂢/脈，職/職，捧/拜，紲/緤，𦁶/綽，綏/緩，蠹/蜚，凷/塊，苔/荇，球/璆，遲/追，赦/赦，睅/睆，殁/殁（歿），䅘/耘（蕓），梅/楳，松/榕（寀），梠/梩，氣/槩，鬄/髢（髲），陵/峻，𩰫/焦，烖/灾，悑/怖，捊/抱，垠/圻，鬴/釜，鬻/餗，高/廎，邠/豳，㬎/㬎，西/棲，䢒/逵，育/毓，頫/俛，羑/誘，𠂇/肱，巨/榘，亩/廩，网/罔，屍/臀（臋），乂/刈，或/域，匡/筐，它/虵（蛇），处/處，雧/集，曐/星，晨/晨，穅/康，灋/法，綼/綦。

二　秦漢文字異構字的判定

正如第十二章開頭所述，本書在判定秦漢文字中的正體字和異體字時，把與《説文》小篆形體構成相同的字視爲正體字，與《説文》小篆形體構成不同的字視爲異體字，同時參考其他字書。古代的許多字書如《玉篇》《五經文字》《龍龕手鏡》《廣韻》《集韻》《字匯》《正字通》《隸辨》等貯存有大量異體字，雖然成書年代晚於《説文》，但仍可以作爲本書確定異構字的重要佐證。在使用這些字書時，要謹慎從事。如“靁”字，甲骨文字形象徵電閃雷鳴，金文在甲骨文字形的基礎上或加雨，《説文》小篆簡化作"靁"，隸變後簡省作"雷"。因此，《集韻·灰韻》"靁，古作靁、雷"之説，就與"靁"字字形的演化情況不盡相符，不宜采用。

本書不以隸楷文字中習慣被看作正字或異體字的字作爲判斷正字或異構字的依據，如睡虎地秦簡"肯"與"肎"（《封診式》92）、"暴"與"暴"（《睡日》甲37背叁）、"糒"與"糒"（《秦律》41）、"窋"與"窑"（《睡日》甲25背壹）、"袖"與"褎"（《封診式》22）、"飲"與"歙"（《效律》46）、"膝"與"郄"（《封診式》53）等，每組字的前一字在隸楷文字中習慣被看作正字，而每組字的後一字出現在睡虎地秦簡中，與《説文》小篆相同，本文不把後一字作爲異構字看待。又如不把銀雀山漢簡《孫臏》268號簡等從邑、窮省聲之"竆"作爲"窮"的異構字處理，雖然"窮"在隸楷文字中習慣被看作正字。又如《禮器碑》"顔氏聖甥"、《戚伯著碑》"□□王甥"之"甥"，從男臼聲，左右結構，即"舅"字，《説文》小篆本作左右結構"甥"，本書不把"甥"作爲異構字看待。

本書把秦漢文字中的古文、籀文作爲異構字看待，儘管從文字的發展演化情況看，古文、籀文出現在小篆之前。

注意區分通假與異構關係。秦漢文字字形甲與乙均見於《説文》小篆的，甲與乙一般是通假關係。如睡虎地秦簡"柔"與"楺"（《秦律》131）、"索"與"索"（《秦律》18）、"漏"與"扇"（《效律》22）等，每組字的後一字出現在睡虎地秦簡中，兩者均見於《説文》小篆，在簡文中當屬通假關係。又如張家山漢簡《引書》84號"引軌"之"軌"與《脈書》25號"鼻肌"之"肌"，均見於《説文》小篆，則"軌"與"肌"均爲正字，《脈書》25號"鼻肌"之"肌"當讀爲"軌"，兩者屬通假關係。

有的字難以判定的，只能闕疑待問。如睡虎地秦簡《答問》74號"子以肙死"之"肙"，《説文》所無，《睡虎地秦墓竹簡》釋文寫作"胐"，讀爲枯，訓爲病。《漢語大字典》也把此字列在"胐"字條下。但焉知此字不是"胡"字的異構呢？因爲古璽"胡"字正好有兩例寫作上古下月之"肙"。諸如此類，只能闕疑待問。

三 研究秦漢文字異構字的重要意義

秦漢文字異構字的探討，無論對釋讀秦漢出土文獻，還是對漢字理論研究，都有重要意義。

第一，秦漢文字異構字的探討，對釋讀秦漢出土文獻有重要意義。漢字的用字情況異常複雜，一字多詞或一詞多字的現象十分普遍，如果對通假字與本字、異體字與正字等情況缺乏認識，將會給釋讀古文獻帶來不少困難。因此，正確理解古書的用字，是十分重要的。秦漢出土文獻中有不少異體字、通假字、古字，著錄的專書在釋文中一般把相應的正體字、本字、今字寫在該字後邊的小括號內，并沒有區分何爲異體字、何爲通假字、何爲古字。小括號中的字與它前面的字究竟是異體、通假還是古今的關係，要讀者自己判斷。這幾種用字現象有時很難區分清楚。秦漢出土文獻整理中對用字現象只有粗略說明的情況，給讀者帶來不少困難。本書對秦漢出土文獻中的異構字进行分析并加以判定，這對釋讀秦漢出土文獻將有所幫助。區分異體字與通假字對釋讀秦漢出土文獻是十分重要的。例如馬王堆帛書《足臂十一脈灸經》中有 22 個 "溫" 字，此字從氵從目從血，究竟是 "脈" 的異體字，還是 "脈" 的通假字，尚無定論。韓健平先生認爲此字是 "脈" 的異體字。他歸納了各家的考釋意見，把此字分析爲從目從血，指出 "目" 字是後來追加的意符，因爲醫家通過 "相脈" 來診斷疾病，"相脈" 與 "目" 關係極爲密切，因此選用 "目" 爲意符。[①] 趙平安先生認爲 "溫" 字從目從血而略有省改，應即 "脈" 字，讀爲 "脈"，是個訛體通假字。[②] 本書認爲，"溫" 字在 22 處帛文中確實用作 "脈"，但還沒有足夠證據（文獻或字書的證明材料或已有其他實例）證明是 "脈" 的異體字，因此只能看作訛體通假字。異體字與通假字是兩種不同的用字現象，將它們加以區分，對釋讀秦漢出土文獻有重要意義。

第二，把異體字區分爲異構字與異寫字，對漢字理論研究有重要意義。一組讀音、意義相同，形體不同的字形，記錄同一個詞，就被稱作異體字。

---

① 韓健平：《馬王堆古脈書研究》，中國社會科學出版社，1999，第 96 ~ 97 頁。

② 趙平安：《秦漢簡帛通假字的文字學研究》，《河北大學學報》1991 年第 4 期；又見《隸變研究》，河北大學出版社，1993，第 139 頁。

但是，從構形上進行分析，異體字之間的“異”包含兩種情況：[1] 第一種情況是體現在書寫層面上的形體差異，即由於書寫時筆畫的長短、曲直、數量多寡的不同而造成的形體差異，這種形體差異并沒有引起構形理據的不同。例如：睡虎地秦簡“青”字少寫一橫作“青”，“言”字中間多寫一豎作“言”，均屬於書寫層面上的形體差異。第二種情況是由於部件的不同而造成的形體差異，即由於選擇了不同的部件而形成的一組記詞功能相同的字。例如：“阱”與“穽”部件不同，記詞功能相同，是一對異構字；“朝”是“霸”字省寫構件“雨”的異構字。簡帛文獻中“青”和“青”隸定都是“青”，“言”和“言”隸定都是“言”，但“阱”與“穽”隸定不可能都是“阱”，“朝”與“霸”隸定也不可能都是“霸”。故兩種情況是不同的。第一種情況是同一個字因寫法不同而形成的異寫，對研究漢字從篆變隸字形發展軌迹有作用。例如：睡虎地秦簡“言”及從“言”之字共有649個，至少有下列六種異寫，可以排比其字形從篆變隸發展軌迹爲“言→言（言）→言→言→言”。[2] 第二種情況則是構形屬性不同而造成的異構，對漢字形體研究有幫助。通過對異構字與相對應正字的對比分析，包括對改換表義構件和改換示音構件、增加構件和減省構件、相同構件間的組合位置變換的異構字的結構分析，探討秦漢出土文獻異構字的現象和規律，可爲漢字理論研究提供寶貴的資料和可靠的依據。因此，把異體字區分爲異構字與異寫字，對漢字理論的深入研究有重要意義。

---

[1] 參見陳淑梅《出土文本字樣的整理與異寫字、異構字的區分》，載《文字學論叢》第 2 輯，崇文書局，2004，第 192 頁。

[2] 參見拙著《秦至漢初簡帛文字研究》，商務印書館，2008，第 50 頁。

第十四章　秦漢文字考釋

第一節　睡虎地秦簡牘詞語考釋

本節考釋《睡虎地秦墓竹簡》① 及睡虎地秦墓家書木牘②中的若干疑難字詞。

一　離倉

《秦律·倉律》簡63：“畜雞離倉。”整理小組譯文：“養雞應離開糧倉。”

按，“離倉”之“離”非“離開”之意，應解釋爲“附屬”。“離”有附着之意。《漢書·揚雄傳下》：“哀帝時，丁傅董賢用事，諸附離之者或起家至二千石。”顏師古注：“離，著也。”簡文“離倉”應指屬倉，就是附屬的倉。“畜雞離倉”是“畜雞於離倉”的省略，是狀語後置。在先秦時代，“離”作“離開”講不乏其例，如《墨子·辭過》：“男子離其耕稼而脩刻鏤，故民飢。”但更多情況下是以“去”表示“離開”。如《墨子·親士》：“桓公去國而霸諸侯。”《詩·魏風·碩鼠》：“逝將去女，適彼樂土。”

“離”字在《秦律》中，還見於下列句子：

《倉律》簡21~22：“而遣倉嗇夫及離邑倉佐主稟者各一户以氣

---

① 睡虎地秦墓竹簡整理小組：《睡虎地秦墓竹簡》，文物出版社，1990。

② 家書木牘圖版照片見《雲夢睡虎地秦墓》（《雲夢睡虎地秦墓》編寫組編，文物出版社，1981）圖版一六七、一六八。木牘有兩件，共527字，是從軍士卒驚與黑夫弟二人寫給其兄、母的兩封家信。據考證，這兩件木牘爲公元前223年所作，是我國目前所見時代最早的家書實物。

（餼）。”

《金布律》簡72：“都官有秩吏及離官嗇夫，養各一人。”

《徭律》簡117：“興徒以斬（塹）垣離（籬）散及補繕之。”

《效》簡169：“而遺倉嗇夫及離邑倉佐主稟者各一戶，以氣（餼）人。”

根據整理小組的注釋，除“離散”的“離”讀爲“籬”外，“離邑”“離官”的“離”都是附屬之意。“離邑”即屬邑，指鄉。《説文·邑部》：“鄉，國離邑。”“離官”，附屬機構，與“都官”對稱。簡63“離倉”的“離”，其意義應與“離邑”“離官”的“離”相同，也是附屬之意。

秦簡中的倉有各種用途，有貯存糧食的，有貯存草料的，有放置工具的，有養豬的，有養狗的等。各種倉自然有主次之分。據簡文，似以貯存糧食、草料的倉爲主，其他的爲輔。養雞的倉自然也屬附屬的倉。

二　收[①]

《答問》簡14：“夫盜千錢，妻所匿三百，可（何）以論妻？妻智（知）夫盜而匿之，當以三百論爲盜；不智（知），爲收。”整理小組注：“收，收藏。”譯文：“丈夫盜竊一千錢，在其妻處藏匿了三百，妻應如何論處？妻如知道丈夫盜竊而藏錢，應按盜錢三百論處，不知道，作爲收藏。”

按，句中的“收”，整理小組釋爲“收藏”，栗勁《〈睡虎地秦墓竹

---

① 《答問》中共出現15个“收”字，分別表示“收藏”“拘捕”“收孥”“没收”“收尸”之意。簡68：“甲殺人，不覺，今甲病死已葬，人乃後告甲，甲殺人審，問甲當論及收不當，告不听。”簡116：“‘隸臣將城旦，亡之，完爲城旦，收其外妻、子。子小未可別，令從母爲收。’可（何）謂‘從母爲收’？人固買（賣），子小不可別，弗（賣）子母謂殹（也）。”簡68、簡116中的“收”字，整理小組釋爲“收孥”，是正確的。簡170：“夫有罪。妻先告，不收。”整理小組譯文：“丈夫有罪，妻先告發，不没收爲官婢。”“没收爲官婢”實即“收孥”之意。簡195：“可（何）謂‘人貉’？謂‘人貉’者，其子入養主之謂也。不入養主，當收；雖不養主而入量（糧）者，不收，畀其主。”整理小組指出“人貉”應是来自我國北方少數民族的奴隸，那麼，這裏是說“人貉”其子要去奉養主人，否則就要没收爲官奴隸。所以簡195中的“收”字，也是“收孥”之意。以上四簡的“收”，都是“收孥”之意，整理小組所釋都是正確的。但是，簡14、簡15、簡107中的“收”，整理小組未能正確地釋爲“收孥”，下文將逐條分析。

簡〉譯注斠補》釋爲"收孥"。① 栗文所釋爲是，其主要理由是"'收藏'不類罪名"。本文的補充理由是：第一，依照《答問》的文例，句末"爲"後多是接罪名或刑罰，表示"以……論處"。例如簡34"爲不直"（不直，不公正，是秦漢時吏常有的罪名）、簡70"爲殺子"（作爲殺子論處）、簡154"爲盜"（作爲盜竊處罪）。簡14中"爲收"也屬這種情況，"收"應釋爲"收孥"，屬一種刑罰，釋爲"收藏"則不合文例。第二，根據秦法，丈夫有罪，妻子連及，妻子可能被没收爲官奴婢。把簡14中"爲收"的"收"釋爲"收孥"，無疑更符合秦時的律法，且文從字順。

《答問》簡15："夫盜三百錢，告妻，妻與共飲食之，可（何）以論妻？非前謀殹（也），當爲收；其前謀，同罪。"整理小組譯文："丈夫盜竊三百錢，告知其妻，妻和他一起用這些錢飲食，妻應如何論處？没有預謀，應作爲收藏；如係預謀，與其夫同罪。"

按，句中的"收"不應釋爲"收藏"，應釋爲"收孥"。古時，一人犯法，妻子連坐，没爲官奴婢，謂之"收孥"。《史記·商君列傳》："事末利及怠而貧者，舉以爲收孥。"司馬貞《索隱》："以言懈怠不事事之人而貧者，則糾舉而收録其妻子，没爲官奴婢。"漢桓寬《鹽鐵論·周秦》："紂爲炮烙之刑，而秦有收帑（孥）之法。"《後漢書·楊終傳》："太宗至仁，除去收孥。"簡15中的"收"正是"收孥"之意。"當爲收"意思是應收爲官奴婢。

《答問》簡107："葆子以上，未獄而死若已葬，而誧（甫）告之，亦不當聽治，勿收，皆如家罪。"整理小組譯文："葆子以上有罪未經審判而死或已埋葬，縱有人控告，也不應受理，不加拘捕，都和家罪同例。"

按，句中的"收"，整理小組釋爲"拘捕"，栗勁《〈睡虎地秦墓竹簡〉譯注斠補》釋爲"收孥"。② 栗文所釋是正確的。我們先看前文中"家罪"的含義。簡106："可（何）謂'家罪'？'家罪'者，父殺傷人及奴妾，父死而告之，勿治。"整理小組注："秦法，一人犯罪，家屬

① 栗勁：《〈睡虎地秦墓竹簡〉譯注斠補》，《吉林大學社會科學學報》1984 年第 5 期。

② 栗勁：《〈睡虎地秦墓竹簡〉譯注斠補》，《吉林大學社會科學學報》1984 年第 5 期。

應連及。本條是説，罪犯本人死後纔有人控告，官府就不再論處罪犯的家屬。"簡 107 既然説 "勿收，皆如家罪"，則應該是指像家罪那樣不連及家屬。因此，"勿收" 應該是指 "不收孥"。

三　鋈足

《答問》簡 109～110："葆子□□未斷而誣告人，其罪當刑城旦，耐以爲鬼薪而鋈足。"① 整理小組注："鋈（音沃），讀爲夭，《廣雅·釋詁一》：'折也。'鋈足，意爲刖足。一説，鋈足應爲在足部施加刑械，與釱足、踊足類似。"譯文："葆子……尚未判決而誣告他人，其罪當刑城旦，應耐以爲鬼薪并且鋈足。"

《封診式》簡 46："謁鋈親子同里士五（伍）丙足，毊（遷）蜀邊縣，令終身毋得去毊（遷）所，敢告。"譯文："請求將本人親生子同里士伍丙斷足，流放到蜀郡邊遠縣份，叫他終生不得離開流放地點，謹告。"

按，整理小組把《答問》簡 109～110 中的 "鋈足" 解釋爲 "刖足"，是不符合事實的；把《封診式》簡 46 中的 "鋈足" 譯爲 "斷足"，也不正確。"鋈足" 應即 "釱足"，就是在足部施加刑械。《説文·金部》："鋈，白金也。从金，渜省聲。"段注："大徐渜省聲，小徐沃聲。考《説文》芺聲之字未有省艸者。鋈字今三見於毛詩。《小戎》毛《傳》曰：'沃，白金也。'而車部軶下詩曰 '渜以觼軜'，引詩正作渜不作鋈。知古本毛詩只作渜。渜即鐐之叚借字。古芺聲尞聲同部也。金部本有鐐無鋈，淺人乃依今毛詩補之。"據段注，"鋈" 是 "鐐" 的假借字。"鐐" 即是套在脚腕上的刑具。明方以智《通雅·事制·刑法》："古之釱，今以鐐代之。"可見，"鐐" 套在脚腕上的刑具這個意義，古代用 "釱" 表示。《説文·金部》："釱，鐵鉗也。从金大聲。"段注："鐵，《御覽》作脛。"《急就篇》第二十九章："鬼薪白粲鉗釱髠。"顏師古注："以鐵錔頭曰鉗，錔足曰釱。""釱" 相當於後世的脚鐐。"釱" 又用作動詞。如《史記·平準書》："敢私鑄鐵器煮鹽者，釱左趾，没入其器物。"《晉書·刑法志》："犯釱左右趾者易以木械，是時乏鐵，故易以木焉。"上列簡文中的 "鋈足" 實即 "釱足"，不能

---

① "鋈足" 在《答問》中，除見於簡 110 外，還見於簡 114、簡 115，後者被直接譯爲 "鋈足"。

釋爲"刖足""斷足"。《封診式》簡 46 説"謁鋈親子同里士五（伍）丙足，毊（遷）蜀邊縣"，流放到蜀郡邊遠縣份，一般是給犯人戴上脚鐐，試想足斷了如何流放。

西漢的法律制度是在秦朝法律的基礎上進行修訂和改良的，而秦朝的法律又是在原秦國法律的基礎上制定的。對比《睡虎地秦墓竹簡》和《漢書·刑法志》，明顯可看到它們的相承關係，如囚徒的名稱、刑罰的名稱都是一脈相承的。西漢史游《急就篇》第二十九章："鬼薪白粲鉗釱髡。"這是對西漢法律的部分描述。鬼薪、白粲、鉗、髡，在《睡虎地秦墓竹簡》中都出現了，唯"釱"字未見。《睡虎地秦墓竹簡》中有"鋈"無"釱"，《漢書·刑法志》有"釱"無"鋈"，證明上列簡文中的"鋈"即用爲"釱"字。

總之，"鋈足"即"釱足"，也就是"鐐足"，就是給犯人戴上脚鐐。整理小組"一説"是正確的。

四　失之毋就

《爲吏》簡 46 肆："貴不敬，失之毋□。"整理小組注："'毋'字下殘字疑爲'就'字。"

陳白夜先生云：與第二段簡文"敬而賴之"相比勘，缺字似爲"賴"字，其義爲依賴、依靠。又"失之"二字疑簡文抄者誤分"老"字爲二，"老"的篆書字形與"失之"合形極其相似；又據上文"死毋名""貧毋告"皆三字連文，"死""貧""老"又義相連屬，故"失之"乃"老"之誤書可爲一説。"貴不敬，老毋賴"意即顯貴之時不敬重他人，到老時就將失去依靠。如是説可信，則簡文"貧毋告也"後的句號當改爲分號。①

按：細審圖片，"失之"二字占二個字的位置，不可能是"老"字分爲二。"毋"下一字，照片只剩上半，應是"就"字之上半。陳説誤。簡文釋文應爲"失之毋就"。

五　熱以寺之

《睡日》甲《詰咎》簡 66 背壹："人妻妾若朋友死，其鬼歸之者，以莎芾、牡棘枋（柄），熱（爇）以寺（待）之，則不來矣。"整理小組注：

① 陳白夜：《〈睡虎地秦墓竹簡〉校点釋譯質疑》，《电大教學》1992 年第 4、5 期。

"爇，燃燒。待，《國語·魯語下》注：'猶御也。'"

劉樂賢先生贊同把"寺"讀爲"待"，①并加按語指出"鄭剛讀熱爲爇，②亦通"。劉釗先生認爲，"寺"應讀爲"持"，因爲"熱以寺之"的"熱"與"寺"是一對有因果聯繫的持續行動，所以"寺"在此應是指某種非常具體的動作；簡文的意思是：手持點燃的用莎芾和牡棘柄製成的火把，則鬼就不來了。③ 吳小强先生也指出："寺，此處應解爲持。"④

按：整理小組的解釋爲是。從文例看，《詰咎篇》多條簡文皆是先介紹鬼的情況，然後描述抵御、驅鬼的方法，最後一句是結果，即鬼就不來了。如："人毋（無）故而鬼祠（伺）其宮，不可去。是祖□游，以犬矢投之，不來矣。""鬼恒羸（裸）入人宮，是幼殤死不葬，以灰漬之，則不來矣。""人毋（無）故而鬼有鼠（予），是夭鬼，以水沃之，則已矣。""鬼恒宋傷人，是不辜鬼，以牡棘之劍刺之，則止矣。"⑤ "以犬矢投之""以灰漬之""以水沃之""以牡棘之劍刺之"的對象都是鬼，這些"之"都是指鬼。也有"以"後省賓語，直接跟動詞的例子："鬼恒從人游，不可以辭，取女箅以拓之，則不來矣。""鬼恒逆人，入人宮，是游鬼，以廣灌爲𫎇以燔之，則不來矣。""凡有大票（飄）風害人，擇（釋）以投之，則止矣。"（注釋六十："釋"字下疑脱"屨"字）⑥ 由此可見，"熱以寺之"的"之"應該也是指鬼，則不應把"寺"釋爲"持"是毫無疑問的。

從文意上看，"寺"讀爲"待"，訓爲"御"。"御"可表示抵擋之意，如《莊子·馬蹄》："馬，蹄可以踐霜雪，毛可以御風寒。"這樣既可以使簡文文意通暢，"熱"與"寺"的因果聯繫也清晰。在同一篇簡文中還有"寺"釋爲"待"的例証，見簡59背貳："鬼入人宮室，勿（忽）見而亡，亡（無）已，以脩（滫）康（糠）寺（待）其來也，沃之，則止矣。"

總之，"熱以寺之"之"熱"讀爲"爇"，表燃燒；"寺"讀爲"待"，訓爲"御"，表示抵擋；"之"指"鬼"。整理小組的注釋是正確的。

---

① 劉樂賢：《睡虎地秦簡日書研究》，文津出版社（臺北），1994，第240頁。

② 鄭剛：《〈睡虎地秦簡日書疏証〉導論》，中山大學碩士學位論文，1989。

③ 劉釗：《讀秦簡字詞札記》，載《簡帛研究》第2輯，法律出版社，1996，第115頁。

④ 吳小强：《秦簡日書集釋》，嶽麓書社，2000，第135頁。

⑤ 睡虎地秦墓竹簡整理小組：《睡虎地秦墓竹簡》，文物出版社，1990，第214、215頁。

⑥ 睡虎地秦墓竹簡整理小組：《睡虎地秦墓竹簡》，文物出版社，1990，第214、218頁。

六　未來

湖北雲夢睡虎地 11 號木牘："書到皆爲報，報必言相家爵來未來，告黑夫其未來狀。"湯餘惠《戰國銘文選》注云："報，反報，指回信。相家爵，人名。未來狀，以後的情況。"[①]

按，把"未來狀"解釋爲"以後的情況"恐不準確。牘文"來未來"是用肯定加否定的形式表示疑問，意思是"來還是沒有來"。上文説回信一定告訴相家爵來還是沒有來，下文接着説告訴黑夫（我）關於相家爵以後的情況，前後意思似銜接不上。

根據我們的調查，"未來"在先秦和西漢典籍中的意思是"沒有到來"，并沒有"以後"之意。例如《左傳·哀公十四年》："雖讎未來，得左師，吾與之田，若何？"《楚辭·九歌·湘君》："望夫君兮未來，吹參差兮誰思？"《史記·高祖本紀》："遣魏人寧昌使秦，使者未來。"這些句子中的"未來"都是"沒有到來"的意思。"未來"產生"以後"的意思很可能來自東漢以後的佛經。佛經有"過去佛""未來佛"這樣的詞語。東漢時的《太平經》等有"未來"用爲"以後"意義的例子。例如：《太平經·庚部·大功益年書出歲月戒第一百七十九》："欲見天神，求哀教戒，照未知之事，防備未來，當與天心合，可得小如意。"《太平經鈔·辛部》："天地之性，自有格法，六甲五行四時節度，可以占覆未來之事，作救衰亂，防未然之事。"《魏書·釋老志》："浮屠正號曰佛陀……凡其經旨，大抵言生生之類，皆因行業而起。有過去、當今、未來，歷三世，識神常不滅。凡爲善惡，必有報應。"既然"未來"產生"以後"的意義是在東漢以後，那麼把書寫時代是戰國晚期（前 223 年）的睡虎地 11 號木牘家書中的"未來狀"中的"未來"解釋爲"以後"，就不符合實際情況了。

細審文意，睡虎地 11 號木牘家書中"未來狀"中的"未來"，正如上文中"來未來"中的"未來"一樣，是"沒有到來"的意思。"未來狀"中的"狀"是"情況"之意。如《史記·淮陰侯列傳》："舍人弟上變，告信欲反狀於呂后。"這樣，"未來狀"應解釋爲"沒有到來的情況"。整句話可譯爲："信收到了都要回信，回信時一定要告訴我相家爵來還是沒有來，

---

① 湯餘惠：《戰國銘文選》，吉林大學出版社，1993，第 174 ~ 176 頁。

（如果没有來）告訴黑夫（我）關於相家爵没有到來的情況（指原因）。”

第二節　漢代金文考釋

秦漢金文，上接商周金文，數量多，内容豐富。自容庚先生編撰的《秦漢金文録》（1931 年）和《金文續編》（1935 年）兩部專門著録秦漢金文的著作問世以來，幾十年來又出土了秦漢時期的大量有銘銅器。據不完全統計，目前共有秦漢金文 1400 篇以上。學術界對商周金文研究較多，對秦漢金文研究較少，特別從語言文字學的角度對秦漢金文的研究更少。20世紀 70 年代以來大量秦漢簡帛文、石刻文、陶文、印文等資料的發現，爲秦漢金文的研究提供了新的材料和依據。本節擬在現有研究成果的基礎上，對一些尚有疑問的漢代金文進行考釋，以期有助於進一步的研究。

一　鈷

鈷① （《東海宫司空盤》）

《東海宫司空盤》銘文：“建武中元二年七月十六日，東海宫司空作銅槃鈷鐙，重五斤蕈廿枚。工範循造，嗇夫臣倍主，丞臣壽、長臣福省。”

此字，或釋作“缶”，② 或釋作“鋁”，③ 或入於“附録”，④ 或隸定作“鈐”。⑤

按，此字可隸寫作“鈷”，從金缶聲，乃“缶”字異體。“鈷”字見於春秋晉國金文《欒書缶》，字作鈷。《欒書缶》銘文：“以作鑄鈷，以祭我皇祖。”《東海宫司空盤》“鈷”字與《欒書缶》“鈷”字是同一個字，只是金

---

① 本節所用漢代金文字形，拓本清楚者用之，拓本不清楚者采用摹本，或拓本輔以摹本。拓本一般見《秦漢金文録》和《秦漢金文匯編》，摹本見《金文續編》。

② 見《漢代銅器銘文研究》“附録二漢代銅器銘文匯集”第 275 頁；《漢代銅器銘文文字編》第 107 頁。

③ 見《隸變研究》，河北大學出版社，1993，第 94 頁。

④ 見《秦漢魏晉篆隸字形表》，四川辭書出版社，1985，第 1719 頁。

⑤ 見《秦漢金文録》“漢金文録”卷三，圖版第 26 頁，釋文第 3 頁；《金文續編》附録第 3頁，釋文第 13 頁；《秦漢金文匯編》上編圖版第 350 號。

字旁的位置一在左邊，一在右邊。

秦漢文字“缶”字一般作：

（《乘輿缶》，見《金匯》下編字匯 134 頁）

（《秦代陶文》1484 號，“隱成呂氏缶容十斗”之“缶”）

（《秦代陶文》1488 號，“北園呂氏缶容十斗”之“缶”）①

後二字是陝西省鳳翔縣高莊村發現的秦代陶缶上的“缶”字。《東海宮司空盤》“鍅”字所從“缶”與上列三個“缶”字字形相近，與《秦代陶文》1488 號該字字形尤近。因此《東海宮司空盤》此字可釋爲“鍅”。《樂書缶》“以作鑄鍅”，《東海宮司空盤》“銅槃鍅鐙”，兩銘文“缶”字從金作“鍅”，是因爲兩件器是銅製的，且“缶”字受上下文從金之字“鑄”“銅”“鐙”的類化而加金旁。情況相仿佛的還如《昆陽乘輿鼎》（《金匯》上編圖版 45 號）“昆陽乘輿銅鏞”的“鼎”作“鏞”，《濕成鼎》（《金匯》上編圖版 100 號）“濕成銅鏞”的“鼎”作“鏞”，《成山宮渠斗》（《金匯》上編圖版 524 號）“成山宮銅渠鈄”的“斗”作“鈄”，這些字都是受上下文從金之字類化而加金字旁的。

銘文“銅槃鍅鐙”即“銅盤缶燈”。“鐙”是一種照明的器具，也寫作“燈”，簡化字作“灯”。《正字通·金部》：“鐙，亦作燈，俗作灯。”缶本指一種圓形盛酒漿的器皿，這裏是就器形似缶而言的。“銅槃缶鐙”指銅製的“盤缶燈”，即有盤器形似缶的燈。漢代銅器銘文《御銅巵錠》（見《滿城漢墓發掘報告》）中的“巵錠（燈）”，就是器形似巵的燈。“盤缶燈”與“巵燈”兩者情況相仿佛。

二　登

壴（《上林行鐙》）

《上林行鐙》銘文：“上林銅壴，重三斤。第卌七。”

此字，或釋作“登”，② 或釋作“荳”。③

---

① 袁仲一：《秦代陶文》，三秦出版社，1987，第 386、390 頁。

② 見《秦漢金文錄》“漢金文錄”卷三，圖版第 34 頁，釋文第 3 頁；《金文續編》卷二第 9 頁，釋文第 14 頁；《秦漢魏晉篆隸字形表》第 100 頁。

③ 見《漢代銅器銘文研究》“附錄二漢代銅器銘文匯集”第 278 頁；《漢代銅器銘文文字編》第 19 頁。《漢代銅器銘文研究》認爲“荳”是“鐙”的別名（73 頁）。

按，《上林行鐙》此字應是“登”字，上部不是“艸”，而是“艸（𤼦的草寫）”。

漢代文字“登”字一般作：

豋（《熒陽宮小鐔鐙》，見《金文續編》43 頁）

豐（《鼎胡宮行鐙》，同上）

漢代文字“登”字有上部草寫作“艸”者，如：

豋（《信都食官行鐙》“鐙”字所從，見《金文續編》310 頁）

豋（《永始高鐙》“鐙”字所從，同上）

豋（《綏和雁足鐙》“鐙”字所從，同上）

豋（《居甲乙編》214·2A，乙圖版壹伍肆“鄧”字所從）

這些字上部“𤼦”旁均寫作“艸”，《上林行鐙》此字寫法與之相同，即是“登”字。于豪亮先生在《釋漢簡中的草書》一文中，指出勞榦《居甲乙編》50·30（乙圖版肆伍）“廣地塞尉□豋”等三例中的“豋”應是“登”字，指出“唐代文書中豆字常寫作荳，在漢簡中荳字却是登字”。[1]于先生從草書的寫法分析，其説法是正確的。

《金文續編》在《熒陽宮小鐔鐙》“登”字下注曰：“登，孳乳爲鐙。”按容庚先生後來修訂三版《金文編》的意見，這裏宜分析爲“登”通假作“鐙”。[2]從字形的分析結合文例看，《上林行鐙》此字應是“登”字，指明這件器是“鐙”。“鐙”是古代照明的器具，亦作“燈”，簡化字作“灯”。

三　賽

𥛚（《角王巨虛鏡》）

《角王巨虛鏡》銘文：“角王巨虛辟不詳（祥），倉龍白虎神而明，赤烏玄武主陰陽，國𥛚受福家富昌，長宜子孫樂未央。”

---

① 于豪亮：《釋漢簡中的草書》，載《于豪亮學术文存》，中華書局，1985，第 256 頁。

② 容庚先生在爲修訂 1959 年三版《金文編》而撰寫的《校補説明》中指出書中“孳乳爲某”擬請易爲“通假作某”。我想若容先生修訂《金文續編》，他也會將“孳乳爲某”易爲“通假作某”。可見這裏應分析爲“登”通假作“鐙”。參見容庚先生遺稿《校補三版〈金文編〉説明》，載《容庚先生百年誕辰紀念文集》，廣東人民出版社，1998，第 23~24 頁。

此字，《金文續編》釋作"實"，① 《秦漢金文匯編》《漢代銅器銘文研究》和《漢代銅器銘文文字編》均未收此字。

按，筆者認爲此字以釋"賽"爲妥。② "賽"字，甲骨文從宀從珏從収作"寒"，會雙手持雙玉報賽於宗廟神祇之意。春秋金文《寒公孫痀父匜》"賽"字亦從宀從珏從収作"寒"。以上"賽"字均沒有從貝。《説文新附》："賽，報也。從貝，塞省聲。"楚簡"賽"字從貝寒聲，增加貝旁，是"寒"字繁體。如：

簡 （《包山楚簡》149 號）

楚簡"賽"或省収作：

簡 （《包山楚簡》200 號）

簡 （《郭·老子》甲 27 號）

《角王巨虛鏡》此字可隸定作"實"，從宀從珏從貝，与楚簡文結構相同。漢代金文"賽"字中間也從珏。如：

簡 （《元延鈁》，見《金匯》下編字匯 158 頁）

簡 （《萬歲宮高鐙》，同上）

"賽"字中間從珏這種寫法在漢印文字中習見，如"倉印賽""成賽""梁賽""沈賽""王賽信印"等（以上爲私人藏印）。③ 馬王堆帛書《經法》62 行上、《相馬經》56 行上等亦將"賽"所從"珏"寫作"珏"。又如《漢印徵》6.19"甯實私印""族實私印""李實"等之"實"中間三橫畫相連接作"珏"。類似的情形還可參見《漢印徵》7.17"寒順私印""寒敞"之"寒"以及《漢印徵》8.17"展"欄相關例子。

《角王巨虛鏡》此字與漢代金文、印文"賽"字寫法相同，因此可釋爲"賽"。"實"字從宀從貫。"貫"字從毌、貝。秦漢簡牘或作"實"（《明君》404、405、415、417 行，《十問》62 號），"毌"省左邊一豎作"日"；

---

① 見《金文續編》卷七第 14 頁，釋文第 29 頁。《金文續編》在《臨虞宮高鐙》三下注曰："《角王巨虛鏡》'國實受福家富昌'，實字如此。"見"附錄"第 2 頁。《秦漢魏晉篆隸字形表》"附錄"引《臨虞宮高鐙》三下注原文，見第 1686 頁。

② 此字考釋參見拙文《漢代金文考釋（八則）》，載《文字學論叢》第 4 輯，江西教育出版社，2008。

③ 以上例子參見施謝捷《〈漢印文字徵〉卷七校讀記》，載《出土文獻與古文字研究》第 4 輯，上海古籍出版社，2011，第 332～333 頁。

或作"賓"①（《縱橫》226 行，《武醫》10、29 號等），"冊"作"尹"，即"ヨ"左邊之豎延伸拉長成撇筆變作從"尹"。《角王巨虛鏡》此字中間所從不是"冊""ヨ"或"尹"甚明。

"賽"指舊時舉行祭祀活動以酬神。《説文新附》："賽，報也。"楚簡"賽禱"常連文，如《望山楚簡》1.11 號簡："賽禱先君。"《包山楚簡》214 號簡："賽禱文坪夜君。"《史記·封禪書》："冬塞禱祠。"唐司馬貞《索隱》："（塞）與賽同。賽，今報神福也。"《論衡·辨祟》："項羽攻襄安，襄安無噍類，未必不禱賽也。"《角王巨虛鏡》銘文"國賽受福家富昌"的"賽"字也是祭祀酬神之意，即賽禱。

四　武

❦（《嘉至搖鐘》）

《嘉至搖鐘》銘文："建平二年，供工═惲造，嗇夫合、守令史循、掾❦主，左丞輔、守令豐省。嘉至搖鐘，甲堵，中羽。"

此字，或釋作"弌"，《金文續編》釋文隸寫作"弌"，摹本入於"附錄"，注云："人名，《青羊鏡》'朱鳥玄武順陰陽'，武字如此。"②或入於"附錄"。③《秦漢金文匯編》無收。

按，此字以釋"武"爲妥。先看"武"和"弌"字寫法的區別。

"武"字或作：

❦（《新有善銅鏡》，見《金文續編》285 頁）

❦（《尚方鏡》一，同上）

❦（《青羊鏡》，同上）

❦（《居甲乙編》2345B，甲圖版壹陸陸"掾充令史武光"之"武"等）

"弌"字作：

❦（《説文》古文）

---

① "賓"從尹可能受"君"字從尹的影響。

② 見《秦漢金文錄》"漢金文錄"卷三，圖版第 37 頁，釋文第 4 頁；《金文續編》附錄第 3 頁，釋文第 15 頁；《漢代銅器銘文研究》第 259 頁；《漢代銅器銘文文字編》第 1 頁。

③ 見《秦漢魏晉篆隸字形表》第 1712 頁。

█ （《代大夫人家壺》，見《金匯》下編字匯 1 頁）

就目前所見，"弌"下面這一橫未見作一點者，而"武"所從"止"常草寫爲"乙"，再進一步省略則寫作一點了，如《青羊鏡》和《居甲乙編》2345B 的"武"字。"武"所從"戈"一橫一撇寫作兩橫也是常見的。"武"字作爲"止戈"會意之字，"戈"一撇寫得平一些，再平一些就訛寫成一橫了。一般"武"字右上應有一點，《嘉至搖鐘》這個字右上沒有一點，可視爲省筆。請看例證：

弌 （《孫臏》350 號）①

弌 （《孫臏》327 號）

《孫臏》350 號簡"武"字右上有一點，但《孫臏》327 號簡則省略了右上一點，《嘉至搖鐘》這個字右上沒有一點，情形同後者。《論政》1571 號簡"武"寫法亦同《孫臏》350 號簡"武"寫法。

"武"是一個常用字，作爲主造的工官的人名，在漢代金文中較常見，如"護臣武"（《元延乘輿鼎》），"掾武"（《臨虞宮高鐙》一、《臨虞宮高鐙》三、《臨虞宮高鐙》四、《萬歲宮高鐙》、《延壽宮高鐙》）等，其中的"武"即是工官"護"或"掾"的名字。《嘉至搖鐘》的"掾武"也屬此類。《臨虞宮高鐙》一的年代是西漢元延二年（前 11 年），《元延乘輿鼎》的年代是西漢元延三年（前 10 年），《臨虞宮高鐙》三、《臨虞宮高鐙》四、《萬歲宮高鐙》、《延壽宮高鐙》的年代皆是西漢元延四年（前 9 年），《嘉至搖鐘》的年代是西漢建平二年（前 5 年）。這些銅器的年代很相近（前 11 年～前 5 年），主造工官的人名都是"武"，這些銅器銘文中的"武"也有可能是同一個人。

"弌"是"一"的古文，在漢代金文中很少見，作爲人名用字還沒有見過。

從总體來看，《嘉至搖鐘》此字以釋"武"爲妥。"武"在《嘉至搖鐘》中是"掾"（當時担任主造的工官之一）的名字。

---

① 《元和四年刻石》釋文（陸明君先生所寫）"子路、屈元（原）有弌"一句中，後一字寫法與《孫臏》350 號簡此"武"字寫法完全相同，應是"武"字。《元和四年刻石》圖版和釋文，見《中國書法》2010 年第 4 期。敦煌馬圈灣木牘"武侯"之"武"，居延甲渠候官遺址中屬於東漢的《隧長病書》冊"建武"之"武"，寫法均與《孫臏》350 號簡"武"寫法完全相同，分別見於《河西簡牘》第 62、189 頁。

五　鵠

■（《御銅扈錠》一）

《御銅扈錠》一銘文："御銅扈錠一，中山府。第■。扈錠。第■。"[1]

此字，或釋作"鵠"，[2] 或釋作"鴰"。[3]

按，筆者認爲《御銅扈錠》一此字恐怕以釋"鵠"爲妥，[4] 可通過"吉"與"告"兩字字形的辨異來確認。"吉"字小篆作■，從士、口，所從"士"字第一橫畫比第二橫畫長。秦漢古隸文字中"吉"字所從"士"一般二橫畫等長，起筆處稍爲加重，但收筆處平平，無翹起之形。如：

■（《睡日》乙 34 號）

"告"字小篆作■，從口從牛，所從"牛"上邊是從左右作弧形向中間聯結的二筆。秦漢古隸文字上邊有的變爲一橫畫，且這一橫畫一般比第二橫畫略短，收筆處略爲翹起。如：

■（《答問》46 號）

第一橫畫的長短和筆勢的平或翹可以看作"吉"與"告"二字的區別性特徵。根據上述秦漢古隸文字"吉"與"告"的區別性特徵，《御銅扈錠》一此字左旁兩橫畫等長，與馬王堆帛書《相馬經》68 行上之"■（鴰）"字左旁第一橫畫比第二橫畫略短且有翹起之形稍異，故還以釋"鵠"爲妥。《御銅扈錠》一銘文最後的字"■"同

---

[1] 中國社會科學院考古研究所、河北省文物管理處：《滿城漢墓發掘報告》，文物出版社，1980，圖版三七。

[2] 李學勤：《漢代金文》，《文物研究》1986 年第 2 期；收入《李學勤學術文化隨筆》，中國青年出版社，1999，第 305 頁。又見《秦漢魏晉篆隸字形表》第 251 頁旁注"見爾雅"；《漢代銅器銘文研究》第 279 頁；《漢代銅器銘文文字編》第 82 頁。

[3] 裘錫圭先生在《〈秦漢魏晉篆隸字形表〉讀後記》一文中指出：此字"左旁寫法與 249 頁'鴰'字條中欄所收'相馬經'一例全同，應釋爲'鴰'"。見《古文字論集》，中華書局，1992，第 493 頁。

[4] 拙文《秦至漢初簡帛形近字辨析》一文曾説到《御銅扈錠》一此字恐怕以釋"鵠"爲妥。可參看《簡帛研究》第 3 輯，廣西教育出版社，1998，第 185 頁。

是"鵠"字。"鵠"即"鵠鵴",又名"鳲鳩",布穀鳥也。《爾雅·釋鳥》:"鳲鳩,鵠鵴。"郭璞注:"今之布穀也。""第鵠"是漢代銅器的編號方式之一,以詞頭"第"加文字編號。詞頭後的文字有三種,即天干名、鳥名和普通字。"第鵠"屬詞頭加鳥名,此外還有"第鸝"(《御銅拈錠》)、"第璃"(《御銅厄錠》二)、"第田鸝"(《御銅盤錠》)等。① "厄錠"指器形似厄的油燈。

六 朋

圖(《永始三年乘輿鼎》)

圖(《永始乘輿鼎》一、《永始乘輿鼎》二)

《永始三年乘輿鼎》銘文:"永始三年,考工=蒲造,佐臣立、守嗇夫臣彭、掾臣圖主,守右丞光、令臣禁省。"《永始乘輿鼎》一銘文:"永始二年,考工=林造,護臣博、守佐臣褒、嗇夫臣康、掾臣圖主,守右丞臣閎、守令臣立省。"《永始乘輿鼎》二銘文同《永始乘輿鼎》一。

此字,或釋作"開",② 或入於"附錄",③ 或隸定作"冊"。④

按,"開"字漢代金文作:

開(《开封行鐙》,見《金文續編》275 頁)

開(《永和二年鑯》,同上)

上述鼎銘之形與之不合,显然不是"開"字。鼎銘此字應釋爲"朋",其構形與下文三字相同:

朋(《睡日》甲 65 號簡背面"朋友"之"朋")

朋(《阜蒼》C026 號簡"峯峦岑崩"中"崩"字所從之"朋")

朋(《天文》局部 2 "与崩同占""与天子崩同占"中"崩"字所從之"朋")

---

① "第鸝"等例子均見《滿城漢墓發掘報告》,第 73 頁。

② 《金文續編》附錄指出"旧釋開",見"附錄"第 3 頁,《漢代銅器銘文研究》和《漢代銅器銘文文字編》釋作"開",前者見"附錄二漢代銅器銘文匯集"第 213 頁,後者見第 246 頁。

③ 見《秦漢魏晉篆隸字形表》第 1706 頁。

④ 見《秦漢金文録》中之《漢金文録》卷一,圖版第 4~5 頁;《秦漢金文匯編》上編圖版第 66 號。

秦漢文字還有如下的"朋"字：

𡙇（《縱橫》199 行"山陵堋（崩）"之"堋"所從之"朋"）

𣶒（《周易》3 行"西南得朋，東北亡朋"之"朋"）

𠂇（《尹宙碑》"交朋會友"之"朋"）

𦙶（《繁陽令楊君碑》"朋徒潺湲"之"朋"）

上列"朋"字可組成"朋"字的發展系列，即從𡙇到𣶒，再變爲𠂇、
𦙶，最後變爲從双月的"朋"，其發展脈絡清晰可見。《永始三年乘輿鼎》
中的𡧨和《永始乘輿鼎》中的𡨄与《阜蒼》"崩"字所從之"𦙶"、《睡日》
甲 65 號簡背面"朋友"之"𠂇"字形相同，因此可以釋作"朋"。《永始
乘輿鼎》之"朋"是《永始三年乘輿鼎》"朋"字的省略，即字中間的一
小橫接兩竪筆處斷開了。鼎文"朋"是三鼎銘中"掾"（當時擔任主造的工
官之一）的名字。由於《永始三年乘輿鼎》的年代是西漢永始三年（前 14
年），《永始乘輿鼎》一和《永始乘輿鼎》二的年代均是西漢永始二年（前
15 年），兩者只差一年，可知三鼎銘的"朋"可能是同一個人。

七　主

𡘜（《洛陽玉衣墓銅盤》）

《洛陽玉衣墓銅盤》銘文："吉羊，宜主。"

洛陽市文物工作隊《洛陽發掘的四座東漢玉衣墓》一文刊布機車工廠
C5M346 玉衣墓出土一批銅器，[①] 其中的一個銅盤，内心有鑄成的陽文篆
書，作：

𡘜（圖二四"機車工廠 C5M346 出土銅器"之 1）

原文釋爲"吉羊宜一王"，共 5 個字。

按，銅盤銘文圖版明顯是"吉羊，宜主"，共 4 個字。該銘文竪排，
"主"字作𡘜，原釋文顯然是把"主"誤釋爲"一王"了。按照四個字的字

---

① 洛陽市文物工作隊：《洛陽發掘的四座東漢玉衣墓》，《考古與文物》1999 年第 1 期，圖版
見第 20 頁。

距相等來看，第四字也應釋爲"主"。漢代金文"主"字上邊一般是寫一短橫，比下邊橫畫略短，但有的與下邊橫畫長度相近或相等，如：

    ![字] （《平都主家鍾》，見《金匯》下編字匯 127 頁）

    ![字] （《東海宮司空盤》，同上）

銅盤銘文第四字寫法與之相同，應釋爲"主"。"吉羊"即"吉祥"。"吉羊""宜主"是漢代金文常見之吉語。如《嚴氏造作洗》銘文："嚴氏造作。吉羊，傳子孫，宜主。"《蜀都嚴氏富昌洗》銘文："蜀都嚴氏。富昌，吉利，傳子孫，宜主，萬年，吉羊。"銅盤銘文"吉羊，宜主"同是吉祥語。

八　集

《中原文物》2004 年第 4 期刊載了戴霖先生《洛陽新發現兩件西漢有銘銅鼎》一文，戴文對洛陽新發現兩件銅鼎的銘文作了考釋。其中一件銅鼎的銘文拓片是：

![拓片]

戴文將鼎銘隸定爲"康共"，"康"訓爲安樂，"共"讀爲"恭"，訓爲恭敬，謂"'康共'讀如'康恭'，有安樂恭敬之義"。[1]

按，細審文中所附拓片，鼎銘應隸定爲"集共"，"集共"是"集共厨"的簡稱。[2] 兩漢金文中所見"康"字或作：

    ![字] （《谷口宮鼎》，見《金匯》下編字匯 178 頁）

    ![字] （《永始高鐙》，同上）

    ![字] （《元康雁足鐙》，同上）

兩漢金文"康"字從水庚聲，其特點是：字頭多爲平直的兩橫，下部所從水之四點均勻、對稱地分布於豎筆的兩邊。這應屬於小篆的寫法而略有變化（上部一橫平直化）。兩漢金文中個別"康"字寫作：

    ![字] （《昭臺宮扁》，見《金匯》下編字匯 178 頁）

---

[1] 戴霖：《洛陽新發現兩件西漢有銘銅鼎》，《中原文物》2004 年第 4 期。

[2] 本文寫成之時，發現尹遜先生《"集共"、"上林"銅鼎銘文考釋商榷》（《中原文物》2005 年第 3 期）一文，已正確地把戴文釋爲"康共"的"康"字改爲"集"，但尹文説"集共"二字是何意思，尚難以説清。考慮到本文對"集共"的解釋或尚有可參考之處，故還是寫出來，求正於方家。

上部寫作一點一橫，這是"康"字隸變以後的寫法。"康"字在兩漢金文中有小篆和隸書兩種寫法，反映了漢字的隸變現象。

《説文·龘部》"龖"的或體作"集"。兩漢金文"集"字作：

🔲（《新嘉量》，見《金匯》下編字匯 100 頁）

🔲（《新銅丈》，同上）

洛陽新發現的鼎銘🔲應是"集"字。此字上部作"隹"，下部是"木"字，"木"之橫畫借用了"隹"字之最下面一橫畫，即"隹"與"木"共用一橫畫。秦漢文字中一個字有多處相近的橫畫時往往簡省其中之一，并通過借筆來達到簡省的目的。① 銅鼎此字正屬這種情形。

銅鼎另一字是"共"字。兩漢金文中"某共"和"某共厨"常見。如："黃山共"（《黃山鼎》）、"長楊共"（《長楊鼎》）、好畤共厨（《好畤鼎》）、美陽共厨（《美陽鼎》）等，這裏"某共"是"某共厨"的簡稱。漢代在某些地方設立共厨，有些還設了專門的職官進行管理，如西漢京兆尹屬官有長安厨令、丞，右扶風屬官有雍厨長、丞。② 陳直先生《漢書新證·百官公卿表》在"長安厨令"下注曰："長安厨令所掌爲帝王巡幸境内離宮別館時之供帳。"在"雍厨"下注曰："右扶風雍厨長，在各縣所設之共厨甚多。有好畤共厨鼎……以上各器地名，皆在右扶風境，由右扶風雍厨長丞統一管理，遇有巡幸時，供給厨食所用。"③ 可見，"共厨"的職能之一是爲帝王提供飲食所需。

此鼎銘文"集共"是"集共厨"的簡稱。至於"集共"的"集"，本人懷疑應是宮名，有可能指"集靈宮"。④《漢書·地理志》上："集靈宮，武帝起。"《三輔黄圖·甘泉宮》："集靈宮、集僊宮、存僊殿、存神殿、望僊臺、望僊觀，具在華陰縣界，皆武帝宮觀名也。"⑤ "集靈宮"在華陰縣，

---

① 請參看本書第十一章第一節"簡化"之一"借筆"部分有關論述。

② 參見班固《漢書·百官公卿表》，中華書局，1962，第 736 頁。

③ 陳直：《漢書新証·百官公卿表》，天津人民出版社，1959，第 119、121 頁。

④ 漢代金文常見"某共"，"共"前之字往往指宮名或地名。如"長楊共"指"長楊宮共厨"，"鼇屋共"指"鼇屋共厨"。"長楊宮"是宮名，"鼇屋"是縣名。《漢書·宣帝紀》："至後元二年，武帝疾，往来長楊、五柞宮。"師古注："長楊、五柞二宮并在鼇屋，皆以樹名之。"

⑤ 撰人未詳、畢沅校正《三輔黄圖》卷之三，載王雲五主編《叢書集成初編》，商務印書館，1936，第 25 頁。陳直：《三輔黄圖校証》，陝西人民出版社，1980，第 71 頁。

華陰縣西漢屬京兆尹，故城在今陝西華陰東南。戴文討論的另一件是"上林"銅鼎，"上林"在鄠，鄠西漢屬右扶風，京兆尹、左馮翊、右扶風三職官管轄京畿之地，合稱"三輔"，其轄地亦稱"三輔"。可見洛陽新發現的兩件西漢有銘銅鼎所在地均在"三輔"。從這一方面考慮，鼎銘"集"有可能指"集靈宮"。"集靈宮"省稱爲"集靈"，清王圖炳《游僊》詩："青雀西飛繞集靈，麻姑僛訣悟熊經。""集靈宮"省稱爲"集"，則未見書證。以上只是對"集"字的推論，鼎銘"集"字是何意思，有待進一步研究。

第三節　漢代印章文字考釋

一　趙舍儿

2007 年，河南禹州市新峰漢墓 M16 出土銅印章 1 枚，印面近似方形，印文作：

原《發掘簡報》無釋，只寫"印文爲陰刻篆書，共兩字，難以辨識"。[1]

按，此印左邊一字是"趙"字。《説文·走部》："趙，趍趙也。從走，肖聲。"此印"趙"字與西漢南越王墓出土玉印 （趙眜）之"趙"同。[2]

此印右邊是"舍儿"二字。上部是"舍"字。《説文·亼部》："舍，市居曰舍。從亼、屮，象屋也。口象築也。"許慎分析字形有誤。舍，從余，口爲分化符號，余亦聲。《二十世紀出土璽印集成》録有一枚雙面銅印

①　見許昌市文物工作隊《河南禹州市新峰墓地 M10、M16 發掘簡報》，《考古》2010 年第 9 期。

②　廣州市文物管理委員會等：《西漢南越王墓》，文物出版社，1991，第 201 頁。

"庶眾可·臣眾舍","臣眾舍"作：

（三 – SY – 1040）①

M16 出土銅印右邊上部"舍"字與此雙面印印文"臣眾舍"之"舍"字構形同，可證。此外，《漢印徵》5.11"徐舍""王舍私印"等，《古封泥集成》2222 號"傳舍"、2415 號"陳舍"等之"舍"構形均同雙面印印文"臣眾舍"之"舍"，亦可證明 M16 此印右邊上部乃"舍"字。②

此印右邊下部是"儿"字。《説文·儿部》："，仁人也。古文奇字人也。象形。孔子曰：在人下，故詰屈。"《六書故·人一》："人、儿非二字，特因所合而稍變其勢。合於左者，若'伯'若'仲'，則不變其本文而爲人；合於下者，若'兒'若'見'，則微變其本文而爲儿。"《漢印徵補》5.4 有"狀舍人"，姓"狀"名"舍人"。此印"趙舍儿"，姓"趙"名"舍儿"。"儿"乃"古文奇字人也"。"舍儿"與"舍人"同。

二　左充

1957 ～ 1958 年，洛陽市西郊漢墓出土 14 枚西漢銅印，其中 1 枚印印文作：

原《發掘報告》把此印左边一字誤釋爲"克"，印文釋爲"左克"。③

按，此印左边一字應釋爲"充"，印文爲"左充"。"左充"，姓"左"

---

① 周曉陸主編《二十世紀出土璽印集成》，中華書局，2010。括號中的號碼是該書印章的編號，下同。

② M16 此"舍"字與《秦西漢印章研究》所錄"傳舍之印"之"舍"作亦同。參見趙平安《秦西漢印章研究》，上海古籍出版社，2012，第 93 頁。

③ 見中國科學院考古研究所洛陽發掘隊《洛陽西郊漢墓發掘報告》，《考古學報》1963 年第 2期，第 32 頁。

名"充"。"充"用作名字，在漢印中常見。《説文·儿部》："充，長也；高也。從儿，育省聲。"《漢印徵》8.19"時充"之"充"作"充"，"李充""尹充漢印""上官充郎""許充之印""李充安""趙充印"等之"充"均同此"充"字。馬王堆帛書《明君》417行"今其所以實邦充軍者"之"充"作"充"。洛陽西郊漢墓銅印"充"字，與《漢印徵》等"充"字構形同，可證。

《説文·克部》："克，肩也。象屋下刻木之形。克，古文克。柰，亦古文克。"《漢印徵》7.8"李克得"之"克"作"克"，《漢印徵補》7.2"李克"之"克"作"克"。馬王堆帛書《經法》42行上"以強下弱，以何國不克"之"克"作"克"。洛陽西郊漢墓銅印"充"字，與這些"克"字構形不同，顯然不是"克"字。

《二十世紀出土璽印集成》錄有包括上述洛陽西郊漢墓"左充"印在内的如下銅印：

（何充，三－SY－0117）　（孫充印，三－SY－0364）

（五鹿充印，三－SY－0573）　（左充，三－SY－0577）

（任充夫印，三－SY－0598）　（張充私印，三－SY－0692）

（韓充漢印，三－SY－0766）　（鄧充私印，三－SY－0912）①

這些印中的"充"字，《二十世紀出土璽印集成》均誤釋爲"克"，其實都應釋爲"充"。該書還錄有如下西漢銅印：

（王充之印，三－SY－0539）

---

① 前六例是西漢銅印，後二例是東漢銅印。

此印第二字該書釋爲"充"，其構形與上揭八枚銅印"充"字完全相同，亦可證明上揭八枚銅印中釋爲"充"字的正確性。之所以常常會把篆書"充"字誤釋爲"克"，其原因是篆書"充"字字形頗似隸書"克"，所以在隸釋時往往出錯。

三　王隆私印

1982～1986 年，山西朔县漢墓出土如下西漢銅印：

此印篆體陰文，原《發掘簡報》釋爲"王隆私印"。①但《二十世紀出土璽印集成》録此銅印，釋文寫作"王降私印"（三－SY－0228），第二字誤釋爲"降"。

按，此印應釋爲"王隆私印"，《發掘簡報》所釋是正確的。第二字應釋爲"隆"，而非"降"。《説文·生部》："⬚，豐大也。从生，降聲。"王玉樹《説文拈字》："隆，今俗作隆。"此印第二字右旁與《漢印徵》6.14"張隆"之"隆"作⬚等構形同，與《二十世紀出土璽印集成》所録西漢銅印⬚（張隆私印，三－SY－0691）第二字亦同，因此應釋爲"隆"。《説文·阜部》："降，下也。从阜，夅聲。""王隆私印"第二字右旁非從夅聲。

《漢印徵》附録三有"⬚"字，《秦西漢印章研究》指出印文"與'蓬丘元'封泥（《古封泥集成》2505）蓬所从逢相同，應釋爲逢，印文'尹逢'用爲私名，與'王逢私印'、'良逢私印'（《漢印徵》2.12）同"。②

---

① 平朔考古隊：《山西朔县秦漢墓發掘簡報》，《文物》1987 年第 6 期，第 44 頁。
② 見趙平安《秦西漢印章研究》，上海古籍出版社，2012，第 151 頁。

按，此字與封泥‘蓬丘元’之蓬所從逢構形確實相近，但此字右旁下部從生，與上述"張隆"之"隆"右旁同，而與一般從夆聲之"逢"不同。《漢印徵》附録三把此字隸定作" "，是準確的。不過此字左旁從辵，是不是"隆"的異體字，尚存疑問。在没有找到有説服力例證之前，仍存《漢印徵》附録比較合適。

四　簡崩私印

《漢印徵》9.8 有字作：

該書把此字誤釋爲"崙"，印文釋爲"簡崙私印"。

按，此字應釋爲"崩"，印文爲"簡崩私印"。《説文·山部》："嵍，山壞也。從山，朋聲。"段注："隸體山在朋上。"《集韻·登韻》："嵍，亦書作崩。"《説文新附·山部》："崙，昆侖也。從山，侖聲。"此字下部乃"朋"字，其構形與《天文》局部 2 "与天子崩同占"之"崩"作 、"天子崩"之"崩"作 等字相同，因此應釋爲"崩"。[1]

《漢印徵》8.4 有字作： （吕傰之印） （桓傰） （季傰） （李傰） （尹傰），該書把這些字均誤釋爲"倫"。

按，這些字從人從崩，右旁與上揭"崩"字同，應釋爲"傰"。

《漢印徵》1.12 有字作： （蒯明私印） （蒯堯私印） （王剶）

該書把前二例隸釋爲"蒯"，把第三例隸釋爲"剶"，并不正確。

按，三印文左下所從都是冊（朋），與上揭"崩"所從同。前二例應隸釋爲"蒯"，即"蒯"字。在漢代文字中"刀"旁或訛作"寸"，如"罰"之作"罸"（《張壽碑》）等。印文"蒯"字用爲姓。第三例應隸釋爲"剶"，即"剶"字，印文用爲名字。[2]

---

① 參見本章第二節相關部分。

② 參見拙文《説朋》，載《古文字研究》第 22 輯，中華書局，2000，第 280～281 頁。

五　張蔥

《漢印徵》1.21 有字作：（張蔥）（萬蔥各）①（趙蔥）

《漢印徵補》1.6 有字作：（蔥仲印）

二書均把此上從艸、下"心"上加點形或短橫短豎的字誤釋爲"芯"，印文分別釋爲"張芯""萬芯□""趙芯"和"芯仲印"。

按，以上諸字均應釋爲"蔥"，印文應分別釋爲"張蔥""萬蔥各""趙蔥"和"蔥仲印"。該字上從艸、下部"心"上加點形或短橫短豎，是秦漢文字"悤"字常見的簡省寫法。

《古封泥集成》有字作：（2298 號）（2301 號）

該書均誤釋爲"恥"，印文分別釋爲"通恥里附城"和"脩恥里附城"。

按，此字左旁從耳，右旁"心"上加點形，乃秦漢文字"聰"字的簡省寫法。秦漢文字"悤""蔥""總"等字所從之"囪"形寫作一實心點或作一小橫，這一寫法古已有之，秦漢文字選擇了這一簡省的寫法。《説文》小篆"悤""蔥""總"等字所從均作"囪"，容庚先生指出"囪當是●之變形"。② 裘錫圭先生指出："秦簡、漢印和西漢前期簡帛上的'悤'字（多見於'蔥''聰'等字偏旁），尤多襲周人之舊，作'心'上加點形。"③ 兩位先生所言均是符合事實的。④

六　婁遷

《漢印徵補》3.5 有字作：

① 《古封泥集成》2503、2504 號亦見構形與此印印文相同的"萬蔥各"封泥。把此印"蔥"字與《古封泥集成》2503 號封泥"蔥"字比照，應是同一個字，此印印文應爲"萬蔥各"。孫慰祖主編《古封泥集成》，上海書店出版社，1994。

② 容庚：《金文編》，中華書局，1985，第 692 頁。

③ 裘錫圭：《説字小記》，《北京師院學報》1988 年第 2 期；收入《古文字論集》，中華書局，1992，第 643 頁。

④ 參見本書第十一章第一節相關部分。

該書把此字誤釋爲"要"，印文釋爲"要遷"。

按，此字應釋爲"婁"，印文爲"婁遷"。《説文·女部》："婁，空也。从毋、中、女，空之意也。一曰：婁，務也。，古文。"《古文字譜系疏證》指出"婁"所從毋由白誤，中由角誤。① 甚是。《伯婁簋》"白婁"之"婁"作，《婁君盂》"婁君"之"婁"作，《三體石經》古文"婁"作，《汗簡》卷下之一66"婁"作，以上諸字上部中間作""。

《説文·臼部》："要，身中也。象人要自臼之形。从臼，交省聲。，古文要。"《汗簡》卷下之一66"要"作，《睡日》甲73號簡背面"要（腰）有疵"之"要"作，《奏讞書》7號簡"要（腰）斬"之"要"作，《引書》67號簡"折要（腰）"之"要"作，以上諸字上部中間作""，與"婁"字上中作""有明顯的區別。②

《漢印徵補》3.5此字上部中間從"目"形，与上列"婁"構形相合，故應釋爲"婁"。"婁遷"，姓"婁"名"遷"。

第四節　用秦漢古隸證明《説文》小篆
字形分析是否正確

秦漢古隸主要指見於時代屬於秦代至漢武帝初年的竹簡、帛書和木牘實物資料上的文字，③ 還包括在此之前的如秦武王時的青川木牘（前309

---

① 黄德寬主編《古文字譜系疏證》，商務印書館，2007，第936～937頁。

② 參見拙書《秦至漢初簡帛文字研究》（商務印書館，2008）第六章第三節相關部分。

③ 秦漢古隸主要見於青川木牘、放馬灘秦簡和木牘、王家臺秦簡、揚家山竹簡、睡虎地秦簡和木牘、龍崗秦簡和木牘、關沮周家臺秦簡、里耶秦簡牘、馬王堆帛書和竹簡、羅泊灣簡牘、雙古堆簡牘、張家山漢簡、大墳頭木牘、鳳凰山簡牘、虎溪山漢簡、銀雀山漢簡等。

年）和在此之後的如居延漢簡等那些字體屬於古隸的文字。20 世紀 70 年代以來大量秦漢古隸的發現，爲證明《説文》小篆字形正確與否提供了新的依據。①

《説文》小篆與秦漢古隸關係如何，能否用秦漢古隸來證明《説文》小篆字形是否正確？筆者認爲，《説文》小篆繼承春秋戰國秦篆中的正規寫法，而比春秋戰國秦篆字形更趨規整勻稱，但仍保留有春秋戰國秦篆原來的形象。秦漢古隸的主體也是繼承春秋戰國秦篆而來的，既繼承秦篆中的正規寫法，也繼承秦篆中的簡率寫法，結構上又篆又隸，筆畫全面平直化。《説文》小篆與秦漢古隸同源而發展方嚮不同，關於這一點，不少學者已注意到。雖然從年代來看，秦漢古隸略早於《説文》小篆，但從形體看，《説文》小篆保留了春秋戰國秦篆的寫法而更加規範化，而秦漢古隸則是全面隸變。筆者把睡虎地秦簡爲代表的古隸與《説文》小篆相對應的字形作了比較，發現兩者在結構上相合的占了 80% 以上，這說明兩者確是同根同源的關係。研究證明，古隸不是直接從小篆脱胎産生的，小篆與古隸是“兄弟”的關係而不是“父子”的關係。值得注意的是，在結構上不少古隸的形體往往比小篆更接近於先秦文字，其中有一些還保留了較早的構形形態，因而一些古文字構形上的問題，也可以從古隸中得到合理的解釋，有的甚至可以用來證明《説文》小篆字形是否正確，這是合理而可行的。

筆者在整理和研究秦漢古隸的過程中，注意到了秦漢古隸與《説文》小篆的關係，也收集了這方面的例子。本節擬在學術界研究成果的基礎上，通過若干例子的分析，以秦漢古隸證明《説文》小篆有些字形已訛變，以及用秦漢古隸判斷許慎對《説文》小篆部分字形之說解是否正確，從而說明秦漢古隸在这方面的重要價值。

---

① 許慎《説文》小篆 9000 餘字，是最丰富最有系統的一份秦系文字資料。《説文》是漢語文字學的經典著作，但也有瑕疵。正如裘錫圭先生所指出的：《説文》成書於東漢中期，當時人们所寫的小篆的字形，有些已有訛誤；許慎对小篆的字形結構免不了有些錯誤的理解，這種錯誤理解有時也會導致对篆形的篡改；《説文》成書後，屢經傳抄刊刻，又造成了一些錯誤。因此，《説文》小篆的字形有一部分是靠不住的。參見裘錫圭《文字學概要》，商務印書館，1988，第 62 頁。

一　用秦漢古隸證明《説文》小篆有些字形已訛變

秦漢古隸在結構上有的比《説文》小篆更接近於先秦文字，而《説文》小篆字形已訛變。例如：

1. 局

《説文·口部》：“局，促也。从口在尺下，復局之。一曰博所以行棊。象形。”

按，“从口在尺下”何以會“局促”呢？歷來《説文》學家不得其解。其實，“局”字睡虎地秦簡《爲吏》1 號簡作局，馬王堆帛書《繆和》58 行作局，《漢印徵補》8.5 作局，漢碑《蒼山畫像石題記》作局，從尸從句，句亦聲。句有屈曲之意，屈曲與局促義正相涵；古音句在見紐侯部，局在群紐屋部，見群同屬牙音，侯屋陰入對轉；句局二字古音極近，故局字從句，應該是會意兼聲的亦聲字。《説文》小篆作局，以訛變後的字形分析爲“从口在尺下”。[①] 從尸從句之“局”亦見於後世石刻文字，如北魏《元璨墓誌》《穆紹墓誌》、東魏《元悰墓誌》、唐《向英墓誌》《周仲隱墓誌》《安神儼墓誌》《張弘墓誌》《樂玄德墓誌》等均見此字。

2. 徙

《説文·辵部》：“徙，迻也。从辵止聲。𢓊，徙或从彳。㝢，古文徙。”

按，段玉裁因止聲與徙聲不合，故刪去“聲”字，改爲“从辵止會意”。段注云：“各本有聲字，非也。止在一部，徙在十六部。”其實，“徙”字睡虎地秦簡《效律》19 號簡作徙，《龍簡》160 號作徙，《老子》乙 204 行作徙，《孫臏》239 號作徙，從辵少聲，秦漢古隸“徙”字均從辵少聲，與包山楚簡“徙”字作“從辵從尾少聲”正相吻合，可以互證。《説文》小篆作徙，從辵止聲，“止”是“少”字訛變而成的。[②]

3. 微

《説文·人部》：“散，妙也。从人从攴，豈省聲。”　《説文·彳部》：

---

① 參見曾憲通《秦至漢初簡帛篆隸的整理和研究》，載《中國文字研究》第 3 輯，廣西教育出版社，2002，第 149 頁。

② 參見曾憲通《秦至漢初簡帛篆隸的整理和研究》，載《中國文字研究》第 3 輯，廣西教育出版社，2002，第 149 頁。

“微，隱行也。从彳散聲。春秋傳曰：白公其徒微之。”

按，段玉裁改“妙”爲“眇”，并注云：“凡古言散眇者，即今之微妙字。眇者，小也……微行而散廢矣。”又云：“散訓眇，微从彳，訓隱行。假借通用微而散不行。”“散”字，甲骨文作🅰️（《合》27996），從支兇（微）聲。金文形同甲骨文，如《牆盤》作🅱️。秦篆承殷周甲金文之寫法，如《石鼓文·馬薦》之🅲️，又出現如《石鼓文·作原》從彳之🅳️。秦漢古隸寫法有的與秦篆同，如《爲吏》5 號簡之🅴️，從彳散聲；但更多的是寫作從耳從微省，微亦聲，如《老子》甲 85 行之🅵️。《説文》小篆“散”作🅶️，“微”作🅷️，所從“彳”爲“彳”之訛，中間多了一横，許氏析“散”爲“豈省聲”，乃誤“凵”爲“豈”字之省。

4. 夬

《説文·又部》：“夬，分決也。从又，彐象決形。”徐鍇曰：“凵，物也；丨，所以決之。”

按，《包山楚簡》260 號作🅸️，82 號“快”所從作🅹️。趙平安先生曰：“夬由○和乀兩個部分組成，像人手指上套着一枚圓圈，是一個合體象形字。”“夬的形義應是指射箭時戴在大拇指上，用以鈎弦的扳指。”① 秦漢古隸“夬”字形近楚簡，如《秦律》157 號作🅺️，《雜抄》27 號作🅻️。睡虎地秦簡“夬”及“決”“抉”所從“夬”均如是作。馬王堆簡帛《老子》甲 43 行、《周易》4 行、《天下》19 號簡等也如是作。而《説文》小篆作🅼️，形體已訛變。

5. 殿

《説文·殳部》：“殿，擊聲也。从殳屍聲。”

按，《説文》訓爲“擊聲也”，意即手拿棍子打尸，此即本義。段注云：“此字本義未見，假借爲宫殿字……又假借爲軍後曰殿。”“殿”字，睡虎地秦簡共 18 個，均如《雜抄》19 號簡作🅽️，從支從尸，典聲。嶽麓書院藏秦簡《治官》87 號簡正亦見從支從尸，典聲之“𣪊”字。古音殿在定母文部，典在端母文部，聲音相近，故“殿”可用“典”爲聲符。《説文》小篆作🅾️，改爲“屍”聲。《玉篇·尸部》：“屍，與臀同。”“典”，《説文·丌部》分析爲“从册在丌上”。“屍”所從“𣎆”下部即是“丌”，上部是

---

① 參見趙平安《〈説文〉小篆研究》，廣西教育出版社，1999，第 151 頁。

"册"的簡省之形。可見"屍"所從"兀"是"典"省變之形。

6. 奪、奞

《説文·奞部》："奪，手持隹失之也。从又从奞。"又："奞，翬也。从奞在田上。詩曰：不能奞飛。"

按，奪，西周金文《奪簋》作![字形]，《奪壺》作![字形]，上部從雀從衣。秦漢古隸"奪"字字形同西周金文，如《雜抄》37 號作![字形]（睡虎地秦簡"奪"字出現 6 例，有 5 例如是作），《秦律》132 號"榑"所從也作此形，上部從雀從衣，同西周金文；張家山漢簡和銀雀山漢簡的"奪"字則簡省"衣"字下部之![字]，如《奏讞書》224 號作![字形]，《孫臏》374 號、《論政》1224 號作![字形]等。《説文》小篆作![字形]，上部訛爲從奞。

與"奪"構形相似的"奞"字，如《睡日》甲 32 號簡背面等 2 例作![字形]，《明君》430 行作![字形]，《病方》58 行作![字形]，《刑德》乙本 72 行作![字形]，上部從雀從衣；《漢印徵》4.7"奞武中士印""夏奞""虎奞將軍章"之"奞"上部仍從雀從衣，"衣"的下部稍有簡省。《孫臏》408 號作![字形]，簡省"衣"字下部之![字]，《漢印徵》4.7"賈奞"之"奞"亦簡省"衣"字下部之![字]。以上"奞"字上部均從雀從衣，同西周金文。《説文》小篆作![字形]，上部訛爲從奞。"奞"字形體的演化軌迹大致是：![字形]→![字形]→![字形]→奞。

7. 畀

《説文·丌部》："畀，相付與之，約在閣上也。从丌由聲。"

按，畀，秦漢古隸《答問》195 號作![字形]（睡虎地秦簡此字出現 10 例，均如是作），《足臂》20 行作![字形]，《天下》20 號作![字形]，下從大，與西周金文《班簋》作![字形]、《鬲比盨》作![字形]、《永壺》作![字形]同，而與《説文》小篆作![字形]異。後者下從丌，同《三體石經·多士》![字形]所從。"丌"是"大"訛變之形。《説文》小篆"異"字同屬於這一類，所從"丌"由"大"訛變而來。[①]

8. 竊

《説文·米部》："竊，盜自中出曰竊。从穴从米，卨、廿皆聲。廿，古文疾。卨，古文偰。"

---

① 參見裘錫圭《"畀"字補釋》，載《古文字論集》，中華書局，1992，第 90～92 頁。

　　按，徐灝《説文解字注箋》云：“此一字而兼用卨、廿二聲，六書所少有。戴氏侗云，從穴糯聲，萬之首訛爲廿，似是也。”邵瑛《群經正字》：“今經典省廿作竊，漢碑多如此。”竊，秦漢古隸《經法》12行作竊，《縱橫》51行作竊，從宀糯聲。有學者指出：“離”字《老子》甲本143行從艸作離，《五行》334行又作離，知“竊”中的“廿”由“艸”演化而來，“卨”由“禸”演化而來，字本從宀從米，萬聲，萬爲蠍的象形。① 筆者認爲，從秦漢古隸的寫法看，此字似可分析爲從宀糯聲。小篆字形作竊，已是訛變之形。

　　9. 戹

　　《説文·戶部》：“戹，隘也。从戶乙聲。”《金文編》：“戹象車戹形……《説文》从戶乙聲，是誤象形爲形聲矣。”《説文·卩部》：“厄，科厄，木節也。从卩厂聲。”徐鉉等注：“厂非聲。”

　　按，戹，周代金文《録伯簋》作𢍺，《毛公厝鼎》作𢍺，《輪鎛》作𢍺。孫詒讓曰：“𢍺當爲軶原始象形字。蓋古乘車兵車并以車軶持衡，衡著兩軶，以挖兩服馬頸，𢍺上從一以象衡，中從卩以象軶，下從几以象軶，其義甚精。”② 金文“戹”正像車軶之形。“戹”是“軶”字初文。《詩經·大雅·韓奕》“鞗革金厄”，《答問》179號“以火炎其衡戹”，正用戹字本義。秦漢古隸字形承西周和春秋金文之寫法，如《答問》179號作𢍺，《孫臏》341、409號作𢍺，《語書》11號“挖”作挖，《秦律》60號“餤”作餤，睡虎地秦簡凡“戹”均作“𢍺”形。《漢印徵》12.2“𢍺并私印”“𢍺崇私印”作“𢍺”，乃存古體。《流沙墜簡·小學》2.4號作戹，從戶乙聲，同《説文》小篆。戰國秦篆似未見“戹”及從“戹”之字。《説文》小篆將象形文分解爲“戶”“乙”而成爲形聲字，“戹”作戹，“挖”作挖，“餤”作餤，“戹”多作戹形。戹乃𢍺之訛形。“𢍺”又分化出“厄”字作厄，從厂從卩。“戹”今爲“厄”的異體字。

　　10. 恖

　　《説文·囟部》：“囟，多遽恖恖也。从心、囟，囟亦聲。”

① 參見劉釗《〈説文解字〉匡謬（四則）》，載《説文解字研究》第1輯，河南大學出版社，1991；趙平安：《〈説文〉小篆研究》，廣西教育出版社，1999，第149頁。
② 孫詒讓：《名原》，齊魯書社，1986，第26頁。

按，恖，西周晚期金文均作"心"上加點形，如《克鼎》作🐚、《毛公厝鼎》作🐚等。秦漢古隸字形承西周晚期金文之寫法，如《睡日》甲158號簡背面作🐚，《五行》183行作🐚；"蔥"，《秦律》179號作🐚，《十六經》123行下作🐚，《十問》35、40、79、84、97號作🐚；"總"，《秦律》54號作🐚；"愿"，《病方》197行作🐚，《守法》825號作🐚等。有的"心"上的點變爲小橫，如《相馬經》18行下之🐚（蔥）和《十問》20號簡之🐚（蔥）所從。裘錫圭先生指出："秦簡、漢印和西漢前期簡帛上的'恖'字（多見於'蔥''聰'等字偏旁），猶多襲周人之舊，作'心'上加點形。"[1] 戰國秦篆和《説文》小篆均未見"心"上加點（或一小橫）之"恖"。《説文》小篆作🐚。容庚先生《金文編》指出"囪當是●之變形"。[2] 這是符合事實的。《武醫》64號"蔥"作🐚，可見恖是漢代出現的寫法。

11. 脊

《説文·㐁部》："脊，背呂也。从㐁从肉。"又："㐁，背呂也。象脅肋也。"

按，秦漢古隸《答問》75號作🐚（《睡日》甲816號簡背、《足臂》14行、《縱橫》67行），所從作🐚。🐚構形較爲特殊，學者有不同的分析。或認爲🐚是從肉束聲的形聲字，[3] 或認爲🐚是在其象形初文🐚的基礎上，爲了表意明顯而加注"肉"旁而成，應分析爲從🐚從肉，🐚亦聲。[4] 兩説似以後者爲優。《説文》小篆作🐚，所從作㐁。㐁是🐚的訛變之形。

12. 戎

《説文·戈部》："戎，兵也。从戈从甲。"

按，段注云："《金部》曰'鎧者，甲也'。甲亦兵之類，故从戈、甲會

① 裘錫圭：《説字小記》，《北京師院學報》1988年第2期；收入《古文字論集》，中華書局，1992，第643頁。

② 容庚：《金文編》，中華書局，1985，第692頁。

③ 劉釗：《〈説文解字〉匡謬（四則）》，載《説文解字研究》第1輯，河南大學出版社，1991，第354~355頁；黃德寬：《古文字考釋二題》，載《于省吾教授百年誕辰紀念文集》，吉林大學出版社，1996，第276~277頁。

④ 楊澤生：《談出土秦漢文字"脊"和"責"的構形》，載《古文字研究》第24輯，中華書局，2002。

意。"甲骨文作﨟（《合》21897），金文《不娶簋》作﨟，《嶧山刻石》作﨟，秦漢古隸《明君》431 行作﨟、《經法》26 行作﨟，《漢印徵》12.16 "撫戎司馬" 等 15 例、《漢印徵補》12.6 "五鹿戎印" 均從 "十" 作 "戎"。從甲骨文、秦篆到古隸，"戎" 字都從戈從十會兵戎之意。"十" 乃 "中（冊，像盾牌）" 簡化之形，它與 "戈" 組成 "戎" 字，表示 "戎" 是與戈和盾有關的一個字。《説文》小篆此字誤作﨟，分析爲 "從戈從甲"，乃誤 "戎" 所從之 "十" 爲 "甲"。①

二　用秦漢古隸判斷許慎對《説文》小篆字形之説解是否正確

秦漢古隸有的可用於驗證古今學者説法之正誤，判斷許慎對《説文》小篆字形之説解是否正確。例如：

1. 昏

《説文·日部》："昏，日冥也。從日，氏省。氏者，下也。一曰民聲。"

按，段注云："一曰民聲" 四字 "蓋淺人所增，非許本書，宜删"。王貴元先生指出："帛書正如《説文》所説從民聲。段注以爲《説文》‘一曰民聲’四字‘蓋淺人所增’，非是。"② 這一問題可通過對 "氏" 與 "民" 兩字字形的辨異來確認。秦漢古隸 "氏" 與 "民" 兩字字形相近，把 "氏" 字的形例加以歸納，其構形大體可以分成兩類：第一類 "氏" 字寫作﨟（《五行》184 行），是隸變後常見的寫法；第二類形體有了較明顯的變化，即 "氏" 字的第一筆向上彎曲延伸而作﨟（《編年記》25 號），是 "氏" 字增繁的寫法。這一寫法與本時期 "民" 字的簡省寫法作﨟（《老子》甲 32 行）相近。"民" 字簡省的寫法是字的左上留有缺口，而 "民" 字的常見寫法是字的左上不留缺口，如﨟（《答問》157 號）。③ 王貴元先生所舉例子是：《春秋》95 行："親間容﨟，生□無匿也。"《稱》154 行："日爲明，月爲晦。﨟而休，明而起。" 其中兩個 "昏" 字所從可看作 "民"。從 "氏" 與

---

① 參見裘錫圭《文字學概要》，商務印書館，1988，第 62 頁。
② 王貴元：《馬王堆帛書漢字構形系統研究》，廣西教育出版社，1999，第 84 頁。
③ 參見拙文《氏民辨》，載《容庚先生百年誕辰紀念文集》，廣東人民出版社，1998。

"民"字形的辨別及王貴元先生所舉例子兩個"昏"字的構形來看，《説文》"一曰民聲"之説可以成立，段注以爲《説文》"一曰民聲"四字"蓋淺人所增"是不符合事實的。

2. 辠

《説文·辛部》："辠，犯法也。从辛从自。言辠人蹙鼻，苦辛之憂。秦以辠似皇字，改爲罪。"《字匯·自部》："皇，同皇。"《説文·网部》："罪，捕魚竹网。从网、非。秦以罪爲辠字。"

按，段注"罪"字云："始皇以辠字似皇，乃改爲罪。"睡虎地秦簡都作 辠（《秦律》175 號等），龍崗秦簡都作 辠（《龍簡》222 號等）。睡虎地秦簡的書寫年代爲秦昭王五十一年（前 256 年）至秦始皇三十年（前 217 年），龍崗秦簡的書寫年代爲秦始皇二十七年（前 220 年）至秦二世三年（前 207 年），龍崗秦簡書寫年代稍晚於睡虎地秦簡。依許、段之論，"辠"訓犯罪，"罪"本爲捕魚竹網，自秦以來借"罪"爲"辠"。驗之於秦簡，許、段之説是正確的。但東漢延熹七年（164 年）之《孔宙碑》"兼禹湯之辠己"，仍作"辠"。① 東漢以"罪"爲多數，出現個別"辠"字，以碑刻時或出現古字觀之，也在情理之中。

3. 壄

《説文·里部》："野，郊外也。从里予聲。壄，古文野，从里省，从林。"

按，野，甲骨文、金文均作壄，從土從林。《説文》古文作 壄，許慎析爲"从里省从林"。羅振玉云："《説文解字》野，从里予聲。古文作壄，从里省，从林，則許書之古文亦當作壄，不从予聲。許於古文下并不言予聲也。今增予者，殆後人傳寫之失。許書字本不誤而爲後人寫失者多矣。《玉篇》壄（林部）壄（土部）并注古文野，殆壄爲顧氏原文，所見許書尚不誤，壄則宋重修時所增也。"② 查睡虎地秦簡此字共出現 14 例，除《日書》甲 32 號作 壄外，餘 13 例均如《睡

---

① 《孔宙碑》"辠"所從"辛"下部多加一橫畫。東漢碑刻"辛"常多加一橫畫。

② 羅振玉：《增訂殷虛書契考釋》卷中，第 8 頁。收入宋鎮豪、段志洪主編《甲骨文獻集成》第七冊《甲骨文考釋·文字考釋》，四川大學出版社，2001，第 94 頁。

日》乙 178 號作𦊰，《天文》此字也作𦊰，均與《説文》古文相合，而與《嶧山刻石》等作𤱫、《説文》小篆作𡐔異。這説明戰國晚期 "野" 字已作壄，上列諸字皆以 "予" 爲聲旁，可斷從予并非宋重修時所增，羅説非是。《説文》小篆 "野" 與《漢印徵》13.12、《白石神君碑》之 "野" 結構相同，是漢代纔出現的寫法。

　　上文第一部分通過對 "局" "徙" "微" "夬" "殿" "奪" "奮" "畀" "竊" "尼" "恖" "脊" "戎" 等字的分析，指出秦漢古隸在結構上有的比《説文》小篆更接近於先秦文字，《説文》小篆一些字形已訛變，可用秦漢古隸校正之；第二部分通過對 "昏" "皋" "壄" 等字的分析，用秦漢古隸驗證古今學者對《説文》小篆字形説解之正誤，判斷許慎對這些《説文》小篆字形之説解是否正確。從本文所述可見，秦漢古隸與《説文》小篆結構上存在的不一致現象，常可以從《説文》小篆形訛方面找到原因。但是，從總的來看，兩者結構相左的現象，并不影響我們關於《説文》小篆與秦漢古隸源於同一血統的結論。

　　我們指出《説文》小篆一些字形已訛變，根據訛變之形進行説解出現一些錯誤，并不是想貶低它的價值。《説文》是最重要的一部文字學著作，要研究漢字的結構和歷史，是離不開《説文》的。但是，過於迷信《説文》，也是不對的。我們應該重視秦漢古隸在證明《説文》小篆一些字形是否正確的重要價值，儘量利用秦漢古隸來校正《説文》小篆，使它能更好地爲我們所用。

第十五章　結語

本書從純文字學、古文字學角度，對秦漢文字進行了較爲全面、系統的整理和研究。全書共十五章，可分三部分。第一章爲緒論部分，對秦漢文字的研究現狀及趨勢、研究秦漢文字的價值、本書的基本内容和預計突破的難題、本書的研究思路和方法等問題作了簡明的介紹。第二章至第十四章爲本論部分。其中，第二章至第八章對秦漢文字各種材料進行了整理和分類研究，第九章至第十四章側重從理論方面對秦漢文字的形體進行探討，對秦漢文字的特點進行了揭示，對秦漢文字中的古體字、異構字進行了專題研究，并在校讀有關釋文的基礎上，對疑難字詞進行了考釋，對他人已釋而有爭議的字、詞進行商榷。第十五章爲結語部分，概述本書的主要建樹及創新、學術價值和應用價值。

一　本書的主要建樹及創新

本書作爲第一部全面整理和研究秦漢文字的學術著作，有創新意義。本書的主要建樹及創新表現在：

1. 秦漢文字品類多樣、形體多變、字體複雜，加上材料分散，難以尋找，資料出版時間有先後，出版的形式多種多樣，内容的詮釋程度也不同，所以，對秦漢文字資料全面收集、系統整理和合理分類有一定的困難。本書對秦漢文字各種材料和各家研究成果加以全面收集和分類系統整理，特別是對新世紀出土的秦漢文字材料儘可能詳盡地收集整理，使學術界能較全面系統地掌握秦漢文字的新資料和新成果。

2. 本書對秦漢文字中的篆書、隸書（古隸和漢隸）、草書、楷書和行書等各種字體的特點進行了揭示，着力對秦漢時期的篆書和古隸進行詳盡的收集和分析研究。同時，本書還對秦漢文字中的古體字進行研究，追溯秦漢古體字與《説文》古文和籀文、出土六國古文的淵源關係，全面瞭解秦漢文字的内涵。

3. 本書對簡化、繁化、同形删簡、合文和重文、形聲字義近形旁通用、形聲字音近聲旁通用、反書、類化等現象和規律進行了探討，論述力求全面透徹，符合客觀實際。本書運用歷時與共時分析、定量與定性分析相結合的方法，努力全面深入地揭示漢字發展的内部規律。

4. 本書指出異構字大量增加是秦漢文字特點之一。着力對秦漢書寫文字中的 352 個（組）異構字進行詳細的分析研究，其中，改換表義構件的異構字 100 個（組），改換示音構件的異構字 69 個（組），改換成字構件的異構字 13 個（組），增加構件的異構字 10 個（組），減省構件的異構字 58 個（組），相同構件間的組合位置變換的異構字 102 個（組）。着力對秦漢銘刻文字中的異構字 392 個（組）進行詳細的分析研究，其中，改換表義構件的異構字 109 個（組），改換示音構件的異構字 106 個（組），改換成字構件的異構字 24 個，增加構件的異構字 35 個（組），減省構件的異構字 21 個，相同構件間的組合位置變換的異構字 97 個（組）。討論秦漢異構字判定的方法，探討研究秦漢異構字的重要意義。

5. 充分吸收學術界的已有成果，考釋一批疑難字詞。考釋建立在系統考查基礎上總結歸納，力求論證有力，證據充分。一是對睡虎地秦簡牘詞語的考釋，包括對“離倉”“收”“鋈足”“失之毋就”“熱以寺之”“未來”等詞語的考釋。二是對漢代金文的考釋，包括對“鋊”“登”“賽”“武”“鵠”“朋”“主”“集”等字的考釋。三是對漢代印章文字的考釋，包括對“趙舍儿”“左充”“王隆私印”“簡崩私印”“張蕙”“婁遷”等的考釋。四是通過“局”“徙”“微”“夬”“殿”“奪”“奮”“畀”“竊”“㞞”“恩”“脊”“戎”等字的分析，指出秦漢古隸在結構上有的比《説文》小篆更接近於先秦文字，可用秦漢古隸校正《説文》小篆一些已訛變的字形；通過“昏”“皋”“墼”等字的分析，用秦漢古隸驗證古今學者對《説文》小篆一些字形之説解是否正確。

二 本書的學術價值和應用價值

1. 本書將秦漢文字各種材料和各家研究成果全面收集和分類系統整理，特別是對新世紀出土的秦漢文字材料儘可能詳盡地收集整理，使學術界能較全面系統地掌握秦漢文字的新資料和新成果。這對深入研究秦漢文字有珍貴的文獻參考價值。

2. 本書對秦漢文字形體特點和演化規律的探討，以及對秦漢古體字的深入研究，對秦漢文字中的異構字的詳細分析研究，爲漢字學建設提供了新的研究成果，對豐富漢字發展史、漢字形體學以及古文字學的理論有重要的意義。

3. 本書對秦漢文字文本的校讀和对疑難字詞的考釋，對解决秦漢文字的釋讀具有參考價值，也有助於秦漢出土文獻的充分利用。

4. 本書的完成，亦可彌補目前古文字學領域裏缺少秦漢文字通論性著作之不足。

秦漢文字的整理和研究方興未艾，本書尚屬初步的整理與研究。不當之處，請方家指正。

參考文獻

一　簡帛類

文化部文物局、故宮博物院:《全國出土文物珍品選》（1976 – 1984），文物出版社，1987。

甘肅省文物考古研究所:《天水放馬灘秦簡》，中華書局，2009。

睡虎地秦墓竹簡整理小組:《睡虎地秦墓竹簡》，文物出版社，1978。

《雲夢睡虎地秦墓》編寫組:《雲夢睡虎地秦墓》，文物出版社，1981。

睡虎地秦墓竹簡整理小組:《睡虎地秦墓竹簡》，文物出版社，1990。

陳振裕、劉信芳:《睡虎地秦簡文字編》，湖北人民出版社，1993。

湖北省江陵縣文物局、荆州地區博物館:《江陵嶽山秦漢墓》，《考古學報》2000 年第 4 期。

湖北省荆州市周梁玉橋遺址博物館:《關沮秦漢墓簡牘》，中華書局，2001。

中國文物研究所等:《龍崗秦簡》，中華書局，2001。

湖南省文物考古研究所:《里耶發掘報告》，嶽麓書社，2007。

湖南省文物考古研究所:《里耶秦簡［壹］》，文物出版社，2012。

朱漢民、陳松長:《嶽麓書院藏秦簡［壹］》，上海辭書出版社，2010。

朱漢民、陳松長:《嶽麓書院藏秦簡［貳］》，上海辭書出版社，2011。

湖北省文物考古研究所、隨州市考古隊:《隨州孔家坡漢墓簡牘》，文物出版社，2006。

國家文物局古文獻研究室:《馬王堆漢墓帛書［壹］》，文物出版社，1980。

馬王堆漢墓帛書整理小組:《馬王堆漢墓帛書［叁］》，文物出版社，1983。

馬王堆漢墓帛書整理小組：《馬王堆漢墓帛書［肆］》，文物出版社，1985。

傅舉有、陳松長：《馬王堆漢墓文物》，湖南出版社，1992。

湖南省博物館等：《長沙馬王堆一號漢墓》，文物出版社，1973。

何介鈞：《長沙馬王堆二、三號漢墓（第一卷田野考古發掘報告）》，文物出版社，2004。

陳松長：《馬王堆簡帛文字編》，文物出版社，2001。

廣西壯族自治區博物館：《廣西貴縣羅泊灣漢墓》，文物出版社，1988。

胡平生、韓自强：《阜陽漢簡詩經研究》，上海古籍出版社，1988。

張家山二四七號漢墓竹簡整理小組：《張家山漢墓竹簡［二四七號墓］》，文物出版社，2001。

中山大學古文字研究室：《鳳凰山漢簡牘》（摹本），1979。

湖北省文物考古研究所：《江陵鳳凰山西漢簡牘》，中華書局，2012。

銀雀山漢墓竹簡整理小組：《銀雀山漢墓竹簡［壹］》，文物出版社，1975。

銀雀山漢墓竹簡整理小組：《銀雀山漢墓竹簡［壹］》，文物出版社，1985。

銀雀山漢墓竹簡整理小組：《銀雀山漢墓竹簡［貳］》，文物出版社，2010。

吳九龍：《銀雀山漢簡釋文》，文物出版社，1985。

駢宇騫：《銀雀山漢簡文字編》，文物出版社，2001。

北京大學出土文獻研究所：《北京大學藏西漢竹書［貳］》，上海古籍出版社，2012。

甘肅省文物考古研究所：《敦煌漢簡》，中華書局，1991。

甘肅省文物考古研究所：《敦煌漢簡釋文》，甘肅人民出版社，1991。

羅振玉、王國維：《流沙墜簡》，中華書局，1993。

中國社會科學院考古研究所：《居延漢簡甲乙編》，中華書局，1980。

謝桂華等：《居延漢簡釋文合校》，文物出版社，1987。

甘肅省文物考古研究所、甘肅省博物館、文化部古文獻研究室、中國社會科學院歷史研究所：《居延新簡——甲渠候官與第四燧》，文物出版社，1990。

甘肅省文物考古研究所、甘肅省博物館、文化部古文獻研究室、中國社會科學院歷史研究所：《居延新簡——甲渠候官》，中華書局，1994。

甘肅簡牘保護研究中心、甘肅省文物考古研究所、甘肅省博物館、中國文化遺産研究院古文獻研究室、中國社會科學院簡帛研究中心：《肩水金關漢簡（壹）》，中西書局，2011。

甘肅簡牘保護研究中心、甘肅省文物考古研究所、甘肅省博物館、中國文化遺産研究院古文獻研究室、中國社會科學院簡帛研究中心：《肩水金關漢簡（貳）》，中西書局，2012。

馬建華：《河西簡牘》，重慶出版社，2003。

甘肅省博物館、武威縣文化館：《武威漢代醫簡》，文物出版社，1975。

甘肅省博物館、中國科學院考古研究所：《武威漢簡》，文物出版社，1964。

李均明、何雙全：《散見簡牘合輯》，文物出版社，1990。

陳夢家：《漢簡綴述》，中華書局，1981。

李均明、劉軍：《簡牘文書學》，廣西教育出版社，1999。

張鳳：《漢晉西陲木簡匯編》，上海有正書局，1931。

陸錫興：《漢代簡牘草字編》，上海書畫出版社，1989。

王夢鷗：《漢簡文字類編》，藝文印書館，1974。

饒宗頤、曾憲通：《楚地出土文獻三種研究》，中華書局，1993。

陳斯鵬：《楚系簡帛中字形與音義關係研究》，中國社會科學出版社，2011。

劉樂賢：《睡虎地秦簡日書研究》，文津出版社（臺北），1994。

陳偉武：《簡帛兵學文獻探論》，中山大學出版社，1999。

王貴元：《馬王堆帛書漢字構形系統研究》，廣西教育出版社，1999。

馬今洪：《簡帛：發現與研究》，上海書店出版社，2002。

沈頌金：《二十世紀簡帛學研究》，學苑出版社，2003。

劉樂賢：《馬王堆天文書考釋》，中山大學出版社，2004。

張顯成：《簡帛文獻學通論》，中華書局，2004。

黃文傑：《秦至漢初簡帛文字研究》，商務印書館，2008。

《文物350期總目索引·簡帛》（1950.1～1985.7），文物出版社，1986。

鄭有國：《中國簡牘學綜論》，華東師範大學出版社，1989。

高敏：《簡牘研究入門》，廣西人民出版社，1989。

駢宇騫：《本世紀以來出土簡帛概述》，（臺北）萬卷樓圖書有限公司，1999。

〔日〕大庭脩：《漢簡研究》，徐世虹譯，廣西師範大學出版社，2001。

艾蘭、邢文：《新出簡帛研究》，文物出版社，2004。

中國簡牘集成編輯委員會：《中國簡牘集成》，敦煌文藝出版社，2001～2005。

趙超：《簡牘帛書發現與研究》，福建人民出版社，2005。

李均明：《秦漢簡牘文書分類輯解》，文物出版社，2009。

張顯成、周群麗：《尹灣漢墓簡牘校理》，天津古籍出版社，2011。

曾憲通：《長沙楚帛書文字編》，中華書局，1993。

商承祚：《戰國楚竹簡匯編》，齊魯書社，1995。

湖北省荊沙鐵路考古隊：《包山楚簡》，文物出版社，1991。

荊州市博物館：《郭店楚墓竹簡》，文物出版社，1998。

馬承源主編《上海博物館藏戰國楚竹書（一）》，上海古籍出版社，2001。

馬承源主編《上海博物館藏戰國楚竹書（二）》，上海古籍出版社，2002。

馬承源主編《上海博物館藏戰國楚竹書（三）》，上海古籍出版社，2003。

馬承源主編《上海博物館藏戰國楚竹書（四）》，上海古籍出版社，2004。

馬承源主編《上海博物館藏戰國楚竹書（五）》，上海古籍出版社，2005。

滕壬生：《楚系簡帛文字編》，湖北教育出版社，1995。

李守奎：《楚文字編》，華東師範大學出版社，2003。

李學勤主編《簡帛研究》第1輯，法律出版社，1993。

李學勤主編《簡帛研究》第2輯，法律出版社，1996。

李學勤、謝桂華主編《簡帛研究》第3輯，廣西教育出版社，1998。

中國社會科學院簡帛研究中心：《簡帛研究》（2001），廣西師範大學出版社，2001。

中國社會科學院簡帛研究中心：《簡帛研究》（2002、2003），廣西師範大學出版社，2005。

中國社會科學院簡帛研究中心：《簡帛研究》（2004），廣西師範大學出版社，2006。

中國社會科學院簡帛研究中心：《簡帛研究》（2005），廣西師範大學出版社，2008。

中國社會科學院簡帛研究中心：《簡帛研究》（2006），廣西師範大學出版社，2008。

中國社會科學院簡帛研究中心：《簡帛研究》（2007），廣西師範大學出版社，2010。

中國社會科學院簡帛研究中心：《簡帛研究》（2008），廣西師範大學出版社，2010。

中國社會科學院簡帛研究中心：《簡帛研究》（2009），廣西師範大學出版社，2011。

陳偉主編《簡帛》第 1 輯，上海古籍出版社，2006。

陳偉主編《簡帛》第 2 輯，上海古籍出版社，2007。

陳偉主編《簡帛》第 3 輯，上海古籍出版社，2008。

陳偉主編《簡帛》第 4 輯，上海古籍出版社，2009。

陳偉主編《簡帛》第 5 輯，上海古籍出版社，2010。

陳偉主編《簡帛》第 6 輯，上海古籍出版社，2011。

陳偉主編《簡帛》第 7 輯，上海古籍出版社，2012。

張顯成主編《簡帛語言文字研究》第 1 輯，巴蜀書社，2002。

張顯成主編《簡帛語言文字研究》第 2 輯，巴蜀書社，2006。

張顯成主編《簡帛語言文字研究》第 3 輯，巴蜀書社，2008。

張顯成主編《簡帛語言文字研究》第 4 輯，巴蜀書社，2010。

張顯成主編《簡帛語言文字研究》第 5 輯，巴蜀書社，2010。

張顯成主編《簡帛語言文字研究》第 6 輯，巴蜀書社，2012。

二　金文類

容庚：《秦漢金文錄》中華書局，2012。

容庚編著，張振林、馬國權摹補《金文編》，中華書局，1985。

容庚：《金文續編》，中華書局，2012。

陳初生編纂，曾憲通審校《金文常用字典》，陝西人民出版社，1987。

劉正成主編《中國書法全集》第 9 卷《秦漢金文陶文》，榮寶齋，1992。

孫慰祖、徐谷甫：《秦漢金文匯編》，上海書店出版社，1997。

徐正考：《漢代銅器銘文研究》，吉林教育出版社，1999。

徐正考：《漢代銅器銘文文字編》，吉林大學出版社，2005。

徐正考：《漢代銅器銘文綜合研究》，作家出版社，2007。

徐正考：《漢代銅器銘文選釋》，作家出版社，2007。

王卉：《漢代銅器銘文詞語通釋與研究》，華東師範大學博士學位論文，2009。

邱龍升：《兩漢鏡銘文字研究》，中國社會科學出版社，2012。

三　石刻類

商承祚：《石刻篆文編》，科學出版社，1957。

郭沫若：《石鼓文研究　詛楚文考釋》，科學出版社，1982。

洪适：《隸釋·隸續》，中華書局，1986。

顧藹吉：《隸辨》，中華書局，1986。

高文：《漢碑集釋》（修訂本），河南大學出版社，1997。

北京圖書館金石組：《北京圖書館藏中國歷代石刻拓本匯編》第 1 冊（戰國、秦漢），中州古籍出版社，1989。

劉正成主編《中國書法全集》第 7 卷《秦漢刻石一》，榮寶齋，1993。

劉正成主編《中國書法全集》第 8 卷《秦漢刻石二》，榮寶齋，1993。

趙超：《中國古代石刻概論》，文物出版社，1997。

趙超：《古代石刻》，文物出版社，2001。

陳淑梅：《東漢碑隸構形系統研究》，上海教育出版社，2005。

趙超：《漢魏南北朝墓誌匯編》，天津古籍出版社，2008。

黃佩賢：《漢代墓室壁畫研究》，文物出版社，2008。

毛遠明：《漢魏六朝碑刻校注》，線裝書局，2008。

毛遠明：《碑刻文獻學通論》，中華書局，2009。

李檣：《秦漢刻石選譯》，文物出版社，2009。

陸明君：《魏晉南北朝碑別字研究》，文化藝術出版社，2009。

毛遠明：《漢魏六朝碑刻異體字研究》，商務印書館，2012。

四　陶文類（含瓦當文字）

袁仲一：《秦代陶文》，三秦出版社，1987。

王鏞、李淼：《中國古代磚文》，知識出版社，1990。

高明：《古陶文匯編》，中華書局，1990。

陳直：《關中秦漢陶錄》，中華書局，2006。

胡海帆、湯燕：《中國古代磚刻銘文集》，文物出版社，2008。

袁仲一、劉鈺：《秦陶文新編》，文物出版社，2009。

呂志峰：《東漢石刻磚陶等民俗性文字資料詞匯研究》，上海人民出版社，2009。

陝西省博物館：《秦漢瓦當》，文物出版社，1964。

陳直：《秦漢瓦當概述》，載《摹廬叢著七種》，齊魯書社，1981。

西安市文物管理委員會：《秦漢瓦當》，陝西人民美術出版社，1985。

陝西省考古研究所秦漢研究室：《新編秦漢瓦當圖錄》，三秦出版社，1986。

楊力民：《中國古代瓦當藝術》，上海人民美術出版社，1986。

韓天衡主編，張煒羽、鄭濤編《古瓦當文編》，上海世界圖書出版公司，1996。

趙力光：《中國古代瓦當圖典》，文物出版社，1998。

傅嘉儀：《秦漢瓦當》，陝西旅游出版社，1999。

申雲艷：《中國古代瓦當研究》，文物出版社，2006。

五　璽印類（含封泥文字）

羅福頤：《漢印文字徵》，文物出版社，1978。

袁日省、謝景卿、孟昭鴻：《漢印分韻合編》，上海書店，1979。

羅福頤：《古璽印概論》，文物出版社，1981。

羅福頤：《漢印文字徵補遺》，文物出版社，1982。

羅福頤主編《秦漢南北朝官印徵存》，文物出版社，1987。

王人聰、葉其峰：《秦漢魏晉南北朝官印研究》，香港中文大學文物館專刊之四，1990。

許雄志：《秦印文字匯編》，河南美術出版社，2001。

周曉陸主編《二十世紀出土璽印集成》，中華書局，2010。

羅福頤：《增訂漢印文字徵》，紫禁城出版社，2010。

趙平安：《秦西漢印章研究》，上海古籍出版社，2012。

趙平安：《漢印文字叢釋（六十七則）》，載《古文字論集（二）》（考古與文物叢刊第四號），考古與文物編輯部，2001。

施謝捷：《〈漢印文字徵〉及其〈補遺〉校讀記（一）》，載《出土文獻與古文字研究》第2輯，復旦大學出版社，2008。

施謝捷：《〈漢印文字徵〉卷七校讀記》，載《出土文獻與古文字研究》第4輯，上海古籍出版社，2011。

周曉陸、路東之：《秦封泥集》，三秦出版社，2000。

孫慰祖：《封泥：發現與研究》，上海書店出版社，2002。

六 《説文》類

許慎：《説文解字》，中華書局，1963。

段玉裁：《説文解字注》，上海古籍出版社，1981。

桂馥：《説文解字義證》，齊魯書社，1982。

朱駿聲：《説文通訓定聲》，武漢古籍書店，1983。

王筠：《説文釋例》，中華書局，1987。

王筠：《説文解字句讀》，中華書局，1988。

商承祚：《説文中之古文考》，上海古籍出版社，1983。

余國慶：《説文學導論》，安徽教育出版社，1995。

姚孝遂：《許慎與説文解字》（精校本），作家出版社，2008。

李國英：《小篆形聲字研究》，北京師範大學出版社，1996。

石定果：《説文會意字研究》，北京語言學院出版社，1996。

趙平安：《〈説文〉小篆研究》，廣西教育出版社，1999。

中國許慎研究會編《説文解字研究》第1輯，河南大學出版社，1991。

向光忠主編《説文學研究》第1輯，崇文書局，2004。

向光忠主編《説文學研究》第2輯，崇文書局，2006。

向光忠主編《説文學研究》第3輯，江西教育出版社，2008。

向光忠主編《説文學研究》第4輯，綫裝書局，2010。

向光忠主編《説文學研究》第5輯，綫裝書局，2010。

七　綜合類

徐中舒主編《漢語古文字字形表》，四川人民出版社，1980。

高明、涂白奎：《古文字類編》（增訂本），上海古籍出版社，2008。

黃德寬主編《古文字譜系疏證》，商務印書館，2007。

湯餘惠主編《戰國文字編》，福建人民出版社，2001。

郭忠恕、夏竦：《汗簡·古文四聲韻》，中華書局，1983。

漢語大字典字形組：《秦漢魏晉篆隸字形表》，四川辭書出版社，1985。

裘錫圭：《〈秦漢魏晉篆隸字形表〉讀後記》，載《古文字論集》，中華書局，1992。

劉又辛：《〈秦漢魏晉篆隸字形表〉讀後》，載《劉又辛語言學論文集》，商務印書館，2005。

陳彭年等：《宋本廣韻》，中國書店，1982。

丁度等：《集韻》，中國書店，1983。

顧野王：《宋本玉篇》，中國書店，1983。

陳煒湛、唐鈺明：《古文字學綱要》（第二版），中山大學出版社，2009。

裘錫圭：《文字學概要》，商務印書館，1988。

劉又辛、方有國：《漢字發展史綱要》，中國大百科全書出版社，2000。

王寧：《漢字構形學講座》，上海教育出版社，2002。

張桂光：《漢字學簡論》，廣東高等教育出版社，2004。

黃德寬、陳秉新：《漢語文字學史》（增訂本），安徽教育出版社，2006。

曾憲通、林志強：《漢字源流》，中山大學出版社，2011。

裘錫圭：《古文字論集》，中華書局，1992。

趙平安：《隸變研究》，河北大學出版社，1993。

張涌泉：《漢語俗字研究》，嶽麓書社，1995。

張涌泉：《敦煌俗字研究》，上海教育出版社，1996。

陸錫興：《急就集》，中國社會科學出版社，2001。

張桂光：《古文字論集》，中華書局，2004。

劉中富：《干祿字書字類研究》，齊魯書社，2004。

朱葆華：《原本玉篇文字研究》，齊魯書社，2004。

曾憲通：《古文字與出土文獻叢考》，中山大學出版社，2005。

曾良：《俗字及古籍文字通例研究》，百花洲文藝出版社，2006。

趙平安：《新出簡帛與古文字古文獻研究》，商務印書館，2009。

復旦大學出土文獻與古文字研究中心：《出土文獻與古文字研究》第 1 輯，復旦大學出版社，2006。

復旦大學出土文獻與古文字研究中心：《出土文獻與古文字研究》第 2 輯，復旦大學出版社，2008。

復旦大學出土文獻與古文字研究中心：《出土文獻與古文字研究》第 3 輯，復旦大學出版社，2010。

復旦大學出土文獻與古文字研究中心：《出土文獻與古文字研究》第 4 輯，上海古籍出版社，2011。

復旦大學出土文獻與古文字研究中心：《出土文獻與傳世典籍的詮釋——紀念譚樸森先生逝世兩周年國際學術研討會論文集》，上海古籍出版社，2010。

八 其他

司馬遷：《史記》，中華書局，1959。

班固：《漢書》，中華書局，1962。

范曄：《後漢書》，中華書局，1965。

楊寬：《戰國史》，上海人民出版社，1980。

林劍鳴：《秦史稿》，上海人民出版社，1981。

馬非百：《秦集史》，中華書局，1982。

王仲殊：《漢代考古學概說》，中華書局，1984。

中國社會科學院考古研究所等：《滿城漢墓發掘報告》，文物出版社，1980。

廣州市文物管理委員會等：《西漢南越王墓》，文物出版社，1991。

丘光明：《中國歷代度量衡考》，科學出版社，1992。

劉慶柱：《古代都城與帝陵考古學研究》，科學出版社，2000。

《文物》

《文物參考資料》

《文物資料叢刊》

《考古》

《考古學報》

《考古與文物》

《江漢考古》

《中原文物》

《四川文物》

《古文字研究》

《中國書法》

《書法研究》

《中國文物報》

秦漢文字之書名、篇名簡稱表

1. 《珍品選》　《全國出土文物珍品選》（1987）
2. 《放簡》　《天水放馬灘秦簡》（2009）
3. 《放日》甲　《天水放馬灘秦簡・〈日書〉甲種》
4. 《放日》乙　《天水放馬灘秦簡・〈日書〉乙種》
5. 《志怪故事》　《天水放馬灘秦簡・志怪故事》
6. 《雲夢》　《雲夢睡虎地秦墓》（1981）
7. 《睡牘》　《雲夢睡虎地秦墓・木牘》
8. 《睡簡》　《睡虎地秦墓竹簡》（1990）
9. 《編年記》　《睡虎地秦墓竹簡・編年記》
10. 《語書》　《睡虎地秦墓竹簡・語書》
11. 《秦律》　《睡虎地秦墓竹簡・秦律十八種》
12. 《效律》　《睡虎地秦墓竹簡・效律》
13. 《雜抄》　《睡虎地秦墓竹簡・秦律雜抄》
14. 《答問》　《睡虎地秦墓竹簡・法律答問》
15. 《封診式》　《睡虎地秦墓竹簡・封診式》
16. 《爲吏》　《睡虎地秦墓竹簡・爲吏之道》
17. 《睡日》甲　《睡虎地秦墓竹簡・〈日書〉甲種》
18. 《睡日》乙　《睡虎地秦墓竹簡・〈日書〉乙種》
19. 《嶽麓簡》　《嶽麓書院藏秦簡［壹］》（2010）
20. 《質日》　《嶽麓書院藏秦簡・質日》
21. 《治官》　《嶽麓書院藏秦簡・爲吏治官及黔首》
22. 《占夢書》　《嶽麓書院藏秦簡・占夢書》
23. 《嶽麓簡》　《嶽麓書院藏秦簡［貳］》（2011）
24. 《數》　《嶽麓書院藏秦簡・數》
25. 《嶽山牘》　《江陵嶽山秦漢墓・木牘》（《考古學報》2000.4）
26. 《關簡》　《關沮秦漢墓簡牘》（2001）
27. 《周簡》　《關沮秦漢墓簡牘・周家臺簡牘》

28. 《龍簡》　《龍崗秦簡》（2001）

29. 《里簡》　《里耶發掘報告・竹簡》（2007）

30. 《里簡［壹］》　《里耶秦簡［壹］》（2012）

31. 《香簡》　《香港中文大學文物館藏簡牘・漢代簡牘》（2001）

32. 《馬帛［壹］》　《馬王堆漢墓帛書［壹］》（1980）

33. 《老子》甲　《馬王堆漢墓帛書・〈老子〉甲本》

34. 《五行》　《馬王堆漢墓帛書・五行》

35. 《九主》　《馬王堆漢墓帛書・九主》

36. 《明君》　《馬王堆漢墓帛書・明君》

37. 《老子》乙　《馬王堆漢墓帛書・〈老子〉乙本》

38. 《經法》　《馬王堆漢墓帛書・經法》

39. 《十六經》　《馬王堆漢墓帛書・十六經》

40. 《稱》　《馬王堆漢墓帛書・稱》

41. 《道原》　《馬王堆漢墓帛書・道原》

42. 《馬帛［叄］》　《馬王堆漢墓帛書［叄］》（1983）

43. 《春秋》　《馬王堆漢墓帛書・春秋事語》

44. 《縱橫》　《馬王堆漢墓帛書・戰國縱橫家書》

45. 《馬帛［肆］》　《馬王堆漢墓帛書［肆］》（1985）

46. 《足臂》　《馬王堆漢墓帛書・足臂十一脈灸經》

47. 《陰陽》甲　《馬王堆漢墓帛書・〈陰陽十一脈灸經〉甲本》

48. 《陰陽》乙　《馬王堆漢墓帛書・〈陰陽十一脈灸經〉乙本》

49. 《脈法》　《馬王堆漢墓帛書・脈法》

50. 《陰陽脈死候》　《馬王堆漢墓帛書・陰陽脈死候》

51. 《病方》　《馬王堆漢墓帛書・五十二病方》

52. 《養生方》　《馬王堆漢墓帛書・養生方》

53. 《雜療方》　《馬王堆漢墓帛書・雜療方》

54. 《胎產書》　《馬王堆漢墓帛書・胎產書》

55. 《十問》　《馬王堆漢墓帛書・十問》

56. 《合陰陽》　《馬王堆漢墓帛書・合陰陽》

57. 《雜禁方》　《馬王堆漢墓帛書・雜禁方》

58. 《天下》　《馬王堆漢墓帛書・天下至道談》

59.《周易》　《馬王堆漢墓文物·周易》（1992）

60.《繫辭》　《馬王堆漢墓文物·周易繫辭》

61.《刑德》乙　《馬王堆漢墓文物·〈刑德〉乙本》

62.《馬牘》　《馬王堆漢墓文物·紀年木牘》

63.《天文》　《馬王堆漢墓文物·天文氣象雜占》

64.《陰陽五行》甲　《馬王堆帛書藝術·〈陰陽五行〉甲篇》（1996）

65.《陰陽五行》乙　《馬王堆帛書藝術·〈陰陽五行〉乙篇》

66.《五星占》　《馬王堆帛書藝術·五星占》

67.《相馬經》　《馬王堆帛書藝術·相馬經》

68.《二三子問》　《馬王堆簡帛文字編·二三子問》（2001）

69.《易之義》　《馬王堆簡帛文字編·易之義》

70.《要》　《馬王堆簡帛文字編·要》

71.《繆和》　《馬王堆簡帛文字編·繆和》

72.《昭力》　《馬王堆簡帛文字編·昭力》

73.《馬簡》一　《長沙馬王堆一號漢墓·竹簡》（1973）

74.《馬牌》　《長沙馬王堆一號漢墓·木牌》

75.《馬簡》三　《長沙馬王堆二、三號漢墓（第一卷田野考古發掘報告）·簡牘》（2004）

76.《羅泊灣》　《廣西貴縣羅泊灣漢墓》（1988）

77.《阜詩》　《阜陽漢簡詩經研究》（1988）

78.《阜蒼》　《阜陽漢簡·蒼頡篇》（《文物》1983.2）

79.《萬物》　《阜陽漢簡·萬物》（《文物》1988.4）

80.《張簡》　《張家山漢墓竹簡〔二四七號墓〕》（2001）

81.《律令》　《張家山漢墓竹簡〔二四七號墓〕·二年律令》

82.《奏讞書》　《張家山漢墓竹簡〔二四七號墓〕·奏讞書》

83.《蓋廬》　《張家山漢墓竹簡〔二四七號墓〕·蓋廬》

84.《脈書》　《張家山漢墓竹簡〔二四七號墓〕·脈書》

85.《算數書》　《張家山漢墓竹簡〔二四七號墓〕·算數書》

86.《引書》　《張家山漢墓竹簡〔二四七號墓〕·引書》

87.《銀簡〔壹〕》　《銀雀山漢墓竹簡〔壹〕》（1985）

88.《孫子》　《銀雀山漢墓竹簡·孫子兵法》

89. 《孫臏》　　《銀雀山漢墓竹簡・孫臏兵法》

90. 《尉繚子》　　《銀雀山漢墓竹簡・尉繚子》

91. 《晏子》　　《銀雀山漢墓竹簡・晏子》

92. 《六韜》　　《銀雀山漢墓竹簡・六韜》

93. 《守法》　　《銀雀山漢墓竹簡・守法守令等十三篇》

94. 《銀簡［貳］》　　《銀雀山漢墓竹簡［貳］》（2010）

95. 《論政》　　《銀雀山漢墓竹簡・論政論兵之類》

96. 《時令》　　《銀雀山漢墓竹簡・陰陽時令、占候之類》

97. 《銀其他》　　《銀雀山漢墓竹簡・其他》

98. 《香簡》　　《香港中文大學文物館藏簡牘》（2001）

99. 《孔簡》　　《隨州孔家坡漢墓簡牘》（2006）

100. 《孔日》　　《隨州孔家坡漢墓簡牘・日書》

101. 《孔曆日》　　《隨州孔家坡漢墓簡牘・曆日》

102. 《孔告地書》　　《隨州孔家坡漢墓簡牘・告地書》

103. 《敦煌漢簡》　　《敦煌漢簡》（1991）

104. 《流沙墜簡》　　《流沙墜簡》（1993）

105. 《流沙墜簡・小學》《流沙墜簡・小學術數方技書》

106. 《流沙墜簡・屯戍》《流沙墜簡・屯戍叢殘》

107. 《流沙墜簡・簡牘》《流沙墜簡・簡牘遺文》

108. 《西陲簡》　　《漢晉西陲木簡匯編》（1931）

109. 《居甲乙編》　　《居延漢簡甲乙編》（1980）

110. 《居甲編》　　《居延漢簡甲編》（1959）

111. 《甲渠候官》　　《居延新簡——甲渠候官》（1994）

112. 《肩水金關（壹）》《肩水金關漢簡（壹）》（2011）

113. 《肩水金關（貳）》《肩水金關漢簡（貳）》（2012）

114. 《武醫》　　《武威漢代醫簡》（1975）

115. 《武威》　　《武威漢簡》（1964）

116. 《士相見》《武威漢簡・甲本士相見之禮》

117. 《服傳》甲　　《武威漢簡・甲本服傳》

118. 《特牲》　　《武威漢簡・甲本特牲》

119. 《少牢》　　《武威漢簡・甲本少牢》

120. 《有司》　　《武威漢簡‧甲本有司》

121. 《燕禮》　　《武威漢簡‧甲本燕禮》

122. 《泰射》　　《武威漢簡‧甲本泰射》

123. 《服傳》乙《武威漢簡‧乙本服傳》

124. 《喪服》　　《武威漢簡‧丙本喪服》

125. 《日忌木簡》《武威漢簡‧日忌木簡》

126. 《雜占木簡》《武威漢簡‧雜占木簡》

127. 《王杖十簡》《武威漢簡‧王杖十簡》

128. 《楚帛書》　　《長沙楚帛書文字編》（1993）

129. 《長臺關簡》1　　《戰國楚竹簡匯編‧信陽長臺關一號楚墓竹簡第一組文章》（1995）

130. 《長臺關簡》2　　《戰國楚竹簡匯編‧信陽長臺關一號楚墓竹簡第二組遣策》

131. 《望山楚簡》1　　《戰國楚竹簡匯編‧江陵望山一號楚墓竹簡疾病雜事札記》

132. 《望山楚簡》2　　《戰國楚竹簡匯編‧江陵望山二號楚墓竹簡遣策》

133. 《仰天湖簡》　　《戰國楚竹簡匯編‧長沙仰天湖二五號楚墓竹簡遣策》

134. 《五里牌簡》　　《戰國楚竹簡匯編‧長沙五里牌四○六號楚墓竹簡遣策》

135. 《天星观簡》　　《楚系簡帛文字編‧天星观楚簡》（1995）

136. 《曾侯乙簡》　　《曾侯乙墓‧竹簡》（1989）

137. 《包山楚簡》　　《包山楚簡》（1991）

138. 郭店楚簡　《郭店楚墓竹簡》（1998）

139. 《郭‧老子》甲　《郭店楚墓竹簡‧〈老子〉甲》

140. 《郭‧老子》乙　《郭店楚墓竹簡‧〈老子〉乙》

141. 《郭‧老子》丙　《郭店楚墓竹簡‧〈老子〉丙》

142. 《緇衣》　　《郭店楚墓竹簡‧緇衣》

143. 《窮達以時》　　《郭店楚墓竹簡‧窮達以時》

144. 《郭‧五行》　　《郭店楚墓竹簡‧五行》

145. 《忠信之道》　　《郭店楚墓竹簡‧忠信之道》

146. 《成之聞之》　　《郭店楚墓竹簡·成之聞之》

147. 《尊德義》　　《郭店楚墓竹簡·尊德義》

148. 《性自命出》　　《郭店楚墓竹簡·性自命出》

149. 《六德》　　《郭店楚墓竹簡·六德》

150. 《語叢一》　　《郭店楚墓竹簡·語叢一》

151. 《語叢三》　　《郭店楚墓竹簡·語叢三》

152. 《語叢四》　　《郭店楚墓竹簡·語叢四》

153. 上博簡一　　《上海博物館藏戰國楚竹書（一）》（2001）

154. 《孔子詩論》　　《上海博物館藏戰國楚竹書（一）·孔子詩論》

155. 《紂衣》　　《上海博物館藏戰國楚竹書（一）·紂衣》

156. 《性情論》　　《上海博物館藏戰國楚竹書（一）·性情論》

157. 上博簡二　　《上海博物館藏戰國楚竹書（二）》（2002）

158. 《子羔》　　《上海博物館藏戰國楚竹書（二）·子羔》

159. 《魯邦大旱》　　《上海博物館藏戰國楚竹書（二）·魯邦大旱》

160. 《從政》乙　　《上海博物館藏戰國楚竹書（二）·〈從政〉乙篇》

161. 《容成氏》　　《上海博物館藏戰國楚竹書（二）·容成氏》

162. 上博簡三　　《上海博物館藏戰國楚竹書（三）》（2003）

163. 《周易》　　《上海博物館藏戰國楚竹書（三）·周易》

164. 《彭祖》　　《上海博物館藏戰國楚竹書（三）·彭祖》

165. 上博簡四　　《上海博物館藏戰國楚竹書（四）》（2004）

166. 《昭王毀室》　　《上海博物館藏戰國楚竹書（四）·昭王毀室》

167. 《曹沫之陳》　　《上海博物館藏戰國楚竹書（四）·曹沫之陳》

168. 上博簡五　　《上海博物館藏戰國楚竹書（五）》（2006）

169. 《姑成家父》《上海博物館藏戰國楚竹書（五）·姑成家父》

170. 《金匯》　　《秦漢金文匯編》（1997）

171. 《璽匯》　　《古璽匯編》（1981）

172. 《漢印徵》　　《漢印文字徵》（1978）

173. 《漢印徵補》　　《漢印文字徵補遺》（1982）

174. 《陶匯》　　《古陶文匯編》（1990）

175. 《說文》　　《說文解字》（1963）

176. 段注　《說文解字注》（1981）

後　記

　　20 世紀 70 年代以來，大批秦漢時期的文字資料陸續出土，受到學術界的極大關注。隨着文字資料日益增多，研究成果日益豐富，秦漢文字在漢字發展史上所起的承上啓下的重要作用越來越明顯。爲了使學生能學習和利用這些珍貴資料，更全面系統地學習古文字學知識，1990 年，中山大學古文字學研究室開設了“秦漢文字研究”專題課。曾憲通先生開其端，在“秦漢文字研究”專題課上就秦漢文字的對象與範圍、主要文字資料，值得研究的問題、學習方法等方面作了概述，并指出了秦漢文字的研究方向。課程的開設收到了較好的效果，引起學生對秦漢文字整理和研究的重視。

　　新世紀初，“秦漢文字研究”與“甲骨文研究”、“金文研究”、“戰國文字研究”同列爲中山大學古文字學專業研究生必修課程。研究室安排本人上“秦漢文字研究”課。“秦漢文字研究”課沒有現成的講義，故本人必須在廣泛收集秦漢文字資料的基礎上，參考學術界研究成果，結合自己的研究心得，逐步把講義編寫出來。“秦漢文字研究”課每年開課，年 60 學時。本人充分吸收前輩的教學經驗和學術界已有的研究成果，在上課的同時，逐步編寫講稿，并逐年不斷修訂和補充。經過多年的不斷努力，一部內容比較完整和充實的“秦漢文字研究”講義端倪漸顯，初出茅廬。

　　2006 年，“秦漢文字研究”講義以“秦漢文字的整理與研究”爲題，作爲廣東省哲學社會科學“十一五”規劃 2006 年度“國家項目優秀配套”項目立項。又經過多年的努力，項目最終以同樣的題目於 2012 年結項，評爲“優秀”等級。拙書稿《秦漢文字的整理與研究》就是在本人“秦漢文字研究”講義的基礎上，經過廣東省哲學社科規劃項目立項，不斷拓展和深化的一項成果。

　　2013 年，中共廣東省委宣傳部、廣東省社會科學界聯合會實施"資助我省老專家出版學術著作"工作，向全省公開徵集、評選并組織出版已經完稿但未出版的優秀學術著作。拙書稿有幸入選，忝列其中。

　　本書的撰寫，參考了前修時賢的一些成果，在此敬致謝意。

　　本書的撰寫，得到曾師經法先生和中山大學古文字研究所所長陳偉武先生的關心和支持。蒙曾憲通、陳初生、張桂光、王彥坤、陳偉武諸位先生提寶貴意見。又蒙曾先生撥冗賜序。對諸位先生的關心和幫助，本人在此表示衷心的感謝！

　　本書的出版，得到中共廣東省委宣傳部、廣東省社會科學界聯合會和社會科學文獻出版社的大力支持。在科研條件方面，得到中山大學社科處、中文系和廣東省政府文史研究館的大力支持。社會科學文獻出版社責任編輯在審稿、編輯過程中傾注了大量的心血，提出了很好的意見，改正了書中的失誤，付出了艱辛的勞動。書中古體字、異體字、冷僻字、自造字、文字圖片較多，排印和校對人員也付出了辛勤的勞動。在此一并致以誠摯的謝意！

　　由於本人的理論水平和學識有限，書中難免存在不足之處，敬請專家學者批評指正。

黄文傑

2014 年季春於康樂園

圖書在版編目（CIP）數據

秦漢文字的整理與研究/黃文傑著.—北京：社會科學文獻出版社，2015.12

ISBN 978 - 7 - 5097 - 6602 - 6

Ⅰ.①秦… Ⅱ.①黃… Ⅲ.①漢字 - 古文字 - 研究 - 中國 - 秦漢時代 Ⅳ.①H121

中國版本圖書館 CIP 數據核字（2014）第 233319 號

秦漢文字的整理與研究

著　　者／黃文傑

出 版 人／謝壽光
項目統籌／宋月華　范　迎
責任編輯／李建廷　衛　羚

出　　版／社會科學文獻出版社·人文分社（010）59367215
　　　　　地址：北京市北三環中路甲 29 號院華龍大廈　郵編：100029
　　　　　網址：www. ssap. com. cn
發　　行／市場營銷中心（010）59367081　59367090
　　　　　讀者服務中心（010）59367028
印　　裝／北京季蜂印刷有限公司

規　　格／开本：787mm×1092mm　1/16
　　　　　印張：29.75　字數：488 千字
版　　次／2015 年 12 月第 1 版　2015 年 12 月第 1 次印刷
書　　號／ISBN 978 - 7 - 5097 - 6602 - 6
定　　價／169.00 圓